Capital in the Twenty-First Century

21世纪
资本论

Thomas Piketty

［法］托马斯·皮凯蒂 ◎ 著

巴曙松 陈 剑 余 江 ◎ 译
周大昕 李清彬 汤铎铎

中信出版社·CHINA CITIC PRESS ·北京·

图书在版编目（CIP）数据

21世纪资本论/（法）皮凯蒂著；巴曙松等译.—北京：中信出版社，2014.9（2025.3重印）
书名原文：Capital in the Twenty-First Century
ISBN 978-7-5086-4725-8
I.①2… II.①皮… ②巴… III.①资本主义经济—研究 IV.①F03
中国版本图书馆CIP数据核字（2014）第172735号

Capital in the Twenty-First Century by Thomas Piketty
First published as *Le capital au XXI siècle,*
Copyright © Éditions du Seuil, 2013
Simplified Chinese translation copyright © 2014 by China CITIC Press
ALL RIGHTS RESERVED
本书仅限中国大陆地区（除港澳台地区）发行销售

21世纪资本论

著　者：［法］托马斯·皮凯蒂
译　者：巴曙松　陈剑　余江　周大昕　李清彬　汤铎铎
审　校：巴曙松　陈剑
策划推广：中信出版社（China CITIC Press）
出版发行：中信出版集团股份有限公司
　　　　　（北京市朝阳区东三环北路27号嘉铭中心　邮编　100020）
承　印　者：北京通州皇家印刷厂

开　本：880mm×1230mm　1/32　印　张：22.25　字　数：622千字
版　次：2014年9月第1版　　　　印　次：2025年3月第52次印刷
京权图字：01-2014-5553
书　号：ISBN 978-7-5086-4725-8
定　价：98.00元

版权所有·侵权必究
如有印刷、装订问题，本公司负责调换。
服务热线：400-600-8099
投稿邮箱：author@citicpub.com

CAPITAL
in
the
Twenty-
First
Century

目录

中文版自序　//V

中文版自序（原文）　//XIII

导言　//001

第一部分　收入和资本

第一章　收入和产出　//039

第二章　增长：幻觉与现实　//073

第二部分　资本/收入比的动态变化

第三章　资本的变迁　//113

第四章　从旧欧洲到新大陆　//141

第五章　资本/收入比的长期变化趋势　//167

第六章　21世纪资本—劳动划分　//203

第三部分　不平等的结构

第七章　不平等与集中度：初步关联　// 241

第八章　两个世界　// 275

第九章　劳动收入的不平等　// 311

第十章　资本所有权的不平等　// 345

第十一章　劳动收入和继承财富的长期变化　// 387

第十二章　21世纪的全球贫富差距　// 443

第四部分　21世纪的资本监管

第十三章　21世纪的社会国家　// 485

第十四章　反思累进所得税　// 507

第十五章　全球资本税　// 531

第十六章　公共债务问题　// 557

结论　// 589

致谢　// 597

注释　// 601

CAPITAL
in
the
Twenty-
First
Century

中文版自序

　　拙作《21世纪资本论》先后于2013年9月和2014年3月出版了法文版和英文版，中文版即将问世，颇感荣幸。数十年来，中国一直在摸索自己的模式，从19世纪至20世纪西方实践经验的成败中汲取教训，同时立足于本国国情，寻找一条融合资本主义与社会主义优点的新路。希望本书所提供的历史资料有助于促进此类思考和有意义的辩论，有益于我们——包括中国和全球其他国家——共同的未来。因为，尽管我们身处世界各地，但大家要面对同样的问题——调和经济效率、社会公平与个人自由之间的矛盾，防止全球化及贸易、金融开放带来的利益被少数人独占，阻止自然资源发生不可逆转的衰退。如果说中国能从国外的经验教训中获益，其他国家同样也可以从中国的经验中学习到很多东西。理想的社会经济体制仍然有待创立，所以，彼此的历史经验是我们最好的指引，我们应该互相学习，抛开一切意识形态，并尽可能地超越国家之间的敌对立场。

　　本书回顾了自工业革命以来收入及财富分配的历史，利用20多个国家众多研究人员精心收集的最新数据，尝试梳理出一部关于财富及其分配不平等所引发的社会、政治和文化矛盾的历史，一部鲜活生动的人类历史。我还尝试在本书的第四部分为未来总结若干教训，但主旨其实是提供史实资料，让每个人从中得出自己的结论。由于主要数据来源有限——包括20世纪初已存在的诸多国家所收集的收入申报、财产继承文书档案（部分可追溯到19世纪初）以及资产及收入国民账户（有些国家从18世纪初开始就有记载），本书主要基于现今发达国家的历史经验，尤以英、法、美、德、日五国的经验为主。

中国读者初读时可能会觉得事不关己，甚至以为目前欧美这种日益增长的对不平等现状的担忧仅限于发达国家，这些富国的烦恼与中国相去甚远，中国的要务是全力以赴发展经济，保持20世纪80~90年代以来的迅猛势头，改变贫困人口的命运。这恐怕是完全想错了。以中国和印度为代表的新兴国家的的确确出现在了本书收录使用的有关收入不平等的"世界顶级收入数据库"（World Top Incomes Database, WTID）中，确实不乏问题，后文会再谈及。总的来说，新兴国家在本书的全球视角中占据重要位置。前两章着眼于全球层面上的生产及收入分配，中国在其中自然是举足轻重。我分析了发展中国家与发达国家之间的人均国内生产总值差距日渐缩小这一进程；它极大地促进了各国之间的趋同和不平等的缩小，这主要归功于知识和技能的传播（社会投资的良性循环，中国在这方面比其他大多数发展中国家做得相对好一些）。目前，北美和欧洲分别占全球国内总产值的1/4，中国紧随其后，略少于1/4。在接下来的几十年内，前两大经济集合体（欧美）所占比重将大幅降低，中国及其他发展中国家的分量将按各自比重有所增长。

但是，尽管经济增长与趋同的速度令人惊叹，不能因此忘记贫富不均问题在发达国家和中国都存在，而且在未来数十年里中国存在的不平等问题会日趋突显，因为经济增长终究会不可避免地放缓。根据官方公布的数据，与其他国家相比，中国以往收入差距很小——不过这些数据不见得完全可靠。某些中国大学近来进行的调查显示国内财富不平等的现象越来越严重，据估算，20世纪90年代及2000年初中国财富不平等的程度与瑞典相当，到2010年则上升到了接近美国的水平，甚至有过之而无不及。目前谁也说不准，但至少足以肯定这个问题值得进一步研究，不能继续置之不理。

至于资本/收入比，即一个国家的全部资本（土地建筑、专业劳动力、产业及金融资本之和减去负债）和国民收入之比，现状如何？这方面关于中国的可用数据可靠性较低。但若干因素——非常高的存款率和投资率，以及过高的房价——让人觉得，发达国家最近数十年来出现的资本/收入比升高的趋势目前中国也存在。目前还在进行当中的对中国国民资本存量及其变化的估算似乎证实了这一趋势，但还存在一些明显的特殊性，主要与中国公共资本比重大有关。当前在发达国家，国民资本几乎全部为私人资本：全都占90%以上，有些国家甚至超过100%，比如意大利的公共资本为负，也就是说其公共债务超过了公共资本，因此私人资本的比例增大。前苏联国家也是如此，20世纪90年代初花费巨大的气力将几近全部的公共资本转给了私人持有者。

从这一点来看，中国是一个极大的特例，因为眼下在中国，公共资本似乎占国民资本的一半左右（据估算约占1/3~1/2）。如果公共资本能够保证更均等地分配资本所创造的财富及其赋予的经济权力，这样高的公共资本比例可以促进中国模式的构想——结构上更加平等、面对私人利益更加注重保护公共福利的模式。中国可能在21世纪初的现在最终找到了公共资本和私人资本之间的良好妥协与平衡，实现真正的公私混合所有制经济，免于整个20世纪期间其他国家所经历的种种波折、朝令夕改和从众效应。

然而，这种看问题的方式可能过于乐观或幼稚，或两者皆有。每种模式都始终在经历不断的重建、持续的再创造，不能仅因为它还在发展就有理由继续存在。自2000年以来，中国的私人资本比重跃升，可能已经超过了前文所估算的公共资本在国民资本中所占比重——现有数据也许不够可靠。而且，虽说国民资本中的公共资本在教育、健康医疗、基础设施等行业有着明显的优势，而在产业和金融领域，公共资本的情况就不那么清晰了。公共资产——至少以传统的国有形式存在的公有资产——有时候既没有带来效率也没有带来公平，更没有带来权力的民主分享，甚至在某些情况下被所谓公产管理者挪用和不法占用。在中国，尽管与前苏联国家相比，做法没有那么极端，速度也没有那么快，但公共资本转为私人资本的进程已经开始，合理的理由是为了提高经济效率，有时却让个别人借此暴富。中国也出现了越来越多的寡头。

目前中国政府正大举反腐。腐败算得上是最不合情理的一种财富不平等，让巨额财富源源不断地流入极少数人手中。所以把反腐作为当前要务是完全必要的。不过，若以为腐败是导致极为不公的财富不平等和财富过度集中的唯一根源，就想得过于简单了。其实私人资本的积累和分配过程本身就具有使财富集中且往往过度集中的强大推动力。本书指出，通过研究19世纪到第一次世界大战前欧洲国家所经历的财富极为不平等的发展过程，同时观察最近几十年来全世界巨富阶层爆炸式的财富增长趋势，对此基本上可以做出如下解释：从长期来看，资本收益率（特别是顶级资本的收益率）明显超过经济增长率。两者之差导致初始资本之间的差距一直延续下去（资本持有者只需将资本收入的一小部分用于保持自己的生活水平，而将大部分用于再投资），并且可能造成资本的高度集中。

当然，腐败和市场操纵让个别人牟利会加剧这种不平等，但不是唯一的因素。要扭转这种趋势，必须建立一整套公共机制，使资本为整体利益服务，包括在各个行业中发展各种新型资产和新型的参与性治理，还包括对收入和资产实行累进税制。我想在此特别针对中国的情况谈谈累进税制。

累进税制的理想形式是对所有收入和资产征税，没有免除或例外，收入和资产水平越高，税率就越高。在我看来，累进税制在公平社会里起着三重作用。

首先，它以最为公平的方式为公共服务、社会保险和教育机构筹资——这三者必不可少——才能确保知识、技能和机会的传播过程和谐顺畅，社会经济发展有赖于此。在扫除文盲和全民义务教育方面，中国比别的国家做得好。而说到普及中高等教育、提高教育质量、解决阶层分化以及富家子弟与寒门学子之间日益扩大的教育机会不均等之类的现实问题，需要的是充足的公共资金投入。往大里说，中国的福利国家体制亟待建设。

除了为福利国家筹资，累进税制还能缩小市场和私有财产制所带来的贫富差距，特别是限制社会阶层顶端的收入及资产的过度集中，必要的话可对占有最多资源和财富的人征收重税。应通过尽量心平气和、讲求实际的公开辩论来制定相关税率，参照历史经验教训，着重探讨追求经济发展和创新过程中产生的贫富差距程度是否合理，以及该社会中不同阶层享受到的增长率分别是多少。

累进税制的最后一重作用——可能也是最重要的一重作用——就是使收入和资产变化透明化、公开化。一直以来都是如此：除了筹资和再分配的作用，税收还可用以区分各种法定类别和统计类别，让社会更好地认识自身，并依照经济和社会现实的演变来采取相应的政策（尤指征税率，但不限于此）。这必须基于公开可靠的信息。如果缺乏这样的信息，政治辩论往往凭借对不同阶层的人群所占有资源的想象来讨论问题，导致民粹主义滋生，得出错误结论。不要体温计是不能让发热的人降温的。

中国在20世纪80年代初开始实行了累进税制,从某些方面来看与大部分发达国家自20世纪初实行的税制相似,但存在一个很大的不同点:制度不太透明,尤其税务部门仍旧不定期公布详细的税收数据,以反映不同收入等级、水平和类别每年的变化。这基本上解释了为什么很难测算出中国收入差距的演变,为什么官方数据(基于有限的家庭抽样调查和收入自动申报)总会低估财富不平等水平,特别是分配制度顶层的不平等(只有依据详尽和强制性的税收数据才能准确测算)。结果就是中国的经济增长收益的社会分配情况鲜为人知。

鉴于中国社会中的资产越来越庞大,我认为也可对遗产继承和捐献实行累进税,并对资产征收年度累进税,而且公布相应数据。发达国家的历史经验表明,人口数量的停滞——特别是目前中国出现的人口负增长——会使过去累积的资产在税收结构中所占比重上升。在一个每对夫妇生十个孩子的社会里,最好不要对遗产抱太大希望,而需要靠自己攒钱积蓄。反过来,如果每对夫妇只有一个孩子,这个孩子会继承两边的财产(假设父母名下有的话)。因此,未来数十年里中国人的遗产继承会越来越多。实际上就是说那些只有一份工作的人——尤其是农村打工者——会非常难以取得城市资产。在这种条件下,对巨额遗产继承进行征税是合理的,以减轻工薪族的纳税负担。至少,应该可以基于可靠数据对此进行讨论。

出于同样的考虑,或许也可以对房地产及金融资产(除去负债后的净额)征收年度税,增加资产的流动性。在此必须强调,这样的税制会增强资本分配(尤其是分配顶层)的公共透明度。税务部门可每年公布100万~500万元、500万~1 000万元、1 000万~5 000万元、5 000万~1亿元、1亿元以上(以此类推)各个等级的数目及金额的变化,年收入也如此。如此一来,每个人都可以了解国内的财富分配变化情况，并思考应采取何种政策改变其发展趋势。

以上这些既涉及税务，又涉及政治和民主，是否能实现？与无法相互协调、陷入过度税收竞争的欧洲小国相比，中国的优势之一是国土辽阔、人口众多、经济体量大——很快将占全球国内生产总值的1/4。这应该可以让中国政府实施银行信息的自动传输、金融证券的登记，制裁和监管不合作的外国银行，从而高效地组织管理公平的累进税制度。美国的联邦机构有时看起来跟欧洲同等机构一样无能，欧洲机构还似乎越来越倾向于只为一小部分经济和金融精英服务；相对而言，中国原则上可以凭借强有力的中央统一领导体制和高层领导者的反腐和促进公益的决心贯彻累进税制，免于游说集团的压力和竞选政治献金带来的束缚。当然，中国很大一部分政治精英不会从财富透明、累进税制和法治国家中得到什么好处。而一部分愿意放弃特权、为公益做贡献的人似乎认为政治民主的上升将彻底危及泱泱大国的统一，但政治民主是必定与经济民主携手而行的。有一件事是肯定的：中国会从诸多矛盾之中找出一条独一无二的决定性道路，其他国家也是如此。历史自会开创新的道路，往往就在最出人意料之处。

Thomas Piketty

2014 年 8 月 1 日于巴黎

CAPITAL
in
the
Twenty-
First
Century

中文版自序（原文）

Je suis très heureux que mon livre "Le capital au 21e siècle", paru en français en septembre 2013 et en anglais en mars 2014, soit maintenant publié en chinois. La Chine tente depuis plusieurs décennies de construire son propre modèle, sa propre voie hybride, entre capitalisme et communisme, en tirant notamment les leçons des échecs et des réussites des expériences occidentales en ce domaine au cours du 19e et du 20e siècles, et en s'appuyant bien sûr sur ses propres traditions. J'espère que les matériaux historiques présentés dans ce livre contribueront à alimenter ces réflexions et ces débats essentiels pour notre avenir commun, en Chine comme dans le reste du monde. Car les problèmes que nous avons à résoudre-concilier efficacité économique, justice sociale et émancipation individuelle; éviter que les bénéfices de la mondialisation et de l'ouverture commerciale et financière ne soient massivement accaparés par une minorité; empêcher une dégradation irrémédiable de notre capital naturel- sont fondamentalement les mêmes dans les différentes parties du monde. Et si la Chine peut tirer des bonnes et des mauvaises leçons des expériences étrangères, le reste du monde a également beaucoup à apprendre de l'expérience chinoise. Le système socio-économique idéal reste encore et toujours à réinventer, et pour cela l'expérience historique des uns et des autres, hors de toute idéologie, et en dépassant autant que possible les antagonismes liées aux identités nationales, demeure notre meilleur guide.

Mon livre porte sur l'histoire de la répartition des revenus et des patrimoines depuis la Révolution industrielle. En m'appuyant sur des données inédites collectées grâce à de nombreux chercheurs dans plus de 20 pays, je tente d'écrire une histoire humaine, vivante et abordable de l'argent, et des conflits sociaux, politiques et culturels suscités par son inégale répartition. Je tente également dans la quatrième partie de l'ouvrage de tirer quelques leçons pour l'avenir-mais en vérité mon principal objectif est d'apporter des éléments historiques et factuels permettant à chacun d'écrire sa propre quatrième partie. Pour des raisons de disponibilité des principales sources utilisées-en particulier les déclarations de revenus, qui dans de nombreux pays existent depuis les premières années du 20e siècle; les archives successorales, qui permettent dans certains cas de remonter au début du 19e siècle; et les comptes nationaux de patrimoines et de revenus, qui débutent dans quelques pays au début du 18e siècle-le livre repose avant tout sur l'expérience historique des pays aujourd'hui riches. Les cas du Royaume-Uni, de la France, des Etats-Unis, de l'Allemagne et du Japon sont particulièrement sollicités.

Le lecteur chinois, de prime abord, pourrait donc se sentir peu concerné. Il pourrait même être tenté de considérer que ces nouvelles peurs inégalitaires qui se développent actuellement aux Etats-Unis et en Europe sont un luxe de pays déjà développés, et que ces soucis de riches se situent à des années-lumière des préoccupations chinoises, entièrement tournées vers la formidable croissance qui anime le pays depuis les années 1980-1990 et le sort si spectaculairement de la pauvreté. Rien pourtant ne serait plus faux. Les pays émergents-à commencer par la Chine et l'Inde-sont bel et bien inclus dans la base de données internationales sur les inégalités de revenus utilisée dans le livre (la "World Top Incomes Database"), avec il est vrai quelques difficultés, sur lesquelles je reviendrai plus loin. De façon plus générale, les pays émergents occupent une place importante dans la perspective mondiale qui est celle de mon livre. Les deux premiers chapitres, en particulier, traitent de la répartition de la production et des revenus au niveau mondial, et la Chine y joue bien évidemment un rôle essentiel. J'analyse le processus de rattrapage actuellement à l'œuvre des PIB par habitant entre pays pauvres et riches, puissante force de convergence et de réduction des inégalités, qui doit beaucoup à la diffusion des connaissances et des qualifications (processus vertueux d'investissement social dans lequel la Chine a relativement mieux réussi que la plupart des autres pays en développement). L'Amérique du Nord regroupe actuellement environ un quart du PIB mondial, l'Europe un second quart, et la Chine un petit troisième quart (en fait un peu moins). La part des deux premiers ensembles est appelée à baisser considérablement au cours des prochaines décennies, et la part de la Chine et des autres pays émergents à augmenter, à la mesure de leur part dans la population mondiale.

  Mais cet impressionnant processus de croissance et de convergence ne doit pas faire oublier que la question des inégalités concerne autant la

Chine que les pays les plus riches-et concernera la Chine de plus en plus au cours des décennies à venir, car la croissance finira inévitablement par ralentir. Les indicateurs officiels indiquent traditionnellement que la répartition des revenus est faiblement inégalitaire en Chine par comparaison aux autres pays du monde-mais il n'est pas sûr que ces indicateurs soient totalement fiables. Plusieurs enquêtes menées récemment dans des universités chinoises suggèrent une forte progression des inégalités de patrimoines en Chine, qui selon certaines estimations seraient passées d'un niveau proche de la Suède dans les années 1990 et au début des années 2000 à un niveau proche des Etats-Unis au début des années 2010-voire un peu plus élevé encore. A ce stade, personne ne sait très bien-mais on en sait largement assez pour conclure que la question mérite d'être étudiée davantage, et ne pourra plus longtemps être laissée dans l'ombre.

Qu'en est-il de l'évolution du rapport capital/revenu, c'est-à-dire le rapport entre le montant global du capital (immobilier, professionnel, industriel et financier, net de dettes) et le revenu national du pays? Là encore, les estimations disponibles pour la Chine sont fragiles. Mais plusieurs éléments-en particulier les très forts taux d'épargne et d'investissement, ainsi que le gonflement parfois démesuré des prix immobiliers-laissent à penser que la hausse tendancielle du rapport capital/revenu observée ces dernières décennies dans les pays riches est également à l'œuvre en Chine. Des estimations actuellement en cours de réalisation du stock de capital national chinois et de son évolution semblent confirmer cette tendance, avec toutefois des particularités importantes, liées notamment à l'importance du capital public dans le contexte chinois. Le capital privé représente actuellement la quasi-totalité du capital national dans les pays riches: toujours plus de 90%, voire même plus de 100% dans les pays-comme l'Italie-où le capital public est devenu négatif, c'est-à-dire où les dettes publiques sont plus importantes que les actifs publics, ce qui contribue à accroître l'ampleur des patrimoines privés. Il en va de même dans les pays de l'ex-bloc soviétique, qui avec une belle énergie ont transféré la quasi totalité de leur capital public à des détenteurs privés depuis le début des années 1990.

De ce point de vue, la Chine est une exception d'importance, puisque le capital public semble actuellement représenter autour de la moitié du capital national (ou peut-être entre le tiers et la moitié, suivant les estimations). Dans la mesure où la propriété publique permet une répartition plus équilibrée des richesses que le capital contribue à produire, et du pouvoir économique qu'il confère, cette plus grande importance de la propriété publique peut contribuer à dessiner les contours d'un modèle chinois structurellement plus égalitaire, et plus soucieux de la préservation du bien public face aux intérêts privés. La Chine aurait finalement su trouver en ce début de 21e siècle le bon compromis entre capital public et privé, une véritable économie mixte, à l'abri des soubresauts, des têtes-à-queues et des effets de mode qui ont marqué le reste du monde d'un bout à l'autre du 20e siècle.

Cette façon de voir les choses pêche cependant sans doute par optimisme, ou bien par naïveté, et probablement les deux à la fois. Chaque modèle est toujours en perpétuelle reconstruction, en réinvention permanente, et ne peut exister que parce qu'il avance. Le capital privé a beaucoup gagné en importance en Chine depuis les années 2000, et il est possible que l'estimation approximative indiquée plus haut concernant la part du capital public dans le capital national soit déjà dépassée-tant il est vrai que ces estimations sont fragiles. Surtout, si la propriété publique du capital a des vertus évidentes dans des secteurs tels que l'éducation, la santé, les infrastructures, les choses sont parfois beaucoup moins claires dans le cas du capital public industriel et financier. Dans ces secteurs, la propriété publique, tout du moins dans sa forme étatique traditionnelle, ne conduit parfois ni à l'efficacité ni à l'égalité, et encore moins au partage démocratique du pouvoir, et peut même dans certains cas s'accompagner de stratégies de captation et d'appropriation indue par les responsables supposées en charge du bien public. Même si le processus se fait de façon moins extrême et moins rapide que dans l'ex-bloc soviétique, le mouvement de transfert du capital public vers le capital privé est déjà bien entamé en Chine, en partie pour des raisons légitimes d'efficacité économique, et parfois avec au passage des enrichissements individuels totalement disproportionnés. De plus en plus, la China sécrète elle aussi ses oligarques.

Le gouvernement chinois est actuellement lancé dans une vaste campagne de lutte contre la corruption. De fait, la corruption constitue sans doute la forme la plus injustifiée de l'inégalité, la forme la plus inacceptable de l'accumulation excessive des richesses entre quelques mains. Il est donc tout à fait indispensable de s'y attaquer en priorité. Pour autant, il serait bien naïf de penser que seule la corruption est à l'origine d'une inégalité injuste et d'une concentration excessive des richesses. Le processus d'accumulation et de répartition du capital privé contient en son sein des forces puissantes conduisant à une concentration souvent extrême de la propriété. Comme je le montre dans mon livre, en étudiant notamment les trajectoires hyper-inégalitaires des pays européens au 19e siècle et jusque la Première guerre mondiale, ainsi que les tendances explosives observées ces dernières décennies au niveau des plus grandes fortunes mondiales, cela s'explique notamment par la tendance dans le long terme à ce que le rendement du capital (en particulier le rendement obtenu par les portefeuilles les plus importants) dépasse sensiblement le taux de croissance de l'économie. Cette inégalité $r > g$ permet aux inégalités patrimoniales initiales de se perpétuer dans le temps (les détenteurs du capital peuvent se contenter de réinvestir une faible fraction des revenus produits par leur capital, et d'utiliser la majeure partie pour financer leur niveau de vie), avec potentiellement des niveaux très élevés de concentration du capital.

Ces tendances inégalitaires peuvent certes être aggravées par la corruption et la manipulation des marchés au bénéfice de quelques uns-mais elles ne s'y réduisent pas. Pour les contrer, il faut également développer tout un ensemble d'institutions publiques et démocratiques permettant de mettre le capital et le capitalisme au service de l'intérêt général. Parmi ces institutions figurent notamment le développement de nouvelles formes de propriété et de gouvernance participative, dans tous les secteurs, mais également l'impôt progressif sur les revenus et sur les patrimoines, institution que je voudrais maintenant évoquer ici, en particulier dans une perspective chinoise.

L'impôt progressif, dans sa forme idéale, met à contribution tous les revenus et les patrimoines, sans passe-droit ni exception, avec des taux d'imposition d'autant plus élevés que les niveaux de revenus et de patrimoines sont importants. De mon point de vue, l'impôt progressif joue un triple rôle dans une société juste.

Tout d'abord, il permet de financer de façon la plus juste possible les services publics, les protections sociales et les institutions éducatives indispensables pour que le processus de diffusion des connaissances, des qualifications et des opportunités sur lesquels repose le développement économique et social puisse se dérouler harmonieusement. La Chine a su mieux que d'autres pays relever le défi de l'alphabétisation et de la scolarisation universelles. Pour relever celui de l'enseignement secondaire et supérieur de masse et de qualité, et éviter les pièges de la stratification et de l'inégalité éducative exacerbée entre enfants de riches et enfants de pauvres, qui menacent aujourd'hui le pays, il faudra des financements publics adéquats. Plus généralement, l'Etat social chinois reste largement à bâtir.

Outre son rôle de financeur de l'Etat social, l'impôt progressif permet également de réduire les inégalités générées par le marché et le système de propriété privée, et en particulier de limiter la concentration des revenus et des patrimoines au sommet de la hiérarchie sociale, si besoin au moyen de taux très élevés sur les personnes disposant des ressources et des fortunes les plus importantes. Ces taux d'imposition doivent être fixés à l'issue d'un débat public aussi serein et pragmatique que possible, en fonction des leçons que l'on peut tirer de l'histoire, notamment au sujet des niveaux d'inégalité que la recherche de la croissance et de l'innovation peut légitimement justifier, et des informations disponibles sur les taux de croissance dont bénéficient les différentes classes sociales dans la société considérée.

Enfin, et peut-être surtout, le troisième rôle de l'impôt progressif est précisément de produire de la transparence et de la connaissance sur la dynamique sur les revenus et les patrimoines. Il en a toujours été ainsi: au-delà de son rôle de financement et de redistribution, l'impôt produit également des catégories juridiques et statistiques permettant à la société de mieux se connaître elle-même, et d'adapter les politiques suivies-en particulier les taux d'imposition, mais pas seulement-à l'évolution de la réalité économique et sociale, sur la base d'informations fiables et publiquement disponibles. En l'absence de telles informations, le débat politique s'alimente souvent de fantasmes sur la réalité des ressources dont disposent les différents groupes sociaux en présence, ce qui conduit à nourrir le populisme et les fausses solutions. Ce n'est pas en se passant de thermomètre que l'on fait tomber la fièvre.

La Chine dispose depuis le début des années 1980 d'un système d'impôt progressif sur le revenu, qui par certains côtés ressemble aux systèmes en place depuis le début du 20e siècle dans la plupart des pays riches. Avec toutefois une différence importante: le système est peu transparent, et en particulier l'administration fiscale chinoise ne publie toujours pas de statistiques régulières et détaillées sur la façon dont les différentes tranches, niveaux et catégories de revenus progressent d'une année sur l'autre. Cela explique en grande partie pourquoi il est si difficile de mesurer l'évolution des inégalités de revenus en Chine, et pourquoi les indicateurs officiels (qui reposent sur des enquêtes auprès des ménages fondées sur des échantillons limités et sur l'auto-déclaration des revenus) tendent à sous-estimer l'inégalité, notamment au sommet de la répartition (que seules des données fiscales exhaustives et contraignantes permettent de mesurer correctement). La conséquence est que la répartition sociale des gains de la croissance est relativement mal connue en Chine.

Compte tenu de l'importance croissante prise par les patrimoines dans la société chinoise, il me semble que la Chine aurait également tout intérêt à créer un impôt progressif sur les successions et les donations, ainsi qu'un impôt progressif annuel sur les patrimoines, et à publier les données correspondantes. L'expérience historique des pays riches indique que la stagnation de la population-et a fortiori la croissance démographique négative actuellement à l'œuvre en Chine-tend à accroître structurellement le poids des patrimoines accumulés dans le passé. Dans une société où chaque couple a dix enfants, mieux vaut ne pas trop miser sur l'héritage et compter surtout sur sa propre épargne. A l'inverse, si chaque couple n'a qu'un seul enfant, alors on hérite des deux côtés, tout du moins quand les parents ont du bien. Tout laisse à penser que l'héritage va prendre une importance considérable dans les années et décennies à venir en Chine. Concrètement, cela veut dire qu'il va être très difficile à tous ceux qui n'ont que leur travail-en particulier les migrants ruraux-d'accéder à la propriété urbaine. Dans ces conditions, il est légitime d'imposer les successions importantes, afin d'alléger d'autant la charge fiscale pesant sur les salaires. A tout le moins, ce débat doit pouvoir avoir lieu, sur la base de données fiables.

L'introduction d'un impôt annuel sur les patrimoines immobiliers et financiers (nets de dettes) participerait de la même logique et permettrait d'accroître la mobilité du patrimoine. Il faut là aussi souligner les avantages qu'un tel système apporterait en termes de transparence publique sur la répartition du capital, en particulier pour le sommet de la distribution. L'administration pourrait publier chaque année l'évolution du nombre et du montant des patrimoines compris entre 1 et 5 millions de yuans, 5 et 10 millions, 10 et 50 millions, 50 et 100 millions, plus de 100 millions de yuans, et ainsi de suite, de la même façon que pour les revenus annuels. Chacun pourrait ainsi se faire une idée des directions prises par la répartition des richesses en Chine, et des politiques à prendre pour infléchir la trajectoire.

Ces évolutions tout à la fois fiscales, politiques et démocratiques auront-elles lieu? Par comparaison aux petits pays européens, le plus souvent incapables de se coordonner entre eux, enferrés dans une concurrence fiscale exacerbée, l'un des avantages de la Chine est la très grande taille de son territoire, de sa population et de son économie-bientôt un quart un PIB mondial. Cela permet en principe au gouvernement chinois de mettre en place les systèmes de transmission automatique d'informations bancaires, les registres de titres financiers, et les sanctions et contrôles vis-à-vis des centres bancaires étrangers non-coopératifs, nécessaires pour organiser de façon efficace un système fiscal progressif et juste. Par comparaison aux Etats-Unis, dont les institutions fédérales paraissent parfois presque aussi dysfonctionnelles que les institutions européennes, et qui en outre semblent de plus en plus souvent au service d'une petite élite économique et financière, la Chine peut en principe s'appuyer sur une centralisation politique sans faille, et une volonté affichée de ses dirigeants de lutter contre la corruption et de promouvoir le bien public, à l'abri des lobbies et des contraintes posées par le financement des campagnes électorales. Il est bien évident, cependant, qu'une bonne partie des élites politiques chinoises n'a pas grand-chose à gagner de la transparence sur les fortunes, de la fiscalité progressive et de l'état de droit. Et la partie qui est prête à renoncer à ses privilèges pour se consacrer au bien public semble parfois considérer que l'unité de ce pays de grande taille serait irrémédiablement menacée par la montée de la démocratie politique, qui doit pourtant aller de pair avec l'avènement de la démocratie économique. Une seule chose de sure: de ces contradictions sortira une voie unique, décisive pour la Chine comme pour le reste du monde. L'histoire invente toujours ses propres voies, le plus souvent là où on ne les attend pas.

Thomas Piketty

Paris le 1er août 2014

CAPITAL
in
the
Twenty-
First
Century

导言

> 人生来就是而且始终是自由的,在权利方面一律平等。社会差别只能建立在公益基础之上。
>
> ——法国《人权宣言》(1789) 第一条

财富分配已成为时下最广泛讨论和颇具争议的话题之一,但我们是否真正了解其漫长的演进过程呢?私有资本的不断积累真如卡尔·马克思在 19 世纪预言的那样,将导致财富被少数人掌握吗?或者如西蒙·库兹涅茨在 20 世纪所设想的那样,增长、竞争与技术进步之间的不断博弈将会逐渐降低社会不同阶层之间的不平等程度,促进社会更加和谐地发展?我们对财富和收入从 18 世纪演变至今又真正了解多少?当下,我们从中又可以汲取怎样的经验?

以上问题我都将在本书中一一进行解答。我也必须承认,书中的这些答案并不完善,但相比以往学者的研究成果,这些答案采用了更加广泛的历史资料和对比数据,覆盖了近三个世纪、20 多个国家,同时运用新颖的理论架构进行深度解析。现代经济增长与信息传播虽然规避了马克思理论演进结果的发生，但是并未改变资本深层结构与社会不平等的现实——至少不像"二战"之后十年中一些乐观主义者所想象的那样尽如人意。当21世纪的今天依然重复着19世纪上演过的资本收益率超过产出与收入增长率的剧情时，资本主义不自觉地产生了不可控且不可持续的社会不平等，这从根本上破坏了以民主社会为基础的精英价值观。然而，民主可以重新控制资本主义并且保证公众利益高于个人利益，保持经济开放度，同时避免贸易保护主义和民族主义的影响。在本书后面的章节，我从这个角度提出了政策建议。这些观点是基于历史经验教训得出的，本质上是对事实的一种客观陈述。

无数据之争？

关于财富分配的学术争论和政治争论，长期以来总是充满偏见并且缺乏事实依据。

每个人都会对所处时代的财富收入水平有自己的直观认识，哪怕他缺乏理论框架或数据分析。可以肯定的是，绝不应该低估这种直观认识的重要性。电影和文学作品，尤其是19世纪的小说中，随处可见关于不同社会阶层财富和生活水平的详细描述，尤其是对极度不平等的社会结构、合乎情理的生活方式以及对个人生活影响的刻画。简·奥斯汀和巴尔扎克的小说生动描绘出1790~1830年英国和法国社会财富的分配情况。两位小说家敏锐地捕捉到各自所在社会阶层的财富层级，他们抓住了财富隐藏的轮廓，及其对男性和女性生活必然的影响，包括对于婚姻的态度、个人的期许和失望。他们和其他小说家用逼真而有力的笔触描绘了社会不平等的影响，而这些都是数据统计和理论分析无法相比的。

当然，财富分配问题如此重要，因此不可能只扔给经济学家、社会学家、历史学家以及哲学家来解决。幸运的是,每一个人都很关心这个问题。那些具体的、真实存在的不平等是显而易见的,也自然会激发尖锐但又矛盾的政治评判。农民和封建领主,工人和雇主,员工与资本家:每个人都有自己独一无二的优势,都对其他人的生活以及不同社会阶层之间权力与支配存在的关系有着自己独特的观察,并依据这些观察形成自己的是非判断。因此,这种对于社会不平等的主观和心理维度的认识,必然会造成科学分析无法缓和的政治纷争升级。所幸,民主永远都不会被某群专家所代替。

然而,分配问题也应该进行系统和规范的研究。如果没有精确定义的数据来源、方法、概念,我们可能会看清一切,也可能一无所获。有些人认为不平等总是会加剧,整个世界因此变得更加不公平;还有人认为不平等呈自然衰减态势,和谐会自动慢慢生成,我们无须做任何事来冒险打破这份完美的平衡。每个阵营都在指责其他阵营的思维惰性,却同时也暴露出自己的思维惰性,相互之间完全是一种"聋子式的对话"。在这种情况下,进行研究工作——即使不是完全科学的,但至少是系统的、有条理的研究——将非常有用。专业分析不会终结因社会不平等导致的暴力政治冲突。社会科学研究总是会充满试验性和不完美因素。没有人会要求将经济学、社会学和历史学转化为精密科学。但如果我们能够耐心地搜集案例和样本,冷静地分析相关经济、社会以及政治机制,就可以宣传民主辩论,聚焦正确的问题。并且这样有助于重新定义辩论框架,廓清先入为主或欺骗性的观点,对所有观点都保持严格审视的态度。在我看来,这是所有学者(包括社会学家)都应该扮演的角色,学者与其他人一样同为公民,但却幸运地比其他人有更多时间致力于研究工作(甚至因此获得报酬,确为一种特权)。

但是,我们无法回避的事实是,财富分配的社会科学研究经过长时间发展，多是基于各种各样的纯理论推测，而确定的事实依据支撑则相对有限。在深入探讨之前，我为了写这本书搜集了大量相关信息，我希望可以为以上这些问题给出一个直接的历史性观点。

马尔萨斯、扬和法国大革命

经典政治经济学诞生于18世纪末、19世纪初的英、法两国，关于社会分配问题的讨论贯穿始终。人口的持续增长——这是以前不曾出现的情况——再加上农村人口的外迁以及工业革命的来临，每个人都深深意识到激烈的变革正在进行。这些剧变又是如何影响财富分配、社会结构以及欧洲社会政治稳定的呢？

托马斯·马尔萨斯在1798年发表的《人口原理》中明确指出：人口过剩是影响财富分配的首要因素。[1]尽管他的材料支撑略显单薄，但他还是极力去证明这一观点的正确性。另一个极具影响力的是阿瑟·杨的游历日记，这位英国农学家在大革命爆发前夕的1787~1788年游历了整个法国，从加来到比利牛斯山脉，从布列塔尼到弗朗什孔泰地区，扬描绘了法国乡下人民的贫苦生活。

他栩栩如生的描写绝不是随意捏造。当时的法国是欧洲人口最多的国家，也因此成为最令人向往的国度。该国在1700年可能就已经拥有2 000万人口，而当时的英国只有800万人口（其中英格兰只有500万）。从路易十四统治末期到路易十六被送上断头台，整个18世纪法国人口平稳增长，直到1780年人口总数接近3 000万。人们有理由相信，在法国大革命爆发前的十几年，这样快速的人口增长趋势很大程度上造成了农业收入水平的停滞以及地租的大幅上涨。尽管人口水平的大幅度波动不是造成法国大革命的唯一原因，但仍在一定程度上导致贵族权威以及当时政治统治的日益弱化。

然而，扬发表于 1792 年的著作也存在着民族主义的偏见以及误导性的比较。这位著名的农学家发现他很不喜欢他所居住的客栈，也很反感客栈里女服务员对待他的方式。尽管他的所见所闻多是道听途说，但他仍然坚信可以从中提取普遍真理。他最担心的是他亲眼看见的这些民众疾苦将导致政治动荡。特别是，他坚信只有英国的政治体制（即由贵族和公众分别组成两个独立议会而贵族拥有否决权）才可能给广大民众带来和谐的生活以及稳定的发展。1789~1790 年，法国允许贵族和平民组成单一立法主体，这让扬坚信法国即将走向灭亡。可以毫不夸张地讲，他的著作中充满了他对法国革命的恐惧。无论谁提出财富分配的话题，政治都是躲不开的考虑因素，人们很难忽视阶级偏见以及利益区分。

当传教士马尔萨斯在 1798 年发表他著名的评论文章时，他得出了比扬更加激进的结论。和扬一样，马尔萨斯非常害怕法国出现新的政治思想，并不断说服自己，这里不会发生像英国一样的政治剧变。他建议要立即停止给穷人的所有福利资助，严格控制贫困人口的增长速度，否则这个世界将会因人口过剩而变得混乱和痛苦。如果对 18 世纪 90 年代欧洲精英社会曾遭遇到的恐惧没有深入了解，我们将无法理解马尔萨斯这种夸张的悲观预测。

李嘉图：稀缺性原则

现在回想起来，这些末日预言显然是很可笑的。然而，真正重要的是要认识到，18 世纪末和 19 世纪初经济和社会的变革确实令人印象深刻，对于那些亲身经历的人们来说，甚至可以说是巨大的创伤。实际上，大多数当代观察者——不仅马尔萨斯和扬——对于社会财富分配和阶层结构的长期演化都抱着相对黑暗甚至是末日的观点。尤其是大卫·李嘉图和卡尔·马克思,作为19世纪最具影响力的两位经济学家,他们都相信,社会的一小部分群体——李嘉图称之为地主,马克思称之为工业资本家——将不可避免地要求稳步增加产出和收入的份额。[2]

李嘉图于1817年出版了《政治经济学及赋税原理》,主要关注的是土地价格和土地租金的长期演进。和马尔萨斯一样,他写文章时几乎没有进行过真正的统计。尽管如此,他对其所处时代的资本主义知识非常精通。由于其出生在一个有着葡萄牙血统的犹太商人家庭,他似乎也没有像马尔萨斯、扬和斯密那样抱有那么大的政治偏见。他受到马尔萨斯模型的影响但对其做了进一步的发展。他对以下逻辑悖论十分感兴趣:一旦人口和产出开始稳步增长,相对于其他商品,土地会越来越稀缺;根据供需原理,这意味着土地的价格会不断上升,支付给地主的地租也会上涨,如此一来,地主占国民收入的份额会越来越大,而提供给其他人的份额就会减少,从而破坏社会平衡。李嘉图认为,无论是从逻辑上还是政治上来说,一个可行的解决方法是稳步增加对地租的税收。

这一悲观的预测被证明是错误的:地租在较长时间内仍居高不下,但最终,随着农业在国民收入中所占比重的下降,相对其他财富形式,农田的价值不可避免地下降了。在19世纪初期,李嘉图没有办法预测未来技术进步的重要性或工业的发展。和马尔萨斯、扬一样,他不能想象人类会从食物需求中完全解放出来。

然而,他对土地价格的洞察仍是有趣的:他提出的"稀缺性原则"意味着某些价格可能在几十年后上升到非常高的水平。这可能足以动摇整个社会。价格体系在协调数百万个体(实际上,现今新的全球经济体系中有着数十亿人)的活动中扮演着重要角色。问题是,价格体系既没有考虑极限问题,也没有考虑道德因素。

在21世纪，对于理解全球财富分配来说，忽略"稀缺性原则"的重要性将是一个严重的错误。为了更具说服力，我们可以用世界主要国家首都城市的房地产价格或者石油的价格，来代替李嘉图模型中农田的价格。在这两种情况下，如果将这一发生在1970~2010年的趋势推导至2010~2050年或2010~2100年，将导致国家之间以及国家内部相当大规模的经济、社会及政治失衡——这将使我们不可避免地想起李嘉图的预言。

可以肯定的是，原则上有一个相当简单的经济机制，可以使经济恢复到平衡的轨道上：需求和供给机制。如果某种商品的供给不足，价格太高，那么对该商品的需求就会减少，这将导致其价格的下降。换句话说，如果房地产和石油价格上涨，人们就会搬到乡村或者骑自行车出行（或两种都做）。不用担心这种调整可能令人不快或太过复杂；这种调整可能需要几十年的时间，在此期间，地主和油田所有者对其他人的债权会越积越多，从而可以轻松拥有一切，包括农村房地产和自行车，一劳永逸。[3] 与之前一样，最坏的情况并不一定会发生，所以现在警告读者到2050年他们可能要支付租金给卡塔尔的酋长，还为时尚早。我之后会更加详细地回答这个问题，虽然也只是让人相对安心一些。但现在最重要的是要弄明白，某商品相对价格的巨大变化可能会导致财富分配的长期严重不均，而供给与需求的相互影响也无法排除这种可能性。这是李嘉图稀缺性原则的主要含义。

马克思：无限积累原则

在马克思于1867年出版《资本论》第一卷时，也就是李嘉图的稀缺性原则发表后的半个世纪，经济和社会现实已经发生了深刻的变化：问题不再是农民能否养活不断增长的人口或是土地价格将疯狂地上涨,而是如何理解现在正迅猛发展的工业资本主义的原动力。

当时最引人注目的是工业无产阶级的悲惨生活。尽管经济快速增长,但在人口增长和农业生产率提高的大环境下,大批农村人口外迁,导致大量工人涌入城市贫民窟。工人们工作时间很长,工资却非常低。新的城市悲剧发生了,更为明显,更让人震惊,甚至在某些方面比旧制度造就的农村悲剧更加悲惨。《萌芽》、《雾都孤儿》和《悲惨世界》等文学作品并不是来源于作者们的想象力,而是来源于那些根据法律限制仅大于八岁(1841年的法国)的工厂童工或仅大于十岁(1842年的英国)的矿山童工们的真实生活。维莱姆博士(Villermé)的著作《制造业工人的现状》于1840年在法国发表(推动了1841年一个尝试性的新童工法律的颁布),描述了与恩格斯在1845年出版的《英国工人阶级现状》中描写的同样肮脏的现实。[4]

事实上,今天我们所掌握的所有历史数据表明,直到19世纪下半叶——甚至是到最后30多年——才出现了工资购买力的显著上升。从19世纪的第一到第六个十年中,工人的工资一直停滞在非常低的水平——接近、甚至不如18世纪及其之前的水平。据我们的观察,英国和法国在这漫长的工资停滞阶段停留得更久,因为在这一时期他们的经济增长正在加速。利用目前可用的不太完整的资料进行合理估算,两国的资本收入(工业利润、土地租金和房屋租金)占国民收入的比重在19世纪上半叶大大增加了。[5] 随着工资部分赶上经济增长,这一比重在19世纪的最后几十年略有减少。然而,从我们整合的数据中并不能看出第一次世界大战之前不平等的结构性下降;我们在1870~1914年看到的充其量是稳定在一个非常高水平的不平等,以及在某些方面不平等程度的螺旋上升,尤其是财富的集中度越来越高。很难说如果没有因战争引发的重大的经济和政治冲击,这个轨迹将会向何处发展。借助历史分析和远景预测,我们现在可以把这些冲击视为自工业革命以来减少不平等的唯一力量。

无论如何，在19世纪40年代资本繁荣发展，工业利润增长，但劳动收入却停滞不前。这是显而易见的，即使当时还没有出现完整的国家统计数据。正是在这种背景下，第一个共产主义和社会主义运动发展起来了。他们的中心论点很简单：如果经过半个世纪的工业发展，人民群众的生活状况还是和之前一样悲惨，而立法者们唯一能做的就是禁止工厂雇佣八岁以下的儿童，那么工业发展的好处在哪里？技术创新、辛苦工作以及人口流动的好处又在哪里？现有的经济和政治体系的破产似乎是显而易见的。因此人们想知道其后的长期演变：你们到底还能说些什么呢？

这就是马克思为自己设定的任务。1848年，在"民族春天"运动（即在那年春天爆发的欧洲革命）爆发前夕，他发表了《共产党宣言》，一篇简短而强有力的文章，开篇第一句话后来大家耳熟能详："一个幽灵，共产主义的幽灵，在欧洲游荡。"[6] 文章以同样著名的革命预测结尾："随着大工业的发展，资产阶级赖以生存的生产和占有产品的基础本身也就从它的脚下被挖掉了。它首先生产的是它自身的掘墓人。资产阶级的灭亡和无产阶级的胜利是同样不可避免的。"

在接下来的20年里，马克思撰写了多卷的论述文章对这个结论进行论证，同时第一次科学分析了资本主义及其崩溃的原理。马克思没有完成这本著作的撰写，《资本论》的第一卷发表于1867年，而马克思于1883年带着两卷未完成的遗憾与世长辞。他的朋友恩格斯将其遗留的手稿片段进行整合，在其死后将这部大作出版供世人瞻仰。

和李嘉图一样，马克思将他的研究重心放在了对资本主义体系内在逻辑矛盾的分析上。他因此寻求将自己与资产阶级经济学家（即认为市场是具有自我调节系统的，就是说，系统内部可以通过自身调节，在不出现重大偏差的情况下达到均衡，与亚当·斯密"看不见的手"

原理和让·巴蒂斯特·萨伊生产创造需求理论有异曲同工之意)、空想社会主义者和蒲鲁东主义者（Proudhonians）区别开，马克思认为这些人只是一味地谴责工人阶级的苦难生活，却不曾为解决他们的实际经济困难提出真正的科学分析。[7] 总之，马克思将李嘉图的资本价格模型以及稀缺性原则作为强化资本主义动态分析的基础，当时资本主要是工业设备（比如机械、厂房等）而非土地资产，因此原则上资本累积数额没有限制。事实上，他的主要结论可以被称为"无限积累原则"，即资本将不可逆转地不断积累，并最终掌握在一小部分人手中，是一个没有天然界限的过程。这就是马克思预言资本主义终将灭亡的分析依据：资本收益率稳步降低（这样将遏制资本积累，并导致资本家之间的激烈冲突），或是资本收入在国民收入中的比重无限制地增长（这迟早将变成工人运动的导火索），——不论发生何种情况，社会经济均衡或是政治稳定都将变成奢望。

　　同李嘉图的预言一样，马克思的悲观预言也没有实现。在19世纪后1/3时期，工资终于开始慢慢增加：工人阶级的购买力显著提升并不断扩大范围，这一现象从根本上改变了当时的社会现状，即使极端不平等依然存在而且在某些层面直至"一战"前依然有增无减。共产主义革命正式拉开序幕，但主要集中在欧洲和苏联经济落后地区，这些地方几乎没有开始工业革命，然而大部分先进的欧洲国家已经开始寻找其他利于社会民主的途径——他们的公民是幸运的。如他的前辈一样，马克思完全忽视了持久技术进步的可能性以及稳定增长的生产率，这些在一定程度上可以作为平衡私人资本积聚进程的重要因素。无疑他缺乏足够的统计数据去支撑他的预言。他决定于1848年发表这一论断时可能承受了极大的压力，也就是在为了证明其结论开始着手进行必要研究之前。显然，马克思在以极大的政治热情进行写作，这从他偶尔做出的轻率声明中可见一斑。这就是为什么经济学理论需要搜寻尽可能完整的历史资料,而在这方面马克思并没有做到挖掘全部可利用资源。[8]而且,他也没有花心思研究没有私人资本的社会在政治和经济层面是如何运行的。这是一个非常复杂的议题,那些取消私人资本、实行极权主义的国家的悲惨现状就可充分说明这一点。

尽管有这样的局限性,马克思的研究在很多方面还是卓有成效的。首先,他以一个重要问题开始(关于工业革命期间空前的资本积累),然后试图以自己的方式回答,现代经济学家都应该以他为榜样并从中获得启发。更加重要的是,马克思提出的无限积累原则表现出其深邃的洞察力,它对于21世纪的意义毫不逊色于其在19世纪的影响。从某个角度看,这个原则比李嘉图的稀缺性原则更加让人担忧。如果人口和生产率增长水平都相对较低,那么财富积累自然会引起极大的关注,特别是如果它增长到极致,成为社会不稳定因素的时候。换句话说,低增长不会完全抵消马克思的无限积累原则:由此产生的均衡状态尽管不像马克思预言的那么严重,但仍然十分令人烦扰。如果积累终止于有限水平,那这个有限水平恐怕会高到足以影响社会安定。事实上,在20世纪80年代至90年代的某些欧洲发达国家和日本,私人财富水平在国民收入中呈现的高水平,直接辅证了马克思主义理论。

从马克思到库兹涅茨,从末日预言到理想主义

从19世纪李嘉图和马克思的经典理论到20世纪西蒙·库兹涅茨的研究分析,我们可以说,经济学家已经从对末日预言的过度阐述逐渐转变为对理想主义或者至少是对圆满结局的过度偏好。库兹涅茨的理论认为,不管经济政策如何选择或者不同国家间的其他差异,收入不平等将在资本主义发展的高级阶段自动降低,并最终稳定在一个可接受的水平上。1955年,确实有人提出一种理论,认为法国战后将经

历一段被称为"辉煌30年"的神奇阶段,即1945~1975年的30年黄金时期。[9]库兹涅茨认为,这需要有足够的耐心,而且过不了多久增长将使每一个人受益。当时的理论可以浓缩为这样一句话:"经济增长的大潮会使所有船只扬帆远航。"罗伯特·索洛在1956年研究实现经济"平衡增长路径"的必要条件时,提出了类似的乐观观点,即经济增长路径需要同时考虑所有变量(产出、收入、利润、工资、资本、资产价格等)按照同一速率变动的情况,只有这样,才能保证每个社会阶层都可以享受到相同基准(或偏差很小)的经济增长红利。[10]库兹涅茨站在了与李嘉图和马克思关于不平等螺旋式增长针锋相对的立场上,同时反对19世纪的末日预言。

库兹涅茨理论在20世纪80年代至90年代具有巨大的影响力,甚至至今仍然为人们所推崇。要强调的是,这是第一个依赖庞大统计工具所形成的系统理论。事实上,直到20世纪中叶,库兹涅茨在1953年出版的具有里程碑意义的《高收入群体在国民收入与储蓄中所占份额研究》中,首次运用了历史序列的收入分配数据进行分析。库兹涅茨在1913~1948年的35年间一直对一个国家(美国)进行数据处理。他使用了两个在19世纪无法被普遍使用的数据源:美国联邦所得税申报表(1913年开始征收所得税时使用)以及库兹涅茨根据历史数据对美国国民收入的测算,这不得不说是一项重大的贡献。这是第一次有人试图从这样大的维度来测量收入不平等问题。[11]

必须认识到,当时如果没有以上两项相辅相成、缺一不可的数据支持,根本无法测量收入分配的不平等或衡量其随时间变化的演进过程。英国和法国首次尝试测算两国的国民收入需要追溯到17世纪末、18世纪初,这一方法在19世纪得到发扬光大,但都停留在孤立的预测阶段。直到20世纪两次世界大战期间,以美国的库兹涅茨、约翰·W·肯德里克,英国的阿瑟·鲍利、科林·克拉克以及法国的

L·杜克·贝农维尔为代表的经济学家真正意义上发展了国民收入的时间序列统计理论。此类数据可以用于测算一个国家的总收入。为了计量国民收入中高收入的比重,我们还要用到损益表。"一战"前后很多国家普遍征收累进所得税(其中,美国在1913年,法国在1914年,英国在1909年,印度在1922年,阿根廷在1932年),这使得损益表更易于获取。[12]

关键是要认识到,即使一个地方不征收所得税,在某一给定时点还会有其他各税种的税费统计数据(比如,在19世纪的法国,房间门窗数量的分配都是要额外收费的),但这些数据不能直接告诉我们国家的收入水平。而且,在要求向税务行业申报收入水平被写入法律文件之前,人们往往不关注自己的收入金额。企业税和财产税也是这样。税收并不仅仅意味着要求公众为公共支出以及公共建设项目融资,尽可能公平地分摊税负压力,同时也有效建立了分类,增长了知识,还增强了民主透明度。

无论如何,库兹涅茨收集的数据让他得出了当时美国各阶层收入占国民总收入的比重(百分比)的变化过程。他到底发现了什么?他注意到,1913~1948年,美国收入不平等突然减少。更加奇怪的是,在此期间伊始,高收入人群(即美国收入最高的10%人群)年收入总额占全国年收入总额的45%~50%,但是在20世纪40年代末期,这个数字骤降为约30%~35%。将近10个百分点的跌幅足以引起大家的关注,因为这基本相当于美国最穷50%人口总收入的一半。[13]这样看来,收入不平等显然减轻了。这个现象相当重要,它对学术机构以及国际组织之间就战后经济进行辩论产生了巨大的影响。

马尔萨斯、李嘉图、马克思以及其他许多经济学家在数十年对于收入不平等的讨论中,从未采用过任何数据或不同时期相互比较的方法。这是客观数据第一次成为主角。尽管信息并不完全,但仍然有其可取之处。而且编制工作变得有据可查:库兹涅茨在1953年发表的那篇有分量的著作中,每一个微小的细节都有明确的数据来源以及方法依据,这样他的演算过程就变得可以复制。除此之外,库兹涅茨还得出了一个喜人的结论:收入差距在缩小。

库兹涅茨曲线:冷战期间的福音

事实上,库兹涅茨自己也对美国1913~1948年高收入人群的减少表示非常意外。这一现象主要是由于"大萧条"时代和第二次世界大战后的多重冲击造成的。他在1953年的著作中对此进行了详细论述,同时警示读者不要轻率地进行归纳。但是作为美国经济学会的主席,在1954年12月的底特律会议中,相比于1953年,他给出了对这一结果较为乐观的解读。此次演讲在1955年公开发表,名为"经济增长与收入不平等",这使得"库兹涅茨曲线"理论受到广泛关注。

根据该理论,任何情形下的不平等都可以用"钟形曲线"来解释。换句话说,在工业化和经济发展的进程中,收入不平等必然会出现先扩大后缩小的过程。库兹涅茨认为,第一阶段收入不平等的自然增长与工业化的早期阶段相关联(对美国来说大概是19世纪),紧随其后的是一个不平等大幅减少的阶段(对美国来说是从20世纪上半叶开始的)。

库兹涅茨1955年的文章很有启发性。他提醒读者谨慎解读各项数据文件,注意外部冲击对于近期美国收入不平等减缓的重要作用。同时,库兹涅茨还透露,撇开任何政策干预和外部冲击不谈,经济发展的内在逻辑也可以产生相同的结果。工业化早期,收入不平等情况的加剧是因为只有少部分人从工业化带来的新财富中获益;后来,随着进一步发展,收入不平等自动减缓是因为有越来越多的公众参与分享

经济增长的丰硕成果。¹⁴

　　工业化发展的"高级阶段"被认为是起源于19世纪末或是20世纪初的工业化国家，而可以看到美国收入不平等在1931~1948年出现减缓，这因此被描绘成一种理论上可以被其他国家复制的普遍现象，包括那些在后殖民时期陷入贫困的欠发达国家。库兹涅茨在1953年书中使用的数据，突然间变成了强有力的政治武器。¹⁵ 他清楚地知道自己的推断只是纯理论性的。¹⁶ 然而，在主席演讲中，对在场所有美国经济学家展示这样一个振奋人心的乐观理论，每位听众都会愿意去相信这位德高望重的领袖并将他的理论广为传播。库兹涅茨本人也发挥着自己的影响力，"库兹涅茨曲线"从此诞生了。为了保证每一位听众能够完全理解自己的理论，他认真地提醒他们，此次乐观预测的主要意图非常简单，仅仅是为了推动欠发达国家"并入自由发展的轨道"。¹⁷ 库兹涅茨曲线很大程度上可以被看作是冷战的产物。

　　为了避免误解，这里要强调的是，库兹涅茨建立的第一个美国国民账户数据库和第一个历史序列不平等测量模型都是极为重要的，通过阅读他的书（而非他的文章），我们可以清晰地读出他所分享的真正的科学伦理。另外，"二战"以后发达国家的高增长率是一个非常令人瞩目的现象，另一个更加重要的现象是社会各个阶层都充分享受了此次增长的红利。不难理解，"辉煌30年"培养了一定程度的乐观主义情绪，而19世纪关于财富分配的末日预言则变得无人问津了。

　　然而，神奇的库兹涅茨曲线理论的产生在很大程度上是基于错误的原因，并且它的实证基础十分薄弱。1914~1945年我们所观测到的在几乎所有发达国家发生的收入不平等的锐减，总体上都是源于前文所述的世界大战和这些国家（尤其是当时那些国家里拥有巨额财富的人们）所遭受的剧烈的经济政治冲击。这与库兹涅茨所描述的跨行业流动这一平静的过程几乎没有什么关系。

把分配问题重新置于经济分析的核心

这一问题很重要,而且不仅仅是基于历史原因。自从20世纪70年代以来,收入不平等在发达国家显著增加,尤其是美国,其在21世纪头十年的收入集中度回到了(事实上甚至略微超过了)20世纪的第二个十年。因此,理解在此之前的一段时间收入不平等为何以及如何下降至关重要。可以肯定的是,贫穷国家和新兴国家的高速发展,特别是中国,很可能会被证明是一种在全球层面减少不平等的有效力量,这与1945~1975年发达国家的发展情况类似。但是这一过程在新兴国家产生了深深的焦虑,在发达国家产生的焦虑则更甚。此外,最近几十年在金融、石油、房地产市场观察到的令人印象深刻的经济失衡,自然引起人们对于索洛和库兹涅茨"平衡增长路径"必然性的怀疑,他们认为所有经济变量都以相同的速率在变化。到2050年或2100年,世界会被交易员、高层管理者和超级富豪所拥有,还是会被石油生产国抑或中国的银行所拥有?又或者世界可能将被避税天堂所拥有,因为上述角色中会有许多去那里寻求庇护。如果不问谁会拥有什么,而只是从一开始便假定经济增长在长期是自然而然"平衡"的,这种想法是很荒谬的。

在某种程度上,我们在21世纪初所处的阶段就好似我们的先辈在19世纪初的状况:我们正在见证全球经济的骄人变化,并且很难知道这些变化的广度,或者说几十年之后全球财富在一国内或多国间将如何分配。19世纪的经济学家将分配问题置于经济分析的核心地位并致力于研究其长期趋势,这一做法值得称道。他们的答案并不总是令人满意的,但至少他们提出了正确的问题。我们没有任何理由相信增长是自动平衡的。我们从很早起就应该把收入不平等的问题重新置于经济分析的核心,并提出19世纪就已经出现的类似问题。长久以来,经济学家们都忽视了财富分配,部分是由于库兹涅茨的乐观结论,部分是由于对以所谓"代表性行为人"为基础的简单数学模型的过度热情。[18] 如果不平等问题重新成为中心议题,那我们就必须开始收集足够广的历史数据,以便更好地理解过去和现在的趋势。只有通过耐心地梳理事实,建立样本,再在不同的国家间进行比较,我们才有希望识别出发生作用的机制并对未来有一个更加清晰的预见。

本书的数据来源

这本书主要基于两大类数据,对财富分配的历史动态进行了研究:一类是关于收入不平等和收入分配的数据,一类是关于财富分配和财富—收入关系的数据。

首先是收入。很大程度上,我的工作只是突破了库兹涅茨之前的研究在时间和空间上的局限性,他对于美国1913~1948年收入不平等演化的研究是开创性的。通过这种方式,我能够把库兹涅茨(已经相当精准)的发现置于更广阔的视角,从而从根本上挑战他对于经济发展和财富分配关系的乐观理解。奇怪的是,从来没有人系统地继续从事库兹涅茨的工作。毫无疑问,这部分是由于关于税收记录的历史研究和统计研究陷入了一种"学术无人区":它对于经济学家来说过于偏向历史学,而对于历史学家来说又过于偏向经济学。这非常遗憾,因为收入不平等的动态研究只能基于长期视角,且也只有通过利用税收记录来进行。[19]

我首先将库兹涅茨的方法拓展到法国,并将研究成果发表在2001年出版的一本书上。[20] 之后我与几个同事合作,其中最重要的伙伴是安东尼·阿特金森(Anthony Atkinson)和伊曼纽尔·赛斯(Emmanuel Saez)。在他们的帮助下,我将研究范围覆盖到了更多的国家。安东尼·阿特金森观察了英国和其他一些国家的情况，我们一起编了两本书，分别在 2007 年和 2010 年出版，在书中我们阐述了全世界大约 20 个国家的研究结果。[21] 和伊曼纽尔·赛斯一道，我将库兹涅茨关于美国的数据延伸了近半个世纪。[22] 赛斯自己也在关注其他一些主要国家，比如加拿大和日本。许多其他研究者也贡献了力量：法昆多·阿尔瓦雷多（Facundo Alvaredo）研究了阿根廷、西班牙和葡萄牙；法比安·德尔（Fabien Dell）研究了德国和瑞士；阿皮季德·巴纳吉（Abhijit Banerjeee）和我对印度进行了研究。在钱楠筠（Nancy Qian）的帮助下，我对中国进行了研究，等等。[23]

在每个具体案例中，我们试图使用相同类型的数据、同样的方法和概念。收入最高的 10% 和 1% 人群的数据是根据申报收入的税收数据估算出来的（通过调整各种方法以确保数据和概念在时间和地理上的同质化）。国民收入和平均收入来自国民经济核算数据，在某些情况下需要被充实或扩展。总体来说，我们的数据序列起始于每个国家所得税建立的时候（通常是在 1910~1920 年，但是日本、德国等国家则早在 19 世纪 80 年代就建立了，而另外一些国家则会晚些）。这些数据序列会定期更新，在写作此书时数据已经被拓展到 21 世纪头十年。

最终，通过全世界大约 30 个研究者的共同努力，我们建立了世界顶级收入数据库，一个关于收入不平等演变过程的最大的历史数据库，同时也是本书数据的主要来源。[24]

本书第二个重要的数据来源，也是我实际上要在书中首先引用的，是关于财富的数据，包括财富的分配以及财富与收入的关系。财富也会产生收入，因此也是收入研究的重要一面。实际上，收入包含两部分：劳动收入（工资、薪金、奖金、工资以外劳动所得，以及其他法定划分为与劳动有关的报酬）和资本收入（租金、股利、利息、利润、资本所得、版权所得,以及其他因拥有以土地、房地产、金融工具、工业设备等形式存在的资本所带来的收入,这里再次忽略精确的法律划分)。WTID数据库包含了大量资本收入在20世纪演变过程中的信息。然而,寻找与财富直接相关的数据来源以完善此类信息还是非常必要的,这里我依赖于三种不同类型的历史数据和方法,它们是互为补充的。[25]

首先,正如所得税申报表可以帮助我们研究收入不平等的变化一样,地产税申报表可以帮助我们研究财富不平等的变化。[26] 罗伯特·兰普曼在1962年引入这一方法来研究美国1922~1956年的财富不平等问题。后来,1978年安东尼·阿特金森和艾伦·哈里森研究了英国1923~1972年的财富不平等问题。[27] 这些结果最近被更新和扩展到其他国家(如法国和瑞典)。不幸的是,相对于收入不平等来说,研究财富不平等具备可用数据的国家更少。然而,在少数情况下,地产税可回溯到更久远的时代,通常到19世纪早期,因为地产税早在所得税之前就出现了。比如我自己就收集了法国政府在不同时期采集的数据,并与吉勒斯·波斯特尔-维奈(Gilles Postel-Vinay)和让-劳伦·罗森塔尔(Jean-Laurent Rosenthal)一起共同创立了一个巨大的个人地产税申报表的集合,有了它就可以建立自法国大革命以来关于法国财富集中度的同质数据集。[28] 这样,我们可以在一个更广泛的背景下观察第一次世界大战带来的冲击,而不仅仅局限于收入不平等的数据所能提供的(该数据最早只能追溯到1910年左右)。杰斯珀·罗伊内(Jesper Roine)和丹尼尔·瓦尔登斯特伦(Daniel Waldenström)基于瑞典历史资料的研究工作同样很有启发性。[29]

基于财富和遗产的数据,我们还可以研究财产继承和储蓄在财富构成中的相对重要性的变化以及财富不平等的动态过程。在这方面,我们对法国案例进行了非常完整的研究:由于法国具备非常丰富的历史资料,所以在观察长期以来继承模式的变化上具有独特的优势。[30] 我和我的同事在不同程度上都将这项工作拓展到了其他国家,尤其是英国、德国、瑞典和美国。由于财富不平等是来源于继承财产还是储蓄会对其重要性产生不同的影响,因此这些材料在这项研究中至关重要。在这本书中,我不仅关注不平等的水平本身,也会更大程度上关注不平等的结构,即社会群体间收入和财富差距的来源,以及用以保护或谴责那些差距的各种经济、社会、道德和政治评判体系。不平等本身未必是坏事,关键问题是判断它是否为正当的,是否有存在的理由。

最后,我们还可以使用数据来衡量在很长一段时间内的国民财富总量(包括土地、其他房地产以及产业和金融资本)。我们可以依据每个国家国民收入需要积累的年数去衡量这一国的国民财富。这种全球性的资本/收入比研究有其局限性。我们总是更希望能同时分析个体层面的财富不平等,以及度量继承财产和储蓄在财富形成中的相对重要性。然而,我们可以通过资本/收入比对资本在整个社会中的重要性有个总括性的认识。而且在一些情况下(尤其在英国和法国),我们可以通过收集和比较不同时期的估算值,将分析回溯到 18 世纪早期,来观察工业革命与资本历史的相关性。我将依据我和加布里埃尔·楚克曼(Gabriel Zucman)近期收集的历史数据来实现这一研究。[31] 广义来说,这个研究仅是雷蒙德·戈德史密斯(Raymond Goldsmith)对于 20 世纪 70 年代国家资产负债表研究工作的延伸和归纳。[32]

与之前的研究相比,本书的亮点之一是我致力于收集尽可能完整和一致的历史资料,用以研究长期收入和财富分配的动态过程。从这个目标的实现上看,我相较于以前的作者们有两个优势:首先,与之前的书相比,本书自然得益于更长的历史视角(直到 21 世纪数据收集渠道大幅度增加之前,一些长期的变化表现得不明显,这很大程度上归因于世界大战所带来的冲击持续了较长的一段时间）；其次，计算机技术的进步使我们更容易收集和处理大量的历史数据。

虽然我不想夸大技术在思想史上的作用，但纯技术问题还是值得片刻的思考。客观地说，在库兹涅茨时代处理大量的历史数据要比今天困难得多。直到 20 世纪 80 年代，在很大程度上仍然是这样。在 20 世纪 70 年代，当爱丽丝·汉森·琼斯（Alice Hanson Jones）收集美国殖民时期房产库存信息，而艾德琳·多马尔（Adeline Daumard）在从事 19 世纪的法国房产记录工作时[33]，他们的工作主要依靠手工，即使用索引卡片。今天，当我们再次拜读他们杰出的工作成果——弗朗索瓦·斯密纳德（François Siminad）关于 19 世纪工资演变方面的工作、欧内斯特·拉布鲁斯（Ernest Labrousse）关于 18 世纪物价和收入历史方面的工作，或是让·布维尔（Jean Bouvier）和弗朗索瓦·菲雷（François Furet）关于 19 世纪利润变化趋势的工作——很明显这些学者为了汇编和处理他们的数据不得不克服了大量的技术困难。[34] 在许多情况下，他们需耗费大量精力来解决技术上的难题，然后才能进行分析和解读，尤其是在进行跨国、跨时间段数据对比时，这对他们的技术能力提出了极高的要求。比起过去，如今研究财富分配的历史已经容易得多。本书极大地得益于研究技术的最新进展。[35]

本书的主要研究成果

这些新颖的史料指引我得到的主要结论都是什么？第一，每个人都应该警惕任何关于财富和收入不平等的经济决定机制。财富分配的历史总是深受政治影响，是无法通过纯经济运行机制解释的。尤其是在 1910~1950 年，在大部分发达国家发生的不平等的减少主要是源于战争以及为应对战争冲击而出台的一系列政策。同样，1980 年以后不平等的重现很大部分是源于过去几十年，尤其针对税收和金融方面的政治转变。经济、社会和政治力量看待"什么正当，什么不正当"的方式，各社会主体的相对实力以及由此导致的共同选择——这些共同塑造了财富与收入不平等的历史。不平等是所有相关力量联合作用的产物。

第二个结论，也是本书的核心：财富分配的动态变化表明，有一个强大的机制在交替性地推动着收入与财富的趋同与分化。此外，那些长期存在的促进不稳定和不平等的力量并不会自动减弱或消失。

首先考虑促进趋同（即促进不平等的减少）的机制。趋同的主要力量是知识的扩散以及对培训和技能的资金投入。供需法则和这一法则的变体——资本和劳动力的流动——也通常会促进财富与收入的趋同，但其影响力没有知识和技能的扩散那么大，并且它的含义经常模棱两可或自相矛盾。知识和技能的扩散对于整体生产率的增长和一国内与各国间不平等的削减起着关键性的作用。以中国为代表的很多曾经的贫穷国家如今所取得的进步就印证了这一点。这些新兴经济体正在赶超发达国家。通过采用发达国家的生产方式、获取其他地区所具备的同等技能，欠发达国家的生产率获得了跨越式发展并增加了国民收入。贸易边界的开放可能进一步促进了技术的融合，但技术融合本质上仍是一个知识（最好的公共品）扩散和分享过程，而不是一种市场机制。

从严格的理论角度来看，可能还存在其他力量推动更进一步的平等。例如，可以假设生产技术往往随着时间的推移要求工人掌握更多技能，因此劳动收入占国民收入的比重将随着资本收入比重的下降而上升；这可以被称为"人力资本上升假说"。换句话说，技术的进步理应导致人力资本较之于金融资本和房地产的胜利、有能力的管理者对股东大亨的胜利、技术实力对裙带关系的胜利。不平等将因此变得更加精英化和更不稳定（虽然未必会缩小），经济理性就会在某种意义上自动引发民主理性。

当前另一个乐观的观点是，得益于近年人均寿命的延长，"阶级斗争"将自动让位于"代际斗争"（后者的分裂属性较弱，因为每个人都是先年轻后年老）。换句话说，这一无法回避的生理事实应意味着财富的积累和分配不再预示着食利者群体和无产者群体（除了劳动力便一无所有）间不可避免的冲突。现在人们的普遍逻辑是"储蓄的生命周期"理论：人们在年轻时积累财富以用于老年时期。因此该理论认为医学的进步和生活条件的改善已完全改变了资本的本质。

不幸的是，这两种乐观的观点（"人力资本假说"和"代际斗争替代阶级斗争假说"）很大程度上都不现实。这些转变在逻辑上是可能的，并在某种程度上也是真实的，但是其影响力远远不如人们想象的那样。没有证据表明劳动收入占国民收入的比重在很长一段时间内有显著增加，非人力资本在21世纪看起来与在18或19世纪一样不可或缺，并且没有任何理由表明它为何不会变得更加不可缺少。而且现在和过去一样，财富不平等主要存在于同龄人之间；在21世纪初期，继承财产将起到近乎决定性的作用，这与巴尔扎克在《高老头》中描述的状况一样。在很长一段时间内，推动更进一步平等的主要力量仍是知识和技能的扩散。

趋同的力量与分化的力量

一个至关重要的事实是，无论传播知识和技能的力量有多么强大，特别是在促进国家之间的趋同过程中，它都可能被强大的敌对力量阻挠和击溃，从而导致更大的不平等。很明显，缺乏足够的培训投入会使整个社会群体无法从经济增长中受惠；增长可以在惠及一些群体的同时伤害其他人（近期中国劳动者取代更发达国家劳动者就是最好的证明）。简而言之，趋同的主要力量（即知识和技能的扩散）只是部分自然和自发的，它同样很大程度依赖于教育政策、获得培训和适当技能的途径以及与之相关的机构。

在这项研究中，我将特别关注某些令人不安的导致分化的力量，尤其不安的是这些力量甚至可以在这样一个对技能有足够投入，并且满足所有"市场有效性"（按经济学家理解的含义那样）条件的世界中存在。这些分化的力量都有哪些呢？第一，高收入者的收入要远远高于其他人（尽管到目前为止仍只在相对小范围内存在这一问题）。更重要的是，当经济增长疲软而资本回报高的时候，在财富积累和集中的过程中会伴随着一系列的分化力量。而这个因素要比第一个因素的影响更大，它也无疑是导致长期财富分配不平等的主要因素。

让我们直接切入问题的核心：在图 I.1 和图 I.2 中，我展示了两种基本情形，在接下来的章节中我将详细解释。每个图都展现了某个分化过程的重要性。两个图都描画了"U形曲线"，即不平等在一个时期减少后紧接着在另一个时期有所增加。有人可能会认为这两个图代表的现实是相似的。实际上它们不同。各种曲线背后的现象有很大的不同，并且涉及不同的经济、社会和政治进程。此外，图 I.1 中的曲线代表了美国的收入不平等，而图 I.2 中的曲线则描绘了一些欧洲国家的资本/收入比（日本与之类似，虽然没有图示）。两股分化力量最终在 21 世纪走到一起并不是不可能的。在某种程度上这已经发生了，也可能继而成为一个全球性的现象，这将导致不平等的程度达到前所未见的水平，并催生一个全新的不平等结构。然而，迄今为止，这些惊人的形态反映了两种不同的基本现象。

图 I.1 中美国的曲线表明了 1910~2010 年美国收入前 10% 人群的收入占国民收入的比重。这只不过是库兹涅茨针对 1913~1948 年这段

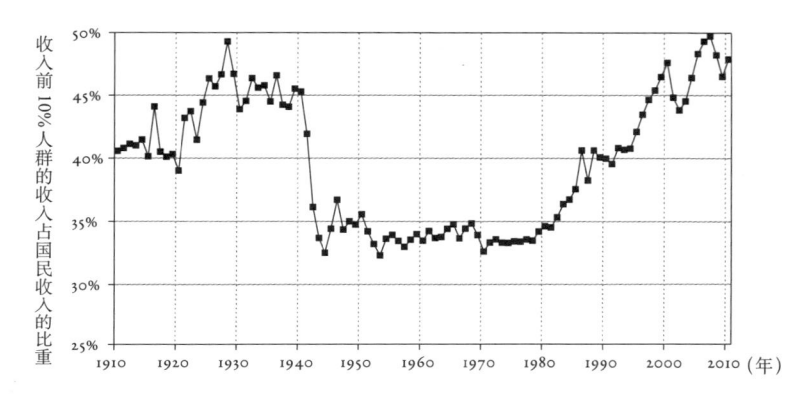

美国收入前 10% 人群的收入占美国国民收入的比重从 1910~1920 年的 45%~50% 下降到 50 年代的不足 35%（这一下降被库兹涅茨记录在案）；之后该比重从 70 年代的不足 35% 上升到 2000~2010 年的 45%~50%。

图I.1　1910~2010 年美国收入不平等

资料来源：piketty.pse.ens.fr/capital21c

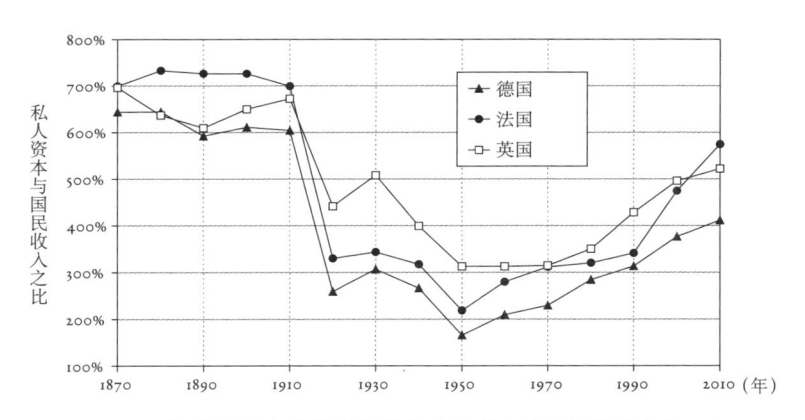

1910 年欧洲私人总财富的价值大约是 6~7 年的国民收入，在 1950 年价值约为 2~3 年的国民收入，在 2010 年价值为 4~6 年的国民收入。

图I.2　1870~2010 年欧洲资本/收入比

资料来源：piketty.pse.ens.fr/capital21c

时期建立的历史序列的延伸。收入前10%人群在20世纪前10年到20年代拥有了45%~50%的国民收入，在20世纪40年代结束前该比例降到了30%~35%。随后的1950~1970年，不平等程度一直稳定在该水平。到了20世纪80年代，我们看到不平等迅速增加，直到2000年美国的高收入阶层水平已回到占国民收入的45%~50%。这一变化幅度令人印象深刻。我们自然会想知道这样一个趋势将持续多久。

我将说明不平等的这一惊人增长很大程度上反映了高阶劳动收入的空前激增，大公司高级管理者在收入上将其他人远远甩在了身后。一个可能的解释是，这些高级管理者的技能和生产率较其他工人有了突飞猛进的增长。另一个解释是，这些高级管理者拥有制定自己薪酬的权力。这种权力在某些情况下没有限制，在更多的情况下与他们的个人生产率没有任何明确的联系，而在大型组织里个人生产率在任何情况下都难以有效评估。第二种解释在我看来更加合理，并且结果与证据更一致。这一现象最为显著的是在美国，在英国则程度轻一些，也许我们可以通过这两个国家过去一个世纪的社会和财政历史来解释它。在其他发达国家（如日本、德国、法国和其他欧洲大陆国家），这一趋势不是那么明显，但趋势的走向是相同的。后面我们会对这一现象进行全面的分析，预计这一现象在其他地方也会达到美国那样的程度——不幸的是，由于可用数据的限制，要做到全面分析并非如此简单。

分化的根本力量：$r>g$

在图I.2中呈现的第二种情形，反映了在某种程度上更简单和透明的分化机制，并且其无疑对财富分配的长期演化产生了更大的影响。图I.2显示了1870~2010年英国、法国和德国以国民收入的年数表示的私人财富总额（包括房地产、金融资产和专业资本、净债务）。首先注意欧洲19世纪末的私人财富所处的较高水平：私人财富总量约为6~7年的国民收入，这是相当可观的。之后由于1914~1945年的冲击，这一数量急剧下降到只有2~3年国民收入水平。然后我们观察到，英国和法国自1950年以来该比率稳步上升，并且势头猛烈，以至于21世纪初的私人财富似乎即将回到5~6年的国民收入水平。（德国的私人财富一开始保持在较低的水平，现在的总体水平仍较低，但是上升的趋势一样很明显。）

这个U形曲线反映了一个至关重要的转变，它将在我们的研究中大量出现。我将特别说明，过去几十年较高的资本/收入比带来的收益，在很大程度上是由于相对缓慢的经济增长造成的。在增长缓慢的经济体中，过去的财富自然变得极其重要，因为只需要储蓄其中的一小部分所带来的收益就能大大增加财富总量。

此外，如果资本收益率仍在较长一段时间内显著高于经济增长率（这种情况在增长率低的时候更有可能发生，虽然并不会自发产生），那么财富分配差异化的风险就变得非常高。

这个根本性的不平等现象将在这本书中占据一个关键角色，我将它表达为 $r>g$（这里 r 代表资本收益率，包括利润、股利、利息、租金和其他资本收入，以总值的百分比表示；g 代表经济增长率，即年收入或产出的增长）。在某种意义上，它囊括了我所有结论的整体逻辑。

当资本收益率大大超过经济增长率时（这种情况在19世纪前一直存在，并也有可能在21世纪再次出现），从逻辑上可以推出继承财富的增长速度要快于产出和收入。继承财产的人只需要储蓄他们资本收入的一部分，就可以看到资本增长比整体经济增长更快。在这种情况下，相对于那些劳动一生积累的财富，继承财富在财富总量中将不可避免地占绝对主导地位，并且资本的集中程度将维持在很高的水平上，这一水平可能有违现代民主社会最为根本的精英价值观和社会公正原则。

另外，这一分化的基本力量可以通过其他机制增强。例如，如果一个人的财富增加，那么其储蓄率可能会随之大幅提升。[36] 或者，更重要的是，当一个人初始资本禀赋更高时，平均实际资本收益率可能就会更高（这一现象已越来越普遍）。由于资本收益率是不可预测的，财富可以以多种方式增加，因此这也构成了对传统精英模式的挑战。最后，李嘉图的稀缺性原则将进一步强化所有这些不平等促发因素：房地产或石油的高价格可能会加剧结构性的分化。

总结一下到目前为止所谈及的内容：在财富积累和分配的过程中，存在着一系列将社会推向两极分化或至少是不平等的强大力量。同样存在趋同的力量，并且在某些国家、某段时间，这些力量可能会占优势，但是分化的力量在任何时候都可能重新占据上风，正如现在21世纪初似乎正在发生的一样。未来几十年内人口和经济增长率可能减慢，从而使得不平等趋势更令人担忧。

我的结论不如马克思的无限积累原则和永恒分化原则所暗示的那样具有灾难性（马克思的理论实际上建立在长期生产率增长为零的严格假设之上）。在我采用的模型中，财富分化不是永恒的，只是未来几种财富分配可能走向中的一种。但是，这些可能性并不令人振奋。具体来说，重要的是要注意我的理论中分化的主要力量：$r>g$ 的根本性不平等，它与任何形式的市场缺陷都无关。而恰恰相反，资本市场越完善（以经济学家的角度），$r>g$ 的可能性就越大。我们可以设计一些公共制度和政策来应对这一逻辑的负面影响，例如，设立全球累进资本税。但是这类制度和政策的设立在相当大程度上需要密切的国际协作。不幸的是，针对这一问题的实际回应（包含各国自身的回应）在实践中并不那么乐观。

导 言

本书研究的地理和历史界限

这项研究的地理范围和历史界限是什么？我会在力所能及的范围内，探究自18世纪以来世界各国间及一国内财富分配的动态变化过程。本书的第一部分是关于国家间产出和收入的分配，我们将对1700年之后全球各国的数据进行研究（这尤其得益于安格斯·麦迪森所汇总的国民账户数据）。第二部分我们主要研究资本/收入比以及资本—劳动划分，由于缺乏足够的历史数据，我只能主要关注发达国家并继而外推到贫穷国家和新兴国家。第三部分审视了收入和财富不平等的演变过程，同样受到有限可用资料的约束，我利用WTID数据库的数据努力做到囊括尽可能多的贫穷国家和新兴国家，这个数据库致力于最大限度地覆盖五个大洲所有国家的数据。然而，发达国家对长期趋势的数据有更加完备的记录。坦白地说，这本书的研究主要依赖于几个领先发达国家的历史数据：美国、日本、德国、法国和英国。

英国和法国的案例在研究过程中显得尤为重要，因为这两个国家有最完整的长期历史数据。我们拥有多个关于英国和法国早至18世纪初期国家财富规模和结构的估算值。这两个国家同样是19世纪和20世纪初期主要的殖民和金融势力。因此，如果想要弄明白自工业革命以来全球财富分配的动态变化，研究它们就十分重要。它们的历史对于研究第一次金融贸易全球化（1870~1974年）尤其不可或缺，这一时期与自20世纪70年代以来的"第二次全球化"在很多方面十分类似。第一次全球化时期存在惊人的不平等，但那个时期也一样令人着迷。它不仅见证了电灯的发明，也同样见证了远洋游轮的全盛期（泰坦尼克号在1912年起航）、电影广播和电台的出现以及汽车和国际投资的兴起。注意，举个例子，直到21世纪来临之际，发达国家的股市总市值相对于国内生产总值的水平才恢复到法国和英国20世纪初的水平。这个比较对于理解当今世界非常有启发性。

我如此强调研究法国案例的重要性，有些读者肯定感到惊讶，而且可能会怀疑我有民族主义倾向。我要声明，这么做的其中一个原因与历史资料有关。法国大革命并没有创造一个公正或理想的社会，但它让我们开始能够观察财富结构的各个细节，这是前所未有的。18世纪90年代建立起来的用土地、房屋和金融资产来记录财富的体系在当时来说是非常时髦和全面的。正是法国大革命使得法国在长期以来拥有世界上最丰富的房地产记录。

第二个原因是，法国是第一个经历人口转型的国家，在某些方面，它是观察其他国家将会发生什么的一个很好的参照。尽管在过去的两个世纪里法国的人口有所增长，但增长率却相对较低。大革命时期，法国的人口仅为3 000万，而如今已略微超过6 000万——它还是原来那个国家，人口的数量级从未改变。与之相比，美国在《独立宣言》时期的人口才300万，到1900年达到了1亿，而如今已超过3亿。当一个国家的人口从300万增长到3亿（更不必说19世纪西进运动带来的领土的迅猛增长），它已经不是原来的那个国家了。

一个人口以100倍速度增长的国家与一个人口仅仅翻倍的国家相比，不平等的动态和结构是非常不一样的。特别是，继承的因素在前者中远远没有其在后者中重要。正是新大陆的人口增长使得继承财富在美国的作用总是小于其在欧洲的作用。这也解释了为什么美国不平等的结构会如此特殊，美国不平等和社会阶层的表现同样如此。但这也说明美国的例子在某种意义上并不具有普遍性（因为世界人口在未来的两个世纪不可能会成百倍地增长），而法国的例子更为典型，对于了解未来也有更大的参考意义。我深信，对法国案例的详细分析，以及对于在欧洲、日本、北美和大洋洲等其他发达国家观察到的各式各样历史轨迹的一般性分析,可以告诉我们很多全球财富的未来动态,包括中国、巴西和印度等新兴经济体,毋庸置疑这些新兴经济体未来的人口及经济增长会减慢(因为它们已经经历过快速增长)。

最后,法国的例子很有趣的一个原因是法国大革命——出色的"中产阶级"革命——很快建立了一个关于市场法律平等的典范。研究这个典范如何影响财富分配的动态是一件很有意思的事情。尽管1688年的英国革命建立了现代议会制度,但它仍然保留了英国皇室、不动产的长子继承权(20世纪20年代才废除)以及世袭贵族的政治特权(英国上议院的改革还在讨论当中,就目前来说有一点儿晚了)。尽管美国革命建立了共和制,它仍然允许奴隶制存在了近一个世纪,种族歧视的合法性持续了接近两个世纪。种族问题仍然对当今美国的社会问题有着或多或少的影响。在某种程度上,1789年的法国大革命要更加激进,它废除了所有的法律特权,并力图建立一种权利和机会完全平等的政治和社会秩序。在物权法和契约自由原则(至少是对男人来说)出现之前,《法国民法典》确保了绝对的平等。19世纪晚期,保守派的法国经济学家(如保罗·勒鲁瓦-博利厄)经常用这个理由来解释为什么共和主义的法国——即一个通过大革命创造了平等主义、由"小型房产业主"组成的国家——不需要征收累进制或没收式的所得税或房产税,这与贵族式的和君主制的英国大不相同。然而,数据表明,在那时的法国,财富集中度并不比英国低,这清晰地说明了市场上权利的平等不能保证所有权利的平等。这里再次表明,法国的经历与现代社会非常相似,正如勒鲁瓦-博利厄一个多世纪前认为的那样,现在很多评论员仍然相信,更受保障的财产权利、更加自由的市场以及更加纯粹和完全的竞争就足以确保一个社会的公正、繁荣及和谐。不幸的是,这并没有那么简单。

本书的理论和概念框架

在继续之前,我想再多说一些本书的理论和概念框架,以及引导我写这本书的一个思维过程。

我属于这样一代人:1989年我18周岁,那一年不仅仅是法国大革命的二百周年,还是柏林墙倒塌的一年。我们这一代见证了苏联解体,并且对于这种政治制度或者对于苏联没有丝毫的喜爱和怀念。我一向对"反资本主义"那些传统而粗糙的论调免疫,有些论调直接忽略了共产主义运动在历史上的失败,很多则与超越它所必需的理性手段背道而驰。我没有兴趣去谴责不平等和资本主义本身——特别是,只要是合乎情理的,社会不平等本身并不是一个问题,正如1789年《人权宣言》第一条宣告的,"基于公共福祉的社会差异"。(尽管这个社会公正的定义不严密但吸引人,它根植于历史。我们暂且接受它,我随后会重新回到这个问题上。)相比之下,毫不谦虚地说,我更热衷于讨论组建社会的最优方式,以及建立一个公正的社会秩序所需要的最合适的制度和政策。此外,我希望看到在法律框架下实现有效而高效的公平正义,法律应该平等地适用于所有人,并且是通过民主辩论而形成的大众都能理解的法规。

也许我还应该补充一点,在我22岁的时候,我体验了一次"美国梦",那时候我刚获得博士学位,受聘于波士顿附近的一所大学。从很多方面来说,这次经历对于我来说都是决定性的。这是我第一次踏足于美国土地,且我的工作很快得到认可,这种感觉非常好。这是一个懂得在它需要时如何去吸引移民的国家!但是,到我25岁的时候,我很快意识到我想要回到法国和欧洲。从那时起,除了一些短期的旅行,我再也没有离开过巴黎。我做出这个选择的一个重要原因与这本书有直接关系:我发现美国经济学家的工作并不是那么有说服力。诚然,

导 言

他们都非常聪明,我在那个时期也结交了许多好友。但有些事情很奇怪:我清楚地认识到,我对世界经济问题一无所知。我的论文都是由一些相对抽象的数学定理组成,但同行们都喜欢我的工作。我迅速认识到,自库兹涅茨之后,再也没有同行花精力去收集不平等的动态变化的历史数据,反而是在不知道要解决什么问题的情况下,大量生产纯理论的成果,并期望我也这么做。回到法国后,我开始收集这些缺失的数据。

坦率地说,目前的经济学科不惜牺牲历史研究,牺牲与其他社会科学相结合的研究方法,而盲目地追求数学模型,追求纯理论的、高度理想化的推测。这种幼稚的做法应该被摒弃了。经济学家们往往沉浸于琐碎的、只有自己感兴趣的数学问题中。这种对数学的痴迷是获取科学性表象的一个捷径,因为这样不需要回答我们所生活的世界中那些更复杂的问题。在法国做一个理论经济学家有个很大的优势:在这里,经济学家并没有受到学术界以及政界、金融界精英的高度重视,因此他们必须撇开对其他学科的轻视以及对于科学合理性的荒谬要求,尽管事实是他们对任何事情几乎都一无所知。无论如何,这正是这一门学科和所有社会科学的魅力所在:从零开始更有希望获得重大进步。我认为,在法国,经济学家略微更感兴趣的是如何让历史学家、社会学家以及非学术圈的人们相信,他们在做的事情很有趣(尽管他们并不总是成功的)。我在波士顿教书时的梦想是到法国社会科学高等研究院教书,那里的教员里有好些重要人物,如吕西安·费夫尔(Lucien Febvre)、费尔南·布劳岱尔(Fernand Braudel)、克劳德·列维-施特劳斯(Claude Lévi-Strauss)、皮埃尔·布尔迪厄(Pierre Bourdieu)、弗朗索瓦丝·和瑞提尔(Françoise Héritier)、莫里斯·古德利尔(Maurice Godelier)。自 20 世纪 70 年代起,社会科学已经对财富分配和社会阶级问题丧失了绝大部分兴趣,尽管我对此深感遗憾,但比起罗伯特·索洛，甚至是西蒙·库兹涅茨，我也许更加钦佩上述学者。我敢冒着被认为有些盲目爱国的风险，承认这一点吗？在此之前，关于收入、工资、价格和财富的统计在历史和社会研究中扮演了重要角色。不管怎样，我希望专业的社会科学家和所有领域的业余爱好者都能在这本书中找到有意思的东西，那些声称"对经济学一无所知"但对于收入和财富的不平等有着强烈看法的人，也可以从这本书受益。

事实上，经济学并不应该试图与其他社会科学割裂开来，只有与它们结合起来才能获得进步。社会学科的共同特点是知之甚少却把时间浪费在愚蠢的学科争吵之中。如果想要进一步了解财富分配的历史动态和社会阶级的结构，我们必须采用一种务实的态度，利用历史学家、社会学家、政治学家和经济学家的研究方法。我们必须从基本的问题开始，并试图去回答这些问题。学科争论和地盘之争是没有意义的。在我眼里，本书是部经济学作品，同时也是一部历史学作品。

正如我之前说明的，我的这项工作从收集资料、建立与收入和财富分配有关的历史时间序列开始。在写作的过程中，我有时会借助理论和抽象的模型和概念，但我尽量少这样做，除非这个理论能够加深我们对观察到的变化的认识。举例来说，收入、资本、经济增长率和资本收益率都是抽象的概念——是理论概念而非数理推导得来的确定性概念。然而我会证明这些概念可以帮助我们以有趣的方式来分析历史现实，只要我们对精确性有限的衡量标准保持清醒和批判的态度。我也会使用一些数学公式，例如 $\alpha = r \times \beta$（资本收入比重等于资本收益率和资本/收入比的乘积），或 $\beta = s/g$（资本/收入比在长期内等于储蓄率除以经济增长率）。我希望不精通数学的读者耐心一些，不要马上合上这本书：这些是基本的数学公式，解释起来简单直观，不需要具备专业的技术知识就能理解。不管怎样，我认为，这个很小的理论框架已经足够对所有人都认识到的重要历史发展给出一个详细的解释。

本书概要

本书余下的部分由 4 个部分共 16 个章节组成。第一部分为"收入和资本",包括两个章节,主要介绍了基本的观点,这些观点将在后面的章节里反复出现。具体来说,第一章介绍了国民收入、资本和资本/收入比的概念,并重笔墨描述了全球收入和产出分配的变化过程。第二章详细分析了自工业革命以来人口和产出增长率的演变。本书的第一部分并没有什么新的东西,熟悉这些观点和 18 世纪以来全球增长历史的读者可以直接跳到第二部分。

第二部分为"资本/收入比的动态变化",由 4 个章节组成,这部分的目的是研究 21 世纪资本/收入比的长期演变和全球范围内国民收入在劳动收入和资本收入间的分配前景。第三章回顾了 18 世纪以来的资本变形记,从我们长期以来掌握最多数据的两个国家(英国和法国)的例子说起。第四章介绍了德国和美国的情况。第五、六章在资料允许的情况下,将分析的地理范围扩大到了全球,并试图从这些历史事实中总结出经验,以助于我们预测在接下来的几十年里资本/收入比以及资本—劳动划分可能的演变路径。

第三部分为"不平等的结构",由 6 个章节组成。第七章主要是让读者了解不平等的数量级,包括劳动收入的不平等,以及资本所有权及其收益的不平等。第八章分析了这些不平等的历史动态变化。第九和第十章将分析扩大到了所有我们拥有历史数据(在 WTID 数据库中)的国家,分别看看劳动收入不平等和资本收入不平等。第十一章研究了长时间以来继承财富重要性的变化。最后,第十二章对 21 世纪前几十年财富的全球分配进行了展望。

第四部分为"21 世纪的资本监管",由 4 个章节组成。前三部分主要是阐述事实,并分析观察到的变化产生的原因,而第四部分旨在从前面三个部分总结出政策方面的经验教训。第十三章探讨了适合现状的"社会国家"是怎样的。第十四章在过去经验和近期趋势的基础上,对累进所得税进行了再思考。第十五章描述了适合21世纪情况的累进税制是怎么样的,并将这个理想化的工具和在政治进程中产生的其他管理方式进行了对比,包括欧洲的财产税、中国的资本管制、美国的移民政策改革,以及许多国家的保护主义复兴。第十六章主要解决公共债务问题和当自然资本开始退化时公共资本最优积累的相关问题。

最后要说明的一点。如果在1913年出版一本书叫"20世纪资本论",那是非常狂妄的。我请求读者包涵我,在2013年出版法文版以及2014年出版英文版的时候,给这本书起了"21世纪资本论"这个名字。我非常了解自己没有能力去预测2063年或2113年资本的形式是怎样的。正如我说过以及我将会说到的,收入和财富的历史总是非常政治化的、无规律的,而且是不可预测的。历史会怎么演变取决于社会如何看待不平等,以及采取怎样的政策和制度去衡量和改变不平等。没有人能够预见在接下来的几十年里事情会怎样变化,但是历史的经验是有益的,因为它们可以帮助我们更清楚地看到,在下一个世纪里我们将要面临何种选择以及哪种动态变化会起作用。按理说这本书应该起名为"21世纪初资本论",它的唯一目的是从过去的历史中找到一些通向未来的钥匙。但历史总是能够创造自己的路径,这些过去的经验教训的实际用处还有待考证。我只是将这些历史呈现给读者,并不是说我了解它们所有的意义和重要性。

第一部分 收入和资本

第一章　收入和产出

2012年8月16日，南非警察介入了约翰内斯堡附近马里卡纳铂矿的劳资冲突，冲突双方分别为铂矿的工人以及矿主——总部位于伦敦的隆明公司（Lonmin, Inc）的股东们。警方对罢工者开枪镇压，导致34位矿工身亡。[1] 类似的罢工经常发生，冲突主要源于工资诉求：工人要求将工资翻番，从每月500欧元上涨到每月1 000欧元。经历这一惨痛的人员伤亡事件后，公司最终提议每月加薪75欧元。[2]

这一事件提醒我们（如果我们需要提醒的话），多少产出应作为劳动者的工资，多少产出应该作为所有者的利润？更通俗地说，即劳资双方如何分配生产所得？这一直都是分配冲突的核心问题。在传统社会中，社会不平等的根源及最常见的动乱诱因是地主和农民间的利益冲突，即土地所有者和出卖劳动力的农民之间、收取地租者和缴纳地租者之间的矛盾。工业革命使得劳资冲突进一步恶化，可能是因为与以往相比生产方式转向资本密集型（机器的使用和自然资源的开发远胜以往），也可能是因为对更平等的收入分配和更民主的社会秩序的希冀落空。之后我再阐述这一点。

马里卡纳的悲剧让我想起了早期的暴力事件。1886年5月1日发生在芝加哥的秣市惨案,以及1891年5月1日发生在法国北部富尔米工人区的游行,警察射杀了要求提高薪水而罢工的工人。此类劳动力和资本之间的暴力冲突只属于过去吗?或者说,这也会成为21世纪历史上必不可少的一部分吗?

本书的前两部分将主要阐述18世纪以来全球收入在劳资之间的分配比例及其变化趋势。这里我暂且不谈工人之间(例如普通工人、工程师和厂长之间)的收入差异,以及资本家之间(例如中小股东和大股东或地主之间)的收入差异,这些到第三部分再作讨论。财富分配包含两个维度,一是"要素"分配,这里劳动力和资本被当作是"生产要素",他们被抽象成两个均匀的实体;二是"个体"分配,这会考虑到个体层面上的劳动收入和资本收入的不平等。现实中这两个维度都非常重要。如果不同时分析这两个维度,是不可能完全理解分配问题的。[3]

无论如何,马里卡纳的矿工抗议的不仅仅是隆明公司的超额利润,他们显然还抗议矿场经理的高额工资及其与自己薪酬的差异。[4]事实上,如果资本所有权是平均分配的,并且每一个工人在自身工资的基础上还获得相同的利润份额,没有人会在意收入在利润和工资之间的划分。劳资之间的分立造成了诸多冲突,首要原因是资本所有权的高度集中。财富的不平等,以及由此产生的资本收入之间的不平等,事实上比劳动收入的不平等要大得多。我会在第三部分分析这个现象及其原因。眼下,我暂时假定劳动收入和资本收入的不平等是给定的,并主要分析全球各国的国民收入在资本收入和劳动收入之间的分配。

这里需要明确一点,我并不是要为工人反对所有者的例子辩护,而是想尽可能对现实有一个清晰的观察。资本收入和劳动收入的不平等问题会引起强烈的情绪,它与我们关于什么是公正、什么是不公正的普遍认识是冲突的。因此对于时而由此引发的肢体冲突事件,我们几乎不感到惊讶。对于那些除了劳动力一无所有且生活拮据的人来说（更不要说过着凄惨生活的 18 世纪农民或马里卡纳矿工了），他们很难接受资本的所有者——那些继承了至少一部分财富的人——能够占有这么多由他们的劳动创造的财富这一事实。资本的份额可以很庞大，通常是总产出的 1/4，在类似采矿等资本密集型行业里，有时会达到 1/2，更有甚者，一些地方垄断行业允许资本所有者占有更大的份额。

当然，所有人都明白，如果全部的公司收益都用来支付工资而不留一点儿给利润，那就很难吸引新的投资，至少在目前的经济组织形式下是这样的（诚然，你也可以试想一下其他的组织形式）。此外，也没必要不给那些更倾向于储蓄的人支付薪酬——当然，这里是假设储蓄的差异是造成财富不平等的一个重要原因。要记得，所谓的"资本收入"，其中有一部分可能是"企业家"的劳动收入，而这部分的"劳动"无疑应该与其他形式的劳动同等对待。这个经典的论点值得进一步审视。考虑所有这些因素，怎样才是对资本收入和劳动收入的"正确"划分？我们能保证一个基于"自由市场"和私人财产的经济能魔法般随时随地都实现最优分配吗？在一个理想的社会中，资本收入和劳动收入之间应该如何进行分配？应该如何考虑这个问题？

长期资本—劳动划分：并没有那么稳定

本书正是想要初步回答这些问题，或起码理清大家在争论中提到的专业术语（这种争论似乎是无休止的），为此我们应该先尽可能准确、细致地了解一些事实。我们对 18 世纪以来资本—劳动划分的演变到底了解多少？很长一段时间，大部分经济学家都接受这样一个观点，国民收入中劳动收入和资本收入的相对份额在长期内是非常稳定的，一个普遍接受的数据是劳动收入占 2/3，资本收入占 1/3。而许多教科书也直接采纳了这一观点。[5] 现如今,在有着更广泛的历史视角和新增数据的有利条件下,我们清楚地看到现实远比这要复杂。

首先,资本—劳动划分在 20 世纪的进程中变化很大。相比之下,在 19 世纪则相对变化较少,我在导言部分也提到过(资本收入比重在前半世纪增加,紧接着是轻微的下降,之后是一段时间的稳定)。在 1914~1945 年短短几十年的时间里,经济连续遭受冲击——第一次世界大战、1917 年的布尔什维克革命、"大萧条"、第二次世界大战、随之出台的新的监管和税收政策,以及资本管制——使得资本收入占国民收入的比重在 20 世纪 50 年代降到了历史最低水平。但是,资本很快开始自我增长。资本份额的增长加速了 1979 年玛格丽特·撒切尔在英国的胜利,以及 1980 年罗纳德·里根在美国的胜利,标志着一场保守主义革命的开始。然后 1989 年苏联阵营解体,紧接着 20 世纪 90 年代金融全球化和金融自由化兴起。所有这些事件都标志着政治的转向,从 20 世纪前半叶的方向转变为相反的方向。尽管 2007~2008 年爆发了危机,但到 2010 年,资本繁荣程度已达到 1913 年后的最高点。资本复兴的结果并不全是消极的,在某种程度上,这是自然且有益的发展。但自 21 世纪初开始,它改变了我们对资本—劳动划分的看法,同时也改变了我们对于未来几十年变化趋势的看法。

此外,如果我们以长远的眼光展望 20 世纪以后的情况,那么资本收入与劳动收入的比重保持稳定的观点必须面对这样一个事实,那就是资本自身的性质发生了彻底改变(从 18 世纪的土地和其他不动产变为 21 世纪的产业和金融资本)。这里同样有一个经济学家普遍认可的观点,即现代的经济增长大多取决于"人力资本"的兴起。乍一看,这似乎暗示着劳动收入理应在国民收入中占有更大的份额。我们确实发现长期内劳动收入比重存在增长的趋势,但收益涨势相对要慢一些:在 21 世纪的前几十年,资本收入比重(除去人力资本)比 19

世纪初时小了一些。今天在发达国家资本之所以重要,主要是由于人口增长和生产率增长减慢,同时政治制度也客观上偏向私人资本。

了解这些变化最有效的办法是分析资本/收入比的演变(即资本总量和每年收入流之比),而不是只关注资本—劳动划分(即收入分别分配到资本和劳动的份额)。在过去,学者主要研究后者,主要原因在于缺少充足的数据因而无法再去研究其他问题。

在详细阐释我的研究结果之前,我们最好一步一步来。本书第一部分主要旨在介绍一些基本概念。在这一章的剩余部分,我会首先阐述国内产值和国民收入、资本和劳动、资本/收入比等概念。然后我将看一看工业革命以后收入的全球分配是如何变化的。在第二章,我会分析增长率随着时间的大体演变过程,这对于后续的分析会起到关键作用。

有了前面的铺垫,第二部分开始分析资本/收入比以及资本—劳动划分的动态变化过程。第三章从具备长期数据的英国和法国着手,分析了 18 世纪以来资本构成的变化和资本/收入比的变化,第四章介绍了德国的情况,尤其还介绍了美国的情况,这对于欧洲是一个很好的补充。最后,第五章和第六章试图将分析的范围扩大到世界所有的发达国家,并尽可能扩大到全球。我还试图从 21 世纪的资本/收入比和资本劳动划分的全球动态中归纳出相关的结论。

国民收入的概念

从"国民收入"的概念入手会对我们的研究很有帮助,这个词我接下来会频繁地提到。国民收入是指一年内一国居民可得的所有收入之和(包括所有类型的收入)。

国民收入与国内生产总值(GDP)的概念密切相关,国内生产总值在公开辩论中会经常出现。但是，国内生产总值和国民收入有两个重要的差异。国内生产总值测量的是一年内在一国境内生产的商品和服务的总量。为了计算国民收入，我们需要从国内生产总值中减去生产所用的资本折旧；换句话说，我们需要减去建筑、基础设施、机械设备、车辆、计算机以及其他物品在这一年的损耗。折旧的数额很大（现今在很多国家，折旧的数额接近国内生产总值的10%），它与任何人的收入无关：在将工资或红利分发给工人或股东之前，以及在进行新投资之前，必须替换或修补损耗的资本。如果不这样做，财富就会流失，导致所有者获得负的收入。从国内生产总值中减去折旧后，可以得到"国内生产净值"，我简单地称其为"国内产出"或者"国内产值"，基本上占国内生产总值的90%。

然后，我们需要加上从国外获得的净收入（或减去付给外国人的净收入，视各国情况而定）。例如，如果一个国家的公司和其他资本资产由外国人所有，那么它的国内产值可能很高，但一旦从总数中减去流到境外的利润和租金，得到的国民收入则相对较低。相反，一个拥有大量他国资本的国家，其国民收入可能会远高于国内产值。

后面我会给出两种情形对应的例子，都是资本主义历史上和当今世界中的现实案例。我首先要说的是，这类国际不平等会引发很大的政治紧张。如果一个国家为另一个国家工作，并且在很长一段时间内将本国产出以分红和租金形式支付给外国人，这可不是件小事。在许多情况下，只有在统治与被统治的关系下，这样的体系才能存活（在某种程度上），正如殖民时代的情况，欧洲实际上控制了欧洲以外的大部分世界。该研究的一个关键问题是：在什么条件下，21世纪会重现这种形势？也许可以通过一些新奇的地理结构？例如，欧洲可能发现自己被他国所有，而自身不再是所有者。这种恐慌正在旧世界（the Old World）中扩散——有些恐慌过头了。我们来具体看一下。

可以这样说：大部分国家，无论是富裕国家还是新兴国家，其收支情况都要比人们想象的更加平衡。在法国和美国，德国和英国，中国和巴西，日本和意大利，国民收入与国内产值相差不大，差异仅为1%或2%。换句话说，在所有这些国家，利润、利息、红利、租金等的流入大致与流出相当。在富裕的国家，来自国外的净收入通常略有盈余，其居民拥有的外国不动产和金融票据的数额与外国人拥有他们的资本数额大致相当。也不像有人幻想的那样，法国并不为加州养老基金或中国的银行所有，美国也没有被日本和德国投资者收入囊中。对于陷入这种窘境的恐惧太深了，以至于幻想常常超越了现实。现实是，关于资本的不平等这个问题更多的是一个国家内部的问题，而不是国与国之间的问题。资本所有权的不平等造成的每一个国家里富人和穷人的冲突，远比其导致的国家间的冲突更严重。但是，事实不总是这样。未来是否会重蹈过去的覆辙，这样问也合情合理，尤其是某些国家——日本、德国、石油输出国以及中国（程度较轻）——在近几年里积累了大量对世界其他国家的债权（尽管绝对没有殖民时代的多）。另外，交叉所有权的大幅增长（即不同国家相互持有对方的资产）给了强占资本一个合理的理由，即使净资产头寸接近于零。

总之，一国的国民收入有可能大于或小于它的国内产值，这取决于国外净收入是正还是负。

$$国民收入 = 国内产值 + 国外净收入^6$$

在全球层面上，国外获得的收入必须与支付给国外的收入平衡，因此收入可以定义为等于产出：

$$全球收入 = 全球产出^7$$

收入和产出这两个年度流量指标相等，这个会计恒等式同时也反映了一个重要事实：在任何给定年份，总收入都不可能超过新创造出来的财富（在全球的角度来看，单个国家当然可能从国外借贷）。反之，所有产出必须以某种收入的形式分配到劳动或资本上——或者是工资、薪水、酬金、奖金等（作为对工人和在生产过程中贡献了劳动力的人的报酬），或者是其他如利润、红利、利息、租金、版税等（作为对生产过程中使用的资本的所有者的报酬）

什么是资本？

简单来说，无论是公司账户、国家账户还是全球经济，相应的产出和收入都可以分解为资本收入和劳动收入：

$$国民收入 = 资本收入 + 劳动收入$$

但什么是资本？它的局限是什么？它以哪种形式呈现？它的构成是如何随着时间而变化的？这个问题正是本书研究的中心，我将会在随后章节中进行更为详细的阐释。本阶段，主要需要说明以下几点：

首先，在没有特殊说明的情况下，本书中提到的"资本"均不包括经济学家们经常提及的（在我的印象中）"人力资本"。人力资本通常包括个人的劳动力、技术、熟练程度和能力。在本书中，资本指的是能够划分所有权、可在市场中交换的非人力资产的总和，不仅包括所有形式的不动产（含居民住宅），还包括公司和政府机构所使用的金融资本和专业资本（厂房、基础设施、机器、专利等）。

我们之所以在资本的定义中排除了人力资本是有许多原因的，其中最显而易见的原因是人力资本无论何时都不能被另一个人所有，也不能在市场中永久交易。这是人力资本与其他形式的资本最显著的区别。当然，一个人可以在某种劳动合约下雇用另一个人来提供劳务，但是在任何现代法律体系下，类似的合约都需要在时间和范围上加以限定。当然在奴隶社会，情况显然不同：一个奴隶主可以完全彻底地拥有另一个人的人力资本，甚至是那个人的子孙后代。在这样的社会中，奴隶们可以在市场上买卖、通过遗产继承，同时将奴隶算入奴隶主的财富是十分常见的情况。当我在考察1865年以前美国南部的私人资本组成时，将会分析这一情况。除了这些特殊的历史案例之外，尝试将人力资本加入非人力资本是不太合理的。在历史上，两种形式的财富在经济增长和发展中扮演了基础和互补的角色，这也会在21世纪持续下去。但是为了理解增长的过程及其引起的不平等，我们必须仔细区分人力资本与非人力资本，予以区别对待。

非人力资本——在本书中我简单称之为"资本"——包含了私人（或私人团体）可以拥有并且能够在市场上永久交易的所有形式的财富。在现实中，资本能够被私人所有（在这种情况下我们称之为"私人资本"），或者被政府或者政府机构所有（在这种情况下我们称之为"公共资本"）。同时，也存在着中间过渡形式的资产，它们为了追求特殊的目标以集体所有的形式被"法人"所有（例如基金会和教会）。之后我将会继续阐释这个问题。能否被私人所有这一限定，随着时间推移会发生很大改变，在世界的不同地方也会有巨大差异，最极端的案例就像奴隶制这样。空气、海洋、山脉、历史遗迹、知识等的所有权也是类似的情况。某些人出于私人利益希望拥有这些东西，但有时候他们辩解说这么做是为了追求效率而非谋取私利。但是，这不能保证这种追求与大众利益相一致。资本的概念并非是一成不变的，它反映出了每个社会的发展态势及该社会普遍的社会关系。

为了简化文字，我这里使用的"资本"与"财富"含义完全一样，两个词可以相互替换。根据某些定义，用"资本"这个词来描述人们积累的财富更为合适（房屋、机器、基础设施等），这种定义排除了土地和自然资源,这些资源一般被认为是人天生就有的而无须积累。因此,土地被认为是财富的组成部分,但不是资本的组成部分。问题是我们很难将建筑的价值从其所建造的土地上单独剥离出来。更难的是,我们几乎无法排除人们在土地上增加的附加价值(例如排水系统、灌溉设施、肥料等)而单独测量土地的原始价值(人们在千百年前发现时那样)。石油、天然气、稀土元素等自然资源的价值也面临着同样的问题,我们很难将人们在勘探采掘中所投入的价值剥离出来,单独计算自然资源的纯粹价值。因此,我将这些形式的财富都归入了"资本"中。当然,这么做并不是说没有必要仔细研究财富的起源,更不是要模糊积累与分配的界限。

某些定义认为,财富中只有直接用于生产过程的那部分才能称为"资本"。例如,黄金被归为财富而非资本,因为黄金被认为只有储值的功能。我再次认为这个限制既不可取也不可行(因为黄金可以成为生产要素,不只用于珠宝的生产,同时还可用于电子设备和纳米技术的生产)。所有形式的资本都具有双重角色:既有存储价值,也能作为一种生产要素。因此,我认为不用严格地区分财富与资本,这样会更为简单。

同理,我也反对将"非生产性"的居民住宅排除在资本之外。有人认为居民住宅不像"生产性资本"(工业厂房、写字楼群、机器、基础设施等)那样,可以被公司和政府所使用。事实上,所有形式的财富都是有用的、生产性的,同时也反映了资本的两种主要经济功能。居民住宅提供了"住宅服务",而服务的价值可以用等价的租赁费用来衡量,因此居民住宅可以被视为资本。其他的资本可以作为公司和政府的生产资料来生产产品与服务(需要投入厂房、办公室、机器、基础设施等)。在发达国家,这两种形式的资产大约各占了资本存量的一半。

总的来说,假设所有物品都可以在某些市场上交易,我将"国民财富"或者"国民资本"定义为在某个时点某个国家的居民与政府所拥有的全部物品的市场价值之和。[8] 这包括了非金融资产（土地、住宅、企业库存、其他建筑、机器、基础设施、专利以及其他直接所有的专业资产）与金融资产（银行账户、共同基金、债券、股票、所有形式的金融投资、保险、养老基金等）的总和，减去金融负债（债务）的总和。[9] 如果我们单从私人的资产和负债来看，得出的结果是私人财富或者私人资本。如果我们考虑政府与其他政府实体（例如城镇、社会保险机构等）的资产和负债，得出的结果是公共财富或者公共资本。按照定义，国民财富是以下两个部分的总和：

国民财富＝私人财富＋公共财富

目前，在发展程度最高的国家，公共财富的数量并不高（由于公共债务超过了公共资产，公共财富甚至会是负数）。正如我稍后会阐明的，国民财富几乎全部由私人财富构成，而几乎所有国家都是如此。但是，也并不总是这样，因此清晰地区分这两个概念非常重要。

需要说明的是，虽然我对于资本的定义排除了人力资本（由于人力资本不能在任何市场上交换，奴隶社会除外），但是资本并不仅局限于"物质"资本（土地、建筑、基础设施以及其他的一些产品）。我将"非物质"资本（如专利以及其他知识产权）也包括了进来，以两种形式呈现：（1）如果个人直接拥有专利，那么算入非金融资产；（2）如果个人通过持有公司股份来拥有专利（这种情况更为常见），那么这些是金融资产。更广泛来说，通过公司在股票市场上的资本化，许多形式的非物质资本都可以被考虑进来。例如，一个公司的股票市值一般取决于企业的声誉、商标、信息系统、组织模式、投资等，无论是物质的还是非物质的，都是为了让公司的产品和服务更具有吸引力。这些都反映在公司的股票和其他金融资产的价格上，同时也反映在了国民财富中。

诚然,在某一时点,一个公司甚至是一个行业的非物质资产在不同金融市场上的价格是变化无常的。在2000年互联网泡沫破裂时、2007~2008年金融危机时,尤其是在波动极大的股票市场上,我们都可以看到这样的情况。需要指出的重要一点是,所有形式的资本都具有这一特点,并不只是非物质资产。无论是一栋建筑还是一个公司、一个制造工厂还是一个服务型企业,我们都很难为资产定价。但我之后会阐明,国民财富总值(一个国家财富的总体而非特定的某种资产)遵循统一的定律、符合特定的规律。

更进一步的要点:国民财富总值总是可以分解成国内资本和国外资本。

国民财富＝国民资本＝国内资本＋净国外资本

国内资本是位于国家边界以内的资本存量(建筑、公司等等)的价值。净国外资本(或净国外资产)衡量了一国在世界其他地方的头寸:更具体地说,是位于世界其他国家的本国国民资产与位于本国的外国国民资产之差。在第一次世界大战前夕,英国和法国拥有高额的国外资产。20世纪80年代以来,金融全球化的一个特点是许多国家之间的净资产头寸几乎趋于平衡,但是绝对值还是比较大的。换句话说,许多国家持有大量其他国家的资本,相应地,其他国家也持有这个国家的资本,这两方的头寸大致是相等的,因此净国外资本接近于零。从全球来看,这些净头寸之和当然为零,因此全球财富总值等于全球(作为一个整体)的"国内"资本。

资本／收入比

定义好了收入和资本,下面开始阐述将这两个概念结合起来的第一基本定律。首先从资本/收入比开始。

收入是流量，它与某段时间内（一般为一年）生产和分配的产品数量相关。

资本是存量，它与某个时点上所拥有的财富总额相关，是此前所有年份获得或积累的财富总量。

衡量某个国家资本存量最自然而有效的方法是用这些存量除以每年的收入流量，从而得到资本/收入比，用希腊字母 β 表示。

例如，如果一个国家的资本存量总额等于 6 年国民收入之和，我们记为 $\beta=6$（或者 $\beta=600\%$）。

在如今的发达国家，资本/收入比一般在 5~6 之间波动，而资本存量几乎完全由私人资本组成。2010 年，英国、法国、德国、意大利、美国和日本的人均国民收入大约为 3 万~3.5 万欧元，而人均私人财富（除去债务）大约是 15 万~20 万欧元，是 5~6 年的国民收入。在欧洲和全世界，各国 β 值的差异也十分有意思。例如，日本和意大利的 β 值大于 6，而美国和德国的 β 值则小于 5。一些国家的公共财富略大于零，而其他一些国家则略小于零。我在之后几章会详细分析这个问题。此时，只要先了解这个基本数量级就可以了，这样会使概念更直观一些。[10]

事实上，2010 年发达国家的人均国民收入为 3 万欧元（或 2 500 欧元每月），但显然并不意味着每个人都能获得这么多的收入。就像所有的平均数一样，这个人均收入数据也掩盖了极大的贫富差距。事实上，许多人的月收入低于 2 500 欧元，而有些人的月收入则是平均值的几十倍。收入差距主要由两个原因造成：一是劳动收入的不平等；二是资本收入的不平等，而这正是财富极端集中的后果。人均国民收入是指将既定总产出和国民收入在完全平均分配的条件下，分配给每个人的数量。[11]

同样，人均私人财富约为 18 万欧元（或相当于 6 年的国民收入），也并不意味着每个人都拥有这么多的财富。许多人拥有的资产要少得多，但是有些人的资产却高达几百万欧元乃至几千万欧元。许多人累积了很少量的财富——远低于他们一年的收入：或许有个几千欧元的银行存款，相当于几周或者几个月的工资。有些人的财产甚至为负：换句话说，他们拥有的资产要少于他们的负债。相比之下，有些人拥有大量的财富，可能是他们年收入的一二十倍甚至更多。一个国家的资本/收入比并不能反映国家内部收入不平等的情况，但是β值还是可以衡量一个社会总资本的重要性，因此分析这个比率是研究收入不平等的第一步。第二部分的主要目的是阐述不同国家的资本/收入比的差异、差异产生的原因以及它是如何随着时间演变的。

为了更好地理解目前世界上财富存在的具体形式，可以将发达国家的资本存量划分为大致相等的两个部分：家庭资本以及企业和政府使用的专业资本。总而言之，2010年，发达国家每位居民的年平均收入为3万欧元，拥有约为18万欧元的财富，其中9万欧元以房产的形式存在，另外9万欧元则是股票、债券、储蓄以及其他投资。[12] 各国的情况各有区别，我将会在第二章讨论这个很有意思的问题。目前，记住资本可以分为大致相等的两个部分就可以了。

资本主义第一基本定律：$\alpha = r \times \beta$

现在我可以来讲解资本主义第一基本定律，该定律阐释了资本存量与资本收入流量之间的关系。资本/收入比β与国民收入中资本收入的比重α的关系可用如下公式表示：

$$\alpha = r \times \beta$$

r是资本收益率。

举例来说，如果$\beta = 600\%$，$r = 5\%$，那么$\alpha = r \times \beta = 30\%$。[13]

换句话说，如果国民财富等于 6 年的国民收入，资本的年收益率为 5%，那么资本所创造的收入在国民收入中的比重就是 30%。

$\alpha = r \times \beta$ 是一个纯粹的会计恒等式。根据定义，该等式适用于所有社会的所有历史阶段。这个公式应当被视为资本主义第一基定律，因为它用简洁直白的方式阐释了资本/收入比、资本收入和资本收益率这三个概念之间的关系，这些概念对于研究资本主义制度非常重要。

在许多经济理论中，资本收益率都是一个核心概念。马克思主义者的研究尤其强调利润率会不断下降——一个被证明是错误的历史预言，尽管这其中确实包含了有趣的直觉判断。资本收益率的概念在其他许多理论中也都扮演着主要角色。无论如何，资本收益率衡量了一年内资本以任何法律形式（利润、租金、分红、利息、版税、资本利得等）带来的收益，以占投入资本价值的百分比来表示。因此，资本收益率的含义要比"利润率"[14]和"利息率"[15]的含义更广，实际上它包含了以上两者。

显然，不同类型的投资，收益率也迥然不同。有些工厂每年的收益率可能超过 10%，但有些可能会亏损（收益率为负）。在许多国家，股票的平均长期收益率是 7%~8%，房地产和债券则为 3%~4%，而公债的实际利率有些时候则更低。等式 $\alpha = r \times \beta$ 不能反映出这些细节，但是它却告诉了我们如何将这三个数量联系起来，这对于建立讨论框架非常有用。

例如，2010 年左右在一个发达国家，资本收入（利润、利息、分红、租金等）一般情况下占国民收入的 30% 左右。若资本/收入比大约为 600%，那么这意味着资本收益率为 5% 左右。

具体来说，这意味着目前发达国家每年 3 万欧元左右的人均国民收入可以被拆分为两个部分：每年人均 2.1 万欧元的劳动收入（70%）以及人均 9 000 欧元的资本收入（30%）。每个公民平均拥有 18 万欧元的资本，这些资本带来了9 000欧元的收入，资本年均收益率为5%。

再次强调，这里我说的只是平均数：有些人获得的年资本收入要远高于9 000欧元，而其他人则不仅一无所得，反而还要向房东支付租金，向债权人支付利息。国与国之间也存在着差异。此外，无论从理论上还是实际上，都很难衡量资本收入比重。有些收入（例如非工资的个体经营收入和创业所得）很难拆分为资本收入和劳动收入。在有些情况，如此比较甚至会产生误导。当碰到这样的问题时，最好的办法是用平均数来衡量资本/收入比。眼下，上文提到的数量级（$\beta=600\%$，$\alpha=30\%$，$r=5\%$）可视为典型情况。

为了更为具体，让我们再举个例子。农业社会的典型土地收益率为4%~5%。在简·奥斯汀和巴尔扎克的小说中，土地（或者公债）年收益率为5%左右（资本的价值相当于约20年的租金），这被认为是理所当然的而很少被人们提起。当代的读者都知道了约100万法郎的资本每年可以获得5万法郎的利息。对于19世纪的小说作家及读者来说，资本与年利息的关系是不言自明的，同时这两种量表是可以交换使用的，犹如租金和资本是同义词或者是完全等价的。

现在，在21世纪初期，房地产收益率（4%~5%）与此非常接近，有时会少一些，特别是价格快速上涨而房租上涨滞后的时候。例如，2010年时巴黎的一个价值100万欧元的大公寓，每月的房租通常只有2 500欧元，每年的房租只有3万欧元，房东的年资本收益率仅为3%。然而，这样的租金对于仅依靠劳动收入（希望他/她的薪酬是丰厚的）的承租人来说却是非常高的，而对于房东来说是一笔很大的收入。坏消息（或者好消息，主要取决于你的立场）是事情经常如此。这种类型的租金会继续上升，直到资本收益率达到4%左右（在这个案例中，月租金约为3 000~3 500欧元，或者年租金4万欧元）。因此，承租人所需支付的租金很可能会在未来上升。房东的年投资收益可能最终会由于公寓价值的长期资本而提升。小一点儿的公寓的资本收益率也差不多,甚至可能高一些。一套价值10万欧元的公寓可能每月能够获得400欧元的租金,或者每年将近5 000欧元的租金(5%)。一个拥有这样公寓的人可能会选择自己居住来节省同等价值的租金,然后将钱用于其他的地方,这种情况下投资所带来的收益是类似的。

投资于商业的资本显然面临更大的风险,因此平均收益将会更高。在不同的国家,一般情况下上市公司的股票市值相当于12~15年的利润,相应的年投资收益率为6%~8%(税前)。

利用等式 $\alpha = r \times \beta$,我们可以分析资本对于整个国家乃至全球的重要性。该等式也可以用来研究一家公司的账目情况。例如,一家公司拥有价值500万欧元的资本(包括办公室、基础建设、机器等),每年生产100万欧元的产品,其中60万欧元将会支付给工人,40万欧元归入利润。[16] 这家公司的资本/收入比 β 为5(它的资本等于5年的产出),资本收入比重 α 为40%,资本收益率 r 为8%。

假设另一家公司利用少一些的资本(300万欧元)来生产同等的产出(100万欧元),但是使用了更多的劳动力(70万欧元用于支付工人工资,30万欧元归入利润)。对于这家公司来说,$\beta=3$,$\alpha=30\%$,$r=10\%$。第二家公司比第一家公司的资本密集度要小,但是利润率更高(资本收益率显著较高)。

在所有国家,不同公司的 β、α 与 r 数量级的大小是千差万别的。有些行业的资本密集度比其他行业要高,例如金属和能源行业比纺织和食物生产行业的资本密集度要高,制造行业比服务行业的资本密集度要高。同一个行业中,不同公司的情况也差异显著,这取决于公司对于生产技术和市场地位的选择。对于某一个国家来说,β、α 和 r 的水平取决于居民房地产和自然资源占总体资本的比重。

值得强调的是,$\alpha = r \times \beta$ 等式没有告诉我们这三个变量是如何决定的,特别是国家的资本/收入比(β)是如何决定的,这个比值在某种意义上也衡量了该国的资本主义程度。为了回答这个问题,我们必须引入更多的概念与关系,特别是储蓄率、投资率与增长率。这将会引出资本主义第二基本定律:更高的储蓄率和更低的增长率会带来更高的资本/收入比(β)。这将会在后续的章节里详细阐述;在当前的阶段,α=r×β等式简单地表示,不管是经济、社会和政治中的何种力量决定了资本/收入比(β),资本收入占总收入的比重(α)以及资本收益率(r),这三个变量不是孤立的,而是相互关联的。从概念上讲,其中有两个是自变量,而有一个是因变量。

国民账户:一个不断演变的社会建构

目前,在解释了投入与产出、资本与财富、资本/收入比以及资本收益率这些核心概念之后,我将会更为具体地对这些抽象概念进行定量分析,这些衡量方法将会告诉我们财富分配在不同国家的历史变迁。我将会简要回顾历史上国民账户的几个主要阶段,然后绘制出18世纪以来全球收入产出分配的变化趋势,接着讨论在同一个周期内人口增长率和经济增长率是如何变化的。在分析中,这些增长率将会起到重要作用。

应当指出的是,人们首次尝试衡量国民收入与财富的做法可以追溯到17世纪末、18世纪初。1700年左右,在英国和法国出现了一些独立的研究(彼此之间都是独立的),主要包括英国的威廉·配第(1664年)和格雷戈里·金(1696年),以及法国的皮埃尔·布阿吉尔贝尔(1695年)和塞巴斯蒂安·勒普雷斯特雷·德·沃邦(1707年)的研究。他们的研究主要着眼于国民资本存量以及年度国民收入流量。由于土地是农业社会时代最重要的财富来源,他们的首要目标之一是计算土地总价值,并将土地带来的财富数量与农业产出和地租水平联系起来。

值得注意的是，这些作者的脑海里经常会有一个政治目标，一般与现代税法体系有关。通过计算国民收入与财富，他们希望告诉君主只要对每个人、对所有财产和生产的物品都征税（包括封建领主和平民的土地），那么即使税率水平较低也能够获得比较高的税收收入。这个目标在沃邦的《皇室什一草案》（*Projet de dîme royale*）体现得很明显，但在金和布阿吉尔贝尔的著作中体现得更为清晰（在配第的作品中则没那么明显）。

在18世纪末，特别是在法国大革命期间，有人进一步尝试去核算收入与财富。安托万·拉瓦锡在1791年出版的著作《法兰西王国的领土财富》（*La Richesse territoriale du Royaume de France*）中，公布了他关于1789年情况的核算。法国大革命之后颁布的税收制度（该制度终结了贵族的特权，同时对土地所有权征税）就是受到这部著作的启发，著作中谈到的计算方法被广泛运用于估算新税制的预期收益。

以上是19世纪的情况，当时对于国民财富的核算激增。1870~1990年，罗伯特·吉芬定期更新他对于英国国民资本存量的预算，他还与1800年以来的其他作者的结果进行了比较（特别是帕特里克·科尔克霍恩）。让吉芬震惊的是，英国工业资本存量和在拿破仑战争后取得的外国资产数量是战争导致的国债数量的好几倍。[17]在法国，差不多是同样的时间，阿尔弗雷德·德·福维尔和克莱门特·科尔森发表了"国民财富"和"私人财富"的估计成果。和吉芬一样，两位作者也都对19世纪大量累积的私人财富感到震惊。1870~1914年，私人财富的繁荣是显而易见的。当时的经济学家主要致力于财富的衡量并进行各国的比较（英法文化的竞争从未从他们脑海中消失）。在第一次世界大战以前，人们更注重衡量财富，而不关注衡量收入与产出，不仅是在英法，在德国、美国以及其他一些工业化国家均是如此。当时，成为一名经济学家首先要能够衡量一个国家的国民资本，这几乎成了一种经济学入门仪式。

直到两次世界大战之间，每年定期的国民账户才正式确立。之前的核算经常集中于独立的年份，两次测算之间相隔了10年左右，就像吉芬在19世纪衡量英国国民资本的案例一样。20世纪30年代，初级统计来源的改进使得制作第一部国民收入年鉴成为可能。这要追溯到19世纪末20世纪初。美国的库兹涅茨和肯德里克、英国的保利和克拉克、杜革·德·贝农维尔都建立了国民收入核算体系。第二次世界大战之后，政府统计办公室代替了经济学家开始编制和发布官方的年度国内生产总值和国民收入情况。这些官方体系一直延续至今。

相较第一次世界大战之前的一段时间，数据的重点完全改变了。自20世纪40年代以来，数据统计的主要目的都是为了应对"大萧条"所带来的创伤，在"大萧条"中政府没有可靠的年度经济支出计划，因此需要统计和政治的工具来适当地掌控经济，避免灾祸的重演。因此，政府坚持统计年度乃至季度的产出与收入数据。在1914年之前，政府非常重视对国民财富的统计，而这个时候则变得无关紧要了，特别在1914~1945年，经济和政治的混乱局面使得政府非常难以解释国民财富数据的意义。尤其是，地产和金融资产的价格跌到了极低的水平，使得私人资本看起来像完全蒸发了一样。20世纪50~60年代是一段重建的时期，主要的目标是衡量不同行业产出的显著增长。

1990~2000年，人们开始重新计算财富。经济学家和政治领导人都意识到不能用20世纪50~60年代的方法来分析21世纪的金融资本主义。许多发达国家的政府统计行业与中央银行合作，在往常的收入和产出数据的基础上，编辑发布了国民经济不同行业的年度资产负债数据。这些财富数据仍然存在诸多缺陷，例如，自然资本和对环境的破坏并没有通过数据体现出来。然而，与战后前几年只一味关注产出增长的国民账户相比，这已经有了真正的进步。[18] 我正是利用这些官方数据来分析总财富和发达国家目前的资产/收入比的。

通过回顾国民账户的简史，我们可以得出一个结论：国民账户是一个不断演进的社会建构，总是反映出那个时代的关注点。[19] 我们需注意不要盲目崇拜出版数据。当一个国家的人均国民收入为3万欧元时，显然这个数据就像其他经济社会统计数据一样，应当被视为一个估算值，而并非是精确值。这只是我们能够达到的最佳的估计。国民账户只是对一国经济进行的一种方法一致的系统分析，对各个来源的数据进行编辑整理，因此只是一个有局限的、非完美的研究工具。在所有的发达国家，国民账户都是由政府统计办公室和中央银行根据金融、非金融公司的资产负债表、会计账簿以及其他一些统计数据编制而成的。我们没有理由先验地认为统计官员们在核算中没有尽力对数据进行一定的修订，以达到最好的估计。假若我们抱着审慎的态度来使用这些数据，补足其中存在错误或者缺口的地方（比方在处理避税情况时），这些国民账户将是估算总收入和财富的必要工具。

就像我将在第二部分中阐释的那样，通过对18世纪至20世纪初不同作者的国民财富估计进行细致的编辑和比较，再加上20世纪晚期和21世纪的官方资本账户，我们可以对资本/收入比的历史演进做出一致性分析。官方国民账户的另一个局限是，它们缺少历史展望，而且有意只考虑总和与平均数，而不考虑分配和不平等。因此，要研究不平等问题，我们必须通过其他一些数据来源衡量收入和财富的分配。只有加入了历史数据和分配数据之后，国民账户才能成为我们分析中的重要依据。

全球产出分配

先来看一下全球产品分配的演变历程。全球产品分配的概念从19世纪初以来为人们所熟知。在早年，由于整体形式相对简单，因此估计更为粗略，但多亏了安格斯·麦迪森的历史统计工作，我们能够知道大致的轮廓。[20]

1900~1980年，全球70%~80%的商品与服务的产出都集中在欧美，因此欧美无疑主导着全世界。2010年，欧美的份额降至大约50%，几乎与1860年的水平差不多。这个比例很可能会继续下跌，在21世纪的某个时点降到20%~30%。这是19世纪转向之前的水平，与欧美所占世界人口的比重相一致（见图1.1和图1.2）。

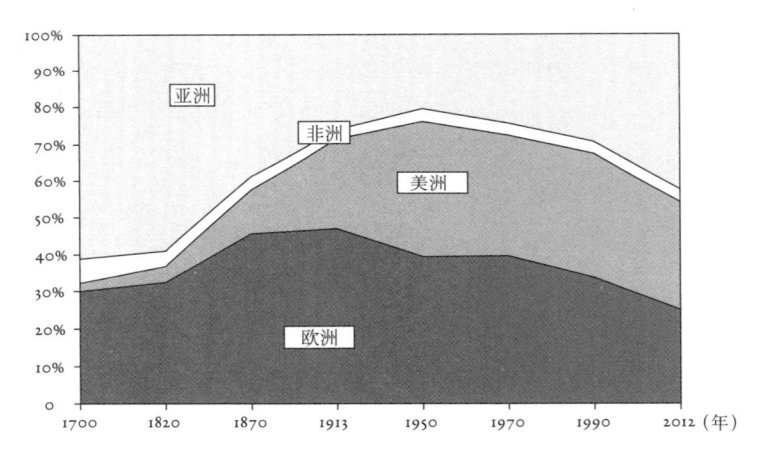

1913年欧洲国内生产总值占世界国内生产总值的47%，至2012年降至25%。

图1.1　1700~2012年世界收入分配

资料来源：piketty.pse.ens.fr/capital21c

换句话说，欧美这两个区域在工业革命期间的全球产出比重是其人口占世界人口比重的2~3倍，这是由于他们的人均产出比世界平均水平要高2~3倍。[21] 所有迹象表明，这个人均产出分化的阶段结束了，随之进入了一个趋同的时期。但是，分化导致的"追赶"效应还远远没有结束（见图1.3）。目前预测这个进程何时结束还为时尚早，

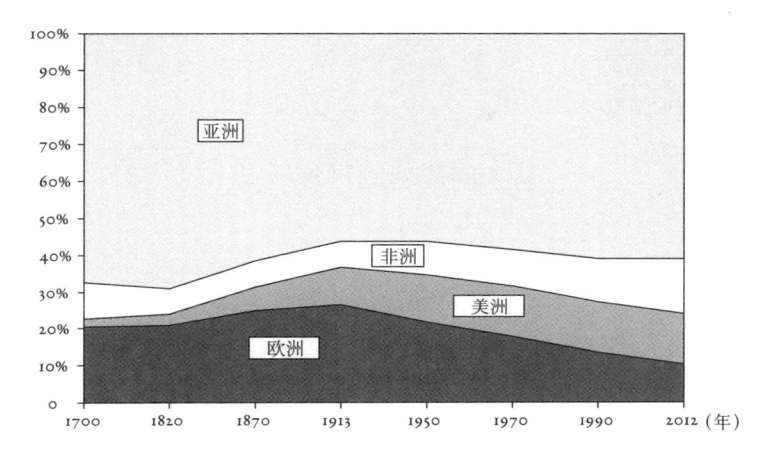

1913年欧洲人口占世界人口的26%，到2012年降至10%。

图1.2　1700~2012年世界人口分布

资料来源：piketty.pse.ens.fr/capital21c

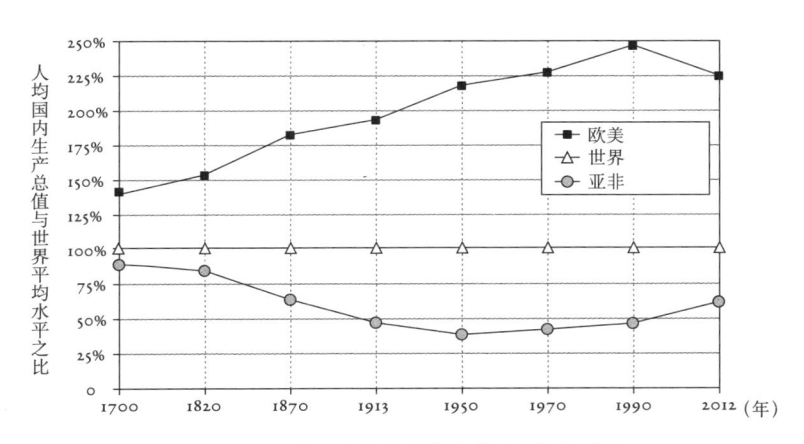

1950年亚非地区人均国内生产总值为世界平均水平的37%，2012年升至61%。

图1.3　1700~2012年全球不平衡：从分化到趋同？

资料来源：piketty.pse.ens.fr/capital21c

特别是显然不能排除中国以及其他一些地方的经济或政治出现逆转的可能。

从大陆阵营到区域阵营

尽管上述大格局可谓众所周知，但有几点需要再澄清一下。首先，将欧洲和美洲放在一起作为单一"西方阵营"能够简化分析，却过于人为化。欧洲经济占全球的权重在"一战"前夕达到巅峰，当时欧洲产出占全球总产出的50%，自此之后稳步下滑；而美国在20世纪50年代达到顶峰，约占当时全球产出的40%。

此外，欧洲和美洲都可以被细分为差异很大的两块：一个高度发达的中心地区和一个欠发达的外围地区。一般来说，研究全球不平等的最佳方法是按地区划分，而不是按大陆划分。表1.1清晰地展示了这一点，它显示了2012年全球产出的分布状况。这些数据本身并没有太大的意义，但却可以帮助我们了解主要的数量级。

截至2012年，全球总人口接近70亿，而全球产出略多于70万亿欧元，因此全球人均产出几乎正好1万欧元。说得更清楚一些，如果我们从中减去10%的资本折旧再除以12，这相当于人均月收入约760欧元。换言之，如果平均分配全球产出及其所对应的收入，那么全球每个人将能够拿到每月760欧元的收入。

欧洲的人口约为7.4亿，其中大约5.4亿人生活在欧盟国家，其年人均产出超过2.7万欧元；剩下的2亿人口生活在俄罗斯和乌克兰地区，那里的年人均产出约为1.5万欧元，仅超出全球平均水平的50%。[22] 欧盟本身内部差异也很大：4.1亿人口生活在西欧，其中3/4的人口生活在欧盟人口最多的五个国家——德国、法国、英国、意大利和西班牙，上述5国的人均国内生产总值为3.1万欧元，而剩

第一章　收入和产出

表 1.1　2012 年全球国内生产总值分布

地区	人口（百万）		国内生产总值（10亿欧元, 2012）		人均国内生产总值（欧元, 2012）	相当于人均月收入（欧元, 2012）
世界	7 050	100%	71 200	100%	10 100	760
欧洲	740	10%	17 800	25%	24 000	1 800
欧盟	540	8%	14 700	21%	27 300	2 040
俄罗斯/乌克兰	200	3%	3 100	4%	15 400	1 150
美洲	950	13%	20 600	29%	21 500	1 620
美国/加拿大	350	5%	14 300	20%	40 700	3 050
拉美	600	9%	6 300	9%	10 400	780
非洲	1 070	15%	2 800	4%	2 600	200
北非	170	2%	1 000	1%	5 700	430
撒哈拉以南的非洲	900	13%	1 800	3%	2 000	150
亚洲	4 290	61%	30 000	42%	7 000	520
中国	1 350	19%	10 400	15%	7 700	580
印度	1 260	18%	4 000	6%	3 200	240
日本	130	2%	3 800	5%	30 000	2 250
其他	1 550	22%	11 800	17%	7 600	570

注：截至2012年，全球国内生产总值以购买力平价计算约为71.2万亿欧元，全球人口约为70.5亿。因此，年人均国内生产总值为10 100欧元，相当于每月每人760欧元。所有数据均取整到十位数或百位数。

资料来源：piketty.pse.ens.fr/capital21c

下的 1.3 亿人口生活在曾经的东欧，年人均产出为 1.6 万欧元，与俄罗斯－乌克兰地区的水平类似。[23]

美洲大陆同样可以被划分成截然不同的区域，其不平等的程度较欧洲中心和边缘之间的差距更甚：美国－加拿大区域有 3.5 亿人口，其人均产出是 4 万欧元，而拉丁美洲 6 亿人口的人均产出是 1 万欧元，恰好是世界平均水平。

撒哈拉以南的非洲拥有 9 亿人口，年产出仅为 1.8 万亿欧元（少于法国的 2 万亿欧元），年人均产出仅为 2 000 欧元，是全球最为贫困的地区。印度稍好于撒哈拉以南的非洲，而北非要明显好得多，中国的情况则比北非更好，其年人均产出达到了 8 000 欧元，2012 年的中国只稍逊于全球平均水平。日本的年人均产出和欧洲最富裕的国家相同（约 3 万欧元），但因为其人口在亚洲占比很小，导致亚洲大陆的人均产出水平几乎不受日本的影响，而更接近于中国的水平。[24]

全球不平等：从每月 150 欧元到每月 3 000 欧元

总而言之，全球不平等的差异体现在，有的国家和地区（撒哈拉以南的非洲、印度）人均月收入仅 150~250 欧元，而有的区域（西欧、北美和日本）人均月收入高达 2 500~3 000 欧元，两者相差 10~20 倍。全球人均月收入的平均水平约为 600~800 欧元，和中国的水平相当。

上述数量级的差异非常显著，并引人深思。不过需要牢记的是，上述数据的误差幅度相当大：衡量跨国（跨时期）的不平等往往比衡量国内（同期）的不平等困难得多。

例如，如果用现行汇率而不是我之前用的购买力平价加以衡量，全球不平等的程度将大大增加。为了帮助大家更好地理解上述术语的含义，我们先考虑欧元/美元汇率。2012 年，在外汇市场上 1 欧元约等于 1.3 美元。一个欧洲人可以去银行将他每月收入的 1 000 欧元兑换成 1 300 美元。如果这个欧洲人将这 1 300 美元带至美国去消费，购买力即为 1300 美元。但按照国际比较计划（International Comparison Program，简称 ICP）的官方研究，欧洲物价大约比美国高出 10%，因此，如果这个人在欧洲花同样一笔钱，他的购买力约为 1 200 美元。因此，我们认为 1 欧元和 1.2 美元在购买力上是平价的。在表 1.1 中，我根据上述购买力平价而不是汇率将美国以及其他国家的国内生产总值折算成欧元。换言之，由于居民通常在本国消费，我们以居民实际购买力为基础比较各国的国内生产总值。[25]

基于购买力平价进行比较的另一个优势是它比汇率更稳定。事实上，汇率不仅反映了不同国家商品和服务的供需，还受国际投资者投资策略的突然改变和对不同国家政治和金融稳定性的预期变化的影响，更不用说货币政策超预期变化的影响了。看看美元在过去几十年中的巨大波动，就可以发现汇率是极端不稳定的。美元兑欧元比率从 20 世纪 90 年代的 1.3，跌至 2001 年的不到 0.9，在 2008 年金融危机期间回升至 1.5，后于 2012 年又跌至 1.3。在此期间，欧元的购买力平价从 20 世纪 90 年代早期的大约 1 美元逐渐上升至 2010 年的约 1.2 美元（见图 1.4）。[26]

尽管参与国际比较计划的各国际组织尽了最大努力，但毫无疑问购买力平价的估计并不完全准确，甚至对发展程度类似的国家的比较，误差也在 10% 以上。例如，最近的调查显示尽管部分欧洲的物价（能源、住宅、酒店和餐饮的价格）确实比美国的物价高，但其他方面则大幅低于美国的水平（例如医疗和教育）。[27] 理论上，官方估计应根据各国典型预算中商品和服务的权重去衡量所有价格，但上述计算无疑有很大的误差空间，尤其是很多服务难以从质上加以区分。在任何情况下都需要强调，上述不同价格指数反映了社会现实的不同层面：能源的价格衡量了对能源的购买力（美国更高），而医疗服务的价格反映了对医疗服务的购买力（欧洲更高）。国家间不平等的状况是多维度的，仅仅用单一指数加以概括并明确分类有一定的误导性，尤其是平均收入相当的国家间的不平等情况。

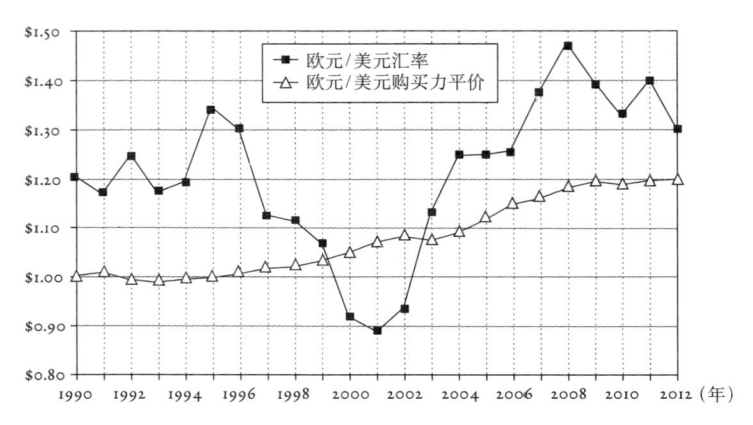

2012 年，1 欧元在现行汇率下价值 1.3 美元，而在购买力平价下价值 1.2 美元。

图 1.4　欧元/美元汇率与购买力平价

数据来源：piketty.pse.ens.fr/capital21c

在更贫困的国家，购买力平价法的修正值甚至更大：在亚非国家，物价约相当于发达国家的一半，因此，当使用购买力平价而不是现行汇率折算时，上述国家的国内生产总值大约翻了一番。这主要是由于非贸易商品和服务的价格更低所致，非贸易商品相对而言更为劳动密集型，相对于熟练工人和资本来说（这些在欠发达国家是相对稀缺的要素），对非熟练工人的需求更大（非熟练工人在欠发达国家为相对丰裕的要素）。[28] 一般来说，国家越贫困，购买力平价带来的修正幅度越大：2012 年，中国的修正因子为 1.6，而印度的修正因子为 2.5。[29] 同期外汇市场上 1 欧元等于 8 元人民币，而在购买力平价下只相当于

5元人民币。上述缺口随着中国经济的发展和人民币的升值逐渐收窄（见图1.5）。包括安格斯·麦迪森在内的诸多学者认为，上述缺口并没有看上去那么小，且国际官方统计低估了中国的国内生产总值。[30]

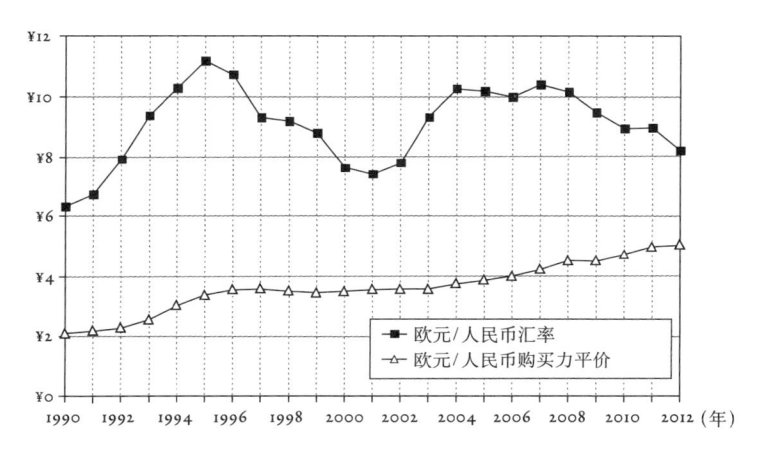

2012年，1欧元在外汇市场上兑换8元人民币，而在购买力平价下只相当于5元人民币。

图1.5 欧元/人民币汇率和购买力平价

资料来源：piketty.pse.ens.fr/capital21c

由于汇率和购买力平价衡量存在误差，之前讨论的人均月收入（最落后国家约为150~250欧元，中等国家约为600~800欧元，最发达国家约为2 500~3 000欧元）应该被视作近似值，而不是数学上的确定值。例如，2012年发达国家（欧盟、美国、加拿大和日本）收入在全球收入中的占比如果用购买力平价衡量的话是46%，而如果用现行汇率来衡量则为57%。[31] 真实的比例也许处于两者之间，且更靠近第一个数据。尽管如此，两者的数量级是相同的，发达国家收入占比自20世纪70年代以来逐渐下滑也是不争的事实。不管使用哪种测量方法，全球似乎已经进入了发达国家和欠发达国家收入逐渐趋同的新阶段。

全球收入分配比产出分配更不平等

为了简化阐述过程，迄今为止我们的讨论假定每个地区的国民收入和国内产值相对应，表1.1中的月收入仅仅是简单地将国内生产总值扣除10%的资本折旧后除以12。

实际上，将收入和产出等同起来仅仅在全球层面上成立，而在国家或地区层面并不一定成立。一般而言，全球的收入分配比产出分配更不平等，原因是人均收入最高的国家更可能拥有其他国家的部分资本，因而能够得到来源于人均产出更低国家的资本收入。换言之，发达国家的富裕包含两个层面，不仅国内产值更高，国外投资也更多，因此发达国家的人均国民收入大于人均产出。落后国家则正好相反。

具体而言，所有主要发达国家（美国、日本、德国、法国、英国）目前国民收入都略高于国内产值。然而需要注意的是，来自国外的净收入很少，并没有从根本上改变上述国家的生活水平。国外净收入占美国、法国、英国各自国内生产总值的1%~2%，占德国和日本各自国内生产总值的2%~3%。尽管如此，这也显著提高了国民收入水平，尤其是对日本和德国来说，两国的贸易盈余使其在过去的几十年里积累起大量的外国资本储备，这些资本的回报迄今非常可观。

现在我们从逐个分析发达国家转向整体分析大陆区域。我们发现，无论是欧洲、美洲还是亚洲的收入流几乎都处于均衡状态：各个洲更发达的国家（通常位于北部）得到海外资本产生的收入流入，被这个洲其他国家（通常位于南部或东部）的收入流出部分冲抵，因此在大洲的层面，总收入几乎恰好和总产出相等，一般相差不超过0.5%。[32]

非洲是唯一收入流入与流出不均衡的大洲，其相当比例的资本被国外投资者拥有。根据20世纪70年代以来联合国以及其他国际组织

（如世界银行、国际货币基金组织）汇编的国际收支数据，非洲的总收入大约比总产出低5%，在某些国家甚至低10%。[33] 由于资本收入占总收入约30%，这意味着非洲近20%的资本由外国人控制，我们在本章开始时提到的马里卡纳铂矿的伦敦股东就是一个很好的例子。

理解上述数据的实际含义非常重要。由于某些财富（如住宅性房地产和农业资本）很少为外国投资者所有，外资占非洲制造业资本的比例可能超过了40%~50%，在其他行业可能更高。尽管国际收支数据有诸多不足，但显而易见，外资所有权显然是当下非洲所面对的现实。

如果我们回溯到更遥远的过去，我们会发现更为突出的国际失衡现象。在"一战"前夕，作为全球最大投资国的英国，国民收入大约比国内产值高10%；这个差值在法国超过5%，法国是当时世界上殖民和全球投资第二强的国家；德国排名第三，尽管其殖民帝国并不强大，但其高度发达的工业部门积累了来自世界其他地区的大量收益权。英国、法国和德国的投资一部分流向其他欧洲国家和美国，一部分流向亚非。总之，欧洲列强在1913年拥有亚非两大洲1/3~1/2的国内资本以及超过3/4的工业资本。[34]

什么力量有利于全球趋同？

理论上，发达国家拥有落后国家的部分资本可以起到促进全球趋同的作用。如果发达国家国内储蓄和资本充足，以至于没有理由建造新住宅或购置新机器（资本的边际产出——多投入一个单位的资本所得到的额外产量——很低），那么在落后国家投资一部分国内储蓄将能够提高整体效率。因此，无论发达国家还是发达国家的居民，只要有多余的资本，就能够通过海外投资获取更好的收益，同时落后国家能够增加产出，缩小与发达国家之间的既有差距。根据古典经济学理论，基于全球资本自由流动和资本边际产出均等化的机制会导致发达国家和落后国家趋同，最终通过市场力量和竞争缩小不平等。

然而，上述乐观的理论主要有两个缺陷。第一，从严格的逻辑来说，均等化机制并不一定保证全球人均收入的趋同。如果假定跨国资本完全自由流动，更重要的是假定各国人力资本和劳动力技术水平完全一致，最多可以带来全球人均产出的趋同，而上述假设很难成立。在任何情况下，全球人均产出的趋同也并不意味着全球人均收入的趋同。发达国家投资周边落后国家之后，他们可能一直持有上述投资，并且其份额可能增长至相当高的比例，因此富国的人均国民收入得以一直高于落后国家，而落后国家持续将其产出中的一大部分支付给发达国家（正如非洲几十年来一样）。为了确定上述情形发生的可能性有多大，我们必须将穷国付给富国的资本收益和穷国以及富国的经济增长进行比较。在进一步分析之前，我们首先必须更深入地了解一个给定国家的资本/收入比的动态变化过程。

此外，如果我们查阅历史记录，似乎资本流动性并不是推动富国和穷国趋同的主要因素。近年来发展水平接近西方发达国家的亚洲国家及地区没有一个受益于大规模的外商投资，无论是日本、韩国、中国台湾地区抑或是近来的中国大陆。本质上，上述这些国家和地区都自己投入了发展所需的实物资本和人力资本，而后者，根据最新研究表明，在长期经济增长中至关重要。[35] 相反，其他国家的附属国，无论是在殖民地时代还是当今的非洲，在经济发展方面都不甚成功，最主要的原因是这些国家都专注于没有发展前景的经济领域并且受累于长期的政治动荡。

以下可能是穷国政治经济动荡的部分原因。当一个国家很大程度上被外国人所占有，当地社会就有一种不可抑制且周而复始的诉求，要求没收外国资本。其他政治力量则回应，只有在现行法律无条件保护财产权的条件下才有可能进一步投资和发展。因此穷国往往陷入无尽的革命政府（其在提高居民实际生活水平方面往往鲜有建树）和致力于保护财产权的政府之间的更替中，从而为下一次革命或政变埋下伏笔。资本所有权的不平等在一国之内已经难以被接受和维系。而在国家之间，如果没有像殖民统治那样的政治掌控的话，不平等的资本所有权的维系几乎是不可能的。

请不要误会：参与全球经济体系本身并没有错，闭关自守从未带来繁荣。近年来追赶其他国家的亚洲国家明显享受到了对外开放的好处。上述国家从商品和服务的开放市场及有利的贸易条件中得到的好处远比资本自由流动来得多。以中国为例，中国迄今仍然实行资本管制，外国人不能在中国自由投资，但这并没有阻碍中国的资本积累，其庞大的国内储蓄足以提供充足的资本。日本、韩国和中国台湾地区的资本投入都来源于其自身的储蓄。许多研究也表明，自由贸易带来的好处主要来自知识的扩散、开放国境所带来的生产率提升，而不是来自和分工有关的静态收益，后者的作用看似较为微弱。[36]

总之，历史经验表明，无论是全球层面还是国家层面的趋同，其主要机制是知识的传播和扩散。换言之，落后国家是通过提高科技水平、专业知识与技能和教育水准来追赶发达国家的，而不是通过成为富国的资产。知识的扩散并不是上天赐予的甘露：是对外开放和贸易加速了知识的扩散（闭关锁国阻碍了科技的传播）。总之，知识的扩散取决于一个国家调动资金的能力以及鼓励大规模教育和培训投入的体制，这个体制同时还要确保司法系统的稳定，使得各类经济主体能够据此从事经济活动。因此，这和实现一个合法而高效的政府息息相关。简而言之，上述就是历史教给我们的关于全球经济增长和国际不平等的主要经验教训。

第二章 增长：幻觉与现实

目前，虽然发达国家与贫穷国家之间依然存在巨大差距，但是新兴经济体正在追赶发达国家，似乎呈现出全球趋同的趋势。而且没有证据表明，这种追赶过程主要是由发达国家在贫穷国家的投资带来的。相反，历史经验表明，当贫穷国家能够靠自身开展投资时，发展成果会更好。抛开有关全球趋同的核心议题外，我在这里还想强调一点，即21世纪世界可能重新回到慢增长模式。更确切地说，我们将发现除特殊时期或追赶时期外，增长总是较为缓慢的。而且所有迹象都显示增长率（或者至少是人口增长率）将在未来继续趋缓。

为了更好地理解这一议题及其与趋同过程和收入差距演变的关系，我们将产出增长率分解为两个部分，即人口增长率和人均产出增长率。换言之，增长总是包含一个纯人口部分和一个纯经济部分，而且只有后者才意味着生活水平的改善。在公开辩论中，人们经常忘了区分这二者，似乎默认人口的增长已经完全停滞，但是实际情况远非如此，虽然各种迹象显示我们正在缓慢地走向这一方向。例如在2013~2014年，由于新兴国家的迅速发展，全球经济增长率可能突破3%,而全球人口增长率依然接近1%,因此全球人均产出值和全球人均收入的实际增长率略高于2%。

从极长期视角看增长

在讨论现有趋势之前,我要回拨时光,追溯自工业革命以来全球增长的各个阶段及其幅度。表2.1显示了增长率在一个极长时期内的变化,其中凸显了几个重要现象:第一,在18世纪开始的增长起飞时期,年增长率相对温和;第二,增长率中人口部分和经济部分所占的份额大致相同。根据现有的最佳估计,1700~2012年全球产出的年均增长率为1.6%,其中人口和人均产出的增长率均为0.8%。

表2.1 工业革命以来的全球增长(年均增长率)

年份	全球总产值(%)	全球人口(%)	人均产值(%)
0~1700	0.1	0.1	0.0
1700~2012	1.6	0.8	0.8
1700~1820	0.5	0.4	0.1
1820~1913	1.5	0.6	0.9
1913~2012	3.0	1.4	1.6

注:1913~2012年,全球国内生产总值增长率达到平均每年3%,可以具体分解为全球人口增速1.4%和人均产出增速1.6%。

资料来源:piketty.pse.ens.fr/capital21c

如今看来,上述增长率可能很不起眼。因为在现代的讨论中,低于1%的年增长率往往被视为不具有统计显著性,通常认为只有达到每年3%~4%甚至更高,才会发生实际的增长,比如"二战"后欧洲的"辉煌30年"或者当前的中国。

其实,如果人口和人均产出的年增长率在很长时期内维持在1%

左右（例如1700年以来的情形），应该算是非常快的增长，尤其是与工业革命之前多个世纪接近于零的增速相比。

根据经济学家麦迪森的计算，公元元年到1700年间人口和经济的年增长率均低于0.1%，其中人口增长率为0.06%，人均产出增长率为0.02%。[1]

此类估计的准确性当然存在疑问。我们掌握的有关公元元年到1700年间全球人口增长率的信息其实非常少，关于人均产出的信息则更少。不过，无论具体数据存在多大的不确定性（实际上并不十分重要），从远古时期到工业革命前的增长速度很慢是毫无疑问的，肯定不超过每年0.1%~0.2%。原因相当简单，更高的增长率意味着公元纪年之初的世界人口会少到令人难以置信，或者生活标准会大大低于可接受的基本水平。基于同样的原因，未来多个世纪的增长率则可能返回很低的水平，至少其中的人口增长率是如此。

累积增长定律

为了更好地理解上述观点，我们可以先来看看所谓"累积增长定律"（law of cumulative growth）的实际效果。该定律的含义是，很低的年增长率如果持续相当长的时期，会导致巨大的不同。

例如，全球人口总数在1700~2012年的年增长速度仅为0.8%，意味着在过去的3个世纪，人口数量增加了10倍多。1700年全球人口总数仅为6亿，而2012年人口总数超过70亿（见图2.1）。如果这一增速在今后3个世纪保持不变，2300年全球人口总数将突破700亿。

为了更加直观地描述累积增长定律的爆炸式效应，表2.2列出了年增长率（报告数据）与长期增长倍数之间的对应关系。例如，每年1%的增长率将使样本总数在30年后达到原来的1.35倍，在100年后达到3倍，在300年后达到20倍，在1000年后超过2万倍。从表中

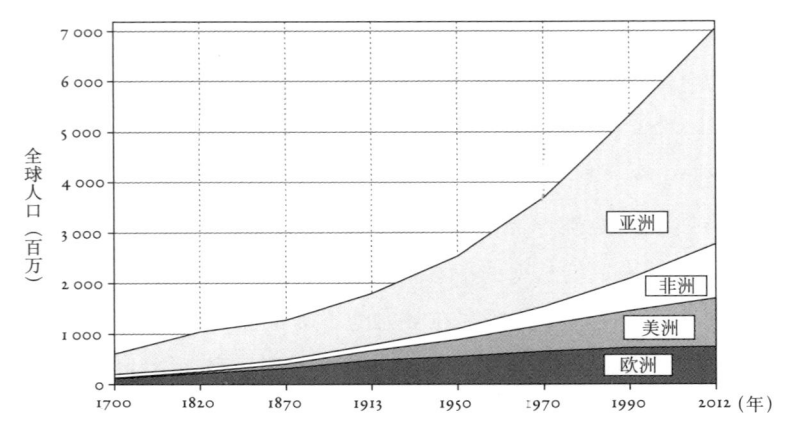

全球人口总量从1700年的6亿增长到2012年的70亿。

图2.1　1700~2012年全球人口增长

资料来源：piketty.pse.ens.fr/capital21c

表2.2　累积增长定律

年增长率（%）	一代人（30年）的增量（%）	30年的增量换算为乘数	100年的增量换算为乘数	1 000年的增量换算为乘数
0.1	3	1.03	1.11	2.72
0.2	6	1.06	1.22	7.37
0.5	16	1.16	1.65	147
1.0	35	1.35	2.70	20 959
1.5	56	1.56	4.43	2 924 437
2.0	81	1.81	7.24	398 264 652
2.5	110	2.11	11.8	52 949 930 179
3.5	181	2.81	31.2	…
5.0	332	4.32	131.5	…

注：每年1%的增长率对应的30年的增长乘数为1.35，每100年的增长乘数为2.7，每1 000年的增长乘数超过20 000。

可以发现，每年超过 1%~1.5% 的增长率不可能无限持续下去，否则会导致人口数量天文数字式的暴涨。

由此，我们可以清楚地看到，时间跨度选择的不同可能引出关于增长过程完全相反的观点。在 1 年的时间内，1% 的增长率显得非常慢，几乎感受不到。当时人们可能不会发现任何变化，对他们而言，这样低的增长率与完全停滞似乎没有区别，每一年都几乎是上一年的简单重复。因此，增长率似乎是个相当抽象的概念，只有纯粹的数学或统计意义。然而，如果将时间跨度扩展到一代人，即 30 年左右（这是评估我们生活于其中的社会发生变化的最有意义的时间跨度），那么同样的增长率将意味着 1/3 左右的增幅，是相当大的变化幅度。虽然与年增长率达到 2%~2.5% 的情形（可导致每一代人的指标翻番）相比，这一变化还不是那么惊人，但是 1% 的增长率也足以定期和深刻地影响社会面貌，并且会在极长的时间之后造成彻底的改变。

累积增长定律在本质上等同于累积收益定律。累积收益定律的含义是几个百分点的年收益率经过数十年的叠加，会自动引起原始资本数额的巨幅增长。其前提条件是收益不断地用于再投资，或者资本所有者只把一小部分（相对于社会的增长率）收益用于消费。

本书的核心观点是资本收益率与经济增长率之间明显而细小的差距，将在长期内对社会不平等的结构和演变产生强大而不稳定的影响。在某种意义上，本书的所有结论都依据累积增长定律和累积收益定律得来，所以读者有必要预先熟悉这些概念。

人口增长的不同历史阶段

现在转入对全球人口增长的考察。

假如 1700~2012 年的人口增长（平均每年 0.8%）起源于古代，并一直持续,那么全球人口总数在公元元年到1700年增加了10万倍。我们估计1700年的人口数量约为6亿,意味着耶稣诞生时的人口总数只有不到1万人,少得荒谬。即使把人口增长率降至0.2%,经过1 700年的时间跨度,也意味着初期的人口总数只有2 000万。然而现有最可靠的资料显示,公元元年的全球人口总数超过2亿,仅罗马帝国就有5 000万人。不管历史资料和有关这两个时点的全球人口估计有什么缺陷,我们还是有十足的把握认为公元元年到1700年间的平均人口增长率低于0.2%,而且几乎可以肯定不到0.1%。

与人们的普遍看法相反,这种增长极为缓慢的马尔萨斯式社会并不是处于人口完全停滞的状态。虽然增长率相当低,经过数代人形成的累积人口增长还往往在几年内被瘟疫和饥荒清零[2],但全球人口总数依然在公元元年到1000年间增长了约1/4,在1000~1500年增长了约一半,在1500~1700年又增长了约一半,最终这个时期的年增长率接近0.2%。增长的加速很可能是个非常渐进、极为缓慢的过程,且与医疗知识的进步和卫生条件的改善密不可分。

公元1700年后,人口增长显著提速,18世纪的年均增长率约为0.4%,19世纪约为0.6%。1700~1913年,欧洲(包括其在美洲的殖民地)的人口增长率达到历史峰值,但在20世纪出现回调,增速下降了约一半,1913~2012年为0.4%,远低于1820~1913年的0.8%,出现了所谓的"人口转型"(demographic transition)现象,即预期寿命的持续提高不再抵消出生率的降低,人口增长速度逐渐回到较低的水平。

然而在亚洲和非洲,出生率依然远高于欧洲,因此20世纪的人口增长达到令人眩晕的高速,每年约为1.5%~2%,相当于人口数在一个世纪之后达到原来的5倍以上。20世纪初期,埃及的人口仅略多于1 000万,如今已超过8 000万。尼日利亚和巴基斯坦当年的人口都仅有 2 000 万出头，如今都超过 1.6 亿。

有趣的是，亚洲和非洲在 20 世纪达到的 1.5%~2% 的年增长率与美国在 19 和 20 世纪的情况大致相当（见表 2.3）。如前文所述，美国的人口从 1780 年的不足 300 万猛增到 1910 年的 1 亿，再到 2010 年的 3 亿多，在短短两个世纪之内实现了 100 倍以上的增长。当然，两者之间存在关键的区别：新大陆的人口增长很大部分是从其他大陆迁入的移民，尤其是从欧洲；而亚洲和非洲 1.5%~2% 的高增长率完全是自然增长——出生率超出死亡率带来的人口增长。

表 2.3 工业革命以来的人口增长（年均增长率，%）

年份	全球	欧洲	美洲	非洲	亚洲
0~1700	0.1	0.1	0.0	0.1	0.1
1700~2012	0.8	0.6	1.4	0.9	0.8
1700~1820	0.4	0.5	0.7	0.2	0.5
1820~1913	0.6	0.8	1.9	0.6	0.4
1913~2012	1.4	0.4	1.7	2.2	1.5
预测 2012~2050	0.7	−0.1	0.6	1.9	0.5
预测 2050~2100	0.2	−0.1	0.0	1.0	−0.2

注：1913~2012 年，全球人口增长率达到平均每年 1.4%，其中欧洲为 0.4%，美洲为 1.7%。
资料来源：piketty.pse.ens.fr/capital21c；2012~2050 年的预测来自联合国提供的最可能出现的情形

由于人口增长加速，全球人口增长率在整个 20 世纪达到前所未有的 1.4%，远远高于 18 和 19 世纪的 0.4~0.6%（见表 2.3）。

此外，我们刚刚开始走出这个开放式人口加速增长阶段。全球人口在 1970~1990 年以每年 1.8% 的速度高速增长，仅略低于 1950~1970 年 1.9% 的历史纪录水平。即使在 1990~2012 年，平均增长率仍有

1.3%,依然是非常高的水平。[3]

根据官方预测,全球人口转型的进程现在将加速,地球上的人口数量最终趋于稳定。根据联合国的预测,人口增长率将在21世纪30年代降至0.4%,到21世纪70年代稳定在0.1%左右。如果该预测正确,全球人口将重回公元1700年前的极低增长状态。全球人口增长率将在1700~2100年将呈现出巨大的钟形曲线,其中峰值是1950~1990年的近2%(见图2.2)。

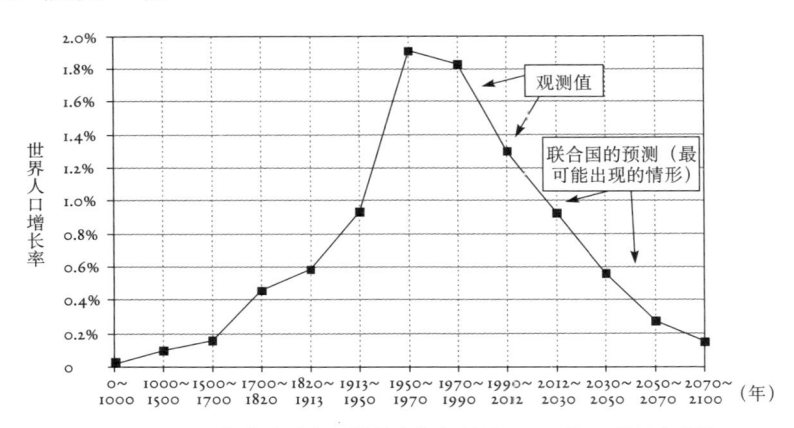

1950~2012年的全球人口增长率每年超过1%,到21世纪末应该向零增长回落。

图2.2 从古代到2100年全球人口增长率

资料来源:piketty.pse.ens.fr/capital21c

需要注意的是,21世纪后半叶的预期人口增长(在2050~2100年为0.2%)将完全来自非洲大陆(其年均增长率为1%),其他三个大陆的人口增长则可能趋于停滞(美洲为0)或进入负增长(欧洲和亚洲分别为-0.1%和-0.2%)。在和平时期出现如此漫长的人口负增长期将是史无前例的(见表2.3)。

人口负增长？

上述预测显然有高度的不确定性。首先，这些预测取决于预期寿命的变化，或者说部分取决于医疗技术的进步；其次，也取决于人们未来的生育决策。如果把预期寿命视为给定值，人口增长率将由生育率来决定。所以不可忽略的是，父母决定生育的子女数量的细微差别可能给全社会带来巨大的影响。[4]

然而人口史告诉我们，生育决策在很大程度上是不可预测的，受到文化、经济、心理以及与个人选择的生活目标有关的自身因素等的影响。生育决策还取决于不同国家为协调家庭生活与职业生活而决定提供或不提供的各项物质条件，例如学校、托儿所、男女平等待遇等。这些议题在 21 世纪的政治讨论和公共政策中的重要性无疑将越发突出。因此在上述的人口变化总图景之外，我们会看到非常多的地区差异和突发变化，其中许多与每个国家历史上的特殊性密切相关。[5]

最惊人的逆转无疑发生在欧洲和美洲之间。1780 年，西欧的人口总数已超过 1 亿，北美洲则仅有 300 万，当时恐怕没有人想到后来会出现天翻地覆的变化。到 2010 年，西欧的人口数量略多于 4.1 亿，而北美洲已达到 3.5 亿。根据联合国的预测，这个赶超过程将在 2050 年实现，届时西欧的人口将增至约 4.3 亿，而北美洲为 4.5 亿。这一现象是什么原因所致？除了新大陆不断接受的移民外，还在于其生育率远高于欧洲国家。欧美在生育率上的差距一直持续到现在，甚至对那些祖上从欧洲移民到北美的人群也是如此，人口学家们很大程度上仍然未能解释这一现象。但十分清楚的是，北美的高生育率并不是由于政府的家庭扶持政策更为慷慨，因为在北美此类政策基本上不存在。

这个差异是否可以解读为北美洲的人们对未来拥有更强烈的信念、新大陆的乐观精神，或者说对他们自己以及子孙后代维持经济持续增长的前景更抱希望？在涉及与生育有关的复杂决策时，我们不能预先排除任何心理或文化的因素，任何缘由皆有可能。当然，美国的人口增速实际上在稳步下降，倘若加入欧盟的移民继续增加，欧洲生育率上升，或者欧洲人的预期寿命与美国人的差距加大，目前两个大陆的人口走势也可能逆转。联合国发布的预测并不具有必然性。

在每个大陆内部也能发现大幅的"人口转折"（demographic turn-arounds）现象。18世纪，法国是欧洲人口最多的国家，如前文所述，扬和马尔萨斯都将此视为法国农村贫困乃至大革命爆发的根源。不过，人口转折现象在法国的出现早得异乎寻常，生育率下降使其在19世纪就出现人口增长停滞，通常认为这是由同样出现很早的去基督教化运动所致。但在20世纪，法国又出现了不寻常的生育率提升，通常归因于两次世界大战后采取的鼓励生育政策以及1940年战败后的创伤。法国的赌注有可能得到丰厚回报，据联合国预测，法国的人口将在2050年左右超过德国。我们很难分辨这种逆转的起因，经济、政治、文化和心理等因素都会产生影响。[6]

另一个更大规模的案例，中国的独生子女政策带来的影响已广为人知。这一政策制定于20世纪70年代，当时中国还担心自己摆脱不了欠发达国家的宿命，而现在它正处于高速发展之中。在这项激进的人口政策实施之初，中国的人口大约比印度多出50%，如今却已快被这个邻国超越。根据联合国的预测，印度将在2020年成为全球人口最多的国家。当然这并不绝对，人口史由个人选择、发展战略和国民心理（包括私人动机与国家动机）等共同作用而成。没有人能在当前时点肯定地声称知道21世纪的人口会出现怎样的转折变化。

因此把联合国的官方预测视为"最可能出现的情形"（central scenario）是不客观的。实际上，联合国还发布过另外两组预测情形。不出所料，这些情形对2100年的预测的差距非常大。[7]

然而基于我们目前掌握的知识，最可能出现的情形依然出现概率最大。在 1990~2012 年，欧洲的人口数量处于停滞状态，其中有几个国家还出现了负增长。在 21 世纪初，德国、意大利、西班牙和波兰的生育率已低于每名女性 1.5 个子女，仅依靠预期寿命的延长与大量的移民迁入才避免了人口的快速减少。基于这些事实，联合国关于欧洲的人口在 2030 年之前为零增长、2030 年之后轻微负增长的预测应该一点儿也不夸张，属于非常合理的预测。联合国对亚洲和其他地区的预测也同样具有合理性。日本和中国目前出生的这代人的人数大约比 20 世纪 90 年代出生的那代人少 1/3，人口转型过程已基本完成。个人决策和政府政策的变化可能对上述趋势带来小幅影响，例如可能把小幅负增长（如日本和德国）转为小幅正增长（如法国和北欧国家），这已经算是很显著的改变，但是至少在今后数十年内，我们不太可能看到更大的变化。

极长期预测的不确定性当然要大得多。然而请注意，如果 1700~2012 年的平均人口增长率（约为每年 0.8%）再持续 3 个世纪，全球人口总数将在 2300 年达到 700 亿。当然，以下场景不能完全排除，例如，生育行为可能发生变化，技术进步能够使增长带来的污染比现在所能想象的少得多，使产出由几乎非物质化的新型产品和服务构成，消耗的是极微量碳排放的可再生能源等。然而就目前而言，我们可以毫不夸张地说，全球人口达到 700 亿是既不合理也不可取的结果。最可能的假设是未来几个世纪的全球人口增长率将大大低于 0.8%，而联合国做出的 0.1%~0.2% 的极长期官方预测颇具合理性。

增长对于社会平等的影响

归根到底，本书的目的并不在于对人口增长进行预测，而是承认多种可能性的存在，然后分析它们对财富分配变化的影响。人口增长除了对经济发展和国家的相对实力带来影响外，还与社会不平等状况具有重要联系。在其他各种条件相同时，强劲的人口增长往往能发挥均等化的作用，因为它削弱了继承财富的地位——每一代人在某种意义上都必须依靠自己的努力。

设想一个极端案例，假如世界上每对夫妇都有10个子女，我们很容易理解继承财富的地位下降这个普遍规律，因为家庭财富在每一代人都要分为10份。在这样的社会中，继承财富的总体地位将被严重削弱，大多数人会更加现实地依靠自己的劳动和储蓄为生。

来自其他国家的移民持续补充现有人口的社会也会出现同样的情形，比如美国。假如大多数移民来时并没有携带太多财富，那么从前代人继承下来的财富的数量，相对于通过储蓄积累的新财富而言，必然较为有限。然而移民带来的人口增长还有其他类型的影响，尤其是考虑到移民和本地居民之间（以及各自群体内部）的不平等。因此，移民较多的社会并不适合与主要依靠自然增长（新生儿）的社会进行国际比较。

接下来，我将说明强劲的人口增长带来的影响，在一定程度上可以推广到经济高速增长（不仅仅是人口增长）的社会中。例如，假设某个社会的人均产出每过一代人就会增加10倍，此时人们更看重的是通过自己的劳动所能得到的收入和储蓄，因为前代人的收入远远少于当代人的收入，来自父母和祖上累积的财富也就不会有太大的重要性。

与之相反，人口增长停滞或者（更糟糕的是）减少会造成前代人累积的资本的影响力增强。经济发展停滞也具有同样的效应。此外，在增长较慢时，资本收益率很有可能远远超出经济增长率，正如本书导言中谈到的，这种情况是财富分配在长期内出现巨大不平等的主要原因。历史上那些由资本主宰、由继承财富决定人们阶层地位的社会

（包括传统的农业社会和19世纪的欧洲国家），只有在低增长条件下才能出现和维系下去。因此我将考察低增长状态的回归（如果发生）将在多大程度上影响资本积累的变化和不平等结构，尤其是继承财富即将卷土重来这一长期现象已经在欧洲产生了影响，并可能扩展至世界其他地区。由此可见，预先熟悉人口和经济增长的历史对我们的讨论有着重要意义。

另外，值得讨论的是，还存在一种机制使得增长能够缩小不平等，或至少使得精英阶层的更迭速度加快。该机制是对上一种机制的可能的补充，但影响不那么重要，也更具有争议。在增长率为零或者极低时，各类职业活动以及各种经济和社会功能，都在一代又一代人之间没有变化地重复。相反，持续增长（即使增速仅为每年0.5%、1%或1.5%）则意味着新的功能不断出现，每一代人都需要掌握新技能。鉴于偏好和能力在各代人之间只能部分传递下去（不像土地资本、房地产及金融资产的继承那样机械/自动地完成），对家庭出身不属于精英阶层的人来说，增长将有助于提高其社会流动性。这种社会流动性的提高并不必然意味着收入不平等的缓和，但从理论上讲，的确会限制财富不平等状况的复制和加剧，从而能在长期把收入不平等约束在某个范围之内。

传统观点认为，现代经济增长对发挥个人的天赋和资质起到了积极的促进作用，这种观点虽然有合理性，但是自19世纪早期以来却被滥用来为所有不平等现象辩护，而不论其不平等的程度及其原因，同时还以各种所能想到的美德来歌颂新兴工业经济的赢家。例如曾经在法国七月王朝担任地方行政长官的自由派经济学家查尔斯·迪努瓦耶（Charles Dunoyer）在1845年发表的《论工作自由》（*De la liberté du travail*）一书中表达了此类观点（当然也表达了他对任何形式的劳动法规或社会法规的反对态度）："工业体系的影响之一就是摧毁人为的不平等，但这只是更加清楚地凸显了自然的不平等。"据迪努耶瓦所说，自然的不平等包括身体、智力和道德等各层面能力的差异，这些差异对于经济增长和到处可见的创新至关重要。这也是他反对任何形式的政府干预的理由："杰出的能力……是所有伟大和有用的事物的源泉……把一切都均等化就会让一切都陷入停滞。"[8] 现在我们有时也能听到类似的说法，例如新兴的信息经济能让最有才华的人把他们的生产率提高很多倍。但是实际上，此类观点往往被用于为极端不平等和赢家的特权辩护，而没有充分考虑失意者，没有充分正视现实，没有真正去核实这个十分便捷的原则是否足以解释我们观察到的变化。后文还将继续对此进行讨论。

经济增长的不同阶段

接下来看看人均产出的增长。如上文所述，在 1700~2012 年，人均产出的增速与人口增速大致相当，约为每年 0.8%，意味着 3 个世纪的时间里增长约 10 倍。目前，全球人均收入约为每月 760 欧元，在 1700 年全球人均收入不足 70 欧元，与 2012 年撒哈拉以南最贫困的非洲国家类似。[9]

这个对比有一定启发意义，但不能过分夸大。在比较非常迥异的社会和时期时，我们必须避免用简单的数字来概括所有事情，例如"A 社会的生活水平比 B 社会高 10 倍"。在增长率达到较高水平时，人均产出的概念比人口的概念要抽象得多，人口至少对应着可以触摸的现实，计算人数比计算产品和服务要容易得多。经济发展则来源于生活方式、消费和生产的产品及服务类型的多样化，因此必然是个多维度的发展过程，这个本质使其不可能用简单的货币化指数进行完美的概括。

以发达国家为例，在西欧、北美和日本，人均收入从1700年的每月约100欧元增长到2012年的超过2 500欧元，增幅超过20倍。[10]生产率或每个工作小时的产出的提高幅度更大，因为每个人的平均工作时间显著下降，随着发达国家变得越来越富裕，人们投入工作的时间越来越少，更多的时间可以自由支配，例如工作日的时长缩短、假期延长等。[11]

这一惊人增长有很大部分是在20世纪发生的。1700~2012年间，全球人均产出的年均增长率为0.8%，其中18世纪该增长率仅为0.1%，19世纪为0.9%，20世纪达到1.6%（见表2.1）。西欧国家3个多世纪以来的平均增长率为1.0%，其中18世纪为0.2%，19世纪为1.1%，20世纪为1.9%。[12]欧洲的平均购买力在1700~1820年几乎没有增加，但在1820~1913年增加了1倍多，在1913~2012年又增长了6倍多。大致来讲，18世纪与之前的若干个世纪一样仍然在经济停滞中挣扎，19世纪才首次出现人均产出的持续增长，但很大部分人口仍未从中获得显著收益，至少在19世纪最后30年之前是如此。直到20世纪，经济增长才成为对所有人而言都切实可见、确定无疑的事实。20世纪初期欧洲的人均收入还不足每月400欧元，2010年已达到2 500欧元。

购买力的乘数达到20、10或者6，有什么具体含义？这显然并不代表2012年欧洲人生产和消费的商品与服务比1913年多6倍。例如，平均的食品消费显然没有增加6倍。如果消费有那么大幅度的增长，说明基本的饮食需要早就满足了。对欧洲乃至其他任何地区来说，从长期来看，购买力的提高和生活水平的改善主要依靠消费结构的改进，即消费者的购物篮最初主要是装满了食品，逐渐让位于更为多样化的产品（制造品和服务）。

此外，就算欧洲人希望2012年的消费比1913年多6倍，也是做不到的。因为某些物品的价格的涨速比"平均"价格快，另一些的涨速慢，购买力并不是对所有商品和服务都增长了6倍。在短期内，"相对价格"的问题可以忽略不计，有理由认为政府行业公布的"平均"价格指数能保证我们正确计算购买力的变化。但在长期内，相对价格会有巨大改变，主要是由于新型商品和服务的涌现，普通消费者的购物篮的构成会有显著不同。因此，无论统计学家采用多么复杂的技术来测算他们监视的数千种价格并根据产品质量进行调整，平均价格指数依然难以准确反映实际发生的变化。

购买力增长 10 倍意味着什么？

实际上，准确衡量工业革命以来生活水平大幅提高的唯一办法是用现在的货币测算收入水平，然后与不同时期提供的多种商品和服务的价格进行对比。在这里，我把通过该方法得到的主要结论简单总结如下。[13]

标准的做法是区分出三种类型的商品和服务。对工业品而言，生产率增速快于整体经济，所以该行业的产品价格相对于总体的平均价格会下降。对于食品行业而言，从极长期来看，生产率持续大幅提高，从而能用更少的劳动力养活大量增加的人口，把更多劳动力解放出来参与其他生产活动。然而农业部门的生产率增速依然慢于工业部门，因此食品价格的变化与总体的平均价格相当。对于服务业而言，生产率增速通常较低（在某些情况下甚至完全没有增长，劳动力所占的份额持续提高），服务的价格上涨快于总体的平均价格。

这种划分方式是众所周知的。尽管大致说来没有问题，但该划分方式还需要进行深化，使其更为准确。实际上，三个行业内部具有多样性。许多食品的价格与总体的平均价格涨幅相当。例如在法国，每公斤胡萝卜的价格在1900~2010年与总体价格指数涨幅相近，因此以胡萝卜来代表的购买力与平均购买力都提高了近6倍。20世纪初，普通工人每天的收入大约能购买接近10公斤胡萝卜，到21世纪初则能购买近60公斤。[14] 然而对其他一些食品（如牛奶、黄油、鸡蛋和普通奶制品）而言，加工、制作和包装等方面的重要技术进步使其相对价格下降，导致购买力的增幅实际上超过6倍。交通运输成本在20世纪显著下跌所惠及的产品也出现了同样的现象，例如以能够购买的橘子数量来衡量法国的购买力，涨幅会达到10倍，以香蕉来衡量则是20倍。相反，如果以能够购买的面包或肉类来衡量，涨幅则不足4倍，不过出售的产品的质量和品种与过去相比有很大的进步。

工业制造品的情形更为复杂，主要是由于新产品的大量引进和性能的大幅提升。近年来经常提及的例子是电子和计算机技术，计算机和移动电话在20世纪90年代的进步与平板电脑和智能手机在21世纪初及之后的进步，使得对它们的购买力在非常短的时限内提高了10倍——价格下跌了一半——同时性能提高了5倍左右。

我们还应该注意到，在工业发展的漫长历史中经常能看到同样惊人的案例。比如自行车，在19世纪80年代的法国，产品销售目录上最便宜的型号需要花费普通工人6个月的工资，而且还是非常初级的自行车，"轮子上仅包裹着一条硬橡胶，只在前轮上装有一片刹车片"。后来的技术进步使自行车价格到1910年已降至约1个月的工资水平，到20世纪60年代，人们能够用不到1周的平均工资买到高质量的自行车，配有"可拆卸的轮子、两片刹车片、链条和挡泥板、坐垫包、车灯和反光镜等"。总体来说，即使不考虑产品品质和安全方面的巨大进步，以自行车来计算的购买力在1890~1970年也提高了约40倍。[15]

无论是发达国家还是新兴经济体，对比电灯泡、家用电器、成套餐具、服装和汽车的价格历史与平均工资水平，我们很容易找到大量类似的案例。

所有这些案例都表明，试图用一个简单的指数来总结全部变化（例如生活水平从A时期到B时期提高了10倍）是多么苍白。在家庭预算和生活方式的变化如此剧烈、各种产品的购买力变动如此悬殊时，计算平均数并没有太大意义，因为其结果高度依赖于对权重的选择和对品质的衡量，而且非常不确定，尤其是跨越多个世纪进行比较时。

不过，这些缺陷丝毫都不会影响增长的现实性。恰恰相反，物质生活条件自工业化以来有了显著而巨大的改进，让全世界的人们能够得到更好的食品、衣服，以及旅行、教育和医疗服务等。测算较短时期（如一两代人）的增长率依然很有意义，在30~60年时间里，每年的增长率究竟是0.1%（每代人的增速为3%）、1%（每代人的增速为35%）还是3%（每代人的增速为143%），会使最终结果出现相当明显的差距。只是在极长期中，增长率的累积会造成乘数的巨大悬殊，这时会使数字失去部分含义，成为相对抽象和主观的概念。

增长：生活方式的多样化

为了得出结论，我们引用多样化表现最为突出的服务业的例子。从理论上讲，结论很明显，即服务业行业的生产率增长更慢，以服务来计算的购买力的增长幅度较小。一个典型的案例是在若干个世纪以来没有重大技术革新的"纯"服务，例如经常被提到的理发，理发花费的劳动时间与一个世纪之前基本相同，因此理发的价格与理发师的工资保持着相同的涨幅，所以理发师的工资又与社会平均工资和收入水平有着大致相同的变化。也就是说，21世纪普通工人1个小时的收入所能购买的理发服务，与100年前的普通工人1个小时收入所能购买的数量相同，以理发为单位的购买力完全没有增加，实际上可能还略有减少。[16]

事实上,服务品类如此多样化,以至于服务业行业自身的定义都失去了本来的意义。把国民经济划分为三个行业(第一产业、第二产业和第三产业)是 20 世纪中期形成的观念,当时这三个产业在经济活动和劳动力中所占的份额大致相当,至少处于可比的级别(见表 2.4)。然而当发达国家中 70%~80% 的劳动力都在服务业就业时,这种产业划分就失去了原来的意义,对于贸易的本质和全社会提供的服务提供不了有效的信息。

表 2.4　1800~2012 年法国和美国的分行业就业状况(占全部就业的比例,%)

	法国			美国		
年份	农业	制造业	服务业	农业	制造业	服务业
1800	64	22	14	68	18	13
1900	43	29	28	41	28	31
1950	32	33	35	15	34	50
2012	3	21	76	2	18	80

注:2012 年,法国的全部就业中农业占 3%,制造业占 21%,服务业占 76%。建筑业(在 2012 年约占法国和美国就业人数的 7%)包括在制造业中。
资料来源:piketty.pse.ens.fr/capital21c

服务业包含极其广泛的经济活动,其增长是 19 世纪以来生活水平改善的主要组成部分。为了进行深入考察,我们将服务业划分为几个子行业。首先是医疗和教育服务,在最发达的国家约占全部就业人数的 20% 以上,与所有工业部门之和相当。各种证据表明,随着医疗业的进步和高等教育的稳步增长,这个子行业还将继续扩张。其次是零售、酒店、餐饮和文化休闲业,就业人数通常占全部就业的 20%,同样也在快速增长。再次是对企业的服务(如咨询、会计、设计和数据处理等)、房地产和金融服务(如房地产代理、银行、保险等)以及交通运输业，占全部就业人数的20%左右。另外，政府和安保服务（行政机构、法院、警察和军队等），在大多数国家约占全部就业人数的10%。官方统计中发布的以上服务业在就业中的比重为70%~80%。[17]

需要注意的是，这些服务中有很重要的一部分（特别是医疗和教育）通常靠税收的资金来负担，而且对客户免费。各国的筹资细节各不相同，税收负担的具体比例也不同。例如欧洲国家的比例高于美国和日本。不过在所有发达国家，来自税收的资金比重总体上较高，大致说来，医疗和教育服务有一半的成本靠税收来负担，在某些欧洲国家甚至超过3/4。这给极长期内不同国家生活水平提高的衡量和比较带来了新的困难与不确定性，而且这个问题非常重要，因为医疗和教育行业在最发达国家的国内生产总值和就业中所占的比重超过20%（未来无疑还会提高），同时代表着过去两个世纪以来生活水平改善中最切实可见和最引人关注的部分。在过去的社会，人们的预期寿命只有40岁，绝大多数人是文盲，而今天人们的寿命普遍达到80岁，几乎每个人都有一定文化水平。

在国民账户中，为公众免费提供的公共服务的价值通常是基于政府承担的生产费用来估算，并最终由纳税人支付。这些成本包括公立医院、中小学和大学雇用员工的工资。测算服务价值的办法存在缺陷，但在逻辑上具有一致性，而且显然优于把免费公共服务完全排除在国内生产总值统计之外、只关注商品生产的做法。完全不考虑公共服务在经济理论上是荒唐的，因为这会人为地低估一个国家的国内生产总值和国民收入，尤其是对于选择采用公共教育和医疗体制，而非由私人来提供相关服务的国家，即使这两种体制提供的服务可能是完全相同的。

目前用以计算国民账户的方法具有纠正上述偏差的优势，但还不够完美，特别是对于所涉及的服务的质量没有客观的测算手段，不过目前也正在考虑采取各种矫正办法。例如，假如私人医疗保险体制的成本高于公共医疗体制，却没有带来质量的真正提升（对比美国和欧洲，可以发现这种情况），那么主要依靠私人医疗保险体制的国家的国内生产总值就会被人为地高估。同时还应注意，国民账户统计习惯上并不计算对医院、中小学和大学的建筑及设备的公共资本的补偿，[18] 结果导致把医疗和教育服务私有化的国家会人为地显著拔高国内生产总值，而生产出来的服务和员工得到的工资其实没有变化。[19] 这种以成本为基础的统计方法可能使医疗和教育的基本"价值"被低估，这些服务领域快速扩张时期的增长率也可能被低估。[20]

在长期内，经济增长能明显改善生活水平是确定无疑的。现有的最佳估计表明，全球的人均收入在1700~2012年增长了10倍以上，从每月70欧元增至760欧元，在最富裕的国家增长了20倍以上，从每月100欧元增至2 500欧元。鉴于测算这种剧烈变化的难度，特别是使用单一指数来进行描述时，我们必须小心不过分迷信数字，因为这些信息只能提供数量级上的参考，并不代表太多含义。

增长的终结？

下面来看未来的情形。上文描述的人均产值的大幅增长是否会在21世纪无情地减慢？我们是否正由于技术或生态等方面的原因（或同时由于这两方面因素）而走向增长的终结？

在尝试作答之前，我们有必要回顾一下，过去的增长虽然结果非常壮观，年度增长率却几乎都处于很低的水平，通常不超过每年1%~1.5%。增长率明显更快（每年3%~4%或更高）的历史案例仅发生在加速赶超其他先进地区的国家。这样的过程在追赶实现后就会自然终结，因此只能是过渡性质，有时期限制。还有，此类追赶现象显然不可能在全球同时发生。

从全球层面看，1700~2012年的人均产值平均年增长率为0.8%，具体来说是1700~1820年为0.1%，1820~1913年为0.9%，1913~2012年为1.6%。如表2.1所示，我们发现1700~2012年的世界人口增长率同样为平均每年0.8%。

表2.5显示了每个大洲在各个世纪的经济增长率。在欧洲，人均产值增长率在1820~1913年为1.0%，1913~2012年为1.9%。美洲的人均产值增长率在1820~1913年为1.5%，1913~2012年也是1.5%。

表2.5 工业革命以来的人均产值增长（年均增长率，%）

年份	全球	欧洲	美洲	非洲	亚洲
0~1700	0.0	0.0	0.0	0.0	0.0
1700~2012	0.8	1.0	1.1	0.5	0.7
1700~1820	0.1	0.1	0.4	0.0	0.0
1820~1913	0.9	1.0	1.5	0.4	0.2
1913~2012	1.6	1.9	1.5	1.1	2.0
1913~1950	0.9	0.9	1.4	0.9	0.2
1950~1970	2.8	3.8	1.9	2.1	3.5
1970~1990	1.3	1.9	1.6	0.3	2.1
1990~2012	2.1	1.9	1.5	1.4	3.8
1950~1980	2.5	3.4	2.0	1.8	3.2
1980~2012	1.7	1.8	1.3	0.8	3.1

注：1910~2012年，全球人均产值增长率达到平均每年1.7%，其中欧洲为1.9%，美洲为1.6%。

资料来源：piketty.pse.ens.fr/capital21c

这些细节并不十分重要，关键的一点在于历史上还不曾出现过某个处于世界技术前沿的国家能够在较长时期里保持超过每年1.5%的人均产值增长率。如果看最近数十年，我们会发现最发达国家的增长率甚至还更低，1990~2012年，西欧国家的人均产值增长率为1.6%，北美为1.4%，日本只有0.7%。[21] 正如我开始提到的，将这一事实牢记于心是十分重要的，因为许多人还以为正常的增长率应该是每年至少3%~4%，而历史和逻辑都表明那只是人们的幻觉。

有了这些不同寻常的理论做准备后，我们将对未来的增长率做出怎样的推断？罗伯特·戈登等经济学家相信，大多数发达国家（从美国开始）的人均产值增长率注定会下降，在2050~2100年可能跌至每年0.5%以下。[22] 戈登的分析基于那些自蒸汽机发明和电力引入以来一波波多样化创新浪潮之间的比较，他发现最近的创新潮流（包括信息技术革命）与之前的时期相比潜在增长量要低，原因在于它们对生产方式的颠覆和对整个经济生产率的促进作用更小。

就像之前在预测人口增长时所保持的谨慎态度一样，我不会去预测21世纪的经济增长前景，而是分析各种可能的情形对财富分配变动的影响。在我眼里，预测未来的创新步伐与预测未来的生育率一样难以捉摸。过去两个世纪的历史表明，发达国家的人均产值很难以高于每年1.5%的速度保持增长，但我无法判断确切的增速应该达到0.5%、1.0%还是1.5%。我将要阐述的最可能出现的情形是基于如下假设：发达国家的长期人均产值增长率为每年1.2%，这比罗伯特·戈登的预测（我认为他的看法略有些悲观）更为乐观。然而，这种增长水平较难实现，除非能开发出新的能源来取代快速消耗的油气资源。[23] 并且这只是许多可能情形中的一种而已。

每年1%的增速意味着重大的社会变革

在我看来，最重要的一点（比预测具体的增长率更重要，因为如前文所述，把长期增长浓缩为一个简单的数字在很大程度上是不切实际的）在于，事实上，人均产值增长率接近于每年 1% 已是很快的速度，其变化比许多人想象的要快得多。

看待这个问题的正确角度又要追溯到代际这一概念。在 30 年的时期里，每年 1% 的增长率对应的累积增长幅度超过 35%，每年 1.5% 的增长率对应的累积增幅超过 50%。事实上，这意味着生活方式与就业状况的重大改变。具体而言，欧洲、北美和日本在过去 30 年的人均产值增长率为每年 1%~1.5%，人们的生活的确发生了巨大变化。1980 年还没有互联网和移动通信网，大多数人很少乘坐飞机旅行，今天常用的许多先进医疗技术尚未出现，只有少数人上过大学。在通信、交通、健康和教育领域，变化尤其深刻。这些变化对就业结构也产生了强大影响，因为人均产值在 30 年间增长了 35%~50%，意味着今天所生产的产品（以及相应的职业和岗位）中有 1/4~1/3 在 30 年前还是不存在的。

这个事实表明，如今的社会与过去 18 世纪增长率为零或 0.1% 左右的社会有很大不同。年增长率只有 0.1%~0.2% 的社会一直在重复自我，从上一代人到下一代人几乎没有改变，职业结构相同，财产结构也相同。而每年的增长率达到 1% 的社会（就像大多数发达国家从 19 世纪初期以来的情形）则发生着深刻而持续的改变，这对于社会不平等结构和财富分配变化有着重大影响。增长可能带来新型的不平等，例如，财富可能迅速向新的经济行业集中。但同时，增长又使从过去继承的财富不平等的影响减小、地位下降。当然，1% 的增长率所带来的变化远不如 3%~4% 的增长率那么震撼，因此对于（尤其是启蒙运动以来）致力于建设更公平社会秩序的人们来说，很可能会感到失望。仅靠经济增长难以满足这种民主主义和精英主义的愿望，所以还必须创立有特定目标的制度，而不能完全依靠市场力量和技术进步的推动。

战后时期的影响:大西洋两岸命运的纠缠

欧洲大陆(尤其是法国)对法国人所说的"辉煌30年"一直颇为怀念,这是指经济超快速增长的20世纪40年代后期到70年代后期。人们依然不理解是何种邪恶力量诅咒他们从70年代后期之后重新陷入如此低的增长状态。即便在今天,许多人还相信刚过去的30年(很快将达到35或40年)的可悲岁月将像一场噩梦般很快结束,世界将重新回到之前的美好状态。

但事实上,从历史视角来看,战后的"辉煌30年"才是特殊时期,原因很简单:欧洲在1914~1945年被美国远远甩到后面,才能在"辉煌30年"期间快速追赶。一旦这个追赶过程结束,欧洲又和美国一起站到世界技术进步的最前沿,增长率回落到相同的低水平,这是身处前沿的经济体的必然特征。

图2.3能够让我们更清晰地看到欧洲和北美增长率的相对变化趋势。北美并不存在对战后岁月的怀念之情,因为那里根本没有出现所谓的"辉煌30年",人均产值在1820~2012年基本保持在每年1.5%~2%的增长幅度。在1930~1950年人均产值增速的确有所放缓,降至略高于1.5%,此后在1950~1970年又提升到2%之上,在1990~2012年再次降至不足1.5%。而在被两次世界大战严重摧残的西欧,增长率的变动幅度要大得多,1913~1950年的人均产值增长停滞不前,增速仅略高于0.5%,在1950~1970年跃升到4%以上,然后在1970~1990年急剧下跌至略高于美国的水平(略高于2%),到1990~2012年只有1.5%。

西欧经历了1950~1970年的黄金增长时代,此后数十年的增长率却跌至巅峰时期的1/2甚至1/3。还需要注意,图2.3低估了这个下跌的深度,因为我把英国纳入了西欧国家之中(本来也应该如此),尽管英国在 20 世纪的增长历史曾十分接近于北美较为稳定的模式。如果只看欧洲大陆国家，我们会发现其人均产值增长率在 1950~1970 年平均达到 5%，远远超出过去两个世纪其他先进国家所取得过的成绩。

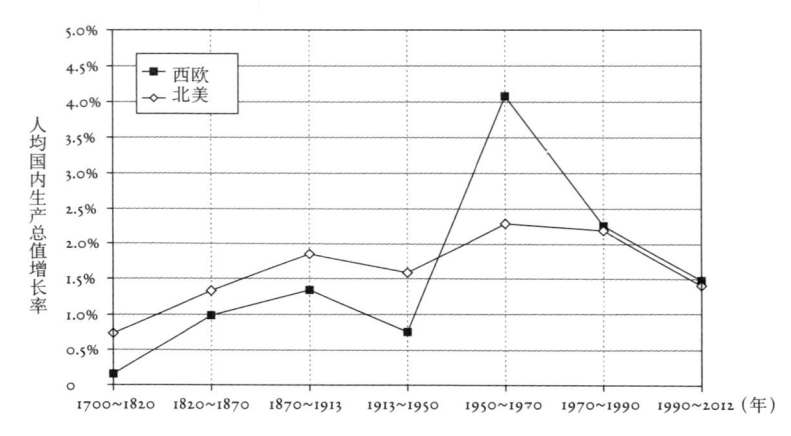

欧洲在 1950~1970 年的人均产值增长率每年超过 4%，然后回落到与美国相当的水平。

图 2.3　工业革命以来的人均产值增长率

资料来源：piketty.pse.ens.fr/capital21c

经济增长在 20 世纪迥然不同的经历，在很大程度上可以解释为什么不同国家的公众对商业和金融全球化乃至整个资本主义体制会有那么悬殊的看法。在欧洲大陆（特别是法国），人们会很自然地继续把战后的头 30 年（政府对经济实施强有力干预的时期）视为幸运的高增长期，许多人认为 1980 年左右开始的经济自由化是增长极缓的祸首。

但在英国和美国，人们对战后历史有着截然不同的解读。在 1950~1980 年，英语国家与战败国的差距迅速缩小，到 20 世纪 70 年代后期，美国杂志的封面文章经常抨击美国经济增速下滑和德国、日本工业发展取得的成功。英国的人均国内生产总值则降到了德国、法国、日本甚至意大利的水平之下。也可能正是这种受到挑战（甚至被超越）的情绪在随后的"保守主义革命"中发挥了重要作用，促使英国的玛格丽特·撒切尔和美国的罗纳德·里根承诺，要把侵蚀盎格鲁-撒克逊传统的企业家动物精神的福利国家制度打回去，回归19世纪的纯粹资本主义，让英美两国重振雄风。以至于在今天，这两个国家的许多人还是相信保守主义革命取得了巨大成功，因为他们的增长率又可以和欧洲大陆及日本一较高下了。

实际上，无论是1980年左右启动的经济自由化，还是1945年开始的干预主义浪潮，其赞誉或指责都是应得的。不管英国和美国采取了何种政策，在经受1914~1945年的分崩离析后，法国、德国和日本将很有可能赶超英美（我的这个说法略显夸张）。我们最多能说政府干预没有造成危害而已。类似的道理是，一旦这些国家赶上世界技术发展的前沿，它们的增长就不再快于英美两国，所有发达国家的增长速度基本趋于相同，也是顺理成章的事（见图2.3，后文还将对此继续讨论）。大致说来，英美两国的经济自由化政策对这个直观的事实也几乎没有影响，既没有提高也没有降低增长率。

全球增长率的双重钟形曲线

概括地说，过去3个世纪的全球增长率可以描述为一个峰值很高的钟形曲线。在人口增长和人均产值增长两方面，18世纪、19世纪尤其是20世纪都在逐渐加速，到21世纪剩下的岁月则很有可能回归原先的较低水平。

不过，在两条钟形曲线之间仍有明显差别。从人口增长曲线中，我们看到的提升更早发生（在18世纪），下降的出现也早得多。我们看到了基本上已经完成的人口转型带来的影响。全球人口增长率在20世纪50~70年代达到每年近2%的顶峰，此后稳步下降。虽然我们对这个领域的趋势变化从来都不十分确定，但目前的势头很可能持续下去，全球人口增长率到21世纪下半叶将降至接近零的水平。这条钟形曲线的形状非常清晰（见图2.2）。

至于人均产值的增长率，情况则更为复杂。经济增长起飞花费了更长的时间，整个18世纪的增长率依然接近零，直到19世纪开始提高，至20世纪才真正成为普遍现象。全球人均产值在1950~1990年的年增速超过2%，主要得益于欧洲国家的追赶，在1990~2012年又超过2%，主要得益于亚洲国家的追赶，尤其是中国（那段时期中国的官方统计显示增长率超过每年9%，这是前所未有的高水平）。[24]

2012年之后将出现什么情况？在图2.4中，我描述了"最可能出现的"增长预测情形。实际上这是个相当乐观的预测，因为我假设最

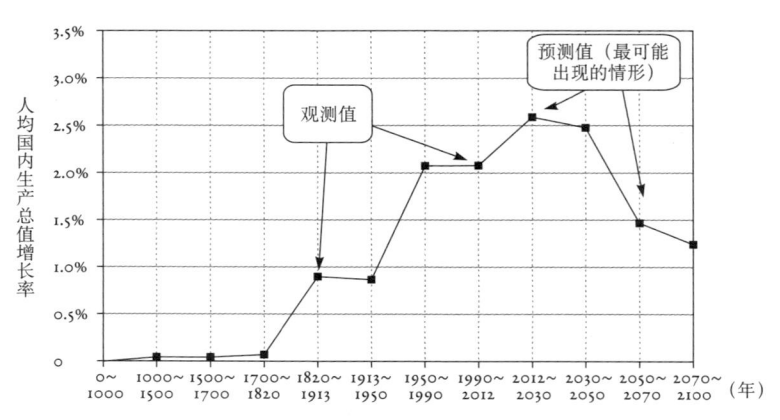

1950~2012年的人均产值增长率每年超过2%，如果趋同过程继续，2012~2050年的增长率将超过2.5%，然后下滑到1.5%以下。

图2.4　从古代到2100年全球人均产值增长率

资料来源：piketty.pse.ens.fr/capital21c

富裕的国家（西欧、北美和日本）在 2012~2100 年将以每年 1.2% 的速度增长（远高于其他许多经济学家的预计），贫穷国家和新兴国家将继续推进赶超过程，2012~2030 年的增长率将达到每年 5%，2030~2050 年达到 4%。如果上述预测能够实现，则中国、东欧、南美、北非和中东的人均产值到 2050 年都将接近最发达国家的水平。[25] 此后，本书第一章所阐述的全球产值分布状态将和人口分布状态基本一致。[26]

在这个较为乐观的最可能出现的情形中，全球人均产值增长率将在 2012~2030 年以及 2030~2050 年均略超过 2.5%，然后降至 1.5% 以下，到 21 世纪的后 1/3 阶段降至 1.2% 左右。与人口增长率形成的钟形曲线相比（见图 2.2），第二条钟形曲线有两个不同特征。首先是它的峰值出现时间比第一条曲线晚得多，几乎晚一个世纪，在 21 世纪中期而非 20 世纪中期才出现。其次是第二条曲线不会下降到零或者接近零的增长率，而是维持在每年略高于 1% 的水平，比传统社会的增长率仍然高得多（见图 2.4）。

如果把两条曲线加起来，我们将得到反映全球总产值增长率的第三条曲线（见图 2.5）。在 1950 年之前，这个增长率从来不曾超过每年 2%，到 1950~1990 年则跃升至 4%，是史上最高的人口增长率和人均产值增长率共同作用的结果。此后，虽然新兴国家（特别是中国）出现了极高的增长速度，全球总产值增长率在 1990~2012 年却降至 3.5%。根据我对最可能出现的情形的预测，这个增长率将一直持续到 2030 年，在 2030~2050 年降至 3%，在 21 世纪后半叶降至 1.5% 左右。

前文已经承认，预测"最可能出现的情形"具有高度的假设性质。关键在于，不管确切的时期和增长率如何（尽管细节也很重要），全球增长的两条钟形曲线的形状在很大程度上已经成形了。图 2.2~图 2.5 所展示的最可能出现的情形在两个方面较为乐观：首先，它假设发达国家的生产率将继续保持每年超过 1% 的增速（这需要显著的技术进

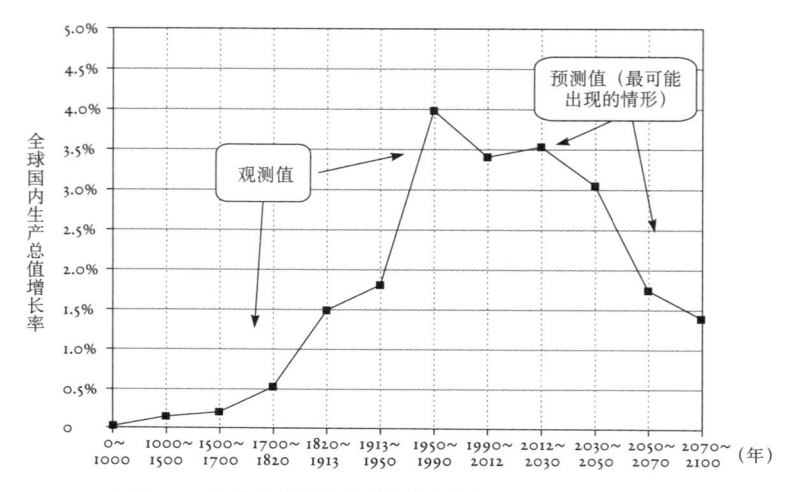

[图表：全球国内生产总值增长率，纵轴0~5.0%，横轴从0~1000年到2070~2100年。标注"观测值"和"预测值（最可能出现的情形）"]

1950~1990 年的全球总产值增长率每年超过 4%，如果趋同过程继续，增长率将在 2050 年下滑到 2% 以下。

图 2.5　从古代到 2100 年全球总产值增长率

资料来源：piketty.pse.ens.fr/capital21c

步，尤其是在清洁能源领域）；其次，或许更重要的是它假设新兴经济体将继续完成对发达国家的追赶，不存在重大的政治或军事障碍，直至在 2050 年前后完成追赶过程，这是非常快的步伐。我们很容易设想出不那么乐观的情形，全球增长的钟形曲线可能更快跌落到这些图所显示的低水平。

有关通货膨胀的问题

如果不把通货膨胀的问题考虑进来，此前对工业革命以来的增长的概述将是很不完善的。有人或许会说通货膨胀是个纯粹的货币现象，我们不需要太过关注。而且事实上，我目前所讨论的增长率全部是指所谓的实际增长率,是从名义增长率(以消费价格来测算)中减去通货膨胀率(来自消费价格指数)之后得到的结果。

在现实中,通货膨胀在此类研究中往往扮演着核心角色。前文谈到,采用基于"平均数"的价格指数是存在缺陷的,因为增长总是伴随着新的商品和服务,并导致相对价格的巨大调整,这些很难用单一指数来概括。其结果导致,我们对通货膨胀与增长的概念有时难以给出清晰的定义。把名义增长率(我们用裸眼所能观察到的唯一的增长)分解为实际增长与通货膨胀两个部分,在一定程度上带有主观性,并始终是各种争议的根源。

例如,假设名义增长率为每年3%,价格的涨幅为2%,那么我们能计算出实际增长率为1%。但如果我们下调通货膨胀的估计值(例如,我们认为智能手机和平板电脑的实际价格跌幅比之前以为的大得多,因为它们的质量和性能已大有改进,而这些测算对统计学家们来说绝非易事),把价格涨幅调整为1.5%,则实际增长率将相应提高至1.5%。在实际操作中,当两种情形的差距如此之小时,我们就很难确定真实数据到底是哪个,每个估计结果都有一定道理。对智能手机和平板电脑的发烧友们来说增长率肯定更接近于1.5%,对其他人而言则可能更接近于1%。

在李嘉图的以稀缺性原则为基础的理论中,相对价格运动会发挥更具决定性的作用:如果某些物品的价格(如土地、建筑物或汽油)在很长时期里被抬升到很高水平,就将永久性地改变财富分配格局,有利于这些稀缺资源的最初拥有者。

除相对价格的问题外,我还将展示,通货膨胀(即所有物品价格普遍上涨)本身也会对财富分配变化产生基础性的影响。事实上正是主要依靠通货膨胀,才让发达国家摆脱了"二战"结束时背负的沉重公共债务。通货膨胀在20世纪还给各种社会群体带来了不同的再分配效应，往往还是通过混乱、失控的方式。相反，在18世纪和19世纪，较为繁荣的富裕社会无一例外都伴随着非常稳定的货币环境，在如此长的历史时期内一直延续。

18~19世纪的超级货币稳定期

首先要提醒读者，我们必须记住通货膨胀主要是20世纪才有的现象。在此之前，甚至直到"一战"爆发前，通货膨胀率一直处于或接近零水平。在数年乃至数十年中，物价有时也会急剧涨跌，但这样的价格变化最终往往会回归平衡。我们能够找到长期价格序列数据的所有国家都属于上述情况。

更具体地说，如果考察1700~1820年以及1820~1913年的平均价格变化，我们会发现法国、英国、美国和德国的通货膨胀都微乎其微，至多是每年0.2%~0.3%的幅度。我们甚至还会发现轻微的价格下跌，例如19世纪的英国和美国，两国综合起来在1820~1913年的年平均价格变化为−0.2%。

诚然，历史上出现过几次违反上述货币稳定大原则的情况，但每次都为时较短，并迅速回归正常状态，仿佛是不可避免的结果。一个特别典型的案例是在法国大革命时期，革命政府于1789年后期发行了著名的指券（assignats），成为1790年或1791年之前的实际流通货币和交易媒介，也是历史上最早的纸币之一。指券带来了高通货膨胀，持续到1794~1795年。但关键在于，在创设"芽月法郎"（franc germinal）之后，法国又回归金属铸币，与旧王朝的货币等价流通。共和国第三年芽月18日（1795年4月7日）通过的法律废除了旧货币利弗尔（因为太容易让人们联想起旧王室），以法郎取而代之，成为国家新的官方货币单位。法郎同之前的货币有着同样的金属含量，1法郎铸币理论上包含 4.5 克纯银，与 1726 年以来的利弗尔相同。这个原则得到了 1796 年法律和 1803 年法律的一再确认，最终为法国永久性地确立了金银双本位货币制度。[27]

最终，以法郎计算的 1800~1810 年的价格水平，与以利弗尔计算的 1770~1780 年的价格水平几乎相同，因此大革命时期货币单位的改变完全没有改变货币的购买力。19 世纪早期的小说家（从巴尔扎克开始）在介绍收入和财富时经常从一种货币单位跳跃到另一种，因为对当时的读者来说，芽月法郎（或称金法郎）与利弗尔实际上是一回事。例如在高老头看来，1 200 利弗尔的租金就与 1 200 法郎完全相同，没有必要做更多区分。

1803 年确立的法郎对应的黄金价值，直到 1928 年 6 月 25 日制定新的货币法规时才正式改变。当时，法兰西银行被免除了自 1914 年 8 月以来用金银兑换其银行券的义务，从而使"金法郎"变成了"纸法郎"，直到 1926~1928 年实现货币稳定。总之，法国货币从 1726~1914 年长期维持与金属的不变等值，这可是段相当长的时间。

我们在英国的英镑上面也能发现同等的货币稳定性。法国与英国的货币汇率尽管有轻微调整，但在两个世纪中保持着相当大的稳定性：从 18 世纪直至 1914 年，1 英镑始终价值 20~25 利弗尔或者金法郎。[28] 对当时的英国小说家来说，英镑及其古怪的衍生辅币（如先令和基尼）就像大理石般稳固，与法国作家眼中的利弗尔和金法郎是同样的。[29] 每个货币单位似乎都对应着不随时间改变的数量，这给货币单位罩上了永恒的光环，使之成为社会身份的象征。

其他国家也是相似的情形，只有在确立新的货币单位或者创设新的货币时才会发生重大变化，如 1775 年创立美元、1873 年创立金马克等。而一旦货币与金属的对价关系建立，就不再会有改变。从 19 世纪到 20 世纪早期，每个人都清楚 1 英镑大约值 5 美元、20 马克或者

25法郎。货币的价值在数十年不会改变,也没有人认为将来为什么会有所不同。

货币在文学名著中的含义

在18~19世纪的小说中,货币无处不在,不单是一种抽象的概念,而且还表现为触手可及的具体形式。作家们经常用法郎或英镑来描述书中角色的收入和财富,不是想用数字来吓唬我们,而是因为这些数字可以让读者对主人公的社会地位有所认知。每个人都知道相应的数字对应着何种生活水平。

此外,这些货币单位非常稳定,由于增长速度较慢,有关的数字在几十年里只是很缓慢地进行调整。在18世纪,人均收入增长极慢。英国人在19世纪头10年代早期的平均收入约为每年30英镑——那是简·奥斯汀的创作时期[30]——和我们在1720年或1770年看到的平均收入水平是一样的。因此在奥斯汀成长时,这些数字成了非常稳定的参照点。她非常清楚,要想过上舒适优雅的生活,拥有惬意的交通、服饰、美食、娱乐以及足够数量的仆人,一个人至少要有20~30倍于平均水平的收入。她书中的人物只有在年收入达到500~1 000英镑时,才会感觉到手头比较宽裕。

后文将更深入地讨论这些事实与感受背后的不平等状况和生活水平问题,尤其是财富的分配格局以及由此产生的收入流向。就目前而言,关键点在于由于通货膨胀不存在和增长率非常低,这些数字反映着极其稳定可靠的现实。甚至到半个世纪之后的19世纪50年代,英国人的平均收入也只是增长至每年40~50英镑。那时的读者或许会认为简·奥斯汀所提到的收入水平对过上舒适生活来说有些偏少,但不至于被完全搞糊涂。到20世纪初期,英国人的平均收入已提高至每年

80~90英镑，增幅引人瞩目，但1 000英镑以上的年收入（奥斯汀所提到的层次）依然是条明显的分界线。

我们在法国小说中也能看到同样稳定的货币参照点。法国人在1810~1820年（也就是巴尔扎克创作《高老头》的时候）的平均收入水平约为每年400~500法郎。旧王朝时期以利弗尔计算的平均收入水平比这略低。与奥斯汀一样，巴尔扎克描述的世界也需要20~30倍于平均水平的收入才能过上体面的生活，对他的主人公来说，1万~2万法郎以下的收入简直是灾难。这些数字的量级在19世纪乃至"美好年代"也同样只是在缓慢地改变，在很长时间内，不会令读者感觉陌生。[31] 作者通过这些数字设定经济背景，对应着某种生活方式，引发人物之间的争夺，总之是在描述一个文明状态。

从美国、德国和意大利的小说以及所有经历过这个漫长货币稳定期的其他国家的文学作品中，我们可以轻松地找到更多的案例。直到"一战"前夕，货币都是有确切内涵的，作家们也没有忘记去研究和挖掘，并将其加工成文学作品。

货币基础在20世纪的放弃

原来的世界随着"一战"爆发而一去不复返。为应付极端惨烈和密集的战争、支付军饷和购买越来越复杂和昂贵的武器，各国政府均深陷债务泥潭。早在1914年8月，主要参战国就已停止将货币兑换为黄金的业务。战后，所有国家都在一定程度上借助印钞票来处理庞大的公共债务。20世纪20年代重建金本位制的努力因为30年代的危机而失败，英国在1931年、美国在1933年、法国在1936年相继放弃金本位制。"二战"之后，金本位制的生命力也没有更强劲的表现，在1946年恢复后，到1971年即随着美元终止兑换黄金而终结。

1913~1950年，法国的通货膨胀率超过每年13%，价格水平上涨到原先的100倍。德国的通货膨胀率达到每年17%，价格涨幅超过300倍。在两次世界大战中损失更少、政局更为稳定的英国和美国，通货膨胀率要低得多：1913~1950年仅为每年3%。但这依然意味着在此期间价格有3倍的涨幅，而前两个世纪的价格基本上是不变的。

对所有国家来说，1914~1945年的冲击都打破了战前的货币信念，尤其是因为战争释放出来的通货膨胀此后从来就没有真正受到约束。

我们能够从图2.6中清晰地看到这点，该图显示了4个国家在1700~2012年各个阶段的通货膨胀变化趋势。请注意，各国在1950~1970年的平均通货膨胀率达到每年2%~6%，然后在70年代急剧提高。尽管在1980年之后各国都开始采取反通货膨胀措施，英国在1970~1990年的年均通货膨胀率依然达到10%，法国达到8%。如果把这些通货膨胀现象与刚过去的数十年进行对比，有人可能会认为，这四个国家的平均通胀率约为2%（法德两国略低，英美两国略高）的1990~2012年，标志着重新回到"一战"前的零通胀时代。

但在得到这个推论时，我们肯定忘记了，每年2%的通货膨胀率与零通胀是完全不同的。如果把每年2%的通货膨胀率加到1%~2%的实际增长率上，则所有关键指标（产值、收入和工资）都必然出现每年3%~4%的上涨，于是在10~20年后，我们得到的数字将和现有的数字相去甚远。谁还会记得20世纪80年代后期或90年代早期的普遍工资水平是多少呢？此外，考虑到2007~2008年以来货币政策的变化（特别是在英国和美国），2%的通货膨胀率在未来很可能有所提高。今天的货币体制与一个世纪之前的货币体制已截然不同。但很有趣的是，我们发现德国和法国这两个在20世纪利用通货膨胀最多的国家（尤其是在1913~1950年），如今在涉及通货膨胀政策时却显得最为谨慎。而且这两个国家还带头组建了完全基于反通胀原则的欧元货币区。

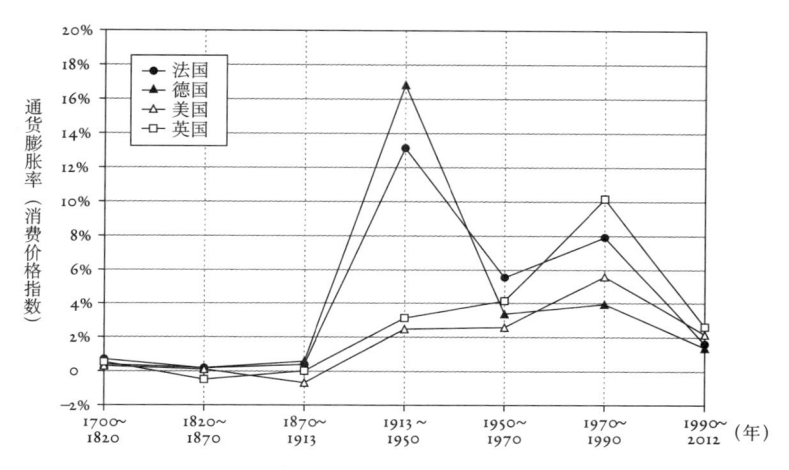

发达国家在18~19世纪的通货膨胀率为零，在20世纪较高，自1990年来约为每年2%。

图2.6　工业革命以来的通货膨胀率

资料来源：piketty.pse.ens.fr/capital21c

后文还将介绍通货膨胀对于不同时期的财富积累和分配变化所产生的影响。

目前我只是想强调这个事实，即货币的稳定参照点在20世纪不复存在标志着与之前数个世纪的决裂，不但在经济和政治方面，而且关系到社会、文化和文学等各个领域。在1914~1945年的冲击之后，货币（至少是特定数量的货币）从文学作品中消失了，这显然不是出于偶然。在1914年之前所有国家的文学作品中，对财富和收入具体数量的描述非常普遍，此类描述在1914~1945年逐渐淡去，并再也没有真正重现。不但欧洲和美国的小说如此，而且其他国家的文学作品也同样。在通货膨胀显著影响价格之前，纳吉布·马哈富兹的小说，或者两次大战期间在开罗发表的其他作品，都相当关注收入和财富，以此来设定角色的身份，讲述他们的烦恼。当时距离巴尔扎克和奥斯汀的世界其实并不遥远。社会结构固然已经很不一样，但读者仍有可能理解与货币参照点有关的感受、期望和阶层背景。20世纪70年代奥尔罕·帕慕克以伊斯坦布尔为背景的小说则完全没有提及任何货币数字，那是在长期的通货膨胀严重侵蚀货币的内涵之后。在《雪》这本书中，帕慕克借主人公（和他一样是作家）之口说，没有比让作家来谈论金钱或去年的物价和收入更无聊的事情了。显然，世界自19世纪以来已改变了太多。

第二部分　**资本/收入比的动态变化**

第三章　资本的变迁

在本书第一部分中,我介绍了收入和资本的基本概念,并回顾了工业革命以来收入和产出增长的主要阶段。

在第二部分中,我将集中探讨资本存量的演变,既关注其总体规模(以资本/收入比来测算),也分析其中包含的不同资产类型,因为资本的性质自18世纪以来已有了很大改变。我将考察各种形式的财富,包括土地、建筑、机器、企业、股票、债券、专利权、牲畜、黄金和自然资源等,并从英国和法国这两个长期数据最全面完整的国家入手,分析它们随时间的演变。但首先我想简要回顾一些文学作品,从中寻找对英法两国的财富问题的生动描述。

财富的本质:从文学到现实

当巴尔扎克和简·奥斯汀在19世纪初进行小说创作时,财富的性质对所有读者而言是比较清楚的。财富似乎是为产生租金而存在的,能给某种资产的所有者带来可靠的定期回报,常见的财富形式为土地或者政府债券。高老头持有政府债券,拉斯蒂涅的小庄园则属于土地财富。在《理智与情感》中，约翰·达什伍德继承的庞大的诺兰庄园同样是农业用地，他很快把自己的同父异母姐妹埃莉诺和玛丽安从这里赶出去，使她们只能依靠父亲留下的少量政府债券的微薄利息为生。在 19 世纪的经典小说中，财富无处不在，但无论资产多寡及其所有者为何人，通常都仅限于两种形式：土地或者政府债券。

站在 21 世纪的视角来看，这些资产类型似乎有些过时，让人容易把它们同已经消逝的遥远过去，而不是资产更加多元的当代经济、社会现实联系起来。诚然，19 世纪小说中的主人翁经常表现为典型的食利者，这在现代的民主和精英社会中是个值得怀疑的形象。然而，产生持续且可靠的收入，难道不是资本再自然不过的属性吗？而这实际上正是经济学家们所定义的"完美"资本市场的目标。如果以为对 19 世纪资产的研究于当今毫无借鉴价值，那会是个很离谱的错误。

如果我们仔细观察，19 世纪与 21 世纪的差异将变得不像乍看那么明显。首先，土地和政府债券这两种资产类型涉及全然不同的领域，或许不应该像当年的小说家们那样，为叙述方便就将其随意混为一谈。归根到底，政府债券不过代表着一部分人（得到利息的人）对另一部分人（缴税的人）的权利主张，因此只能列为私人财富，而不应该计入国民财富。政府债务的复杂性以及与之相关的财富性质的问题，在今天的重要性丝毫不亚于 1800 年。通过历史研究，我们可以学到很多与如今的重大议题有关的内容。尽管至少对英国来说，当前的公共债务规模远不及 19 世纪初期曾达到的天文数字水平，但在法国和其他许多国家却已达到或接近历史峰值，甚至已和拿破仑时代一样成为许多困惑的根源。金融中介过程（个人把钱存入银行，银行再用于其他投资）已变得极其复杂，以至于人们经常不清楚哪些资产究竟归谁所有。老实说，我们是欠着债，大众媒体天天都在提醒，我们怎么会忘记？然而我们到底欠谁的债呢？在 19 世纪，很容易看到依靠公共债务为生的食利者都是哪些人，今天的情形依然如此吗？这个奥秘需要破解，而历史可以给我们提供帮助。

还有一个甚至更为重要的复杂情况：许多其他形式的资产不但在经典小说中，而且在当时的社会上发挥着关键作用，某些资产形式还相当多元。高老头最早是做面条起家的，后来通过生产意大利面食和做谷物贸易而逐渐发迹。在法国大革命和拿破仑时代，他对面粉质量的鉴别独具慧眼，拥有完美的面食生产技术，擅长分销网络和仓库的布局，使他能够在合适的时间把合适的产品送到合适的地点。在通过创办企业而致富之后，他才卖掉企业中的股份，这很像 21 世纪的创业者行使股票期权、兑现资本收益的情形。此后他转而投资更为安全的资产：无限期支付利息的永续政府债券。凭借这些资产他得以给女儿们安排体面的婚事，让她们在巴黎的上流社会拥有了显赫地位。在 1821 年去世前，两个女儿但斐纳和阿娜斯塔齐都弃之不顾，而高老头依旧梦想着对奥德萨的意大利面食生意做回报丰厚的投资。

巴尔扎克作品中的另一位人物赛查·皮罗托靠香水发财，他是很多美容产品的天才发明家，如苏丹面霜和祛风水等（巴尔扎克告诉我们这些都是法兰西帝国后期与王朝复辟时期的流行时尚）。但故事不限于此，在退休时皮罗托试图对玛德莲教堂附近的房地产进行大胆投机，以期让资本实现 3 倍增值，那里在 19 世纪 20 年代获得了高速发展。妻子劝他投资希农附近的良田和政府债券，他却固执己见，最终走向毁灭。

简·奥斯汀描写的核心人物比巴尔扎克的更有乡土味。虽然都身为富裕的地主，他们看起来却比巴尔扎克的角色更为聪明。在《曼斯菲尔德庄园》中，范妮的叔叔托马斯爵士不得不和长子一起到西印度群岛待上一年，打理在那边的投资生意。在返回曼斯菲尔德后，他又被迫再次前往那个群岛数月之久。在 19 世纪早期，管理数千英里外的种植园绝非易事，经营财富已不再是坐收土地租金或政府债券利息那样轻松惬意的活儿。

那么，财富到底是什么：是静态的资本还是有风险的投资？是否可以认为财富自 1800 年以来并没有本质变化？资本的结构从 18 世纪以来发生了哪些现实的改变？高老头的意大利面食可以变成史蒂夫·乔布斯的平板电脑，1800 年对西印度群岛的投资到 2010 年可能变成对中国或南非的投资，但资本的深层结构是否有所不同？资本从来不是一成不变的，至少在初期总是伴随着风险与企业家精神，但也总是在积累到足够大的数额后向租金的形式转化，那是它的使命，也是它的逻辑终点。那么，是什么让我们模糊地感受到如今的社会不平等与巴尔扎克和奥斯丁的时代有着巨大差异呢？这些只是没有现实意义的空谈，还是可以找出某些客观因素来解释为什么有人认为现代社会的资本已变得更加多元，而减少了"寻租"的特征？

英国和法国的资本变迁

首先，让我们看看英国和法国的资本结构自 18 世纪以来的变化。这两个国家的历史数据最为丰富，可以据此开展最完整、最一致的长期估计。研究的主要成果呈现在图 3.1 和图 3.2 中，试图总结 3 个世纪以来资本主义历史的几个关键特征。从中可得两个显而易见的结论。

我们首先看到，两个国家的资本/收入比遵循了非常相似的变化轨迹，在 18 世纪和 19 世纪相对稳定，到 20 世纪遭受严重冲击，然后又逐渐回升到与"一战"前夕接近的水平。无论是英国还是法国，国民资本的总价值在整个 18 和 19 世纪，直至 1914 年前都相当于 6~7 年

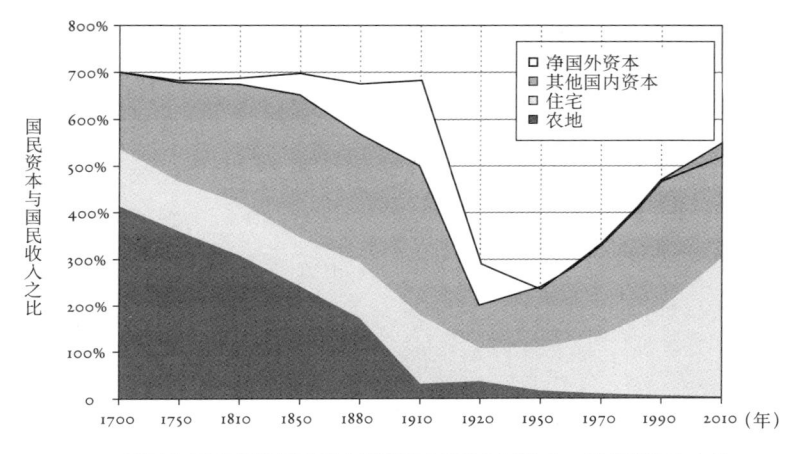

英国在 1700 年的国民资本相当于 7 年的国民收入，其中农地为 4 年的国民收入。

图 3.1　1700~2010 年英国的资本状况

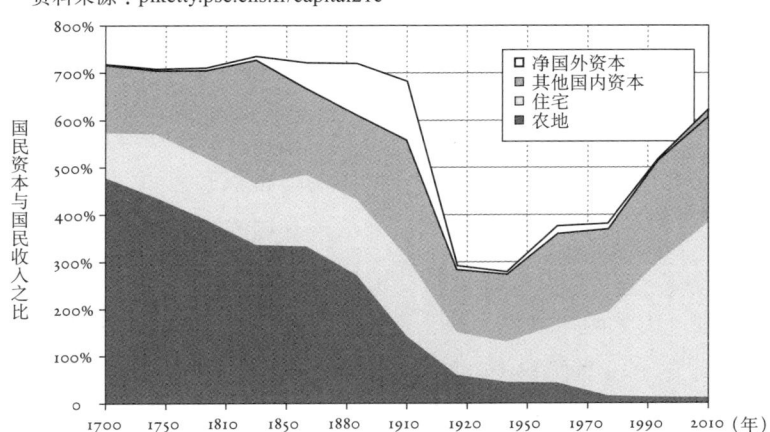

资料来源：piketty.pse.ens.fr/capital21c

法国在 1910 年的国民资本几乎相当于 7 年的国民收入，包括在海外的投资。

图 3.2　1700~2010 年法国的资本状况

资料来源：piketty.pse.ens.fr/capital21c

的国民收入。而在"一战"后,资本/收入比突然下降,并在"大萧条"和"二战"时期继续滑落。到20世纪50年代,国民资本仅相当于2~3年的国民收入。此后,该比率开始提升并一直保持升势。在英法两国,2010年的国民资本总价值都约为5~6年的国民收入(法国实际上还超过6年的国民收入),而在20世纪80年代则不足4年,50年代只略高于2年。虽然这些测算并不十分精确,但变动的基本趋势是不容置疑的。

简而言之,我们在刚刚过去的一个世纪看到的是令人印象深刻的U形曲线。资本/收入比在1914~1945年下跌了近2/3,在1945~2012年又翻了一番多。

与这些大幅波动相对应的,是20世纪各种剧烈的军事、政治和经济冲突。资本、私人财产和财富的全球分配是这些冲突的主要内容。相比之下,18世纪和19世纪显得要平和得多。

最终到2010年,资本/收入比已回到"一战"前的水平。如果我们采用家庭可支配收入而非国民收入(下文将讨论这个存疑的办法)做分母,资本/收入比甚至会超过"一战"前的水平。不管怎样,虽然现有的测量指标不够完美,但英法两国的财富积累在20世纪90年代和21世纪重新回到20世纪早期以来从未有过的高水平,这一点却是毫无疑问的,是20世纪50年代开始的财富回升过程的结果。截至20世纪中期,由于两次世界大战,资本大量毁损。半个多世纪之后,资本又回到了与18世纪和19世纪相当的水平。财富再次繁荣兴旺起来。大致来说,是20世纪的战争消灭了资本存量,给人们带来了资本主义出现结构性改变的假象。

除资本/收入比的总体变化外,自1700年以来资本结构的巨大变化也不容忽视,这是图3.1和图3.2中清楚呈现出来的第二个结论。在资本结构方面,21世纪的资本与18世纪全然不同。这个趋势同样是以英法两国最为典型。简单地说，在一个相当长的时期内，农地逐渐被建筑、产业资本以及投资于企业和政府组织的金融资本所取代，不过以国民收入的倍数来测算的资本总价值却没有太大改变。

更确切地说，图 3.1 和图 3.2 中描述的国民资本的定义是私人资本与公共资本之和。政府债务属于私人行业的资产，即公共行业的负债，因此净值为零（假设各个国家都只持有本国的政府债务）。如本书第一章所述，据此定义的国民资本可以划分为国内资本和净国外资本两部分。国内资本代表位于该国领土上的资本存量（如建筑、企业等）的价值，净国外资本（或净国外资产）代表该国持有世界其他地区财富的状况，也就是该国居民在世界其他地区拥有的资产同世界其他地区居民在该国拥有的资产之差，其中包括以政府债券形式持有的资产。

国内资本继而可分为三种类别：农地、住宅（包括住宅所附着土地的价值）以及其他国内资本（包括企业和政府组织的资本，如用于商业的建筑物及所在的土地、基础设施、机器、计算机、专利权等）。这些资产以及其他任何资产都以市场价值来评估，例如，发行股票的公司的价值取决于股票的市场价格。因此，国民资本可以用如下的公式来表述，这也是我在制作图 3.1 和图 3.2 时所参考的原则：

国民资本＝农地＋住宅＋其他国内资本＋净国外资本

从图中能很快看出，在 18 世纪初，农地的总价值约为 4~5 年的国民收入，或者说占全部国民资本的近 2/3。3 个世纪之后，英法两国的农地价值已不足国民收入的 10%，在全部财富中的比重不足 2%。如此巨大的反差却并不令人意外，因为农业在 18 世纪的全部经济活动与就业人数中所占的份额接近 3/4，而今天仅占几个百分点。自然而然，农业所涉及的资本的份额也显示出了类似的变化趋势。

与农地价值的大幅下跌（相对于国民收入和国民资本）相对应的，一是住宅价值的提升，从 18 世纪约为 1 年的国民收入增加到如今的超过 3 年的国民收入；二是其他国内资本的价值的提升，其涨幅略低于住宅，从 18 世纪约为 1.5 年的国民收入增加到如今的略低于 3 年的国民收入。[1] 这个时间跨度极大的结构变化一方面反映了住宅在经济与工业发展过程中的重要性在提高，不但数量有增长，而且质量和价值都在提升；[2] 另一方面则表明自工业革命以来，商业建筑、基础设施、机器、库房、办公楼、工具以及其他物质和非物质资本有了巨大积累，所有这些资本都是被企业和政府组织用于生产各种类型的非农业产品和服务。[3] 资本的属性已有改变：过去大多是土地，今天则以住宅加上工业和金融资产为主，但其重要性却丝毫未减。

国外资本的兴衰

国外资本的情形如何？在英国和法国，国外资本的演进历程大相径庭，与这两个领先的殖民帝国在过去 3 个世纪的动荡历史息息相关。如图 3.1 和图 3.2 所示，英法两国在世界其他地区拥有的净资产在 18 世纪和 19 世纪呈稳步增长趋势，到"一战"前夕达到最高峰，继而在 1914~1945 年崩溃，此后维持在较低的水平上。

拥有国外资产的重要性最早出现在 1750~1800 年，如我们所知，托马斯爵士在西印度群岛就有投资（简·奥斯汀的《曼斯菲尔德庄园》）。不过国外资产当时所占的比重还不大，在奥斯汀创作该小说的 1812 年，从可考资料看，国外资产仅相当于英国国民收入的 10%，或者说约为英国农地总价值（超过 3 年的国民收入）的 1/30。所以，我们发现奥斯汀小说中的多数主人公都是以农村土地的租金为生，也就不足为奇了。

直至19世纪，英国臣民才开始在世界其他地区积累起可观的财富，其数量前所未有，而且至今也无人超越。到"一战"前夕，英国组建起了世界性的殖民帝国，拥有的国外资产接近2年的国民收入，为英国本土农地总价值（当时已经相当于国民收入的30%）的6倍。[4]显然，自《曼斯菲尔德庄园》的时代以来，财富结构已发生了根本性的改变，我们只能希望奥斯汀描写的人物及其后裔能适应时代的发展，追随托马斯爵士的榜样，将一部分土地租金投资到海外。至20世纪初，英国人在海外的资本每年能产生约5%的股息、利息和租金回报，使该国的国民收入比国内产值高出约10个百分点。如此大的福利可以养活相当数量的人群。

在全球殖民帝国中排名第二的法国同样处在令人艳羡的地位，其积累的国外资产超过1年的国民收入，因此在20世纪头10年，法国的国民收入也比其国内产值要高出约5~6个百分点，这相当于北部和东部各省的全部工业产值。法国国民拥有的国外资产的孳息，以股息、利息、专利费、租金和其他形式源源不断地输送回母国。[5]

很重要的一点是，这些巨大的净国外资产让英法两国得以在19世纪后期到20世纪早期维持结构性的外贸赤字。1880~1914年，上述两国从世界其他地区进口的商品和服务明显多于其出口，平均贸易赤字约为国民收入的1%~2%。但赤字并不构成问题，因为它们从国外资产中获得的收入超过了国民收入的5%，使其国际收支依然保持大量盈余，并年复一年地增加国外资产的持有数量。[6]换句话说，世界其他地区在通过辛苦劳作来增加殖民帝国的消费的同时，它们欠这些殖民帝国的债务还越来越多。这样说似乎危言耸听，但我们应该认识到，通过贸易盈余和殖民占有的方式来积累海外财富的目标，正是为了在日后维持贸易赤字，永远保持贸易盈余是没有现实意义的。拥有财富的好处在于，人们即使不工作也能继续消费和积累，或者说能够以比自己从事生产更快的速度来继续消费和积累。同样的逻辑也适用于殖民主义时代的国际舞台。

在经受两次世界大战、"大萧条"和殖民地独立运动的接连打击之后,这些巨额的国外资产最终烟消云散。到20世纪50年代,英法两国的净国外资产持有量都接近于零,意味着两个昔日的殖民帝国拥有的国外资产仅仅与世界其他地区在英法两国国内拥有的资产数额相当。大致来说,这种情形在之后的半个世纪里没有太大改观。1950~2010年,法国和英国持有的净国外资产从很小的正值变为很小的负值,依然非常接近于零,与过去看到的庞大规模相比完全微不足道。[7]

最后,如果将18世纪国民资本的结构与今天进行对比,我们会发现净国外资产在两个时期都不算特别重要,真正长期的结构性变化在于农地逐步被房地产和运营资本替代,而总资本存量占国民收入的比例大致保持稳定。

收入和财富的数量级

总结一下上述变化,我们可以把今天的世界作为一个参照点。英法两国目前的人均国民收入大约为每年3万欧元,国民资本约为6年的国民收入,也就是每人18万欧元左右。在这两个国家,农地的价值已微乎其微(至多每人几千欧元),国民资本大致说来可以划分为两个规模相近的部分,即平均来说,每位国民拥有9万欧元的住宅(自住或出租给他人)以及9万欧元的其他国内资本,主要是借助各类金融工具投资在企业中的资本。

让我们来做个假想实验,以今天的平均水平来考察3个世纪之前(1700年左右)的国民资本结构,也就是说,人均年收入和资本数量仍然分别为3万和18万欧元。结果我们会发现,当时一个有代表性的英国或法国国民拥有12万欧元的土地、3万欧元的住宅以及3万欧元的其他国内资产。[8]很显然，某些人（如简·奥斯汀描写的诺兰庄园的约翰·达什伍德和彭伯利庄园的查尔斯·达西）拥有数百公顷土地，价值数千万甚至数亿欧元，而其他许多人可能不名一文。但上述平均水平可以让我们直观地看到国民资本的结构自18世纪以来已完全改变，只是年收入的比例还大体保持不变。

再设想一下英法两国的国民在20世纪初的情形，其人均收入和人均资本同样分别为3万欧元和18万欧元。在英国，农地在总财富中的比重已经较小，人均的农地价值仅为1万欧元，住宅价值达到5万欧元，其他国内资产价值6万欧元，再加上近6万欧元的国外资产。法国的情况大体相似，只是其人均土地价值和国外资产均为3万~4万欧元。[9]在上述两个国家，国外资产都举足轻重。当然我们并不是说每个人都持有苏伊士运河的股票或者俄国的债券，尽管许多人没有任何国外资产，少数人则持有数额巨大的投资组合，但从全国的人均数据中，我们可以看到英法两国持有的世界其他地区的外国资产累积到了多么惊人的程度。

公共财富与私人财富

在更细致地考察资本在20世纪受到的冲击的性质及其在"二战"后复苏的原因之前，我们有必要提及公共债务的议题，更广义地说即国民资本在公共资本与私人资本之间的划分。在发达国家的公共债务负担普遍沉重的今天，人们很难想起公共行业的资产负债表上除了负债还包括资产，但我们需要牢记这一点。

诚然，公共资本与私人资本的划分既不会改变一个国家的国民资本的总量，也不会影响上文所述资本构成。不过，财产权利在政府与私人之间的区分在政治、经济和社会方面都具有重大意义。

这里我将回顾本书第一章引入的定义,国民资本(或国民财富)是公共资本与私人资本的总和。公共资本是政府(包括所有公共机构)的资产与负债的差额,私人资本当然是私人拥有的资本与负债的差额。无论于公于私,资本的定义总是指净财富,也就是某个主体拥有的权利的市场价值(资产)同他所欠债务的市场价值(负债)的差额。

具体而言,公共资产有两种形式,可以是非金融资产(主要指公共建筑物,由政府机构使用,或用于提供教育和医疗等公共服务,如中小学、大学和医院等),也可以是金融资产。政府可以持有企业的股份,可能是多数股东,也可能是少数股东。这些企业既可能位于本国境内,也可能位于海外。例如,近年来兴起的所谓主权财富基金就代表某些国家政府所管理的庞大外国金融资产组合。

在现实中,金融资产与非金融资产的界限可能并不清晰。例如,当法国政府把法国电信公司与法国邮政局改组为股份公司时,这两家企业所使用的政府办公楼就从原来的政府非金融资产变成了金融资产。

目前,英国的公共资产(包括金融资产与非金融资产)的总价值估计约相当于1年的国民收入,法国的水平略低于1.5年。鉴于上述两国的公共债务都大约相当于1年的国民收入,因此净公共财富(或净公共资本)数额很少。根据两国的统计机构和中央银行的最新官方估计,英国的净公共资本几乎为零,法国的则略低于国民年收入的30%,抑或全部国民资本的1/20(见表3.1)。[10]

也就是说,如果英法两国的政府决定出售所有资产以立即偿还债务,法国还能留下些余款,而英国将几乎一无所有。

再次需要提醒的是,我们不应该过分相信这些预估数据的准确性。世界各国都在尽力实践由联合国和其他国际组织制定的标准化统计概念和方法，但国民经济核算并不是也永远不会是一门精确的科学。对公共债务和金融资产的估值不存在太大的问题，但确定公共建筑物（如学校和医院）或基础设施（如铁路和高速公路）准确的市场价值却不是件轻松的任务，因为这些资产很少被出售。从理论上说，此类资产的定价可以参考近期发生的类似交易，可是参考数据也未必很可靠，尤其是在市场价格发生频繁甚至剧烈波动的时候。所以，以上数据应该视为大致估算，并不是确定数值。

表 3.1 2012 年法国的公共资本与私人资本

	与国民收入之比[a]		占国民资本的比重	
国民资本 （公共资本 + 私人资本）	605%		100%	
公共资本（净公共财富）： 政府及其他公共机构持有的资产和负债的差额	31%		5%	
	资产	负债	资产	负债
	145%	114%	24%	19%
私人资本（净私人财富）： 居民（家庭）持有的资产和负债的差额	574%		95%	
	资产	负债	资产	负债
	646%	72%	107%	12%

注：2012 年，法国的国民资本与国民收入之比为 605%，其中公共资本占 5%（与国民收入之比为 31%），私人资本占 95%（与国民收入之比为 574%）。

a. 国民收入＝国内生产总值－资本折旧＋国外净收入。实际上，法国在 2012 年的国民收入约为国内生产总值的 90%，见本书第一章与在线技术附录。

资料来源：piketty.pse.ens.fr/capital21c

无论如何，毫无疑义的是英法两国的公共财富数量相当少，与私人财富相比显得微不足道。净公共财富在英国不足国民财富的 1%，在法国仅为约 5%，即使我们假定公共资产的价值被严重低估，它也不会超过国民财富的 10%，目前看来依然无足轻重。尽管计算方法尚存缺陷，我们仍能看到关键事实：从现有的最新数据上看，2010 年，英法两国的私人财富在全部国民财富中占据绝大部分,在英国超过99%,在法国约为95%。至于真实的数据,肯定在90%以上。

从历史视角看公共财富

如果我们考察英法两国的公共财富自18世纪以来的历史以及国民财富中公私构成的变化,将发现上文的结论基本上一直成立(见图3.3~图3.6)。大致来说,公共资产和公共债务(更不用说两者的差额)与规模庞大的私人财富相比始终显得非常有限。两个国家在过去3个世纪的净公共财富有时为正值,有时为负值,但其振荡幅度普遍来看仅相当于国民收入的+100%~−100%(更多情况下是在+50%~−50%),相对于私人财富的水平(高达7~8年的国民收入)而言,总体上并不起眼。

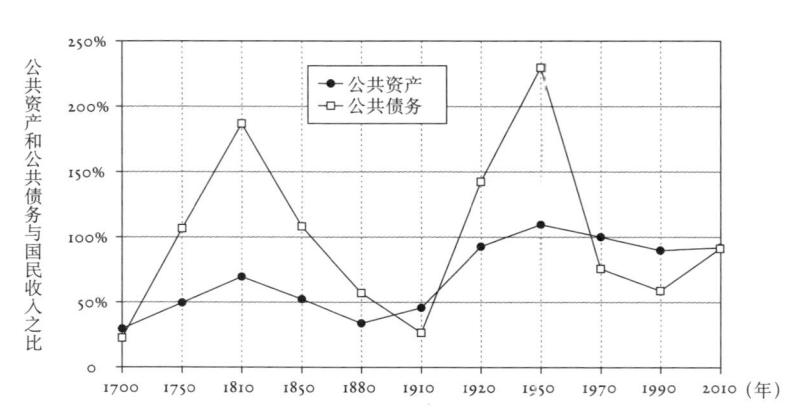

1950年的公共债务超过2年的国民收入,公共资产仅为1年的国民收入。

图3.3　1700~2010年英国的公共资本状况

资料来源:piketty.pse.ens.fr/capital21c

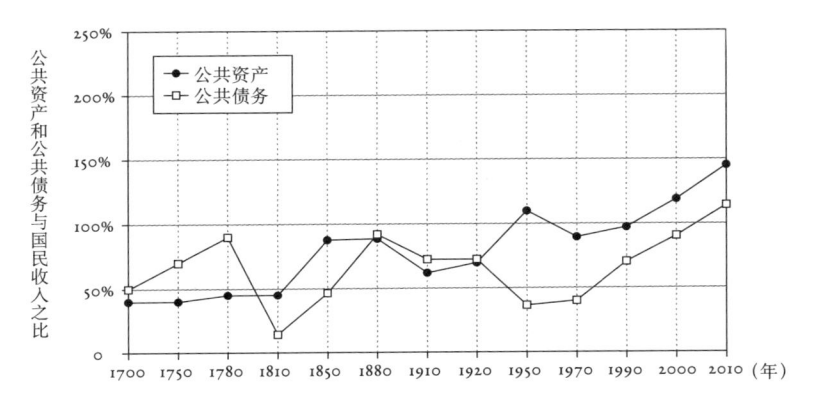

1780年、1880年及2000~2010年，公共债务均约为法国1年的国民收入。

图 3.4　1700~2010年法国的公共资本状况

资料来源：piketty.pse.ens.fr/capital21c

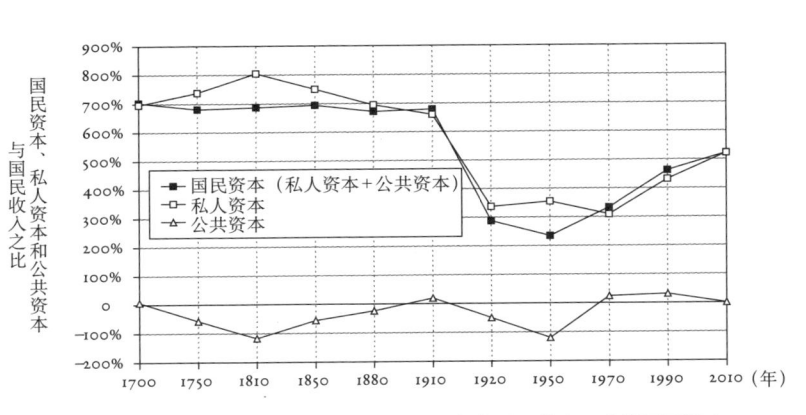

英国在1810年的私人资本相当于8年的国民收入，全部国民资本约为7年的国民收入。

图 3.5　1700~2010年英国的私人资本与公共资本状况

资料来源：piketty.pse.ens.fr/capital21c

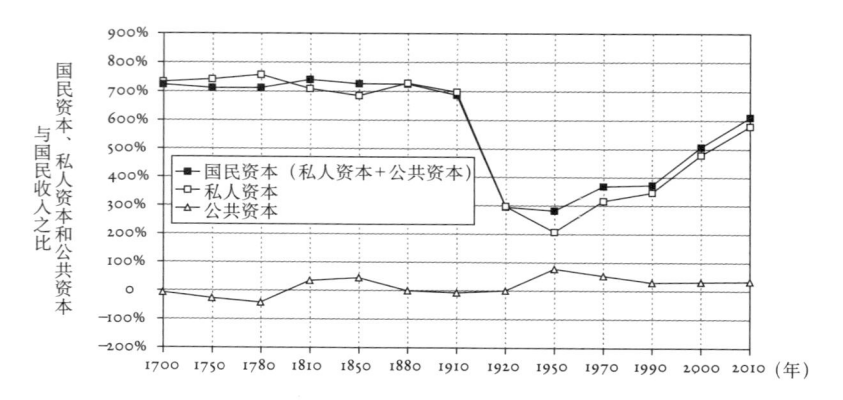

国民资本、私人资本和公共资本与国民收入之比

```
900%
800%
700%
600%
500%  ■ 国民资本（私人资本＋公共资本）
400%  □ 私人资本
300%  △ 公共资本
200%
100%
0
-100%
-200%
     1700 1750 1780 1810 1850 1880 1910 1920 1950 1970 1990 2000 2010（年）
```

法国在 1950 年的私人资本相当于 2 年的国民收入，公共资本约为 1 年的国民收入。

图 3.6　1700~2010 年法国的私人资本与公共资本状况

资料来源：piketty.pse.ens.fr/capital21c

或者说，之前总结的英法两国自 18 世纪以来的国民资本与国民收入之比的历史，基本上也就是其私人资本与国民收入的关系的历史（见图 3.5 和图 3.6）。

这里的关键事实当然众所周知：英国和法国从来就是以私有财产制度为基础的国家，没有经历过苏联式的社会主义制度，由国家来控制大部分资本。因此，私人财富相对于公共财富一直占据压倒性优势，并不令人惊讶。反过来，这两个国家的公共债务也都从未累积到足以显著影响私人财富水平的程度。

在掌握这些关键点后，我们有必要继续深入分析。虽然英法两国的公共政策都没有走过极端，却在几个时点上对私人财富的积累产生过不可忽视的影响，正反两方面的影响都有。

在 18~19 世纪，英国政府往往积累起大量公共债务，导致私人财富增加，法国政府在旧王朝时期和"一战"前的"美好年代"也是如此。而在其他一些时候，政府却试图缩减私人财富的规模，例如"二战"后法国取消了公共债务，建立了庞大的公共行业，同期英国也是如此，只是程度稍轻。当前，这两个国家（与其他大多数发达国家一起）面临巨额的公共债务负担。但历史经验表明，此种困局有可能很快改观。因此，从英法两国政策反复变化的历史中做些基础研究应该颇有裨益，它们在这方面有着丰富多样的经验教训。

英国：公共债务累积与私人资本整固

先来看英国的情况。其公共债务曾两次达到极高的水平，达到甚至略微超过了国内生产总值的200%，分别是在拿破仑战争终结时和"二战"之后。还没有其他国家像英国那样，能在极长的时期里维持如此高的公共债务水平，还从未发生过违约。后一个事实实际上是对前一个的解释：如果某个国家债务没有某种形式的违约（无论是简单粗暴地拒付还是委婉地利用通货膨胀），那很可能就需要相当长的时间才能偿付如此多的公共债务。

在这方面，英国在19世纪的公共债务处理是个教科书般的经典案例。如果把目光投向更早的历史，甚至在美国独立战争前，英国在18世纪就已积累下了巨额公共债务，法国也同样。这两个王国经常参与战争，相互开战，也同其他欧洲国家交战，却没办法征收足够的税款来应付开支，公共债务自然直线上升。于是，英法两国的累积债务在1700~1720年即达到国民收入的50%左右，到1760~1770年则接近100%。

众所周知，法国王室无力推行税收制度现代化改革并取消贵族的财务特权，最终成为革命的导火索，从1789年召开三级会议开始，最终导致1790~1791年引入新的税收制度，规定所有的土地所有人都必须缴纳土地税,所有的遗产必须缴纳遗产税。1797 年,法国则发生了"2/3 破产",对 2/3 的公共债务余额进行大规模违约,再加上以国有化后的土地为抵押发行的指券所带来的高通货膨胀,就是对法国旧王朝遗留的债务的最终处理办法。[11] 法国的公共债务从而在 19 世纪的前几十年里被很快削减到很低的水平,到 1815 年已不足国民收入的 20%。

英国的发展轨迹与之截然不同。为支持同北美独立者的战争以及在法国大革命和拿破仑时代的若干次英法战争,英国决定无限制地借款。公共债务于是在 18 世纪 70 年代早期达到国民收入的 100%,到 19 世纪头 10 年接近 200%,是法国同期债务比例的 10 倍。英国用了整整一个世纪的财政盈余,才在 20 世纪头 10 年把公共债务压缩到国民收入的 30% 之内(见图 3.3)。

从上述历史中我们能得到怎样的经验?首先,英国公共债务的高水平毫无疑问提升了私人财富在英国社会的影响力。掌握巨大财富的英国人在用借款满足政府所需的同时,并未显著削弱私人投资的力度:1770~1810 年的公共债务巨额增长主要靠私人储蓄的相应增加来满足,表明英国的有产阶级当时确实蒸蒸日上,同时政府债券的回报也具有吸引力。因此,国民资本在整个时期内稳定地保持在约 7 年的国民收入,而随着净公共资本在负值区域渐行渐远,私人财富在 1810 年已超过 8 年的国民收入(见图 3.5)。

由此我们自然会在简·奥斯汀的小说中看到财富无处不在,除传统的地主外,又出现了前所未有的众多政府债券持有人(如果文学作品的描写具有可靠的历史真实性,那么他们在很大程度上是同样一群人)。结果私人财富的总量达到非常高的水平。英国政府债券的利息和土地租金共同推动私人资本达到了空前的规模。

其次,整体而言,如此高的公共债务水平很明显对债权人及其后人有利,至少与英国政府通过税收来满足其支出需求相比是这样。从政府债权人的立场来看，与无偿地给政府缴税相比，把钱借给政府再收几十年利息的做法当然要好得多。还有，政府赤字扩大了对私人财富的总需求，这不可避免地会造成资产收益率提高，当然也有利于那些依靠政府债券的投资收益致富的人。

一个关键事实是，在19世纪借钱给政府的人得到的回报相当高，这同20世纪有很大不同：1815~1914年的通货膨胀率几乎为零，而政府债券的利率通常为4%~5%，尤其需要注意的是，这明显高于经济增长率。考虑到这些条件，政府债券投资对富人及其后人而言可能是非常不错的生意。

具体来说，假设政府在20年内每年保持财政赤字约为国内生产总值的5%的水平（例如为了满足1795~1815年招募大量军人的开支），并且没有通过增税来满足支出需要。于是在20年后，新增的公共债务将达到国内生产总值的100%左右。假设政府没有偿还债务的本金，只是支付债务的到期年息。如果债券利率为5%，那政府每年将把5%的国内生产总值付给新增公共债务持有人，并这样永远偿付下去。

总体而言，英国在19世纪的情况正是如此。1815~1914年，在整整一个世纪中，英国政府的财政始终保持着相当大的盈余，税收收入比政府支出多出的部分相当于国内生产总值的几个百分点，甚至高于这个时期用于教育的总支出。完全依靠英国的国内产值和国民收入的增长（1815~1914年的增长率接近每年2.5%），才让英国在一个世纪的辛劳之后，最终显著降低了公共债务占国民收入的比例。[12]

谁是公共债务的获利者？

基于如下原因，以上的历史记录非常重要。首先，这可以帮助我们理解，为什么从马克思开始19世纪的社会主义者那么关心公共债务问题,他们颇具洞察力地看出那是私人资本操纵的工具。

这种关心之所以更为迫切,还因为当时的公共债务投资人得到的回报很丰厚,不但在英国如此,而且在包括法国在内的其他许多国家也是如此。1797年的革命式破产后来没有再度重演,巴尔扎克小说里的食利者似乎也不比简·奥斯汀作品里的人物更担忧政府债券出现违约。事实上,1815~1914年,法国的通货膨胀率比英国低,政府债券的利息始终能按时支付。法国的主权国家债务在19世纪一直是很好的投资项目,与英国的情况一样,私人投资者从中获利颇丰。法国的公共债务余额在1815年时还非常少,但在之后的数十年里大幅增长,尤其是在七月王朝复辟时期(1815~1848年),当时的选举权要以财产资格为基础。

法国政府在1815~1816年向外国占领军支付赔款,后来又在1825年拨付了臭名昭著的10亿法郎补偿款,用以补偿大革命时期流亡国外的贵族被剥夺的其实数量很有限的土地,由此积累了大量债务。在法兰西第二帝国时期,利息基本按时兑付。马克思在1849~1850年撰写了若干言辞激烈的文章(收入《法兰西阶级斗争》),抨击拿破仑的新任财政大臣阿希尔·富尔德(Achille Fould)为银行家与投资客的利益,武断地决定增收酒类税,以维护食利者的收入。接下来,在1870~1871年的普法战争后,法国政府不得不再次向民众借款以偿付德国的赔款,金额接近国民收入的30%。[13] 最终,1880~1914年,法国的公共债务水平甚至超过了当时的英国,达到国民收入的70%~80%,而英国不足50%。在"美好年代"的法国小说中,政府债券的利息经常被提及。法国政府每年支付的利息约占国民收入的2%~3%,超过对教育的预算支出,有相当大一群人依靠政府债券利息生活。[14]

到20世纪,有关公共债务出现了一种截然相反的观点,其理论基础认为债务可以作为一种政策工具,以扩大公共支出,并通过财富再分配来改善社会下层成员的境遇。这同以前的观点有着非常直观的区别:19世纪,贷款人的回报很高,从而促进了私人财富的增加;但在20世纪,债务被通货膨胀蚕食,收到的回报是不断贬值的货币。在实际操作中,政府赤字能够被那些借钱给政府的人分担,而不必再增加同等数额的税收来偿还。虽然当前的通货膨胀率早已下降到并不比19世纪高很多的水平,其财富再分配效果相对来说也不再显著,但对公共债务的这种"累进"式观点直至今天依然为很多人所拥护。

有趣的一点是,利用通货膨胀来实现再分配的做法在法国比英国要突出得多。正如本书第二章所述,法国在1913~1950年的年平均通货膨胀率超过13%,最终导致价格水平上涨了100倍。当小说家普鲁斯特在1913年发表《在斯万家那边》的时候,政府债券还仿佛卡堡大酒店一般牢不可破——那是小说家的消暑胜地。然而到1950年,这些债券的购买力仅有过去的1/100,1913年的食利者及其后人几乎已经一无所有了。

这对政府而言又意味着什么?虽然一开始公共债务规模庞大(在1913年接近国民收入的80%),而且在1913~1950年财政赤字高企(特别是在战争时期),然而到1950年法国的公共债务水平却回到了相对较低的历史水平,大约为国民收入的30%,同1815年时相当。尤其是国家光复时期的巨大赤字,在1945~1948年的4年中,在高度情绪化的政治氛围里,被超过50%的年通胀率几乎立刻消化掉了。从某种意义上说,这算得上是1797年"2/3破产"事件的重演——过去的债务被勾销,以便在较低的公共债务基础上实现国家的重建(见图3.4)。

英国的做法有所不同,更为缓慢、温和。1913~1950年,英国年平均通货膨胀率略超3%,总体的价格水平仅上涨到原来的3倍,不及法国同期涨幅的 1/30。对英国的食利者们来说，这依然称得上在 19 世纪甚至到"一战"前都不可想象的掠夺。然而，这个通胀幅度远不足以阻止英国的公共债务在两次世界大战期间大量增加，国家必须全力应付战争需要，又没有过度依靠印钞，于是到 1950 年，英国背上了极其沉重的债务负担，超过国内生产总值的 200%，比 1815 年时还高。只是借助 20 世纪 50 年代尤其是整个 70 年代的较高通货膨胀（分别达到每年 4% 以上和接近 15%），英国的公共债务负担才下降到国内生产总值的 50% 左右（见图 3.3）。

通过通货膨胀来实现再分配的机制效果显著，因而在 20 世纪的英法两国历史上都发挥了重要作用。但这也会带来两个严重问题。其一，在目标选择上相对笼统，针对有一定财富的人，可是持有政府债券的人（无论直接持有还是通过银行存款间接持有）并不见得是最富裕的人，实际情况远非如此。其二，通货膨胀机制不能无限制地运行下去。通货膨胀一旦成为常态，贷款人就会索要更高的名义利率，物价的上涨就不能再取得预期的效果。此外，高通货膨胀往往有自加速的趋势。这个过程一旦启动，后果可能很难控制，某些社会群体的收入可能大幅提高，而其他人则不然。到 20 世纪 70 年代后期，在高通货膨胀率、高失业率和经济发展相对停滞等问题并存的"滞胀"10 年之后，社会上形成了维持低通货膨胀的新的共识。本书后文还将再次讨论这个内容。

李嘉图等价的兴衰

公共债务漫长而喧闹的历史，从 18 世纪和 19 世纪食利者的安逸到 20 世纪通货膨胀的掠夺，给人们留下了深刻的集体记忆和文学描述。这段经历在经济学家那里同样留下了印迹。例如，大卫·李嘉图在1817年提出了今天被称为"李嘉图等价"（Ricardian equivalence）的假说。他认为，在满足某些条件后，公共债务对国民资本的积累不会产生影响。很明显，这个观点与他当时观察到的周边现象有很大关系。在他写作时，英国的公共债务接近国内生产总值的200%，却并没有严重干扰私人投资流量和资本积累。人们非常担心的私人资本被挤出的现象并未发生，公共债务的增长似乎被私人储蓄的扩大消化了。确切地讲，从这里并不能推断出李嘉图等价是个普遍规律，在任何时间、任何地点都适用。一切其实取决于相关的社会群体的特征（例如，在李嘉图的时代，少数英国人拥有的财富数量足以产生所需要的储蓄增量）、承诺支付的利率水平，当然还有人们对政府的信任度。但我们需要注意，李嘉图当时并不知道图3.3所描述的那些历史数据和测算结果，而是通过对他所处的英国资本主义社会的切身了解认识到巨大的公共债务负担对英国的国民财富并没有显著影响，仅仅是一部分人对另一部分人的权利要求。[15]

与之类似的是，当约翰·梅纳德·凯恩斯在1936年述及"食利者的安乐死"时，他也显然受到了当时发生的事件的深刻影响：对食利者们来说，"一战"前的世界已经崩塌，事实上已没有走出经济与财政危机的政治上可行的办法。特别是，凯恩斯明显感觉到，尽管由于对1914年前的金本位制度无比留恋，英国人依然很不情愿接受通货膨胀，但这却是削减公共债务负担、减轻过去的财富积累影响力最便捷（虽然不见得最公正）的办法。

自20世纪70年代以来，经济学家们或许过于依赖所谓的"代表性行为人模型"（假设模型中的每个代表性行为人都获得同样的收入，拥有等量的财富，从而也持有同等数额的政府债券），导致对公共债务的研究分析受到制约。对现实的这种抽象在某些时候可能有用，能帮助我们梳理出复杂模型难以厘清的逻辑关系。但如果完全回避财富与收入分配不平等的事实，则这些模型经常会推导出不切实际的极端结论，给人们带来更多疑惑。就公共债务议题而言，代表性行为人模型会推导出政府债务完全中性的结论，非但与国民资本的总量无关，也不会影响财政负担的分摊。由美国经济学家罗伯特·巴罗最早提出的此种激进式的李嘉图等价再解读，[16] 没有考虑到大部分公共债务其实由少数人群持有（正如19世纪的英国以及其他地方那样），因此不论债务的偿付状况如何，它都是个重要的国内再分配工具。考虑到财富分配方面始终存在的高度集中的特征，如果在探讨以上问题时不涉及社会群体之间的不平等现象，那我们对问题的主要方面及其涉及的利害关系都将一无所知。

法国：没有资本家的资本主义——战后时期

下面转入有关公共财富的历史以及政府持有资产的议题。与政府债务相比，公共资产的历史看似没有那么跌宕起伏。

简而言之，我们可以认为英法两国公共资产的总价值长期来看都有所增长，从18世纪和19世纪约占国民收入的50%提升到20世纪末的约100%（见图3.3和图3.4）。

粗略地看，这种增长反映了历史上政府经济职能的持续扩张，尤其是包括医疗和教育领域越来越广泛的公共服务的发展（如提供建筑和设备等必要的重大投资等），以及交通和通信领域的公共或半公共基础设施投资。上述公共服务与基础设施在法国比在英国更为突出，2010年，法国公共资产的总价值接近国民收入的150%，而海峡对岸的英国仅为100%左右。

然而，对公共资产长期积累的这种简化的观点，忽略了20世纪历史上的重要一页：1950~1980年，工业和金融部门的公共资产大量增加，但在 1980 年后上述资产又卷入了汹涌的私有化浪潮。在大多数发达国家（尤其是欧洲）都能或多或少看到上述现象，许多新兴经济体也同样如此。

法国的情形在这方面具有代表性。为详细探讨这个历程，我们需要追溯历史。与全球其他许多国家一样，法国对于私人资本主义的信念受到了 20 世纪 30 年代的经济危机以及随之而来的浩劫的动摇。1929 年 10 月华尔街股灾引发的经济"大萧条"以迄今从未再现的破坏力席卷发达国家，美国、德国、英国和法国有 1/4 的工人失业。所有国家在 19 世纪乃至 20 世纪 30 年代早期之前所秉持的放任自由、政府不干预经济事务的传统观念不断遭到质疑。许多国家选择了在更大程度上实行干预主义。很自然，各国政府和公众对那些给自己大肆敛财、却使社会走向灾难的金融和经济精英们也产生了怀疑，人们开始思考不同类型的"混合"经济，在传统的私人财产形式之外寻求对企业的不同程度的国家所有权，或者至少是对金融体制乃至整个私人资本主义经济体制实行强有力的公共监管。

还有，苏联加入"二战"的战胜国行列，也提高了布尔什维克所创建的国家主义经济体制的声誉。难道不正是因为这样的体制，才使苏联从一个在 1917 年刚摆脱农奴制不久的落后国家，迅速跨越到工业化的轨道上吗？约瑟夫·熊彼特在 1942 年就相信社会主义胜过资本主义是不可避免的结局。而保罗·萨缪尔森在 1970 年推出其知名教科书的第八版时，依然预测苏联的国内生产总值将在 1990~2000 年超越美国。[17]

在法国，对私人资本主义的这种怀疑氛围在 1945 年后继续加深，因为许多经济精英有着与德国占领军合作、发不道德的战争财的嫌疑。在国家光复后的这种高度紧张的气氛下，若干重要经济部门被国有化，尤其是银行、煤矿和汽车工业等。雷诺公司的工厂被充公，老板路易·雷诺在 1944 年 9 月因为通敌罪被捕,临时政府于 1945 年 1 月将雷诺公司收归国有。[18]

根据现有的估计,法国在 1950 年的公共资产超过 1 年的国民收入。由于通货膨胀大幅削减了公共债务的价值,净公共财富也接近 1 年的国民收入,而当时的私人财富仅相当于 2 年的国民收入(见图 3.6)。同样,我们不能过于迷信这些统计数据的准确性,那段时期的资本价值很难评估,资产价格达到历史低谷,此外公共资产相对于私人资产有可能略有低估。然而这些指标的数量级是清楚明晰的,法国政府在 1950 年控制了 25%~30% 的国民财富,很可能还会更多。

这种占比非常显著,特别是需要考虑到公共资产中几乎没有中小企业,不涉及农业,而且在住宅中也从来只占很小的比例(不超过 20%)。因此,在金融和工业这些受战后国有化运动影响最直接的产业部门中,政府在总财富中所占的比例在 1950~1980 年都超过了 50%。

尽管这个历史插曲相对短暂,我们却很有必要了解法国人直至今天对于私人资本主义的复杂态度。在整个"辉煌 30 年"期间,国家得到重建,经济增长强劲,超过法国历史上任何其他时期。当时的法国实行混合经济,在某种意义上说是没有资本家的资本主义,或者至少可以说是规模最大的一些企业不再受私人资本控制的国家资本主义。

诚然,国有化浪潮同期也发生在其他许多国家。例如,英国在 1950 年的公共资产价值也超过了 1 年的国民收入,与法国相当。区别在于,英国当时的公共债务总额超过 2 年的国民收入,因此净公共财富在 20 世纪 50 年代仍然显著为负,私人财富的分量要大得多。英国的净公共财富直到 20 世纪 60~70 年代才变为正资产,此后也一直维持在国民收入的 20% 之下,当然这个数量已经很大了。[19]

法国发展轨迹的独特之处在于,公共所有制在 1950~1980 年的兴盛之后，自1980年起滑落到很低的水平，而私人财富（包括金融资产与房地产）则增长到比英国还高的水平，到2010年接近6年的国民收入，是公共财富总额的20倍。在1950年开启的国家资本主义时期结束后，法国重新成为21世纪新型私有制资本主义的应许之地。

这一巨变更令人震惊的地方在于，人们还从未清楚地认识其来龙去脉。经济私有化运动，包括产品和服务市场的开放以及金融市场和资本流动的管制解除，在20世纪80年代给世界各国带来了深刻影响。这场运动其实有着复杂多样的源头："大萧条"及其后续灾难留下的记忆已经消退，20世纪70年代的"滞胀"表明战后的凯恩斯主义共识存在局限性。随着战后重建与"辉煌30年"高增长的结束，人们很自然地会对政府角色的无限膨胀及其在国民产值中所占份额的持续增长提出质疑。放松监管运动则始自美国和英国在1979~1980年的"保守主义革命"，当时这两个国家都日益苦恼于被其他国家赶超（如本书第二章所言，其实追赶在很大程度上是个不可避免的过程）。同时，苏联和中国的国家主义经济模式在70年代愈益凸显的失败，促使这两个社会主义阵营的巨人自80年代开始逐步推进经济体制的自由化，引入了新式的私人所有制企业。

可是在国际趋同的潮流面前，法国选民却在1981年表现出某种逆风而行的愿望。每个国家当然都有自己独特的历史和政治议程。在法国，社会党与共产党组成的联盟赢得了多数席位，其共同立场是坚持1945年来对工业和银行部门的国有化运动。但结果表明这只是一个短暂的插曲，自1986年起，自由派执政党在所有产业部门掀起了意义深远的私有化浪潮。新的社会党多数派政府在1988~1993年坚持并扩大了私有化进程。雷诺公司在1990年重新成为一家股份公司，公共电信管理部门被改组为法国电信公司，并在1997~1998年对私人投资开放。在经济增长放缓、高失业和政府财政巨额赤字的背景下，公共部门持有的股份从 1990 年起被逐步出售，给财政带来了额外的收入，但这依然未能阻止公共债务的持续增加。法国的净公共财富下降到极低水平，与此同时，私人财富却缓慢回升到 20 世纪历次冲击以来从未达到的高水平。就这样，法国在两个不同时点深刻改变了自己的国民资本结构，却并不真正清楚这样做的缘由。

第四章　从旧欧洲到新大陆

在上一章，我考察了英法两国自 18 世纪以来的资本变迁。从中获得的各国经验，既具一致性，也有互补性。资本的性质彻底改头换面，但最终其总量与收入的相对关系却几乎没有改变。为了更好地理解其中涉及的不同历史进程和作用机制，我们接下来的分析必须扩展到其他国家。我们将审视德国的情形，并从中窥见欧洲的全景。此后的注意力将转向北美洲（美国和加拿大）。新大陆的资本在某些方面具有一些不同寻常的特定形式：首先因为那里的土地极其广袤，所以价值并不高；其次，因为有奴隶制的存在；最后由于该地区的人口持续增加，导致资本积累的数量在结构上（与年收入及产出之比）少于欧洲国家。上述分析促使我们思考一个问题：长期决定资本/收入比的根本因素是什么，这也是本书第五章的主题。我采用的方法是首先分析发达国家的情况，并在资料允许的范围内尽可能扩展至全球。

德国：莱茵资本主义与社会所有制

先来看德国的情形。英法的发展轨迹同德国之间的对比很有趣，特别是在混合所有制经济领域。上文已提到，混合所有制经济的重要性在"二战"之后得到强化。但不幸的是，由于德国较晚才实现统一，又历经多次领土变迁，其历史数据更为繁杂，没有很好的办法追溯至1870年之前的历史。尽管如此，我们能够得到的1870年后的估计数据还是很清楚地揭示了德国同英法两国的若干相似及差异之处。

最引人注意的是总体的发展轨迹是类似的：首先，从长期来看，农地资产让位于住宅和商业地产以及工业和金融资本；其次，资本/收入比自"二战"结束以后稳步提高，似乎已经回升到1914~1945年多次冲击之前的水平（见图4.1）。

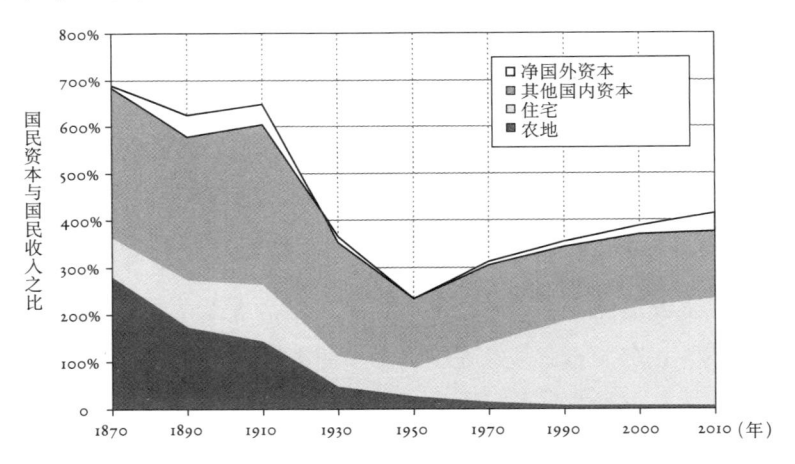

德国在1910年的国民资本相当于6.5年的国民收入，其中国外投资相当于0.5年的国民收入。

图4.1　1870~2010年德国的资本状况

资料来源：piketty.pse.ens.fr/capital21c

我们可以看到，19世纪后期农地对德国的重要性更类似于法国的情形，而非英国——即使在莱茵河以东，农业也尚未消失。此外，德国工业资本的数量比英法两国都要多。相比之下，"一战"前夕德国拥有的国外资产仅为法国的一半（约为0.5年的国民收入，法国为1年的国民收入）、英国的1/4（其国外资产相当于2年的国民收入）。导致这一现象的主要原因当然在于德国没有建立殖民帝国，这也是当时极其严重的政治、军事冲突的根源。我们可以联想到1905年和1911年的摩洛哥危机，德国皇帝试图挑战法国在当地的统治。欧洲列强对殖民地资产的争夺加剧是当时国际局势恶化的重要原因，最终导致在1914年夏天世界大战爆发。列宁对此议题的论述收录在《帝国主义是资本主义的最高阶段》（1916年）一书中，我们不需要全文阅读也能得到上述结论。

同样可以看到，受益于贸易盈余，德国在刚过去的几十年中也积攒了相当多的国外资产。截至2010年德国的净国外资产已接近国民收入的50%，和1913年的水平相差无几，其中超过一半是自2000年之后积累下来的。同英法两国在19世纪末的国外资产规模相比，今天的德国并不算多，但两个昔日殖民帝国的国外资产目前已接近于零，和今天的德国有天壤之别。从图4.1与图3.1、图3.2的对比中，我们能一目了然地看到英国、法国和德国自19世纪以来发展轨迹的差别：在某种程度上，它们的相对位置出现了互换。考虑到德国的经常贸易盈余极其巨大，这种位置上的分歧几乎是必然的结果。稍后我们会再回来讨论这个话题。

德国在公共债务以及公共资本和私人资本结构的演进轨迹方面与法国颇为相近。1930~1950年，德国的年均通货膨胀率接近17%，致使其价格水平上涨了约300倍（法国约为100倍），在20世纪利用通货膨胀来削减公共债务负担的国家之中，德国是做得最过分的一个。尽管在两次世界大战中陷入巨额赤字，公共债务负担在1918~1920年及1943~1944年分别超过国内生产总值的100%和150%，但利用通货膨胀，德国两次都迅速将债务压缩至很低的水平：1930年以及1950

年,通货膨胀分别控制在国内生产总值的20%(见图4.2)。[1] 不过,如此极端和剧烈的通货膨胀,也给德国的社会与经济造成了极大的动荡,尤其是20世纪20年代的恶性通胀,导致饱经沧桑的德国民众形成了强烈的反通货膨胀情绪。[2] 由此也导致了今天我们看到的另一个自相矛盾的情形:曾经在20世纪最无以复加地利用通货膨胀来摆脱债务负担的德国,现在拒绝容忍每年的物价涨幅超过2%;而从来都老老实实还债的英国政府,即便是超过了合理的范畴,却显示出更灵活的态度,开明地允许其中央银行购买很大一部分公共债务,哪怕这会导致稍高的通货膨胀压力。

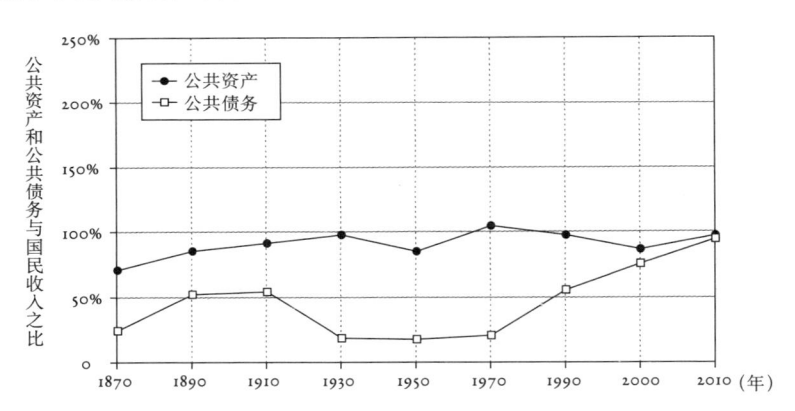

德国在2010年的公共债务大约相当于1年的国民收入,公共资产也大约相当于1年的国民收入。

图4.2 1870~2010年德国的公共资本状况

资料来源:piketty.pse.ens.fr/capital21c

在公共资产的积累方面,德国的情形同样与法国很接近:政府在1950~1980年持有银行和工业部门的很大部分资产,尽管在1980~2000年将其部分出售,但仍保留了相当数量。例如,下萨克森州今天拥有大众汽车这家在欧洲乃至全球知名的企业超过15%的股份（和20%的投票权，尽管遭到欧盟的反对，但上述权利均受法律保护）。[3] 德国在1950~1980年的公共债务接近于零，净公共资本接近1年的国民收入，而私人资本总额只有2年的国民收入，这在当时处于很低水平（见图4.3）。同法国类似，在战后重建及创造经济奇迹的几十年里，德国政府拥有全部国民资本的25%~30%。同样，1970年后的经济增长减速与公共债务累积（在德国统一前很早就已开始，此后从未间断）导致净公共资本最近几十年出现了根本性的反转。德国的净公共资本到2010年已几乎消失殆尽，自1950年来稳步增长的私人资本已占据国民财富的绝大部分。

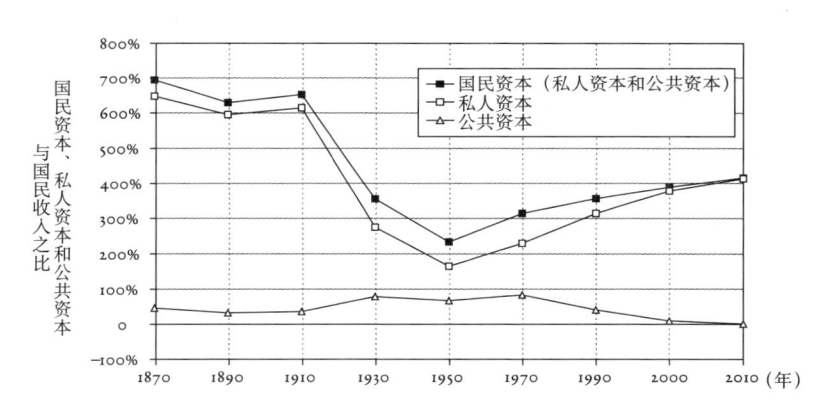

德国在1970年的私人资本略多于2年的国民收入，公共资本约等于1年的国民收入。

图4.3　1870~2010年德国的私人资本与公共资本状况

资料来源：piketty.pse.ens.fr/capital21c

然而，德国私人财富的规模与英法两国相比也有着显著的不同。德国的私人财富自"二战"以后有巨大增长：1950年的水平极低，仅为1.5年的国民收入，而今天已超过4年的国民收入。上述三国私人财富的恢复情况可以很清楚地从图4.4中看到。不过，德国在2010年的私人财富水平依然明显低于英法两国：德国仅为 4 年的国民收入，而英法两国为 5~6 年的国民收入，意大利和西班牙都约为 6 年多的国民收入（本书第五章将有所介绍）。考虑到德国的高储蓄率，德国的私人财富水平仍低于其他欧洲国家似乎是个悖论，但这可能是个暂时现象，并可以由如下一些原因来解释。[4]

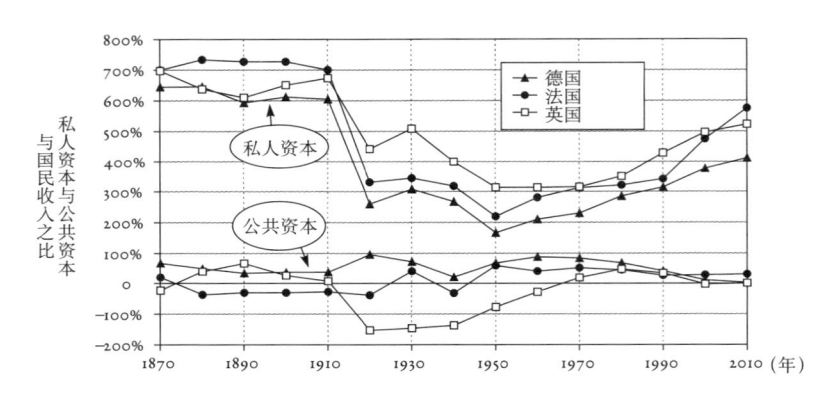

欧洲国民资本的长期变动基本上是由于私人资本的变动所致。

图 4.4　1870~2010 年欧洲的私人资本与公共资本状况

资料来源：piketty.pse.ens.fr/capital21c

第一个要考虑的因素是，德国比其他欧洲国家的房地产价格低，原因在于其他国家的房地产价格自 1990 年后大幅上升，而德国在实现统一后，有大量低成本的住宅进入市场。不过要想解释上述不一致的长期性，我们还需要寻找更为长期的因素，例如德国更为严格的租金管制。

无论如何，德国与英法两国之间的差异大部分并不是因为存量住宅的价值不同，而是其他国内资本的价值差异，尤其是企业资本（见图 4.1）。换言之，德国的私人资本水平较低并非因为房地产价值较低，而是由于德国企业的股票市值较低。如果在计算私人财富总额的时候，我们不是参考股票市值，而是采用账面价值（从企业的累计投资价值中减去债务之后的部分），那么上述的德国悖论就不复存在了：其私人财富数量将立刻提升到与英法两国相当的水平，从 4 年的国民收入增至 5~6 年的国民收入。这种复杂现象的出现看似是个纯粹的会计问题，其实有高度的政治背景的影响。

在这个阶段，我们有把握认为，德国企业的市值较低应该反映了所谓"莱茵资本主义"（Rhenish capitalism）或者说"利益相关者模式"（stakeholder model）的特点。具体来说，在这种经济模式里，企业不但归股东所有，而且还受其他"利益相关者"的控制，其中包括企业工人的代表（他们在德国企业的董事会有席位，虽然不见得是股东，但不仅能发挥建议作用，而且是决策的积极参与人），以及地方政府、消费者协会、环保组织等机构的代表。这里的关键并不是说此类分享式社会所有制模式很完美，它也有其局限性，我们只是想指出此类模式至少能产生与盎格鲁-撒克逊式市场资本主义（Anglo-Saxon market capitalism）或"股东模式"（shareholder model，虽然实际操作中往往较为复杂，但企业的所有决策权至少在理论上都归股东）同样的经营效率，尤其是，利益相关者模式虽然不可避免地会造成企业市场价值被低估，但其社会价值却未必。有关资本主义不同形态的讨论在 20 世纪 90 年代早期随着苏联解体而爆发，[5] 其激烈程度后来有所降低，部分原因无疑是德国的经济模式在统一后的数年看似失去了活力，甚至在 1998~2002 年，德国经常被视为欧洲的"病人"。可是鉴于德国经济在上轮全球金融危机（2007~2012 年）中表现得相对稳健，上述争论在数年内卷土重来也并非不可能。[6]

资本在 20 世纪遭受的打击

对长期资本/收入比的演进及私人资本和公共资本的关系有了初步

了解后，我必须回到和大事年表有关的议题上来，尤其是应该弄清楚资本/收入比在20世纪先大幅下滑而后再显著回升的原因。

最值得注意的一点是，这个现象影响到了所有的欧洲国家。现有的各种资料都表明英国、法国及德国（这三个国家加起来在1910年和2010年都占西欧国家国内生产总值的2/3以上，超过整个欧洲国内生产总值的一半）发生的变化代表了整个欧洲大陆的趋势：虽然各国之间存在有趣的差异，但总体的趋势是相同的。特别是，意大利和西班牙的资本/收入比自1970年之后快速提升，比英法两国更快，现有的历史数据显示其资本总量在20世纪末期已相当于6~7年的国民收入。比利时、荷兰及奥地利等国的现有估计数据也表现出了相似的趋势。[7]

接下来，我们必须认识到，资本/收入比在1914~1945年的下跌只能很有限地归结为两次世界大战造成的物质资本的毁灭，包括建筑物、工厂和基础设施等。在英国、法国和德国，1913年国民资本约为6.5~7年的国民收入，到1950年下跌至大约2.5年，降幅超过4年的国民收入（见图4.4和图4.5）。这期间物质资本当然遭受了严重的破坏，尤其是在"一战"时期的法国（处于战争前线的东北部省份损失惨重）以及"二战"时期被1944~1945年的大规模轰炸打击的法国和德国（虽然作战时间短于"一战"，但破坏技术已更为强大）。总体来说，法国大约有价值相当于1年国民收入的资本被摧毁，相当于资本/收入比降幅的1/5~1/4，德国被摧毁的资本约为国民收入的1.5倍，相当于整体降幅的1/3。尽管这些损失很惊人，却只占整体降幅的一小部分，而这两个国家是受战争打击最直接的。在英国，资本的物质毁灭程度要小得多，"一战"时期几乎没有损失，"二战"时期也只是由于德国的轰炸损失了不足国民收入10%的资本。可英国的国民资本的降幅却相当于国民收入的4倍（或者说是物质资本损失的40多倍），与法国和德国不相上下。

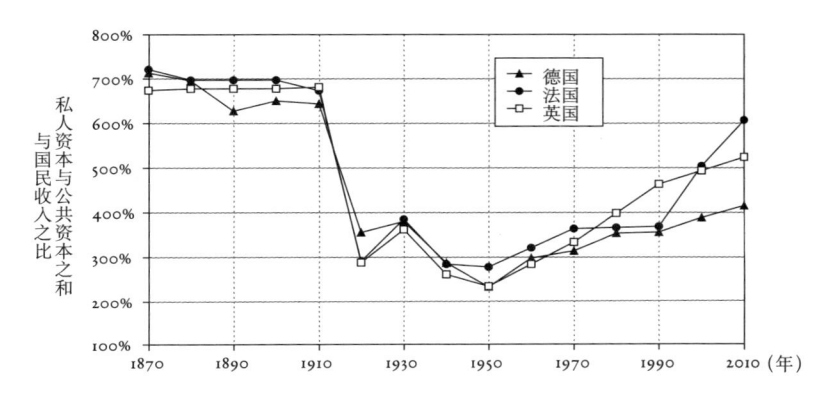

欧洲的国民资本（公共资本与私人资本之和）在1950年相当于2~3年的国民收入。

图 4.5　1870~2010 年欧洲的国民资本状况

资料来源：piketty.pse.ens.fr/capital21c

实际上，两次世界大战带来的财政和政治冲击对资本的破坏力要远远超过战争本身。除物质上的毁灭外，资本/收入比在1913~1950年急剧下降的主要原因一方面是在外国的投资组合大幅减少，以及储蓄率降至极低水平（这两个因素加上物质破坏可以解释整个降幅的2/3~3/4），另一方面则是在战后实行混合经济与强化监管的政治背景下，资产价格走低（这个因素可以解释整个降幅的1/4~1/3）。

前文已经提到过国外资产损失的重要性，尤其是对英国而言，其净国外资本从"一战"前夕2年国民收入减少到20世纪50年代出现少量负资产。因此，英国在国际投资方面的损失比法国和德国受战争破坏的国内资本的程度还大得多，尽管英国本土遭受的战争破坏较少，其总体的资本损失依然巨大。

国外资本大幅减少，部分原因来自革命和殖民地独立运动的影响。例如，许多法国储蓄者认购了对俄国的贷款，而布尔什维克政权在1917年将债务废除。又如，埃及纳赛尔政府在1956年将苏伊士运河收归国有，给那些自1869年以来持有该运河股票并持续享受分红和各项权利的英法投资者带来沉重打击。不过，更为主要的原因却在于欧洲各国的储蓄率在1914~1945年降至极低水平，从而迫使英法两国（德国情况稍好一些）的储蓄者逐步出售其国外资产。由于缓慢的经济增长和接踵而至的经济衰退，1914~1945年这段时期对所有欧洲人来说都很黑暗，尤以富裕人群为甚，他们的收入与"一战"前的"美好年代"相比严重缩水。私人储蓄率因此变得很低（特别是扣除在战争中被破坏的资产的修复与重建费用后），有些人为维持生活水平不得不逐步出售部分资产。还有，当20世纪30年代的"大萧条"爆发后，许多股票和债券持有人随着众多企业的破产而血本无归。

此外，有限的私人储蓄在很大程度上被巨大的公共财政赤字吞没，这在战争时期尤为普遍。1914~1945年，英国、法国和德国的国民储蓄（包括私人储蓄与公共储蓄之和）降到极低水平。储蓄者的钱大量贷给政府，某些时候还出售了外国资产，最后却被通货膨胀剥夺，上述过程在法国和德国很快完成，在英国则较为缓慢，给人的错觉是英国在1950年私人财富的境遇似乎比欧洲大陆国家好得多。但事实上，英吉利海峡两岸的国民财富受到了同样严重的冲击（见图4.4和图4.5）。某些时候，政府也直接从海外借钱，导致美国从"一战"前夕的债务国变成20世纪50年代的债权国。但总而言之，英法两国的国民财富受到的影响是一致的。[8]

最终，资本/收入比在1913~1950年的下降是欧洲走向自我毁灭的历史，特别是欧洲资本家的安乐死。

然而，如果我们没有认识到"二战"后的低资本/收入比在某些方面的积极意义——削减资产的市场价值及其所有者的经济实力一定程度上是有意识的政策选择（在一定程度上是蓄意并有效的）——那么对这段政治、军事和财政史的叙述将并不完整。具体来说，房地产价值和股票价值在20世纪50年代和60年代相对于商品和服务价格降至历史低点，也能在一定程度上解释资本/收入比走低。请记住，所有形式的资本都是以某个时点的市场价值来评估，这虽然可能带有某些武断的成分（因为市场总是处在风云变幻中），却是我们测算国民资本存量的唯一办法，否则怎么可能把以公顷计算的农地、以平方米计算的房产和以个数计算的高炉加总起来呢？

"二战"之后，住宅价格处于历史低谷，主要是由于租金管制政策，而这种政策在世界各国基本上是在通货膨胀较高的时期采用，例如20世纪20年代早期以及20世纪40年代。租金的涨幅小于其他商品和服务，住宅对租客来说变得便宜了，而房主从财产中的收益减少，因此房地产价格下跌。类似的是，企业的价值（也就是上市公司与合伙制企业股份的价值）在20世纪50~60年代也降至较低水平。股票市场的信心被"大萧条"以及战后的国有化运动严重动摇，而且各国还制定了关于金融监管及针对股利和利润征税的新政策，这些都导致股东的权利及其所持股份价值的缩水。

英国、法国和德国的详细数据表明，"二战"后房地产和股票价格的低迷是资本/收入比在1913~1950年下降的不可忽视的原因，但依然只能解释降幅的一小部分，在不同国家约为1/4~1/3。而总量方面的影响，包括国民储蓄率降低、外国资产流失以及战争破坏等，则可以解释降幅的2/3~3/4。[9]本书下一章将会指出，与之类似的是，房地产和股票市场价格在20世纪70年代到80年代，尤其是在20世纪90年代到21世纪头10年的强劲反弹，是资本/收入比回升的重要原因，但依然不及总量效应（这次是由于增长率的结构性下降）的影响大。

美国的资本:比欧洲更为稳定

在详细考察 20 世纪下半叶资本/收入比的回升并分析其在 21 世纪的前景之前,让我们走出欧洲的框架,看看资本在美国的历史形态和相对水平。

有几个事实很清楚。首先,作为新大陆,资本在美国的重要性不及旧大陆(也就是欧洲国家)。具体来讲,根据我所收集和对比的当时若干估测数据,美国在取得独立前后(大约 1770~1810 年)的国民资本仅为 3 年的国民收入。农地的价值约为 1~1.5 年的国民收入(见图 4.6)。尽管有不确定因素,但北美殖民地的资本/收入比显著低于英法两国是毫无疑问的,当时这两个国家的国民资本约为 7 年的国民收入,其中农地约为 4 年的国民收入(见图 3.1 和图 3.2)。

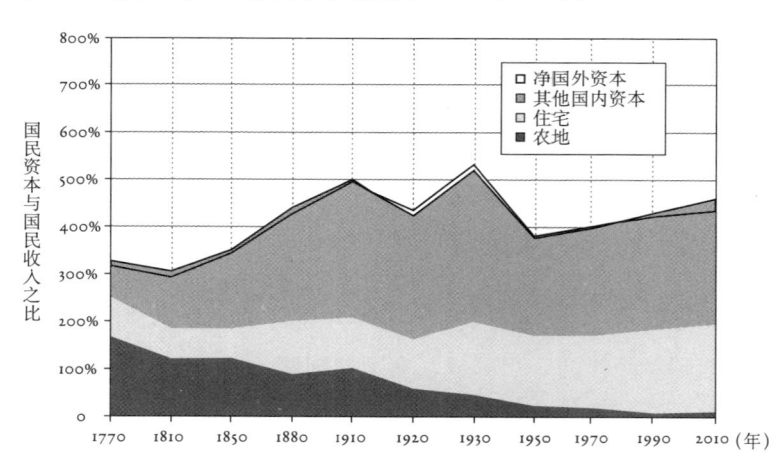

美国在 1770 年的国民资本相当于 3 年的国民收入,其中为农地相当于 1.5 年的国民收入。

图 4.6 1770~2010 年美国的资本状况

资料来源:piketty.pse.ens.fr/capital21c

关键的一点在于，与古老的欧洲相比，北美洲的人均土地面积显然要大得多。从数量上看，美国的人均资本数量要比欧洲高。其实，也正是因为土地如此之多，才导致其市场价值非常低，任何人都可以拥有很多土地，因此土地值不了太高的价钱。或者说，价格效应比与之作用相反的数量效应更强：当某种类型的资本的数量超过了某个临界值后，其价格不可避免地跌至极低的水平，致使上述资本的价格与数量之乘积（即资本的总价值）反而低于资本数量较低时的总价值。

新大陆与欧洲在18世纪末到19世纪初土地价格的巨大差距，从现存的所有关于土地买卖和继承的资料中（例如遗嘱和证明）都可以得到证实。

此外，其他类型的资本（如住宅和其他国内资本）在殖民地时期及美利坚合众国早期的相对重要性也不及欧洲国家。这背后的原因虽然有所不同，但并不令人感到意外。美国的人口中有很大一部分是移民，他们跨越大西洋时并没有随身带来自己的房屋、工具或机械等资产，所以还需要很长时间才能积累起相当于数年国民收入的房地产和产业资本。

毫无疑问，与欧洲相比，美国的低资本/收入比同时反映着社会不平等状况的根本差异。美国的财富总量仅相当于3年的国民收入，而欧洲国家则超过7年的国民收入，非常直观地显示出地主和累积财富的影响力在新大陆较为孱弱。通过几年的努力，新来的移民就可以缩小同更为富裕的先来者之间的差距，至少，缩小财富差距的速度可能比欧洲快得多。

托克维尔在1840年很准确地指出："（美国）巨富的人数较少，资本仍然较为稀缺。"他认为这是民主精神在那里盛行的一个重要原因。他还补充说，其观察表明这些都是农地价格低廉带来的结果："美国的土地并不值钱，任何人都能轻易成为地主。"[10] 从这里我们可以看到，杰斐逊所推崇的自由平等的理想小农社会成为了现实。

上述情景将在19世纪发生改变。同欧洲一样，农业在产值中的份额持续下降，农地的价值也在下跌。但是美国同时积累了大量的房地产和工业资本，使其国民资本到1910年已接近5年的国民收入，而1810年还只相当于3年的国民收入。尽管与旧时欧洲的差距依旧存在，但相差幅度已经在一个世纪中缩小了一半（见图4.6）。美国变得更加资本主义，不过财富的影响力依然不如"美好年代"的欧洲，至少对美国全境来说是如此。假如把关注点局限于美国东海岸，则与欧洲的差距会更小。在电影《泰坦尼克号》中，导演詹姆斯·卡梅隆描述了1912年时的社会阶层结构，把富裕的美国人表现得与欧洲富人一样自大和傲慢，例如，令人讨厌的霍克利想带年轻的罗丝到费城去结婚，结果罗丝拒绝被当成资产，最终成为罗丝·道森。于1880~1910年流行于波士顿和纽约的亨利·詹姆斯的小说也显示出房地产、工业资本和金融资本在社会群体中的重要性，与欧洲小说不相上下。这些都表明，独立战争时期那片还缺乏资本的美国土地已经被时间改变。

20世纪的冲击对美国的影响远逊于欧洲国家，因此其资本/收入比也显得稳定得多，在1910~2010年，大致为4~5年国民收入（见图4.6），而欧洲国家则从超过7年的国民收入下跌至不足3年的国民收入，然后又反弹到5~6年的国民收入（见图3.1和图3.2）。

的确，美国的财富也受到了1914~1945年危机的冲击。其公共债务由于战争开支（尤其是在"二战"期间）迅速增长，在经济动荡时期影响到了国民储蓄率；20世纪20年代的狂热紧接着30年代的"大萧条"。甚至卡梅隆也在《泰坦尼克号》片尾告诉我们，可恶的霍克利在1929年10月死于自杀。此外，在富兰克林·罗斯福时期，美国与欧洲国家一样采取了旨在削弱私人资本影响力的政策，如租金管制。

在"二战"后，房地产与股票价格也跌至历史低谷。在累进税制方面，美国比欧洲走得更远——或许也表明其目标主要是缩小收入差距，而非根除私有制。美国没有开展宏大的国有化运动，但在20世纪30~40年代进行了大规模的公共投资，特别是对基础设施的投资。通货膨胀与经济增长最终在20世纪50~60年代使公共债务降至较低水平，美国由此在1970年积累了一定的净公共财富（见图4.7）。最后，美国的私人财富则从1930年约为5年的国民收入减少到1970年的不足3.5年的国民收入，降幅不容忽视（见图4.8）。

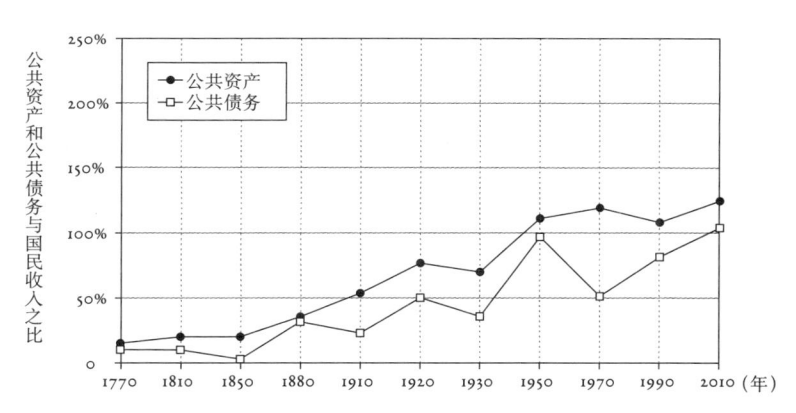

美国在1950年的公共债务相当于1年的国民收入，与公共资本大致相等。

图4.7　1770~2010年美国的公共资本状况

资料来源：见piketty.pse.ens.fr/capital21c

但无论如何，20世纪资本/收入比的U形曲线在美国的振幅比欧洲小。以国民收入或产出的倍数计算，美国的资本总量从20世纪初期之后似乎保持了真正的稳定，以至于在美国的（例如保罗·萨缪尔森的）教科书里，稳定的资本/收入比或资本/产出比有时甚至被视为普遍规律。相反，欧洲与资本（尤其是私人资本）的联系在刚过去的20

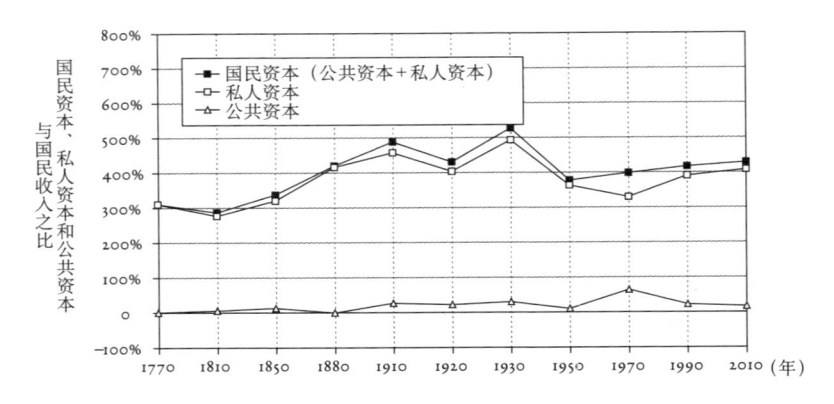

美国在2010年的私人资本超过4年的国民收入，公共资本仅相当于国民收入的20%。

图 4.8　1770~2010 年美国的私人资本与公共资本状况

资料来源：见 piketty.pse.ens.fr/capital21c

世纪却是出名的混乱。在"美好年代"，资本称王。在"二战"后的岁月，许多人认为资本主义已几乎被摧毁。到21世纪初期，欧洲又似乎回到新的承袭制资本主义的先锋位置，私人财富水平再次超过美国。这完全可以由欧洲相对于美国较低的经济增长率以及更为突出的低人口增长率来解释，它们会很自然地导致过去积累的财富影响力的增加，本书第五章将对此进行更多阐述。总而言之，关键的事实在于美国在20世纪的资本/收入比相对于欧洲国家稳定得多，这或许是美国人比欧洲人对于资本主义更亲近的原因。

新大陆与国外资本

资本在美国和欧洲历史中的另一个重要区别在于，国外资本在美国从来都没有扮演过相对重要的角色。这是因为作为第一个取得独立的前殖民地，美国自身从来没有成为一个殖民大国。

在整个19世纪，美国的净国外资本头寸略有赤字，美国人在世界其他地区拥有的资产少于外国人（主要是英国人）在美国拥有的资产。当然这个缺口很小，最多占美国国民收入的10%~20%，在1770~1920年间通常低于10%。

例如在"一战"前夕，美国的国内资本（包括农地、住宅和其他国内资本）相当于国民收入的5倍。其中，外国投资者拥有的资产（扣除美国投资者持有的国外资产后）仅相当于国民收入的10%。因此，美国的国民资本（或净国民财富）相当于其国民收入的490%。换句话说，美国国民资本的98%由本国人持有，2%由外国人持有。国外资产净头寸大致平衡，尤其是相对于欧洲人持有的巨额国外资产而言，例如，法国和英国当时持有的国外资产相当于其1~2年的国民收入，德国也达到了50%。由于美国在1913年的国内生产总值仅为西欧国家国内生产总值的一半略多，这就意味着欧洲人在1913年持有的国外资产中只有一小部分（不超过5%）在美国。总之，1913年的世界局势大致是欧洲人持有非洲、亚洲和拉丁美洲的大部分资产，而美国的资产归本国人所有。

在两次世界大战之后，美国的净国外资产状况发生了逆转：在1913年是负值，到20世纪20年代变为略有盈余，此后一直持续到20世纪70~80年代。美国为交战国提供资金，从欧洲国家的债务人变成了其债权人。但需要强调的是，美国的净国外资产始终处于较低的水平，仅为国民收入的10%（见图4.6）。

特别是在20世纪50~60年代，美国持有的净国外资本还相当少，只相当于国民收入的5%，而国内资本则接近400%，是净国外资本的80多倍。美国的跨国公司在欧洲和世界其他地区的投资达到了当时看来很高的水平，尤其是在欧洲国家，习惯了掌控世界的欧洲人很恼火地发现，自己国家的重建还要部分依靠山姆大叔和马歇尔计划的支持。事实上，尽管欧洲国家遭受重创，但美国在欧洲的投资与数十年前殖民帝国在全球拥有的资产相比仍然微不足道。另外，美国对欧洲以及其他地区的投资被外国（主要是英国）对美国持续而强劲的投资抵消。在描述 20 世纪 60 年代的电视剧《广告狂人》中，纽约的广告商斯特林·库珀公司被声誉卓著的英国股东买下，这当然给麦迪逊大道广告业的小圈子带来了文化冲击，外国人到那里当老板从来就不是件轻松的事。

美国的净国外资本头寸在 20 世纪 80 年代转为略有赤字，在 1990~2000 年赤字继续增加，这是贸易赤字不断累积的结果。然而，美国对外投资的回报要远高于它所支付的外债本息——这是美元的国际信用带来的特权。海外投资的高回报阻止了美国净国外资本头寸的恶化，从 1990 年约为国民收入的 10% 仅增长到 21 世纪头几年的略高于 20%。总体来说，目前的状态与"一战"前夕非常类似。美国的国内资本约为 4.5 年的国民收入，其中外国投资者持有的资产（减去美国投资者持有的国外资产）相当于国民收入的 20%，因此美国的净国民财富大约相当于国民收入的 430%。也可以说，美国超过 95% 的资产由本国人持有，由外国人掌控的不足 5%。

总而言之，美国的净国外资产头寸有时略微为负，有时略微为正，可是与美国国民拥有的资本总量相比，始终处于不那么重要的位置，其比重从未超过 5%，大多数情况下不足 2%。

加拿大：长期由王室拥有

有意思的是，我们看到资本在加拿大有着非常不同的发展轨迹，在 19 世纪后期到 20 世纪早期有相当一部分本国资本是被外国投资人

(主要是英国人)持有,特别是集中在自然资源部门,如铜矿、锌矿、铝矿以及油气资源等。到1910年,加拿大的本国资本大约相当于5.3年的国民收入,其中,由外国投资者持有的资产(减去加拿大投资者持有的国外资产后)约为1.2年的国民收入,占总数的1/5~1/4,该国的净国民财富则相当于约4.1年的国民收入(见图4.9)。[11]

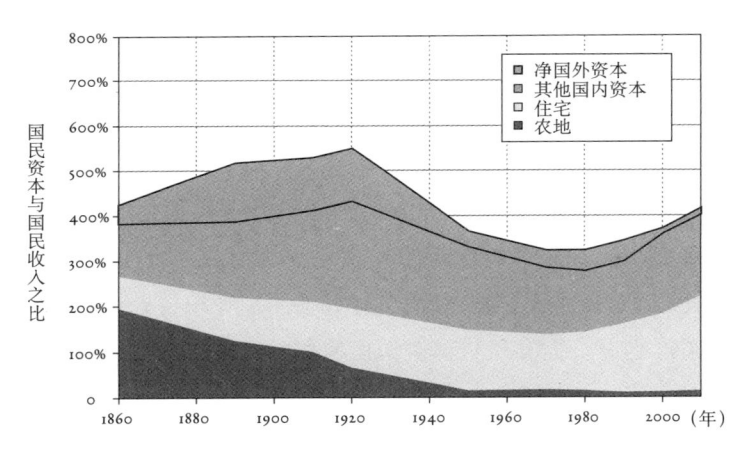

加拿大的很大一部分国内资本一直由其他国家的人持有,因此其国民资本始终少于国内资本。

图4.9 1860~2010年加拿大的资本状况

资料来源:piketty.pse.ens.fr/capital21c

由于欧洲国家被迫出售大量国外资产,两次世界大战改变了这一情形。但上述过程需要时间,1950~1990年,加拿大的净外国债务依然相当于国内资本的10%左右。公共债务在这段时期内一直增加,直到1990年后才有所削减。[12] 今天加拿大的情形与美国非常相似,国内资本相当于国民收入的4.1倍左右,其中外国投资者拥有的资产(减去加拿大投资者拥有的国外资产)不到国民收入的10%。可以说,加拿大有超过98%是归加拿大人所有,外国人拥有的部分不足2%。(当然,以这种视角来考量净国外资本会掩饰国家之间的财富所有权交叉程度,下一章将对此进行更深入的分析。)

美国和加拿大的对比很有趣,因为我们很难找到纯粹的经济因素来解释这两个北美洲国家的发展轨迹为什么差异那么大。政治因素显然扮演了核心角色。虽然美国对外投资的态度历来很开放,但也很难想象 19 世纪的美国人会容忍 1/4 的国民资产被之前的殖民者持有。[13] 这种担忧对加拿大而言却并不严重,因为它依然是英国的殖民地,很大一部分加拿大资产由英国人持有,跟苏格兰或苏塞克斯的许多土地和工厂由伦敦人持有其实没有多大区别。类似的是,加拿大的净国外资产头寸在那么长时间里处于负值,与没有发生过政治突变有关,加拿大以渐进的方式逐步从英国的统治下取得独立,但国家元首依然是英国国王。而世界其他国家在取得独立时经常伴随而来的财产剥夺,尤其是自然资源所有权的转移,并没有在加拿大出现过。

新大陆与旧世界:奴隶制的重要性

在对欧洲和美国的资本形态变迁历程进行总结之前,我还必须对奴隶制以及奴隶在美国财富积累中的作用进行一番考察。

托马斯·杰斐逊所拥有的财富不只是土地,他还拥有 600 多名奴隶,大部分继承自其父亲和岳父。他对于奴隶制的政治态度一直都含糊不清。杰斐逊所推崇的享有平等权利的小农场主理想共和国并不包括有色人种。他的故乡弗吉尼亚的经济在很大程度上依靠强迫这些人劳动。在 1801 年由于南方各州的选民拥戴而成为美国总统后,他却签署法律,禁止在 1808 年后向美国输入新的奴隶。但这并未阻止奴隶人数的迅速增长(依靠人口的自然增殖比购买新的奴隶其实还更廉价），从 1770 年的约 40 万人到 1800 年人口普查时增长至约 100 万人。1860 年人口普查时奴隶人数又增长至 1800 年的 4 倍以上，超过 400 万，或者说，在不到一个世纪的时间里奴隶人数增加了 10 倍。当南北战争在 1861 年爆发时，奴隶经济仍在快速增长，直至 1865 年废除奴隶制。

1800 年，美国近 500 万总人口中约有 20% 是奴隶，约 100 万人。几乎所有奴隶都集中在南方各州[14]，所占的人口比例达到 40%。南方的总人口约为 250 万，其中白人约为 150 万，奴隶为 100 万。并非所有白人都是奴隶主，只有极少数人拥有的奴隶人数像杰斐逊的那样多，奴隶社会是财富集中度最高的社会之一。

到 1860 年，由于北部和西部各州人口的快速增长，奴隶在美国全部人口中的比重已降至约 15%，在 3 000 万总人口中约有 400 万奴隶。不过南方各州的奴隶人口比重依旧维持在 40%，总人口为 1 000 万，其中奴隶和白人的数量分别为 400 万和 600 万。

我们可以从各种历史资料中了解到 1770~1865 年美国的奴隶价格，其中包括艾丽丝·汉森·琼斯收集的遗嘱记录，雷蒙德·戈德史密斯采用的税收和人口统计数据，以及主要由罗布特·福格尔收集的奴隶市场交易数据等。通过对各种资料的对比，可以发现它们的一致程度很高，我将估算结果编辑在图 4.10 和图 4.11 中。

我们的一个发现是，奴隶的总市场价值在 18 世纪后期和 19 世纪上半叶相当于美国 1.5 年的国民收入，几乎与农地的总价值相同。如果把奴隶也纳入其他类型的财富之中，我们会看到，美国的财富总量从殖民地时期至今一直维持在相对稳定的水平，约为 4.5 年的国民收入（见图 4.10）。用这种方式把奴隶的价值加入资本总量当中，显然会遇到多方的质疑。把某些人当成财产，而非拥有权利（特别是财产权利）的个人，自然带有当时那个时代的烙印。[15] 但这样的分析毕竟能

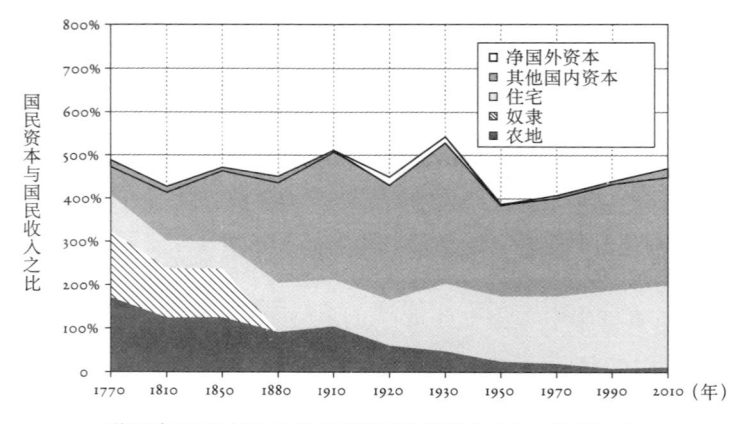

美国在 1770 年左右的奴隶市场价值约为 1.5 年的国民收入，与土地价值相当。

图 4.10　美国的资本与奴隶

资料来源：piketty.pse.ens.fr/capital21c

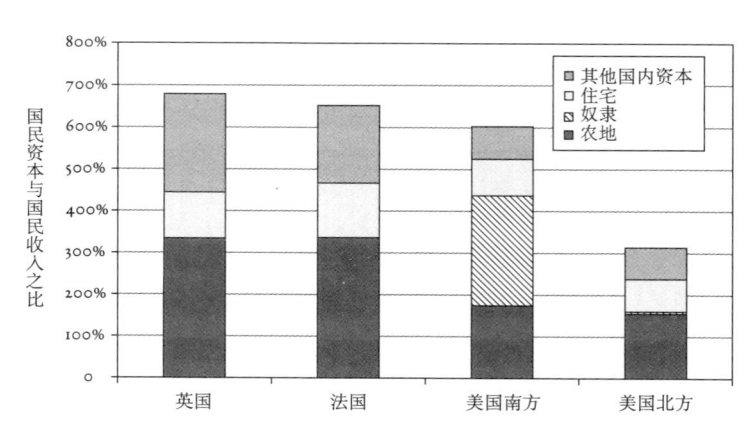

在 1770~1810 年前后美国南方拥有的土地和奴隶的总价值超过 4 年的国民收入。

图 4.11　1770~1810 年世界和新大陆的资本状况

资料来源：piketty.pse.ens.fr/capital21c

让我们了解奴隶资产对于奴隶主的重要性。

当把美国的南方和北方各州分开，将两个地区在1770~1810年的资本结构（包括奴隶在内）同英法两国的同一时期进行对比将更加清晰（见图4.11）。在美国南方，奴隶的总价值约为2.5~3年的国民收入，因此农地加上奴隶的总价值超过4年的国民收入。总体而言，美国南方的奴隶主拥有的财富超过了旧欧洲的地主，他们的土地并不十分值钱，但由于他们很明智地不仅拥有土地，还控制了土地所需要的劳动力，因此总资本价值更高。

如果把奴隶的市场价值加入其他所有类型的资本，则南方各州的资本价值总量将超过6年的国民收入，同英法两国资本总量的相对规模接近。相反，在几乎没有奴隶的北方各州，总财富水平要低得多，仅为北方各州3年的国民收入，相当于南方各州或欧洲的一半。

显然，南北战争前，美国远不是上文讨论的缺乏资本的国家。新大陆实际上包含两个截然不同的区域，在北方是相对平均化的社会，资本确实不占优势，土地极其丰富，任何人都可以比较容易地当上地主，同时新来的移民还需要时间积累财富。但南方却是个采取了最极端和暴力形式的所有权高度不平等的社会，一半人是另一半人的财产，奴隶资本在很大程度上代替和压倒了土地资本。

社会不平等领域的这种复杂和矛盾的关系，直到今天对美国依然有影响：一方面，这是个信奉平等的国家，是千百万出身低微的移民的希望之地；另一方面，它又是个极端野蛮的不平等的国家，尤其是涉及种族时，其影响仍随处可见。美国南方的黑人直到20世纪60年代仍没有公民权，并受到法定的歧视制度约束，在某些方面与20世纪80年代之前南非维持的种族隔离制度有很多共同点。这些背景无疑是美国福利制度在各个方面的发展（或者说欠发达）现状的根源。

奴隶资本与人力资本

我并没有尝试估算其他奴隶社会中奴隶资本的价值。在大英帝国所辖范围内,奴隶制于1833~1838年废除。在法兰西帝国,则是分两个阶段废除,最早是在1792年废除,拿破仑又于1803年恢复,后来在1848年被彻底废除。在上述两个帝国,18世纪到19世纪早期都有一部分外国资本投入西印度群岛的种植园(让我们联想到《曼斯菲尔德庄园》里的托马斯爵士)或者印度洋群岛上的奴隶制庄园(如波旁岛和法兰西岛,在法国大革命后成为法属留尼汪岛和毛里求斯)。这些种植园的资产中有一部分是奴隶,但我没有将其单独计算。鉴于英法两国在19世纪初期的国外总资产并未超过其国民收入的10%,奴隶在总财富中所占的比重显然要比美国小得多。[16]

相比之下,在奴隶人口比重较大的一些社会中,其市场价值可以很容易达到很高的水平,甚至可能超过美国在1770~1810年的情况,更高于其他各种财富形式的总和。假设有这样一种极端情况,极少数人拥有其他所有人口。为讨论方便,我们假设来自劳动的收入(指奴隶的劳动给奴隶主带来的收入)占国民收入的60%,来自资本的收入(指土地收入或其他资本产生的租金、利润等)占国民收入的40%,所有非人力资本的收益率为每年5%。

那么根据定义,国民资本(不包括奴隶)的总价值等于8年的国民收入。这是本书第一章介绍的资本主义第一基本定律($\beta=\alpha/r$)。

在一个奴隶社会里,我们可以认为上述定律同样适用于奴隶资本:如果奴隶的产值相当于国民收入的60%,所有资本形式的收益率为每年5%,则全部奴隶的市场价值相当于12年的国民收入,或者说相当于非人力资本的1.5倍,因为奴隶的产值也相当于非人力资本的 1.5 倍。如果将奴隶的价值纳入资本总量，其结果自然是 20 年的国民收入，因为每年的收入或产值都是按照 5% 的收益率进行资本化测算的。

就美国在 1770~1810 年的情况而言，奴隶资本的价值相当于 1.5 年的国民收入（而非上面例子中的 12 年），部分原因在于奴隶在总人口中的比重仅为 20%（而非上文假设的 100%），还有部分原因在于奴隶的平均生产率略低于自由劳动力的平均生产率，奴隶资本的收益率普遍接近 7%~8% 甚至更高，而非 5%，导致其资本化程度较低。实际上，在南北战争前的美国，奴隶的市场价格通常等于自由劳动者年工资的 10~12 倍，而不是 5% 的收益率和生产率所对应的 20 倍。在 1860 年，黄金工作年龄段的男性奴隶的平均价格约为 2 000 美元，而自由农场工人的年平均工资约为 200 美元。[17] 但需要注意的是，一个奴隶的价格根据不同的特征和奴隶主的评价有很大差异，例如在昆汀·塔伦蒂诺的电影《被解救的姜戈》中所描绘的，富有的种植园主对漂亮的布隆希达报出的卖价只有 700 美元，而对他的最能打仗的奴隶却要价 12 000 美元。

归根到底，这种计算很明显只有在奴隶社会才有意义，人力资本在市场上出售是永久性的和不可反悔的。某些经济学家，包括世界银行近期的"国家财富"（wealth of nations）系列报告的作者在内，曾利用劳动收入资本化的办法来计算"人力资本"的总价值，年收益率采取的是较为主观的标准（4%~5%）。这些报告得出的令人吃惊的结论是，人力资本已经是 21 世纪多姿多彩世界中的主要资本形式。在现实中这个结论也是显而易见的，而且可能在 18 世纪同样成立。因为无论何时总有超过一半的国民收入是归劳动者得到，而我们在对劳动收入进行资本化计算时采取的是与资本收益相同或接近的收益率，因此从定义中就能知道，人力资本的价值肯定高于其他资本形式之和。对此根本没有必要惊讶，甚至也无须借助资本化的理论假设来得到这个结论，光比较一下流量就很清楚了。[18] 然而，测算人力资本存量的货币价值，只有在你可以完全占有其他人的社会中才真正有意义，而那样的社会显然已经一去不复返了。

第五章　资本/收入比的长期变化趋势

在上一章里，我分析了欧洲和北美洲自18世纪以来的资本变迁。从长期来看，资本的性质有了彻底改变，农地形式的资产逐步被工业资本和金融资本以及城市房地产资本所取代。然而最惊人的是，尽管有这些变化，资本存量的总价值（以相当于几年的国民收入来衡量，反映资本在经济和社会中的重要性的指标）似乎在很长时期里变化并不很大。在英国和法国这两个历史数据最为完整的国家，如今的国民资本相当于5~6年的国民收入，仅比18~19世纪乃至"一战"前夕所观察到的水平（约为6~7年的国民收入）略低。此外，由于自20世纪50年代以来资本/收入比持续强劲走高，我们自然想知道：这种趋势是否会在今后数十年内持续？资本/收入比在21世纪末之前能否恢复甚至超过先前的高水平？

第二个明显的事实是欧洲与美国的对比。众所周知，1914~1945年欧洲遭受的冲击比美国要严重得多，因此欧洲在20世纪20~80年代的资本/收入比也更低。但如果撇开这段较长的战争及其后果，会发现欧洲的资本/收入比始终处在较高的水平。在19世纪和20世纪早期，事实确实如此，当时欧洲的资本存量为6~7年的国民收入，而美国是

4~5年的国民收入;在20世纪后期到21世纪早期亦是如此,欧洲的私人财富水平在20世纪90年代早期再次超越美国,如今的资本/收入比已接近600%,而美国仅略高于400%[1](见图5.1和图5.2)。

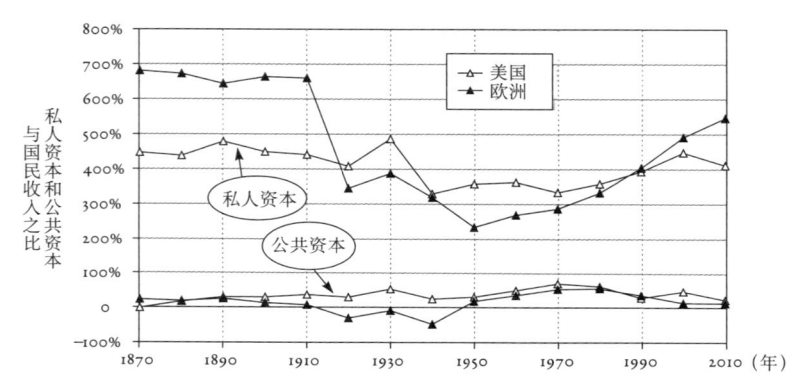

无论对于欧洲还是美国,国民资本在长期的变动主要对应着私人资本的变动。

图 5.1　1870~2010年欧洲与美国的私人资本和公共资本

资料来源:piketty.pse.ens.fr/capital21c

以上现象有待解释。为什么欧洲的资本/收入比回到了历史高点?为什么欧洲的该比率结构性地高于美国的水平?是哪些神秘力量导致一个社会的资本/收入比应该是600%~700%,而非300%~400%?资本/收入比是否存在均衡水平,均衡水平又是如何决定的?这会对资本收益率产生何种影响?资本/收入比同资本和劳动在国民收入中所占的比重之间有怎样的关系?为解答这些问题,我首先要介绍一条动态资本定律,通过该定律把一个经济体中的资本/收入比同储蓄率及增长率联系起来。

资本主义第二基本定律:$\beta = s/g$

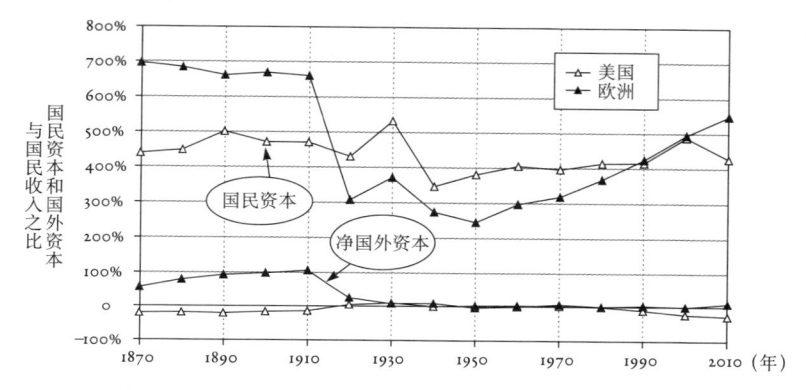

在1910年，欧洲的国民资本（包括公共资本和私人资本）相当于6.5年的国民收入，美国的国民资本相当于4.5年的国民收入。

图 5.2　1870~2010 年欧洲与美国的国民资本

资料来源：piketty.pse.ens.fr/capital21c

从长期来看，资本/收入比 β 与储蓄率 s 及增长率 g 有着如下公式所描述的简单明了的关系：

$$\beta = s/g$$

例如，假设储蓄率 $s=12\%$，增长率 $g=2\%$，那么资本/收入比 $\beta=s/g=600\%$。[2]

或者说，假设一个国家每年将12%的国民收入用于储蓄，而国民收入的年增长率等于2%，那么其长期的资本/收入比将等于600%。这个国家积累的资本将相当于6年的国民收入。

资本主义第二基本定律（以下简称"第二定律"）的公式反映了一个浅显但重要的事实：储蓄较多而增长缓慢的国家将在长期中积累起更大数量的资本（相对于收入而言），而巨额资本反过来会对社会结构和财富分配产生重大影响。

换言之，在增长接近停滞的社会里，过去积累的财富将不可避免地获得超出与其实际重要性相匹配的地位。

资本/收入比在21世纪回到结构性的高水平，接近18和19世纪观察到的数值，因此这可以归结为经济增长重新回归缓慢状态。增长（特别是人口增长）放缓是资本的势力卷土重来的根源。

这里的基本观点是，长期来看增长率的较小变动可能会给资本/收入比带来极其深远的影响。

例如，假设储蓄率为12%，如果增长率从每年2%降至1.5%，则长期的资本/收入比将从600%提高至800%（$\beta=s/g$）。假如增长率降至1%，则资本/收入比将达到1 200%，是增长率为2%的社会的2倍。从一个方面看这是好事，资本对所有人都有潜在价值，只要加以恰当的组织协调，任何人都可能从资本中受益。但从另一方面看，这又意味着资本的所有者（在既定的财富分配框架下）有可能控制更大比重的经济资源。无论从哪个角度看，这种变化带来的经济、社会和政治冲击都不可小觑。

反过来，如果增长率提高到3%，那么资本/收入比将降至400%；假设储蓄率也同时下降至9%，那么长期的资本/收入比将降至300%。

由于第二定律中的增长率是指国民收入的总增长率，也就是人均收入的增长率和人口增长率之和，上述效应将显得更为突出。[3] 也就是说，假设某个国家的储蓄率约为10%~12%，人均国民收入的增长率约为每年1.5%~2%，那么，如果人口增长率接近于零（例如欧洲国家），则总增长率也约为1.5%~2%，其资本积累总量将达到6~8年的国民收入；如果人口增长率达到1%（例如美国），则总增长率将达到大约2.5%~3%，其资本积累总量则只有3~4年的国民收入。再假如后一个国家的储蓄率略低于前者（原因或许是人口老龄化速度更慢一些），那么上述机制还将进一步强化。因此，对于人均收入增长率接近的国家，仅仅由于人口增长率存在差异，也将导致资本/收入比最终出现很大的差距。

这条定律能更好地解释资本/收入比在历史上的演变，特别是能够解答为什么资本/收入比在经历1914~1945年的多次冲击以及20世纪后半叶极其快速的经济增长后，到今天又回到了非常高的水平。这条定律还有助于我们理解，为什么结构性原因使得欧洲倾向于比美国积累更多的资本，而且只要美国的人口增长率高于欧洲（尽管可能不会永远如此），这种趋势就将继续下去。不过在深入解释上述现象之前，还必须对若干概念和理论要点进行更准确的描述。

一条长期定律

首先，我们必须清楚资本主义第二定律只有在满足若干关键假设的前提下才能成立。第一，这是一条渐进式定律，也就是说只有在长期才有效。如果某个国家永远把s比例的收入用于储蓄，国民收入的增长率始终保持在g，那么其资本/收入比将越来越接近于$β=s/g$，并稳定在那个水平。但这并不会在一天之内实现的，如果某个国家只是在几年之内维持s水平的储蓄率，并不足以实现$β=s/g$所对应的资本/收入比水平。

例如，某个国家的初始资本为零，将12%的国民收入用于储蓄持续一年时间，显然不可能积累出相当于6年国民收入的资本。从零资本的基础出发，依靠每年12%的储蓄率，这个国家需要50年才能实现相当于6年国民收入的资本积累。但即使这样，最终的资本/收入比依然不会达到600%，因为国民收入在这半个世纪中也会有相当大的增长(除非我们假设增长率为零)。

首先，我们需要牢记的一个原则是，财富积累是需要时间的，可能需要数十年的时间才能让第二定律 $\beta=s/g$ 生效。我们随之也就可以理解，为什么过了那么久的时间 1914~1945 年的影响才逐渐消退，以及为什么必须从长远历史的视角来探究此类问题。从个人层面来看，财富积累有时可以很快实现，但从国家层面来看，第二定律所描述的资本/收入比的变化却是个长期现象。

可以看到，第二定律与第一章介绍的资本主义第一基本定律（$\alpha=r\times\beta$）之间有着重大区别。第一定律的内容是，资本收入在国民收入中所占的比重（α）等于资本的平均收益率（r）乘以资本/收入比（β），即 $\alpha=r\times\beta$。而关键点在于，这条定律其实是个纯粹的会计恒等式，根据该等式的构造，它在任何时间任何地点都成立。我们其实可以将它视为关于资本收入在国民收入中所占比重的定义（或是个关于资本收益率的定义，取决于哪个参数更容易测量），而不是一条定律。相比之下，第二定律（$\beta=s/g$）则是对动态过程结果的描述，它代表着一种理论上的均衡状态，如果某个国家的储蓄率为 s，增长率为 g，其资本/收入比就将趋近于 β，但在现实中或许永远不可能达到这种完美状态。

其次，只有把考虑的重点放在人类可以积累的资本形式上，第二定律才能成立。如果某个国家的国民资本中有相当部分是纯粹的自然资源（例如，当这些资源的价值与人类的进步和过去的投资无关），那么即使没有储蓄的任何帮助，β 依旧能达到很高水平。关于不可积累的资本类型在现实中的重要性，将在后文中做更多讨论。

最后，只有当资产价格的变化与消费者价格指数的变化大体相同时，第二定律才成立。如果房地产或股票价格涨速快于其他价格，那么即使没有任何新增储蓄，β（国民资本的市场价值与国民收入年流量之比）也能达到很高水平。在短期内，相对的资产价格（指资产价格相对于消费品价格）的变化（资本利得或损失）经常会大于资产数量变化造成的影响（即新增储蓄的效应）。但如果我们假设，相对价格变化在长期内保持平衡，那么第二定律就必然成立，与某个国家为什么选择那样的储蓄水平无关。

这一点有必要再做强调，即第二定律（β=s/g）与某个特定国家的居民或政府积累财富的原因完全无关。在现实中，人们会出于各种各样的理由去积累资本，例如为增加未来的消费，或者避免退休以后的消费水平下降，或者为子孙后代积蓄和保持财富，或是为争取财富可以带来的权力、安全或威望。通常来说，所有这些动机可能同时存在，但其影响根据个人、国别和年龄的不同而不同。很多时候，一个人身上有多种动机，而人们自己却未必能够清楚地表达出来。在本书第三部分中，我将深入讨论这些不同的财富积累动机和机制对不平等状况、财富分配和继承对于不平等结构的重要作用的影响，以及对于财富差距的更一般意义上的社会、道德和政治解释等。但在这里，我只是简单介绍一下资本/收入比的动态规律，对这个课题的研究至少在初级阶段可以独立于财富如何分配的课题。总结一下，我想着重指出，第二定律对所有的情况都适用，与一个国家的储蓄率由于何种原因形成无关。

这只是因为，一个储蓄率为s、增长率为g的国家，所能实现的唯一稳定的资本/收入比是：β=s/g。

背后的论证过程很浅显，请看如下的案例：如果某个国家每年将12%的国民收入用于储蓄，其初始的资本存量等于6年的国民收入，那么资本存量将以每年2%的速度递增，[4]而这恰好是国民收入的增长速度，所以资本/收入比将维持稳定。

再假设，如果资本存量少于6年的国民收入，那么12%的储蓄率将导致资本存量的增速高于每年2%，也就是说比国民收入的增速更快，于是资本/收入比将提高，直至达到均衡。

相反，如果资本存量多于6年的国民收入，则12%的储蓄率意味着资本的增速将低于每年2%,于是资本/收入比将无法维持在原有水平,会逐渐降至均衡状态。

对上述每种情况而言,长期的资本/收入比都将回归均衡($\beta=s/g$)——或者可能因为有纯自然资源而变得更高——但其前提是平均资产价格的变化与消费品价格的变化在长期大体相当。[5]

总而言之,第二定律并不能解释资本/收入比可能遭受的短期冲击,正如它不能回答两次世界大战和1929年危机这些极端冲击事件的由来一样;但这条定律可以让我们知道:在去除冲击和危机的影响之后,资本/收入比将在长期收敛到何种潜在的均衡水平。

20世纪70年代以来资本在发达国家的回归

为揭示资本/收入比的运动在短期和长期的区别,我们可以看看最富裕的几个国家在1970~2010年该指标每年的变化,之所以选取这段时期,是因为我们拥有该期间很多国家大量可靠的可比数据。先来看私人资本与国民收入的比值,其变化轨迹见图5.3,图中包含了8个全球最发达的国家,按国内生产总值从高到低排序为:美国、日本、德国、法国、英国、意大利、加拿大和澳大利亚。

对比图5.1和图5.2,以及前面各章中为集中显示长期趋势而绘制的10年平均数的各图,可以看出,图5.3展现的是多个国家的资本/收入比在较短时期内年度序列数据的不断变化。不规则变化的原因是房地产价格(包括住宅和商业地产)及金融资产(特别是股票)价格的极度不稳定。给资本定价总是很困难,部分原因在于预测企业的商品和服务或房地产的未来需求客观上存在复杂性,因此难以估算相关资产未来的利润、股票、专利费和租金等带来的收入流量;还有部分原因在于建筑物或企业的当前价值不但取决于这些基本因素,还关系到需求上涨时人们对于出售价格的预期，也就是期望的资本收益或损失的大小。

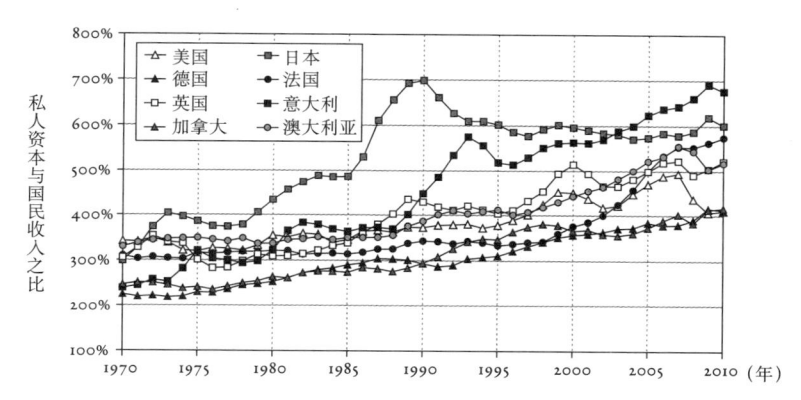

图 5.3 1970~2010 年发达国家的私人资本状况

发达国家的私人资本在1970年相当于2~3.5年的国民收入，在2010年相当于4~7年的国民收入。

资料来源：piketty.pse.ens.fr/capital21c

事实上，这些预期的未来价格自身又取决于市场对某种类型资产的热情，从而带来所谓的"自我实现"：只要人们预期能够以高于原先购买价的价格卖掉某项资产，那么即使以超出该资产内含价值较多的价格将其购入，对个人来讲依然是合乎理性的，特别是在该资产的内在价值本身也不确切时。因此，人们普遍难以抵制市场对某类资产的热情所带来的影响，哪怕市场确实存在过热的情况。这正是房地产和股票投机泡沫的历史与资本本身同样悠久的根源：它们的历史发展具有一定的同质性。

在这方面，1970~2010年最严重的泡沫当属日本经济在20世纪90年代的泡沫（见图5.3）。在20世纪80年代，日本的私人财富价值从初期的略高于4年的国民收入膨胀到80年代末的近7年。显然，这样急剧的大幅增长部分源自人为因素。随即，私人资本价值在20世纪90年代早期急剧下跌，90年代中期以后稳定在约相当于6年的国民收入。

这里并不想赘述发达国家自1970年以来形成和破裂的多次房地产和股票市场泡沫的历史，也不想对未来可能的泡沫进行预测，我对此完全不擅长。但请注意：意大利的房地产市场在1994~1995年出现泡沫破裂后的快速回调，此外互联网投机泡沫在2000~2001年走向破裂，导致美国和英国的资本/收入比急速下挫（虽然不像10年前的日本那样剧烈）。还有，美国的房地产和股市此后出现繁荣，一直持续到2007年，随即发生2008~2009年的深度下跌。在两年时间内，美国的私人财富从相当于5年的国民收入降至4年，降幅几乎与日本在1991~1992年相当。不过在其他国家（尤其是欧洲），调整过程更为温和甚至根本不存在。例如在英国、法国和意大利，资产（特别是房地产）价格在2008年很快就趋向稳定，并且在2009~2010年再度回升，到21世纪头10年早期，其私人财富已回到2007年的水平，甚至可能略高一些。

此处需要重点强调的是，虽然资产价格在短期存在这些不规则和不可预测的变动，并且变动幅度在最近数十年似乎有所扩大（后文将会看到，这可能与资本/收入比的潜在提高有关），但长期趋势在1970~2010年依然在所有发达国家发挥作用（见图5.3）。在20世纪70年代初期，私人财富的总量（减去负债后）在各个大洲的所有发达国家约为2~3.5年的国民收入。[6] 而40年后的2010年，所有样本国家的私人财富总量都达到4~7年的国民收入。[7] 总体的变迁趋势很清楚：在把泡沫因素排除以后，我们看到的是1970年以来私人财富在发达国家强劲回归，或者说，出现了新型的承袭制资本主义。

这一结构性变化可以用三类因素来解释，它们相互补充和强化，使得振幅非常显著。长期来看，最重要的因素是增长率放缓（特别是人口增长率），再加上高储蓄率的影响，会自动导致长期资本/收入比的结构性提高——这是第二定律的必然作用。这个机制在很长时期内是决定性的力量。但不容忽视的是，过去数十年还有其他两个因素大大强化了它的影响：首先，20世纪70~80年代的渐进式私有化以及将公共财富转移到私人手中的过程；其次，影响房地产和股票价格的长期赶超现象也在20世纪80~90年代加速，与战后初期相比，当时的总体政治气氛对私人财富更为友好。

泡沫破灭之后：低增长，高储蓄

先讨论第一个机制：增长率放缓加上持续的高储蓄率，通过动态的第二定律发挥作用。表5.1描述了8个最富裕的国家在1970~2010年的平均增长率和私人储蓄率水平。正如本书第二章所述，所有发达国家在过去数十年的人均国民收入增长率（或者与之几乎相同的人均国内产值增长率）是非常接近的。如果在几年时间内进行比较，差距显著，往往会激发国家之间的自豪感或嫉妒心。但如果考察更长时期的平均值，则会发现所有发达国家的增长率实际上相当接近。例如在1970~2010年，8个最富裕国家人均国民收入的年均增长率为1.6%~2.0%，大部分时间为1.7%~1.9%。鉴于现有统计方法（特别是价格指数）的缺陷，我们绝无理由认为这样小的差距具有任何统计上的显著意义。[8]

不管怎样，与各国人口增长率的差距相比，收入增长率的差距非常有限。在1970~2010年，欧洲和日本的年均人口增长率不足0.5%，到1990~2010年则更加趋近于零，日本甚至是负增长，而美国、加拿大和澳大利亚的人口增长率为1%~1.5%（见图5.1）。因此，美国和其他两个新大陆国家在 1970~2010 年的总体增长率显著高于欧洲和日本，前者大约为每年 3% 甚至更高，而后者仅为 2%（在该时期的后半段甚至只有 1.5%）。这个差距看似不大，但其影响会在长期大量积累起来，因此事实上是非常显著的。我想在这里强调的新观点是，增长率的这种差异将对资本的长期积累带来巨大影响，并且在很大程度上可以解释为什么欧洲和日本的资本/收入比结构性地高于美国。

表 5.1　1970~2010 年发达国家的增长率和储蓄率

国家	国民收入增长率（%）	人口增长率（%）	人均国民收入增长率（%）	私人储蓄率（扣除折旧）（占国民收入比重，%）
美国	2.8	1.0	1.8	7.7
日本	2.5	0.5	2.0	14.6
德国	2.0	0.2	1.8	12.2
法国	2.2	0.5	1.7	11.1
英国	2.2	0.3	1.9	7.3
意大利	1.9	0.3	1.6	15.0
加拿大	2.8	1.1	1.7	12.1
澳大利亚	3.2	1.4	1.7	9.9

注：不同发达国家的储蓄率和人口增长率有很大差别。人均国民收入增长率的差异要小得多。

资料来源：piketty.pse.ens.fr/capital21c

下面转向 1970~2010 年的平均储蓄率，我们再次发现不同国家之间有巨大差别：私人储蓄率通常为国民收入的 10%~12%，但在美国和英国仅为 7%~8%，而日本和意大利高达 14%~15%（见表 5.1）。在 40 年中，这些差距经年累月积累下来导致了很显著的后果。我们还注意到，储蓄最多的往往是那些人口增长停滞、老龄化严重的国家，很自然地为退休和遗赠而存钱。不过，储蓄与人口之间的关系远不是那么系统性地一一对应。上文已提到，人们选择储蓄多少背后可能有很多原因，例如文化背景、对未来的预期以及独特的国家历史等。这些因素发挥作用并不令人奇怪，人们在做生育和移民决策时也一样会受上述因素的影响，而决策结果最终会对人口增长率产生影响。

如果把增长率差异和储蓄率差异结合起来，我们便很容易解释为什么不同国家的资本积累会出现如此大的数量差别，以及资本/收入比为什么会在1970年之后急剧提高。一个特别清晰的案例是日本，其年储蓄率接近15%，增长率略高于2%，因此日本长期积累的资本存量达到6~7年的国民收入并不奇怪。这是动态的资本积累第二定律的自然结果。类似的是，储蓄率更高而增长更快的美国，相比之下有着低得多的资本/收入比并不令人惊讶。

更普遍地说，如果将从1970~2010年观察到的储蓄流量推断出来的2010年的私人财富水平（结合1970年观察到的初始财富）同2010年实际观察到的私人财富水平相对比——我们会发现大多数国家的这两个数据非常接近。[9]当然对应关系并不十分完美，反映出其他因素也有显著影响。例如在英国，储蓄流量似乎完全不足以解释私人财富在这段时期的急速增长。

但如果先不考虑这个或那个国家的特殊情况，总体而言结果是相当一致的：我们可以利用1970~2010年的储蓄水平（结合初始资本数量）来解释发达国家私人资本积累的主要特征，而无须借助相对资产价格有重大结构性提高的假设。或者说，房地产和股市价格的波动总是在短期甚至中期占主导地位，但长期影响却是中性的，长期起决定作用的通常是资产的数量效应。

再次以日本为典型案例。要想理解日本的资本/收入比在20世纪80年代的大幅提高以及90年代的急剧下跌，很明显起决定作用的因素是房地产和股票泡沫的形成及其破灭。但如果我们探讨1970~2010

年整个时期的变化过程,就可以明显看到数量效应压倒了价格效应:日本的私人财富从1970年相当于3年的国民收入提高到2010年相当于6年的国民收入,几乎可以完美地用储蓄流来解释。[10]

私人储蓄的两个组成部分

为完整起见,我需要澄清私人储蓄包含两个部分:个人的直接储蓄(没有在即期消费的那部分家庭可支配收入)以及企业的储蓄(企业的所有者持有,其中既包括企业自身的直接储蓄,也包括借助金融投资的间接储蓄)。企业储蓄来自企业用于再投资的利润(又称为"留存收益")。在某些国家,企业储蓄能占到整个私人储蓄的一半左右(见表5.2)。

表5.2 1970~2010年发达国家的私人储蓄

国家	私人储蓄率(扣除折旧)(占国民收入比重,%)	其中家庭净储蓄(%)	其中企业净储蓄(净留存收益,%)
美国	7.7	4.6	3.1
日本	14.6	6.8	7.8
德国	12.2	9.4	2.8
法国	11.1	9.0	2.1
英国	7.4	2.8	4.6
意大利	15.0	14.6	0.4
加拿大	12.1	7.2	4.9
澳大利亚	9.9	5.9	3.9

注:私人储蓄中有很大一部分(不同国家有差异)来自企业留存收益(未分配利润)。
资料来源:piketty.pse.ens.fr/capital21c

假如忽略企业储蓄的部分,仅考虑严格定义的家庭储蓄,我们可能会以为所有国家的储蓄流都显然不足以支撑私人财富的增长,于是将在很大程度上以相对资产价格（尤其是股票）的结构性提高来解释。这样的结论从会计角度看可能成立，但在经济含义上是错误的：股票价格从长期来看的确会比消费品价格上涨更快，但其原因主要是企业的留存收益使其得以扩大规模和资本，这其实是数量效应而非价格效应。假如留存收益被纳入私人储蓄，表面上的价格效应也将大部分消失。

在实践中，从股东的立场来看，作为红利分配的利润与留存收益相比税负往往更重。因此对资本拥有者来说，只把一部分利润用于红利分配（以满足他们的即期消费需求），而把其余部分用于企业及其分支机构的积累和再投资，更符合其利益。今后还可以卖掉部分股份，以兑现资本收益（其税负通常低于分红）。[11] 各个国家的企业留存收益在整个私人储蓄中所占比重的差别，很大程度上也是由于法律和税收制度的不同所致；这属于会计上的差异，而非经济意义上的差别。考虑到这些因素，更好的做法是将企业的留存收益视为企业所有者进行的储蓄，因此也是私人储蓄的组成部分。

还需要澄清的是，动态第二定律中的储蓄概念是储蓄减去资本折旧后的余额，也就是真正的新增储蓄，在总储蓄中减去用于修补建筑物和设备磨损（修补房顶或管道，替换用旧的汽车、电脑、机器等）之后剩余的部分。这里的差额是非常重要的，因为在发达国家，年度的资本折旧相当于国民收入的10%~15%，几乎占到总储蓄的一半（总储蓄通常占国民收入的25%~30%，净储蓄约为10%~15%，见表5.3）。特别是，企业的大部分留存收益通常都用于建筑和设备的维护，用于支持新投资的金额相当少，至多占国民收入的几个百分点，甚至可能为负值（在留存收益不足以弥补资本折旧的情况下）。根据定义，只有净储蓄能增加资本存量，而用于弥补折旧的那部分储蓄只是为确保现有的资本存量不会减少。[12]

表 5.3 1970~2010 年发达国家的储蓄与净储蓄

国家	私人总储蓄 （占国民收入比重，%）	减去：资本折旧 （%）	等于：私人净储蓄 （%）
美国	18.8	11.1	7.7
日本	33.4	18.9	14.6
德国	28.5	16.2	12.2
法国	22.0	10.9	11.1
英国	19.7	12.3	7.3
意大利	30.1	15.1	15.0
加拿大	24.5	12.4	12.1
澳大利亚	25.1	15.2	9.9

注：私人总储蓄中有很大一部分（大致为一半）来自资本折旧，仅用于修复和替换现有资本。

资料来源：piketty.pse.ens.fr/capital21c

耐用品和贵重物品

最后我想澄清的是，此处定义的私人储蓄以及私人财富并不包括家庭购买的耐用品，如家具、电器、汽车等。在这方面我遵从了国民账户统计的国际标准做法，将耐用家庭用品视为即期消费项目。当然如果企业购买同样这些产品，则会被视为年折旧率较高的投资。不过，就本文的研究目的而言这种处理的影响不大，因为耐用品在全部财富中一直都只占较小份额，并且没有随时间出现太大的波动。在所有发达国家，现有的统计都显示家庭耐用品的总价值在 1970~2010 年通常只占国民收入的 30%~50%，没有明显的变化趋势。

可以这样理解，每个人平均来说拥有的家具、冰箱、汽车等耐用品的价值相当于年收入的大约 1/3~1/2，在 21 世纪头 10 年早期的人均国民收入为 3 万欧元左右的国家，这相当于 1 万~1.5 万欧元。这个数字并非小到可以忽略不计,对很多人来说甚至代表着他们拥有的大部分财富。可是相比之下,私人财富总量相当于 5~6 年的国民收入,人均收入 15 万~20 万欧元(不包括耐用品),其中约一半为房地产,另一半为净金融资产(例如银行存款、股票债券和其他投资,减去债务)和企业资本,耐用品只能算数额很小的补充部分。具体而言,如果我们将耐用品纳入私人财富,其影响也就是使图 5.3 中的曲线向上调整国民收入 30%~50% 的幅度,而不会显著改变总的变迁趋势。[13]

请注意,除房地产和企业资本外,在国际通行的国民账户统计(为确保各国之间私人财富和国民财富的对比一致性,我严格遵循了这个标准)中,唯一包含的非金融资产是"贵重物品",包括艺术品、珠宝和金银等贵金属。居民家庭购买这些物品纯粹是为价值储藏(或艺术价值储藏),而它们的价值基本上不会因为时间而损耗(或只有很小的损耗)。不过大多数估计认为,这些贵重物品的总价值比耐用品低得多,在不同国家约占国民收入的 5%~10%,或者说,对人均国民收入 3 万欧元的国家来说,仅为每人约 1 500~3 000 欧元。所以,即使考虑到黄金价格近年来的上涨,贵重物品在私人财富总量中的份额依然很小。[14]

有趣的一点是,根据现有的历史统计,以上这些比重在很长时间里似乎并没有太大变化。在 19~20 世纪,耐用品价值的估算值通常都相当于国民收入的 30%~50%。格雷戈里·金对英国 1700 年前后国民财富的测算结果也类似,家具和瓷器等物品的总价值约为国民收入的 30%。贵重物品和珍品代表的财富数量从长期来看则似乎有所减少,从 19 世纪后期到 20 世纪早期约占国民收入的 10%~15% 降至今天的 5%~10%。根据金的测算,此类商品(包含金属货币)的总价值在 1700 年左右曾高达国民收入的 25%~30%。但归根到底,这在英国多达约 7 年的国民收入的财富总量面前依然不算突出,资本的主体还是农地、住宅和其他资产（商店、工厂、仓库、牲畜、船只等）。格雷戈里·金本人当然也对此发出了赞美和惊叹。[15]

以可支配收入计量的私人资本数量

此外还要注意，如果是用可支配收入而非前文所述的国民收入的倍数来测算私人财富总量，那么发达国家在2000~2020年的资本/收入比将达到更高水平，无疑也是有史以来的最高水平。这个看似技术性的问题值得进行更深入的讨论。

顾名思义，家庭可支配收入（或简称可支配收入）代表某个国家的居民家庭可直接掌握的货币收入。从国民收入换算到可支配收入，必须扣除所有税费和其他义务支出，然后加上所有货币性转移支付，如养老金、失业保险、家庭补贴、福利津贴等。在20世纪初期以前，政府在社会和经济生活中的作用一直非常有限，总税收仅占国民收入的10%左右，主要是为支持如警察、军队、法院和公路等传统政府职能，因此，可支配收入通常相当于国民收入的90%左右。政府的职能在20世纪有了巨大扩张，于是今天发达国家的可支配收入仅占国民收入的70%~80%左右。结果，以可支配收入（而非国民收入）为基准计算得出的私人财富总量会高得多。例如，21世纪头10年发达国家的私人财富约为4~7年的国民收入，相当于5~9年的可支配收入（见图5.4）。

测算资本/收入比的这两个办法都有其合理性，取决于我们如何看待该问题。如果用可支配收入来测算，该比例更多地强调了现实的货币约束，显示的是财富水平与家庭能实际掌握的收入之间的关系，例如需要安排多少储蓄。这相当于以某种方式反映家庭财务状况的现实，而了解这样的数量级是很重要的。但同样需要注意，可支配收入

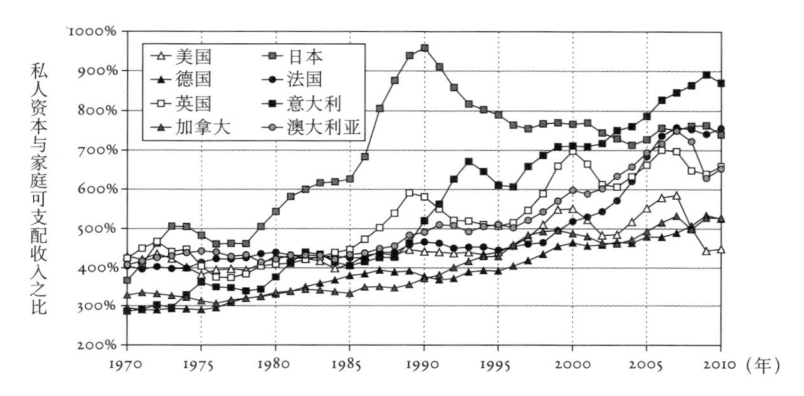

发达国家的资本/收入比如果用家庭可支配收入（相当于国民收入的70%~80%）为基准来计算，要大于用国民收入为基准计算得出的结果。

图5.4 以年度可支配收入为基准计算的私人资本

资料来源：piketty.pse.ens.fr/capital21c

同国民收入之间测算的差额从定义来看反映着家庭获取的公共服务的价值，特别是由公共财政直接支持的医疗和教育服务。这种实物性质的转移支付与包含在可支配收入中的货币转移支付同样有现实经济价值，让人们不需要把同等甚至更多支出用于购买私人的医疗和教育服务。完全忽视这种实物性质的转移支付，很可能扭曲我们对发展历史或国际比较的认识。这也正是我倾向于用相当于几年的国民收入来测算财富总量的原因，也就是说，从经济（而非严格的货币）的角度来看待收入的含义。因此在本书中，如果没有特别注明，我所提到的资本/收入比都是指资本存量与国民收入流量之间的比值。[16]

关于基金会和其他类型的资本持有人

还需要提醒的是，为完整起见，我所指的私人财富不但包含个人

(或者说国民账户统计中所说的"家庭")的资产和负债,还包含基金会及其他非营利组织持有的资产和负债。当然,这个类别中仅包括主要由个人捐赠或其财产收入来融资建立的基金会和其他组织。而主要依靠公共财政补贴的机构则归类为政府组织,主要依靠产品销售收入的机构被归类为企业。

在现实中,所有这些区分都是可行的,也都存在漏洞。把基金会的财富列入私人财富而非公共财富之列,或者将其单独归为一类,都是相当主观的做法,因为这实际上是一种新的所有制形式,介于纯粹的私有制和严格的公有制之间。事实上,当我们提到多少个世纪以来由教会掌握的财产,或者今天的无国界医生组织及比尔和梅琳达·盖茨基金会的财产时,很明显是在谈论各种各样的追求不同具体目标的法人组织。

不过也可以看到,这方面的影响是相对有限的,因为此类法人组织拥有的财富与自然人保留的财富相比规模通常较小。现有估计数据表明,1970~2010年发达国家基金会和其他非营利组织拥有的财富在全部私人财富中的比重都不足10%,通常不超过5%,当然各国间的差异较大:法国仅为1%,日本约3%~4%,美国达到6%~7%(并且没有明显的变化趋势)。现有的历史资料显示,在18世纪法国教会拥有的资产达到私人财富的7%~8%,或者说相当于国民收入的50%~60%,其中某些资产在法国大革命期间被没收和出售,以偿还法兰西王国的债务[17]。或者说,在法兰西王国时期,天主教会拥有的财富(相对于当时私人财富的比重)比美国今天五花八门的基金会的财富还多,但有趣的是,两者的水平总体上相当接近。

这些组织拥有的财富规模非常大,与政府在不同时点上所拥有的可怜的净财富(甚至是负资产)相比更是如此。然而就私人财富总量而言,基金会掌控的财富依然很有限。尤其是,在考察私人资本与国民收入之比在长期的变化趋势时，是否把基金会的财富纳入其中并不会带来显著影响。不过，一方面富人利用各种各样的合法组织（如基金会、信托基金等）来管理自己的资产，为其私人利益服务（从原则上说，只要有明确登记，这些资产依然会在国民账户中计入个人资产）；另一方面基金会和非营利机构又号称是在为公共利益服务。这两方面的界限从来都很难准确区分，因此将基金会的资产纳入私人财富也具有合理性。本书将在第三部分回到这个敏感议题上，来讨论21世纪全球财富不平等（尤其是巨富）的变化。

发达国家的财富私有化

发达国家（尤其是欧洲和日本）在1970~2010年私人财富急剧增长，在很大程度上可以解释为定律 $\beta=s/g$ 的作用：增长率放缓，加上高储蓄率的延续。现在我将回到另外两个之前提到的扩大这一作用机制的补充因素上：私有化运动或者公共财富向私人的渐进式转移，以及资产价格在长期的"赶超"效应。

先来看私有化运动。如上文所述，最近数十年来公共资本在国民资本中的比重急速减少，尤其是在法国和德国，净公共财富在1950~1970年曾达到总国民财富的1/4甚至1/3，而今天仅占几个百分点（公共资产勉强能覆盖公共债务）。这种变化反映着所有8个领先的发达经济体的普遍现象：公共资本与国民收入的比值在1970~2010年逐步下降，同时私人资本相对于国民收入的比值提高（见图5.5）。换句话说，私人财富卷土重来的部分原因是国民财富的私有化。虽然说各个国家私人资本的增幅都高于公共资本的降幅，因此国民资本（以相当于几年的国民收入计算）总量也在增长，但由于私有化，总资本的增速仍然慢于私人资本。

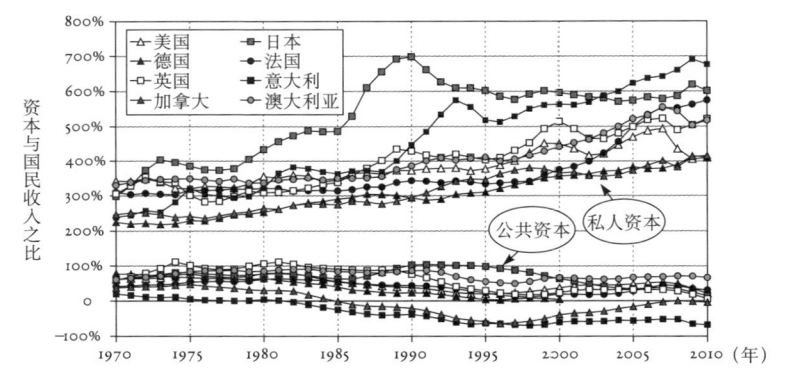

意大利的私人资本在1970~2010年从2.4年的国民收入激增到6.8年的国民收入，同期公共资本相对于国民收入的比值从20%下降到−70%。

图5.5 发达国家的私人资本和公共资本

资料来源：piketty.pse.ens.fr/capital21c

意大利的案例尤其能说明问题，其净公共财富在20世纪70年代略有盈余，到20世纪80年代随着政府巨额赤字增加而变为小额的负资产。总体来说，在1970~2010年，公共财富的降幅与国民收入相当，同时期的私人财富则从1970年相当于2.5年的国民收入提高到2010年的近7年，增幅约为4.5年。换句话说，公共财富的降幅相当于私人财富增幅的1/5~1/4，是个不容忽略的部分。意大利的国民总财富当然有很大增长，从1970年约2.5年的国民收入到2010年的近6年，但不及私人财富的增幅。私人财富的超常增长在某种程度上容易让人产生错觉，其实有近1/4的部分反映了一部分意大利人对另一部分意大利人债务的增加。意大利国民（或者说有钱的国民）并没有通过多缴税来平衡政府预算，而是通过购买政府债券和公共资产借钱给政府。这种做法促进了私人财富增长，却对国民财富没有影响。

事实上，虽然私人储蓄率非常高（约占国民收入的15%），意大利的国民储蓄在1970~2010年却不到国民收入的10%，或者说，超过1/3的私人储蓄被政府赤字抵消了。所有发达国家都存在类似的状况，但不如意大利那么极端，大多数发达国家的公共储蓄为负值，意味着公共投资少于公共赤字，政府的投资少于借款，或者是用借款来支付当期支出。在法国、英国、德国和美国，政府赤字超出公共投资的幅度在1970~2010年平均相当于国民收入的2%~3%，而意大利超过6%（见表5.4）[18]。

表5.4 1970~2010年发达国家的私人储蓄与公共储蓄

国家	国民储蓄（私人+公共）（扣除折旧）（占国民收入比重，%）	私人储蓄（%）	公共储蓄（%）
美国	5.2	7.6	~2.4
日本	14.6	14.5	0.1
德国	10.2	12.2	~2.0
法国	9.2	11.1	~1.9
英国	5.3	7.3	~2.0
意大利	8.5	15.0	~6.5
加拿大	10.1	12.1	~2.0
澳大利亚	8.9	9.8	~0.9

注：私人储蓄中有很大一部分（各国不同）被政府赤字抵消，因此国民储蓄（公共储蓄与私人储蓄之和）通常少于私人储蓄。

资料来源：piketty.pse.ens.fr/capital21c

在所有发达国家，公共储蓄不足及其导致的公共财富缩水都是私人财富增长的一部分重要原因，在不同国家的影响从1/10到1/4不等。虽然不能算私人财富增长的最主要原因，但也不能小视。

此外，现有的统计可能部分低估了20世纪70年代的公共资产价值，尤其是在英国，或许还包括法国和意大利，这种情况可能使我们低估公共财富向私人转移的规模。[19]假定如此，那么我们就可以理解为什么英国的私人财富在1970~2010年的增幅有那么大，而当时的私人储蓄率明显不足，特别是在20世纪80~90年代的公共企业私有化浪潮中。这些公共企业往往是以极低的价格甩卖，当然能够得到买家的热烈拥护。

同样重要的是应该注意到，公共部门财富向私人部门的转移并不局限于1970年之后的发达国家，实际情况要普遍得多，所有大洲都出现了相同的趋势。如果从全球层面看，最近数十年来乃至全部资本历史中最广泛的私有化运动，显然发生在前苏联阵营的国家。

现有的估计数据（尽管很不完整）告诉我们，在21世纪头十年后期到第二个10年早期，俄罗斯和前东欧社会主义阵营各国的私人财富约为4年的国民收入，净公共财富极少（与发达国家情形一样）。至于柏林墙倒塌和苏东剧变之前的20世纪七八十年代，现有的资料更加不完整。但所有数据都显示出当时完全相反的财富分布状态：私人财富微不足道，限于个人拥有的小块土地，在某些对私有制不那么强烈仇视的国家或许还包括部分住宅，但总之不会超过1年的国民收入；公共资本则占据所有工业资本和大部分国民资本，粗略计算约为3~4年的国民收入。或者说大致看来，国民资本的总量没有变化，而公私财产的地位完全逆转。

总而言之，俄罗斯和东欧国家从20世纪80年代后期到目前出现私人财富的巨大增长，在某些情况下使某些个人因此迅速积累了巨额财富，让人们很快想到俄罗斯的"寡头"们，但这种现象与储蓄率或者第二定律明显没有任何关系。私人财富快速增长的简单直接的原因，是资本所有权从政府转移到私人手中。相比之下，发达国家自1970年以来开展的私有化运动，较上述极端案例要温和得多。

资产价格的历史性反弹

资本/收入比过去数十年来提高的最后一个重要原因是资产价格的历史性反弹,换言之,如果不是从1910~2010年这个更长的历史背景来考虑,对1970~2010年的分析是不可能正确的。目前并没有所有发达国家全面的历史数据,但我收集了英国、法国、德国和美国的时间序列数据,并得到了一致的结论,总结如下。

如果放眼1910~2010年或1870~2010年的整个时期,我们会发现资本/收入比在全球的变化可以很好地由第二定律来解释:$\beta=s/g$。尤其是欧洲的资本/收入比在长期始终高于美国,这与两个地区在过去这个世纪的储蓄率,特别是增长率上的差异完全一致。[20] 我们看到的资本/收入比在1910~1950年下降则对应着较低的储蓄率和战争的破坏,而资本/收入比在1980~2010年的增速快于1950~1980年,则可以很好地归因于两个时期增长率的下降。

可是,资本/收入比在20世纪50年代出现的低点比第二定律直接推导出的资本积累水平还要低。为理解20世纪中期这个低谷,我们还需要考虑到,房地产和股票价格在"二战"之后由于若干原因(包括租金管制法律、金融监管以及对私人资本主义不友好的政治气氛等)下跌到历史性的低水平。在1950年后,这些资产的价格逐步回升,1980年后开始加速上升。

我的估算结果表明,这一历史性的价格回升过程目前已经完成,撇除短期价格的不规则涨跌后,资产价格在1950~2010年的上涨基本上弥补了1910~1950年的下跌。不过,依然没有把握由此推断结构性的资产价格上涨已结束,且今后涨幅将与消费品保持一致。一方面由于历史数据不够完整准确,在如此长的时间跨度进行价格对比只能近似;另一方面,理论上有若干理由表明,资产价格在长期与其他价格有着不同的运动规律。例如，建筑物和基础设施等类型的资产会受到技术进步的影响，这些技术的进步速度可能与其他经济部分有所不同。此外，还有某些自然资源具有不可再生的性质，也可能产生较大影响。

最后，重要的一点是，必须认识到除了短期和中期的泡沫以及长期可能出现的结构性偏离趋势外，资本价格还始终带有社会性因素和政治性的因素：它反映着每个社会对财产的看法，取决于规范不同社会群体之间关系的各种政策和制度，尤其是拥有资本的人群与没有资本的人群的关系。例如房地产价格，就显然受到规范业主与租户的关系及对租金实行管制的各种法律的影响。股票价格同样也会受到法律的影响，前文已经介绍过，这正是德国股票价格相对偏低的原因。

这方面有一个有趣的案例，针对有数据支持的国家，我分析了企业的股票市场价值同账面价值的比率在1970~2010年的变化（见图5.6）。（认为这些议题过于技术化的读者，可以直接跳过本节的剩余内容，阅读下一节的分析。）

上市公司的市场价值是其股份的总市值。对没有上市的公司来说，要么是因为规模太小，要么是它们选择不通过股市来融资（或许是为了维系家族所有制，甚至很大的企业都可能这样做），为了国民账户统计需要而计算它们的市场价值时，需要参考类似（在企业规模和所处行业部门等方面较为接近）的上市公司的股票价格，并结合相关市场的"流动性"因素。[21] 此前，我一直是利用企业的市场价值来测算私人财富和国民财富的存量。相比之下，企业的会计价值（又称账面价值、净资产或自有资本）则等于企业资产负债表上所有累积资产的价值（建筑物、基础设施、机器、专利、在子公司和其他企业中的多数股或少数股、现金储备等）减去所有债务的余额。

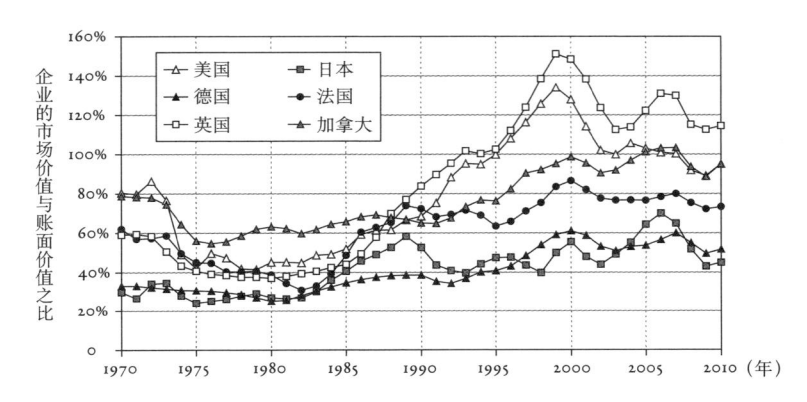

发达国家的托宾Q值（企业的市场价值与账面价值之比）自20世纪70~80年代以来有所提高。

图 5.6　企业的市场价值与账面价值

资料来源：piketty.pse.ens.fr/capital21c

从理论上说，如果完全没有不确定性，企业的市场价值和账面价值应该相同，两者的比值应该等于1（或100%）。企业创建之初通常符合这种情况。如果股东认缴了1亿欧元的股份，让企业用于购买价值1亿欧元的办公室和设备，则企业的账面价值和市场价值都等于1亿欧元。假如企业又借入了5 000万欧元，用以购买同等价值的新机器，结果依然不变，净资产的价值依然为1亿欧元（1.5亿资产减去5 000万负债），总市值也不会改变。又假如该企业获得了5 000万欧元利润，决定设立一笔储备金以支持价值5 000万欧元的新投资，由于每个人都知道该企业的资产有所增加，其股票价格也将提高相应的幅度，所以企业的账面价值和市场价值都将提高至1.5亿欧元，上述结论依然成立。

困难之处在于，预测企业的未来走向很快会变得更加复杂和不确定。例如在一段时期后，没有人能真正确定几年前的5 000万欧元投资是否会给企业带来现实的经济价值,那时候账面价值就可能与市场价值出现差距。该企业的资产负债表上会继续以市场价值罗列各项投资支出,包括新办公室、机器、基础设施、专利等,于是其账面价值依然不变。[22] 但企业的市场价值(也就是其股票在市场上的总市值)则可能显著下降或提高,取决于金融市场对企业利用投资创造新业务和利润的前景感到更加乐观还是悲观。这正是我们在实践中总是看到各家企业的市场价值与账面价值之比出现巨大差异的原因。这个比率也被称为"托宾Q值",以纪念最早提出其定义的经济学家詹姆斯·托宾。对在2012年列巴黎CAC 40指数的法国企业来说,该指标的范围从仅仅20%到超过340%。[23]

如果测算一个国家所有企业的托宾Q值,会发现它会系统性地大于或小于1,这个现象更加难以理解。传统上对此给出了两个解释。

如果某些非实物投资(如用于提高品牌价值或研发的支出)没有计入资产负债表,则企业的市场价值结构性地高于账面价值就具有合理性。这可以解释20世纪90年代后期到21世纪早期美国和英国的托宾Q值为何略大于1,分别达到100%~120%和120%~140%。当然,该比值大于1也反映着两个国家股市泡沫带来的影响:在2001~2002年的互联网泡沫破裂和2008~2009年的金融危机期间,两国的托宾Q值都迅速向1回落(见图5.6)。

相反,如果股东对企业没有完全的控制权,需要考虑同其他利益相关方(如工人代表、地方政府和中央政府、消费者组织等)的长期合作关系,就像前文提到的"莱茵资本主义"那样,则企业的市场价值结构性地低于账面价值,也就可以理解了。这可以解释为什么我们看到在20世纪90年代后期到21世纪早期法国的托宾Q值较低(约80%),德国和日本更是仅有50%~70%,而英国和美国的企业都达到或超过100%(见图5.6)。同时请注意,股票市场的总市值是以当前交易的股票价格为基础，而参与交易的通常是在企业中持有少数股份的买家，而非希望控制企业的买家。对后者来说，他们往往愿意支付比现有市场价格略高的价格，大约会有20%的溢价。这个差距可能足以解释托宾Q值在80%左右的情况，只要市场上有少数股东即可，不需要考虑其他利益相关方的影响。

国家之间的有趣差异反映出资本价格总是与各国的法规和制度有关，除此之外，我们还能看到发达国家的托宾Q值自1970年以来有普遍提高的倾向，这是资产价格历史性反弹的后果。总之，如果我们把股票价格和房地产价格提高的背景都考虑进来，则可以认为在发达国家1970~2010年间的资产/收入比涨幅中，有1/4~1/3应归因于资产价格的回升。当然各国之间的差异很大。[24]

发达国家的国民资本与净外国资产

如前文所述，发达国家（尤其是英法两国）在第一次世界大战前夕持有的大量国外资产随着1914~1945年的历次冲击而灰飞烟灭，净国外资产头寸再也没有回到之前那么高的水平。实际上，如果我们观察发达国家在1970~2010年的国民资本与净国外资本的水平，很容易得到的结论是国外资产的重要性相当有限。净国外资产头寸有时略微为正，有时略微为负，根据国别和年份的不同有所变化，但其净额同国民资本总量相比通常来说非常小。换言之，发达国家国民资本水平的急剧提升主要反映的是国内资本的增长，净国外资产大致说来仅扮演了一个次要角色（见图5.7）。

当然这个结论并不完全准确。例如，日本和德国在过去数十年，尤其是21世纪头10年积累了相当数量的净国外资产，主要是贸易盈余的自然结果。到21世纪头10年早期，日本的净国外资产达到国民收入的 70% 左右，德国的也接近 50%。诚然，同英法两国在"一战"前夕的净国外资产数量（分别是近 2 年和 1 年多的国民收入）相比，日德两国现在的规模还小得多。但考虑到积累的迅速程度，我们很自然想知道这样的趋势是否将一直持续下去。[25] 在 21 世纪，某些国家的资产将在多大程度上被其他国家拥有？殖民地时期看到的巨额净国外资产是否会重现甚至被超越？

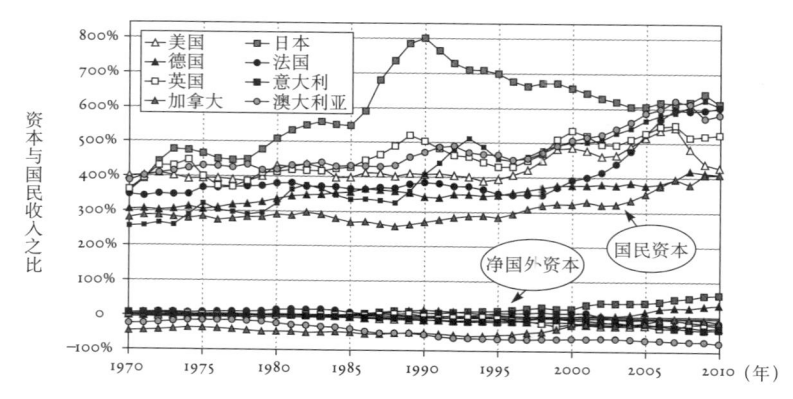

日本和德国持有的净国外资本在 2010 年分别相当于 0.5 年和 1 年的国民收入。

图 5.7　1970~2010 年发达国家的国民资本

资料来源：piketty.pse.ens.fr/capital21c

为妥善回答这个问题，我们需要将石油输出国和新兴经济体（以中国为首）也纳入分析。虽然这些国家的历史数据有限（这正是此前尚未提及它们的原因），但就目前这个时期而言，资料已丰富得多。除国家之间的不同外，我们还必须考虑到各国内部的财富不平等现象。有鉴于此，我将把关系到资本全球分布的变化推迟到本书第三部分来讨论。

在目前的讨论中，我只想简单指出，第二定律的作用可能自动导致很大的国际资本不平衡,日本就是一个很突出的案例。在一定的发展水平上,增长率(尤其是人口增长率)或储蓄率的细微差异可能导致某些国家的资本/收入比远高于其他国家,于是我们很自然会看到这一比值较高的国家将对较低的国家大量投资。这有可能带来严重的政治冲突。日本的案例还显示了第二类风险(可能在均衡的资本/收入比达到很高的水平时出现):假如特定国家的居民偏好国内资产(如日本的房地产),则可能导致那些资产的价格被抬到前所未有的高点。在这方面,我们看到的有趣实例是日本在 1990 年的纪录后来又被西班牙打破,其净私人资本总量在 2007~2008 年危机前夕高达 8 年的国民收入,超出了 1990 年时日本的 7 年。西班牙的泡沫在 2010~2011 年急速破灭,也是步了日本在 19 世纪 90 年代早期的后尘。[26] 随着潜在的资本/收入比达到新高,完全有可能在未来形成更大规模的泡沫。顺便提一下,从这个角度来分析资本/收入比的历史变迁以及国民账户中的存量和流量,或许会给我们带来很多启发。此类分析可以让我们及时发现价值高估现象,从而采取审慎的政策和金融监管措施,以约束相关国家金融机构的投机狂热。[27]

有人可能还注意到,少量的净资产可能会掩盖巨大的总资产状态。的确,当今金融全球化的一个重要特征是每个国家的资产都在较大程度上被其他国家持有,这不仅会扭曲人们对财富全球分配的感受,也预示着较小的国家存在脆弱性,以及净资产全球分布内在不稳定的根源。大体来说,20 世纪 70~80 年代见证了全球经济的广泛"金融化",深刻地改变了财富结构,使得不同主体(家庭、企业和政府机构)持有的金融资产和负债总量的增速超过了净财富增速。在大多数国家,20 世纪 70 年代早期的金融资产和负债总量不到 4~5 年的国民收入,而到 2010 年则提升到 10~15 年的国民收入(特别是在美国、日本、德国和法国),在英国甚至达到了 20 年的国民收入的绝对历史纪录。[28]

这既反映出同一国家内部金融企业和非金融企业的交叉投资有了前所未有的发展，尤其是银行资产负债表的大规模膨胀完全超出了其自有资本的增长，也代表着国家之间的交叉投资出现空前盛况。

在这个领域需要注意的是，国际交叉投资现象在欧洲国家更普遍，主要是英国、德国和法国，其他国家持有这三个国家的金融资产达到三国国内金融资产总值的 1/4~1/2，水平非常可观。而美国和日本这些规模更大的经济体该比重则更低，由外国持有的金融资产仅略高于 1/10。[29] 这种现象强化了人们的被剥夺感，对欧洲国家来说尤其如此。此类情绪的出现有其合理性，但也经常被夸大其词。人们经常忘记，在本国的很多国内企业和政府债券被其他国家持有时，自己的国民也通过年金或其他金融产品持有相当多的海外资产。此外，以这种形式编制的资产负债表的确会让一些小国（特别是在欧洲）面临严重的脆弱性，金融资产和负债的价值评估即使出现较小的"误差"，就可能带来净国外资产头寸的大幅变化。[30] 此外，一个国家的净国外资产头寸的变化不但取决于贸易盈余或赤字的累积，还受到其金融资产和负债的收益的巨大波动的影响。[31] 还需指出的是，国际资产头寸在很大程度上又受到虚拟资金流的影响，此类资金流与实体经济的需要无关，而是出于最优税收策略和监管套利等方面的考虑，比如，在税收体制或监管环境特别优惠的国家设立壳公司等。[32] 这些议题还将在本书第三部分做深入探讨，考察避税天堂在全球动态财富分配中的重要作用。

21 世纪的资本／收入比将走向何方？

第二定律还可以让我们思考 21 世纪的全球资本/收入比可能达到何种水平。

首先来看从过去能得到哪些启示,就欧洲(或者说西欧的领先经济体)和北美洲而言,我们有着1870~2010年整个时间段的可靠数据。对于日本,1960年之前没有完整的总私人财富和国民财富的数据,但也存有部分资料,尤其是日本的遗嘱记录可以追溯到1905年,清楚地表明其财富总量有着与欧洲类似的U形变化轨迹,20世纪头10年到30年代的资本/收入比上升到很高水平,约为600%~700%,到50~60年代降至200%~300%,然后又在90年代至21世纪头10年反弹至接近600%~700%的高点。

对其他国家和大洲而言(包括日本之外的亚洲、非洲和拉丁美洲),从1990年后有相对完善的资料,表明资本/收入比的平均水平约为400%。在1870~1990年则没有较为可靠的数据,我只是简单地假设总体水平保持不变。由于这些国家在这一时期的全球产出中仅占1/5略多的份额,它们对于世界总体资本/收入比的影响注定是较为有限的。

我们可以从图5.8中清楚地看到这一现象。考虑到发达国家在总量中的比重,我们不出意料地看到全球的资本/收入比也显现出同样的U形曲线,在今天接近500%,与"一战"前夕曾经达到的水平大体相当。

最有趣的问题是这条曲线未来将如何演变。我采取了本书第二章介绍的人口和经济增长率预测值,即全球产出将逐步从目前年均3%的增速下降到21世纪下半叶的1.5%,同时假设储蓄率将长期稳定在约10%。根据这些条件,从第二定律中可以得出,全球资本/收入比将非常合乎逻辑地继续提高,到21世纪末以前可能接近700%,或者说接近欧洲从18世纪到"美好年代"的水平。换个说法是,2100年整个地球的状态(至少从资本密集度这一指标看)可能会变得接近于20世纪初期的欧洲。当然这只是众多可能性中的一种。如前文所述,增长率的预测是非常不准确的,储蓄率的预测同样如此。然而上述模

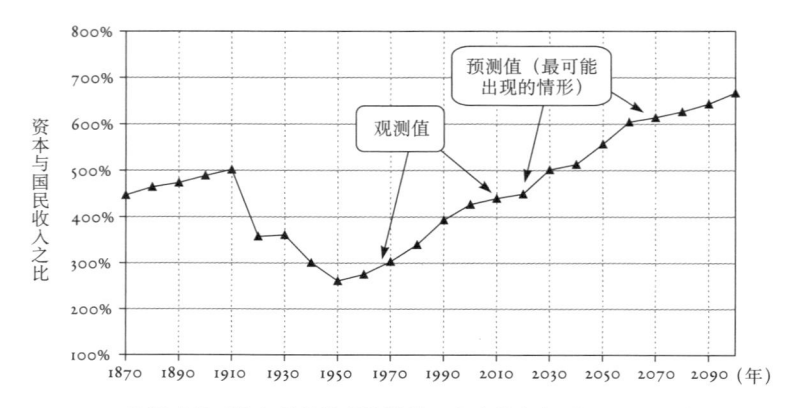

根据对最可能出现的情形的模拟，全球的资本/收入比可能在 21 世纪末接近 700%。

图 5.8　1870~2100 年全球资本/收入比

资料来源：piketty.pse.ens.fr/capital21c

拟测算具有其合理性，可以有效地描述增长率放慢对资本积累产生的核心作用。

土地价值之谜

根据定义，第二定律只适用于可以积累的资本形式，并没有考虑纯粹的自然资源的价值，包括"纯土地"，也就是进行任何人为改进之前的土地。第二定律让我们足以解释 2010 年观察到的几乎全部资本存量（对于不同国家，可解释的比例达到 80%~100%），表明纯土地在国民资本中只占很小一部分。然而，具体来说这个份额是多少？目前的数据尚不足以给这个问题提供确切答案。

首先来看传统农业社会的土地情况。我们很难准确地说，农地的价值中有多大比重代表人为开发之前的土地价值，有多大比重是若干个世纪以来对土地的改良和投资的结果,包括清理、排灌、维护等。在18世纪,英法两国的农地价值达到4年的国民收入。[33]根据当时的估计,这个价值中有3/4是来自土地投资和改良,甚至更多。纯土地的价值至多相当于国民收入的1倍,可能不足0.5倍。该结论的主要证据是,每年用于清理、排灌和其他土地改善的劳动投入相当大,约为国民收入的3%~4%。由于增长率较慢(年均不足1%),土地改良投资的累积价值将毫无疑问地接近土地的总价值。[34]

有趣的是,托马斯·潘恩在1795年给法国立法者提交的建议《土地公平》(Agrarian Justice)中也认为,"未改良的土地"仅相当于国民财富的1/10,或者说仅仅超过0.5年的国民收入。

然而,此类估计不可避免只能是高度相近的。在增长率较低时,投资率的小幅变动会导致长期资本/收入比的巨大差异。需要牢记的要点是,即使在传统社会,国民资本的主体也是来自投资和积累,同今天相比没有实质性的改变,或许只是土地的折旧要少得多,而现代社会的房地产和产业资本必须较为频繁地维修和更替。这可能给人带来现代资本更具有活力的印象。不过,鉴于我们拥有的传统社会的投资数据非常有限且准确度较低,很难再做出更深入的分析。

特别是,很难找到任何准确的办法来比较土地在很早以前的价值与今天的价值。现在土地的主要用途是城市用地,农地价值在英法两国仅相当于不足10%的国民收入。然而与测算18世纪的纯农地价值相比,测算今天城市土地的价值同样不简单,需要扣除建筑和构造、基础设施以及其他各类改进的因素。以我的估计看,过去数十年的投资流量几乎可以解释2010年所有财富的价值(包括房地产财富)。这也就意味着,资本/收入比的提高不能用城市土地的价值提高来解释,城市土地的价值大体上应该与18世纪的纯农地的价值相当,约相当于0.5年的国民收入。当然不确定的成分是很大的。

还有两点需要申明。第一，发达国家的总资本（特别是房地产）可以很好地解释为储蓄和投资流累积的结果。这个事实显然并不排除某些特殊地区（例如重要都市）能产生与人口汇聚有关的大量区域性资本收益。完全用投资流量来解释香榭丽舍大街或巴黎任何地区建筑物的价值增值，并没有多大的意义。但我们的估计表明，某些地区房地产的大量资本收益在很大程度上是由于其他人口流失地区（如小城市或破败社区）的资本损失。

第二，土地价值的提高似乎不能充分解释发达国家的资本/收入比反弹，但这个事实并不意味着未来不会改变。从理论视角来看，并没有任何理由支持土地价格保持长期稳定，更不用说其他各种自然资源。在分析石油输出国的财富与外国资产的变化时，我们还会涉及此类议题。[35]

第六章 21世纪资本—劳动划分

我们现在对资本/收入比的动态变化已经有了相当充分的了解,该比例可以用资本主义第二定律($\beta=s/g$)来表述。特别是,长期资本/收入比取决于储蓄率s和增长率g。这两个参数本身又取决于社会、经济、文化、心理和人口等众多因素影响之下数以百万计的个人决策,因此不同时期、不同国家之间可能千差万别。而且,它们在很大程度上是相互独立的。资本的长期与短期相对价格有显著不同,自然资源的相对价格也是如此,此外,上述那些事实也足以让我们了解资本/收入比在广阔的历史和地理条件下的变化。

从资本/收入比到资本—劳动划分

我现在从对资本/收入比的分析转向国民收入在劳动和资本之间的划分。在第一章中,我把公式$\alpha=r\times\beta$称为资本主义第一基本定律,它能使我们清晰地处理二者之间的关系。例如,如果资本存量等于6年的国民收入($\beta=6$),平均资本收益率为每年5%($r=5\%$),那么在国民收入中资本收入比重α就是30%(劳动收入比重为70%)。因此,这里的核心问题是:资本收益率是如何决定的?我首先会简要回顾一下资本收益率的长期演化过程,然后再分析理论机制及对其产生影响的经济和社会因素。

拥有18世纪以来最完整历史数据的两个国家仍然是英国和法国。

我们发现,资本收入比重α的总体演进过程与资本/收入比β一样,都是一条U形曲线,虽然这个U的深度不太明显。换言之,资本收益率r好像平缓了资本数量β的演变过程:β较低的时期,r就较高,反之亦然,这好像是一件自然而然的事情。

更准确地讲,我们发现在18世纪末和整个19世纪,英国和法国的资本收入比重大体上都是35%~40%,20世纪中期下降到20%~25%,然后20世纪末到21世纪初再度回升至25%~30%(见图6.1和图6.2)。相应地,18、19世纪平均资本收益率约为5%~6%,20世纪中期升至7%~8%,然后在20世纪末和21世纪初下降到4%~5%(见图6.3和图6.4)。

在19世纪,资本收入(包括租金、利润、股息、利息等)约占国民收入的40%,劳动收入(包括工资和非工资收入)约占60%。

图6.1 1770~2010年英国的资本—劳动划分

资料来源:见piketty.pse.ens.fr/capital21c

在 19 世纪，资本收入（包括租金、利润、股息、利息等）约占国民收入的 30%，劳动收入（包括工资和非工资收入）约占 70%。

图 6.2　1820~2010 年法国的资本—劳动划分

资料来源：piketty.pse.ens.fr/capital21c

资本纯收益率长期看大体稳定在 4%~5%。

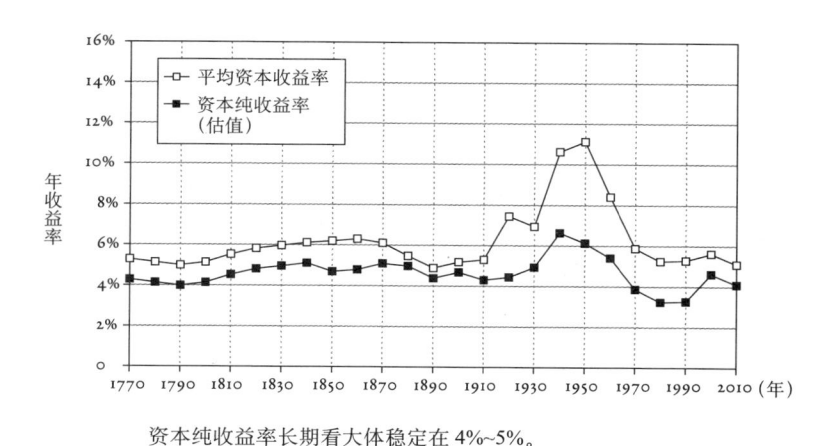

图 6.3　1770~2010 年英国资本纯收益率

资料来源：piketty.pse.ens.fr/capital21c

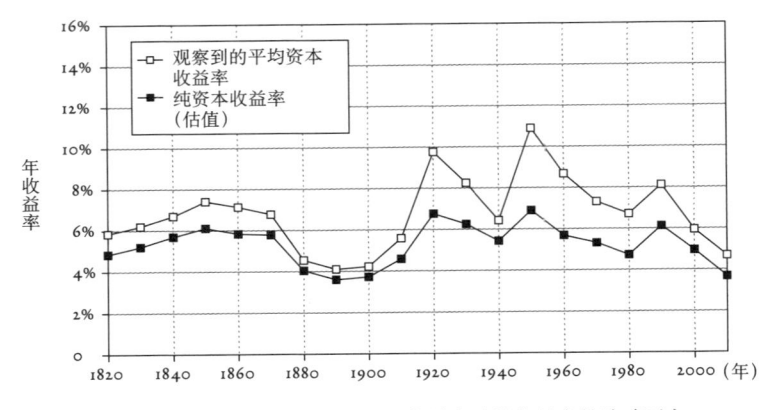

在 20 世纪，观察到的平均资本收益率比纯收益率的波动要大。

图 6.4　1820~2010 年法国资本纯收益率

资料来源：piketty.pse.ens.fr/capital21c

　　这里所给的整体曲线和数值大小应当是可靠而有意义的，至少非常接近真实情况。不过，也应该注意到这些数据的局限和弱点。第一，正如前面指出的，"平均"资本收益率本身就是一个相当抽象的概念。实际上，资产的种类不同，个人财富规模不同（如果开始时就拥有大量存量资本，一般就较为容易获取较高收益），收益率也千差万别，而且这往往会使不平等扩大。具体而言，风险性最高的资产，包括产业资本（无论是 19 世纪家族企业的合伙股份还是 20 世纪上市公司的股份），收益率经常超过 7%~8%，而风险不高的资产，收益率则低得多，18、19 世纪的农地收益率普遍为 4%~5%，21 世纪初的房地产收益率则低至 3%~4%。支票或储蓄账户中小额储备金的实际收益率经常接近 1%~2%，甚至更低，当通货膨胀率超过此类账户微薄的名义利率时，其实际收益率甚至会变成负数。这是一个重要问题，后面还将详细讨论。

　　在此必须指出，图 6.1~图 6.4 中的资本收入比重和平均收益率的计算方法分别是：把国民账户中所有资本收入相加（不管其法律上分类,包括租金、利润、股息、利息、版税等,不包括公债利息和税前利息),然后将总额除以国民收入(得出资本收入占国民收入的比重,表示为α),或者除以国民资本存量(得出平均资本收益率,表示为r)。[1] 从概念上讲,这个平均收益率包括各种不同资产和投资的收益,其目的实际上是测算某个社会整体的平均收益率,而不去考虑个体情况的差异。显然,有些人的收入高于平均收益,其他人则低一些。在研究个人收益在平均值上下的分布情况之前,自然应该先分析平均值的具体位置。

流量:比存量更难以估算

另一个重要提示与非工资劳动者的收入有关,他们的资本报酬很难与其他收入进行区分。

诚然,与过去相比,这个问题已经没那么重要了,因为今天的多数私人经济活动都围绕公司(一般是股份制公司)展开,所以公司账户与个人账户泾渭分明(个人只承担所投资本的风险,而不承担个人财富的风险,这源于"有限责任公司"这个革命性概念的出现,它在19世纪后半叶已被世界各地广泛采用)。在此类公司的账册上,劳动报酬(工资、薪金、奖金及支付给经理和为公司贡献劳动的雇员的其他费用)和资本报酬(股息、利息、为增加公司资本价值而进行再投资的利润等)截然分开。

合伙经营和独资经营有所不同:企业账户有时会与公司负责人的个人账户混为一谈,因为他既是所有者又是经营者。目前,在发达国家中约有10%的国内产值来自个人企业的非工资劳动者,这个数字相当于非工资劳动者占就业人口的比例。非工资劳动者大多在小企业(做商贩、工匠、餐馆员工等)和专业领域(做医生、律师等)工作。

有很长一段时间,这一类别也包含大量的个体农户,但今天农户已经在很大程度上消失了。在这些个人公司的账簿中,一般不可能区分出资本报酬:例如,一位放射科医生的收益既是他的劳动报酬,也是他使用的昂贵设备的产出。旅馆老板或小农场主也是这种情况。因此我们说,非工资劳动者的收入是"混合型"的,因为它包含劳动收入和资本收入,这也被称为"企业主收入"(entrepreneurial income)。

为了将混合收入在资本和劳动间进行分配,我使用了在其他经济成分中同样适用的平均资本—劳动划分法。这一选择随意性最小,所产生的结果看来与其他两种常用的方法接近。[2] 然而,这依然是一个近似值,因为在混合收入中,资本收入和劳动收入之间没有明确的界限。就当下而言,这基本上没有区别:因为混合收入占国民收入的比重很小,混合收入中资本收入所占比重的不确定性对国民收入的影响不会超过1%~2%。在早期,特别是在18、19世纪,那时的混合收入约占国民收入的一半还多,因此潜在不确定性要大得多。[3] 这就是为什么现有的对18、19世纪资本收入比重的估计只能当作近似值。[4]

尽管如此,但我对这个阶段资本占国民收入比重(至少40%)的估计应该还是可靠的:在18、19世纪初的英国和法国,仅支付给房东的租金就占国民收入的20%,而且所有迹象都表明,农地(约占国民资本的一半)收益稍稍低于资本平均收益,但根据19世纪上半叶特别高的产业利润率来判断,应该远远低于产业资本收益。不过,由于现有数据的不完善,最好还是给出一个区间(35%~40%),比给出一个单一估算值更为稳妥。

对18、19世纪而言,估算资本存量价值可能比估算劳动收入和资本收入流量更为准确。今天,这个结论在很大程度上依然如此。这就是我为什么像多数经济学研究人员以往所做的一样,强调资本/收入比的演变,而不着墨于资本—劳动划分。

资本纯收益概念

不确定性还有一个重要来源，即国民经济核算不考虑对于那些想要投资的人来说所必须付出的劳动，因此我认为图 6.3 和图 6.4 中的平均收益率有些高估了，所以我提出了所谓的资本"纯"收益率。准确地说，管理资本和"正规"金融中介（即银行、官方金融机构、房地产中介或合伙人提供的投资建议和投资组合管理服务）的成本显然被考虑在内，并在计算（这里所提到的）平均收益率时从资本收益中进行扣减。但"非正规"金融中介就不是这种情况：任何投资者都会花费时间——有时甚至是大量时间——来管理他的投资组合，决定哪项投资最可能实现利益最大化。这些努力在某些情况下可以被看作纯粹的企业家劳动或某种商业活动。

当然，精确计算这种非正式劳动的价值相当困难，在某种程度上也相当随意，这也解释了为什么会被国民经济核算忽略。从理论上讲，人们得去测算投资相关活动所花费的时间，再参照正规金融或房地产部门同等劳动的报酬，赋予这些时间相应的单位价值。有人也许还会猜想，在经济快速增长（或高通胀）时期，这种非正规成本还会更高，因为与经济近乎停滞的时期相比，在这样的时期，人们需要更频繁地调配投资项目，花更多的时间研究最佳投资机会。例如，很难让人相信，我们在法国观察到的"二战"后重建时期接近 10% 的平均资本收益率（英国稍低）就是资本纯收益率。如此高的收益很可能也包含一部分不容忽视的非正规的企业家劳动报酬。（在当今中国等新兴经济体中也可看到类似的收益率，它们的增长率也很高）。

为了说明问题，图 6.3 和图 6.4 中给出了我对英国和法国不同时期资本纯收益率的估值，是用观察到的平均收益率减去投资组合管理的非正规成本（即管理财富的时间价值）的近似估值（虽然可能过高)。这样得出的纯收益率一般比已知收益率低 1~2 个百分点,或许可以被看作最低值。[5] 尤其是,不同规模财富收益率的已知数据表明,规模经济在财富管理方面是非常重要的,最大规模财富的纯收益率明显高于这里提到的水平。[6]

从历史角度看资本收益

我从估算中得出的主要结论如下:在法国和英国,从 18 世纪到 21 世纪,资本纯收益率一直围绕每年 4%~5% 这个中心值上下浮动,或者说大体在每年 3%~6% 这个区间内波动,其中没有明显的长期向上或向下趋势。在两次世界大战中,人们的财产遭到重大破坏,资本数次遭到冲击,纯收益率一度显著上升超过 6%,但之后迅速地重返过去的较低水平。不过长期来看,资本纯收益率可能有所下降:18、19 世纪经常超过 4%~5%,但在 21 世纪初,随着资本/收入比回到过去观察到的较高水平,资本纯收益率似乎正在接近 3%~4%。

关于最后一点,我们还不能完全确定,因为缺少必要的时间跨度。我们不能排除在未来几十年,资本纯收益率回归高水平的可能性,特别是国际资本竞争日趋激烈,金融市场和机构同样日益复杂,更加复杂和多样的证券投资产品可能会带来高收益。

无论如何,长期以来资本纯收益率事实上的稳定性(或者说是从 18、19 世纪的 4%~5% 略微下降到当前的 3%~4%,下降了 20%~25%)对此项研究来说是一个极其重要的事实。

为了正确理解这些数字,先来回顾一下 18、19 世纪资本向租金的传统转化比例,最普通、风险最低的资本形式(土地和国债最为典型)一般是每年 5% 左右:资本资产的估算价值相当于该项资产 20 年的收益,有时可能增加至 25 年(相当于年收益率 4%)。[7]

在 19 世纪初巴尔扎克、简·奥斯汀笔下，人们习以为常的是，资本和租金之间的等价关系是 5%（较少情况下是 4%）。小说家们一般不会论及资本的本质，倒是把土地和政府债券当成近乎完美的替代物，只去谈论租金收益。例如，小说中提到，一位主人公每年有 5 万法郎或 2 000 英镑租金，但不管这是来自土地还是政府债券。两者没有什么区别，因为在这两种情况下，收入都是确定和稳定的，足以支撑某种特定的生活方式，并将这种已经习惯了的显著社会地位一代代传递下去。

奥斯汀和巴尔扎克都认为，没有必要详细说明将一定数量的资本转化为年租金所需的收益率是多少：每个读者都心知肚明，需要大约 100 万法郎，才能得到 5 万法郎年租金（或者需要 4 万英镑资本，每年产生 2 000 英镑的收入），不管投资的是政府债券、土地还是其他。对 19 世纪的小说家和读者来说，财富与年租金之间的对应关系是不言自明的，从一种衡量尺度向另外一种转换是轻而易举的，好像两者完全可以同义互换。

同样显而易见的是，小说家和读者都知道，不管是高老头的面粉厂，还是《曼斯菲尔德庄园》里托马斯爵士在西印度群岛的种植园，某些投资需要人员因素的更多参与。而且，此类投资的收益自然更高一些，一般约为 7%~8%，如果谈成一桩好买卖，收益甚至更高，就像赛查·皮罗托早期在香水业取得成功之后想在巴黎玛德莲区投资房地产一样。不过，大家都非常明白，当用来办理这些事情的时间和精力从利润中扣除以后（想想托马斯爵士被迫在西印度群岛花掉的漫长时间），最终得到的纯收益不会总是高于土地和政府债券投资 4%~5% 的收益率。换言之，额外收益大多是投入经营的劳动报酬，资本纯收益（包括风险溢价）一般不会高于 4%~5%（这个数字在任何情况下都不算低）。

21世纪初的资本收益

资本纯收益率是如何确定的呢？即扣除包括用于投资组合管理的时间价值在内的所有管理成本之后，年资本收益率是多少？它为什么会从巴尔扎克、奥斯汀时期的大约4%~5%逐渐下降至今天的约3%~4%呢？

在试图回答这些问题之前，还有一个重要问题需要澄清。一些读者发现，考虑到他们不多的储蓄所获得的微薄收益，当前3%~4%的平均资本收益率已经相当不错了。这里有几点需要说明。

首先，图6.3和图6.4中显示的收益是税前收益。换言之，它们是在不对资本或收入收税的情况下资本能够得到的收益。在第四部分中，我会讨论这些税收在过去发挥的作用，以及随着国家间财政竞争日趋激烈，税收在未来可能发挥的作用。在目前这个阶段，简而言之，在18、19世纪，财政压力几乎不存在。财政压力在20世纪陡然升高并延续至今，于是与税前收益率相比，税后平均资本收益率长期以来下降得更多。当前，如果采取恰当的财政优化战略，资本及资本收入的税收水平可以变得相当低（一些特别有说服力的投资者甚至能获得补贴），但在多数情况下税收还是大量存在的。尤其是，要记住除了所得税，还有许多税种需要考虑：例如，房地产税降低了房地产投资的收益，公司税也是这样，降低了公司金融资本投资的收入。只有所有这些税收完全废除（有朝一日终会实现，但我们还有很长的路要走），实际归于所有者的资本收益才会达到图6.3和图6.4那样的水平。把所有税收考虑在内，当前多数发达国家的资本收益平均税率约为30%。这是资本纯经济收益与个人所有者实际收益差别巨大的首要原因。

第二点重要说明你也需要牢记在心，即约3%~4%的纯收益率只是一个平均值，掩盖了巨大的个体差异。有些人唯一的资本是支票账户中的少量余额，对他们来说，收益率还是负数，因为这些余额不产生利息，且被通货膨胀吞噬掉了。储蓄账户的收益率经常追不上通货膨胀率。[8] 不过重要的是，即便有许多这样的个人，他们的财富总额依然较小。回想一下，发达国家的财富当前被划分成两个大致相等（或相当）的部分：房地产和金融资产。几乎所有金融资产都表现为股票、债券、共同基金和长期金融合同（例如年金或养老金）形式。不计息的支票账户当前只占国民收入约10%~20%，或者最多占财富总额（前面提到过，即国民收入的500%~600%）的3%~4%。如果加上储蓄账户，这个总数可以增加到国民收入的30%以上，或者刚刚超过财富总额的5%。[9] 支票账户和储蓄账户利息收入微乎其微，这个事实当然让存款人感到担心，但就资本平均收益而言，这个事实不太重要。

对于平均收益，更为重要的是要看到房屋的年租赁价值占国民财富总额的一半，一般是房产价值的3%~4%。例如，价值50万欧元的一套公寓每年产生1.5万~2万欧元租金（或者每月约1 500欧元）。倾向于自己拥有房产的人可以省下这笔租金。价格较为适中的房产也是这种情况：价值10万欧元的公寓每年产生3 000~4 000欧元租金（或者让房东免去这笔租金）。此外，值得注意的是，小公寓的租金收益高达5%。作为大宗财富的主要资产，金融投资的收益仍然较高。总体算来，正是此类对房地产和金融工具的投资，占据了私人财富的主要部分，并提高了平均收益率。

实际资产和名义资产

第三点需要澄清的是，图6.3和图6.4中显示的收益率是实际收益率。换言之，如果试图从这些收益中剔除通货膨胀率（当前发达国家一般为1%~2%），那将是一个严重的错误。

原因很简单,之前也谈到了:家庭财富的主体由"实际资产"(即与实际经济活动直接相关的资产,比如房产或公司股份,它们的价格随着相关经济活动发生变化)构成,而不是由"名义资产"(价值固定在名义初始价值上的资产,比如储存于支票或储蓄账户中,或者投资于通货膨胀影响的国债的一定数额的资金)构成。

名义资产容易受到实际通货膨胀风险的影响:如果把1万欧元投入支票或储蓄账户,或者非通胀指数化的政府债券或公司债券,那么10年后这笔投资依然价值1万欧元,即便在此期间消费价格已经翻番。在这种情况下,我们说这笔投资的真实价值下跌了一半:拿着这笔投资,你所能享受的商品和服务减半,所以你10年后的收益率为-50%,在此期间获得的利息也许能(也许不能)补偿这笔损失。在价格上涨剧烈的时期,"名义"利率,即剔除通货膨胀率之前的利率,会上涨到很高水平,通常比通货膨胀率还高。可是,投资者的业绩取决于什么时候进行投资,交易各方当时对未来的通货膨胀有什么预期等;而"实际"利率,即剔除通货膨胀率之后实际获得的收益,根据情况不同,有可能是显著的负数,也有可能是正数。[10] 无论是什么情况,要想知道名义资产的实际收益,就必须从利率中剔除通货膨胀率。

对于实际资产,情况就完全不一样了。房地产价格,和公司股票、共同基金投资的价格相似,一般至少会与消费价格指数一样迅速上涨。换言之,我们不仅不必从此类资产的年租金或红利中扣减通货膨胀,还需要在出售资产时,在年度收益上增加资本收益(某些情况下需要扣减资本损失)。关键问题是,实际资产远比名义资产更具代表性,它们一般占家庭总资产的3/4还多,甚至在某些情况下达到9/10。[11]

在第五章分析资本积累时,我得出结论,认为这些不同的效应最终会随着时间流逝而相互抵消。具体地说,如果着眼于1910~2010年的所有资产，我们会发现它们的平均价格好像与消费价格指数一样同比例提高，至少速度接近。的确，对于某种特定的资产而言，可能会有大量的资本收益或损失（特别是，名义资产会带来资本损失，并由实际资产的资本收益来补偿），而且在不同时期收益或损失大不相同：资本相对价格在1910~1950年间大幅下降，而在1950~2010年间不断上涨。在这些情况下，最理性的方法是采纳以下观点，即图6.3和图6.4中提到的资本平均收益，它是用年度资本收入流量（来自租金、股息、利息和利润等）除以资本存量而得出的，因此忽略了资本收益和资本损失，是对长期资本平均收益的一种很好的估算。[12] 当然，这并不是说我们研究任何一种具体资产的收益时，都不需要加上资本收益或减去资本损失（尤其是，在计算名义资产收益率时要用名义收益率减去通货膨胀率）。但是，如果不加上资本收益，而从所有形式的资本收益中减去通货膨胀，那就没有多大意义了。平均资本收益一般情况下足以抵消通货膨胀效应。

不要曲解我的意思。显然我不否认通货膨胀在某些情况下会对财富、财富收益和财富分配产生实际影响，不过这种影响更多的是不同资产类别之间的财富再分配，而不是长期的结构性影响。例如，我在前面说过，两次世界大战之后，主要就是因为通货膨胀，导致发达国家公债价值大幅缩水。但如果通货膨胀率在相当长一段时间内居高不下，投资者就会通过投资实际资产来保护自己。有充分理由相信，大宗财富经常是很长时间内高度指数化的、高度分散的资产，而小型财富（一般是支票或储蓄账户）是受通货膨胀影响最大的资产。

诚然，有人会指出，通货膨胀从19世纪的0过渡到20世纪末、21世纪初的2%，导致了资本纯收益小幅下降，因为在零通货膨胀率体制下，做食利者相对容易（过去积累的财富没有被价格上涨稀释的风险），而今天的投资者必须花时间在不同资产种类间进行重新配置，以寻求最佳投资策略。不过，重申一次，大宗财富不一定是受通货膨胀影响最大的财富，过去依靠通货膨胀降低财富积累影响的做法也不一定是实现目标的最好方式。我将在接下来的第三部分重新讨论这个重要问题，研究一下不同规模投资者获取实际收益的办法，然后在第四部分中，比较各种影响财富分配的制度和政策，首先就包括税收和通货膨胀。就目前而言，只需要了解，通货膨胀在对财富进行重新分配方面发挥了作用——有时令人满意，有时则不能令人满意。不管怎样，通货膨胀对平均资本收益的潜在影响相当有限，远远小于表面上的名义效应。[13]

资本有什么用处？

前面我已经运用最完整的历史数据，阐明了资本收益是如何随着时间而演变的。现在我将试着解释所发现的变化。在一个特定的社会，处于一个特定的时间点上，资本收益率是如何确定的呢？哪些主要社会和经济力量在起作用，这些力量为什么会随着时间而变化？关于21世纪的资本收益率将如何变化，我们又能做出哪些预测呢？

按照最简单的经济模型，假设资本和劳动力市场是完全竞争市场，那么资本收益率应该完全等于资本的"边际生产率"（即增加一个单位劳动要素所增加的产量）。在更复杂也更现实的模型中，资本收益率还取决于有关各方的相对议价能力。根据情况不同，它可能高于或低于资本边际生产率（特别是因为这个数量并不总是能精确测量）。

总之，资本收益率是由以下两种力量决定的：一是技术（资本有什么用处？），二是资本存量的充足度（资本过多会扼杀资本收益）。

技术理所当然发挥着关键作用。如果作为生产要素，资本毫无用处，那么从定义上讲，它的边际生产率就是零。理论上讲，设想这么一种社会，资本在生产过程中毫无用处：没有投资能够增加农地的生产率，没有工具或机器能够提高产量，居者有其屋并不比风餐露宿增加多少幸福感。然而在这样的社会，资本依然可以作为单纯的价值储存手段发挥重要作用，人们可能愿意积累成堆的食物（假设条件允许这样储存），以防未来可能发生的饥荒，或者仅仅出于审美原因（可能是在食物堆上添加成堆的珠宝和其他装饰物）。抽象地说，谁也不可能阻止我们想象这样一个社会，它的资本/收入比 β 非常高，而资本收益率 r 确实为零。在这种情况下，资本占国民收入的比重（$\alpha = r \times \beta$），也会是零。在这样的社会里，所有国民收入和产出都归功于劳动。

我们当然有权想象这样的社会，但在所有已知人类社会中，包括最原始的社会，情况都不是这样的。在所有文明中，资本发挥着两项经济功能：首先，它提供了住宅（更准确地说，资本产生了"住宅服务"，它的价值以相应的租赁价值来衡量，其定义为与风餐露宿相比，在房屋里睡觉和生活所带来的幸福感的增量）；其次，它充当了一种生产要素，在需要土地、工具、大楼、办公室、机器、基础设施、专利等的生产过程中生产其他商品和服务。在历史上，最早的资本积累形式包括工具以及土地（围栏、灌溉、排水等）和基本居所（洞穴、帐篷、棚屋等）的改善。后来逐渐产生了形式更为复杂的产业资本和商业资本，还有不断改善的居住形式。

资本边际生产率的概念

具体地讲，资本边际生产率是指增加一个单位资本所增加的生产价值。比如，假设在某个农业社会，一个人拥有相当于100欧元的额外土地或工具（土地和工具的普遍价格已给定），他每年可以额外获得相当于5欧元的粮食产量（所有其他条件都相等，尤其是使用劳动力的数量），那么我们就可以说，100欧元投资的资本边际生产率是5欧元，或每年5%。在完全竞争的条件下，这是资本（土地或工具）所有者每年应从农业工人那里获得的收益率。如果资本所有者试图获得超过5%的收益率，工人就得从其他资本家那里租赁土地和工具。如果工人想支付不超过5%的收益，那么土地和工具就会被转给另一位工人。显然，某些情况下，在租赁土地和工具或购买劳动力方面（后者应该叫作"买方垄断"而不是垄断），地主处于垄断地位，资本所有者可以强加一个高于其资本边际生产率的收益率。

在更为复杂的经济中，资本有更多种多样的用途——人们既可以在农业中也可以在住宅、工业或服务企业中投入100欧元——那么资本的边际生产率可能难以确定。从理论上说，这是金融中介（银行和金融市场）体系的功能：为资本找到最佳用途，以使每单位资本都能投入到生产率最高、投资者收益最高的地方（如果需要，可以翻遍地球）。如果一个资本市场能够让每单位资本投到最富成效的地方，在经济允许的情况下获得最多的边际产出，这样的资本市场就被称为"完美"的市场。如果可以的话，这还能作为高度分散化的投资组合的一部分，资本所有者可以获得无风险的平均收益，同时使中介成本最小化。

实际上，金融机构和股票市场一般远远达不到这么理想和完美。它们经常成为长期动荡、投机浪潮和市场泡沫的源头。的确，要为每单位资本找到最佳用途可不是简单的任务，别说在全世界，就是在一国之内也不容易。更有甚者，"短期行为"和"伪造账目"有时反倒成了立即实现私人资本收益最大化的捷径。然而，不管制度有多么不完善，显然金融中介体系在经济发展史上还是发挥了核心作用。这个过程总是涉及众多角色，不只是银行和正规金融市场，例如在18、

19 世纪，公证人发挥了重要的作用，他们把投资者和需要融资的企业主撮合在一起，比如开面粉厂的高老头和想投资房地产的赛查·皮罗托。[14]

这里必须阐明，在某一特定社会，资本边际生产率的概念与资本—劳动划分的制度和规则（或者根本不存在规则）无关。例如，如果土地和工具所有者利用自有资本，他们很可能不会为自我投资所产生的资本收益单独记账。不过，这一资本依然有用，其边际生产率是相同的，与向外部投资者支付收益没有区别。即便一种经济制度愿意将所有或部分资本存量集体化，或者在极端情况下（如苏联）消灭所有私人资本收益，情况也是如此。在这种情况下，私人收益小于"社会"资本收益，但后者依然被定义为额外一单位资本所产生的边际生产率。即便资本所有者没有出更多的力，他们依然可以凭财产所有权（自己或先祖以往的储蓄）获得这一边际产品，这种情况是有益和公正的吗？这显然是一个重要问题，但我不在这里讨论。

资本过多会扼杀资本收益

资本过多会扼杀资本收益：无论构建资本—劳动划分的规则和机制是什么，我们都会自然而然地认为，随着资本存量的递增，资本边际生产率递减。例如，如果每名农业工人已经有数千公顷土地要耕种，那么每增加一公顷土地，额外收益会非常有限。同样，如果一个国家已经建造了大量住宅，每位居民都拥有数百平方英尺的居住空间，那么每增加一处房屋，所增加的幸福感（按照某个人为住进这所房屋所要支付的额外房租来测算）可以忽略不计。各类机器和设备也是如此：数量超过某个水平，边际生产率就会递减。（虽然启动生产可能只需要最小数量的工具，但最终还是会达到饱和状态。）反之，如果在某个国家,人口数量庞大,必须分享有限的土地供应、稀缺的住宅和少量的工具,那么每增加一个单位的资本,其边际产出自然非常大,幸运的资本所有者会不失时机地利用这一机会。

因此,有趣的不是资本边际生产率是否随着资本存量的递增而递减(显然如此),而是递减的速度有多快。尤其是,这里的核心问题是当资本/收入比β递增时,资本收益率r会递减多少(假设其等于资本边际生产率)。可以考虑两种情况:如果资本/收入比β增大,资本收益率r超比例下跌(例如,β增加一倍,而r下跌一半以上),那么资本收入占国民收入的比重($α=r×β$)下降。换言之,资本收益的减少高于资本/收入比增加的补偿。反过来说,如果β增大,而r下降幅度小(例如,如果β增加一倍,而r下降不到一半),那么资本收入比重($α=r×β$)也增加。在这种情况下,与资本/收入比增大相比,资本收益率下降的效应仅仅是为了缓解和减轻资本收入比重的增加。

根据英国和法国的历史演变,从长期来看,第二种情况好像更有意义:资本收入比重α,与资本/收入比β一样,都走出了一条U形曲线(18、19世纪水平较高,20世纪中期下降,20世纪末、21世纪初则反弹)。不过,资本收益率r的演变显然降低了这一U形曲线的波幅:"二战"后资本极其稀缺,资本收益率特别高,这符合边际生产率递减的原则。但这一效应不太强,还不足以反转资本/收入比β的U形曲线,进而将资本收入比重(α)转化成一条倒U形曲线。

重要的是,依然需要强调上述两种情况在理论上都是可能的。一切都取决于变幻莫测的技术,或者更准确地说,一切都取决于能够把资本和劳动结合起来,生产出社会所需要的各种商品和服务的可用技术的范围。在思考这些问题时,经济学家经常使用"生产函数"这个概念,这是一个反映给定社会里各种技术可能性的数学公式。生产函数的一个特征是,它确定了资本与劳动之间的替代弹性。也就是说,它测量的是，为了生产所需的商品和服务，资本替代劳动，或者劳动替代资本的难易程度。

例如，如果生产函数的系数完全固定，那么替代弹性为零：每名农业工人恰好需要1公顷土地、1件工具（或者每名产业工人需要1台机器），不多不少。如果1名工人多1/100公顷土地或多1件工具，额外资本的边际生产率将是零。同样，对于可用资本存量，如果工人数量多1人，增加的工人也不可能有效地工作。

反之，如果替代弹性无穷大，那么资本（或劳动）边际生产率则与可用资本和劳动的数量完全无关。尤其是，资本收益率是固定的，不取决于资本数量：按照固定百分比，总是能够积累更多资本和增加产量，比如每单位资本每年额外增加5%或10%。设想在一个完全自动化的经济体中，只需要增加更多资本，就能随意提高产量。

实际上，这两种极端情况都没有意义：第一种缺乏想象力，第二种在技术上过度乐观（或者对人类过度悲观，观点因人而异）。有意义的问题是，劳动与资本的替代弹性大于1还是小于1。如果弹性在0和1之间，那么资本/收入比β递增的幅度将小于资本边际生产率递减的幅度，从而使资本收入比重α递减（假设资本收益取决于其边际生产率）。[15] 如果弹性大于1，资本/收入比β递增的幅度将大于资本边际生产率下降的幅度，于是资本收入比重α递增（仍假设资本收益率等于其边际生产率）。[16] 如果弹性恰好等于1，则这两种效应相互抵消：资本收益递减的比例正好等于资本/收入比β递增的比例，于是其乘积$\alpha = r \times \beta$不变。

超越柯布－道格拉斯：资本—劳动划分的稳定性问题

替代弹性恰好为1的例子与所谓的柯布－道格拉斯生产函数相似，

这个函数以经济学家查尔斯·柯布和保罗·道格拉斯命名，他们于1928年首先提出。根据柯布–道格拉斯生产函数，无论发生什么事情，尤其是无论有多少可用资本和劳动，资本收入比重α总是等于一个固定系数，也可认为是一个纯粹的技术参数。[17]

例如，如果α=30%，那么不管资本/收入比是多少，资本收入总是国民收入的30%（劳动收入是70%）。如果储蓄率和增长率使长期资本/收入比（β=s/g）相当于6年的国民收入，那么资本收益率就是5%，资本收入比重就是30%。如果长期的资本存量只是3年的国民收入，那么资本收益率将上升到10%。如果储蓄率和增长率使资本存量相当于10年的国民收入，那么资本收益率就会降至3%。在所有情况下，资本/收入比都是30%。

"二战"后，柯布–道格拉斯生产函数（经保罗·萨缪尔森推广后）在经济学教科书中风靡一时，原因有好有坏，包括其简洁性（经济学家喜欢简单的故事，即便它们只是近似正确），但首要原因还是由于资本—劳动划分的稳定性使社会秩序看起来相当和平、和谐。实际上，资本收入比重的稳定性（假设这被证明是正确的）绝不会确保和谐：它反倒与极端的资本所有权不平等和收入分配不平等相伴相生。而且，与一些普遍的看法相反，资本收入比重的稳定性绝不意味着资本/收入比的稳定性，不同时期、不同国家很容易呈现不同的数值，特别是，资本所有权实质上存在国际不平衡。

不过，我想强调的是，与资本—劳动划分完全稳定的想法相比，历史现实更为复杂。柯布–道格拉斯假说有时能非常接近某几次周期或某些行业的情况，而且无论如何，它是进行深入思考的有益出发点。但是，这一假说不能像我所收集的数据那样，很好地解释长期、短期或中期历史形态的多样性。

这的确没什么意外的，因为柯布和道格拉斯首先提出这一假说时，经济学家只有极少历史数据可以运用。在 1928 年发表的研究论文中，这两位美国经济学家使用了 1899~1922 年美国制造业的数据，归于利润的收入比重的确具有某种稳定性。[18] 这个想法好像是英国经济学家阿瑟·鲍利首先提出的，他于 1920 年出版了一本关于 1880~1913 年英国国民收入分配的重要著作，其主要结论是：资本—劳动划分在这个时期一直相对稳定。[19] 不过很显然，这些作者研究的时间段相对短暂；尤其是，他们没有尝试拿这一结果与 19 世纪初的估计做比较（更别说 18 世纪了）。

此外，正如之前指出的那样，在 19 世纪末、20 世纪初甚至整个"冷战"时期，这些问题引起了非常强烈的政治争议，不利于冷静地考虑事实情况。保守派和自由派经济学家都热衷于说明增长让所有人受益，因此钟情于资本—劳动划分非常稳定的想法，即便这有时意味着无视数据或忽视资本收入比重日益增加的时期。出于同样的原因，马克思主义经济学家喜欢说明资本收入比重一直上升而工资停滞，即便这样有时需要扭曲数据。1899 年，爱德华·伯恩斯坦鲁莽地声称工资在上涨，与现有政权合作，工人阶级将大有可图（他甚至准备担任德意志帝国议会的副主席），结果他在汉诺威德国社会民主党国会上全票胜出。1937 年，年轻的德国历史学家和经济学家于尔根·库钦斯基对鲍利及其他资产阶级经济学家发起了攻击，他后来成为东柏林洪堡大学著名的经济史教授，1960~1972 年发表了里程碑式的 38 卷世界工资史。库钦斯基辩称，从工业资本主义开始到 20 世纪 30 年代，劳动收入占国民收入的比重一直平稳下降。19 世纪的上半叶或者前 2/3 的时间是这种情况，但从整个时期看这个说法就错了。[20] 在此之后的数年中，学术期刊里一片论战。1939 年，在一向崇尚冷静辩论的《经济史评论》中，弗雷德里克·布朗明确支持鲍利，称其为"伟大学者"和"严谨的统计学家",而他认为库钦斯基不过是一个"操纵者",这个指控有些不着边际。[21] 同样在 1939 年,凯恩斯站到了资产阶级经济学家一边,声称资本—劳动划分的稳定性是"所有经济学中最为明确的规律之一"。这个说法至少可以说是草率的,因为凯恩斯基本上依赖的只是 20 世纪 20 年代英国制造业的数据,而这些数据不足以确立一个普遍性规律。[22]

在 1950~1970 年(事实上可以推迟至 1990 年)出版的教科书中,资本—劳动划分的稳定普遍被描述成毫无争议的事实,但是很遗憾,这个所谓的定律所适用的时段却从来没有被明确界定过。多数作者使用的数据不早于 1950 年,没有与两次世界大战期间或 20 世纪初作比较,更别说 18 世纪、19 世纪了。不过,从 20 世纪 90 年代开始,许多研究成果提到,在发达国家中,1970 年后利润和资本占国民收入的比重显著提升,与此同时,工资和劳动的比重出现下降。因此,普遍接受的稳定理论开始遭到质疑。21 世纪初,经济合作与发展组织(OECD)和国际货币基金组织(IMF)发表了几份官方报告,注意到了这个现象(这是此问题开始被严肃对待的信号)。[23]

据我所知,本书研究的新颖之处在于,它着眼于 18 世纪以来资本/收入比的变化,第一次试图把资本—劳动划分和最近资本收入比重增加的问题放到更广阔的历史背景当中。鉴于可利用的史料资源不完善,这种做法固然有其局限性,但我认为这能让我们更好地思考这些重要问题,并从全新的视角看待这个问题。

21 世纪的资本—劳动划分:弹性大于 1

我首先来分析柯布-道格拉斯模型在研究长期演变上的不足。从长期来看,资本和劳动之间的替代弹性好像大于 1:资本/收入比 β 增加似乎能导致资本收入比重α稍有增加,反之亦然。直觉告诉我们,资本从长期来看有多种不同用途。事实上,我们观察到的历史演变表明,至少在一定程度上,资本总是可以找到一些新的有益的用途,例如建造和装饰房屋的新方法(房顶上的太阳能板或数字照明控制设备)、更加精密的机器人和其他电子设备,医学技术也需要越来越多的资本投入。在一个多元化的发达经济体中,资本的用途非常丰富,替代弹性通常大于1,要理解这一点,就不难想象一个完全自动化、资本能自我增值的经济体(相当于替代弹性无穷大)。

显然,21世纪资本和劳动替代弹性很难预测。基于历史数据,我们可以估算弹性在1.3~1.6。[24] 但是,这个估算不仅不确定、不精确,而且没有理由认为未来的技术会表现出与过去一样的弹性。看来,唯一相对确定的是资本/收入比β递增的趋势。我们已经通过近几十年发达国家的发展情况观察到这一点,这一趋势还可能向其他国家蔓延,如果增长(尤其是人口增长)在21世纪放缓,很可能伴随着资本收入比重α的持久增大。无疑,随着β增大,资本收益率r很可能下降。但是根据历史经验,最可能的结果是数量效应会超过价格效应,也就是积累效应会超过资本收益率的下降。

的确,现有数据表明,1970~2010年,在多数发达国家资本占国民收入的比重出现上涨,与资本/收入比上涨相似(见图6.5)。不过请注意,这种上升趋势不仅与替代弹性大于1相一致,也与过去几十年间资本相对劳动的议价能力上升一致,其间资本流动性上升,急于吸引投资的国家之间竞争加剧。这两种效应近年来很可能相互强化,未来这种情况还可能持续。不管怎样,必须指出的是,在防止资本/收入比β随着资本收入比重α稳步上升方面,并不存在自我校正的机制。

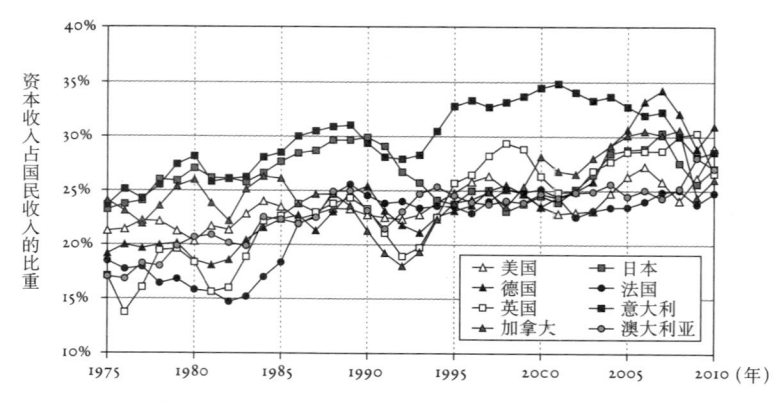

1970年，资本收入占发达国家国民收入的15%~25%，2000~2010年为25%~30%。

图6.5 1975~2010年发达国家的资本收入比重

资料来源：piketty.pse.ens.fr/capital21c

传统农业社会：弹性小于1

我刚才已经说明了，当代经济的一个重要特征是存在很多资本替代劳动的机会。有趣的是，在以农业为基础的传统经济中并不完全是这种情况，因为资本的主要形式是土地。现有历史数据清晰地表明，传统农业社会的资本劳动替代弹性明显小于1。尤其是，为什么在18世纪、19世纪美国的土地价值（按资本/收入比和地租来衡量）明显低于欧洲，唯一能够解释的理由是，新大陆土地更为丰饶。

这也完全符合逻辑：如果资本是劳动现成的替代方式，那它必然以各种形式存在。对任何一种资本形式（最好的例子是农地）来说，一旦超过某个临界点，价格效应就会超过数量效应。如果整个大洲仅供几百个人随意使用，按理说土地价格和地租显然会下降至接近零的水平。没有什么能比新大陆和旧世界的相对土地价值和地租更好地阐释"资本泛滥扼杀资本收益"这句格言了。

人力资本是错觉吗？

现在是时候转向一个重要问题了：随着历史的发展，人力资本显然越来越重要，这难道是一个错觉吗？我来更准确地重新表述这个问题。许多人认为，发展过程和经济增长的主要特征是，人类劳动、技能和知识在生产过程中越来越重要。虽然对这一假说的表述并非一直很明确，但一个合理的解释是，技术已经发生了很大变化，劳动要素现在发挥着更大作用。[25] 实际上，对资本收入比重长期下降做出这种解释似乎是合理的，1800~1810 年是 35%~40%，2000~2010 年是 25%~30%，相应的劳动收入比重从 60%~65% 提升至 70%~75%。劳动收入比重之所以上升，只是因为劳动在生产过程中变得更为重要。因此，正是人力资本的增长才导致流向土地、建筑和金融资本的收入比重下降。

如果这一解释是正确的，那么它所指出的这种变革的确是巨大的。不过还是不能掉以轻心。首先，正如前文指出的，我们现在对此还没有充分的历史依据，无法对资本收入比重的长期演变做出适当的判断。在未来几十年，资本收入比重很有可能增长到 19 世纪初的水平。即使技术的结构形态以及资本和劳动的相对重要性不发生变化（虽然劳动和资本的相对议价能力会发生变化），即使技术只有微小的变化（我认为可能性更大），变革也有可能出现。不过，资本/收入比的增加会促使资本收入比重接近或超越历史峰值，因为资本与劳动的长期替代弹性显然大于 1。这项研究迄今最为重要的启示是：现代技术仍然使用大量资本，更重要的是，因为资本有许多用途，人们可以积累巨额资本，而收益率也不会下降至零。在这些情况下，即使技术变化有利于劳动，资本收入比重也没有理由一直下降。

其次，长期看来，资本收入比重很可能从35%~40%下降到25%~30%，我认为这是相当合理和突出的现象，但还不足以改变文明进程。显然，技术水平在过去两个世纪显著提高。但是，产业、金融和房地产资本的存量也实现了巨大增长。有些人认为资本已经不再重要，我们已经不可思议地从一个基于资本、遗产和亲缘关系的文明走向了一个基于人力资本和才华天赋的文明；仅仅由于技术的变化，有钱有势的股东就已经被才华横溢的经理人取代。到第三部分转向研究个人收入和财富分配不平等时，我会回过头来讨论这个问题，目前不可能给出正确的答案。但我已经对这种盲目乐观提出了足够多的提醒：资本还没有消失，就是因为它还有用，甚至不会逊于巴尔扎克和奥斯汀的时代，在未来也很可能依然如此。

资本—劳动划分的中期变化

我已经说明了，声称资本—劳动划分完全稳定的柯布-道格拉斯假说，无法完美地解释资本—劳动划分的长期演变。可以说，短期、中期演变（在某些情况下会延续相当长的时期）也是如此，甚至有过之而无不及，目睹这些变化的当代人尤其这样认为。

我在导言中简要讨论过一个最重要的例子，即工业革命初期（1800~1860年）资本收入比重无疑是升高的。我们拥有英国的最完整数据，现有的历史研究成果，尤其是罗伯特·艾伦（他把工资的长期停滞命名为"恩格斯停顿"）的研究成果，表明资本占国民收入的比重从18世纪末、19世纪初的35%~40%增加了10个百分点，达到19世纪中期的45%~50%——当时马克思撰写了《共产党宣言》，并着手写作《资本论》。这些史料来源也表明，这一升高变化大体上得到了补偿，1870~1900年资本收入比重出现相应幅度的下降，之后1900~1910年又稍有上升，最终19、20世纪之交时的资本收入比重与法国大革命、拿破仑时代的情况没有太大差别（见图6.1）。因此，我们说有一个中期运动轨迹，而不是一个长期趋势。不过，19世纪上半叶10%的国民收入转移绝不能视而不见：具体而言，这个时期经济增长的主体部分流向了利润，而客观上已经非常可怜的工资却停滞不前。艾伦称，出现这种情况的主要原因是，大批劳动力从农村流向城市，以及技术变革提升了资本生产率（反映为生产函数的结构性变化）——简言之，即技术的日新月异。[26]

法国现有的历史数据也表明了类似的年代变化。特别是，所有资料都显示，在1810~1850年，尽管产业增长强劲，工资依然严重停滞。让·布维尔和弗朗索瓦·菲雷在有关法国领先的产业公司著作中，用收集到的数据证实了这种年代变化：利润比重增加至1860年，然后1870~1900年间减少，1900~1910年间又再次上升。[27]

我们关于18世纪以及法国大革命时期的数据也表明，在大革命前几十年，归于地租的收入比重递增（与阿瑟·扬对法国农民痛苦处境的观察相似）[28]，1789~1815年工资显著增长（土地重新分配以及动员劳动力满足军事冲突需要可以给出令人信服的解释）。[29]王政复辟和七月王朝时期，下层社会回首大革命时期和拿破仑时代时，他们当然会怀念以前的美好时光。

资本—劳动划分的这些短期、中期变化出现在许多不同的时间，作为提醒，我在图6.6~图6.8中列出了法国1900~2010年的年度演变情况，并将公司增加值中工资与利润划分的演变与国民收入中地租比重的演变区分开来。[30]特别要注意，工资和利润划分在"二战"以来经历了三个明显不同的阶段：1945~1968年利润急剧上升，紧接着1968~1983年利润比重显著下降，然后1983年后迅速上升，到20世

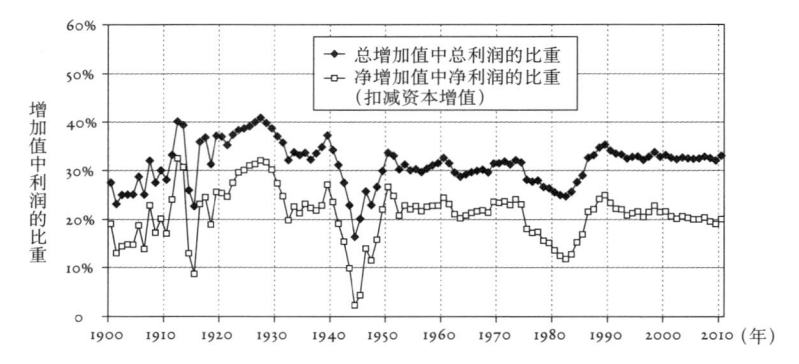

公司增加值中利润的比重从1982年的25%增至2010年的33%，净增加值中净利润的比重从12%增至20%。

图6.6　1900~2010年法国公司增加值中利润的比重

资料来源：piketty.pse.ens.fr/capital21c

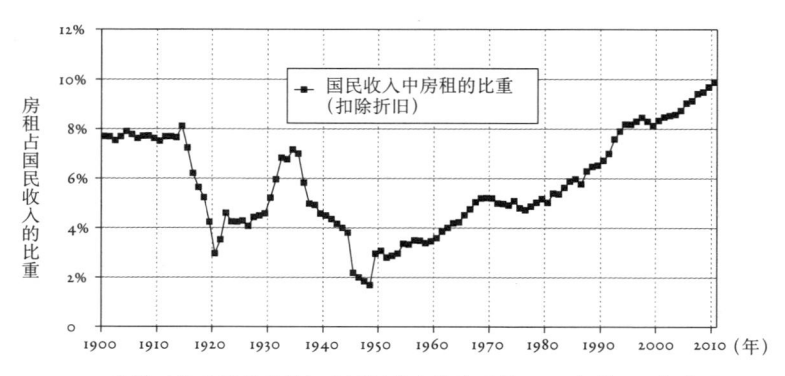

房租（住房租赁价值）占国民收入的比重从1948年的2%上升至2010年的10%。

图6.7　1900~2010年法国房租占国民收入的比重

资料来源：piketty.pse.ens.fr/capital21c

资本收入（净利润和房租）占国民收入的比重从 1982 年的 15% 上升至 2010 年 27%。

图 6.8　1900~2010 年法国资本收入占国民收入的比重

资料来源：piketty.pse.ens.fr/capital21c

纪 90 年代初稳定下来。我在后面几章会讨论收入不平等的动力，到时还将对这种高度政治化的年代变化做更多分析。请注意，1990~2010 年间，尽管利润比重稳定下来，但从 1945 年起，国民收入中流向租金的比重稳步上升，这意味着流向资本的整体比重持续增加。

对马克思和利润率下降的反思

在即将考察完资本/收入比和资本—劳动划分的历史动态时，有必要指出我的结论与卡尔·马克思的结论之间的关系。

对马克思来说，"资产阶级自掘坟墓"的核心机制类似于我在导言中所说的"无限积累原则"：资本家积累了越来越多的资本，最终必然导致利润率（即资本收益率）下降和自身的灭亡。马克思没有使用数学模型，而且他的文章并非总是清晰明朗，所以我们难以确定他内心真实的想法。要解读他的思想，一个具有逻辑一致性的办法是考虑

β=s/g这个动态规律及其增长率g为零或无限接近零的特殊情况。

大家应该还记得，g衡量的是长期结构性增长率，即生产率增长和人口增长的总和。罗伯特·索洛于20世纪50年代出版了关于增长的著作。在此之前的19世纪和20世纪初的所有经济学家，包括马克思，都没有明确认同和表述过生产率持续增长带动结构性增长的想法。[31] 在那个时代，这是一个隐性假说，即产量的增长，尤其是制造业产量的增长，可以主要解释为产业资本的积累。换言之，产量之所以增长，只是因为每个工人得到了更多机器和设备的支持，而不是因为（在特定劳动和资本条件下）生产率本身提高了。今天我们知道，只有生产率提高了，长期结构性增长才有可能。不过，由于缺乏历史视角和可靠的数据，这个道理在马克思时期并非显而易见。

在缺乏结构性增长的地方，生产率和人口增长率g为零，我们就遇上了一个接近马克思所描述的逻辑矛盾。如果储蓄率s为正数，意味着资本家坚持每年积累越来越多的资本，以增强实力、延续优势，或者只是因为他们的生活水平已经很高，那么资本/收入比会无限增加。更一般地说，如果g接近零，那么长期资本/收入比β=s/g会趋向无限大。而且如果β非常大，那么资本收益r必然越来越小，越来越接近于零，否则资本收入比重α=r×β最终会吞噬掉所有国民收入。[32]

因此，马克思指出的这种动态不一致性相当于一种真实的困境，唯一的逻辑出口就是结构性增长，这是（在一定程度上）平衡资本积累过程的唯一办法。资本主义第二定律（β=s/g）表明，只有生产率和人口的永恒增长才能补偿新资本单位的永恒增加。否则，资本家的确在自掘坟墓了：他们要么在阻止利润率下降的绝望战斗中相互毁灭（例如，德国和法国在1905年、1911年摩洛哥危机中为争夺最好的殖民地而兵戎相见），要么强迫劳动者接受国民收入中越来越小的比重，最终导致无产阶级革命因而资本被全面没收。不管怎样，资本终因其内在矛盾而逐渐遭到破坏。

马克思思想中实际上有这样一个模型（即基于资本无限积累的模型），他数次使用资本密集度很高的工业企业的账本，就证明了这一点。例如，在《资本论》第一卷中，他使用了一家纺织厂的账本，他说这是账本"主人"转让给他的。账本显示，生产过程中使用的固定资本和可变资本总量与一年总产值的比率非常高，已经明显超过了10。这种水平的资本/收入比的确令人震惊。如果资本收益率为5%，那么工厂产值的一半多要被划入利润。马克思和许多忧心忡忡的当代观察家当然会问：这种情形将如何演变（特别是因为工资从19世纪初就停滞不前了）？这种资本超密集的产业发展会形成什么样的长期社会经济均衡？

马克思也是1820~1860年英国议会报告的忠实读者，他用这些报告来证明工人的悲惨、车间的事故、糟糕的卫生条件和产业资本家普遍的贪婪。他也使用了对不同来源利润征税的统计数字，表明19世纪40年代英国产业利润迅速增长。马克思甚至以非常印象派的方式，尝试使用遗嘱认证的统计数字，以表明拿破仑战争以来英国财富的急剧增加。[33]

问题是，尽管马克思有这些重要直觉，但他通常没有系统地对待手头的统计数字。尤其是，他甚至不去弄清他所看到的某些工厂账本上的高资本密集度，是代表了英国经济的整体情况，还是某个经济行业的特殊情况。再收集几十个类似的账本，他就可以弄得更明白。最让人惊讶的是，他的著作主要涉及的是资本积累问题，却不参考从18世纪初到19世纪许多人为估算英国资本存量而做出的努力。这些人当中有1800~1810年帕特里克·科尔昆，还有19世纪70年代的吉芬。[34] 马克思根本没注意身边关于国民经济核算的著作，更令人遗憾的是，这本来可以让他在某种程度上证实他对这段时间私人资本大量积累的直觉，更可以阐明他的解释模型。

超越"两个剑桥"

不过,非常重要的是,我们必须承认,19世纪末、20世纪初的国民经济核算及其他统计数据是不充分的,无法正确理解资本/收入比的动态。尤其是,对国家资本存量的估算比对国民收入、国内产值要多得多。直到20世纪中叶,经历了1914~1945年的冲击,情况则正好相反。这很可能解释了为什么资本积累及动态均衡问题会长时间持续激起争论、引发混乱。20世纪五六十年代著名的"剑桥资本争论"(Cambridge capital controversy)就是很好的例子(也称为"两个剑桥之争",即英国的剑桥对阵美国马萨诸塞州的剑桥)。

简要回顾一下这场争论的主要观点:当20世纪30年代末经济学家罗伊·哈罗德和埃弗塞·多马首先引入公式 $\beta=s/g$ 时,通常使用成 $g=s/\beta$。特别是哈罗德,他声称 β 是固定的,取决于技术水平(比如生产函数中有固定系数,劳动和资本不可能相互替代),所以增长率完全决定于储蓄率。如果储蓄率为10%,而技术所决定的资本/收入比为5%(1个单位的产出正好需要5个单位的资本,不多不少),那么一个经济体生产能力的增长率就是每年2%。但是由于这个增长率必须等于人口的增长率(以及生产率的增长率,当时还定义不清),结果增长变成了本质上不稳定的过程,是"在刀刃上"的平衡。资本要么太多、要么太少,从而导致产能过剩和投机泡沫甚或是失业,或者两者都有(根据不同行业和年份而定)。

哈罗德的直觉并非完全错误,而且他著书立说时正值"大萧条"时期,那本身就是宏观经济极其不稳定的明显信号。实际上,他所描述的这个机制显然有助于解释为什么增长过程总是反复无常:储蓄和投资的决定一般是由不同个人出于不同原因做出的,要在国家层面上让储蓄与投资协调一致,的确是一个结构复杂和混乱的现象,尤其是因为在短期内经常难以改变资本密集度和生产组织。[35] 不过，资本/收入比长期来看相对灵活，数据中大量的历史变化清晰地表现出这一点，而且资本与劳动的替代弹性在长期内明显大于1。

1948年，针对$g=s/\beta$这个规律，多马提出了一个比哈罗德更乐观、更灵活的版本。多马强调这样一个事实，即储蓄率和资本/收入比在一定程度上可以相互调节。更为重要的是，索洛于1956年引入了一个具有可替代因子的生产函数，让人可以把公式反转过来，写成$\beta=s/g$。从长远来看，资本/收入比因储蓄率和结构性增长率的变化而变化，而不是相反。然而，20世纪五六十年代，主要位于美国马萨诸塞州剑桥的经济学家（包括索洛和捍卫有替代因子的生产函数的萨缪尔森）与在英国剑桥工作的经济学家（包括琼·罗宾逊、尼古拉斯·卡尔多和卢伊季·帕西内蒂）继续争论。后者（有时不无困惑地）在索洛的模型中看到了增长总能实现完美平衡的断言，因而否定了凯恩斯赋予短期波动的重要性。直到20世纪70年代，索洛的所谓新古典增长模型才最终获得胜利。

事后重温这场争论中的交锋，很显然，辩论时常带有明显的后殖民主义意味（英国从亚当·斯密时期就一直在这个问题上占上风，美国经济学家试图从英国同行的历史束缚中摆脱出来，而英国人则试图捍卫凯恩斯的理念，他们认为美国经济学家背叛了凯恩斯）。与其说它启蒙了经济思想，倒不如说它搞乱了经济思想。英国人的怀疑毫无理由。索洛和萨缪尔森深信，增长过程从短期来看不稳定，宏观经济稳定需要凯恩斯政策，而且他们认为第二定律（$\beta=s/g$）只是一个长期规律。不过，美国经济学家（他们有些出生在欧洲，比如弗兰科·莫迪利亚尼）倾向于夸大他们发现的"平衡增长路径"的影响。[36] 的确，第二定律（$\beta=s/g$）描述的是所有宏观经济变量（包括资本存量、收入和产出流量）长期同步前进的增长模型。尽管如此，且不说短期波动这个问题，这种平衡增长也不能保证和谐分配财富，也绝不意味着资本所有权中不平等的消失或减少。此外，与最近流行的看法相反，第二定律（β=s/g）也绝不会排除资本/收入比随着时间推移、因国家的不同而出现大规模的变化。正好相反，我认为，这场剑桥资本争论中双方之所以充满敌意且有时争议的内容贫乏，部分原因就是参与双方缺乏必要的历史数据，无法阐明争论的观点。令人印象深刻的是，双方都很少使用"一战"之前所做的国民资本估算。他们可能认为那与20世纪五六十年代的情况不相符。两次世界大战制造了概念和统计分析上的深层断裂，从欧洲的角度看，一段时间内人们几乎不可能从长远角度研究这个问题了。

资本在低增长制度下卷土重来

说实话，直到20世纪末以后，我们才拥有了统计数据和必不可少的历史跨度，来正确分析资本/收入比和资本—劳动划分的长期动态。具体地讲，从我收集的这些数据以及我们有幸拥有的历史跨度（当然还不够，但显然比以前的研究者更大）可得出以下结论。

首先，从逻辑上讲，重回历史上的低增长制度，尤其是人口零增长或负增长，会导致资本的回归。在低增长社会中重组大量资本存量的趋势可用第二定律（β=s/g）来表达，并可以总结为：在停滞不前的社会里，以前积累的财富自然会十分重要。

当下的欧洲，资本/收入比已经升至5~6年的国民收入，与18世纪、19世纪直到"一战"前夕的水平相当。

从全球来看，在21世纪，资本/收入比完全有可能达到甚至超过这一水平。储蓄率现在约为10%，如果增长率长期保持在每年约1.5%的水平，全球资本存量会增加至6~7年的收入水平。如果增长率降至

1%，资本存量会升至10年的国民收入之高。

至于α=r×β定律给出的资本占国民收入和全球收入的比重，经验表明，资本/收入比预计会上升，但不会必然导致资本收益率的显著下降。从长远来看，资本有许多用途，资本和劳动的长期替代弹性很可能大于1，就能反映出这个事实。因此最有可能的结果是，收益率的减少小于资本/收入比的增加，所以资本收入比重会增加。如果资本/收入比是7~8年的国民收入，资本收益率是4%~5%，那么资本占全球收入的比重会达到30%~40%，接近18世纪、19世纪的水平，甚至可能更高。

正如前面提到的那样，长期技术变革也有可能对劳动（比资本）稍为有利，从而降低了资本收益率和资本收入比重。但是这一长期效应的大小似乎有限，而且可能完全被反向作用的力量抵消，比如日益复杂的金融中介体系和国际资本竞争。

技术的不可预测

本书第二部分的主要启示是，没有什么自然力量会必然降低历史进程中资本和资本所有权所带来的收入的重要性。"二战"后的几十年间，人们开始认为，也许由于技术和纯粹的经济力量，人力资本对传统资本（土地、建筑和金融资本）的胜利是自然而然、不可逆转的过程。然而实际上，已经有人在说政治力量是根本原因。我的研究结果完全支持这一观点。经济和技术的进步不一定意味着民主和精英管理的进步，主要原因非常简单：像市场一样，技术既没有极限，也没有道德。技术的进步当然提高了对人的技能和能力的要求，但是它也提高了对公共建筑、民宅、写字楼、各种设备、专利等的要求，所以最终所有这些非人力资本（房地产、商业资本、产业资本、金融资本）的总价值几乎与劳动总收入一样迅速增加。如果真想在公共效用基础上建立一个更加公正合理的社会秩序，光指望不可预测的技术是不够的。

总之，基于生产率增长和知识扩散的现代增长，有可能避免马克思预言的世界末日，并使资本积累保持相对的平等。但它没有改变资本的深层结构，也没有真正降低资本（相对劳动）在宏观经济中的重要性。现在我必须考察收入和财富分配不平等是不是这种情况。19世纪以来，对劳动和资本来说，不平等的结构到底发生了多大变化？

第三部分 **不平等的结构**

第七章　不平等与集中度：初步关联

在第二部分，我既考察了国家层面资本/收入比的动态变化，也考察了国民收入在资本和劳动之间的整体分配情况，但没有直接讨论个人层面的收入或财富不平等。我还重点分析了1914~1945年各种冲击的重要性，以了解20世纪整个进程中资本/收入比和资本—劳动划分的变化。欧洲（在一定程度上是全球）刚从这些冲击中恢复过来，这一事实给人留下的印象是，21世纪头几年风行一时的承袭制资本主义好像是新生事物，然而它在很大程度上不过是重复过去的历史。与19世纪相似，这是低增长环境下的典型特征。

在此我先考察个人层面的不平等和分配问题。接下来的几章中，我将阐明两次世界大战，以及紧随其后出台的公共政策，在20世纪降低不平等方面发挥了核心作用。与库兹涅茨理论的乐观预测相反，这个过程不是自然而然或完全自发的。我还将阐明，从20世纪七八十年代开始，不平等再度加剧，尽管不同国家之间情况显著不同，这也再次表明制度和政治差异起到了核心作用。我还将从历史和理论的观点出发，分析长期内财富继承与劳动收入相对重要性的演变。许多人认为，现代增长天然地重劳动轻遗产，重能力轻出身。这个普遍想法的来源是什么？我们有多大把握确定它是正确的呢？最后，在第十二章中，我将考虑全球财富分配在未来几十年会如何发展。如果说世道尚未如此糟糕，那么 21 世纪会比 19 世纪更不平等吗？在当今世界不平等的结构中，有哪些方面与工业革命时期或传统农业社会真正有所不同？在这方面，第二部分已经揭示了一些有趣的线索，但唯一能回答这个关键问题的办法是分析个人层面不平等的结构。

在继续讨论之前，我必须在本章首先介绍一些想法及其数量级。我注意到，在所有社会中，收入不平等可以分解为三个方面：劳动收入不平等、资本所有权及其收益的不平等以及这两个方面之间的相互作用。巴尔扎克的《高老头》中伏脱冷对拉斯蒂涅的著名教导，也许是对这些问题最为清晰的分析线索。

伏脱冷的教导

巴尔扎克于 1835 年出版的《高老头》描写得再清楚不过了。高老头原是一名面粉制造商，在法国大革命和拿破仑时期，靠经营面食和粮食赚了一笔大钱。他是一个鳏夫，为了给两个女儿但斐纳和阿娜斯塔齐在 19 世纪初的巴黎上流社会找个归宿，他牺牲了一切。他留给自己的钱只够支付在一家破旧公寓的吃住费用。在那里，他遇上了拉斯蒂涅。拉斯蒂涅是一名身无分文的年轻绅士，从外省来巴黎学习法律。他野心勃勃，但因贫穷而自卑，只好靠一位远房表姐的帮助，挤进了贵族、大资产阶级和王政复辟大出资人的豪华沙龙。很快，他爱上了被丈夫纽沁根男爵抛弃的但斐纳。纽沁根是个银行家，早就用光了妻子的嫁妆，搞些投机倒把的生意。拉斯蒂涅发现社会已完全被金钱腐蚀，于是很快放弃了原来的幻想。他得知高老头是如何被两个女儿抛弃的，感到十分震惊。她们沉湎于所谓的功成名就，却为父亲感到羞耻，在掏空父亲的财富后就很少与他见面。最后，这位老人在贫贱和孤寂中死去，只有拉斯蒂涅参加了他的葬礼。可是一离开拉雪兹公墓，拉斯蒂涅又被塞纳河两岸满眼的炫目财富所吸引，因此他决定去征服这些资本："现在咱们俩来拼一拼吧！"他向这座城市呼喊，他的多愁善感和社会教育一去不复返。从此，他也变得残酷无情。

最黑暗的时刻是小说的中间部分，拉斯蒂涅面对的社会和道德困境最为真切和清晰的时候，小说中的黑暗角色伏脱冷给他上了一课，指点他的前程。[1] 伏脱冷与拉斯蒂涅、高老头一起住在同一家破旧的公寓，他是一个巧舌如簧的骗子，隐瞒了自己曾是罪犯的不光彩历史，很像《基督山伯爵》里的埃德蒙·唐泰斯和《悲惨世界》里的冉·阿让。这两个人物总体上还算是可交往的人，但伏脱冷却正好相反，他极其阴险，愤世嫉俗。他打算引诱拉斯蒂涅杀人，好去染指一大笔遗产。在此之前，伏脱冷给拉斯蒂涅上了可怕的一课，详细讲述当时年轻人在法国社会可能面临的各种不同命运。

伏脱冷向拉斯蒂涅解释道，那些认为在社会上通过学习、天赋和勤奋就能成功的想法简直是异想天开。伏脱冷向拉斯蒂涅描绘了如果拉斯蒂涅继续学习法律或医学——这两个专业能力胜过继承财富——他会有何种职业前景。他还重点解释了在每个行业有望挣到多少年薪。结论非常清楚：即使拉斯蒂涅在班里名列前茅，很快进入光彩照人的法律职业生涯，他依然只能是收入平平，没有指望真正实现大富大贵：

> 到30岁时，你可以当一名年俸1 200法郎的法官，如果捧得住饭碗的话。熬到40岁，娶一个磨坊主的女儿，带来6 000法郎上下的嫁妆。这样已经要谢天谢地了。要是有靠山，30岁左右你便是皇家检察官，5 000法郎薪水，娶的是区长的女儿。再玩一

下卑鄙的政治手段，你可以在40岁升任首席检察官……还得奉告一句：首席检察官在全法国总共只有20个，候补的有两万，其中有些不要脸的小丑，为了升官发财，不惜出卖妻儿。如果这一行你觉得倒胃口，再来瞧瞧别的。拉斯蒂涅男爵有意当律师吗？哦，好极了！先得熬上10年，每月1 000法郎开销，要一套藏书，一间事务所，经常出去应酬，卑躬屈膝地巴结诉讼代理人，才能拿到案子，到法院去吃灰。要是这一行能让你出头，那也罢了。可是你去问一问，50岁挣到5万法郎以上的律师，巴黎有没有5个？[2]

相比之下，伏脱冷向拉斯蒂涅建议的实现成功人生的策略确实更加有效。维多莉小姐也住在这栋公寓里，她年轻羞涩，眼里只有英俊的拉斯蒂涅。拉斯蒂涅娶了她，马上就可以染指100万法郎的财富。这可以使他在20岁时就拿到每年5万法郎（资产的5%）的收入，马上达到他梦寐以求的皇家检察官薪水的10倍，而要当上检察官，还得数年以后（这笔收入也相当于当时巴黎最成功律师50岁时的收入，可当律师还得靠几十年的刻苦努力和阴谋诡计）。

结论非常清楚：他必须立即娶了年轻的维多莉，就算她既不漂亮又无风韵。拉斯蒂涅眼巴巴地听着伏脱冷的教导，最后他拿出致命一招：要让维多莉的富爸爸认下她这个私生女，成为伏脱冷所说的百万法郎的继承人，就必须首先杀掉她的哥哥。而伏脱冷为了拿到佣金，愿意承担这项任务。对拉斯蒂涅来说，这有点儿太过头了：虽然拉斯蒂涅赞同伏脱冷遗产胜过学业的说法，但他不愿去谋杀。

关键问题：靠工作还是吃遗产？

伏脱冷的教导中最可怕的一点是，他对王政复辟时期社会的简洁描述竟包含如此精确的数字。我下面也会指出，19世纪法国的收入和财富结构就是如此，法国最富裕人群的生活水平是仅靠劳动收入生活的人无法企及的。在这样的条件下，为什么还去工作？做事为什么必须遵守道德？既然社会不平等本质上是不道德、不正当的，那为什么不能彻头彻尾地不讲道德，使用一切手段获取资本呢？

伏脱冷给出的详细收入数字无关紧要（虽然相当实际），关键的是，对于这个问题，在19世纪以及20世纪初的法国，只靠工作和学习的确达不到靠继承财富及其利息而获得的舒适生活。这种情况众所周知，巴尔扎克不需要统计数字来证明，更不需要收入等级精确到十分位数和百分位数。而且，18~19世纪的英国也非常相似。对简·奥斯汀笔下的主人公来说，工作不是问题：唯一重要的是财富的多寡，而不管财富是来源于继承还是婚姻。其实，"一战"前各地几乎都是这样，而"一战"标志着过往世袭社会的自我毁灭。美国是为数不多的例外，不管怎么说其北部和西部各州的"开拓型"微型社会是这样的情况，在18、19世纪，这些地方继承的资本几乎没有什么影响——不过，这种情形没能维持太久。在南部各州，奴隶和土地是资本的主要形式，继承的财富与旧欧洲一样至关重要。在《飘》中，郝思嘉的追求者们，和拉斯蒂涅一样，不能靠学业或天赋确保未来生活的舒适，父亲（或岳父）种植园的大小更为重要。伏脱冷不去考虑道德、是非和社会正义，并告诉年轻的拉斯蒂涅，他可以像美国南方的奴隶主一样过日子，享受着黑人带来的富足。[3] 很明显，这个法国前科犯对美国有着无穷的向往，而托克维尔似乎并非如此。

诚然，劳动收入也并不总能得到公平分配，但把这个关乎社会正义的问题简化成劳动收入重要还是继承财富收入重要也是有失公允的。虽然如此，现代民主的基础是认为源于个人天赋和勤奋的不平等比其他不平等更合乎情理——至少我们希望向这个方向发展。其实，伏脱冷的教导在20世纪的欧洲一定程度上不再管用了,至少一段时间是这样。"二战"之后的几十年里,继承来的财富不再重要,并且也许是历史上第一次,工作和学习成为出人头地的最可靠路径。今天,尽管各种不平等再度出现,许多人认为社会和民主进步遭到了动摇,但多数人依然相信,自伏脱冷教导拉斯蒂涅以来,世界已经发生了翻天覆地的变化。今天谁还会劝年轻的法学学生放弃学业,采取那个前科犯的社会阶层流动策略呢?当然,还会有极少的例子,劝一个人把眼光放在继承一大笔财产上。[4] 但在绝大多数情况下,依靠学习、工作和职业成功,不仅更加道德,也更有发展前景。

伏脱冷的教导让我们关心两个问题,尽管可用数据不太完整,但我将在下面几章中予以回答:第一,从伏脱冷那个年代以来,我们能否确信,劳动收入与继承财富收入的相对重要性已经彻底转变?如果是的话,那程度有多大?第二,更为重要的是,如果我们认为这种转变在一定程度上发生了,那么它到底为什么会发生,还会被逆转吗?

关于劳动和资本的不平等

要回答这些问题,我必须先介绍几个基本想法,以及不同社会、不同时期收入和财富不平等的基本形态。在第一部分中我曾提到,收入总是可以表示为劳动收入和资本收入的总和。工资只是劳动收入的一种,但为了表述简单起见,我有时会说工资不平等,实际上我的意思是更广泛的劳动收入不平等。当然,劳动收入也包括非工资收入,它不仅过去长期发挥着关键作用,在今天依然有着不可忽视的影响。资本收入也有不同的形式,它包括资本所有权带来的所有收入,它不依赖劳动,也不管在法律上如何分类(房租、股息、利息、版税、利润和资本收益等)。

从定义上讲，在所有社会中，收入不平等都是这两部分的总和：劳动收入不平等和资本收入不平等。这两部分中每种收入的分配越不平等，总的不平等就越明显。理论上，我们完全可以想象有这样的社会，其劳动收入极不平等，而资本收入不平等程度较低，或者正好相反，也可能两部分都高度不平等，也可能非常平等。

第三个决定因素是这两个维度不平等之间的关系：拥有高劳动收入的个人在多大程度上也享有高资本收入？从技术上讲，这个关系是一种统计上的相关性，其他因素相同的情况下，相关性越大，总的不平等程度越高。实际上，在有的社会里，资本不平等极为严重，资本所有者根本没有必要工作（例如，简·奥斯汀笔下的主人公通常如此），这个相关性通常就很低，甚至为负相关。那么今天是什么情况，将来又如何呢？

还要注意到，如果拥有大量财富的人想办法获得较高的收益率，而中等财富只获得适当的收益，那么资本收入的不平等可能大于资本不平等本身。这一机制会使不平等成倍地扩大，21世纪尤其如此。在简单情况下，财富等级的各个层次平均收益率都是相同的，那么从定义上讲，这两种不平等将会保持一致。

在分析收入分配不平等时，仔细区分不平等的这些方面和构成至关重要，首先是出于规范和道德原因（不平等是因为劳动收入、继承财富收入和资本回报等不同），其次是因为解释演变过程的经济、社会和政治机制迥然不同。就劳动收入不平等来说，这些机制包括不同技能的供给和需求、教育体系状况以及影响劳动市场运行、工资确定的各种规则和制度。在资本收入不平等方面，最重要的过程涉及储蓄和投资行为、馈赠和继承法律以及房地产和金融市场的运行。在经济学家的著作和公开辩论中，收入不平等的统计指标总是一些复合指数，比如基尼系数，就是把诸如劳动和资本的不平等之类迥异的问题混杂在一起,使人根本不可能明确区分不平等的多个维度和各种运行机制。与之相反,我将尽可能精确地将这些问题区分开来。

资本分配总比劳动分配不平等

在实践中,试图衡量收入不平等时,我们观察到的第一个规律是:资本导致的不平等总比劳动导致的不平等更严重,资本所有权(及资本收入)的分配总比劳动收入的分配更为集中。

有必要立即澄清两点。第一,在数据覆盖的所有国家、所有阶段,我们都能毫无例外地发现这一规律,而且这一现象的程度总是相当引人注目。对这个问题的数量级有一个初步认识,劳动收入分配中收入最高的10%的人一般拿到总劳动收入的25%~30%,而资本收入分配前10%的人总是占有所有财富的50%还多(在有些社会高达90%)。更令人惊讶的是,工资分配底层的50%总能占到总劳动收入的相当大比例(一般为1/4~1/3,与最上层10%的人大体一样多),而资本收入分配底层50%的人一无所获,或者接近一无所获(总是低于总财富的10%,一般低于5%,或者相当于最富有10%的人1/10)。劳动方面的不平等一般较为轻微或者比较适度,甚至是合情合理的(在某种程度上这种不平等是合理的——这一点不应被夸大)。相比而言,资本方面的不平等则总是很极端。

第二,这一规律绝非事先注定,它的存在告诉我们一些重要信息,即经济社会发展过程的本质是什么,这个本质决定了资本积累和财富分配的动态变化。

其实,我们不难设想出一些机制,能够让财富分配比劳动收入分配更加平等。例如,假设在某个时间点上,劳动收入不仅反映不同劳动群体(按技能水平和层级地位划分)的长期性工资不平等,也反映短期冲击（例如，不同年份之间，或在个人全部职业生涯中，不同行业的工资和工作时间可能会大幅波动）。那么劳动收入在短期内会极其不平等，虽然这种不平等从长期来看会逐步缩小（比如，不是1年而是10年甚至一辈子，尽管由于缺乏长期数据，这种测算很少去做）。要研究伏脱冷教导中所说的机会和地位的实际不平等，拥有长期视角是非常理想的，但很遗憾这经常是难以测算的。

在一个短期工资大幅波动的世界，积累财富的主要目的可能是预防性的（以防收入遭受可能的不利冲击）。这样的话，财富不平等就会小于工资不平等。例如，财富不平等的数量级可能与长期工资收入不平等相同（按个人职业生涯的长度测算），因而明显低于即时工资的不平等（按某一特定时点测算）。所有这些在逻辑上都是成立的，但显然与现实世界没多大关系，因为财富不平等随处可见，而且总是比劳动收入不平等严重得多。为防范短期冲击而进行预防性储蓄在现实世界确实存在，但就观察到的财富积累和分配而言，这显然不是主要理由。

我们也能设想一种机制，使财富不平等与劳动收入不平等在数量级上大体相当。特别是，如果像莫迪利亚尼推断的那样，财富积累主要出于生命周期原因（如为退休而储蓄），那么人人都会或多或少拿出一定比例的工资来积累资本存量，好在退休后维持大致相同（或一定比例）的生活水平。这样的话，财富不平等只是劳动收入不平等在时间上的简单转换，其重要性就非常有限了，因为社会不平等的唯一真正来源就成了劳动导致的不平等。

重申一下，这样的机制具有理论上的合理性，在现实世界也有一定意义，尤其是在老龄化社会。然而在数量上，这不是发挥作用的主要机制。生命周期储蓄不能解释我们在实际中看到的高度集中的资本占有情况，预防性储蓄也无法解释。的确，平均而言，年长者肯定比年轻人更富裕。可是，在任一年龄段中，财富集中度实际上几乎与整体人群的财富集中度一样大。换言之,与普遍的看法相反,代际冲突还没有取代阶级冲突。资本集中度之所以非常高,主要原因是继承财产的重要性及其累积效应:例如,如果你继承了一套公寓并因此节省了房租费用,你将更容易通过储蓄积累财富。在动态过程中,资本经常具有极高的收益这一事实也发挥了重要作用。在第三部分的余下章节中,我将详细考察这些不同的机制,研究它们的相对重要性如何随时空变化而演变。在目前这个阶段,我只是从绝对意义上和与劳动收入不平等的相对意义上,简单提及财富不平等的数量级——目的是讨论某些机制,而不是其他。

不平等和集中度:一定的数量级

在分析不同国家可观察到的历史演变之前,我们首先应该更准确地描述一下劳动和资本不平等的典型数量级。这样做的目的是让读者了解十分位数、百分位数等数字和概念。对一些人来说,这可能看起来有些专业,甚至有些乏味,但在分析和理解不同社会的不平等结构的变化时,只要我们正确使用,它们的确相当有用。

出于这个目的,我在表 7.1~表 7.3 中列出了不同国家、不同时段实际可观察到的分配情况。这里列出的数字是近似值整数,但至少给了我们一个大致概念,即在劳动收入和资本所有权方面,以及最后在总收入方面(劳动收入和资本收入的总和),"低度"、"中度"、"高度"不平等在今天意味着什么,以前意味着什么。

例如,在劳动收入不平等方面,我们发现在多数奉行平等主义的社会,比如 20 世纪七八十年代的斯堪的纳维亚国家(从那以后,北欧的不平等开始上升,不过这些国家依然保持了最低程度的不平等),分配大体上如下表所示。观察整个成年人口,我们看到,劳动收入最高

表 7.1 不同时间空间下的劳动收入不平等

不同群体占总 劳动收入的份额	低度不平等 (≈20世纪七八十年代斯堪的纳维亚)	中度不平等 (≈2010年欧洲)	高度不平等 (≈2010年美国)	极度不平等 (≈2030年美国)
最上层10%（上层阶层）	20%	25%	35%	45%
最上层1%（统治阶层）	5%	7%	12%	17%
其后9%（富裕阶层）	15%	18%	23%	28%
中间的40%（中产阶层）	45%	45%	40%	35%
最下层50%（下层阶层）	35%	30%	25%	20%
相应的基尼系数（综合不平等指数）	0.19	0.26	0.36	0.46

注：在劳动收入不平等较低的社会里（如20世纪七八十年代的斯堪的纳维亚国家），收入最高的10%人群拿到国民总收入的约20%，最底层50%拿到35%，中间的40%拿到约45%。相应的基尼系数（数值为0到1的综合不平等指数）等于0.19。见在线技术附录。

表 7.2 不同时间空间下的资本占有不平等

不同群体占总资本的份额	低度不平等（未发现，理想社会？）	中度不平等（≈20世纪七八十年代斯堪的纳维亚）	中度到高度不平等（≈2010年欧洲）	高度不平等（≈2010年美国）	极度不平等（≈1910年欧洲）
最上层 10%（上层阶层）	30%	50%	60%	70%	90%
最上层 1%（统治阶层）	10%	20%	25%	35%	50%
其后 9%（富裕阶层）	20%	30%	35%	35%	40%
中间的 40%（中产阶层）	45%	40%	35%	25%	5%
最下层 50%（下层阶层）	25%	10%	5%	5%	5%
相应的基尼系数（综合不平等指数）	0.33	0.58	0.67	0.73	0.85

注：在资本占有"中度"不平等的社会中（如20世纪七八十年代斯堪的纳维亚），相应的基尼系数为0.58。见在线技术附录。最贫穷的50%占有约10%，中间的40%约40%，最富裕的10%人群占有总财富的约50%；

表 7.3 不同时间空间下的总收入不平等（劳动和资本）

不同群体占总收入的份额（劳动和资本）	低度不平等（≈20 世纪七八十年代的斯堪的纳维亚）	中度不平等（≈2010 年欧洲）	高度不平等（≈2010 年美国）	极度不平等（≈2030 年美国）
最上层 10%（上层阶层）	25%	35%	50%	60%
最上层 1%（统治阶层）	7%	10%	20%	23%
其后 9%（富裕阶层）	18%	25%	30%	35%
中间的 40%（中产阶层）	45%	40%	30%	25%
最下层 50%（下层阶层）	30%	25%	20%	15%
相应的基尼系数（综合不平等指数）	0.26	0.36	0.49	0.58

注：在劳动收入不平等较低的社会里（如 20 世纪七八十年代的斯堪的纳维亚国家），最上层 10% 占有总收入的 25%；最贫穷的 50% 占有约 30%。相应的基尼系数为 0.26。见在线技术附录。

的10%人群占有总劳动收入（这实际上基本指工资）的20%多一点儿，收入最低的50%人群占有总收入的约35%，因此中间的40%人群占有总收入的约45%（见表7.1）。[5]这并不是完全意义上的平等，因为完全平等意味着每个群体都应该占有与其人口比重相等的收入（收入最高的10%应正好拿到总收入的10%，最低的50%拿到50%）。但我们这里看到的不平等并不太极端，至少不如我们看到的其他国家或其他时期那么极端。将这些收入不平等与几乎所有国家（甚至包括斯堪的纳维亚诸国）的资本占有结构相比时，这也算不上过于极端。

为了弄清楚这些数字到底意味着什么，我们需要将两个方面联系起来：一是有多大比例的收入作为薪水分配给有血有肉的工人，二是实际构成这些财富层级的人拥有多少房地产和金融资产等财富。

具体地讲，如果收入最高的10%人群拿到总工资的20%，那么按数学方法计算，他们的人均工资是该国平均工资的两倍。同样，如果收入最低的50%人群拿到总工资的35%，他们的人均工资是该国平均工资的70%。如果中间的40%拿到总工资的45%，这就意味着他们的人均工资稍高于整个社会的平均工资（准确地讲，是平均工资的45/40）。

例如，如果一国的平均工资是每月2 000欧元，那么这种分配方式意味着，最上层的10%人群每月平均工资为4 000欧元，最底层的50%为每月1 400欧元，中间的40%为每月2 250欧元。[6]这个中间人群被认为是广大的"中产阶层"，他们的生活水平由社会平均工资来决定。

下层阶层、中产阶层和上层阶层

明确一下，我在表7.1~表7.3中使用的"下层阶层"（定义为收入最底层的50%）、"中产阶层"（中间的40%）和"上层阶层"（最上层的10%）等名称显然是相当主观的，我愿意接受质疑。我使用这些术语纯粹是出于说明的目的，主要是想把我的想法讲明白，但它们在分析中几乎不起什么作用，而且我也可以称它为"A阶层"、"B阶层"或"C阶层"。然而在政治辩论中，这些术语问题一般远非那么单纯。人群的划分方式通常反映了一种或明或暗的立场，事关某个特定人群所占收入或财富的公正性和合理性。

例如，一些人使用"中产阶层"这个术语时指代非常宽泛，包含那些显然属于社会最上层的人（也就是收入最高的那10%），甚至包含接近最顶层的人（收入最高的1%）。一般来说，中产阶层的定义如此宽泛，是为了指出即使这些人占有的资源明显超过社会平均数，但也相当接近这个平均数。换言之，这一论点是想表明，这些人没有特权，完全应该得到政府的宽容，尤其是在税收方面。

其他评论家完全排斥"中产阶层"这个概念，而更喜欢把社会结构描述成只包括两个群体：占绝大多数的"人民"和极少数的"精英"或"上层阶层"。对一些社会而言，这样的说法也许是准确的，也可能适用于某些特定的政治或历史环境。例如，在1789年的法国，一般估计贵族占人口的1%~2%，教士不到1%，其余的包括农民到资产阶级的所有人为"第三等级"（在旧制度的政治体系下），占比超过97%。

我的目的不是去深究词典或语言的使用。在社会群体的称谓方面，每个人既对又错。每个人都有充分的理由使用某些术语，但诋毁别人使用的术语就不对了。我的"中产阶层"定义（"中间"的40%）就完全可以争论，因为他们的人均收入（或财富）都高于该社会的中位数。[7] 人们完全可以把社会平均划分成三个部分，并把中间的1/3称为"中产阶层"。不过，我使用的定义好像更接近一般用法："中产阶层"一般指比多数人过得好但离真正的"精英"还很远的人。不过，所有这些名称都可以公开质疑，我不必在这个微妙的问题上固守立场，因为它既是语言学问题,也是政治问题。

真实情况是,任何仅依赖少数分类情况对不平等问题进行的表述注定都是粗糙的做法,因为社会现实总是一种连续的分配。在任何一种财富或收入水平上,总有一定数量鲜活的个体,而这些个体的数量会根据该社会分配形式而缓慢、渐进地发生变化。社会阶层之间或"人民"与"精英"之间,从来不会泾渭分明。为此,我的分析完全基于十分位数(最上层的10%、中间的40%、最底层的50%等)统计概念,不同社会的定义方式完全相同。这样我可以跨越时空进行严格而客观的比较,既不否认每个特定社会的内在复杂性,也不排斥社会不平等结构的基本连续性。

社会层级斗争还是最富1%群体的斗争?

无论针对时空相距遥远、先天截然不同的社会,还是使用完全不同的名词和概念代指社会群体的特别社会,我的基本目标都是比较不平等的结构。前10%或1%群体的概念相当抽象,也肯定缺乏诗意。多数人更容易与自己熟悉的群体产生共鸣:农民或贵族,无产阶级或资产阶级,办公室职员或高层管理人员,服务员或商人。但使用"前10%和前1%"这种说法的好处就在于,它们能让我们使用大家基本都能接受的共同语言,来比较那些原先无法比较的不平等现象。

必要的时候,我们将对这些人群进行更精细的划分,使用百分位数甚至千分位数来更精确地记录社会不平等的连续性特征。特别是在每个社会,甚至在最平等的社会里,最上层的10%人群其本身的确就是一个世界。其中,有些人的收入仅比平均值高两三倍,其他人的财力则高一二十倍,甚至更多。开始时,把最上层的10%再分成两个子群更具启发意义:最上层的1%(具体起见,我们可以称之为"统治阶层",但并不是说这个词就比其他的好)和余下的9%(我们可以称之为"富裕阶层"或"小康阶层")。

例如,看一下劳动收入不平等程度较低的例子(如斯堪的纳维亚国家),如表7.1所示,20%的工资流向了收入最高10%的人,归于最上层1%的比重一般是总工资的5%。这意味着在一个月平均工资为2 000欧元的社会里,最上层1%人群的收入是平均工资的5倍,即每月10 000欧元。换言之,收入最高的10%人群每月挣4 000欧元,但是最上层1%人群每月挣10 000欧元(其余9%每月挣3 330欧元)。如果我们继续细分,看一下最上层1‰(即收入最高者的0.1%)的情况,我们发现,甚至在20世纪七八十年代的斯堪的纳维亚国家,有人每月挣几万欧元,也有少数人挣数十万欧元。当然,这样的人不多,所以他们在所有工资总和中的权重相对较小。

因此,判断一个社会不平等的程度,只看到有些人享有极高收入是不够的。例如,说"收入规模从1扩展到10"或者甚至"从1扩展到100",实际上什么也没有说明。我们还需要知道在每个水平上有多少人挣到了这种收入。归于最上层10%或1%人群的收入(或财富)比重才是判断一个社会有多不平等的有用指数,因为它不仅反映了极高的收入或极大财富的存在,也反映了获得这种报酬的人数。

在我展开的历史调查中,最上层1%是一个特别有意思的人群。虽然他们(从定义上讲)只占人口的极小部分,但依然比备受关注的几十个或几百个超级精英(如用两次世界大战期间广泛使用的名称,从法国的"200个家庭"到法兰西银行的200名最大股东,或《福布斯》杂志设立的"400个最富有美国人"或类似排名)多得多。2013年,在法国这个有6 500万人口的国家,约5 000万为成年人,最上层1%有约50万人。在拥有3.2亿人口的美国,2.6亿为成年人,最上层的1%有260万人。这些在数字上相当大的群体必然在社会上引人注目,更何况他们愿意居住在同一座城市,甚至聚集在同一个社区。在每一个国家,最上层1%人群不仅在收入分配中地位显赫,在社会面貌中也吸引眼球。

因此在每个社会,不管是1789年的法国(1%~2%的人口属于贵族)还是2011年的美国("占领华尔街"运动将批评矛头对准最富裕的1%人口),最上层的1%都是一个庞大的人群,足以对社会面貌和政治经济秩序产生重大影响。

这表明了为什么前10%和前1%群体是有趣的研究对象。除了认真考察这两个群体,评估流向两者的国民财富和收入比重,人们还能依据什么去比较1789年的法国和2011年的美国社会不平等的区别呢?诚然,这个做法不能让我们消除和解决所有问题,但至少可以让我们说些什么——这比一言不发强多了。我们因而能够确定是路易十六还是乔治·布什、巴拉克·奥巴马治下的"1%"更有权势。

回过头来说一下"占领华尔街"运动。它表明,虽然乍看起来有些抽象,但使用通用术语,尤其是"最上层1%"概念,有助于揭示不平等的显著加剧,因而可以充当解读和批评社会的有用工具。连大规模社会运动也可以利用这个工具,开发出非同寻常的鼓动性主题,比如:"我们是99%!"这乍看起来令人惊讶,但我们马上想起1789年1月西耶斯神父(Abbé Sieyès)发布的著名宣传册的标题:"什么是第三等级?"[8]

我也应该阐明,收入层级不同于财富层级。劳动收入分配的最上层10%或最底层50%不是构成财富分配最上层10%或最底层50%的同一批人。收入最高的1%不是占有财富最多的1%。劳动收入、资本占有和总收入(包括劳动和资本)的前10%和前1%群体是分别定义的。第三个概念是前两者的合成,因此定义了一个复合社会层级。在论述中,必须阐明所指的是哪一个层级。在传统社会中,前两者的相关性经常为负（因为拥有巨额财富的人不工作，因而处于劳动收入层级的末端）。而在现代社会中，相关性一般为正，但从未完全相关（相关系数总小于1）。例如，许多人的劳动收入属于上层阶层，但财富数量却要归于下层阶层，反之亦然。社会不平等是多维度的，就像政治冲突一样。

最后要注意，表7.1~表7.3对收入和财富分配的描述和本章以及后面几章所做的分析都是指"初次"分配，也就是税前分配。根据税收制度（和公共服务、财政转移支付）是"累进制"还是"累退制"的不同（这意味着根据收入或财富层级中的地位高低，不同人群的负担轻重不一），税后分配可能多少比税前分配平等一些。我将在第四部分讨论这个问题和其他许多与再分配有关的问题。这个阶段只需要考虑税前分配。[9]

劳动收入的不平等：温和不平等？

再回到不平等的数量级问题：在多大程度上，劳动收入不平等是温和的、理性的或者今天已不再是个问题？的确，劳动方面的不平等总是比资本方面的不平等小得多。然而，忽视这一点也是很不应该的，首先是因为劳动收入一般占国民收入的2/3~3/4，其次是因为国家之间的劳动收入分配方式存在显著差异，这表明公共政策和国家差异对这些不平等和许多人的生活水平有重大影响。

在劳动收入分配最平等的国家，比如1970~1990年的斯堪的纳维亚国家，收入最高10%的人拿到总工资的约20%，收入最低的50%拿到约35%。在工资不平等处于平均水平的国家，包括当今的多数欧洲国家（如法国和德国），收入最高10%的人占有总工资的25%~30%，收入最低50%的人约占30%。在最不平等的国家，如21世纪头10年之初的美国（后面会提到，其劳动收入分配比任何国家都不平等），收入最高10%的人拿到工资总额的35%，最低50%的人只拿到25%。换言之，这两个人群的均衡状态几乎被完全逆转了。在最平等的国家，收入最底层的50%在总收入上接近最上层10%的两倍（有些人会说依然太少，因为穷人是富人的5倍之多），然而在最不平等的国家，穷人比富人还少拿1/3。如果过去几十年在美国出现的劳动收入日益集中还要继续下去，那么到2030年，收入最底层50%拿到的总报酬只是最上层10%的一半（见表7.1）。这种演变显然不一定真的会持续下去，但这一点说明，近期发生的收入分配变化绝不是毫无代价的。

具体地讲，如果月平均工资是2 000欧元，平均分配（如斯堪的纳维亚国家）的结果是收入最上层10%的人每月拿到4 000欧元（最上层1%为10 000欧元），中间40%每月拿到2 250欧元，最底层50%每月1 400欧元。而在更不平等的分配方式中（如美国），社会则形成了明显更加陡直的层级：收入最上层10%的人每月7 000欧元（最上层1%为每月24 000欧元），中间的40%为2 000欧元，最底层50%只有1 000欧元。

对受惠最少的半数人口而言，这两种分配方式之间的差别是绝对不可忽视的。即便不考虑税收和转移支付因素，如果一个人每月收入1 400欧元而不是1 000欧元（额外增加40%的收入），这对生活方式的选择、住宅、度假机会、投资资金、子女花费等的影响也是相当大的。而且在多数国家，女性实际上在最底层50%人群中占比很大，所以这种国家间的巨大差异部分反映了男女工资的差别，只有北欧在这方面的差异小于其他国家。

这两种分配方式的差别对高收入人群的影响也很大。如果一个人一辈子都每月挣7 000欧元而不是4 000欧元（或者更好，挣24 000欧元而不是10 000欧元），他是不会花钱买同样的东西的，这不仅会对他的购买力产生影响,也会对他人产生更大影响。例如,这个人可以雇用收入不高的人来服务于他的需要。如果美国的这种趋势持续下去,那么到 2030 年,收入最高的 10% 的人群会每月挣 9 000 欧元(最高的 1% 挣 34 000 欧元),中间的 40% 每月挣 1 750 欧元,最底层 50% 每月只有 800 欧元。收入最高的 10% 因此可以用一小部分收入雇用许多最底层 50% 的人充当家庭用人。[10]

显然,这一相同的平均工资和上述两种非常不同的劳动收入分配方式并不矛盾,却会给不同的社会群体带来迥异的社会与经济现实。在一些情况下,这些不平等可能激起冲突。因此,很有必要了解不同社会决定劳动收入不平等的经济、社会和政治力量。

资本收入的不平等:极端不平等

虽然劳动收入不平等有时被(不正确地)视为温和不平等,不再会激起冲突,但这在很大程度上是与资本所有权分配相比较而言的结果,而后者在哪里都是极端不平等的(见表 7.2)。

在财富分配最平等的社会(如 20 世纪七八十年代的斯堪的纳维亚国家),最富裕的 10% 人群占有国民财富的约 50%,如果人们准确申报巨额财富的话,甚至达到 50%~60%。当下,2010 以来,在大多数欧洲国家,尤其是在法国、德国、英国和意大利,最富裕的 10% 人群占有国民财富的约 60%。

最令人惊讶的事实无疑是,在所有这些社会里,半数人口几乎一无所有:最贫穷的 50% 人群占有的国民财富一律低于 10%,一般不超过 5%。在法国,根据最新数据(2010~2011 年),最富裕的 10% 占有总财富的 62%,而最贫穷的 50% 只占有 4%。在美国,美联储最近所做的调查覆盖相同年份,表明最上层 10% 占有美国财富的 72%,而最底层的半数人口仅占2%。然而请注意，像所有的调查一样，财富都是主动申报的，因而这一来源低估了最大财富数值。[11] 另外还有一个重要的补充，我们在每一年龄段中都发现了同样的财富集中度。[12]

最终，在这方面被认为最平等的国家（如20世纪七八十年代的斯堪的纳维亚国家），财富不平等好像明显大于工资最不平等国家（如2010年以来的美国）所表现出的工资不平等（见表7.1和表7.2）。据我所知，如果温和不平等意味着社会半数人口占有总财富中的较大比重（如1/5~1/4），那么资本所有权分配属于这种情况的社会从来就没出现过。[13] 然而，乐观主义从未消失，所以我在表7.2中列出了一个虚拟的例子，其中财富分配不平等为"低"，或者无论如何都低于斯堪的纳维亚国家（"中"）、欧洲（"中"到"高"）和美国（"高"）。假设这样低的财富不平等的确是理想的目标，人们如何建立这样的"理想社会"还有待观察（我将在第四部分再讨论这个重要问题）。[14]

和工资不平等的情况一样，重要的是要很好地把握这些财富数字到底意味着什么。我们设想有一个社会每个成人平均净财富为20万欧元，[15] 当今最富裕的欧洲国家大体属于这种情况。[16] 正如第二部分指出的那样，这一私人财富可以划分成两个大致相等的部分：一方面是房地产，另一方面是金融和商业资产（包括扣除债务以后的银行存款、储蓄计划、股票债券、人寿保险、养老基金等）。当然，这些是平均数字，国家之间有很大差异，个人之间差异更大。如果最贫穷的50%人群占有财富总额的5%，那么从定义上讲，他们平均占有全社会每个成员平均财富的10%。在上一段落的例子中，这意味着最贫穷50%人群的人中每人平均占有净财富2万欧元。这不算小数目，但与社会其他人拥有的财富相比就非常少了。

具体而言，在这样一个社会，最贫穷的半数人口一般都是庞大的数目（一般占总人口的1/4），他们根本没有什么财富，或者顶多几千欧元。实际上，有些人（也许是总人口的 1/20~1/10）仅拥有负的净财富（他们的债务超过资产），这些人的数量不容忽视。其他人拥有少量财富，约 6 万或 7 万欧元，也许还多一点儿。这些情况，包括存在大量绝对财富接近零的人口，导致最贫穷的半数人口平均财富约为 2 万欧元。其中一些人可能拥有房地产但债务负担沉重，而其他人则可能只有非常少量的储备金。然而，多数人是租房者，他们仅有的财富是支票或储蓄账户里的几千欧元。如果我们把汽车、家具、家电等耐用品包含在内的话，那么最贫穷 50% 的平均财富会增加到不超过 3 万或 4 万欧元。[17]

对这半数人口来说，财富和资本概念是相对抽象的。对数百万人来讲，"财富"加起来不过是支票账户或低利率储蓄账户里几周的工资、一辆汽车和几件家具。无法逃避的现实是：财富非常集中，社会中大部分人几乎意识不到它的存在，于是一些人想象财富是超现实或神秘的实体。这就是为什么系统研究资本及其分配如此重要的原因。

在天平的另一端，最富裕的 10% 人群占有总财富的 60%，他们平均拥有社会平均财富的 6 倍。在这个例子中，每个成人的平均财富是 20 万欧元，因此最富裕 10% 人均拥有 120 万欧元。

财富分配最上层的 10% 人群内部也极不平等，甚至比工资分配最上层的 10% 还不平等。正如当今多数欧洲国家的情况所体现的，最上层 10% 人群占有总财富的 60%，最上层 1% 人群的财富比重一般约 25%，其余 9% 的人占比约 35%。因此，第一集团成员的富裕程度是社会成员平均值的 25 倍，而第二集团的成员是全社会平均值的 4 倍。具体而言，在这个例子中，最上层 10% 的人均财富是 120 万欧元，最上层 1% 的人均财富是 500 万欧元，其余 9% 的人均稍低于 80 万欧元。[18]

此外，财富的构成在这个人群中差异也很大。最上层 10% 几乎每人都拥有房产，但随着财富层级的上升，房地产的重要性则急剧下降。

而"9%"的人,拥有的财富约 100 万欧元,其中房地产约占总财富的一半,人数约占 3/4。相比之下,在最上层 1% 中,金融和商业资产明显超过房地产。尤其在最巨量的财富中,股票、合伙企业股权几乎占据全部。当财富达到 200 万到 500 万欧元时,房地产的比重不到 1/3;超过 500 万欧元时,这一份额则下降到 20% 以下;超过 1 000 万欧元时,则不到 10%,财富主要由股票构成。房产是中产阶层和小康阶层最喜欢的投资形式,但真正的巨富总是主要由金融和商业资产构成。

最贫穷的 50%(占有总财富的 5%,在这个例子中人均占有 2 万欧元)和最富裕的 10%(占有总财富的 60%,人均占有 120 万欧元)之间是中间的 40%:这个"财富中产阶层"占有国民财富总额的 35%,这意味着他们的平均净财富相当接近整个社会的平均水平——在这个例子中,每个成人正好是 17.5 万欧元。在这个庞大的人群中,个人财富从仅 10 万欧元到超过 40 万欧元,起关键作用的是主要居所的拥有权及其购买、支付的方式。有时,除了一套房子,这些人还有大量储蓄。例如,净资本 20 万欧元可能由一套价值 25 万欧元的房产组成,其中必须扣除 10 万欧元住房抵押贷款,另外还有 5 万欧元储蓄投入了寿险保单或退休储蓄账户。在这种情况下,当贷款完全付清后,净财富就会增加到 30 万欧元,如果储蓄账户同步增加的话,财富就会更多。这是中产阶层的典型状况,比最穷的 50%(一无所有)富裕,但比最富裕的 10%(占有很多)穷。

一个重大创新:世袭中产阶层

别误解我的意思:真正的"世袭(或有产)中产阶层"的成长是 20 世纪发达国家财富分配的重大结构转型。

向前回溯一个世纪,回到 1900~1910 年:在所有欧洲国家中,那时的资本集中度比今天更为极端。记住表 7.2 中所列的数量级非常重要。在法国、英国、瑞典以及我们有数据的其他国家，这一时期最富裕的 10% 人群几乎占有国家的所有财富，比重高达 90%。最富裕的 1% 人群占有所有财富的 50% 还多，在英国等特别不平等的国家，最上层 1% 占有的财富甚至超过 60%。另一方面，中间的 40% 只占有国民财富的 5%（不同国家从 5% 到 10% 不等），只是比最贫穷的 50% 稍强，后者那时和现在一样，占有财富不超过 5%。

换言之，既然财富分配中间的 40% 几乎和最底层的 50% 一样贫穷，那中产阶层也就不存在了。大多数人几乎一无所有，而绝大部分社会资产只属于少数人。诚然，这不是数量极少的少数人：最上层 10% 所涵盖的精英远多于最上层 1%，即便后者数量也相当显著。不过这依然是少数人。当然，和所有社会一样，分配曲线是连续的，但在最上层 10% 和 1% 人群中，斜率极其陡峭，所以从最贫穷的 90%（按今天的货币价值计算，其成员顶多拥有几万欧元）到最富裕的 10%（拥有几百上千万欧元）是一个突然的转变。[19]

世袭中产阶层的出现是一个重要的历史创新，这个概念也许并不严谨，但决不应该低估它的影响。的确，人们还是乐于坚持这个事实，即今天财富还是高度集中的：在欧洲最上层 10% 的人占有总财富的 60%、在美国则占到 70%。[20] 而且，贫穷的半数人口现在和以往一样贫穷，2010 年占有不到 5% 的总财富，情况和 1910 年一样。基本上，所有中产阶层能拿到手的只是一些面包屑：欧洲中产阶层的财富几乎不超过总财富的 1/3，而美国仅仅是 1/4。这个中间人群的人数是最上层 10% 的 4 倍，但财富只是后者的 1/2~1/3。人们很容易得出结论，什么真正的变化也没有发生：资本所有权的不平等还是很严重（见表 7.2）。

这些都没有错，但明白下面几点也很重要：历史上的财富不平等下降没有人们认为的那么显著。而且,我们所看到的不平等的有限收缩也不能保证不出现逆转。可是,中产阶层收集的这些面包屑也很重要,低估这一变化的历史意义也是不对的。一个人拥有20万~30万欧元也许算不上富裕,但远远不是赤贫,而且这些人大多数也不愿被当成穷人。数千万人(处于富裕与贫穷之间的40%人口是一个数量庞大的人群)每人拥有几十万欧元财产,作为整体则占有国民财富的1/4~1/3,这种变化已经持续一段时间了。从历史的角度看,这是一个重大变化,将会深刻改变社会面貌和社会政治结构,有助于重新定义分配带来的冲突。因此,重要的是了解这种变化为什么会发生。

伴随着中产阶层的崛起,最上层10%人群的财富比重急剧下降,在欧洲从20世纪初的50%多降到20世纪末、21世纪初的20%~25%,减少了将近一半。我们将看到,这部分颠覆了伏脱冷的教导,让靠年租金舒服生活的财富数量显著下降:心高志大的拉斯蒂涅娶了维多莉小姐,不会比学习法律过得更好。这一点具有历史重要性,因为1900年左右欧洲财富的高度集中实际上是整个19世纪的典型特征。所有数据来源都认为,这些数量级(最上层10%占有90%的财富,最上层1%至少占有50%)也是旧制度下的法国或18世纪英国传统农业社会的特征。对于奥斯汀和巴尔扎克笔下依靠财富积累和继承的社会来说,这样的资本集中度是个人生存和成功的必要条件。因此本书的一个主要目的是了解这种财富集中出现、持续、消失或再现的条件。

总收入的不平等:两个世界

最后,让我们转向总收入(即源自劳动与资本的收入)不平等问题(见表7.3)。不难理解,总收入不平等的水平居于劳动收入不平等和资本收入不平等之间。也请注意，总收入不平等更接近劳动收入不平等而不是资本收入不平等，这也不意外，因为劳动收入一般占国民总收入的 2/3~3/4。具体地讲，在 20 世纪七八十年代斯堪的纳维亚较为平等的社会里，收入最上层 10% 的人占有国民收入约 25%（当时德国、法国是 30%，现在则高于 35%）。在更加不平等的社会里，最上层 10% 的人占有国民收入的 50%（最上层 1% 占有约 20%）。旧制度及"美好年代"时期的法国和英国是这种情况，当今的美国也是这种情况。

我们有可能想象出收入集中度更高的社会吗？可能没有这样的社会。例如，如果最上层 10% 人群占有年产出的 90%（和财富分配情形一样，最上层 1% 占有 50%），就可能发生革命，除非有特别有效的压制手段阻止它发生。说到资本所有权，这样高的集中度早已成为严重政治紧张的根源，用全民公投通常难以调和。不过，如果资本收入仅占国民收入的一小部分，这种资本集中度也许可以维持：如旧制度下只占到 1/4~1/3，有时再多一些（当时的财富极度集中已颇具压迫性）。但是如果国民总收入也存在这种不平等程度，很难想象底层人民会永久地接受这种状况。

即便如此，也没有理由断言最上层 10% 的人永远不会占有国民收入的 50% 以上，或者也不能说这种象征性门槛一旦越过，一国经济就会崩溃。实际上，现有历史数据还不够完善，这一象征性门槛被越过也并非没有可能。尤其是，在旧制度下，直到法国大革命前夕，最上层 10% 人群可能已经占有国民收入的 50%，甚至超过 60%。其他传统农业社会也可能已经如此。其实，这种极端不平等能否持续，不仅取决于压制手段的有效性，也可能首先取决于维护手段的有效性。如果不平等被视为合理，比如有人认为这是因为富人比穷人工作更勤奋、更高效，或者因为阻止富人挣得多必然会伤害社会上的穷人，那么收入集中度极有可能会创造新的历史纪录。因此我在表7.3中表明,如果劳动收入不平等(在较小的程度上资本所有权不平等)继续像最近几十年一样加剧,那么美国在2030年左右就可能创下新纪录。最上层10%人口那时会占有国民收入的约60%,而最底层半数人口只拿到区区15%。

在这一点上,我坚持认为:重要问题是不平等的合理性而不是程度。这就是为什么分析不平等的结构非常重要。在这个方面,表7.1~表7.3给出的主要信息是,一个社会的总收入分配达到非常不平等(最上层10%的人占有全部财富的约50%,最上层1%占有约20%)有两种不同的方式。

达到这种高度不平等的第一种方式是"超级世袭社会"(或"食利者社会"):在这样的社会中,继承财富非常重要,财富集中度达到极端水平(最上层10%人群一般占有全部财富的90%,仅最上层1%就占有50%)。那么,总收入层级由非常高的资本收入主导,尤其是继承资本。这是我们在旧制度下的法国和"美好年代"的欧洲所看到的格局,各国总体上差异很小。我们需要弄清,这种所有权结构和不平等是如何出现和持续的,它们在多大程度上只属于过去(当然,它们也与未来相关,我们也会讨论)。

达到这种高度不平等的第二种方式相对较新,这主要是美国在过去几十年间创造的。这里我们看到,非常高的收入不平等可能是一个"超级精英社会"(社会上层人士喜欢被称为超级精英)的结果。人们也可以称之为"超级明星社会"(也可以用"超级经理"这个有些不同的称谓)。换言之,这是一个不平等的社会,但是收入层级顶端是非常高的劳动收入而非继承财富收入。我要澄清一下,我不是在判断这样的社会是否应该称为"超级精英社会"。毫无疑问,这种社会的胜利者希望这样描述社会层级,他们有时也能这样说服一些失败者。然而,出于当前这个目的，超级精英不是假设，而是一个可能的分析结论，当然，相反的结论也同样是可能的。我将在后面进行分析，美国劳动收入不平等的加剧在多大程度上遵循了"精英"逻辑（只是在能回答这一复杂问题的范围内）。

这个时候，人们完全可以说，我对两种超级不平等社会所做的对比（食利者社会和超级经理社会）是天真和牵强的。这两种社会是可以共存的：一个人不能既是超级经理又是食利者，美国当前的财富集中度高于欧洲，这个事实也表明当下的美国可能就是这种情况。当然，没有什么可以阻挡超级经理的子女成为食利者。实际上，我们发现这两种逻辑在每个社会都起作用。不过，不止一种方式可以促成这种程度的不平等，美国当下主要的特征是：前所未有的劳动收入不平等（可能高于世界上过去任何时间、任何地方的任何社会，包括那些技能差距非常大的社会）以及与传统社会或1900~1910年间欧洲相比不太极端的财富不平等。因此非常重要的是，要了解这两种逻辑各自发展的条件，同时不要忘记，它们可能在未来这个世界相互补充，共同发挥作用。如果是这种情况，未来将出现一个新的不平等世界，比以前的任何社会都更极端。[21]

综合指标的问题

在对不平等的历史演变进行国别考察以回答上述问题之前，还需要讨论几个方法论问题。尤其是，表7.1~表7.3给出了不同分配方式的基尼系数。基尼系数是一个比较常用的评估不平等的综合指标，经常出现于官方报告和公共辩论中。按照设计，它在0~1之间浮动：完全平等时等于0，绝对不平等时等于1，即一个人数非常少的人群占有所有资源。

实际上，在现实社会的劳动收入分配中，基尼系数在 0.2~0.4 之间浮动；在资本所有权分配中，基本系数在 0.6~0.9 之间浮动；收入不平等方面，基尼系数在 0.3~0.5 之间浮动。20 世纪七八十年代的斯堪的纳维亚国家，劳动收入分配的基尼系数是 0.19，离绝对平等不远了。相反，"美好年代"的欧洲财富分配的基尼系数则为 0.85，距绝对不平等不远。[22]

这些系数（还有其他指标，如泰尔指数）有时有用，但也带来了许多问题。它们旨在用一个数值指数就概括一种分配方式中所有有关不平等的信息：财富层级中底层与中间的不平等，中间与上层的不平等，上层与顶层的不平等。这乍看之下非常简单明了，很吸引人，但难免让人误入歧途。其实，如果不过度简化或者把不同事物混为一谈，就不可能用单维指数来概述多维的现实。在分配的不同层面上，社会现实和经济政治不平等的重要性非常不同，对它们进行区别分析非常重要。此外，基尼系数和其他综合指标常常把劳动不平等和资本不平等混淆起来，虽然在这两种情况下起作用的经济机制不同，不平等的一般理由也不相同。由于上述原因，我认为用分配表来分析不平等，比基尼系数等综合指标更好。分配表显示了收入和财富金字塔各自最顶端 10% 和 1% 人群在总收入和总财富中的比重。

分配表也非常有价值，因为它会使人注意组成当前层级的各个社会群体的收入和财富水平。这些层级用现金数量（或占某国平均收入和财富水平的比重）来表示，而不是难以理解的人为统计指标。分配表让我们更具体直观地了解社会不平等，也能充分认识研究这些问题所使用的数据及其局限性。相比之下，基尼系数等统计指数让我们抽象而乏味地看待不平等，人们难以找到他们在当前层级中的位置（这是一个有用的练习，尤其是一个属于最上层 1% 的人却常常忘记这一点，经济学家就经常这样）。指数经常掩盖数据的反常和矛盾现象，或者来自不同国家、不同时期的数据无法直接比较（例如，因为分配顶端的情况被删节，或者因为某些国家的资本收入被遗漏）。使用分配表迫使我们必须前后一致、更加透明。

官方出版物的贞洁面纱

经合组织或国家统计部门发布的官方不平等报告，时常提及十分位比等综合指数。出于同样的原因，在使用这些指数时必须十分小心。最经常使用的十分位比是P90/P10，即收入分配中前10%人群的平均收入与最后10%人群的平均收入的比值。[23] 例如，一个人的收入超过每月5 000欧元才能跻身收入分配的最上层10%，不超过每月1 000欧元就属于最底层10%，那么十分位比值就是5。

此类指数是有用的。获得分配完整形态的更多信息总是有价值的。然而，人们应该记住，从结构上讲，这些比率完全忽视了最上层10%的分配演变情况。具体而言，不管P90/P10的比值是多少，收入或财富分配的最上层10%可能总是占有总额的20%（比如20世纪七八十年代斯堪的纳维亚国家的收入情况）、50%（2010年以来美国）或者90%（如"美好年代"欧洲的财富状况）。这些数字是由国际组织或国家统计部门统计的，然而，查阅它们的出版物，我们了解不到这些情况。它们通常关注的那些有意忽视分配最上层情况的指数，并且不提及最上层10%的收入或财富状况。

这一做法有其理由，一般是因为可用数据"不完善"。这是有道理的，但通过使用WTID中以有限手段收集的历史数据，这些困难可以克服。这项工作已经开始缓慢地改变事情的处理方式。其实，决定使用忽视最顶端情况的方法论很难说是出于公心：国家和国际机构的官方报告本来是为了告诉公众收入和财富分配的真实情况，但实际上他们经常人为地给出不平等的乐观图景。这就好像1789年法国政府的官方不平等报告故意忽视顶层10%人口的所有情况（一个5~10倍于当时所有贵族人数的人群），理由是这太复杂了，不能说明任何情况。这样的做法反而更加令人遗憾，因为其必然让官方统计数字和统计人员更不可信，而不是缓解社会的不安情绪。

相反，很大程度上由于人为原因，十分位比有时会相当高。以资本所有权的分配为例：最底层50%人群一般接近一无所有。取决于所测算的财富有多么少（比如是否计入耐用品和债务），对收入层级中最后10%这一门槛的确切位置，人们显然可以得出非常不同的结果：对于相同的社会现实，人们可以将其设定为100欧元、1 000欧元甚至10 000欧元，结果没有太大不同，但取决于具体的国家和时期，可以得出非常不同的十分位比，即使财富分配的最底层半数人口依然只占有总财富的不到5%。劳动收入分配多少也是这种情况：取决于如何对待替代收入和短期工作报酬（比如使用每周、每月、每年还是每10年的平均收入），人们可以得出非常不同的P10门槛（和十分位比），即使劳动收入分配最底层50%实际上占有相当稳定的劳动收入比重。[24]

为什么我更愿意像表7.1~表7.3那样去研究分配情况，这也许是一个主要原因，也就是说，强调不同人群占有的收入和财富比重，尤其是每个社会最底层半数人口和最上层10%，而不是纠结于确定某个百分位数的门槛水平。比重值比十分位比能展示更为稳定的现实图景。

回到"社会表格"和政治算术

我认为，我在本章中考察的分配表是研究财富分配的最佳工具，远比综合指标和十分位比可靠。上述分析就是我的理由。

此外，我认为这一方法与国民收入核算方法更为一致。既然多数国家的国民收入核算可以让我们测算每年的国民收入和财富（以及平均收入和财富，因为人口统计来源让我们更容易获得人口数字），那么下一步便是按十分位数和百分位数来细分这些总收入和财富数字。许多报告建议国民收入核算应按这种方式来改善和"人性化"，但迄今没有什么进展。[25] 把人口细分成最贫穷50%、中间的40%和最富裕10%，是朝着这个方向迈出的有益一步。尤其是，这个办法可让任何一位观察家看到，不同社会人群实际获得的收入是否或多大程度上反映了国内产值和国民收入的增长。例如，只有知道流向最上层10%人群的财富比重，我们才能确定增长的成果有多大比例被最上端获得。基尼系数和十分位比都不可能清晰准确地回答这个问题。

最后我还要补充一点，我所推荐使用的分配表在某些方面与18世纪、19世纪初风行一时的"社会表格"非常相似。这些社会表格首先在17世纪末的英国和法国推出，在启蒙时期的法国得到广泛使用、改善和评论，例如狄德罗《百科全书》中关于"政治算术"的备受称赞的文章。社会表格的最初版本由格雷戈里·金于1688年创立，法国大革命前夕的艾克斯比利和伊斯纳尔、拿破仑时期的帕切特、科尔昆和布洛杰特编撰了详尽的范例。他们的目标一直是提供全面的社会结构视角：他们列出了贵族、资产阶级、绅士、工匠、农民等的数量及其收入评估（有时是财富）。这一批作者还编撰了最早的国民收入和财富评估。然而，这些表格与我的分配表有一个重要区别：旧的社会表格使用了他们那个时代的社会分类，而且没有试图用十分位数和百分位数来确定财富和收入分配状况。[26]

不过，社会表格强调不同社会层级（尤其是不同的精英阶层）的国民财富比重，试图描绘不平等的生动一面。在这方面，它们和我使用的方法显然非常相似。同时，在实质上，社会表格与基尼、帕累托对不平等的统计测算方法迥然不同。后者方法简单，未考虑时间因素，在 20 世纪广泛使用，常常试图弱化财富分配的差距。人们测度不平等的方法从来都不是不偏不倚的。

第八章　两个世界

行文至此，我已经精准界定了下文所要用到的诸多概念，也介绍了各个不同的现实社会中劳动和资本导致的不平等达到的大致数量级。现在是时候考察一下世界各国不平等的历史演变情况了。自19世纪以来，不平等的结构发生了怎样的变化？原因何在？1914~1945年间的一系列冲击对于缩小不平等差距起到了至关重要的作用，但这种缩小绝不是一个和谐或自发的进程。自1970年以来，世界各地不平等程度的扩大不尽相同，这再次表明了体制和政治因素在其中发挥的关键性作用。

一个简单例子：20世纪法国不平等程度的缩小

我们首先来详细考察一下法国的不平等，这些都是有据可查的（多亏拥有一个现成且丰富的史料库）。同时，法国的情况也是相对简单和直接的（其直接简明的程度与不平等的演变历史可能达到的程度相当），更为重要的是，它也广泛代表了在其他若干欧洲国家所观察到的演变。这里的欧洲指的是欧洲大陆，因为英国的情况在某些方面介于欧洲和美国之间。欧洲大陆的演化模式在很大程度上也代表着日本的情况。继法国之后,本文将转而分析美国,并最终扩展到可获得充足历史数据的整个发达国家和新兴经济体。

图8.1描绘了前10%人群的收入占国民收入和工资收入的比重随时间演变的情况。可以发现,有三个事实性的特征凸显出来。

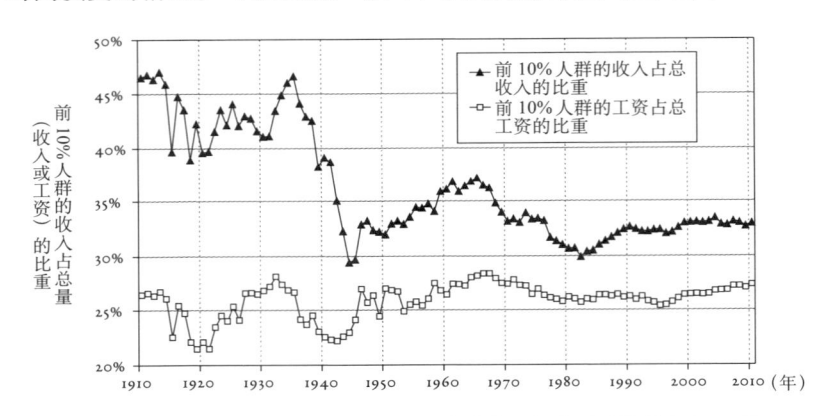

法国整体收入(包括劳动收入和资本收入)的不平等程度在20世纪下降了,而工资收入的不平等程度则维持了原状。

图8.1 1910~2010年法国收入不平等状况

资料来源:piketty.pse.ens.fr/capital21c

第一,自"美好年代"以来,法国的收入不平等程度大幅缩小:前10%人群的收入占国民收入的比重从"一战"前的45%~50%,降到了今天的30%~35%。

这15个百分点的下降不容小觑,这意味着每年流向最富有10%人口的产出比重减少了1/3,而流向另外90%人口的比重增加了1/3。请注意,这一规模已经大致等于"美好年代"处于底层的那一半人口所得收入的3/4,比他们今天所得收入的1/2还要多。[1]另外还要注意,本书的这一部分考察的是原始收入(即在税收和转移支付之前的收入)

的不平等状况，而在第四部分，我将阐释税收和转移支付是如何更进一步降低不平等程度的。需要明确的是，不平等程度缩小这一事实，并不意味着我们当前已经生活在一个均等化的社会里。它主要反映出的事实是，"美好年代"时期的社会是极其不平等的——实际上，那是整个历史中最不平等的社会阶段之一。这一不平等现象的表现形式以及它的形成方式，我认为是不容易为当今时代所接受的。

第二，20世纪进程中收入不平等程度的显著缩小，完全来自上层人群资本收入的减少。假使我们不考虑资本收入，而只关注工资收入的不平等状况，我们也会发现分配在长期来看是相当稳定的。21世纪伊始的10年，和20世纪的第二个10年一样，工资收入最高的10%人口的收入占到总工资收入的25%。相关资料也显示，处于收入分配最底层的群体，其工资不平等程度也是长期稳定的。例如，工资收入处于底层的那一半人口始终可以占到总工资收入的25%~30%（以至于这一群体成员的平均工资达到总体平均工资的50%~60%），而且没有明显的长期趋势。[2] 在过去的100年里，工资水平显然已经发生了巨大变化，劳动力的结构和技能也已完全改变，然而工资层级状况却没有发生多少变化。如果上层人群的资本收入没有下降的话，20世纪的收入不平等程度也就不会减小。

我们沿着社会阶层的阶梯向上进行考察，这一事实特征就会变得更加明显。我们特别来看一下收入最高的1%人群的演变情况（见图8.2）。[3] 与不平等程度最高的"美好年代"相比，20世纪法国最高1%人口的收入占总收入的比重简直可以称为"坍塌式"下降，从1900~1910年的超过20%降到了2000~2010年的8%或9%。这意味着100年里下降了超过一半，实际已接近2/3。如果我们看一下20世纪80年代初的曲线低点，就会发现那个时间段最高1%的收入只占国民收入的7%。

同样，这种"坍塌式"下降完全可归因于从资本获得的超高收入的减少（或者可以大致称为食利者的衰落）。单看工资，我们就会发现收入前1%人群的工资收入占总工资收入的比重几乎长期稳定在6%或7%的水平。在"一战"前夕，收入不平等程度（以最高1%人群的收入比重来计算）是工资不平等程度的近3倍；而今天，收入不平等程度只相当于原本的1/3略高，与工资不平等程度大致相当。这一程度已经低到可能会让人错误地猜想：从资本获得的高收入几乎已经消失殆尽了（见图8.2）。

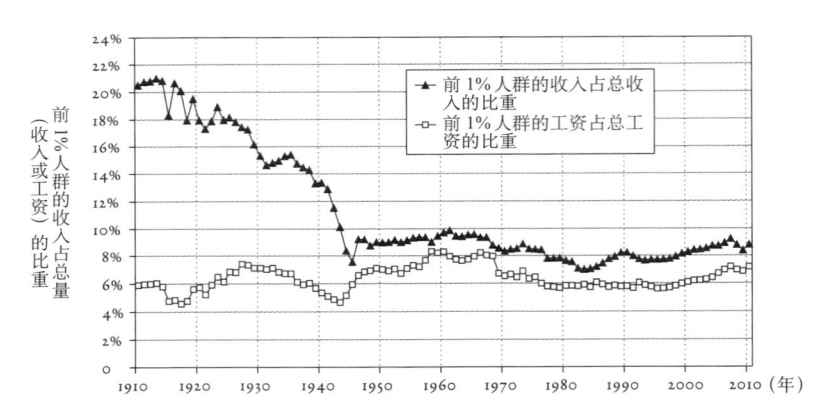

法国1914~1945年收入最高的1%人群收入比重的下降源于他们最高资本收入的下降。

图8.2　1910~2010年法国食利者的衰落

资料来源：piketty.pse.ens.fr/capital21c

综上所述，法国20世纪不平等程度的缩小，主要可由食利者的衰落和从资本获得的超高收入的"坍塌式"下降来解释。长期来看，似乎不平等并未呈现出普遍结构性缩小（尤其是工资收入不平等程度的缩小），这与库兹涅茨理论的乐观推测相反。

在财富分配的历史动态特征这一问题上，此处为我们揭示出一个根本性教训，也毫无疑问是 20 世纪给我们上的最重要一课。当我们进一步了解到上述事实在所有发达国家大致相同、仅存微小差异时，这一教训就显得越发正确了。

不平等的历史：一部混沌的政治史

图 8.1 和图 8.2 展现出的第三个重要事实是，不平等的演化历史不是一条漫长而宁静的河流，中间有很多迂回曲折，当然也并非难以阻挡、按部就班地趋于"自然"均衡点。在法国以及其他地区，不平等的历史始终是混乱的、具有政治性的，它受到骤发性社会变革的影响，不仅仅由经济因素主导，还由社会、政治、军事和文化现象等多方面的因素所驱动。社会经济状况的不平等，即社会各群体间收入和财富的差异，通常既是其他领域发展的原因，也是其他领域发展的结果，所有这些分析的维度难解难分地交织在一起。因此，财富分配的历史可以从更一般意义上诠释一国的历史。

在法国的例子中，我们惊奇地看到，收入不平等的缩小很大程度上集中在一个非常特殊的时期：1914~1945 年。前 10% 和前 1% 人群的收入占总收入的比重于"二战"后跌至谷底，并且似乎再也没有从战争年代的极端暴力冲击中恢复过来（见图 8.1 和图 8.2）。在很大程度上，是战争的混乱以及相伴而生的经济及政治冲击，拉低了 20 世纪以来的不平等程度。不存在循序渐进、协商一致和无冲突的演变方式来推动实现较大程度的平等。在 20 世纪，抹掉过去、推动社会重新洗牌、万象更新的是战争，而不是和谐民主或经济的理性行动。

这些冲击包括什么呢？我在本书第二部分已做了讨论，包括两次世界大战造成的破坏，还有"大萧条"引发的破产，最为重要的是，包括这一时期颁布的新公共政策（从租金管制到国有化，以及以通胀推动那些依靠政府债务为生的食利阶层的自然消亡)。所有这些冲击都引发了1914~1945年资本/收入比的大幅下滑和资本收入占国民收入比重的显著下降。然而,资本远比劳动力集中,在前10%人群中资本收入的比重更高(在前1%人群中尤其如此)。因此,以下事实也就不足为奇了:1914~1945年对资本尤其是私人资本的诸多冲击,降低了前10%人群(以及前1%人群)的收入比重,最终导致收入不平等显著缩小。

法国自1914年起对收入征税(参议院从19世纪90年代以来一直阻挠这项改革,直到1914年7月15日,宣战前几周,他们才在极其紧张的氛围下最终通过了这一法案)。出于这一原因,我们很遗憾无法拥有这一日期之前关于收入细分结构的年度数据。在20世纪伊始的10年,基于开征一般性所得税的预期,人们对收入分配做了大量的估算,以预测这可能带来多少税收收入。因而,我们对"美好年代"的收入集中程度有个大致的认识。不过,这些估算数据并不足以支撑我们对"一战"产生的冲击做出历史性估计(为达到这一点,所得税必须提早几十年开征)。[4] 幸运的是,房产税自1791年就已开征,相关数据有助于我们研究19、20世纪财富分配的演变情况,也能够确认1914~1945年的冲击在其中发挥的核心作用。但这些数据显示,恰恰相反,"一战"前夕资本所有权的集中度并没有任何自然下降的趋势。从同一数据来源我们也可得知,1900~1910年资本收入在最高1%人群的收入中占据了绝大部分比重。

从"食利者社会"到"经理人社会"

1932年,尽管处于经济危机之中,资本收入仍然是收入分布中最高0.5%人群的主要收入来源(见图8.3)。[5] 但是,审视现今最高收入

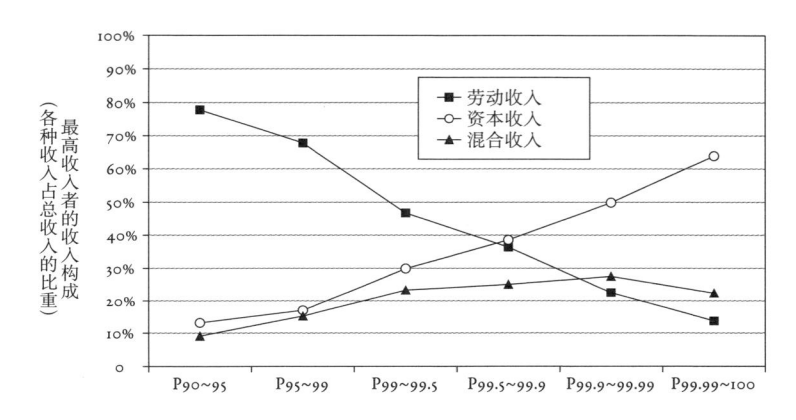

随着个体在总收入前 10% 人群中的地位不断提升，劳动收入变得越来越不重要。

图 8.3　1932 年法国最高收入的构成

注：(1)"P90~95"包括第 90 百分位到第 95 百分位的个体，"P95~99"包括了这之后的 4 个百分点，"P99~99.5"包括了再之后的 0.5 个百分点，以此类推。(2) 劳动收入包括工资、奖金、养老金，资本收入包括股息、利息、租金，混合收入指个体经营者所得。

资料来源：piketty.pse.ens.fr/capital21c

群组的收入构成时，我们就会发现情况已经发生了意义深远的变化。可以肯定的是，今天和过去一样，随着收入阶层的逐步提升，劳动收入的地位逐步削弱，而在收入分布的最高 1% 和 1‰ 中，资本收入越来越占主导地位——这一结构性特征并没有改变。然而，这里存在一个关键的区别：当前人们必须爬到更高的社会阶层上，才能让资本收入超过劳动收入。目前，资本收入超过劳动收入只存在于收入分布中最高 0.1% 的人群中（见图 8.4）。而在 1932 年，具有同样特征的社会群组的人数是现在的 5 倍，在"美好年代"则高达 10 倍。

毫无疑问，这是一个显著的变化。最高 1% 人群在任何一个社会都占据很突出的地位，构筑了一个社会的经济政治格局，而最高 1‰ 人群在这一点上就稍逊一筹了。[6] 虽然这只是一个程度问题，但却很重要：很多时候，量变会引发质变。这种变化也解释了为什么今天流向最高 1% 人群的收入比重并不比流向他们的工资比重高出多少：资本收入只在最高 1‰ 人群乃至 0.1‰ 中发挥决定性作用。在整个前 1% 人群中，其影响相对较小。

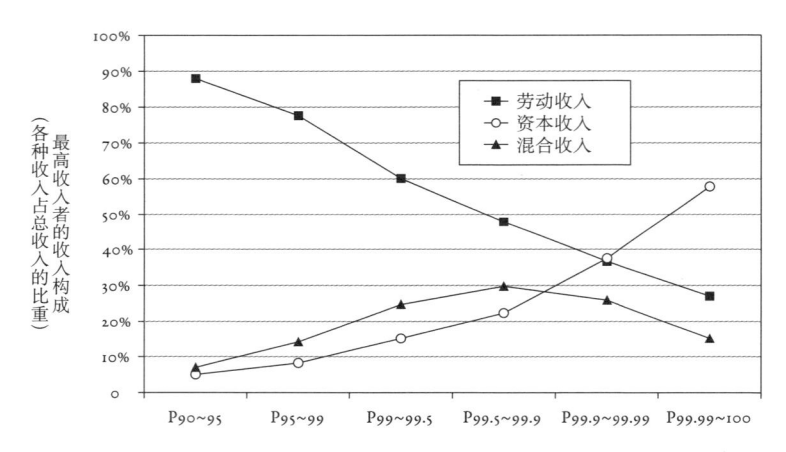

2005 年的法国，前 0.1% 人群中资本收入逐渐成为主导收入，而 1932 年则对应的是最高 0.5%。

图 8.4　2005 年法国最高收入的构成

资料来源：piketty.pse.ens.fr/capital21c

在很大程度上，我们已经从"食利者社会"走向了"经理人社会"，也就是说，从一个由食利者（拥有足够的资本，从而可以靠他们的财富产生的年收入为生的群体）占最高 1% 的社会，转向一个最高收入层级（包括前 1%）主要由那些靠劳动收入为生的高薪个体构成的社会。也可以更准确地说（如果不是那么积极的话），我们已经从一个超级食利者社会走向一个不那么极端化的食利者社会，新的社会在靠劳动获得成功和靠资本获得成功之间更好地保持了平衡。这很重要，但是必须要明白，至少在法国，这一巨大变动的发生并不是由于工资层级的任何扩展（从世界范围看，这一工资层级已经长期保持了稳定：那些依赖劳动收入的个体的世界从来没有像很多人认为的那样同质化），而完全是由于高资本收入的减少。

小结：法国发生的故事就是食利者（十之八九）落后于经理人，而经理人也并没有跑在食利者前面。我们需要了解这种长期变化的原因，但这并不是一眼就能明白的，因为我在第二部分已经阐释过，资本/收入比近来又回到了"美好年代"的水平。1914~1945年食利者的衰落是故事中较为引人注目的部分，而为何食利者并未回到原来的水平才是更复杂的，在一定意义上也是更重要和更有趣的部分。众多结构性因素都有可能对"二战"以来的财富集中程度产生制约作用，而且时至今日，这些因素仍阻碍着"一战"前夕那种极端食利者社会的复活。针对收入和遗产的高累进税是我们很容易举出的因素（其中大部分在1920年之前并不存在）。然而，其他因素可能也发挥了显著且同等重要的作用。

"前10%"的不同世界

不过首先，我们要花些时间考察一下收入层级中前10%的内部构成，这一收入群组由差异化十分明显的小群组构成，各小群组之间的界限因时而异：资本收入原本主导了最高1%，但今天仅在最高1‰中占主导地位。更重要的是，前10%内部多种世界的共存，有助于我们理解数据资料所显现出的在短期以及中期经常出现的混乱演化过程。新税法要求填写的损益表确实是一个丰富的历史资料来源，尽管它们也存在许多不完善之处。有了这些资料的帮助，我们就可以精确地描述并分析收入分布顶层群组的多样性及其随时间的演变。我们很惊奇地发现，在拥有这种类型数据的所有国家，各个时期最高收入群组的收入构成特征均可用图 8.3 和图 8.4 中那些相互交叉的曲线（即法国 1932 年和 2005 年的情况）分别表示：随着人们在前 10% 中位置的不断提升，劳动收入比重总是迅速下降，而资本收入比重总是急剧上升。

前 10% 中较穷的那些人，才属于真正的经理人世界：80%~90% 的收入都来自劳动报酬。[7] 再看向上推移 4 个百分点的收入人群，劳动收入比重有了轻微下降，但仍毫无争议地居于主导地位，占到总收入的 70%~80%（见图 8.3 和图 8.4），这一点不仅适用于两次世界大战期间，在今天仍旧如此。在这个庞大的 "9%" 人群中（即前 10% 除了最高的 1% 中），我们发现个人主要是以劳动收入为生，包括私营部门的经理人和工程师，以及公共部门的高级官员和教师。这里的工资通常为社会平均工资的 2~3 倍：换句话说，如果社会平均工资是每月 2 000 欧元，那他们每个月就可挣到 4 000~6 000 欧元。

显然，在这一级别里，工作的类型及所需技能的水平也随时代发生了变化。在两次世界大战之间的年代，高中教师（甚至是小学中资历较深的教师）都归属于这 "9%" 人群，而今天我们必须要成为大学教授或研究员，而且最好是政府高官，才可实现这一目标。[8] 曾几何时，一个工头或熟练技工都几乎跨进了这一人群，而今天至少得是一个中层经理人，最好是拥有名牌大学或商学院学位的高级经理人。在收入分布的较低阶层上，情况也类似：曾经，收入最低的工薪阶层（通常只有社会平均工资的一半，比如平均工资是一个月 2 000 欧元，他们只有 1 000 欧元）是农场工人和家庭用人；后来，他们被相对缺乏技能的产业工人替代，多数是纺织和食品加工等行业的女工。这一现象在今天依然存在，但收入最低的工人现在都在服务业，如餐馆服务生或者商店店员（同样，多数是女性）。因而，在过去的一个世纪中，劳动力市场已经完全转型，但这么长时间过去了，市场上工资不平等的结构却几乎没有发生变化，在足够长的时间段里，前 10% 人群中的那"9%"人群以及最低50%人群在劳动收入比重上仍是大致相同的。

在那"9%"人群里，也有医生、律师、商人、餐馆老板以及其他自主创业者的身影。离那"1%"人群越近，他们的人数也越多。正如那条"混合收入"曲线所显示的那样（即不靠工资的劳动者的收入，包括劳动报酬，还有从商业资本中获得的收入，我在图8.3和图8.4中分别做了展示）。在最高1%的临界线附近，混合收入占到了总收入的20%~30%，但当我们朝前1%人群内不断推升时，这一比重就会下降，而纯资本收入（租金、利息和股息）则显然占据了主导地位。为了进入那"9%"，乃至上升到那"1%"中的末端——这意味着要获得平均水平4~5倍的收入（也就是说，如果社会平均收入是2 000欧元，要挣到每个月8 000~10 000欧元），选择成为一名医生、律师或是一个成功的餐馆老板，可能都是不错的策略，这与成为一家大公司高级管理者的选择几乎是同样常见的（实际上只有一半是常见的）。[9] 但要想达到最上层的"1%"，获得平均水平几十倍的收入（每年收入几十上百万欧元），上述策略可能难以奏效。只有拥有足够多资产的人，才更可能到达整个收入层级的顶端。[10]

有趣的是，只有在战争刚刚结束的年份里（在法国，分别是1919~1920年和1945~1946年），这一结构才会发生逆转：在前1%的上层人群中，混合收入的比重短暂超过了资本收入的比重。这显然反映出与战后重建紧密相连的新型财富的快速积累。[11]

综上所述，前1%人群内部也始终包含着两个非常不同的世界：在"9%"的人群里，劳动收入明显占主导地位，而在"1%"的人群里，资本收入变得越来越重要（或快或慢，或大或小，因时而异）。两个人群之间的过渡始终是循序渐进的，在人群边界上也是相互渗透的，但二者之间的差异却是清晰而系统性的。

例如，资本收入显然不是完全在"9%"人群的收入构成中绝迹，但它通常不是收入的主要来源，而只是一种补充。一位月收入 4 000 欧元的经理人，可能照样拥有一套公寓，每个月获得 1 000 欧元的租金（或是自住，因此每月不必支付 1 000 欧元的租金，这从金融视角上来看是一回事），那么她每月的总收入就是 5 000 欧元，其中 80% 是劳动收入，而 20% 为资本收入。事实上，劳动和资本之间的 80 ∶ 20 分配基本代表了"9%"人群的合理收入结构，两次世界大战期间是这样，今天也仍然如此。他们的部分资本收入也可能来自储蓄账户、人寿保险合约及金融投资，但不动产收入一般是最主要的。[12]

与此相反，在"1%"人群中，劳动收入逐步成为附属物，而资本收入不断增长变为收入的主要来源。另一个有趣的特征是，如果我们将资本收入进一步细分为土地及建筑物的租金收入和流动资本的股息及利息收入，会发现最高 10% 人群的资本收入中很大比重是来自后者（尤其是股息）。以法国为例，"9%"人群的资本收入比重在 1932 年和 2005 年均为 20%，而在最高 0.01% 人群里，这一数值却上升到了 60%。考虑上述两种情形，这种剧增完全可以用金融资产的收入（几乎都是股息的形式）来解释，而租金的比重保持在总收入的 10% 左右，在前 1% 中甚至出现了下降的势头。这种格局反映了一个事实，即大量的财富主要由金融资产（主要是基于合伙关系的股票和证券）所构成。

所得税申报单的局限性

尽管可以发现这么多有趣的特征，我却必须要强调，本章所采用的财税数据是存在一定局限性的。图 8.3 和图 8.4 仅是基于税务申报单中的资本收入数据。实际的资本收入被低估了，这有两方面的缘由，一是逃税问题（隐藏投资性收入要比隐匿工资容易得多，比如，使用国外的银行账户，只要这个国家没有与纳税者居住国开展合作即可），二是各种免税政策的存在，导致整个门类的资本收入可以合法地规避所得税（在法国以及其他地区，所得税原本是要涵盖所有类型的收入）。因为资本收入在最高 10% 人群收入中占有很大比重，仅以所得税申报表为依据的话就意味着资本收入存在低报情况，图 8.1 和图 8.2 中的最高 10% 和前 1% 人群的收入比重也就存在低估（对法国以及其他国家都是如此）。不管怎样，这些比重只是一种粗略估计，其意义（像所有的经济和社会统计一样）主要是作为一种数量级展示出大致情况，并且应该视为实际不平等程度的较低估计值。

以法国为例，我们可以将税务申报单上自主申报的收入与其他数据资料（如国民账户及其来源，可更直接地测量财富分配状况）相比较，估算一下我们的结果需要调整多少才能抵消资本收入的低报情况。结果表明，我们需要在资本收入占国民收入的比重上增加几个百分点（如果我们选择较高的逃税率估计值的话，可能要增加 5 个百分点，不过更符合现实的情况是增加 2~3 个百分点）。这一数量不可以忽略不计。换句话说，有关前 10% 人群的收入在国民收入中的比重，图 8.1 向我们展示的是，1900~1910 年为 45%~50%，到 2000~2010 年降到了 30%~35%，而实际情况是，"美好年代"毫无疑问接近 50%（甚至略高），而当前则比 35% 略高。[13] 不过，这种矫正并不会显著影响收入不平等的整体演化规律。即使近年来合法避税和非法逃税的机会不断增多（尤其是避税天堂的出现，我在后面将更进一步讨论），我们也必须记住，流动资本的收入在 20 世纪初以及两次世界大战之间已经是显著低报了。所有的迹象都表明，从确保遵守相关适用税法的举措上看，那个时代政府要求提供股息副本和利息券的做法，并不比今天的双边协议更有效。

类似地，我们可以据此假设，计入逃税及避税行为会使基于税务申报单数据得到的不平等水平，在不同时期加剧的幅度大致相同，因此，不会在实质上改变前面所展示的时间趋势和演变特征。

然而需要注意的是，我们尚未尝试将这一矫正方法以一种系统、一致的方式应用到不同国家。这是WTID的一个重大局限，其结果就是我们的数据低估（可能仅是略微低估）了1970年之后大多数国家不平等程度的扩大幅度，尤其是低估了资本收入在其中的作用。事实上，对于研究资本收入来讲，所得税申报单这一数据来源变得越来越不可靠，因而很有必要使用其他的补充性资料。这既包括宏观数据资料（比如在第二部分所使用的那些用来研究资本/收入比和资本—劳动划分动态过程的数据），也有微观数据资料（可以用来直接研究财富分配状况，我在接下来的章节也将使用到）。

另外，不同的资本税收法律也可能使国际比较产生偏差。一般来说，租金、利息和股息在不同国家是同等对待的。[14] 相比而言，各国在资本收益项目的处理上却有着显著的差异。比如，资本收益在法国税收数据中并未全部、连贯地记录（我将它们完全排除掉了），而美国相关的税收数据却对此记录完好。这就会带来很大的差异，因为资本收益（尤其是那些通过出售股票实现的收益）构成了资本收入的一种形式，而且该收入集中在最高收入人群（有时甚至比股息还高）。例如，如果图8.3和图8.4包括了资本收益，那么最高0.1‰人群的资本收入比重就不止60%，而很可能接近70%甚至80%（因年份而异）。[15] 因而，为了避免有偏差的比较，在有关美国的分析中，我会将包含资本收益与不含资本收益两种情况都列出来。

所得税申报单的另一个重大局限是，只反映了资本的收入，而没有包含资本的信息源。我们可以看到纳税人在特定时点上资本收入的多少，却不知道这种资本是通过继承得到，还是纳税人尽其一生靠劳动积累而来（或者来自其他资本）。换句话说，对资本收入来讲，即使不平等程度相同，事实上也反映了非常不同的情形，而如果我们局限于所得税申报数据，就难以对这些差异有所了解。总体来讲，高水平的资本收入通常对应着巨大的财富量，很难想象这些财富可以单纯地从劳动收入中积累而来（对于那些高级经理人也是如此）。我们有充足的理由相信财产继承在其中功劳巨大。然而，我们在接下的章节中将会看到，财产继承和储蓄积累的相对重要性随时代不断演变，这是一个值得深入研究的话题。同样，我需要使用那些可以直接支撑起财产继承问题讨论的数据资料。

两次世界大战之间的混乱

思考一下20世纪法国收入不平等的演变历程。1914~1945年，收入层级中前1%人群的收入比重差不多一直在下降，从1914年的20%逐渐降到1945年的仅剩7%（见图8.2）。这种稳定的下降态势，反映出这一时期资本（及资本收入）承受了长期而且实质上从未中断的一系列冲击。相比之下，收入层级中前10%人群收入比重的下降就不那么稳定了："一战"后显著下跌，但在20世纪20年代紧跟着一个不稳定的复苏，之后在1929~1935年出现了令人惊奇的急剧上升，随后1936~1938年又一次出现跳水式下降，"二战"期间则彻底崩溃。[16] 最终，前10%人群的国民收入比重从1914年的超过45%，降到了1944~1945年的不到30%。

纵观1914~1945年的情况发现，那两次下降非常一致：根据我的估算，前10%人群的收入比重下降了近18个百分点，而前1%人群的收入比重则下降了接近14个百分点。[17] 也就是说，1914~1945年"1%"人群自身就为不平等程度的下降贡献了大约3/4的力量，而"9%"人群则贡献了1/4。资本高度集中在"1%"人群手里，他们通常还持有风险更高的资产，从这一角度来看，上述结果不足为奇。

相比而言，在这一时期可观察到的差异性，乍一看倒是很让人吃惊：为何前10%人群的收入比重在1929年"大萧条"后急剧上升，而且至少持续到了1935年，而同一时期（尤其是在1929~1932年）前1%人群的收入比重却在下降？

事实上，如果我们更仔细地逐年审视数据，这些问题都可得到圆满的解释。重新回顾那个社会关系高度紧张的混乱的战争年代，我们可得到很多启发。为了弄明白到底发生了什么，我们必须意识到，"9%"人群和"1%"人群所依赖的收入来源是非常不同的。"1%"人群的绝大部分收入是资本收入，特别是利息和股息，主要由他们持有股票和债券的公司来支付。这正是"大萧条"时期前10%人群的收入比重骤然下跌的原因：因为经济崩溃了，利润下降了，一个接一个公司破产了。

与之相反，"9%"人群包括了很多经理人，他们恰恰是"大萧条"的极大受益者，至少和其他社会群体相比是这样的。与在他们手下工作的雇员相比，他们遭受的失业损失要小得多。特别是，他们从未经历过产业工人频繁遭受的半失业甚至完全失业的状况。与收入层级高于他们的人相比，他们在公司利润下滑中所受的影响也小得多。在"9%"人群内部，处于中间水平的公务员和教师的情况尤其不错，当时他们刚刚从1927~1931年行政部门津贴上涨中获益不少（要知道，政府雇员们，尤其是那些位于薪级标准顶端的群体，在"一战"中遭受了极大创伤，又被20世纪20年代初期的通货膨胀猛烈冲击）。这些中级雇员也免受失业风险，因而在1933年之前，公共部门的工资在名义上保持了稳定（在之后的1934~1935年，法国总理皮埃尔·赖伐尔力图降低公共部门开支时，名义工资也只是略微下降）。同时，私人部门的工资在 1929~1935 年下降了超过 50%。法国在此期间遭受的严重通货紧缩（1929~1935 年，随着贸易和生产的崩溃，价格下跌了 25%）在这一过程中起到了重要作用：足够幸运的保住工作和名义报酬的人们——以公务员为代表——在"大萧条"时期享受着购买力的提升，因为不断下跌的价格水平提高了他们的实际工资收入。此外，"9%"人群的资本收入通常是租金，它们是严格按名义价值进行计算的，也由于通缩的缘故实现了增长，所以这类收入来源的实际价值显著上升，而"1%"人群的股息收入却极度缩水。

基于所有这些原因，1929~1935 年，法国归于"9%"人群的国民收入比重很显著地上涨了，而且要比"1%"人群比重下降的幅度大得多，这就使整个前 10% 人群在国民收入中的比重提升了超过 5%（见图 8.1 和图 8.2）。然而，在人民阵线（Popular Front）执政时期，这一过程完全被逆转：由于《马蒂尼翁协定》的缘故，工人的工资飞速上涨，1936 年 9 月法郎贬值，引发了 1936~1938 年的通货膨胀，"9%"人群和前 10% 人群的收入比重都因此出现了下滑。[18]

上述讨论表明，将收入按百分位数和收入来源进行划分是很有意义的。如果我们只采用像基尼系数这样的综合指标来分析战争时期的动态过程，就根本无法探知到底发生了什么。我们将难以区分劳动收入和资本收入，也难以分辨短期和长期的变化。比如在法国，1914~1945 年的情形之所以如此复杂，主要是因为虽然总体趋势是相当清晰的（前 1% 人群收入的崩溃导致归于前 10% 人群的国民收入比重急剧下降），但 20 世纪二三十年代在总体趋势特征上叠加了不少较小的逆向趋势。我们在其他国家的战争年代也可发现类似的复杂性，通常具有与本国历史相关联的典型特性。例如，1933 年，罗斯福总统上台后，美国的通缩结束，因而法国 1936 年出现的反转在美国要提早到 1933 年。每一个国家的不平等历史都是政治性的，也都是混乱的。

时间尺度的冲突

　　一般来说，在研究收入和财富的分配动态问题上，区分不同的时间尺度是非常重要的。本书主要关注长期的演化特征，很多案例中的基本趋势无法放在少于三四十年甚至更长的时间尺度上予以理解。比如，"二战"以来欧洲的资本/收入比的结构性上涨，这是一个持续了近70年的过程，由于各种其他推动因素的叠加（也包括有效数据的缺失），这一特征在10年或20年之前可能很难被察觉。但在关注长期趋势的同时，一定不能忽略一个事实，那就是短期趋势也是存在的。可以肯定的是，短期趋势之间最终是相互平衡的，但是对于生活在其中的人们来说，短期趋势通常相当合理地成为那个时期最为突出的现实特征。确实，怎么可能不这样认为呢？这些短期趋势可以持续10~15年，乃至更长的时间，如果以人的一生来衡量，这已经足够长了。

　　法国和其他地区的不平等历史充满着短期和中期趋势，而且不仅仅是在混乱的战争年代。让我们来简单叙述一下法国历史上的主要片段。在两次世界大战期间，工资层级有所收缩，但每次战争结束后，工资收入的不平等就又回来了（先是20世纪20年代，然后是40年代后期，之后是50年代和60年代）。这些变动具有相当大的量级：归于前10%人群的工资总额的比重在每次战争中都下降了5个百分点，而在事后又回升了相同的幅度（见图8.1）。[19]工资差额不仅在公共部门减小了，在私人部门也是如此。每次战争时期的情况都是相同的：每次战争时期，经济活动减少，通货膨胀上升，实际工资和购买力开始下降。然而，工资层级底部人群的工资普遍是上涨的，与处于顶端的人群相比，他们多少能避免通胀之害。当通胀水平很高时，工资分配状况就会发生显著改变。那么为什么中低工资收入要比高工资收入能更好地随通胀调整？因为劳动者对社会正义和公平准则有着大致相同的认知，他们会努力防止本就不高的购买力过度下降，而要求更富裕的群体将自身需求推迟到战争结束之后。这一现象在公共部门的工资等级设定中十分明显，很可能在私人部门也大致相同，至少在某种程度上是这样。事实上，大量年轻的、相对缺乏技能的工人被引导进入了服务业（或到了战俘营），这可能也会提高中低工资劳动者在劳动力市场上的相对地位。

简言之，工资不平等的缩小在两次世界大战后的时期都出现了反转，甚至会让人们忘掉它曾经发生过。然而，对于曾生活在那些年代的劳动者来讲，工资分配状况的改变给他们留下了深刻印象。特别地，在公共和私人部门均出现了工资层级的恢复，这是战后几年最为重要的政治、社会和经济议题之一。

现在转向法国1945~2010年的不平等历史，我们可以发现存在三个明显的阶段：1945~1967年收入不平等急剧上升（前10%人群的收入比重从不到30%上升到36%~37%）；之后的1968~1983年又大幅下降（前10%人群的收入比重又降回到30%）；最后，1983年之后不平等程度稳步增长，2000~2010年前10%人群的收入比重又升到大约33%（见图8.1）。在前1%人群的工资不平等上，我们也发现了大致类似的变化特征（见图8.3和图8.4）。同样，各种各样的上升和下降或多或少是可以相互抵消的，因而研究者们很容易忽略这些变化，转而聚焦在1945~2010年这个长时段内的相对稳定特征之上。事实上，如果你只是对长时期的演变感兴趣，法国在20世纪里突出的变化特征可以简单归结为：1914~1945年工资收入不平等显著缩小，之后保持相对稳定。看待这一问题的每一种思路本身都是合理而重要的。据我看，牢记所有这些时间尺度是至关重要的，长期特征固然很重要，短期和中期也是如此。在第二部分（尤其是第六章）考察资本/收入比以及资本—劳动划分的演化时，我曾提及这一点。

一个比较有意思的发现是，资本—劳动划分与劳动收入不平等是同向发展的，因而二者在短期和中期是彼此强化的，但在长期就不一定了。例如，每次世界大战期间，资本收入在国民收入中的比重（以及资本/收入比）就会下降，工资不平等程度也会缩小。总体来讲，收入不平等倾向于"顺周期"演变（与经济周期同向波动，与"逆周期"变化相对）。在经济繁荣期，国民收入中的利润比重趋于上升，收入层级顶端人群的报酬（包括奖金和红利）通常要比中下层工人的工资增长得快。反过来，在经济放缓或衰退时期（战争是其中的一种极端表现形式），各种非经济类因素，尤其是政治因素，会使这些波动不完全依赖于经济周期。

1945~1967年法国不平等的大幅上升，正是在经济快速增长的背景下，资本收入比重以及工资不平等的急剧上升所致。政治局面在其中无疑起到了作用：整个国家的重心完全集中于战后重建上，减少不平等并非当前优先考虑之事，尤其是当战争期间不平等程度已经大大降低成为共识的时候。在20世纪50年代和60年代，经理人、工程师和其他技术人员的加薪速度，要比处于工资等级中下层的工人快得多，并且起初似乎没有人在意这一点。国家最低工资标准是在1950年建立的，但此后很少提升，远远落后于平均工资的增长。

1968年，事情发生了突然转变。"五月风暴"本身源于学生的不满情绪和一系列与工资问题几乎毫无关联的文化和社会问题（尽管很多人对20世纪50~60年代生产至上、牺牲均等的增长模式嗤之以鼻，但这在危机时期确实很有作用）。这场运动最直接的政治结果就是在工资上的作用：为结束危机，戴高乐政府签署了格勒纳勒协议，除其他事项外，将最低工资标准提升了20%。1970年，最低工资要依据平均工资进行正式的（可能是局部的）调整，但在1968~1983年，受到狂热的社会和政治氛围影响，政府不得不每年都大幅提升最低工资标准。最低工资的购买力在 1968~1983 年相应提高了超过 130%，而平均工资仅增长了约 50%，这就使得工资的不平等显著缩小。这种情况与之前时期相比是一种剧烈的、实质性的转变：最低工资的购买力在 1950~1968 年仅提高了 25%，而平均工资已经增长了一倍还多。[20] 受底层工资水平的急剧上涨带动，1968~1983 年的工资总额也大幅上升，超过了总产出的增速。这就解释了本书第二部分所指出的国民收入中资本收入比重的急剧降低，以及收入不平等大幅缩小的现象。

这一情况在 1982~1983 年发生了逆转。1981 年 5 月，新当选的法国社会党政府当然更偏好延续之前的态势，但这已经不是让最低工资标准增速达到平均工资两倍这么简单的问题了（尤其是当平均工资自身的增速也比产出的增速要快时）。因而，1982~1983 年，政府决定"节衣缩食"：工资冻结不再上涨，每年大幅提升最低工资标准的政策最终被抛弃。结果很快就显现出来：在 20 世纪 80 年代余下的年份里，国民收入中的利润比重飞速上涨，而工资不平等再次上升，收入不平等更甚（见图 8.1 和图 8.2）。这种突变像 1968 年一样剧烈，只不过方向相反。

20 世纪 80 年代以来法国不平等程度上升

对于法国在 1982~1983 年开启的不平等上升的新阶段，我们该如何来描述呢？从长远的视角看，我们很容易将其视为微观现象，认为这只不过是前期趋势的一个逆转，尤其是我们看到，到 1990 年前后，国民收入中的利润比重又回到了 1968 年 5 月前夕的水平。[21] 然而，这可能是一种错误认知，主要基于以下几个原因。首先，正如我在第二部分展示的那样，1966~1967 年的利润比重处于历史性高点，是"二战"结束后资本收入比重逐步恢复的结果。如果我们将租金与利润一并计入（而且确实应该计入）资本收入中，就会发现，在 20 世纪 90

年代和21世纪初,资本收入比重实际上是继续上涨的。要正确理解这一长期现象,就要将其放置在资本/收入比长期演变的背景下。到2010年,法国的资本/收入比几乎回到了"一战"前夕的水平。仅仅通过观察前10%人群收入比重的变化,不可能完全理解资本繁荣恢复的含义。这一方面是因为资本收入是少报了的,我们也就略微低估了顶端收入的增长;另一方面,真正的问题在于财富继承重新恢复了地位,这是一个长期的过程,此时才刚刚显示出其真实效应,只有通过直接研究继承财富本身的角色变化和重要性,才能正确地进行分析。

但这并不是全部。法国在20世纪90年代出现了一个让人吃惊的新现象:最高的薪水,尤其是付给大型企业和金融机构高管们的报酬达到了惊人的高度——不过法国暂时还没有美国那样惊人,但忽略这种新的变化同样是不应该的。前1%人群的工资比重,在20世纪80年代和90年代还不足6%,自90年代后期开始增长,2010年后达到了7.5%~8%。因此,在十多年的时间里上升了近30%,这当然是不容忽视的。如果我们沿着薪水和奖金层级向上推移来观察,会发现前0.1%和0.01%人群有着更大程度的增长,10年里购买力提升了50%以上。[22] 在低速增长和绝大多数工人购买力实际停滞的背景下,高收入者出现如此规模的提升不得不引起注意。此外,这一现象是全新的,我们必须通过国际视角来分析,以期正确地解释它。

更复杂的情况:美国不平等的转型

现在,让我们转而分析美国的情形。美国很引人注目,因为在过去几十年里一个被称为"超级经理人"的子人群首次在这里出现。我尽力证明了美国数据与法国数据的可比性。具体地讲,图8.1和图8.2展示的是法国数据,图8.5和图8.6则展示了美国同一指标的数据,

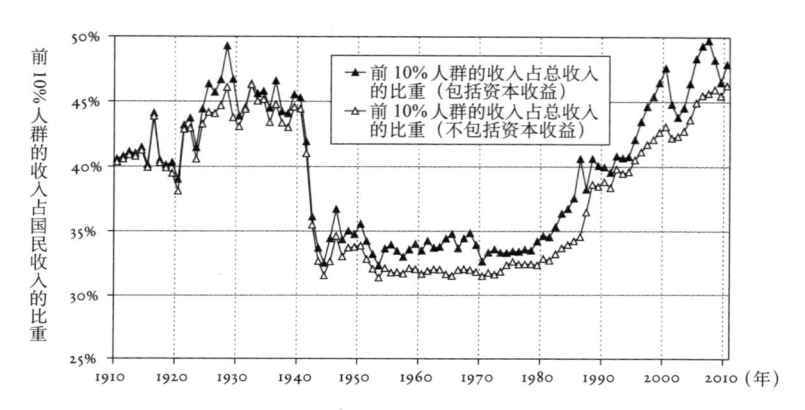

前10%人群的收入占总收入的比重在20世纪70年代不足35%,进入21世纪以后则上升到近50%。

图 8.5　1910~2010 年美国的收入不平等状况

资料来源：piketty.pse.ens.fr/capital21c

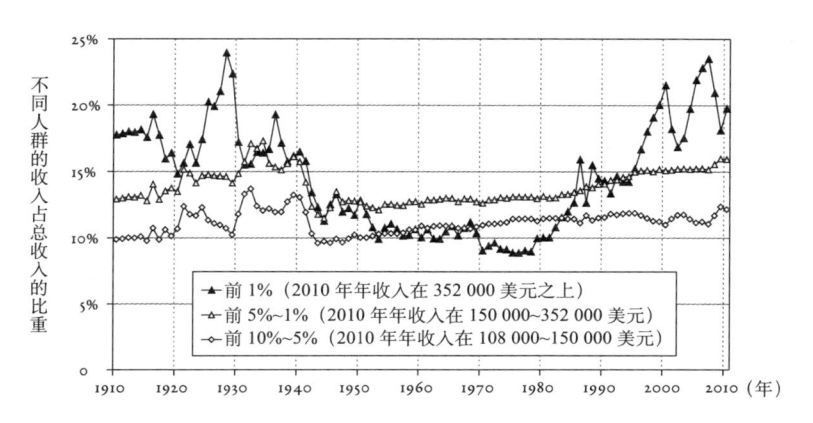

前10%人群的收入比重自20世纪70年代以来的上升,基本可归因于前1%人群。

图 8.6　1910~2010 年美国前 10% 人群的分化

资料来源：piketty.pse.ens.fr/capital21c

297

目的就是比较工资层级中前 10% 和前 1% 人群的收入比重的变化（在各自的第一张图中），以及比较工资层级本身的情况（在各自的第二张图中）。需要补充说明的是，美国在 1913 年结束了与最高法院的长期争论，开征联邦所得税。[23] 从美国所得税申报单中提取的数据在整体上与法国数据是可比的，尽管详尽程度略低。特别是，总收入可以从自 1913 年起的美国申报单推断得来，但我们并没有 1927 年之前劳动收入的单独信息。因而，美国 1927 年之前工资分配状况的数据可靠性稍差。[24]

比较法国和美国的变化轨迹，我们可以发现不少类似的特征，但也确实存在一些很重要的不同。我们首先考察前 10% 人群的收入比重的整体变化（见图 8.6）。令人吃惊的是，从 20 世纪初至今，美国的不平等程度变得明显高于法国（以及欧洲整体），尽管在这一时期的初始阶段美国比法国更为平等。美国的案例之所以复杂，就在于它的演化终点并没有简单回归起点：从量上来讲，2010 年美国的不平等和 20 世纪最初 10 年的旧欧洲一样都很高，但是不平等的结构是明显不同的。

接下来进行系统性阐释。首先，20 世纪初，欧洲的收入不平等程度要显著高于美国。根据我们整理的数据，1900~1910 年，美国前 10% 人群的收入在国民总收入中的比重略超过 40%，而法国为 45%~50%（英国很可能更高些）。这反映出两个不同点：一是，欧洲的资本/收入比更高，而且资本收入比重也更高；二是，在美国这片新大陆上，资本所有权的不平等可能没有那么极端。当然，这并不意味着，1900~1910 年的美国社会就体现出先驱们建设一个平等社会的美好理想。实际上，当时的美国社会已经很不平等了，其程度要比今天的欧洲高得多。你只要重新读一下亨利·詹姆斯，或是留意一下 1912 年乘坐"泰坦尼克号"进行奢华航行的霍克利（这一人物是现实存在的，而不只是停留在詹姆斯·卡梅隆的想象中），就会相信食利者社会除了巴黎和伦敦，也存在于20世纪初的波士顿、纽约和费城。不过，资本及其收入在美国的分配状况多少比法国和英国均等些。具体来讲，美国的食利者，在数量上要少于欧洲，在富裕程度上（和美国平均的生活标准相比）也不及欧洲。我之后会解释为何会这样。

然而，20世纪20年代，美国的收入不平等程度急剧上升，在1929年"大萧条"的前夕达到顶峰，此时超过50%的国民收入为前10%人群占有——比欧洲同期的水平略高，这是因为欧洲的资本自1914年起遭受了一连串的冲击。不过，美国的不平等与欧洲大不相同：在20世纪20年代股票市场风头正劲的时期，资本收益已经在美国高收入人群中占据决定性地位（见图8.5）。

在"大萧条"时期（"大萧条"对美国打击至深）和"二战"期间（美国整个国家被动员起来积极备战以及努力结束经济危机），收入不平等程度大幅缩小，在某些层面上这可与同时期欧洲的情形相比。确实，我们在第二部分就已看到，美国资本所受到的冲击绝对不容小觑：虽然不存在战争带来的物质破坏，但"大萧条"是一个主要冲击，紧随其后的是20世纪三四十年代由联邦政府大量征税带来的冲击。不过，将1910~1950年作为一个整体来看，我们会发现美国不平等程度的下降幅度要比法国（乃至欧洲）小得多。简言之，美国的不平等程度要高于欧洲，其在"一战"前夕处于一个较低的峰值，而到"二战"结束后降至低点。1914~1945年间的欧洲见证了食利者社会的消亡，但该情况在美国并未发生。

1980年后美国不平等的爆发

美国的收入不平等在1950~1980年间达到了最低谷：收入层级中的前10%人群占到了美国国民收入的30%~35%，与法国今天的水平大致相当。保罗·克鲁格曼恋旧地称之为"我们所钟爱的美国"——童年时期的美国。[25] 在20世纪60年代，即电视剧《广告狂人》描述的那个时期，也就是戴高乐将军时期（法国前10%人群的收入比重飞速增长，超过了35%），美国实际上是一个比法国更平等的社会，至少对美国白人来说是这样的。

然而，自1980年以来，美国的收入不平等就开始快速度扩大。前10%人群的收入比重从20世纪70年代的30%~35%，上涨到21世纪伊始的45%~50%——提升了15个百分点（见图8.5）。曲线的形状显得异常陡峭，人们很自然就会想到，这样的快速膨胀到底还能持续多久？例如，如果以这种节奏继续上涨，到2030年时前10%人群将会拥有国民收入的60%。

对于这种演变，我们有必要停下来做出几点说明。第一，回顾一下图8.5所展示的数据，和WTID中的所有数据一样，只是考虑了在所得税表格中的申报收入，并没有对任何由于各种合法和非法因素造成的资本收入低估进行矫正。鉴于美国国民账户中的总资本收入（特别是股息和利息收入）与税收表格中的申报数额之间的差距日益扩大，以及避税天堂的快速发展（收入以各种方式流向这些地方，大部分甚至不包含在国民账户中），很可能图8.5低估了前10%人群的收入比重的实际增长幅度。通过对多种可得资料的比较分析，可以估计，在2008年金融危机爆发前夕，前10%人群的收入略超过美国国民收入的50%，这种情况在2010年后再一次出现。[26]

另外，还要注意，在过去三四十年里，股市的狂飙和资本收益只能占到前10%人群的收入比重结构性上涨中的一部分。可以肯定的是，资本收益在2000年美国互联网泡沫时期达到了前所未有的高度，2007年也是如此：这两个时期，仅资本收益这一项就为前10%人群的收入占国民收入的比重增添了5个百分点，增幅是巨大的。之前的

第八章 两个世界

纪录发生在 1928 年，即 1929 年股市崩盘的前夕，那时也不过是 3 个百分点而已。但这种水平难以长期持续下去，这一点从图 8.5 上较大幅度的年度变化中可见一斑。股票市场上持续不断的短期波动，为前 10% 人群收入比重的变化增添了很多变数（当然对美国整体经济的波动也带来影响），但对于不平等的结构性扩张并没有多大影响。如果我们简单忽略掉资本收益（鉴于这种类型的收入在美国的重要性，这并不是一个令人满意的方法），仍会发现前 10% 人群收入比重的增量很大，20 世纪 70 年代为 32% 左右，2010 年上升到超过 46%，增加了 14 个百分点（见图 8.5）。20 世纪 70 年代，资本收益占国民收入的比重在 1~2 个百分点波动，到 2000~2010 年间在 2~3 个百分点左右（剔除最好和最坏的年份），因此结构性上涨在 1 个百分点左右：这并非完全不重要，但与前 10% 人群比重增加的 14 个百分点相比，这确实不算什么。[27]

通过考察不含资本收益的数据序列，我们可以更清晰地识别美国不平等扩大的结构性特征。事实上，从 20 世纪 70 年代末到 2010 年，前 10% 人群的收入比重（不含资本收益）的上涨表现得相对稳定乃至恒定：20 世纪 80 年代大致在 35% 的水平，到 90 年代达到 40%，到 21 世纪达到 45%（见图 8.5）。[28] 更引人注目的是，2010 年的水平（前 10% 人群收入占国民收入的比重已超过 46%，当然这剔除了资本收益）已经明显高于 2007 年金融危机爆发前夕的水平了，而且 2011~2012 年的早期数据显示，这种增长仍在持续。

至关重要的一点是：事实清晰表明，不能指望金融危机来结束美国不平等的结构性扩大。可以肯定的是，股市崩盘的直接后果是不平等的扩大总会随之变得更为缓慢，就像它总在股市繁荣时期扩大得更为迅速一样。2008~2009 年雷曼兄弟公司破产后，就像 2001~2002 年第一次互联网泡沫破灭之后一样，利用股市获利变得很难，事实上这

301

些年份的资本收益确实下降了。但是这些短期的波动并没有改变长期趋势,因为长期趋势是由其他因素决定的。我现在必须阐明这些因素的逻辑机制。

要做进一步的分析,我们很有必要将收入层级前10%的人群分解成三组:最富有的1%。紧接着的4%和底部的5%(见图8.6)。扩大的不平等大部分来自"1%",其占国民收入的比重从20世纪70年代的9%上升到2000~2010年的大约20%(资本收益的波动使年度之间存在较大差异),增加了11个百分点。诚然,底部的"5%"(2010年家庭年收入10.8万~15万美元)以及"4%"(收入为15万~35.2万美元)实际上也有所增加:前者占美国国民收入的比例从11%增加到12%(增长1个百分点),而后者从13%升至16%(增长3个百分点)。[29]很明显,这意味着自1980年以来,这些社会人群的收入增长大大高于美国经济的平均增长率,而且高出的程度不容小觑。

从事学术研究工作的美国经济学家也属于高收入人群,他们中的许多人认为,美国经济运行得相当不错,特别是它能准确而恰当地对个人才能和成就予以物质回报。这种反应是很好理解的。[30]但事实是,位于他们之上的社会人群更胜一筹:国民收入增长的15%归入前10%人群;大约11%,或者说总量的近3/4属于那"1%"(即那些在2010年收入超过352 000美元的人群);这其中又有大约一半归属于那"0.1%"(即年收入超过150万美元的人群)。[31]

不平等的扩大引发了金融危机?

正如我刚刚分析的,金融危机本身似乎并未对不平等的结构性上涨产生影响。那么是否存在反向因果关系呢?有没有可能是美国不平等程度的扩大助推了2008年的金融危机呢?美国前10%人群的国民

第八章 两个世界

收入比重在 20 世纪两次达到峰值，一次是在 1928 年（在 1929 年"大萧条"前夕），另一次是 2007 年（在 2008 年金融危机前夕），考虑到这些特征，出现上述疑问在所难免。

在我看来，美国收入不平等的扩大一定程度上会引发国家的金融不稳定，这是毫无疑问的。原因很简单：收入不平等扩大的一个后果是，美国中下阶层的购买力出现了实质停滞，这必然增大了一般家庭借债的可能性。特别是，那些不择手段的银行和金融中介机构慷慨地提供了日益增长的授信额度，因为它们免于监管并渴望从流通到体系中的巨额储蓄中赚取优厚的利息收入。[32]

为了支持这一论点，我们必须要注意到，1980 年以来，美国国民收入中有相当一部分（大约 15%）从最穷的 90% 人口转向了最富有的 10% 人口。具体地讲，如果我们考察一下危机发生前 30 年（即 1977~2007 年）美国经济的增长情况，就会发现最富有的 10% 人群占据了增长总额的 3/4，这一时期最富有的 1% 人群就独占了美国国民收入增长的近 60%。因此，对于底部的 90% 人群来说，收入增长率每年不足 0.5%。[33] 这些数字是无可争议的，但却很让人吃惊：当人们考虑收入不平等的基本合理性时，都应详细核对这些数字。[34] 很难想象，在社会群体之间如此极端分化的情况下，这个经济和社会如何能够持续运转下去。

很明显，如果收入不平等的扩大伴随着美国经济异常强劲的增长，情况将大大不同。然而不幸的是，事实并非如此。与过往几十年相比，美国经济增长更为缓慢，不平等的扩大导致中低收入者消费的实质停滞。

还要注意，这种在社会群体内部的收入转移规模（大约占美国国民收入的 15%）是美国 21 世纪初贸易赤字规模（大约占国民收入的 4%）的 4 倍。这种比较的意义在于，这一巨额贸易赤字（对应着中

303

国、日本和德国等的贸易盈余）经常被认为是造成"全球失衡"的关键因素，而这种不平衡又造成多年来美国乃至世界金融体系的不稳定，从而导致了2008年金融危机的发生。更为重要的是，要注意到美国的内部失衡是全球失衡的4倍。这提示我们，要探索很多问题的根源及应对措施，应更关注美国国内的因素，而不仅仅是将责任推给中国或其他国家。

综上所述，有人认为2008年金融危机，或者更一般意义上的全球金融体系长期不稳定的唯一原因或主要原因，是美国收入不平等的扩大，这种说法总体上是过头的。在我看来，造成这种不稳定的更为重要的原因是资本/收入比的结构性上升（在欧洲尤为如此），再加之国际资产头寸总量的巨额增长。[35]

超高薪水的崛起

我们现在来讨论美国不平等程度不断加深的原因。这主要是由工资不平等出现前所未有的上升所致，尤其是处于工资层级顶端群体（指大公司的高管们）的超高薪水的出现（见图8.7和图8.8）。

概括来说，美国的工资不平等在过去100年里发生了重大变化：20世纪20年代工资不平等逐步扩大，30年代相对稳定，之后的"二战"期间又急剧缩小。"急剧缩小"的阶段已经充分讨论了。美国战时劳工委员会在其中发挥了至关重要的作用。1941~1945年，该机构批准提高美国工资水平，而且这一提升大体上只针对最低收入阶层的劳动者。特别是，经理人的名义薪水被系统性地冻结，甚至到战争末期也只是温和提升。[36] 在20世纪50年代，美国的工资不平等稳定在一个相对较低的水平，也低于法国，比如前10%人群的收入比重约为25%，前1%人群的收入比重是5%~6%。之后，从20世纪70年代中

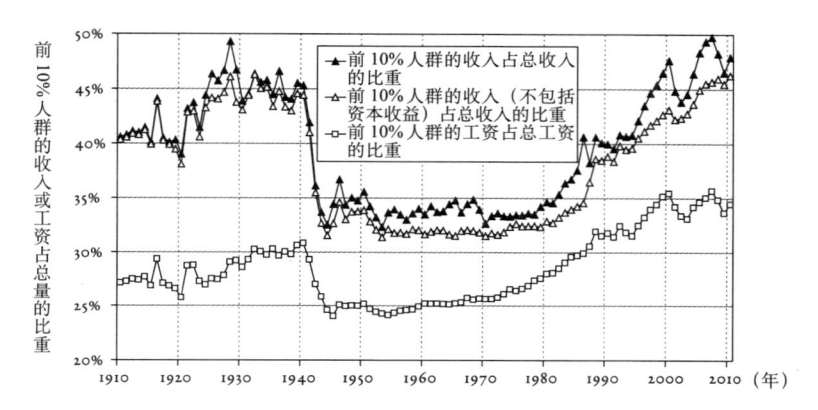

自20世纪70年代以来的收入不平等的上升，主要是因为工资不平等的扩大。

图 8.7　1910~2010 年美国的高收入和高工资

资料来源：piketty.pse.ens.fr/capital21c

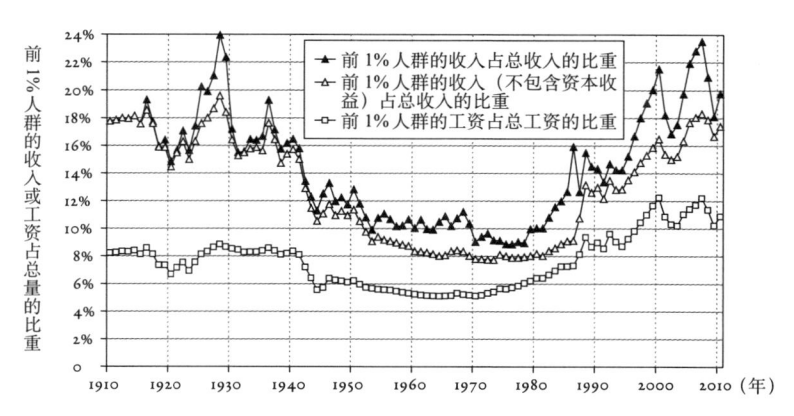

20世纪70年代以来，前1%人群的收入增加主要来自他们工资的增加。

图 8.8　美国"前1%"人群的变化

资料来源：piketty.pse.ens.fr/capital21c

期开始，前10%人群乃至前1%人群的劳动收入比重开始上升，增速比平均工资要快。总而言之，前10%人群的劳动收入比重从25%上升至35%。这10个百分点解释了前10%人群的总收入比重上涨了约2/3（见图8.7和图8.8）。

需要额外说明几点：第一，此次工资不平等的空前提升，似乎不能由个体职业生涯过程中增加的工资流动性来补偿。[37]这是显而易见的，人们通常拿更大的流动性作为理由，试图证明不平等程度的扩大并不是那么重要。实际上，如果每个人都可以在人生的一段时期里拥有很高的收入（比如，让每个人都有一年时间待在前1%人群里），那么在"高薪水"层次上的提高，并不一定意味着劳动收入的不平等（以一生来衡量）就真的扩大。常见的流动性的论调是很强大的，强大到经常无法去验证。但是对于美国的情况，政府的数据让我们在计算工资不平等的变化时可以将流动性考虑进来：我们可以计算长时期（10年、20年或是30年）个体水平的平均工资。我们发现在所有情形下工资不平等的扩大都是相同的，无论我们选择多长的时间期限。[38]换句话说，在麦当劳或是底特律汽车厂工作的人，从来没有当过一年的大公司高管，也没有做过芝加哥大学的教授或是来自加州的中层经理人。当然，我们可能靠直觉就能得知这一点，但在可执行的情况下，系统性地计算一下总是更好。

前1%人群中的共存现象

进一步讲，我们说工资不平等的空前提升解释了美国收入不平等扩大的大部分原因，但这并不意味着资本收入在其中毫无作用。不要认为资本收入不平等从美国社会层级顶端消失了，这种看法要趁早打消。

实际上，1980年以来资本收入不平等的大规模加剧，大约可以解释美国收入不平等扩大的 1/3，这一数量当然是不可忽略的。美国和法国乃至欧洲一样，无论过去还是现在，资本收入总是随着收入阶层的提升而变得越来越重要。时空上的差异体现为程度上的差异：尽管差异很大，但总体规律是一致的。正如爱德华·沃尔夫和阿吉特·撒迦利亚指出的那样，前 1% 人群总是包含了若干不同的社会群体，一部分拥有很高的资本收入，另一部分拥有很高的劳动收入，而且后者不能代替前者。[39]

在美国（情况和法国大致一样，但美国的程度更大些），现今和以往的不同之处是，我们必须爬到收入层级的更高位置，资本收入才占据主导。1929 年，资本收入（尤其是股息和资本收益）是收入层级前 1% 人群收入的主要来源（见图 8.9），而到了 2007 年，在前 0.1% 人群中这一情况才出现（见图 8.10）。同样，我必须强调的是，这与将资本收益纳入资本收入中是有关系的：如果剔除资本收益部分，即使是在收入层级最高的 0.01% 人群中，工资仍是主要的收入来源。[40]

最后需要申明的是（可能也是最重要的），高收入和高工资的增加主要反映的是"超级经理人"的出现，即大公司的高管，他们可努力从自身劳动中获得极高的、空前水平的薪酬待遇。如果我们只观察每一个上市公司中工资最高的 5 位高管（他们的薪酬待遇情况通常是公司年报中必须对外公布的），我们可能会很困惑地认为，只靠这些高管们并不足以解释美国超高收入所占比重的提升，也很难解释我们从所得税申报单中得到的演化情况。[41] 但事实是，在许多美国大公司里，可远不止 5 位高管位列于前 1% 人群中（2010 年时他们的收入高于 35.2 万美元）以及前 0.1% 人群（年收入高于 150 万美元）。

最近的研究将申报单上的收入与公司的薪酬记录匹配起来，据此可知，2000~2010 年前 0.1% 人群的绝大多数（60%~70%，这取决于你选择的范围）是由高管组成的。相比之下，各类运动员、演员和艺

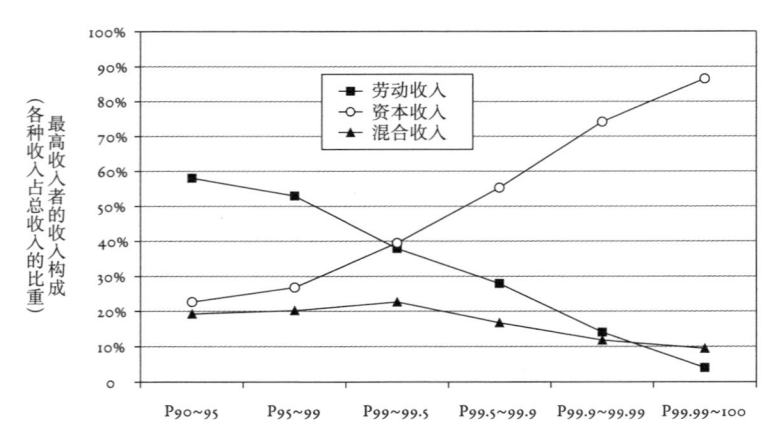

随着在前 10% 人群内部位置的不断提升，劳动收入变得越来越不重要。

图 8.9　1929 年美国最高收入的构成

资料来源：piketty.pse.ens.fr/capital21c

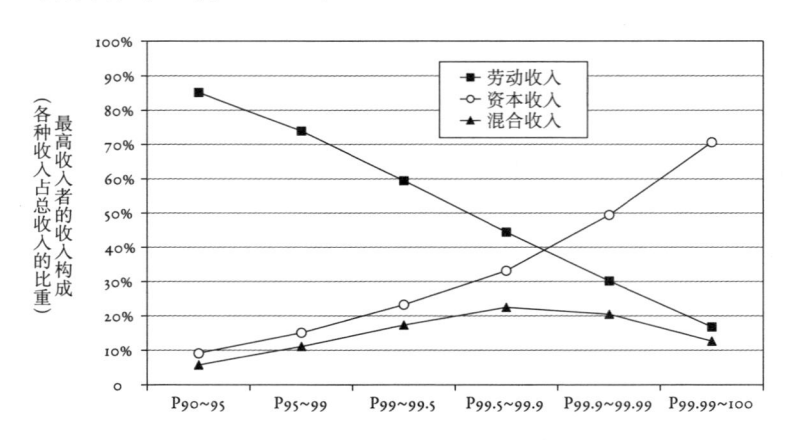

2007 年资本收入只在前 0.1% 人群中占主导地位，类似于 1929 年前 1% 人群的结构。

图 8.10　2007 年美国最高收入的构成

资料来源：piketty.pse.ens.fr/capital21c

家们只占到这个人群的不足5%。[42] 从这一意义上讲，美国新时代的不平等更大程度上归因于"超级经理人"而非"超级巨星"的涌现。[43]

同样有意思的是，金融行业从业者（包括银行和其他金融机构的经理人以及金融市场上的交易员）在超高收入群体中的比例是整个经济群体中的两倍（在前0.1%人群里大约占20%，而金融行业的产值占国内生产总值的比重不足10%）。然而，最高收入人群中80%的人并不在金融行业，高收入美国人比重的上升，是由金融行业以及非金融业大公司高管们飞速上涨的薪酬待遇共同导致的。

最后要注意的是，依照美国税法以及经济逻辑，我将所有的奖金、对高管们的其他奖励，以及股票期权的价值（在工资不平等的扩大中起到很大作用的一种报酬形式，如图8.9和图8.10所示）[44]，都包括在了工资收入里面。奖励、奖金以及股票期权的价格有着非常高的波动性，这就解释了2000~2010年最高收入为何会大幅波动。

第九章 劳动收入的不平等

至此，本书已介绍了20世纪初以来法国、美国收入和工资的演变，接下来我将进一步考察我们观察到的一些变化，并分析这些变化在多大程度上能够代表其他发达国家和新兴经济体的长期变化。

我将在本章首先考察劳动收入不平等的动态过程。是什么导致了1980年以后美国工资不平等的急剧扩大和超级经理人的兴起？更一般地说，什么因素使不同国家呈现出不同的历史演变特征？

在后续章节中，我将考察资本所有权分布的演变：20世纪初以来财富集中度是如何以及为何出现了普遍下降（尤其是在欧洲）？"世袭中产阶层"的出现是该问题的核心，因为它很大程度上解释了为什么20世纪上半叶收入不平等状况有所改善，以及为什么发达国家经历了从食利者社会向经理人社会的转变（或者，从不那么乐观的角度而言，从极端食利者社会向不那么极端食利者社会的转变）。

工资不平等：教育和技术赛跑理论？

为什么在某些社会和某些时期的收入不平等（尤其是工资不平等）

比另一些社会和另一些时期要严重呢？最为广泛接受的理论是教育和技术赛跑理论。恕我直言，该理论并不能解释一切。特别是，它无法对1980年后美国超级经理人的兴起和工资不平等给出令人满意的解释。不过，该理论确实为解释某些历史演变提供了有趣且重要的线索。因此，我将首先讨论该理论。

该理论基于两个假设：首先，工人的工资等于其边际生产率，即个体对其所在公司产出做出的贡献；其次，工人的生产率取决于其技能以及这一技能在特定社会条件下的供求状况。例如，在一个合格工程师稀缺的社会（即工程师的供给很低），技术的普及需要更多的工程师（即对工程师的需求很高），工程师的高需求和低供给很可能导致工程师的工资高企（相较其他工人而言），从而导致高薪的工程师和其他工人之间显著的工资不平等。

该理论在某些方面存在局限性且显得天真（事实上，工人的生产率并非一个印在脑门上的一成不变的客观数值，而且不同社会群体的相对力量往往对决定不同工人个体的工资起着核心作用）。不过，尽管这一理论简单甚至是过分简化了，它的价值正在于强调了对决定工资不平等起基础作用的两种社会经济力量，即技能的供给和需求，这两种力量在更复杂的理论中也起着重要作用。实际上，技能的供给主要由教育体系状况决定：接受各类教育的人数、教育（培训）的质量、课堂教学与适宜的专业经验的融合度等。技能的需求主要取决于用以生产社会所消费的产品和服务的技术状况。很显然，无论是否考虑其他因素，教育(培训)体系状况和技术状况这两种因素都起着至关重要的作用。至少，这两种因素影响着不同社会群体的相对力量。

教育（培训）体系状况和技术状况本身又取决于许多其他因素。公共政策、各类教育的选拔条件、教育的资金来源及方式、学生及其家庭的教育成本、继续教育的可获得性等因素共同塑造了教育体系。

技术进步则受到技术创新及其应用推广速度的影响。技术的进步通常会增加社会对新技能的需求，并创造出新的职业岗位。这就催生了教育和技术赛跑的观点：如果技能的供给跟不上技术发展的步伐，那些没有接受过足够先进培训的群体就不得不从事低价值的行当，挣得将越来越少——与劳动相关的收入不平等将会因此不断扩大。为避免这种情况发生，教育体系必须以足够快的速度增加新型培训，并让更多人掌握新技能。若要降低不平等程度，新技能供给（尤其是对受教育程度最低群体的新技能供给）需要以更快的速度增长。

以法国的工资不平等为例，如前文所述，法国的工资层级在很长一段历史时期内是十分稳定的。20世纪平均工资大幅增加，但前10%人群和底层10%人群之间的差距却没有发生多大变化。尽管教育体系在这一时期经历了大规模的民主化进程，但工资不平等现象却没有得到改善，原因何在呢？最自然的解释是，不同层次技能的进步速度相当，造成工资层级的不平等被简单地向上平移。原先仅完成小学教育的最底层群体沿着教育阶梯往上走了一级，先是完成初中教育，之后是高中教育；先前勉强完成高中教育的那部分人群现在继续大学教育或研究生教育。换言之，教育体系的民主化并未消除教育的不平等，因而不能缩小工资的不平等。假如没有教育的民主化，假如100年前那些仅完成小学教育的人（占当时人口的3/4）的后代仍不能接受更好的教育，那么劳动收入不平等，尤其是工资不平等，一定会大幅扩大。

现在再来看美国的情况。经济学家克劳迪娅·戈尔丁和劳伦斯·卡茨系统地比较了1890~2005年的两种演变特征：一方面是大学学历工人和高中学历工人之间的工资差距，另一方面是拥有大学学历人数的增长率。戈尔丁和卡茨得出的结论非常明确：这两条曲线往相反向运动。尤其是工资差距，20世纪70年代以前都在逐步缩小，但20世纪80年代突然开始扩大。差距开始扩大的精确时点，恰恰是在大学毕业生人数第一次出现增长停滞，以及大学毕业生人数的增长率较之前大幅降低的时候。[1] 戈尔丁和卡茨深信，美国工资的不平等源于美国未能充分投资高等教育。更确切地说，太多人未能获得必要的培训，这其中的部分原因是学费高昂让众多家庭难以承受。他们得出的结论是：为扭转这一趋势，美国应大力投资教育，让尽可能多的人上大学。

法国和美国的经验教训都指向同一个方向：长期来看，大力投资教育是降低劳动收入不平等、提高劳动生产率乃至提高经济整体增长的最好方式。若工资的购买力在100年间增长了5倍，这是因为劳动力的技能提高，加上技术进步，使人均产出增长了5倍。从长远来看，教育和技术是工资水平的决定性因素。

同样的道理，如果美国（或法国）加大对高质量职业培训和高等教育的投资，让更广泛的人群有更多的教育机会，这无疑将成为增加中低端人群收入、降低最高10%人群工资及收入比重的最有效的路径。各方面特征都显示：斯堪的纳维亚国家的工资不平等比其他地区更温和，这在很大程度上要归功于其教育的平等性和包容性。[2] 如何支付教育花费，尤其是支付高等教育花费，是21世纪各国面临的关键问题之一。但不幸的是，可用于研究美国和法国教育成本及教育机会的数据十分有限。两国都非常重视学校教育和职业教育在促进社会流动性中的重要作用。然而，对教育问题和精英主义的理论讨论是脱离现实的，尤其是脱离这一现实：知名学府更加倾向于招收来自社会特权阶层的学生。我将在第十三章进一步讨论这一点。

理论模型的局限：制度的角色

教育和技术在长期来看无疑起着至关重要的作用。然而，建立在工人工资完全由其边际生产率决定（也即主要由其技能决定）的观点之上的理论模型，在诸多方面存在局限性。我们暂且不讨论"仅投资于教育是不够的，因为现有技术有时并不能充分利用目前的技能供给"这一事实，也将"这一理论，至少在其最简化的形式上，体现了教育的工具性和功利性"放置一旁。正如医疗部门的目的不是为其他社会部门提供健康状况良好的工人一样，教育部门的主要目的也不是为其他经济部门输送职业工人。在任何人类社会，医疗和教育都具有这样的内在价值：享受健康的能力，同获取知识文化的能力一样，是文明社会的根本目的之一。[3] 我们可以尽情地想象这样一个理想社会：几乎所有任务均实现完全自动化，每个个体都拥有充分自由，去努力追求教育、文化和医疗等方面的成果，以实现自己及他人的利益。每个人都能轮番成为教师或学生、作者或读者、演员或观众、医生或病人。如第二章提到的，我们在某种程度上已经走在这条道路上了：现代经济增长的典型特征之一是教育、文化和医疗产业的产出及就业人口在总经济产出和总就业人口中占据较大比重。

在对未来理想社会充满期许的同时，让我们试着对现今的工资不平等有更深层次的理解。狭义来看，边际生产率理论的最大问题在于，它不能解释不同国家、不同时期工资分布状况的差异。为了理解工资不平等的动态演变，我们必须引入其他因素，诸如支配不同社会劳动力市场运行的制度和规则。与其他市场相比，劳动力市场在更大程度上不是一个全部由自然不变的机制和生硬的技术力量决定的抽象数学概念，而是一个建立在具体规则和妥协基础上的社会性架构。

在前面的章节中，我提到历史上的几个重要时期，其工资层级出现缩小和扩大的特征很难单纯地用技能的供求关系来解释。比如，"一战"和"二战"期间法国和美国出现的工资不平等程度的缩小是对公共部门和私人部门的工资标准进行谈判的结果，而某些特定机构（如为此专设的美国战时劳工委员会)在谈判中发挥了重要作用。同时我也让大家注意,最低工资的变化对解释1950年以来法国工资不平等演变的重要性,这包括三个明显的时间段:1950~1968年,最低工资很少调整而工资层级分布扩大的时期;1968~1983年,最低工资快速提高而工资不平等急剧缩小的时期;1983~2012年,最低工资增长相对缓慢而工资层级分布倾向于扩大的时期。[4] 2013年初,法国的最低工资达到每小时9.43欧元。

美国从1933年开始实施联邦最低工资制,几乎比法国早了20年。[5] 同法国一样,美国最低工资的变化在工资不平等演变中也扮演了重要角色。让人惊讶的是,以购买力衡量,最低工资达到购买力峰值是在半个世纪前,即1968年的每小时1.60美元(或者是以2013年价格计算的每小时10.10美元,已将1968~2013年的通货膨胀因素考虑在内),此时对应的失业率低于4%。在罗纳德·里根和乔治·H·W·布什总统执政的1980~1990年间,联邦最低工资固定在每小时3.35美元,导致考虑通货膨胀后的购买力出现显著下降。在比尔·克林顿执政的20世纪90年代,最低工资上调至每小时5.25美元,在乔治·W·布什执政期间保持在该水平不变,直至2008年奥巴马执政后才几次上调。2013年初,美国最低工资为每小时7.25美元(合6欧元),比法国同期最低工资水平低1/3,与20世纪80年代早期的情况正好相反(见图9.1)。[6] 奥巴马总统在2013年2月的国情咨文中宣布,其有意将2013~2016年最低工资标准提高至每小时9美元。[7]

紧随美国最低工资制度演变的是工资收入分配底层的不平等:工资分配最底层10%人群的工资与总体平均工资的差距在20世纪80年代显著扩大,在90年代缩小,并在21世纪头10年再次扩大。然而,工资收入分配顶端的不平等(工资最高的10%人群在工资收入总额中所占的比重)在此期间稳步扩大。显然,最低工资对底层人群有较大

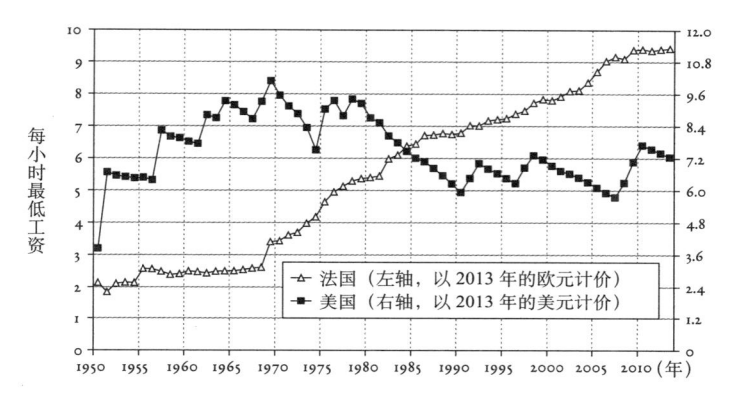

以2013年的购买力表示，美国每小时最低工资从1950年的3.80美元涨到2013年的7.30美元，而法国从2.10欧元涨到9.40欧元。

图9.1　1950~2013年法国和美国的最低工资

资料来源：piketty.pse.ens.fr/capital21c

影响，但对顶层人群的影响则小得多，对顶层人群收入状况产生影响的还有其他因素。

工资标准和最低工资

毫无疑问，如法国和美国历史所展示的那样，最低工资制度在工资不平等的形成和演变中扮演了重要角色。就这一点而言，每个国家都有其自身的历史和特有的事件年表。无须惊讶的是，劳动力市场的监管取决于各个社会对社会正义的认知和准则设立，并且与各国的社会、政治、文化历史紧密相连。20世纪五六十年代，美国将最低工资作为提高底层人群工资的手段，到了70年代却摒弃了这一手段。法国的情况则正好相反：最低工资在20世纪五六十年代维持不变，在70年代却被频繁使用。图9.1显示了这种鲜明的对比。

很容易举出很多其他国家的例子。英国于1999年引入了最低工资制度，最低工资水平介于美国和法国之间：2013年时是每小时6.19英镑。[8] 德国和瑞典没有在国家层面规定最低工资标准，而是让工会和各细分行业的雇主们谈判协商确定包括最低工资在内的完整工资制度。事实上，2013年两国在很多细分行业上的最低工资标准约为每小时10欧元（高于那些有全国工资标准的国家）。但在监管程度相对较低且工会职能相对不充分的行业，最低工资就明显要低得多。为了与他国保持一致，德国还考虑在2013~2014年引入最低工资标准。我们不再细述各国的最低工资和工资制度及其对工资不平等的影响，这里仅简要介绍一下哪些一般原则可用来分析各国调节工资设置的制度。

最低工资和刚性工资制度的实际支撑理由有哪些呢？第一，特定工人的边际生产率并不总是容易衡量的。在公共部门，这一点是显然的；在私人部门，这一点也是明确的：在一个雇用成千上万工人的组织里，评价每个工人对总产出的贡献并不容易。但确定的一点是，我们至少可以对重复性工作（即任何数量的工人都能以同样方式执行的工作）的边际生产率进行估算。对于麦当劳流水线上的工人或服务员，管理层可以计算出每增加一名工人或服务员能增加多少营业收入。然而，这样只能近似估算出生产率的范围，而非一个绝对数值。考虑到这层不确定性，那么工资又应该如何设定呢？很多理由表明，授予管理层设定每个员工月度工资或每日工资的绝对权力不仅会导致工资设置的随意性和不公正，对公司而言也是无效率的。

具体地讲，确保工资相对稳定、不随销售额的波动而大幅波动，对公司而言或许更有效率。公司的所有者和经理层通常收入不菲，比普通员工富裕得多，他们更容易应对短期性收入冲击。在这种情况下，在劳务合同中为工人提供一定程度的"工资保险"，保证工人的基本工资（不妨碍奖金和其他激励）是符合所有人利益的做法。工资按月支付而非按日支付，这是 20 世纪逐渐被所有发达国家采纳的革命性创新。这一创新被写进了法律，并成为工人和雇主之间工资谈判的要素之一。曾作为 19 世纪工资规范的日工资制逐渐退出历史，这是工人阶级形成的关键一步：工人如今享有了合法地位并获得稳定、可预期的工作报酬。这将他们与 18、19 世纪典型的工人——日工或计件工——清晰地区别开来。[9]

这种支持预先设定工资的理由显然存在一定局限性。支持最低工资和固定工资制的另一经典论调是"专用性投资"问题。具体而言，单个公司特定职能的履行和特定任务的执行通常要求工人为公司做"专用性投资"，该投资一定程度上对其他公司是无价值（或价值有限）的。比如，工人需要掌握与公司生产流程相关的具体工作方法、组织方式和技能。如果工资制度由公司单方面制定而且可由公司随时改变，工人不能预先知道他们的工资是多少，他们很可能不会尽心尽力地为公司做出此类投资。因而，预先制定工资标准或许符合所有人的利益。"专用性投资"的观点也适用于公司做出的其他决定，如本书第二部分的"莱茵资本主义"所讨论的一样，它也是主张限制股东权力（股东在某些情况下被认为过于注重短期利益）、支持在更广泛的"利益相关者"（包括公司员工）层面进行权力共享的主要理由。该观点可能是支持固定工资标准的最主要论点。

通常而言，只要雇主比工人拥有更大的议价能力，而且简单经济模型中的完全竞争条件不能满足，通过实施严格的工资制度来限制雇主权力的做法可能就是合理的。例如，若一小撮雇主在当地劳动力市场中占据垄断地位（这意味着，由于当地劳动力市场有限的流动性等原因，他们几乎是市场上唯一的工作提供方），雇主们将充分利用他们的优势地位尽可能地压低工资，甚至压到工人的边际生产率以下。在这种情况下，考虑到工资的提高能推动经济走向竞争均衡并提高整体就业水平，推行最低工资制不仅符合公平原则，而且符合效率原则。基于不完全竞争理论的前述理论模型，是解释最低工资制之所以存在的最明确理由：最低工资制的目标是确保任何雇主都不能超过一定限度地利用其优势地位。

再者，一切显然都取决于最低工资的水平。最低工资标准不可能脱离各国的总体技术水平和平均生产力水平，而只在理论上抽象地进行设定。1980~2000年美国开展的众多研究（以经济学家戴维·卡德和艾伦·克鲁格的研究最为有名）表明，那个时期的美国最低工资非常低，即使提高最低工资标准，也不会损失就业甚至可能会增加就业，正如垄断模型里显示的那样。[10] 基于这些研究，当前奥巴马政府欲将最低工资提高25%（从每小时7.25美元提升至9美元）的做法，对工作数量将仅能产生微弱影响甚至毫无影响。显然，最低工资不可能无限提高：随着最低工资的提高，其对就业水平的负面影响最终将占据上风。若最低工资翻番或提高两倍，负面效应很难不占主导地位。和美国相比，在法国这样的国家更难以找到充分的理由来大幅提高最低工资标准，因为相对平均工资和边际生产率而言，法国的最低工资水平已经比美国高了。若想提高法国低工资工人的购买力，最好采用其他手段，比如通过培训提升工人技能，或进行税收改革（而且这两种替代性做法是互补的）。但不管怎样，最低工资不应当是固定不变的。虽然工资的增长不能一直超过生产率的增长，但将其限定在生产率增长之下也是不健康的。不同劳动力市场中的制度和政策有不同的作用，必须以合理方式加以利用。

总而言之，长期来看，增加收入和降低收入不平等的最好方式是对教育和技能进行投资。长期而言，最低工资和工资制度本身不可能推动工资呈5倍或10倍速度增长；要实现这么快的增长，教育和技术是决定性力量。然而，在由教育和技术的相对进步所决定的时期，劳动力市场的规则在工资设定过程中扮演着关键角色。事实上,这样的时期可能非常之长,部分是因为我们很难确定地估量个体的边际生产率,部分是因为"专用性投资"和不完全竞争问题。

如何解释美国收入不平等的急剧扩大?

边际生产率理论及教育和技术赛跑理论的最失败之处,毫无疑问在于它们无法充分解释1980年以来美国超高劳动收入激增的现象。根据这些理论,美国的这一变化可以解释为是偏向技术的技能进步带来的结果。一些美国经济学家秉持这样的观点:顶层劳动收入的增长较平均工资的增长快得多,只是因为独特的技能和新技术使这部分人的生产力较平均水平高得多。这样的解释有种同义反复的意味(毕竟,任何工资层级的扭曲都可以归结到某些假定的技术进步上去)。同时,这种解释还存在其他重大缺陷,在我看来,这些缺陷让这一解释变得不那么令人信服。

缺陷之一是,如前面章节所示,美国工资不平等的扩大主要源自工资最顶层人群(前1%人群,甚至前0.1%人群)收入的增长。审视整个前10%人群,我们会发现前9%人群的收入增长速度较平均水平要快得多,但仍然不及前1%人群的收入增长速度。具体来说,年工资为10万~20万美元人群的工资增长速度仅比平均水平略快,而年工资在50万美元以上人群的报酬则出现急剧增长(年收入在100万美元以上人群的收入增长则更为迅猛)。[11] 这种顶层收入存在的明显间断性给边际生产率理论提出了挑战:从不同收入层级的技能水平变化角度看,无论采用何种标准,我们都很难看到"前9%人群"和"前1%人群"在教育水平、学校背景或职业经验上的不连续性。我们或许需要一个建立在对技能和生产率客观衡量基础之上的理论,以表明前10%

人群的工资增长具有相对统一性,或者表明不同收入子群体的收入增长率其实更为接近,而非像我们在实际中观察到的那样——收入增长存在巨大的离散性。

不要误解,我并不是在否认卡茨和戈尔丁提出的投资高等教育和培训的决定性意义。长期来看,无论是在美国还是在其他国家,鼓励教育机会向更多人开放的政策都是不可或缺且至关重要的。只不过,虽然这些政策都非常可取,但它们似乎对1980年以来美国顶层收入群体急剧增长的影响比较有限。

简而言之,最近几十年间,两种截然不同的现象同时发挥着作用:现象一,如戈尔丁和卡茨所揭示的那样,高校毕业生与高中及以下学历人群的收入差距在扩大;现象二,收入最高的1%人群(甚至0.1%人群)的报酬增长十分迅猛。这一现象非常特殊,它发生在高校毕业生群体的内部,而且往往将多年在精英学府求学的那些个体独立出来。从量化角度来看,现象二比现象一更重要。特别是,如前面章节所示,前1%人群收入的超常表现解释了1970年以来前10%人群收入在总收入中所占比重增长的将近3/4。[12] 因此,很有必要对这一现象做出合理解释,而初步看来,教育因素似乎不能提供合理解释。

超级经理人的崛起:一个盎格鲁-撒克逊现象

缺陷之二是,有些发达国家出现了超高薪激增的现象,而其他发达国家并未出现,这无疑是边际生产率理论遇到的最主要问题。这表明不同国家的制度差异,比技术进步等一般性和先验普遍性因素,起着更为核心的作用。

我们先看英语国家。一般来说,超级经理人的兴起很大程度上是盎格鲁-撒克逊国家的一种现象。1980年以来,美国、英国、加拿大和澳大利亚前1%人群的收入在国民总收入中所占比重显著提高（见图9.2）。比较遗憾，除了法国和美国，我们很难获取其他国家工资不平等和总收入不平等的数据。但我们拥有大部分国家的总收入构成数据，根据这些数据可以推断出，所有这些国家国民收入中前1%人群的比重增长，至少2/3源自顶层收入的急剧增长，其余1/3源自资本收入的强劲增长。所有英语国家近几十年来收入不平等扩大的首要原因都是金融部门和非金融部门超级经理人的兴起。

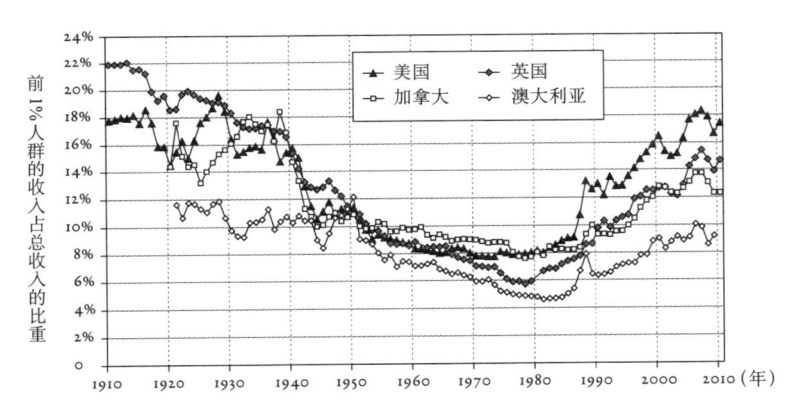

自20世纪70年代以来，所有盎格鲁－撒克逊国家的前1%人群的收入占总收入的比重都上升了，只不过升幅不同。

图9.2　1910~2010年盎格鲁－撒克逊国家的收入不平等

资料来源：piketty.pse.ens.fr/capital21c

然而这种"同族相似性"不应掩盖这一现象在各国的不同严重程度。图9.2清晰地说明了这一点。在20世纪70年代，各国前1%人群收入在国民收入所占比重十分接近，我们所考察的4个英语国家均在6%~8%，美国也不例外。事实上，20世纪70年代末80年代初，前1%人群收入占国民收入的比重，加拿大略高，达到9%，而澳大利亚最低，仅为5%。30年后的今天，情况全然不同了。美国前1%人群收入的比重达到将近20%，相比之下，英国和加拿大约为14%~15%，而澳大利亚仅为9%~10%(见图9.2)。[13] 初步看来，我们可以说，美国前1%人群收入的比重增长大约是英国和加拿大的两倍、澳大利亚和新西兰的3倍。[14] 如果超级经理人的兴起纯粹是技术现象，那么这些在其他方面相似度很高的国家会出现如此大的差异就不好理解了。

我们再来看看其他富裕国家，即欧洲大陆和日本的情况。一个关键的事实是，1980年以来，这些国家前1%人群的收入占国民收入比重的增长较英语国家慢得多。图9.2和图9.3的对比十分鲜明。诚然，各国前1%人群的收入比重均显著增长。日本的情况与法国几乎一样：前1%人群的收入比重在20世纪80年代仅为7%，而目前约为9%或略高。瑞典则在20世纪80年代略高于4%（这是WTID所记录的所有国家、所有时期的最低水平），但在2010年后达到了7%。[15] 德国则是从20世纪80年代的9%提高到了2010年的11%（见图9.3）。

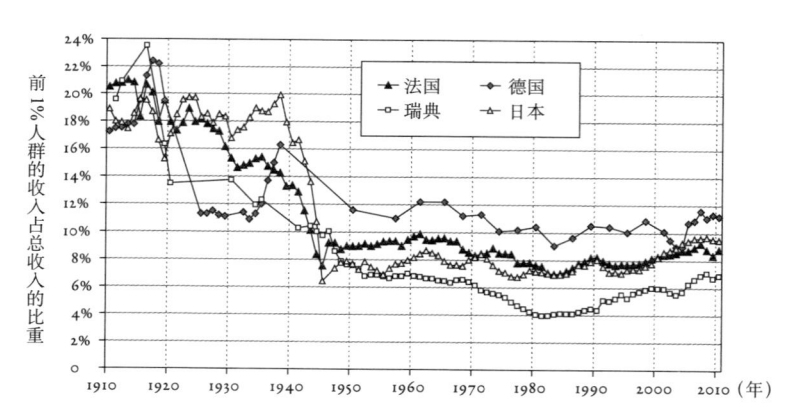

与盎格鲁-撒克逊国家相比，自20世纪70年代以来，欧洲大陆及日本前1%人群的收入占总收入的比重几乎没有增加。

图9.3　1910~2010年欧洲大陆及日本的收入不平等

资料来源：piketty.pse.ens.fr/capital21c

若着眼于其他欧洲国家，我们可以观察到类似的演变情况，即无论是南欧国家还是北欧国家，前1%人群的收入占国民收入的比重在过去30年间均增长了2~3个百分点。在丹麦和其他北欧国家，顶层收入占国民收入的比重相对较低，但增长特征却是类似的：丹麦前1%人群的收入在国民收入中所占比重在20世纪80年代略高于5%，但在2000~2010年达到了7%。意大利和西班牙的变化在数量级水平上与我们观察到的法国的情况十分相近，前1%人群的收入在国民收入中所占比重从7%增长至9%，同样也增长了2个百分点，这与法国同期类似（见图9.4）。从这个方面来看，欧洲大陆确实是一个近乎完美的"统一体"。当然，相比欧洲模式，英国则与美国模式更为接近。[16]

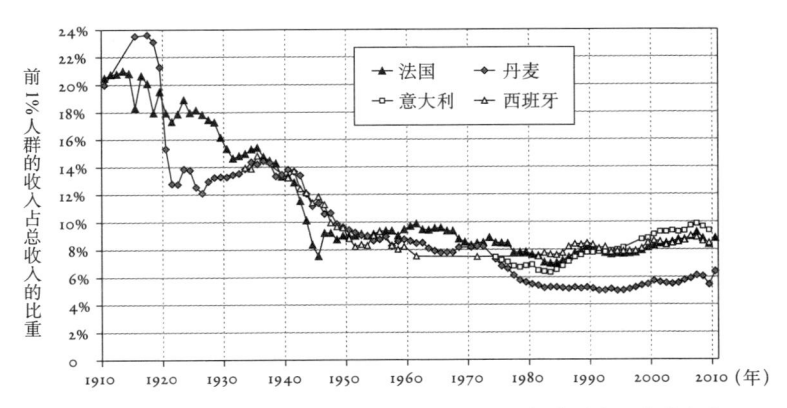

与盎格鲁-撒克逊国家相比，自20世纪70年代以来，北欧和南欧的前1%人群的收入占总收入比重几乎没有增加。

图9.4 1910~2010年北欧和南欧的收入不平等

资料来源：piketty.pse.ens.fr/capital21c

不要误解，日本和欧洲大陆国家的2~3个百分点的增长也意味着收入不平等的显著扩大。挣得最多的1%人群的收入增速明显较平均水平快得多：所占比重增长了约30%，而那些初始水平较低的国家甚至增长更多。对于那些通过报纸和收音机来了解"超级经理人"急剧涌现现象的当代观察人士来说,这是非常显著的。在平均收入出现停滞(或至少增速较过去显著放缓)的1990~2010年,这一特点尤其明显。

此外,人们在收入层级的阶梯上爬得越高,收入增速就越惊人。虽然能享受到薪酬如此快速增长的个体数量十分有限,但他们却非常引人注目,这自然就抛出了一个问题:如此高薪背后的理由是什么?同时考虑英语国家(见图9.5)及日本和欧洲大陆国家(见图9.6)前0.1%收入人群(即报酬最高的0.1%人群)在国民收入中所占比重的情况,差异很明显:美国前0.1%人群的收入比重在过去几十年间已从2%增长至10%——该涨幅是前所未有的。[17] 但顶层收入在各国均出现显著增长。在法国和日本,前0.1%人群的收入比重从20世纪80年代初的仅1.5%增长至2010年的近2.5%,接近翻倍。在同一时期的瑞典,这一比重也从低于1%增长至高于2%。

要弄清楚这具体代表什么,请记住:占总人口0.1%的最高收入人群的收入比重达到2%,意味着他们的人均收入是平均国民收入的20倍;前0.1%人群的收入占国民收入的比重达到10%,意味他们的人均收入是平均国民收入的100倍。[18] 同时请注意,前0.1%人群的定义是:在一个成年人人口为5 000万的国家(如2010年的法国),这个人群的人数为5万人。这是极少数人(当然前1%人群是前0.1%人群的10倍),但就是这极少数人,他们在政治和经济格局中却占据着举足轻重的地位。[19] 这里的核心论点是,在所有富裕国家,包括欧洲大陆和日本,前0.1%人群的购买力在人均购买力停滞不前的1990~2010年却实现了惊人上升。

然而,从宏观经济视角来看,超高收入的激增对欧洲大陆国家和

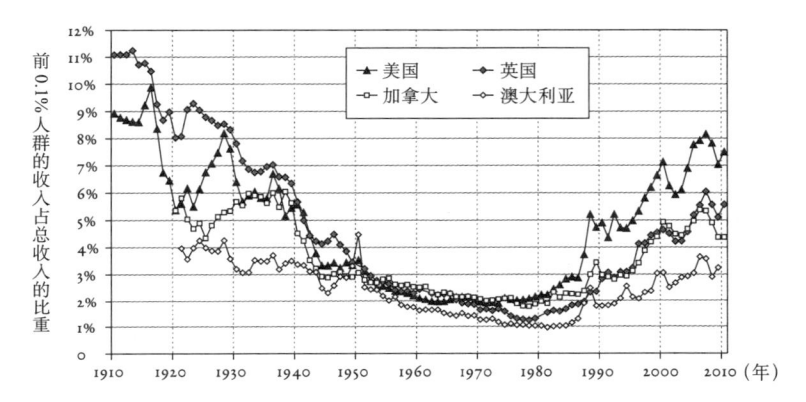

自20世纪70年代以来，所有的盎格鲁-撒克逊国家前0.1%人群的收入占总收入的比重都出现了急剧上升，但上升幅度有所不同。

图9.5　1910~2010年盎格鲁-撒克逊国家前0.1%人群的收入比重

资料来源：piketty.pse.ens.fr/capital21c

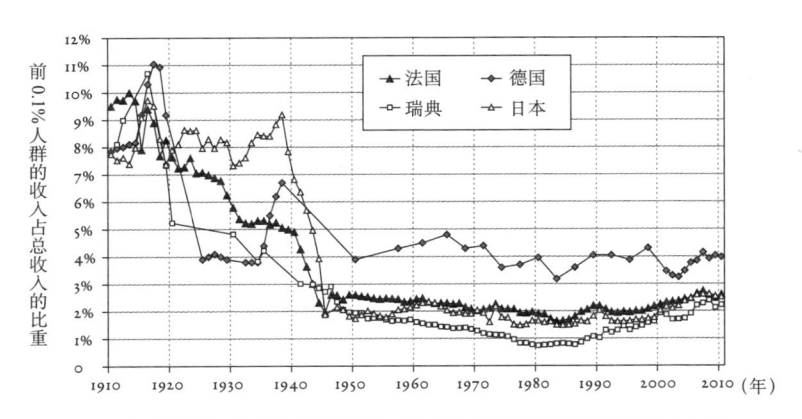

与盎格鲁-撒克逊国家相比，欧洲大陆及日本的前0.1%人群的收入占总收入的比重几乎没有增加。

图9.6　1910~2010年欧洲大陆和日本前0.1%人群的收入比重

资料来源：piketty.pse.ens.fr/capital21c

日本的重要性目前为止较为有限：增长无疑是显著的，但受影响的人群毕竟有限，因而影响程度不及美国大。在欧洲大陆国家和日本，向"前1%人群"转移的收入仅占国民收入的2%~3%，而在美国该比例为10%~15%，几乎是欧洲大陆国家和日本的5~7倍。[20]

用最简单的方式表述这种区域性差异就是：在美国，2000~2010年的收入不平等重新回到了1910~1920年的创纪录水平（虽然如今收入构成发生了变化，高劳动收入取代高资本收入扮演着更重要的角色）。在英国和加拿大，情况也是朝着同样的方向发展。从长期来看，欧洲大陆和日本的收入不平等仍保持了比20世纪初低得多的水平，而且事实上自1945年以来几乎没有太大变化。图9.2和图9.3的对比清晰地说明了这一点。

显然，这并不意味着我们可以忽略欧洲和日本过去几十年的变化。相反，它们的发展轨迹与美国在某些方面很相似，只是存在10年或20年的停滞，我们不应等到这一现象发展到如同在美国一样对宏观经济产生显著影响后才开始担忧。

尽管如此，事实仍是：欧洲大陆国家和日本的演变远没有美国严重（在较小程度上，也没有盎格鲁-撒克逊国家严重）。这或许能帮助我们进一步理解各种作用因素。富裕国家不同区域在这一演变中呈现的差异是最引人注目的，因为技术进步在各地是大同小异的，尤其是，信息技术变革对日本、德国、法国、挪威和丹麦的影响并不亚于对美国、英国和加拿大的影响。同样，经济增长——或更确切地说，人均产出增长，即生产力增长——在各富裕国家是相似的，差异不足1个百分点。[21] 鉴于上述事实，各富裕国家在收入分配演变方式上的巨大差异需要进一步解释，而边际生产率理论及教育和技术赛跑理论似乎并不能提供这种解释。

欧洲：1900~1910年比新大陆更不均等

此外，还请注意，与大部分人想象的不同，美国的不平等程度并非一直比欧洲高——远非如此。收入不平等程度在20世纪初的欧洲实际上非常之高，这也得到了所有史料的证实。具体地讲，1900~1910年欧洲国家前1%人群的收入在国民收入中所占比重超过了20%（见图9.2~图9.4），不仅英国、法国、德国是这种情况，瑞典、丹麦也是如此（证明北欧国家并非一直是平等的典范——远非如此），更一般地讲，我们估计范围内的几乎所有欧洲国家在该时期均是这种情况。[22]

"美好年代"时期，欧洲国家在收入集中度水平上的相似性显然需要进一步解释。由于在此期间，顶层收入几乎全部由资本收入构成，[23] 我们必须主要从资本集中的角度对这一问题加以解释。那么1900~1910年间的欧洲资本何以如此高度集中呢？

很有趣的是，不仅美国和加拿大的收入不平等程度比欧洲低（美国和加拿大的前1%人群的收入占国民收入的比重在20世纪初大致为16%~18%），澳大利亚和新西兰（11%~12%）的收入不平等也比欧洲低。因此，新大陆国家，尤其是最新和最近才被划入版图的新世界国家，在"美好年代"时期似乎比古老欧洲的不平等程度要低。

同样有意思的是，尽管与欧洲存在社会文化上的诸多差异，20世纪初日本的不平等程度似乎与同期的欧洲相同，不超过20%的国民收入流入了前1%人群。受可得数据所限，我们无法穷尽所有比较分析，但所有迹象都表明，无论是就收入结构还是收入不平等而言，日本确实与欧洲一样同属于一个"旧世界"。值得注意的是，在整个20世纪，日本和欧洲经历了类似的演变（见图9.3）。

我将在稍后讨论"美好年代"时期资本高度集中的原因，以及整个20世纪各国发生的转变（集中度的下降）。我将特别说明，欧洲和日本的收入不平等程度更高的原因，可以很自然地归结为旧世界国家较低的人口增长率——旧世界的低人口增长率几乎自动带来了更高的资本积累和资本集中度。

现阶段，我只想强调导致各个国家和大陆相对地位发生变动的大致量级。阐述这一点的最清晰方式就是考察前10%人群的收入占国民收入比重的变化情况。图9.7显示了20世纪初以来美国和4个欧洲国家（英国、法国、德国和瑞典）前10%人群的收入占国民收入比重的变化情况。我采用了10年均值数据，以集中考察长期趋势。[24]

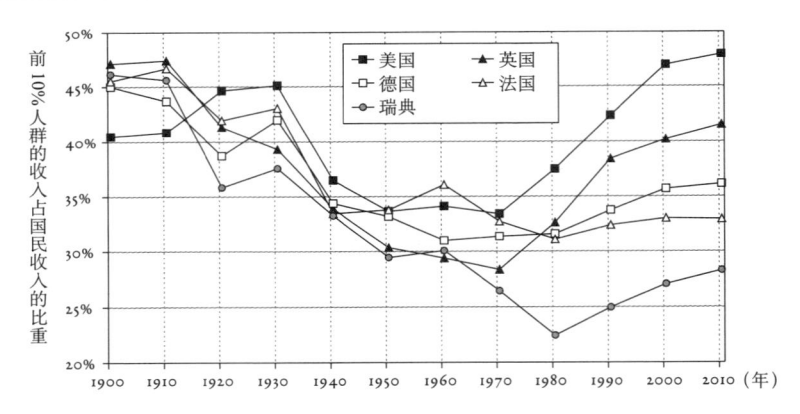

20世纪50~70年代，欧洲和美国前10%人群的收入占国民收入的比重大约都在30%~35%。

图9.7　1900~2010年欧洲和美国前10%人群收入比重

资料来源：piketty.pse.ens.fr/capital21c

我们的发现是，"一战"前夕，各欧洲国家前10%人群的收入在国民收入中所占比重均为45%~50%，美国略高于40%。到"二战"结束时，美国的不平等程度略微超过欧洲：受1914~1945年冲击的影响，两大洲前10%人群的收入占国民收入比重均出现下降，但欧洲（以及日本）下降得更快，原因是两次世界大战对资本要素的冲击更大。1950~1970年，前10%人群的收入占国民收入的比重在美国和欧洲都非常稳定，水平也相当，约为30%~35%。始于1970~1980年的强势分化导致了2000~2010年出现如下情况：美国前10%人群的收入占国民收入的比重达到45%~50%，基本达到欧洲1900~1910年的水平。欧洲各国的情况存在较大差异，最不平等的案例为英国，前10%人群的收入占国民收入的比重为40%；最平等的案例为瑞典，该比重低于30%；法国和德国则介于二者之间（约为35%）。

如果我们以这4个国家为基础计算欧洲均值（一定程度上并不合理），就可以进行一个非常清晰的国际比较：美国的不平等程度在1900~1910年比欧洲低，在1950~1960年比欧洲略高，而在2000~2010年则比欧洲高得多（见图9.8）。[25]

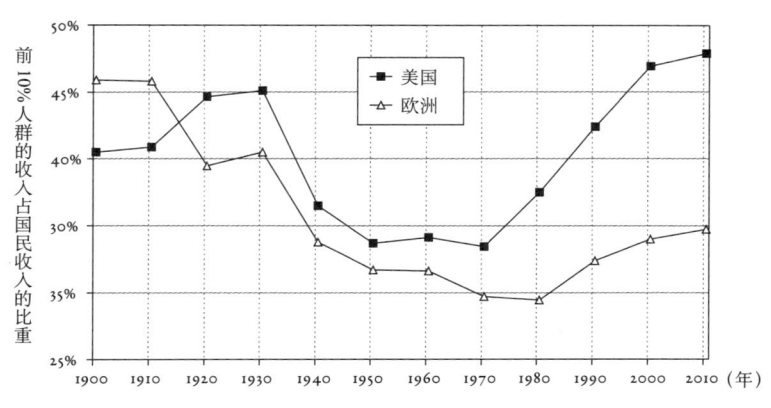

前10%人群的收入比重，1900~1910年欧洲比美国要高，而2000~2010年美国却比欧洲高出一大截。

图 9.8 1900~2010 年欧洲与美国收入不平等的比较

资料来源：piketty.pse.ens.fr/capital21c

除了这一长期图景，当然还有复杂多变的国家历史因素，以及与各国社会政治发展状况联系紧密的短期和中期波动，这一点我已在第八章做了说明,并详细分析了法国和美国的情况。受篇幅所限,我无法对每个国家都进行详细分析。[26]

顺便提及,值得注意的是,即便各国的大事年表千差万别,但在两次世界大战之间各国都处于混乱动荡状态。在德国,经历了"一战"军事上的失败后,20世纪20年代紧接着发生了恶性通货膨胀。随后,全世界范围内的萧条再次让这个国家深陷危机泥潭,之后不久纳粹就开始掌权。有意思的是,德国前1%人群的收入占国民收入的比重在1933~1938年快速增长,完全与其他国家背道而驰:这反映了纳粹时期工业利润的复苏(由军备需求拉动)以及收入层级分布的总体重构。也请注意,虽然德国的整体不平等水平与这些国家相比并没有太大差异,但自1950年以来,德国前1%甚至前0.1%人群的收入比重都明显要高于包括法国在内的其他欧洲大陆国家还有日本。对于这一点可以有多种解释,很难说哪种解释更优(后面我会再讨论这个问题)。

此外,20世纪德国历史动荡不堪,导致德国的税收记录存在重大空白,因而很难确切知道某些发展情况,也很难与其他国家进行精确比较。普鲁士、萨克森以及大部分德国其他州的政府征收所得税的时间较早(大约在1880~1890年),但直到"一战"结束,才出现了相关的国家法律和税收记录。20世纪20年代的统计数据存在频繁的断点,1938~1950年的税收记录则完全缺失,因此我们很难去探究"二战"期间及战后几年的收入分布演变情况。

在这一点上,德国与严重卷入冲突的其他国家(特别是日本和法国)有明显差异。日本和法国的税务部门即使在战争期间,也照常不间断地记录税收统计数据。假如德国也同日本和法国一样,则其最高1%人群的收入占国民收入的比重很可能在1945年(即德国资本和资本收入几近降至零的这一年)达到最低,而在随后的1946~1947年,这一比重再次急剧上升,1950年德国恢复税收记录,当年的税收记录显示收入层级已经开始与 1938 年相似。由于缺乏完整数据,本书不便做进一步讨论。德国的情况十分复杂,一方面是因为德国的版图在 20 世纪几经变更,最近一次变更是 1990~1991 年联邦德国与民主德国统一;另一方面也是由于德国不像大部分其他国家,一年公布一次完整的税务数据,而是每三年才公布一次。

新兴经济体的不平等:比美国低?

现在,让我们把目光转向贫穷国家和新兴经济体。遗憾的是,要研究这些国家财富分布的长期动态,所需历史资料的获得难度比在富裕国家要大。不过仍可找到一些贫穷国家和新兴国家的较长序列的税收数据,从而可以将这些国家与发达国家的结果进行对比分析。英国在其本土实施累进所得税后,很快就决定将其推广到一些殖民地去。因而,1913 年南非开始实施一种与 1909 年英国实施的所得税制十分类似的税收制度,1920 年印度(包括现今的巴基斯坦)也开始推行这种制度。类似地,荷兰于 1920 年在其印度尼西亚殖民地征收所得税。好几个南美国家在两次世界大战之间开征了所得税(比如阿根廷在 1932 年推行)。对于南非、印度、印度尼西亚和阿根廷这 4 个国家,我们可分别获得自 1913 年、1922 年、1920 年和 1932 年起至今的连续(有缺口)税收数据。这些数据与我们获得的发达国家数据大致相似,因而可采用类似方法加以利用,特别是追溯每个国家 20 世纪初的国民收入。

我的估算结果见图 9.9。需要强调几点。首先,最显著的结果是贫穷国家和新兴国家前 1% 人群的收入占国民收入的比重与发达国家大致相同。在最不平等时期,特别是 1910~1950 年,4 国前 1% 人群的收入占国民收入的比重均在 20% 左右:印度为 15%~18%,南非、印度尼西亚和阿根廷为 22%~25%。在较平等时期（基本上是 1950~1980年）前 1% 人群的收入比重下降至 6%~12%（印度仅为 5%~6%，印度尼西亚和阿根廷为 8%~9%，南非为 11%~12%）。此后，20 世纪 80 年代，前 1% 人群的收入比重出现反弹；如今，该比重处在 15% 的水平（印度和印度尼西亚为 12%~13%，南非和阿根廷为 16%~18%）。

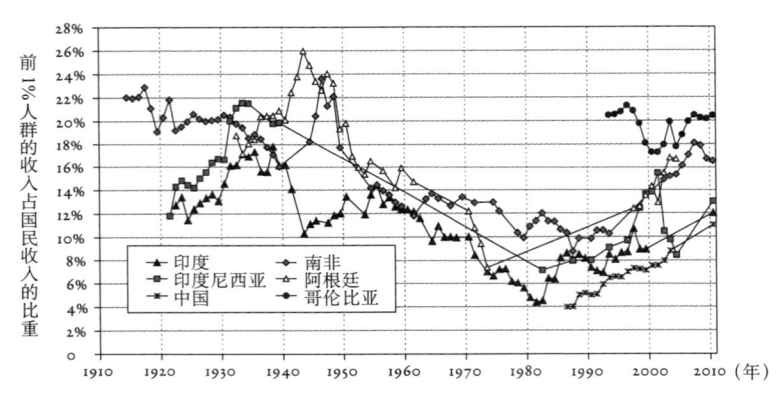

以前 1% 人群的收入比重来衡量，20 世纪 80 年代起，新兴国家的收入不平等程度开始上升，但低于 2000~2010 年美国的水平。

图 9.9　1910~2010 年新兴国家的收入不平等

资料来源：piketty.pse.ens.fr/capital21c

图 9.9 中也显示了两个特别的国家：中国和哥伦比亚。[27] 特别之处在于，它们在 20 世纪 80 年代以后才有可用于研究的税收记录。中国前 1% 人群的收入占国民收入的比重在最近几十年迅速增长，但 20 世纪 80 年代中期的起步值相当低（接近斯堪的纳维亚国家的水平）：据现有资料来源显示，在这一时期，前 1% 人群仅占国民收入的不到 5%。这并不足为奇，因为中国那时实行极低的工资制度，而且在本质上几乎不存在私人资本。随着 20 世纪 80 年代实行改革开放，以及 2000~2010 年经济加速增长，中国的不平等程度快速上升。但据

我估计，中国前1%人群的收入占国民收入的比重在2000~2010年为10%~11%，低于印度和印度尼西亚的水平（12%~14%，与同期的巴西和加拿大相当），大大低于南非和阿根廷的水平（16%~18%，与同期的美国相当）。

另一方面，哥伦比亚是WTID中不平等程度最高的国家之一：1990~2010年，其前1%人群的收入占国民收入的比重高达20%，但趋势不是很明显（见图9.9）。这一不平等水平甚至比2000~2010年美国的不平等水平（至少是剔除资本收益影响后的水平）还高；如果考虑资本收益，美国过去10年的不平等程度比哥伦比亚略高。

然而，也要时刻注意数据的局限性。上述数据可用于衡量贫穷国家和新兴国家的收入分布演变，并将之与发达国家进行比较，但数据本身并不完善。前面所展示的数量级是我根据现有资料能得出的最好结果，但我们的认识依然贫乏。我们仅在几个新兴国家获得了整个20世纪的税收数据，而且这些数据还存在空白和断点，尤其1950~1970年，如印度尼西亚的独立战争时期。下一步的工作就是要更新WTID中其他国家的历史数据，尤其是要更新前英属和法属殖民地国家（印度支那和非洲）的历史数据，但是殖民时代的数据很难与当代税收记录关联起来。[28]

即使是在税收记录确实存在的发达国家，由于其所得税仅适用于少数人群，这些税收记录的有用性也就大打折扣了，因此我们可以估计前1%人群的收入占国民收入的比重，却无法估计出前10%人群的收入所占的比重。在数据允许的国家，比如南非历史上某几个时间段，我们发现前10%人群的收入占国民收入总额的最高水平约为50%~55%，该不平等水平与富裕国家最高水平（1900~1910年的欧洲及2000~2010年的美国）相当甚至略高。

我也注意到，1990年以后税收数据的获取在一定程度上变得更难了。部分原因在于，计算机时代到来，税务部门中断了对详细税收统计数据的发布，而在以前税务部门出于自身目的需要发布这些数据。这有时也意味着这样一个悖论，那就是，随着信息时代的到来，数据资料反而难获取了（我们发现同样的情况也发生在富裕国家）。[29] 最重要的是，数据资料的获取难度增加似乎与人们对累进所得税的不满情绪有关，这一税制大体上是由特定政府和国际组织设计出的。[30] 典型的例子是印度，印度所得税数据的发布自1922年以来从未间断过，但在21世纪初却停止了。这样导致的后果是，研究2000年以来印度最高收入的演变比研究整个20世纪还要麻烦。[31]

    这种信息的缺乏和民主透明的缺乏更加让人遗憾，因为在财富和经济增长成果分配问题上，贫穷国家和新兴国家的紧迫性比发达国家有过之而无不及。请注意，发展中国家过去几十年官方的高增长数据（尤其是印度和中国）几乎完全是基于产出统计。如果我们使用家庭调查数据对收入增长进行衡量，却得不出官方公布的宏观经济增长率：中国和印度的收入增长确实很快，但没有快到我们从宏观经济增长推断出来的那种速度。这种不一致——有时被称为"增长黑洞"——显然是有问题的，原因可能有三：要么是产出的增长被高估（诸多官僚激励机制会引发这样的倾向），要么是收入增长被低估（家庭调查数据也有其瑕疵），或者是二者兼有（最有可能）。特别是，丢失的那部分收入也许可以归因于，产出增长的绝大部分流向了报酬最高的个体，而这些高收入个体的收入数据并未全部纳入税收数据统计中。

    基于印度税收申报数据，我们可估计出：1990~2000年"增长黑洞"的1/4~1/3可以用前1%人群的收入占国民收入比重的增长来解释。[32] 考虑到2000年以来税收数据的缺失，我们无法对近期增长做出恰当的社会学分析。中国的官方数据比印度更加不完整。最新的研究显示，图9.9中的估计是我们目前做出的最可靠估计。[33] 确实，两国都应发布更完整的税收数据，其他国家也是一样。若能获得更完整的数据，我们也许会发现印度和中国的收入不平等增速比我们想象中还要快。

　　无论贫穷国家和新兴国家的税务部门存在怎样的瑕疵，税收数据显示出的顶层收入水平都比家庭调查数据显示的更高也更贴近现实。比如，税收申报数据显示哥伦比亚2000~2010年前1%人群的收入占国民收入的比重高于20%（阿根廷为20%左右），实际的不平等程度甚至有可能更高；而哥伦比亚家庭调查数据显示的最高收入通常仅为平均收入的4~5倍（说明没有真正的富人），假如我们信赖家庭调查数据，那么前1%人群的收入比重将低于5%，这也说明家庭调查数据并不是十分可靠。显然，家庭调查数据常被一些国际机构（尤其是世界银行）和政府作为衡量不平等水平的唯一数据来源，但基于家庭调查数据得出的财富分配结论是有偏差的，且容易起误导作用。只要没有将调查数据与从税收申报数据和其他官方数据源系统收集的数据很好地结合起来，这些有关不平等程度的官方估计，就不可能将宏观经济增长成果合理分配到不同社会群体或不同收入1%和10%的人群中。同时，上述论断放诸四海皆准，无论是在发达国家、新兴市场还是欠发达国家。

边际生产率的假象

　　现在让我们把目光转向1970年以来工资不平等在美国凸显这一现象（英国和加拿大的程度稍逊）。前面已经指出，边际生产率理论与教育和技术赛跑理论解释力不足：报酬的激增高度集中在工资层级的前1%甚至是前0.1%人群，对有些国家有影响，而对有些国家的影响却有限（日本和欧洲大陆所受影响比美国小得多），即使我们认为技术进步以更连续的方式改变了整个顶端人群技能的分布,并且以相似的发展水平作用于所有国家(情况也是如此)。美国的不平等程度在2000~2010年达到的水平,比任何贫穷和新兴国家历史水平都高(比如,比印度和南非在1920~1930年、1960~1970年以及2000~2010年的水平还高),这对完全基于生产率来解释客观不平等的观点提出了质疑。就个人技能和生产率的不平等而言,美国真的高于半文盲状态的印度的近期历史水平(或目前的水平),也高于种族隔离(或后种族隔离)的南非吗?如果真是这样,那对美国的教育体系来说是个坏消息,这意味着美国教育体系确实需要改进,让更多人有机会受教育,但美国的教育体系或许不应承受如此激烈的指责。

在我看来,对美国超高收入激增现象最有说服力的解释如下。正如已指出的那样,绝大部分超高收入人群均是大公司的高管。从个体"生产率"角度为这部分人的高薪寻求客观依据是十分天真的。当工作是重复性劳动时(比如生产线上的工人或快餐店的服务生),我们可以估计每增加一个工人或服务生带来的"边际产出"的增加(尽管我们的估计会有一定的误差)。而当个体的工作职能具有独一无二的性质(或接近独一无二)时,这一误差幅度将大得多。实际上,一旦我们在标准经济模型中引入信息不对称假设(在这里显然是正当的),则"个人边际生产率"这一概念将变得很难定义。事实上,这就成为一个接近纯粹意识形态上的概念架构了,人们可以据此为较高的社会地位做正当辩护。

为了将这一讨论具体化,设想一个员工数量为10万人、年营业收入为100亿欧元(或者人均收入为10万欧元)的跨国公司。假设收入额的一半(对经济体整体而言,这是一个很典型的比重)是公司对商品和服务的采购额,公司的增加值——可用来支付其直接使用的劳动力和资本的价值部分——为50亿欧元(或人均5万欧元)。对于公司首席财务官（或其副手，比如市场总监及其工作人员）工资的设定，人们原则上会估算其边际生产率，即其对公司50亿欧元增加值的贡献程度：是每年10万欧元、50万欧元还是500万欧元？要对该问题给出精确、客观的回答几乎是不可能的。诚然，我们在理论上可以用多个首席财务官做实验，每人若干年，以确定不同首席财务官对公司100亿欧元总收入的影响。显然，即便是在最稳定的经济环境下，这种估计也只是一种大致的估计，其误差幅度甚至比我们能想象到的支付的最高工资还要高。[34] 当我们想到外部环境持续不断的变化，公司的性质和每个岗位的具体职能也都在变化的时候，这一实验的想法就更加令人看不到希望。

鉴于以上这些信息和认知上的困难，实际中报酬是如何确定的呢？在实际中，这些报酬通常是由上级领导确定的。最高层的收入是由高管自己或者公司薪酬委员会定的，而薪酬委员会委员的薪酬几乎与大公司高管层的薪酬水平相当。有些公司会要求利益相关者在年会中就高管薪酬进行投票表决，但需要投票表决薪酬的职位非常有限，并未覆盖所有高管人员。既然无法准确估计每个高管人员对公司产出的贡献，那么在此过程中做出的决定就不可避免地具有随意性，而且依赖高层关系和个人的相对议价能力。唯一合理的解释是：那些有权决定薪酬的人天然拥有对自己慷慨的动机，或至少会对自己的边际生产率给出过度乐观的估计。如此行为也是人之常情，尤其是在必要的信息（客观来说）高度不对称的时候。也许我们不该过度指责高管们"将手伸进钱柜里"，但这一比喻或许比亚当·斯密将市场比喻为"看不见的手"还要恰当。实际上，看不见的手并不存在，"完全、纯粹的竞争"也不存在，市场也包含在诸如公司层级和薪酬委员会之类的具体制度中。

这并不意味着高级管理层和薪酬委员会可以无所顾忌地设定他们

想要的薪酬水平或选择尽可能高的金额,"公司治理"是各国具体的制度和规则的一部分。这些规则通常是模棱两可、存在缺陷的,但仍有一定的制衡作用。同时,每个社会都有其社会规范,这些规范影响到高管层和利益相关者(或其代理人,通常是诸如财务公司和养老基金一类的机构投资者),以及整个社会的观念。这些社会规范反映出社会对于不同个体对公司产出和经济增长贡献上的总体态度。既然这些问题存在很大不确定性,那么不同国家、不同时期存在观念差异,而且受各国特定历史的影响等也就不足为奇了。很重要的一点是,任何一家公司的运营都很难与其所在国家的主流社会规范相背。

如果没有这样一个理论,我将很难解释我们所观察到的高管薪酬在美国(或英语国家)和欧洲大陆及日本的巨大差异。简言之,美国和英国的工资不平等增长更快,原因是1970年以后美国和英国的公司对优厚的薪酬方案的容忍程度越来越高。欧洲和日本的社会规范向着同一方向演变,但其变化比美国来得晚(在20世纪80或90年代),因而迄今远没有美国走得快。现今,相比在美国,每年动辄几百万欧元的高管薪酬在瑞典、德国、法国、日本和意大利更加让人震惊。但情况并非一直如此——事实上远非如此:回想一下,美国在20世纪50年代和60年代比法国还要平等,尤其是在工资层级方面。自20世纪80年代以来,情况才变为现在这样,而且所有迹象都表明高管薪酬的变化在世界各国工资不平等演化过程中都起到了关键作用。

超级经理人崛起:社会分化的强大力量

这种从社会规范和社会接受度视角来解释高管薪酬的方法,在逻辑推理上看似有道理,但事实上它只是将困难转到了另一个层次。现在的问题是,这些社会规范从何而来以及如何演变,这显然更多的是社会学、心理学、文化和政治历史问题以及信仰和认知要研究的课题，而不单是经济学本身的问题。不平等问题实际上是一个更普遍的社会科学问题，而不仅仅是某个具体学科的问题。一个典型例子是（我前面也指出了），20世纪70、80年代笼罩美国和英国的"保守主义运动"带来了对高管超高报酬的更高容忍度，这一运动的发起部分可归结为这些国家感到要被其他国家赶超（即使欧洲和日本战后高增长实际上仅仅是遭受1914~1945年冲击后机械性反弹的结果）。显然，其他因素也起了重要作用。

需要声明的是，我并不是说所有的工资不平等都是由有关公平待遇的社会规范决定的。正如前面指出的那样，边际生产率理论及教育与技术赛跑理论为工资分配的长期演变提供了一种合理的解释，至少是在一定的工资水平内、在一定的精确程度上可以解释。在大多数工资被固定的范围内，技术和技能因素设定了限制水平。但某些具体工作职能（尤其是大公司的高管层）变得越来越难以复制，对任一给定工作的生产率进行估计的误差也就越大。因而，技能-技术逻辑的解释力随之弱化，社会规范的解释力随之增强。不过只有极少数的员工受到影响，最多百分之几甚至可能少于1%，这因国家、时期不同而有所不同。

但关键的事实是（这显然不是先验的规律），同20世纪80年代以来富裕国家表现出的迥然相异的演变一样，前1%人群占总工资的比重会因国家和时期的不同而呈现出明显的差异。当然，我们应该将超级经理人薪酬的激增与公司的规模以及公司内部不断增长的职能部门结合起来看。但大型组织客观复杂的治理问题并不是唯一的问题。高收入的激增或许也可以用某种形式的"精英极端主义"进行解释，这是指，现代社会（尤其是美国）需要将某些基本靠个人才能、而非家庭出身和背景脱颖而出的人指定为"赢家"，并对他们进行极为慷慨的奖励（后面我还会讨论这个问题）。

不管怎样，对高管进行的慷慨重赏是导致财富分配不平等的强大力量：如果收入最高的人群可以为自己设定工资水平（至少一定程度上能），就会引发越来越严重的不平等。我们很难预知这样的过程何时结束。还是前面提到的例子，对于那位在年营业收入为100亿欧元的大公司任职的首席财务官来说，公司薪酬委员会很难突然决定他的边际生产率就是10亿或1亿欧元（即使仅仅因为这将导致无钱支付其他管理层成员的工资）。相比之下，很多人认为100万、1 000万甚至5 000万欧元的薪酬方案都可能是正当合理的（个体边际生产率的不确定性如此之大，以至于无法明确界定）。因此，完全可以想象前1%人群占工资总额的比重在美国可达到15%~20%或25%~30%，甚至更高。

有关公司治理失败的问题，以及合理的生产率无法解释奇高无比的高管薪酬等，都可以找到最有力的证据：通过搜集整理个体企业的数据（各国的国有企业数据），我们会发现，很难用企业业绩来解释所观察到的变动。我们可以考察多种业绩指标，比如销售增长率、利润等，然后将观察到的变动分解成多个其他变动的总和：公司外部原因导致的变动（如一般经济状况、原材料价格冲击、汇率水平变化、同行业其他公司的业绩变化等）和其他非外部变动——只有非外部变动才可以受到公司管理层决策的显著影响。如果高管的薪酬由边际生产率决定，那么可预期的是薪酬的变动将唯一或主要地取决于非外部变动，而与外部变动无关。但我们观察到的实际情况正好相反：恰恰是当销售额和利润增长因外部原因增长时，高管们的薪酬才增长最快。这一点在美国企业表现得尤为明显：伯特兰和穆兰阿坦将这一现象称为"运气薪酬"。[35]

我将在第四部分（见第十四章）再次讨论这个问题，并将这一分析一般化。对"运气薪酬"的偏好程度因国家和时期的不同而千差万别，显然受到税法改革（尤其是最高边际所得税税率变动）的影响，税收制度要么起到保护性屏障作用（当其很高时），要么是作为导致伤害的诱因（当其很低时）——至少在一定程度上是这样。当然，税法改革本身与关于不平等的社会规范紧密相连，然而一旦运转起来，税法改革就会按其自身的逻辑推进。具体而言，英语国家20世纪90年代以来最高边际所得税税率的大幅降低（尽管在过去不久的几十年里，英国和美国也尝试过近乎没收性质的税收制度，但这注定是不合理的）似乎完全改变了高管薪酬的设定方式，因为高管们现在比过去有更强的动机追求薪酬的大幅上涨。我也分析了这一放大机制催生另一种性质上更政治化的分化力量的路径：最高边际所得税税率的降低导致顶层人群收入的急剧增长，从而反过来增强受益者们在税法改革中的影响力；他们既有动机将最高所得税税率保持在低水平甚至将其进一步降低，也有能力利用手握的大量财富对相关政党、施压群体和智库给予财务支持。

第十章　资本所有权的不平等

我们将视角转向财富不平等及其历史演变进程。这一问题很重要，因为财富不平等的缩小及其中相应收入的减少，是20世纪上半叶总收入不平等缩小的唯一原因。如前所述，在1900~1910年和1950~1960年，无论是法国还是美国，劳动收入的不平等始终没有呈现出结构性递减的趋势（这与库兹涅茨理论的乐观估计相左，即劳动力将从较低报酬的工种逐步转移至较高报酬的工种），而且收入不平等大幅缩小的根本原因在于资本收入的锐减。同时，根据我们所掌握的材料，所有其他发达国家也存在同样的现象。[1] 因此很有必要理解财富不平等缩小趋势的具体表现及其原因。

这个问题尤为重要，是因为当前随着资本/收入比的提高以及经济增长速度的放缓，资本所有权日益成为人们关注的中心话题。财富差距可能不断拉大，这在长期来看会产生很多问题。在某些方面，它甚至比超级经理人和其他人之间不断扩大的收入差距更令人担忧，因为后者迄今为止还只是一个特定区域内的现象。

高度集中的财富：欧洲和美洲

在第七章就已论述过，财富分配以及相应资本收入的分配，总是要比劳动收入的分配更加集中。在所有已知社会的所有时期，最穷的那一半人口几乎可以说一无所有（仅拥有总财富的5%），而财富等级中前10%的人群拥有绝大多数的社会财富（一般占到总财富的60%，有的甚至达到90%），而中间那40%的中产阶层则拥有总财富的5%~35%。² 我也注意到了"世袭中产阶层"的出现。这个中间阶层要比最穷的一半人富裕些，大致拥有社会总财富的1/4~1/3。毫无疑问，这个中间阶层的出现是影响长期财富分配的最为重要的结构性转变因素。

为什么会发生这种结构性转变呢？为了回答这一问题，我们首先需要更细致地考察一下历史。财富不平等何时开始缩小，怎么缩小的？坦白地说，因为许多必要的资料（主要是遗嘱类记录）并不总是可获得的，我无法像研究收入不平等那样，对那么多国家财富不平等的历史演变进行研究。我们只对4个国家做了相对完整的历史估计：法国、英国、美国和瑞典。这4个国家的历史演变是相当清晰而一致的，所以我们可以据此探讨一下欧洲和美国历史轨迹的异同。³ 此外，相对于收入数据，财富数据有一个巨大的优势：在某些情况下，我们可以回溯到更远的年代。现在让我们逐个考察我已做了详尽分析的这4个国家。

法国：私人财富的瞭望台

法国的情形非常有意思，它是唯一一个保存了真正同质的历史资料的国家，据此我们就可以探究18世纪至今连续不断的财富分配状况。1791年，在贵族的财政特权被废除之后不久，不动产税和赠予税开征。这是那个年代里令人称奇的改革措施，其引人注目之处在于该税种的适用范围。不动产税的适用范围之广表现在三个方面：第一，它适用于所有类型的财产：农地、城市和农村其他不动产、现金、公共和私人债券、其他类型的金融资产（如股份、合伙关系）、设备、贵重物品等；第二，它适用于所有财富拥有者，无论是贵族还是平民；第三，它适用于所有财富规模，无论大小。另外，这种根本性变革的目的不仅仅在于充实新政权的金库，也帮助政府登记所有财富的转移情况，无论是以遗产（所有权人死亡时）还是赠予（生前）的方式转移，从而保证他们充分行使自身的财产权利。按照官方的说法，不动产税和赠予税始终（从1791年至今）归属在"登记费"的大类中，具体是在"转让费"类别中。这包括了对自由转让的评估收费，或是对通过遗产或赠予方式进行的"无对价"的财产所有权转让的收费，还包括了对"有对价"的财产所有权转让（即换取现金或其他有价标的物的转让）的收费。这一法律的目的是让每一位财产所有者，无论财产规模大小，都可以登记其所有权，并据此有保障地享有其财产权利，包括在遇到困难时向政府机构求助的权利。这样一来，一个相当完整的财产权登记体系于18世纪90年代末、19世纪初建立了起来，其中包括至今仍保存完好的房地产地籍册。

在本书的第四部分，我将对其他国家不动产税的历史做更多的阐述。这里，我们主要关注的是税收的历史渊源。其他大多数国家直到19世纪末或20世纪初才建立起与法国类似的房地产和赠予税体系。比如英国，1894年的改革统一了之前有关不动产、金融资产以及个人财产转让交易的税收，但覆盖所有类型财产的遗嘱统计资料只能追溯到1919~1920年。而在美国，联邦不动产税和赠予税直到1916年才设立，而且只覆盖了极少数人口（尽管在一部分州确实存在覆盖更广泛人口的税种，但税种的成分混杂）。因此，很难去研究这两个国家在"一战"前财富不平等的演变。诚然，可以找到许多遗嘱文件和不动产详细目录的资料，但这些资料大部分是私人记录，针对的是特定群体和特定财产类型，很难从中提炼出一般性结论。

这非常遗憾，因为"一战"对财富及其分配是一个巨大冲击。研究法国案例的一个主要原因在于，我们可以将这一关键的转折点放到更长的历史时段中去分析。1791~1901 年，不动产税和赠予税是严格按比例征收的：会依据血缘关系远近而不同，但无论转移数量多少，税率一律相同，而且通常很低（大致为 1%~2%）。经过 1901 年一场冗长的议会辩论后，累进税制得到初步应用。法国政府早在 19 世纪 20 年代就开始发布详细统计数据，记录每年遗产和捐赠的数量。到 1901 年开始依照房产大小编制各类统计资料，从那时起直到 20 世纪 50 年代，这些资料变得越来越复杂（包括按年龄、房产大小、财产类型等分类的各种交叉表）。1970 年以后，电子文件变得方便易得，我们从不动产税和赠予税档案资料中提取了特定年份的代表性样本，因而数据范围扩展到了 2000~2010 年。除了由税务部门直接记录的、有关过去两个世纪的丰富资料外，我与波斯特尔·维奈和罗森达尔还一起整理了几万份个人申报数据（自 19 世纪早期以来始终完好无损地保存在国家和相关部门的档案室里），以构建一个涵盖 1800~1810 年和 2000~2010 年两个 10 年的大样本数据集。总之，法国的遗嘱记录为我们考察财富积累与分配问题，提供了异常丰富和翔实的资料。[4]

世袭社会的蜕变

图 10.1 展示了 1810~2010 年财富分配的演变。[5] 第一个结论是，在 1914~1945 年的一系列冲击之前，资本所有权不平等并未呈现明显

缩小的趋势。实际上，资本的集中度在 19 世纪有轻微上涨的趋势（在已经很高水平的基础上），在 1880~1913 年甚至出现了螺旋式加速上升的特征。19 世纪初，财富层级中前 10% 人群拥有的财富占总财富的比重已经达到了 80%~85%，到 20 世纪初升到了 90%。1800~1810 年间，前 1% 人群独自占有国民财富的 45%~50%，这一比重在 1850~1860 年超过了 50%，到 1900~1910 年达到了 60%。[6]

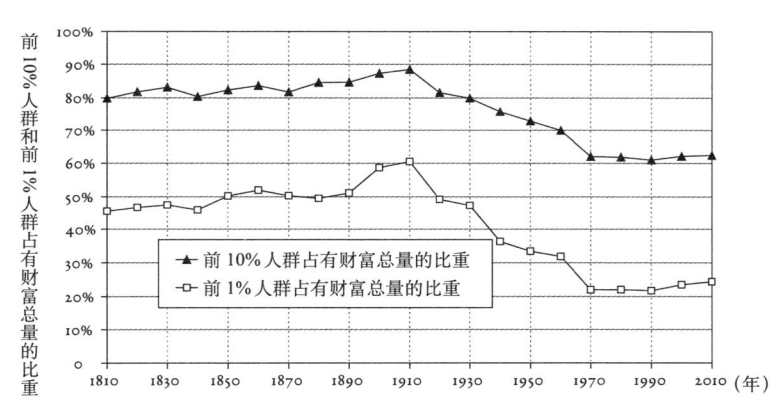

前 10% 人群在 1810~1910 年拥有财富总量的 80%~90%，在今天只有 60%~65%。

图 10.1　1810~2010 年法国的财富不平等

资料来源：piketty.pse.ens.fr/capital21c

今天回顾这些历史数据，我们不得不为"美好年代"时期法国的财富集中度感到震惊，无论法兰西第三帝国的经济和政治精英们如何花言巧语、粉饰太平。1900~1910 年巴黎仅居住着全国 1/20 的人口，却占有着 1/4 的总财富，财富集中度很高，而且在"一战"前的 10 年里似乎毫无节制地持续上涨。19 世纪，巴黎约 2/3 的人口没有给后代留下任何财富（法国其他地区的这一比例是 1/2），这里也是巨额财富集中之处。前 1% 人群的财富比重在 19 世纪初大约为 55%，到

1880~1890年升至60%，到"一战"前夕达到70%（见图10.2）。看着这些趋势线，人们很自然地会想：如果没有战争，财富的集中度究竟会上升到多高？

```
前1%人群占有财富总量的比重

80%
70%
60%
50%
40%
30%
20%
10%
 0
    1810 1830 1850 1870 1890 1910 1930 1950 1970 1990 2010（年）

 ▲ 前1%人群的财富比重（巴黎）
 □ 前1%人群的财富比重（法国）
```

"一战"前夕，巴黎前1%人群拥有财富总量的70%。

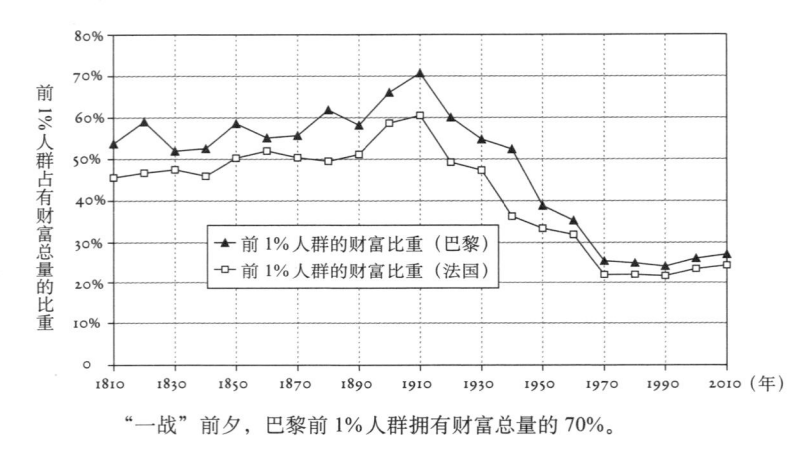

图10.2　1810~2010年巴黎以及法国收入不平等的比较

资料来源：piketty.pse.ens.fr/capital21c

遗嘱记录数据也显示，整个19世纪，每一年龄组内部的财富分配不平等状况与整个国家的状况几乎一样。注意，图10.1和图10.2（以及之后的图示）中的估算，反映的是每一时期在世的成人人口的财富不平等状况；对于在该时期故去的人群，我们以他们死亡时的财富为测算基准，同时根据他们死亡时所属年龄段的人群数量作为换算依据，来调整不同年龄段财富分布的最终估计结果。实际上，这并没有多大差别：生者的财富集中度只比死时的财富不平等程度略高几个点，而二者随时间演变的特征几乎相同。[7]

18世纪直到法国大革命前夕，法国的财富集中度到底有多高呢？由于缺少可与经革命运动创造出的遗嘱记录相媲美的数据资料（对于法国的旧制度时代，我们只有一些不可比的、不完整的私人数据集，而英国和美国直到 19 世纪晚期才有数据),我们难以做出精确的比较。然而,所有迹象都表明,私人财富的不平等程度在 1780~1810 年出现了轻微下降,原因主要包括农地的重新分配以及大革命时期对公共债务的废除,还有对贵族财富的其他冲击。前 10% 人群的财富比重在 1789 年前夕甚至超过了 90%,而前 1% 人群的比重达到或超过了 60%,这些都是可能的。另一方面,对贵族的 10 亿法郎补偿(即为补偿大革命时期充公的土地而支付给贵族的 10 亿法郎)以及贵族在政治上重新掌权,使君主立宪时期(1815~1848 年)旧的财富秩序得以重新构建。事实上,遗嘱数据揭示了巴黎前 1% 人群中贵族所占的比重,在 1800~1810 年仅占 15%,到 1840~1850 年逐步上升到 30%,而 1850~1860 年开始出现了不可阻挡的下降,到 1890~1900 年降到了不足 10%。[8]

然而,我们不应过分强调由法国大革命带来的变化。除 1780~1810 年财富不平等程度下降、1810~1910 年(尤其是 1870 年之后)逐步上升以外,最为显著的变化是整个 18、19 世纪里,资本所有权的不平等始终相对稳定地保持在极高的水平上。在这一时期,前 10% 人群始终占有总财富的 80%~90%,前 1% 人群的比重为 50%~60%。正如我在本书第二部分指出的那样,从 18 世纪到 20 世纪初,资本的结构已经完全转型(土地资本几乎完全被产业和金融资本以及不动产所替代),但财富总量(以年度国民收入衡量)却保持相对稳定。特别是,法国大革命对资本/收入比的影响甚小。如前所述,大革命对财富分配的影响也较弱。1810~1820 年,也就是高老头、拉斯蒂涅和维多莉小姐所处的时代,财富分配状况要比旧制度下略好,但二者的差异非常小:无论是大革命之前还是之后,法国都是一个资本高度集中的世袭制社会。在这样一个社会里,继承和婚姻是两个很关键的因素。通过继承或者婚姻得到的高额财富给人带来的舒适度,靠工作或学习是难以获得的。

在"美好年代",财富集中度要比伏脱冷教导拉斯蒂涅的时期还要高。然而,底层社会的法国是始终如一的,无论是在旧制度下还是法兰西第三共和国时期,不平等的基本结构都大致相同,即使这期间发生了巨大的经济和政治变迁。

我们通过遗嘱记录数据观察到,20世纪里前10%人群占有财富比重的下降,几乎全部由中间阶层40%的人群受益,而最穷的50%人群的比重基本没有增长(保持在不足5%的水平上)。纵观19、20世纪,底层那一半人群的净财富实际为零。具体而言,我们发现,对于财富分布中最穷50%人群中的个体来讲,他们在去世时没有任何不动产或金融资产可以传给后人,仅有的一点儿财富也都完全用于丧葬支出或者偿还债务(此时,继承人通常选择放弃继承遗产)。整个19世纪直至"一战"前夕,巴黎超过2/3的人在去世时都处于上述境地,而且没有出现变化的苗头。高老头就属于其中的一员,他在被女儿抛弃、一贫如洗的状况下死去:他的房东伏盖夫人向拉斯蒂涅催讨高老头欠的债,而拉斯蒂涅也必须支付丧葬费用,这已经超过他的个人财产价值了。19世纪,大概一半的法国人去世时都是这样的状况,没有财产传给下一代,甚至净财富为负,而且这一比例在20世纪几乎没有改变。[9]

"美好年代"欧洲的资本不平等

欧洲其他国家可获得的数据不尽完善,但也很明确地显示出,18、19世纪直至"一战"前夕,财富极端集中的状况一直是整个欧洲而不单单是法国的现象。

我们搜集到了英国1910~1920年详尽的遗嘱数据,这些记录已被很多研究者(最著名的是阿特金森和哈里森)深入研究过了。我们使用最近所做的一些估算,结合彼得·林德对 1810~1870 年进行的更可靠的但口径有所差异的估计(依照不动产目录样本),将上述遗嘱资料进行了补充。我们发现,英国的整个演变轨迹与法国的情形非常相似,尽管英国不平等的程度总是要稍高些。前 10% 人群占有财富总量的比重在 1810~1870 年为 85%,到 1900~1910 年超过了 90%。前 1% 人群占有的比重则从 1810~1870 年的 55%~60% 上升到 1910~1920 年的 70%(见图 10.3)。英国的资料并不完整,尤其是 19 世纪,但大致的数量级很明确:19 世纪英国的财富是高度集中的,而且在 1914 年之前没有显现出财富集中度下降的态势。站在法国的角度来看,最令人吃惊的事实是,"美好年代"英国资本所有权的不平等程度仅比法国略高一点,尽管当时的第三共和国的精英们喜欢将法国描绘为一个平等的国家(与海峡对岸的君主立宪制邻居英国相比)。由此看来,政治体制显然对两国的财富分配状况影响不大。

前 10% 人群在 1810~1910 年占有财富总量的 80%~90%,今天则是 70%。

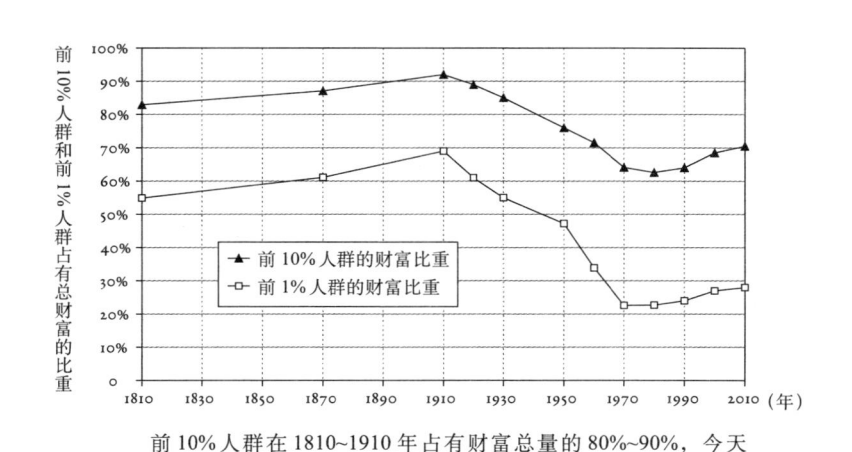

图 10.3　1810~2010 年英国的财富不平等

资料来源:piketty.pse.ens.fr/capital21c

在瑞典，从 1910 年起可获得的数据非常丰富，奥尔松、罗伊内和沃登斯通等人最近使用了这些数据，我们也对 1810~1870 年的情况进行了估算（具体由李·索托负责执行），发现其演变轨迹与我们在法国和英国观察到的情况非常相似（见图 10.4）。事实上，瑞典的财富数据证实了我们从收入报表中已经发现的特征：瑞典在结构上并不像我们想象的那样是一个平等主义国家。可以肯定的是，瑞典 1970~1980 年的财富集中度是其整个历史数据中的最低水平（约 50% 的财富为前 10% 人群所拥有，略高于 15% 的财富为前 1% 人群拥有）。然而，这种不平等程度仍然相当高。更重要的是，20 世纪 80 年代以来，其不平等程度已经显著扩大（2010 年，仅略低于法国）。此外，值得强调的是，1900~1910 年瑞典的财富集中度与法国和英国相当。在"美好年代"，所有欧洲国家的财富是高度集中的。为何会这样？为何经过 20 世纪就发生了如此大的变化？理解这些问题非常重要。

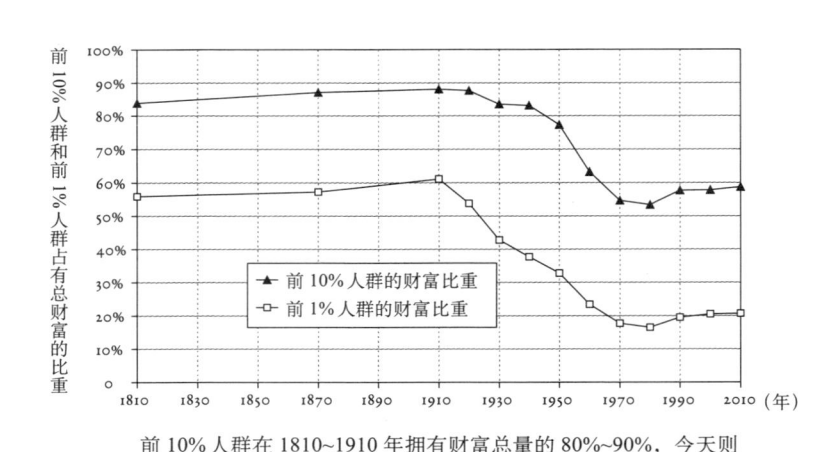

前 10% 人群在 1810~1910 年拥有财富总量的 80%~90%，今天则是 55%~60%。

图 10.4　1810~2010 年瑞典的财富不平等

资料来源：piketty.pse.ens.fr/capital21c

另外需要注意的是，我们在19世纪之前的大多数社会阶段也发现了财富高度集中的情况（前10%人群占有80%~90%的财富，而前1%人群则占有50%~60%），除了中世纪和之前的古代，这一情形尤其发生在现代的传统农业社会里。我们手头的数据资料并不完备，无法进行精确的比较或研究时间演变特征，但我们得到了总财富中（尤其是农地数量）前10%人群和前1%人群占有比重的大致数量级水平，基本上接近19世纪和"美好年代"时期法国、英国和瑞典的特征。[10]

世袭中产阶层的出现

本章余下部分主要关注三个问题。为什么财富的不平等程度会如此极端，并在第一次世界大战前不断上涨？为什么虽然21世纪初的财富水平像20世纪初一样繁荣起来（如资本/收入比的变化所示），但今天的财富集中度却明显低于其历史最高纪录？这种态势是不可逆的吗？

事实上，第二个问题的答案在图10.1展示的法国数据中已有体现。那就是，财富的集中度（包括资本收入的集中度）再也没有从1914~1945年的一系列冲击中完全恢复过来。前10%人群占财富总量的比重，1910~1920年达到90%，而1950~1970年下降到60%~70%；前1%人群的比重下降得更快，从1910~1920年的60%骤降到1950~1970年的20%~30%。和"一战"前的趋势相比可知，下降幅度是清晰而巨大的。可以肯定的是，财富的不平等程度在1980~1990年再次开始加深，金融全球化使我们越来越难以在一国的框架内衡量财富及其分布状况：21世纪的财富不平等状况越来越需要从全球的视角进行测度。尽管有这么多不确定性，但我们可以确定，今天的财富不平等程度明显低于一个世纪之前：当前前10%人群所占财富比重约为 60%~65%，仍旧相当高，但明显低于"美好年代"时的水平。二者间的根本差别在于出现了世袭中产阶层，他们大约占有 1/3 的国民财富——一个相当重要的数额。

目前可得的其他欧洲国家的数据印证了这是一个普遍现象。在英国，前 10% 人群占有的比重从"一战"前夕的 90% 以上，下降到 20 世纪 70 年代的 60%~65%；现在大约为 70%。前 1% 人群的财富比重在 20 世纪的一系列冲击下急剧下降，1910~1920 年接近 70%，1970~1980 年降到略高于 20%，现在又升至 25%~30%（见图 10.3）。在瑞典，资本所有权始终没有英国那么集中，但整体的变化轨迹是相当类似的（见图 10.4）。在上述每一国的案例中，我们都发现最富裕的 10% 人群失去的比重，基本是由"世袭中产阶层"（即收入层级中的中间 40%）承接了，而没有流向最穷的那一半人口（他们的财富比重始终很小，大致在 5% 的水平，即使在瑞典也从未超过 10%）。而在英国，我们发现最富有的 1% 人群失去的比重，通常也是流向前 10% 人群中其余那 9% 的人。将国家层面的特性先放在一边不谈，我们发现各个欧洲国家间整体上的相似性是非常惊人的。主要的结构性变化就是中间阶层的出现，这一阶层由那些管理自有资本的个人组成，几乎占了人口的一半。他们的资本相当充足，合起来可以占到国家总财富量的 1/4~1/3。

美国的财富不平等

现在我们把目光投向美国。我们依据的同样是 20 世纪头 10 年至今的遗嘱记录，这些已被研究者们充分研究过了（特别是兰普曼、科普克朱克和赛斯）。肯定的是，对于这些数据的使用需要特别注意，因为联邦不动产税只覆盖了人口中的一小部分。然而，除遗嘱数据外，还有一些补充资料：一是美联储自20世纪60年代以来开始的详细财富调查数据（尤其是被阿瑟·凯尼克尔和爱德华·沃尔夫所使用）；二是基于不动产目录对1810~1870年的粗略估计，以及被艾丽斯·汉森·琼斯和李·索托分别采用的财富普查数据。[11]

欧洲和美国的财富演变轨迹存在几个重要的差异。一是美国1800年左右的财富不平等程度似乎并不比瑞典1970~1980年的程度高多少。因为美国是一个新建国家，其人口主要是由移民构成，他们携带少量财产甚至一无所有地来到了新大陆，上述结果也就不足为奇了：移民们尚未有足够的时间让财富积累或集中起来。不过，这里的数据还存在很多待完善之处，北部各州（数据结果显示其不平等程度要低于瑞典1970~1980年的水平）和南部各州（不平等程度与同期的欧洲水平相近）之间存在着一些差异。[12]

可以确定的是，经过了19世纪，美国的财富日渐集中。1910年，美国的资本不平等程度非常高（尽管还是明显低于欧洲）：前10%人群占有总财富的80%，而前1%人群占到大约45%（见图10.5）。有意思的是，新大陆的不平等程度似乎在追赶着旧欧洲，这一情况让当时的美国经济学家们担心不已。维尔福德·金的一本关于1915年美国财富分配的著作——对这一问题的第一个系统性研究——特别指出了这一点。[13]从今天的视角来看，这似乎很奇怪：几十年来我们都已接受了美国比欧洲更为不平等的观点，甚至美国人也以此为荣（人们通常认为不平等是创业活力的先决条件，并责难欧洲是苏联式平均主义的避难所）。然而，100多前，观念和现实都恰恰相反：众所周知，新大陆生来就比旧欧洲更加平等，而且这种差异也是美国人引以为豪的资本。19世纪末著名的"镀金时代"，美国一些实业家和金融家（比如约翰·洛克菲勒、安德鲁·卡内基和约翰·摩根）积累起前所未有的财富，许多美国观察家警觉到这个国家正在失去它具有的开创性的平

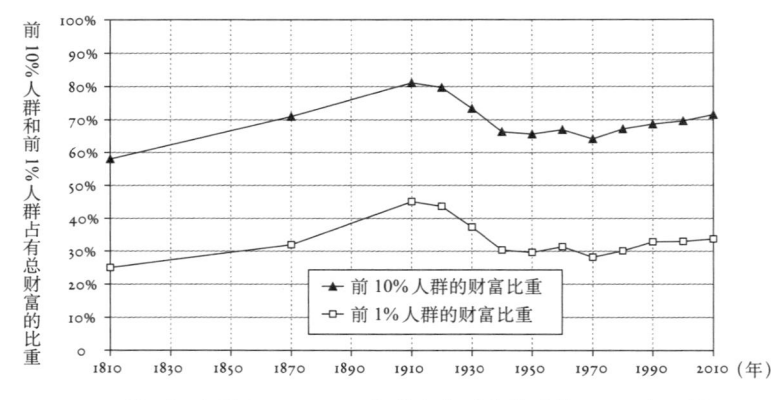

前10%人群和前1%人群占有总财富的比重

- ▲ 前10%人群的财富比重
- □ 前1%人群的财富比重

前10%人群在1810~1910年约占有财富总量的80%,今天则是75%。

图10.5　1810~2010年美国的财富不平等

资料来源：piketty.pse.ens.fr/capital21c

等精神。当然,这种精神在一定程度上只是一个神话,但它在过去与欧洲财富集中度的比较中也确实得到了证实。在第四部分我们将看到,一定程度上正是基于这种恐惧心理(变得越来越像欧洲),1910~1920年美国才倡导对高额财富征收非常高的累进税(这被认为不符合美国的价值观),并对过高收入征收累进所得税。说得婉转些就是,经过20世纪的洗礼后,人们对不平等、再分配的观念以及国家的认同感已经发生了很大的变化。

和收入不平等一致,美国的财富不平等在1910~1950年逐步下降,但下降幅度要比欧洲小：当然它本来起点就低,受到的战争冲击也相对较小。截至2010年,前10%人群的财富比重超过了70%,前1%人群的财富比重接近35%。[14]

最终,20世纪美国财富集中度的下降非常有限：前10%人群的财富比重从80%降到了70%,而欧洲则是从90%降到60%(见图10.6)。[15]

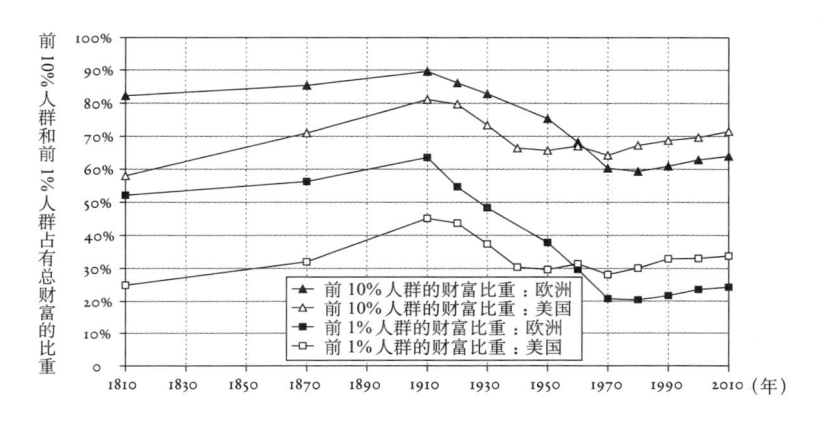

前10%人群和前1%人群占有总财富的比重

图中图例：
- 前10%人群的财富比重：欧洲
- 前10%人群的财富比重：美国
- 前1%人群的财富比重：欧洲
- 前1%人群的财富比重：美国

20世纪中叶以前，欧洲的财富不平等程度比美国要高。

图10.6　1810~2010年欧洲与美国财富不平等的比较

资料来源：piketty.pse.ens.fr/capital21c

欧洲和美国不平等的演化过程有很明显的差异。在欧洲，20世纪发生了社会的彻底转型：财富的不平等，在"一战"前夕还与法国大革命前的旧制度时期水平相当，但在整个20世纪降到了前所未有的低水平，低到近一半人口可以得到一定数量的财富并首次拥有了一定比重的资本。这部分解释了1945~1975年席卷欧洲的那股浪潮。当时人们感觉资本主义已经被打败，不平等和阶级社会的时代已经过去了。这也解释了为什么欧洲人难以接受这看似不可避免的社会进步竟在1980年之后慢慢停止，以及他们仍在期盼资本主义的妖魔鬼怪何时能够被收回到瓶子中。

在美国，人们的观念则截然不同。在某种意义上，（白人）世袭中产阶层在19世纪已经存在。这一阶层在"镀金时代"遭受挫折，20世纪中叶重获新生，1980年后遭受二次挫折。这种上下摇摆的模式在美国的征税历史中有所体现。在美国，20世纪并不是一个朝着社会正义大踏步前进的世纪。事实上，今天财富的不平等程度要比19世纪初还要高。因此，"逝去的美国天堂"与这个国家的起源紧密相关：人们存有对波士顿倾茶事件时代的怀旧情结，而不是怀念"辉煌30年"，以及以国家干预来遏制资本主义过度发展的鼎盛时期。

财富分化的机制：历史上的 r 和 g

现在我来解释一些已观察到的事实：19世纪到"一战"前欧洲财富的高度集中，1914~1945年系列冲击后财富不平等的大幅缩小，以及财富集中度迄今为止没有回到过去欧洲的历史纪录水平。

多重机制在这里发挥了作用，而且据我所知，并无证据能帮助我们精准得到整个过程中各个机制的作用大小。然而，我们可以使用可获得的数据及分析，对不同机制的作用予以排序。以下就是我们可从已知情况中提取出的主要结论。

在传统农业社会以及很大程度上"一战"前的所有社会里（新大陆的开创性社会形态是个例外，基于很明显的原因，它们是很特殊的，并不能代表其他国家，也不能代表长期的情况），财富过于集中的主要原因是：这些社会的发展特征是低速增长，其资本收益率明显持续地高于经济增长率。

对于这两个数值的差距如何导致财富集中，我在导言部分已简要做了介绍，其作用机制如下：假设一个低速增长的世界（比如每年增长0.5%~1%，18、19世纪之前世界各地都是这种情况），资本收益率维持在每年4%~5%的水平，因而比经济增长率高得多。具体地说，这意味着，即使没有劳动收入，只将过去积累的财富再资本化就可以比经济增长快得多。

比如，如果$g=1\%$，$r=5\%$，节约下1/5的资本收入（消费掉剩下的4/5）就已足够保证从上一代继承下来的资本可以与经济增速保持一致。如果财富足够多，不必消耗完每年的租金就可以过得很好，从而有更多的储蓄，那么财富的增长将快于经济的增长，即使没有从劳动中得到收入，财富的不平等也会有扩大的倾向。基于严格数学意义上的考虑，这些条件对于"继承社会"走向繁荣是很理想的——这里的"继承社会"是指财富的集中度非常高，巨大的财富持续不断、代代相传的社会。

注意：巧的是，这些条件存在于整个历史时期的很多社会阶段中，尤其是19世纪的欧洲。如图10.7所示，1820~1913年的法国资本收益率（平均为5%）显著高于经济增长率（约1%）。资本收入占国民收入的比重接近40%，省下其中的1/4就足以达到大约10%的储蓄率（见图10.8）。这就足够让财富增长得比收入更快，导致财富的集中度上升。下一章我将展示，这一时期的多数财富确实来自继承，抛开那一时期的经济活力和惊人的金融复杂度，这种继承资本的支配地位可

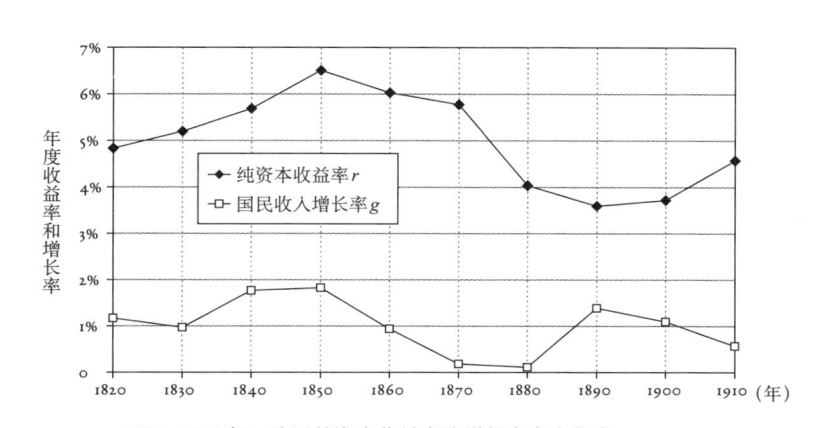

1820~1913年，法国的资本收益率比增长率高出很多。

图10.7　1820~1913年法国资本收益率和经济增长率

资料来源：piketty.pse.ens.fr/capital21c

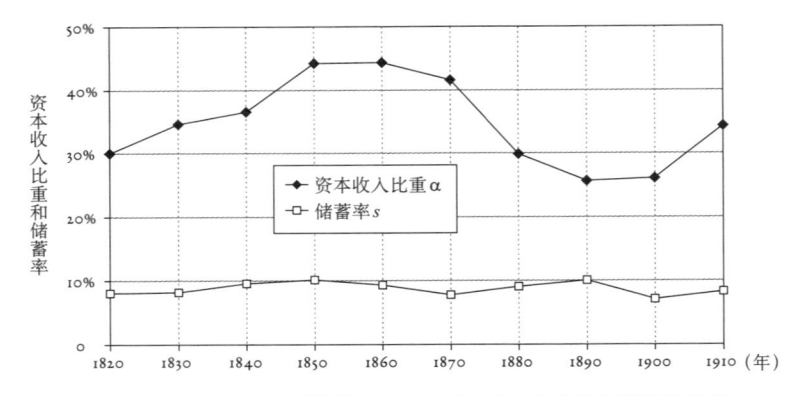

```
50%
     ●
40%       ●   ●  ●
  ●              ●
30%                    ●         ●
                               ●    ●
20%       ─●─ 资本收入比重 α
          ─□─ 储蓄率 s
10%
  □  □  □  □  □  □  □  □  □  □
 1820 1830 1840 1850 1860 1870 1880 1890 1900 1910 (年)
```

1820~1913年，法国的资本收入占国民收入的比重比储蓄率要高得多。

图10.8　1820~1913年法国的资本比重和储蓄率

资料来源：piketty.pse.ens.fr/capital21c

以由一个基本不等式（$r>g$）的动态效应来解释：非常丰富的法国遗嘱数据能帮助我们在这一点上做得相当精确。

为何资本收益率会高于增长率？

我们继续探索上述论点的逻辑。资本收益率系统性地高于经济增长率是否存在更深层次的原因？首先声明一下，这里的阐述是将其作为一个历史性的事实，而并非作为逻辑上的必然。

r在长时期内都高于g，这是一个无可争辩的历史事实。许多人第一次听到这一观点时会很惊讶，并疑惑为什么会这样。要说服自己相信$r>g$确实是历史事实，我们认真看接下来的论述。

本书的第一部分已经指出，经济增长在人类历史的大部分阶段近乎为零：结合人口增长和经济增长，可以说年度经济增长率从古代到 17 世纪从未长时间超过 0.1%~0.2%。虽然存在很多历史不确定性，但显然确定的是，资本收益率始终远远高于这一数字：长期观察得到的中间值是每年 4%~5%。特别是，这是大多数传统农业社会里农地的收益率。即使我们退一步，将资本的纯收益率降到一个相当低的水平——比如说，我们接受很多农地所有者多年来强调的那种观点，即管理大量财产并非容易之事，所以上述资本收益实际上还包含对财产所有者自身投入的高技能劳动的报酬——我们仍可得到每年至少 2%~3% 的最低资本收益率（我认为这不是实际情况，过于低了），但这仍比 0.1%~0.2% 的经济增长率要高得多。因此，纵观人类发展历史，一个无可撼动的事实就是，资本收益率至少是产出（及收入）增长率的 10~20 倍。实际上，这一事实很大程度上恰恰是社会发展的根本动力所在：正是基于这一点，有产阶层才可致力于发展除谋生以外的各种事务。

为了更直观地描述这一点，我在图 10.9 中绘制了全球资本收益率和经济增长率的演变情况，时间跨度从古代直至 21 世纪。

这当然只是一种近似和不太确定的估算，但大致数量级规模以及整体的演变规律是较为合理的。对于全球增长率，我使用了本书第一部分提出的历史估计和推测。对于全球的资本收益率，我使用了对英国和法国 1700~2010 年的估计，这在本书第二部分也有分析。对于更早的时期，我采用了 4.5% 的纯收益率常量，这应该是最小的估算值（可得的历史数据显示平均收益率为 5%~6%）。[16] 对于 21 世纪，我假定 1990~2010 年观察到的收益率延续下去，当然这是不够确定的：实际上既存在拉低收益率的因素，也有推高收益率的其他因素。还要注意的是，图 10.8 中的资本收益率是税前的数据（也没有计入战争中的资本损失和资本收益或亏损，而这些损益在 20 世纪里是格外大的）。

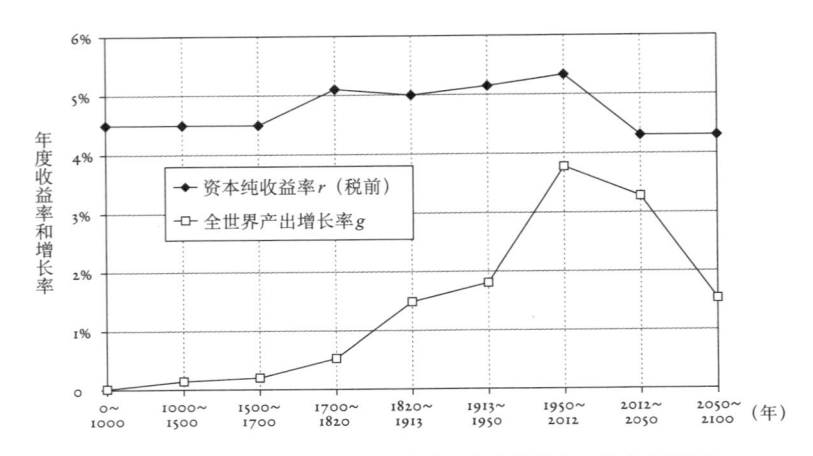

资本收益率（税前）总是高于全世界产出增长率，但在20世纪，二者之间的差距缩小了，而在21世纪可能会再次扩大。

图 10.9 从古代到 2100 年全球资本收益率和产出增长率的比较

资料来源：piketty.pse.ens.fr/capital21c

如图 10.9 所示，在历史长河中资本纯收益率（一般是 4%~5%）明显高于全球增长率，但是二者间的差距在 20 世纪显著下降，尤其是在 1950~2012 年，世界经济以每年 3.5%~4% 的速度增长。很可能发生的情况是，随着经济增长（特别是人口增长）的放缓，二者的差距在 21 世纪会再次扩大。依照本书第一部分所讨论的主要情景，2050~2100 年全球经济年均增速很可能在 1.5% 上下，与 19 世纪的水平大致相当。r 和 g 的差距会回到工业革命时期的水平。

基于这样一个背景，我们很容易得出结论，资本税收以及各种各样的冲击在其中发挥的作用至关重要。在"一战"以前，对资本所收的税很低（多数国家并不对个人收入或公司利润征税，而不动产税通常不过几个百分点）。为使问题简化，我们假定资本收益率在税前税后是相同的。"一战"以后，对高收入、利润和财富征税的税率很快攀升到较高水平。然而，20世纪80年代以后，在金融全球化和国家间资本竞争加剧的情况下，社会观念氛围发生了巨大转变，上述高税率在不断降低，在某些情况下甚至完全消失。

图10.10展示了对平均资本收益率的另一种估算，即估算税后值，并将1913~1950年因财产破坏带来的资本损失量计算在内。为使论证更为简便，我也假定财政竞争会渐渐导致资本税在21世纪完全消失：1913~2012年资本税设定在30%，2012~2050年为10%，2050~2100年是0。当然，现实情况更为复杂：因国家和财产类型不同，税收间差异也很大。有时，这些税收还设计成累进式的（这意味着，至少在理论上，税率会随着收入或财富的增加而提高），显然很难预先假定财政竞争一定会导致资本税的最终消失。

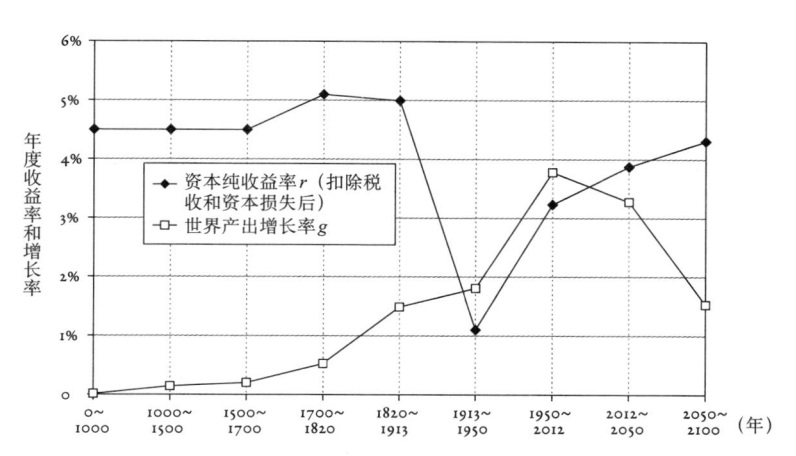

资本收益率（扣除税收和资本损失后）在20世纪逐步降到了世界产出增长率之下，而在21世纪有可能再次上升。

图10.10 从古代到2100年全球税后收益率和产出增长率的比较

资料来源：piketty.pse.ens.fr/capital21c

基于这些假定,我们发现税后(以及扣掉损失后)的资本收益率,在1913~1950年降低到1%~1.5%,低于经济增长率。这一新特征在1950~2012年得以延续,因为这一时期增长率非常之高。最终我们发现,由于财政和非财政的冲击,20世纪出现了资本纯收益率低于增长率的情况,这在历史上还是第一次。一系列互相关联的事件(战争破坏、1914~1945年冲击下采取的累进税制,以及"二战"后"辉煌30年"的卓越增长)创造出这个史无前例的局面,并持续了将近一个世纪。然而,所有迹象都表明这种状态就要结束了。如果财政竞争沿着逻辑链条继续下去(这是很可能发生的),那么r和g间的差距将在21世纪的某一时点回落到19世纪的水平(见图10.10)。如果资本税的平均税率保持在30%左右(这个估计并不确定),资本纯收益率就很有可能上升到明显高于增长率的水平——至少在前述"最可能出现的情形"推测无重大错误的情况下会是这样。

为了更清晰地展示可能的演变结果,我在图10.11中把1913~1950年和1950~2012年两个子时期合并为1913~2012年,即资本纯收益率史无前例地低于经济增长率的时期。我还把2012~2050年和2050~2100年合并为2012~2100年,并假定2050~2100年的资本收益率会持续到22世纪(这当然也是无法确定的)。不管怎样,图10.11至少在r和g的关系上展现出了20世纪史无前例的(有可能是唯一的)特点。注意:全球经济在长时期内持续保持年均1.5%增长的假设,在观察家们看来是过于乐观的。那么请回顾一下这些事实:1700~2012年全球人均产量的年均增速仅为0.8%,而人口的增长(在过去300年中平均增速也是0.8%)到21世纪末也可能出现锐减(大多数预测结果)。然而,图10.11的主要局限在于,它严重依赖于这一假设:接下来200年里,不出现政治上的大变革,不改变现行资本主义和金融全球化的进程。基于过去100年的混乱历史,这是一个很不可靠的假设,在我看来也并不合理。正是因为不平等带来的后果相当严重，人类社会也就不可能无底线地容忍它发展下去。

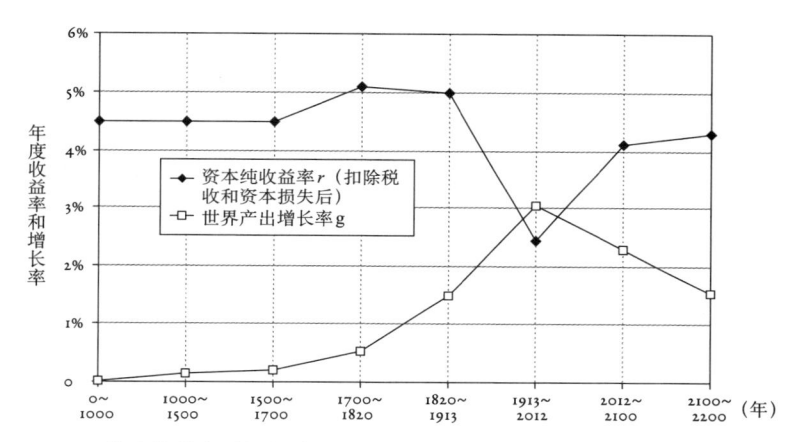

资本收益率（扣除税收和资本损失后）在20世纪逐步降到了世界产出增长率之下，而21世纪有可能再次超过它。

图 10.11　从古代到 2200 年全球税后收益率和产出增长率的比较

资料来源：piketty.pse.ens.fr/capital21c

小结：不等式 $r>g$ 在直到"一战"前夕的人类历史的大多数时候都显然成立，在 21 世纪很可能也是如此。不过，这一事实是否成立，取决于资本遭受的冲击大小，也取决于控制资本和劳动关系所采取的公共政策和制度措施。

时间偏好问题

简要重述一下前面的内容：不等式 $r>g$ 是一个不确定的历史性命题，在一定时期和一定政治背景下成立，而在其他情况下可能不成立。从严格的逻辑来看，完全可以设想一个社会，那里经济增长率大于资本收益率，即使没有政府干预也可达到。这一方面取决于技术（即资本用来做什么），另一方面取决于人们对储蓄和财产的态度（即人们为什么选择持有资本）。如前所述，完全可以假设一个资本毫无用处的社会（资本除了充当纯粹的价值贮藏手段外，其收益完全等于0）。但是在这个社会里，人们却选择大量持有资本，为未来可能的灾难或者节日赠礼做好准备，也可能仅仅是因为他们特别有耐心或是对后代特别慷慨。此外，如果这个社会的生产率提高得很快（或是因为持续创新，或是因为这个国家正在快速赶超技术更先进的国家），那么经济增长率也很可能显著高于资本收益率。

然而，现实中从来不存在一个社会，其资本收益率能轻易且持续地降到2%~3%以下。我们通常看到的平均收益率（各种类型的投资平均来看）接近4%~5%（税前）。特别是，传统社会中农地的收益，就如当今社会中房地产的收益（二者都是最常见、风险最小的投资形式）一样，一般在4%~5%左右，在长期存在略微下降的趋势（下降到3%~4%而不再是4%~5%）。

一般用来解释资本收益率相对稳定在4%~5%（它从来不低于2%~3%）的经济学模型，都建立在"时间偏好"（偏好于现在）的理念之上。换句话说，经济活动参与者通过时间偏好率（通常用θ表示）来度量他们有多不耐心，以及他们如何将未来计算进来。例如，如果θ为5%，经济活动参与者就愿意牺牲掉105欧元明天的消费，而在今天多消费100欧元。这一"理论"，和其他经济理论模型一样，多少给人一种多此一举的感觉（我们总是可以通过设定经济活动参与者具有特定偏好，或者用专业术语叫"效用函数"，进而限定人们按照这种模式行动）。举个比较适当的例子，假定种社会的经济增长率为0，我们将会发现资本收益率等于时间偏好率θ。[17]根据这一理论，资本收益率从历史上看稳定在4%~5%最终是由于心理因素：由于该收益率水平反映的是正常人的不耐心程度和对未来的态度，它也就始终无法远离这一水平。

除了显得多此一举，这个理论也引发了其他一些困难。当然，这个模型背后的直觉（正如边际生产率理论背后的直觉）并非毫无可取之处。假设其他条件不变，在一个更有耐心的社会，或是一个可预见到未来冲击的社会里，人们当然会选择储蓄更多物资和积累更多资本。同样，如果一个社会积累了太多的资本，以至于资本收益率持续走低，比如年收益率只有1%（或者对各种形式的财富，包括中下阶层的财产征税，导致资本的纯收益率非常低），相当一部分拥有财产的个体会考虑出售自己的房屋和金融资产，减少资产总额，直到其收益率增加。

这个理论的弊端之一是太过简单和武断：我们不可能将所有的储蓄行为和对未来的态度都压缩到一个无法改变的心理参数上。假如我们拿出该模型的最极端版本（称为"无限期"模型，因为经济主体依照他们自身的时间偏好，计算了考虑到全部后代的储蓄策略的后果，直至时间尽头，就像他们为自身考虑一样），那么资本纯收益率连0.1%的小幅变动都不会存在：任何改变净收益的尝试（例如通过改变税收政策），都会激发某些层面上（储蓄或者不储蓄）极其有力的反应，目的就是强制推动纯收益率回到它唯一的均衡。这样做出的预测很可能不符合实际：历史经验表明储蓄弹性是正值，却并不是无穷大，特别是当资本收益率在温和理性的范围内变动时。[18]

上述理论模型（以最严密的解释方式）的另一个困境是，它意味着，为了维持经济均衡，资本收益率 r 必须伴随着经济增长率 g 快速上升，这样就可推出，快速增长经济体中的 r 和 g 之间的差距会大于完全没有增长的经济体。同样，这一预测也很不符合现实，而且和历史经验也不相符合（根据观测到的历史经验来判断，资本收益率在快速增长的经济体中是上升的，但却可能不足以显著地使r、g的差值扩大）。这也是"无限期"模型导出的结果。不过，要注意：这个直觉在一定意义上是有用的，而且从严格逻辑视角来看也是非常有趣的。在标准的经济学模型中，基于"完美"资本市场的存在（在这里，任何资本所有者都能获得这个经济可达到的最高边际生产率的回报，在这一利率上，个体可进行任何规模的融资），资本年收益率r必然系统性地高于经济年增长率g，原因如下：如果r小于g，经济活动参与者意识到他们未来收入（和他们后代的收入）的增速会比在当前利率水平下更高，他们就会感到无限富有，从而希望无限制地借钱进行现时消费（直到r超过g）。在这一极端情景下，这种机制不完全讲得通，但是它表明$r>g$在最标准的经济模型中是行得通的，尤其是在资本市场变得更有效率时，就更可能是正确的。[19]

小结：储蓄行为和对未来的态度不能以单一的参数来表达。这些选择需要放在一个更复杂的模型中进行分析，不仅包括时间偏好，也包括预防式储蓄、生命周期效应、财富自身的重要性以及其他因素。除了个人心理和文化因素外，这些选择取决于社会和制度环境（例如公共养老金体系的存在）、家庭策略和压力、社会团体对个人的限制（例如，在一些贵族社会，继承人不能自由出售家庭财产）。

我的看法是，$r>g$这一不等式应该被视作依赖多重机制的历史事实，而不是绝对的逻辑必然。它是多种力量共同作用的结果，而各种因素在很大程度上相互独立：一方面，经济增长率g结构性地偏低（一旦人口结构转换完成，国家达到了世界技术前沿水平，而创新步伐相当缓慢时，g的数值通常不高于1%）；另一方面，资本收益率r取决于很多技术、心理、社会和文化的因素，它们共同决定了4%~5%的收益率（不管怎样都大大高于1%）。

是否存在一种均衡分布？

现在我们来看一下，$r>g$ 会给财富分配的动态演化带来什么影响。资本收益率明显而持久地高于经济增长率这一事实，是推动财富分配更加不平等的强大动力。例如，假设 $g=1\%$，$r=5\%$，而且富裕的人们必须用他们每年资本收入的 1/5 进行再投资，以确保他们的资本比平均收入增长得更快。在这些条件设定下，防止出现财富不平等程度无节制的螺旋上升、而将其稳定在一个特定水平的动力主要包括：第一，如果富裕个体的财富比平均收入增长得更快，那么资本/收入比将不断上涨，这在长期将导致资本收益率的下降。然而，这种机制需要几十年的时间才能起到效果，尤其是在开放经济条件下，富裕个体还可以积累外国资产（就如 19 世纪直到"一战"前夕英国和法国的情况）。从理论上讲，这种进程总会结束（当拥有外国资产的个体占有了整个地球的财富时），但这显然需要时间。这一机制进程就是"美好年代"时期英国和法国前 1% 人群的财富比重不断上升的主要原因。

其次，个体财富轨迹的分化过程可以用各种冲击来解释。无论是人的冲击（比如没有继承人或者继承人很多，都会导致家族资本的分散；再如个体的早逝或者长寿带来的冲击）还是经济的冲击（比如投资出现错误、农民起义、金融危机，或年景不佳等），都会影响到家族财富，所以即使在大多数相对平稳的社会里，财富分布状况也会发生一定变化。另外，还要注意人的选择行为（富人选择生育更少的后代，财富也就变得更加集中）和继承方面的法律规定等因素的重要性。

很多传统的贵族社会都遵循长子继承制：年龄最大的儿子继承所有家族财产（或者占一个绝对大的比重）来避免分散化，以保存和增加家族的财富数量。长子对家族的大部分财产具有优先权，同时，这一优先权又通常包含着重大约束：继承人不允许造成财产价值减少，必须依赖由资本产生的收入为生,而将这些资产顺次传给下一位具有继承权的继承人,通常是长孙。在英国的法律里,这是"限定继承权"体系(在法国的法律中,这等同于大革命前的旧制度下的世袭罔替体系)。这也正是《理智与情感》一书中埃莉诺和玛丽安命运不幸的原因所在:诺兰庄园的财产直接传给了她们的父亲和同父异母的兄弟约翰·达什伍德,而约翰考虑到和妻子范妮之间的矛盾,决定不给她们留下任何财产。这两姐妹的命运正是这一不利关系的直接后果。在《劝导》一书中,沃尔特爵士的财产直接传给了他的侄子,而绕过了他的三个女儿。简·奥斯汀非常清楚自己在讲述什么,她自己就在财产继承中受到了伤害,终身未婚,与她的姐姐相依为命。

从法国大革命及之后的民法典衍生出来的继承法主要建立在两个支点上:废除世袭罔替和长子继承制,而采用了兄弟姐妹间平分财产的原则(均分原则)。这一原则自1804年起被严格执行并一直沿用至今:在法国,对于有两三个孩子的父母来讲,其可用比重(家长可按照意愿自由处置的财产比重)仅占总财富的大约1/4,[20] 只在极端情形下才予以豁免(比如,孩子谋杀了继母)。特别需要注意的是,新的法律制度不仅仅基于平等原则(年幼的子女和长子具有相同权重,年幼的子女也受到了保护,不再受到父母的随意支配),也基于自由和经济效率原则。具体来说,限定继承权(亚当·斯密、伏尔泰、卢梭和孟德斯鸠等人对此十分憎恶)的废除依赖这样一个简单的理念:这种废除将推动商品的自由流通,使财产可以依照后代的判断进行重新配置,从而得到最佳的使用,而不管去世的先辈们是如何设想安排的。有趣的是,经过充分讨论,美国人在法国大革命之后也认同这一做法:限定继承权被废除,即便在南方也是如此。正如托马斯·杰斐逊所说:"世界属于活着的人们。"兄弟姐妹均分财产成为法律默认的情况,也就是说,如果没有明确的遗嘱声明,这种均分原则在财产继承中就将适用（尽管按照自由意愿订立遗嘱在美国和英国仍是主流，但在实际操作中，多数财产都是在兄弟姐妹间平均分配）。这是法、美两国与英国的重要区别：在法国和美国，均分原则从19世纪起就已启用；而在英国，直到1925年，父辈的部分财产（如土地和农业资本）仍适用长子继承制。[21] 而在德国，直到1919年魏玛共和国建立，类似限定继承权的制度才被废除。[22]

法国大革命期间，人们对于这种平均主义、反独裁主义、自由主义的法律（这挑战了父母的权威，而确认了新的家庭领导者的权威，不过在某些情形下对其配偶不利）抱有极乐观的期望，至少在男人中间是这样——尽管这样的规定在当时显得相当激进。[23] 支持这一革命性法律的人们相信，他们找到了通向未来平等社会的钥匙。而且，因为民法典赋予了每个人在市场和财产方面的平等权利，行业协会也被裁撤，最终的结果显而易见：这种制度体系必将终结过去的不平等状态。孔多塞侯爵在1794年所著的《人类精神进步史表纲要》一书对这一乐观看法给了强有力的表述："我们很容易证明，财富天然地就倾向于平等，而且它们过度的不成比例是不可能存在的或是会迅速停止的，如果民法并没有确立认为的办法来延续它们和聚集它们的话；如果贸易自由与工业自由使得一切限制性的法律和一切税务的权利所给予既得的财富的优势都消失了的话……"[24]

民法典和法国大革命的幻觉

整个19世纪，法国的财富集中度都在不断提高，最终在"美好年代"达到顶峰，比民法典制定的时期还要极端，仅仅比君主制和贵族制的英国低一些，对此我们该如何解释呢？很显然，权利和机会的平等并不能确保财富的平均分配。

373

的确，一旦资本收益率显著且持久地超过经济增长率，财富积累和扩张的动态机制将自动导向高度集中的分布，兄弟姐妹间的均分原则也不会起多大作用。就如我上面提到的，经常会发生一些经济或人口的冲击，影响到家庭财富轨迹。借助一个简单的数学模型，我们就可以看到，在这种冲击的结构下，财富分配往往趋向于长期均衡，不平等的均衡水平是 $r-g$（资本收益率与经济增长率之差）的一个递增函数。直观来说，如果人们完全不消费而全部用来再投资，$r-g$ 这一数值实际估量的就是资本收益背离平均收入的程度。$r-g$ 缺口越大，背离的力量越强。如果人口和经济的冲击为乘数形式（即初始资本越大，投资的影响就越大，不管投资是好还是坏），长期均衡的分布就是一个帕累托分布（一种基于幂法则的数学形式，很好地对应了现实中的分布状态）。我们也可以简单地说，帕累托分布的系数（用于衡量不平等的程度）是关于 $r-g$ 差值的一个急剧递增的函数。[25]

具体来讲，这意味着如果资本收益率与增长率之间的差距和法国19世纪（那时年均资本收益率为5%，而增长率约为1%）一样大，那么按照该模型的预测，累积的推动财富聚集的动力将自动导致财富的极端高度集中——通常前10%人群占有资本的90%，前1%人群占有50%。[26]

换句话说，$r-g$ 这样一个基本不等式可以解释法国19世纪的资本高度不平等，这从某种程度来说也是法国大革命的失败之处。虽然革命委员会建立了统一税制（这就给我们提供了一个非常好的财富分布测量工具），但是税率非常低（整个19世纪，无论房产有多大，交易税率都只有1%~2%），以至于资本收益率与增长率之间的差距所产生的影响微乎其微。正因为如此，也难怪19世纪的法国甚至在共和政体下的"美好年代"时财富不平等都和君主立宪制的英国一样大了。和 $r>g$ 相比，政体的影响相对不那么重要了。

兄弟姐妹之间均分遗产会产生一些影响，但影响程度小于 $r>g$。

具体来说，长子继承制（或者更准确地说，农地的长子继承制，使英国国家资本的比重在 19 世纪减少了）放大了人口和经济冲击的影响（兄弟姐妹间的排行次序又催生出额外的不平等），从而提高了帕累托系数并且导致财富分布更加集中。这也许可以解释为什么 1900~1910 年英国前 10% 人群的财富比重要比法国的大（英国略高于 90%，法国略低于 90%），更能解释为什么英国前 1% 人群的财富比重要比法国大得多（英国 70%，法国 60%）。长子继承制似乎是为了保护少数的非常大的地产。但这种影响在一定程度上被法国的低人口增长率抵消了（因为 r 与 g 之差，当人口增长停滞时，累积的财富不平等在结构上更大），最终它对整体分布只产生了一个中等的影响，这在两个国家是近似的。[27]

拿破仑颁布的民法典于 1804 年生效，法国的不平等也不会出现在英国贵族和女王的面前。在巴黎前 1% 人群在 1913 年拥有总财富的 70%，这甚至比英国还多。现实是那么令人吃惊，甚至还体现在动画片中——《猫儿历险记》，该片以 1910 年的巴黎为背景。片中没有正面提到老妇人的财富多少，但是从她华丽的住所以及男管家是多么不屑于公爵夫人和她的三只小猫等可以判断，其财富数量应该是非常可观的。

按照 $r>g$ 的逻辑，增长率从 17 世纪的仅仅 0.2% 上升到 18 世纪的 0.5%，再到 19 世纪的 1%，这一事实起不到多大作用：与 5% 的资本收益率相比是很小的，特别是因为工业革命略微提高了资本收益率。[28] 根据理论模型，如果资本收益率为每年 5%，资本集中的均衡水平将不会显著降低，除非增长率超过 1.5%~2% 或者征收资本税使资本纯收益率降低至 3%~3.5%，或者两者兼有。

最后，请注意，如果 $r-g$ 的差值超过某个临界值，就不再有均衡分布：财富的不平等将无限制地拉大，分布平均值与峰值之间的鸿沟将无限地增大。这个临界值的大小无疑取决于储蓄行为：如果很富有的人没地方花钱，只能把钱存起来增加他们的资本存量，这样贫富差距就更容易出现。《猫儿历险记》引起人们对这个问题的注意：阿德莱德·博内法米尔有着可观的收入，她把这些收入用于给杜翠丝、玛丽、图卢兹、柏辽兹这几只猫上钢琴课和绘画课上，虽然它们有些讨厌上这两门课。[29] 这种行为很好地解释了"美好年代"的法国（尤其是巴黎）财富集中度的上升：老年人逐渐聚集了最多的财富，因为他们将资本收入的很大一部分储存起来了。所以，他们的资本增长率比经济增长率高得多。如上所述，这种不平等程度的急剧上升不可能一直持续下去：最终将无处去投资和储蓄，全球资本收益率将会下降，直到形成一个均衡的财富分布状态。但是这一过程需要很长时间，由于前1%人群占巴黎总财富的比重在1913年已经超过70%，我们可以想象，如果"一战"所带来的冲击没有发生，均衡水平将会达到多高。

帕累托和稳定不平等的假象

我们有必要在此讨论一些关于不平等统计测量的方法论和历史问题。本书第七章讨论过意大利统计学家基尼还有他发明的基尼系数。虽然基尼系数旨在用一个数字来概括不平等程度，但这实际上是针对现实情况绘制了一幅简化的、过于乐观的又难以解释的画面。基尼的同胞——维尔弗雷多·帕累托的故事就更有趣了。他的主要作品发表于1890~1910年，其中包括"帕累托法则"的相关论述。两次世界大战期间，意大利的法西斯分子招募帕累托加入他们，并推崇他的精英理论。他们无疑是想利用帕累托的名望，但帕累托确实对墨索里尼的掌权表示了支持，之后不久就于1923年去世了。当然，法西斯会被帕累托的"稳定的不平等"理论以及这种不平等是无法改变的理论学说所吸引也是很自然的事情。

当我们事后去阅读帕累托的作品时，会惊奇地发现他显然没有给出证据来支撑他的不平等理论。帕累托的著作写于 1900 年左右，他使用了 1880~1890 年的税收报表，主要基于普鲁士、萨克森以及瑞士和意大利的几个城市的数据，其数据不仅稀少而且至多覆盖了 10 年时间。更重要的是，这些数据实际上显示出趋向更高不平等的轻微趋势，而帕累托有意掩盖了这些信息。[30] 总之，这些数据根本无法支持任何有关全世界长期不平等的运行规律的结论。

帕累托的判断明显受到他政治偏见的影响：他对社会主义和他称之为"再分配幻想"的理论十分警惕。在这方面他与同时代很多同行几乎没什么不同，比如他钦佩的法国经济学家勒鲁瓦-博利厄。帕累托的故事之所以有趣，是因为他的经历展示出永恒不变的强大假象，在社会科学领域不加批判地使用数学有时会导致这种假象。随着收入层级的上升，纳税人数量到底会下降多快？通过探寻这一问题，帕累托发现，纳税人减少的速度可以用一个数学定理来估计，后人称之为"帕累托法则"，或者称其为"幂法则"这一通用函数的特例。[31] 时至今日，这一族函数仍然用来研究财富与收入的分配关系，但是要注意，幂法则只适用于这些分布的上尾，并且这一关系只是粗略估计，只在局部有效。不过，如前所述，幂法则可以用来建模描述乘法性质的冲击过程。

另外还要注意，我们说的不是一个单一的函数或曲线，而是一个函数族：一切都取决于用来定义各条曲线的系数和参数。WTID 数据库中搜集到的数据以及这里展示的财富数据表明，帕累托系数随着时间的变化也发生了巨大的变化。当我们说一个财富分配是帕累托分布时，其实等于什么也没说。它可能是一个前 10% 人群只占总收入 20%（如 1970~1980 年的斯堪的纳维亚国家）的分布，也可能是占到 50%（如 2000~2010 年的美国）的分布，还可能是占 90% 以上（如 1900~1910 年的法国和英国）的分布。每一种情况我们都称之为帕累托分布，但系数有很大的差别。相应地，每种情况对应的社会、经济和政治现实显然有很大不同。[32]

即使在今天，仍有很多人像帕累托一样，认为财富的分配状况稳如磐石，好像这是自然规律一般。然而，这与事实相去甚远。如果我们从历史的视角来研究不平等，那需要做出解释的不是分配状况的稳定性而恰恰是时不时发生的巨大变化。对于财富的分配，我已给出了一种方法来解释那些重大的历史性变化（不管是用帕累托系数，还是以前 10% 人群和前 1% 人群的财富比重来描述），这些变化主要是由 $r-g$，即资本收益率与经济增长率的差异带来的。

为何财富不平等没有回到过去的水平？

现在来回答下面这个重要问题：为何财富不平等没有回到"二战"前欧洲"美好年代"时期的水平，我们能确定这种情况是永久的、不可逆转的吗？

首先要声明，对于这个问题，我无法给出一个令人满意的明确答案。多种因素在过去都发挥了重要作用，将来仍将继续发挥作用，而在这一点上实现数学意义上的精准测量，无疑根本不可能。

1914~1945 年的一系列冲击后，财富不平等大幅减少的原因最容易解释。由于战争和一些政治原因，资本遭受了一系列极端暴力冲击，同时，资本冲击又加深了战争和政治问题的影响，资本/收入比也因此出现"坍塌式"下降。有人可能会认为，财富的减少将同等程度地影响到所有人的财富，无论他们身处哪一个收入层级，因而整个财富分配状况不会发生变化。但要是相信了这一点，人们肯定是忘记了这样一个事实：财富有不同的来源，功能也各不相同。在收入层级的顶端，大多数财富都是在很久以前积累的，重组一个如此规模的财富要比积累不太多的财富耗时更久。

而且，高额财富要用于维持特定的生活方式。档案资料中详细的遗嘱记录很明确地显示：两次世界大战期间，许多食利者没有迅速减少开支以弥补他们的财富在战争期间以及此后10年所受的冲击。他们最终不得不花上老本为其生活花费埋单，所以留给下一代的财富要比他们所继承的数量少得多，之前的社会平衡状况也就将难以维持了。巴黎的数据在这一点上特别有说服力。例如，在"美好年代"，最富有1%的巴黎人的资本收入约为当时平均工资的80~100倍，他们可以生活得很好，还能够将收入的一小部分进行投资，使他们继承到的财产保值增值。[33]1872~1912年，这个系统似乎达到了完美的平衡：最富有的人留给下一代足够多的财富，足够支撑下一代过上比平均工资高出80~100倍（或者更多）的生活，因而财富变得日益集中。这种平衡在两次世界大战期间显然被打破了：最富有的前1%的巴黎人继续着他们过去的生活方式，但是留给他们下一代的资本只能产生30~40倍平均工资的资本收入；而到20世纪30年代末，资本收入更是降到了平均工资的20倍。对于食利者来说，这是衰落的开始。这可能是在1914~1945年大冲击中所有欧洲国家（以及美国，只不过程度小些）呈现出财富分散特征的最重要原因。

此外，因为两次世界大战，最高财富占有者的财富结构让他们（平均来讲）更容易遭受损失。特别是，遗嘱记录显示，"一战"前夕，外国资产构成了最富人群财富的1/4，这其中有近一半是外国政府（尤其是处于违约边缘的俄国）的主权债务。不幸的是，我们没有英国的数据以做比较，但毫无疑问，外国资产在英国最富人群财富中也扮演了重要角色。两次世界大战之后，法国和英国的外国资产都消失殆尽。

然而，外国资产这个因素的重要性不应被夸大，因为最富人群在最赚钱的时候总是可以更好地重新调整投资组合。我们也惊奇地发现，不只是最富有的人，其他很多人在"一战"前夕也都拥有巨量的外国资产。考察19世纪晚期以及"美好年代"巴黎的投资组合结构，会发现它们的构成高度多样化和现代化。"一战"前夕，大约1/3的资产是不动产（其中2/3在巴黎，1/3在外省，包括少量农地），而金融资产几乎占到2/3，包括法国和外国的股票和公私债券，各层次的财富都有着很好的平衡（见表10.1）。[34] "美好年代"繁荣起来的食利者社会，与过去那个基于不动产资本的社会已经完全不同了：它体现出对于财富和投资的现代化理念。但是具有累积性质的 $r>g$ 这一不平等逻辑机制，催生出了惊人而持续的不平等。在这样一个社会，更自由和更有竞争性的市场以及更有保障性的产权，并没有多少机会来降低不平等程度，因为市场已经处于高度竞争状态、产权已经得到稳固保护了。事实上，唯一打破这种平衡的就是始于"一战"对资本及其收入的一系列冲击。

最终，1914~1945年这一时期在一些欧洲国家尤其是法国，最终是以财富的再分配终结。这种再分配对最富人群的影响大小不均，特别影响到那些主要由大型工业企业股票组成的财富。特别是前文提到的，作为战争胜利后的一种制裁形式，对某些公司实施国有化（雷诺汽车公司是一个具有象征意味的例子）、征收民族团结税（也是在1945年开始实施的）等。这种累进税对资本和在占有资本期间的所得进行一次性征收，但税率极高，对相关个体而言是一个额外的负担。[35]

一些可能的解释：时间、税收和增长

接下来，1910~1950年世界各地财富集中度都急剧下降的现象就

第十章 资本所有权的不平等

表 10.1 1872~1912 年巴黎的投资组合

年份	不动产（大房子、土地）	不动产（巴黎）	不动产（巴黎郊区）	金融资产	股权	私人债券	公共债券	其他金融资产（现金、储蓄等）	家具、珠宝等
				总财富的组成 (%)					
1872	42	29	13	56	15	19	13	9	2
1912	36	25	11	62	20	19	14	9	3
				最高的1%财富持有者的投资组成 (%)					
1872	43	30	13	55	16	16	13	10	2
1912	32	22	10	65	24	19	14	8	2
				接下来的9%财富持有者的投资组成 (%)					
1872	42	27	15	56	14	22	13	7	2
1912	41	30	12	55	14	18	15	9	3
				再接下来40%财富持有者的投资组成 (%)					
1872	27	1	26	62	13	25	16	9	11
1912	31	7	24	58	12	14	14	18	10

注：1912年，不动产占巴黎总财富的36%，金融资产占62%，家具、珠宝等占3%。
资料来源：piketty.pse.ens.fr/capital21c

不足为奇了。换句话说，图10.1~图10.5中所显示的比例下降并不是最难解释的部分。乍看更让人感到惊讶，在某种意义上也更有趣的是，财富集中度再也没从动荡中恢复过来。

可以确定的是，资本的积累是一个要延续好几代的长期过程，认识到这一点非常重要。欧洲在"美好年代"的财富集中状态是几十甚至上百年累积起来的结果，但是直到2000~2010年，私人财富总量（以年度国民收入来衡量，包括房地产和金融资产）才大致恢复到"一战"前夕的水平。富裕国家的资本/收入比的回升，很可能是一个至今仍在继续的进程。

有人认为，1914~1945年的剧烈动荡的影响可以在10年或者20年内就消除掉，因此1950~1960年的财富集中度可恢复到1900~1910年的水平，这种看法不是很现实。值得注意的是，不平等程度从1970~1980年开始再次上升，因此时至今日可能仍处于恢复的进程中，这一进程比资本/收入比的恢复更为缓慢，财富的集中将在不久之后回到过去的水平。

换句话说，今天的财富并不像过去那样分布不均匀，只是因为1945年动荡以来的时间还不足够长。毫无疑问，这可以部分解释今天的财富分布情况，但是这个解释并不充分。我们观察一下前10%人群占有的财富比重，或者前1%人群所占比重（1910年整个欧洲的比例是60%~70%，但到2010年只有20%~30%），就会清晰地发现1914~1945年的剧变带来了结构性的变化，这种变化阻碍了财富像以前一样集中。这一点上远不是简单的量化，实际上要复杂得多。下一章我们将看到，当我们重新审视伏脱冷关于以继承和劳动获得不同水准的生活的宏论中所提出的问题时，就会明白前1%人群60%~70%的比重与20%~30%的比重之间的差异是相对简单的。在第一种情况下，前1%人群很明显主要由很高的资本收入人群构成，这是19世纪小说家所熟悉的食利者社会。第二种情况,最高工薪收入(给定一个分布)与资本收入大致平衡(我们现在处于一个管理有序的社会,或者至少处于一个更加平衡的社会)。类似地,"世袭中产阶层"的出现——他们拥有国家财富的1/4~1/3,而不是1/10或1/20(几乎不高于最穷的一半人口的比重)——代表着重大的社会转型。

到底1914~1945年发生了什么结构性变化,或者更一般地,20世纪发生了什么样的结构性变化,能够阻碍财富集中度回到原来的高度(即便是在私人财富总量基本和过去一样繁荣的今天)?最自然和最重要的解释是,政府在20世纪开始以较高税率对资本及其收入征税。值得注意的是,1900~1910年,财富的高度集中是因为长时间没有重大战争或灾难(至少与20世纪的极端暴力冲突相比,可以算是没有重大的战争或灾难),而且在这期间也没有或者几乎没有税收。"一战"之前,政府对资本收入和企业利润始终没有征税。在税收确实存在的极少数案例中,其税率也是极低的。因此巨额财富的积累和流通,以及依靠这些财富的收益而生活的条件都是十分理想的。到了20世纪,政府开始对股息、利息、利润和租金征收各种各样的税,这就彻底改变了社会形态。

为了简化问题,先假设1900年之前平均资本收入征税税率接近0(而且在任何时候都不超过5%),1950~1980年,富裕国家的平均资本收入征税税率大约为30%(在一定程度上直到2000~2010年都是30%,尽管最近由于各国政府间的财政竞争,税率明显趋于下降)。30%的平均税率将5%的税前收益率降低到3.5%(税后净收益率)。考虑到资本积累与集中的乘数性和累积性,这就足以产生重大的长期影响。使用上面描述的理论模型,可以看到,如果将30%的有效税率应用到所有形式的资本上,可以使财富极大分散化(相当于历史数据中前1%人群所占的财富比重的减少幅度)。[36]

在这种背景下,需要注意,税收对资本收入的影响并不是要减少财富的总积累,而是从长远上考虑对财富分配的结构进行修正优化。按照理论模型和历史数据,资本收益税从 0 增长到 30%(纯收益率从 5% 降到 3.5%),从长期来看,资本的总存量很可能不会变,原因很简单:前 1% 人群的财富比重的减少被中产阶层比重的上升所弥补。这正是 20 世纪所发生的事情——虽然这一经验有时会被忘记。

20 世纪累进税的出现同样值得重视,即对高收入人群(特别是高资本收入)征收较高的税(至少截至 1970~1980 年),同时对高额价值的不动产开征不动产税。在 19 世纪,不动产税的税率极低,对父母遗赠给儿女的不动产征收不超过 1%~2% 的税收,这类税收显然资本积累的影响有限,可以说这只不过是一个旨在保护产权的税务登记费。法国的不动产税在 1901 年开征,但是直系亲属遗赠的最高税率不超过 5%(每年最多只针对几十例遗赠进行征收)。这一量级的税率,每一代人评估一次,对财富集中度并没有产生多大的影响,无论当时的富人们如何看待。在 1914~1945 年军事、经济和政治危机的冲击下,大多数富裕国家开始征收 20%~30% 甚至更高的税费,此时的效应就截然不同了。假设一个家庭财富的增长和社会平均收入一样迅速,那么开征这种税收的结果就是,每一代人都不得不减少支出而增加储蓄(或者进行其他特别有利可图的投资),也就越来越难以维护自己在社会层级中的位置。相反,从底层起步的人们却更容易获得上升,比如通过购买经遗嘱认证进行销售的财产性实业或者股票。简单的模拟显示,从长远来看,累进的不动产税可以大大降低前 1% 人群的财富比重。[37] 不同国家不动产税制设计上的差异有助于解释国际差异。例如,为什么"二战"以来德国的高资本/收入比法国更集中(这也就意味着更高的财富集中度)?也许是因为法国不动产税率达到 30%~40%,而德国的这一税率最高不过 15%~20%。[38]

理论上的讨论和数值模拟均表明，即使没有引起结构性变革，税收也足以解释大多数历史演变。值得再次强调的是，当今的财富集中虽然明显低于1900~1910年，但仍然是非常高的。今天的情况不需要一个完美的、理想的税收系统来实现或者解释，因为相对于过去变化并不大。

21世纪：比19世纪更加不平等？

鉴于多重机制在其中发挥作用，加上税收解释中存在多种不确定因素，对于是否有其他因素发挥重要作用，我们仍然难以下定论。到目前为止的分析显示，有两个独立于税收体系变化的因素，也可能对财富分布现象起到了重要作用，并在未来继续发挥作用。第一个是长期资本/收入比和资本收益率可能略微下降；第二个是，经济增长率虽然在21世纪可能会有所放缓，但仍将高于18世纪以前人类历史上大多数时期的极低增速（这里我说的是纯粹的经济增长，即生产力的增长，这反映了知识和技术的创新发展）。具体来讲，如图10.11所示，很可能将来g与r的差距将小于18世纪之前，因为资本收益率会降低（是4%~4.5%而不是4.5%~5%），而增长率会提高（为1%~1.5%而不是0.1%~0.2%），即使国家间的竞争使所有的资本税都消失了，情况依然如此。如果理论上的模拟是可信的，那么就算资本税被废除，财富集中程度也不会回到1900~1910年那样的极端水平。

然而，这并没有什么值得高兴的，一是因为财富的不平等仍将大幅增加（假使中产阶层拥有国民财富的比重减半，选民们很可能难以接受），二是因为上述模拟存在相当大的不确定性，其他力量可能将结果朝着相反的方向推进，即比1900~1910年资本集中度还要高的方向。特别地，人口增长可能是负的（尤其是在富裕国家，这可能使增长率低于19世纪,这反过来又使人们空前重视财富的继承)。此外,资本市场可能会变得越来越复杂,也越来越符合经济学家所谓的"完美"标准(这是指资本收益率将越来越脱离所有者的个人特征,精英价值观因此而减弱,强化了$r>g$的逻辑)。此外,稍后我将展示,金融全球化似乎增强了资本收益率与投资组合初始规模的相关性,这一回报上的不平等也推动着全球财富分配状况进一步恶化,这种动力是额外的、令人担忧的。

小结:当今欧洲的财富集中度明显低于"美好年代",这主要是由一些偶发事件(1914~1945年的冲击)和一些特定制度设计(如对资本及其收入征税)所致。如果这些制度设计最终消亡,那么财富不平等就有很大风险与过去的水平相近,或者在特定条件下,程度更高。没有什么是必然的,不平等可以向任一方向发展变化。因此,我现在必须更密切地关注财富继承的动态,然后是全球财富的动态。不过,有一个论断是十分明确的:认为现代经济增长的本质特征或者市场经济法则能够确保降低财富不平等并实现社会和谐稳定是一种幻想。

第十一章　劳动收入和继承财富的长期变化

如前所言，在当今世界，资本的重要性与18世纪相比并未有重大变化，只不过资本形式发生了变化：资本的主要表现形式从以前的土地变成了如今的工业资产、金融资产和房地产。财富集中度依然很高，只是不再像100年之前那样极端。人口中最贫穷的一半依然一无所有，只不过现在有了所谓"世袭中产阶层"，其财富占了社会财富总额的1/4~1/3。如今最富有的10%人群占有了全部财富的2/3，而不是此前的90%。前文曾阐述了资本收益率和经济增长率之间的相对变动，两者之间的差距（$r-g$）可解释许多所观察到的变化，包括纵贯人类历史的财富高度集中背后的财富积累逻辑。

为更好地理解财富积累的逻辑，我们必须要进一步分析继承和储蓄在资本积累中的相对作用及其长期变化。这是极为关键的议题，因为同样水平的资本集中可能源自完全不同的方式。或许全球的资本水平保持不变，但其深层次结构已发生了重大变化，因为以前资本积累主要是靠继承，但现在却主要靠一辈子辛劳所得的积蓄。对此变化的一种解释是，由于人类寿命的延长，人们必须为退休后的生活做好准备，因此导致现代人增加资本积累这种结构性变化。这种资本性质本应发生重大转变，但其实有时并不如所想象的那样剧烈。事实上，在某些国家，完全看不到这样的转变。最有可能发生的情况是，继承财富会在21世纪重新变得像以前一样。

更精确而言，我的结论应如此表述：当资本收益率长期明显高于经济增长率时，继承财富（过去累积的财富）必然会变得比储蓄财富（当下积累的财富）更重要。从严格逻辑上讲，储蓄财富也可能比继承财富更重要，但推动继承财富重要性超越储蓄财富的力量要远远大于另一方向的力量。以 $r>g$ 表述的不平等从某种意义上说意味着过去对未来的吞噬：过去积累的财富无须劳动即可自我增长，其增速还高于工作挣来的用于储蓄的财富。由此，几乎不可避免的是，过去形成的不平等具有持续性和特殊重要性，即继承财富更为重要。

如果21世纪的情况是低增长（人口和经济增长）以及高资本收益率（在各国对资本竞争加剧的背景下形成），或在出现这种情况的国家，继承财富将会变得与19世纪的时候一样。这种演变趋势在法国和其他一些欧洲国家其实已经很明显，这些国家的经济增长在几十年前就开始放缓。当前美国的这种情况还不是很突出，主要因为美国的人口增长率高于欧洲。但假如联合国对人口增长的预测中位数（与其他经济预测紧密相关）准确，在21世纪内全球各地或多或少都会出现增长放缓的情况，那么继承财富的重要性在全球范围都会得以提升。

这并不意味着21世纪的不平等结构会重复19世纪的状态，原因在于当前财富的集中度并不像当时那样极端（或许会有更多的中小食利者，但超级富豪食利者数量会减少，至少在短期看是如此），这是因为随着高级管理层的兴起，挣钱的阶层在扩大；此外，如今财富和收入之间的关系也要比过去更加紧密。在21世纪，一位高管可能就是"中等食利者"：新的精英治理秩序鼓励这类现象，当然这可能会损害中低工资收入劳动者的利益，尤其是那些拥有很少财富的劳动者。

继承额的长期变化

我将从头开始论述。在所有社会中,财富积累途径有二:通过工作或继承遗产[1]。那么在收入前1%或10%人群中,这两种途径获得的财富各占多少呢?这是必须解答的关键问题。

正如伏脱冷对拉斯蒂涅所说的那样(在本书第七章中曾讨论),答案是清晰的:通过勤奋工作和努力学习不能过上舒适高贵的生活,唯一现实的途径是迎娶富家小姐以获得其继承的遗产。通过本书我希望可以看清,19世纪的法国社会与伏脱冷所描述的状态究竟是否相符,由此探究这样的社会形态是如何随着时间的推移而演变的,以及为何这样演变。

在此有必要从长期角度对每年继承财富额的变化进行分析,即一年时间内遗赠(以及在世的人之间的相互赠予)的总额,看看其占国民收入的比重。该值描述的是每年历史财富转移与当年全部国民收入的比例关系(劳动收入占每年国民收入的2/3,而部分资本收入则会留给后人)。

本书将以法国为例,因为法国的长期数据更加完整清晰,从法国情况中总结得出的模式在某种程度上也适用于其他的欧洲国家。最后将谈谈全球层面可能发生的情况。

图11.1显示了1820~2010年法国每年的遗产继承情况。[2]其中有两个情况很突出,首先,在19世纪,年度继承额大约是国民收入的20%~25%,在19世纪末时该比例有小幅提升。后面将提到,这样的比例是相当高的,此外,这反映出几乎所有的存量资本都来源于遗产继承。因此在19世纪的小说中遗产继承总是热门话题,这显然不仅仅是因为债台高筑的巴尔扎克们对遗产继承问题有特殊癖好,更主要是因为遗产继承在19世纪法国社会中是属于核心议题,其重要程度与经

济活动和社会运行不相上下。此外遗产继承的重要性并未随时间的推移而削弱；恰恰相反，在 1900~1910 年，遗产继承的规模反而较伏脱冷、拉斯蒂涅和伏盖公寓所处的 19 世纪 20 年代变得更高（从国民收入的 20% 上升到了 25%）。

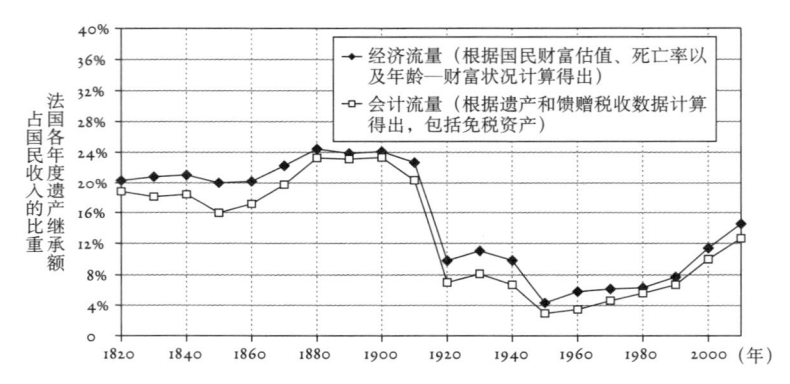

从 19 世纪至 1914 年，年度遗产继承额约占国民收入的 20%~25%；随后在 20 世纪 50 年代下降到了不足 5% 的水平，但又在 2010 年恢复到约 15%。

图 11.1　1820~2010 年法国各年度遗产继承额占国民收入的比重

资料来源：piketty.pse.ens.fr/capital21c

随后在 1910~1950 年，继承额相对国民收入的比重出现了大幅下降，但从 1950 年开始该数据又持续回升并在 20 世纪 80 年代有明显的加速上涨。该比重在 20 世纪有较大的上下波动。在第一次世界大战之前，每年遗产和馈赠额占国民收入的比重相对稳定（大致稳定，尤其是与随后的波动相比），但在 1910~1950 年却跌到了最高水平的 1/5~1/6（最低时继承额仅占国民收入的 4%~5%），而 1950~2010 年又上涨了三四倍（恢复到占国民收入 15% 的水平）。

图 11.1 中的变化显示了人们对继承财富的看法以及继承财富本

身的深层变化，此外这也在很大程度上反映了不平等结构的变化。下文将会提到，1914~1945 年继承额的萎缩程度几乎是私人财富缩水的两倍，因此遗产减少并不完全是由整体财富缩水所引起的（尽管两者之间存在明显的关系）。从公众舆论看，民众普遍认为遗产盛行的年代已经结束，这种看法显然要超过认为资本主义宣告终结的观点。1950~1960 年，遗产和馈赠额在国民收入中仅占几个百分点，因此人们自然认为遗产效应几乎消失，并且尽管资本整体重要程度较过去有所下降，但现在财富几乎都是个人通过一辈子的勤俭奋斗而积攒下来的。在这种条件下成长起来了几代人（尽管人们普遍理解的并不完全是真实情况），尤其是那些出生在 20 世纪 40 年代末和 50 年代初的所谓婴儿潮一代，他们当中许多人今天依然健在，这批人自然会认为通过勤劳而不是靠祖先庇荫致富已经是"新常态"。

与此相对，当今世界由"70 后"、"80 后"组成的年轻群体却有着不同的感受，他们感受到（或多或少）遗产继承的重要性将会重新在他们的生活或者亲朋好友的生活中显现。以房产为例，对于这部分群体而言，来自父母的赠予将在很大程度上影响他们是否能拥有属于自己的住房、在什么年纪拥有自己的房子以及房子的位置面积如何。至少与上一代人相比，来自父母的赠予对当前年青一代来说更加重要。遗产继承对年青一代的生活、职业以及个人和家庭选择的影响要远远超过对婴儿潮一代人的影响。遗产继承的重新崛起目前尚未完成，这场变迁才刚至中途（2000~2010 年遗产继承额在国民收入中的比例处在 20 世纪 50 年代低位和 1900~1910 年高位的中间）。迄今为止，与此前那次变化相比，遗产继承重要性的提升并未对民众看法造成深刻影响，民众思维还停留在"努力奋斗就能富有"的状态。但经过接下来几十年的发展，情况将会发生很大变化。

会计流量法和经济流量法

图 11.1 中有若干要点需要阐明。首先，必须把活人之间的馈赠也包括在继承额之内（无论是在临死之前还是日常生活中的馈赠），因为这部分财富转移在法国和其他地方都有重要作用。馈赠和遗产的相对规模在历史上有很大变化，因此如果将馈赠排除在外，那么这将严重影响分析的公正性并扭曲空间和时间上的比较。幸运的是，法国对人际馈赠也有着详细的记录（尽管明显存在一定程度的低估）。并不是每个国家都有这样的数据和记录。

其次，可能更为重要的是，法国历史数据的丰富程度可让我们通过两种方法来测算遗产继承额，这两种方法在数据来源和计算方法上是完全独立的。图 11.1 中的两种变化（在此称为"会计流量"和"经济流量"）是高度吻合的，这验证了数据的可靠性并表明历史数据是靠得住的。这种数据的一致性也可帮助我们对研究中存在的各种不同因素进行剖析。[3]

从广义上说，要估测某国的遗产继承额有两种方法：可直接采用观察到的遗产和馈赠额（例如通过税收数据：此为"会计流量"），或者也可考察私人资本并推算某给定年份的理论值（此为"经济流量"）。两种方法各有利弊。第一种方法更为直接，但许多国家的税收数据并不完整，因此结果也不能总是尽如人意。正如前文所述，法国从很早时（在法国大革命时代）就建立了遗产和馈赠记录系统，而且相当完备（从理论上说，除少数例外情况，这些数据覆盖了所有的继承和馈赠，包括那些纳税额极为轻微甚至不用纳税的继承和馈赠），因此使用"会计流量法"是可取的。但必须要对征税数据进行调整，例如要考虑那些不必报税的小额遗产和馈赠（数额太小）以及那些免征遗产税的资产转移，例如从 20 世纪 70 年代开始逐渐风行的人寿保险合约（如今占法国全部私人财富的近1/6)。

第二种方法("经济流量")的优势在于不依赖征税数据,因此可更全面地测算财富转移,而不用顾及各国千差万别的税务体系。当然最理想的状态是,每个国家都能应用两种方法。此外也可对图11.1中两条曲线之差进行解读("经济流量法"得出的数字总是要高于"会计流量法"得出的数字),由此估计税务欺诈或遗嘱记录系统的缺失。当然也可能存在其他原因,包括现有数据系列以及所使用方法的纰漏。在某些特定时期,两者之间的差距还很大,但从长期分析角度看,无论采用什么方法,长期演变的趋势都是连贯的。

三大要素:遗产终结的幻象

事实上,经济流量法的最大优势在于可对影响遗产继承额和历史变迁的三大要素进行全面评估。

一般而言,年度遗产和馈赠额(在此以占国民收入的比重b_y)是三大因素作用下的结果:

$$b_y = \mu \times m \times \beta$$

其中β是指资本/收入比(或更精确而言,是可继承的私人财富总额占国民收入的比重,公共财富是不可继承的),m代表死亡率,而μ则是逝者死亡时的平均财富与在世者平均财富的比率。

这样的分解完全是数理意义上的,从公式定义看,该公式放之四海而皆准。具体来说,这是用来估计图11.1中"经济流量"时所采用的公式。尽管将经济流量分解成这三要素有些同义反复,但这依然是相当有用的方式,可以让我们看清在过去充满争论的问题,而该问题背后的逻辑其实并不复杂。

现在来逐一分析这三个要素。首先是资本/收入比，即β。该要素代表着明显的公理：假如某社会中用于继承的财富较多，那么首先可用于被继承的私人财富数量必须达到相当规模。

第二个要素是用 m 表示的死亡率，该作用原理也很清晰。假定其他所有条件均等，那么死亡率越高，财富的继承流量也就越大。假如人人长生不老，即死亡率为零，那么继承也就无从说起，遗产继承额也必然会是零，而无论资本/收入比β值有多高。

第三个要素是逝者去世时平均财富与在世者的平均财富之比，用 μ 来表示，也同理可见。[4]

假定逝者去世时的平均财富与在世人口平均财富相等，即μ=1，那么遗产继承额将简单取决于死亡率 m 和资本/收入比β。举例来说，如果资本/收入比为600%（私人财富总额相当于6年的国民收入），而成年人死亡率为2%[5]，那么年度遗产继承额即为国民收入的12%。

如果逝者死亡时的平均财富是在世人口平均财富的两倍，即μ=2，那么遗产继承额将会是国民收入的24%（依然假定β=6，m=2%），这也是在19世纪和20世纪初观察到的水平。

显然μ值的大小取决于财富的年龄段分布。如果人均财富随着年龄段的上升而提高，那么μ值也就越高，遗产继承额也就越大。

反过来说，假如在某社会财富的主要目的是为了支付退休之后的生活费用，而且老年人会在退休之后消耗他们在工作阶段积累下来的财富（例如支取养老金），即按意大利裔美籍经济学家弗兰科·莫迪利亚尼在20世纪50年代提出的"储蓄的生命周期理论"，那么μ值将会接近零，因为人人都希望在临死之前将财富花掉甚至花完。在μ=0的极端情况下，所谓的遗产继承也就消失了，而不论β和 m 值的大小。从严格的逻辑角度出发，可以想象存在这样的世界，其中存在相当规模的私人资本（即β值很高），但大部分的财富都是以养老基金或类似形式存在的,这些针对个人的财富会在其死亡时自动消失(即"年金化财富"),此时遗产继承额就会变成零或接近于零。莫迪利亚尼的理论对社会不平等提出了静态的单一维度解释:财富不平等不过是工作不平等的投射(管理人员比工人积累更多的退休基金,但双方在辞世之际资本拥有量都接近零)。该理论在"二战"之后的几十年内十分流行,以塔尔科特·帕森斯为代表的美国功能结构主义社会科学者也描绘了由管理人员组成中产阶层的社会,遗产继承在社会中几乎不具有任何作用。[6]即便今天,许多婴儿潮一代都对此理论深信不疑。

本书将遗产继承分解成由三大要素影响的结果($b_y=\mu \times m \times \beta$),这对于思考遗产继承及其演变历史有重要意义,因为每个要素都对应着一系列重要结论和观念(乍看上去完全成立的先验结论),这些结论和观念使得许多人都能够想象,尤其是在"二战"结束之后乐观主义弥漫的几十年里,继承财富的终结(或以缓慢逐步方式式微)应是历史发展的逻辑结论和最终归宿。然而全球范围内继承财富的缓慢终结并非是必然发生的结果,法国的经验可以表明这点。实际上,我们所看到的法国继承财富U形曲线是μ、m和β三大因素共同作用的结果。此外,由于偶然原因等,三大因素有时会同步发挥作用,这也是为什么整体会发生的巨大幅度的变化,尤其是20世纪50~60年代遗产继承额下降到了极低的水平,这导致当时许多人都认为继承财富效应已经消失了。

在第二部分中曾阐述过,资本/收入比β值呈现明显的U形曲线。由此产生的乐观看法很明确,似乎也很有道理:随着时间的推移,继承财富的重要性会下降,因为财富的重要性在下降(或更精确而言,非人力资本的财富——那些可拥有、可在市场上交换并可根据现行物权法完全转移给后代的财富——重要程度在下降)。当前没有理由能够证伪这种乐观看法。这也是贯穿全部现代人力资本理论的看法(包括加里·贝克的著述),即便这种乐观看法并不能外化成公式[7]。然而现实情况的发展却并非如此,或至少没有像有些人所想象的那样:土地资本变成和金融资本、工业资本和房地产,但资本的重要性依然无损,当前资本/收入比似乎正恢复到一战前欧洲"美好时代"以及此前的历史最高水平。

基于某些技术原因,如今资本依然对生产起着核心作用,在社会生活中资本也居于支配地位。在生产开始之前,就必须有资本投入来购买设备、支付原料以及各类服务开销,当然还有房租。毋庸置疑,人类的技能和能力在过去有了长足的发展,但非人力资本的重要性也在同比例增长。因此没有任何先验理由去认定,继承财富会逐渐消失。

死亡率的长期变化

第二个可以解释遗产继承自然终结的因素是寿命延长,因为随着寿命延长,死亡率 m 得以降低,而等待继承所需的时间延长(减少了遗产规模)。诚然,所有人都承认,从长期来说死亡率是在下降:当人均寿命是 80 岁时,每年死亡人口占总人口比例肯定要小于人均寿命 60 岁时的比例。假设其他条件均等,在给定 β 和 μ 值情况下,在死亡率较低的社会中,遗产继承额在国民收入中的比重也会相对较低。法国的死亡率与历史比较下降了不少,其他国家的情况也类似。19 世纪时法国人口的死亡率是 2.2%(死亡人数占成年人口比率),在随后的 20 世纪持续下降[8],在 2000~2010 年跌到了 1.1%~1.2% 的水平,在百年之间几乎下降了一半(见图 11.2)。

然而,如果认为死亡率的变化必然会导致继承财富在经济发展中的重要性降低甚至消失,那就大错特错了。首先,法国的死亡率在 2000~2010 年有所回升,根据官方公布的人口预测,死亡率会在

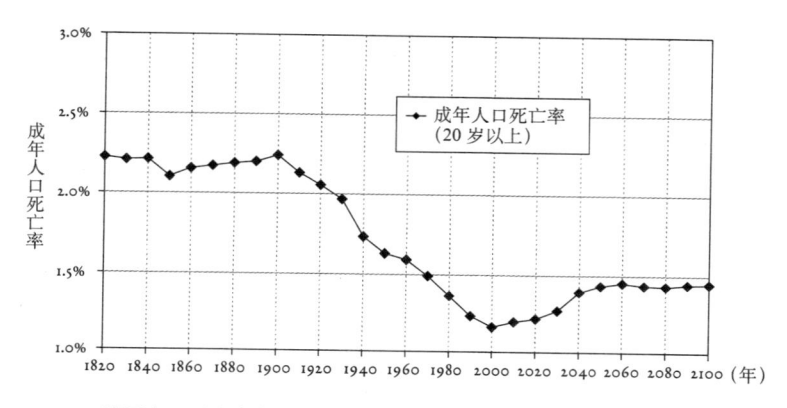

法国人口死亡率在20世纪下降（即平均寿命提高），但在21世纪将会略有上升（婴儿潮效应）。

图11.2 1820~2100年法国死亡率

资料来源：piketty.pse.ens.fr/capital21c

2040~2050年之前继续上升，然后稳定在1.4%~1.5%的水平。这主要是由于婴儿潮一代人的老去，婴儿潮一代人的数量要超过此前几代（但后来几代人的规模却与婴儿潮一代人口数量相当），大部分人会在这一时期离世[9]。换言之，战后的婴儿潮导致了出生人口规模的结构性变化，实际上是临时降低了死亡率，因为婴儿潮扩大了人口规模，拉低了人口平均年龄。法国人口状况相对来说比较简单，因此我们可以清晰地看到人口变化的基本效应。在19世纪，法国人口增长几乎是停滞的，人均寿命大概在60岁左右，所以每个人的成人期有40年多一点儿的时间，因此死亡率约为1/40，精确一点儿就是2.2%。在21世纪，按照官方预测，人口规模将再度趋于稳定，但平均寿命提高到了85岁，即成人期有65年，那么静态人口规模中的死亡率就是1/65，在人口略有增长的条件下也就是1.4%~1.5%的死亡率。从长期来看，类似于法国这样人口总量基本稳定的发达国家（人口增加主要是因为寿命延长），成年人死亡率大约会下降 1/3。

在 21 世纪头 10 年至中叶这段时间内，由于婴儿潮一代的老去，死亡率预计会有上升，尽管这纯粹是数学上的效应，但其重要性依然不容忽视。这部分解释了为何 20 世纪下半叶的遗产继承水平会在低位，以及为何今后几十年遗产继承额将会出现大幅攀升。这些效应在其他地方可能会表现得更加明显。在那些人口开始出现明显下降或人口即将出现大幅下降的国家（出生人口变少），尤其以德国、意大利、西班牙和日本为代表，这种现象将会引发 21 世纪上半叶死亡率明显攀升，由此也将自动导致遗产继承额出现大幅上升。人均寿命虽然在增加，但人终有一死；只有稳定且适当的出生人口增长才能从根本上降低死亡率和遗产继承额。在像法国这样人口老化而出生人口不增加的国家，甚至像某些出生人口出现下降的发达国家，依然有可能出现较高的遗产继承额。在极端情况下，假设出生人口的规模下降一半（因为每对夫妇都打算只要一个孩子），死亡率和遗产继承额就会上升到前所未有的高位。相反，假如年青一代的人口数量始终是上一代的 2 倍，正如许多国家在 20 世纪的情况或如今非洲某些国家的情况那样，那么死亡率将会下降到很低的水平，而继承的财富也将微不足道（在其他条件均等情况下）。

财富集中于老年人：$\mu \times m$ 效应

现在让我们暂时不考虑各年龄阶段的人口规模：尽管在各年龄层的人口数量变化十分重要，但只要我们认为地球人口从长期看不会无限膨胀或萎缩，那么这归根到底是短期现象。在此我要从长期角度去分析问题，并假设人口各年龄层的规模是稳定的。那么人均寿命延长将会对继承财富的重要性产生多大影响？诚然，寿命延长，死亡率就会出现结构性下降。在法国,21 世纪的人均寿命将达到 80~85 岁,成人死亡率将会稳定在 1.5% 以下的水平,这与 19 世纪人均寿命只有 60 多岁而死亡率高达 2.2% 时的情况相比有了很大改善。平均寿命的延长也必然导致遗产继承者在继承遗产时平均年龄上升。在 19 世纪,遗产继承者在接受遗产时的平均年龄只有 30 岁;但在 21 世纪,这一平均年龄将会是 50 岁左右。正如图 11.3 所示,平均死亡年龄和平均继承年龄之间的差距总是保持在 30 年左右,因为人们生育孩子的平均年龄(通常称为"代际年龄差")长期看都稳定在 30 岁左右(尽管 21 世纪初略有增长)。

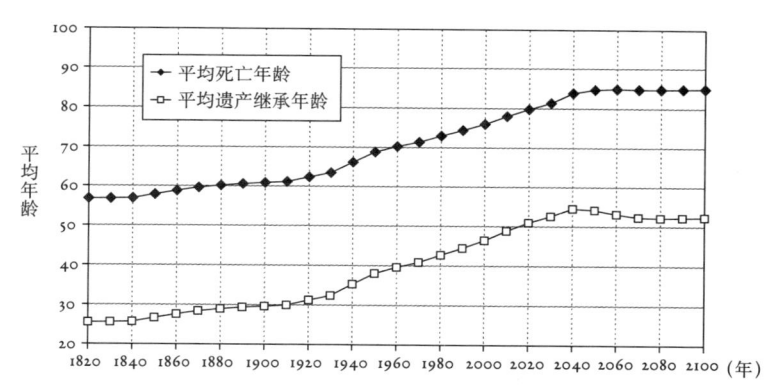

在 20 世纪,法国成年人平均死亡年龄从不到 60 岁上升到了将近 80 岁,而遗产继承年龄也从 30 岁上升到了 50 岁。

图 11.3 1820~2100 年法国平均死亡年龄和遗产继承年龄

资料来源:piketty.pse.ens.fr/capital21c

那么如果说人类平均死亡和遗产继承时间都向后延伸,这是否意味着继承财富的重要性在减弱?答案是:未必。这是因为在世的人之间的相互馈赠日益重要,部分抵消了老龄化效应。此外尽管继承期向后推,但所继承的财产额也在增加,因为在老龄化社会,财富会随着年龄增长。换言之,死亡率的下降趋势,尽管从长远看不可避免,但该效应也会因年长者相对财富的增加而有所抵消,因此 $\mu \times m$ 的值依然不会有多大变化,或至少不会像某些人想象的那样急剧下滑。法国所发生的情况就完全如此:逝者离世时平均财富与在世者平均财富的比值 μ 在 1950~1960 年后明显上升,这种缓慢发生的财富集中于年长者的情况充分解释了为何近几十年来继承财富的重要性会再度凸显。

具体来看,用以描述年度遗产转移率(又以遗产额占全部私人财富的百分比来表示)的 $\mu \times m$ 值显然在过去几十年有了明显的上涨,尽管死亡率还在持续降低(如图 11.4 所示)。年度遗产转交率曾在 19 世纪被经济学研究者称为"不动产转移率",按我的测算,该转移率在从 18 世纪 20 年代开始至 20 世纪头 10 年的区间内基本稳定在 3.3%~3.5% 水平上,大约是 1/30。当初也有种说法,认为财富的继承转移是每 30 年发生一次,因为差不多 30 年就是一代人,这种有些过于静态看待事实的观点其实也获得了当时现实的部分证明[10]。在 1910~1950 年,遗产转移率出现了大幅下降,20 世纪 50 年代时仅有 2% 的样子,此后又开始慢慢回升,在 2000~2010 年到了 2.5% 的水平。

总之,遗产继承在老龄化社会中会延后,但财富也会随着年纪增长而增加,后者会抵消前者的效应。从这个意义上说,假如所有人都不死,那么全部的遗产继承就会消失,但假如只是某社会的平均死亡年龄较高,那么情况就会截然不同。人均寿命延长意味着生命重要时点的全部后移:人们的上学时间变长、参加工作时点后移、继承遗产时间后移、退休年龄后推,直至死亡年龄的后移。然而,遗产对于工作所得的重要性却未必会发生变化,至少不会像人们有时想当然地认为那样。诚然,遗产继承的时间点后移,这意味着人们相比过去更必须要有自身的职业发展,但这又被遗产数额增大或馈赠数额增大的效

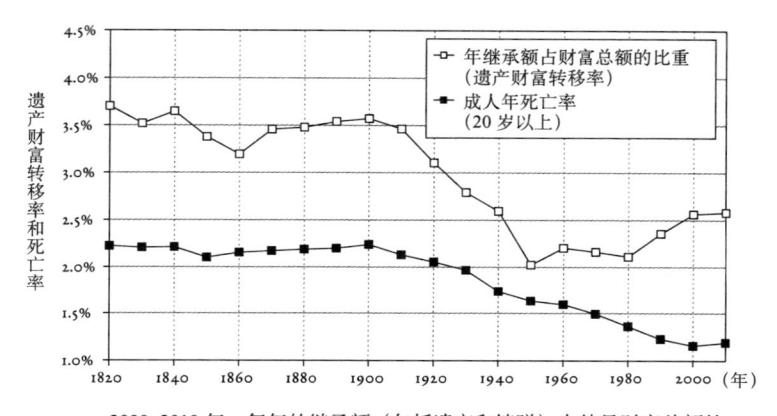

[图表：纵轴为遗产财富转移率和死亡率，横轴为年份1820~2010年，显示两条曲线：年继承额占财富总额的比重（遗产财富转移率）和成人年死亡率（20岁以上）]

2000~2010 年，每年的继承额（包括遗产和馈赠）大约是财富总额的 2.5%，同期死亡率是 1.2%。

图 11.4　1820~2010 年法国继承额和死亡率

资料来源：piketty.pse.ens.fr/capital21c

应所抵消。不论如何，遗产重要性的变化是微乎其微的，而不像人们有时所想象的如文明变迁般剧烈。

死者之富，生者之财

仔细分析 μ 值的变化，即逝者离世时的平均财富和在世者平均财富之比，也会发现饶有趣味的现象，如图 11.5 所示。首先值得注意的是，从 1820 年到现在的近 200 年时间里，法国逝者离世时的财富总是要超过在世者的平均财富，即 μ 始终大于 100%，唯一的例外是在"二战"期间（1940~1950 年），当时该值（并未考虑生前的馈赠）曾短暂低于 100%。前文曾论述过，按莫迪利亚尼的生命周期理论，财富累积的主要原因是为了支付退休后的生活，在老龄化社会尤其如此，因此长寿者应该会在老年阶段花光大部分的储蓄，在离世之时应该资产不

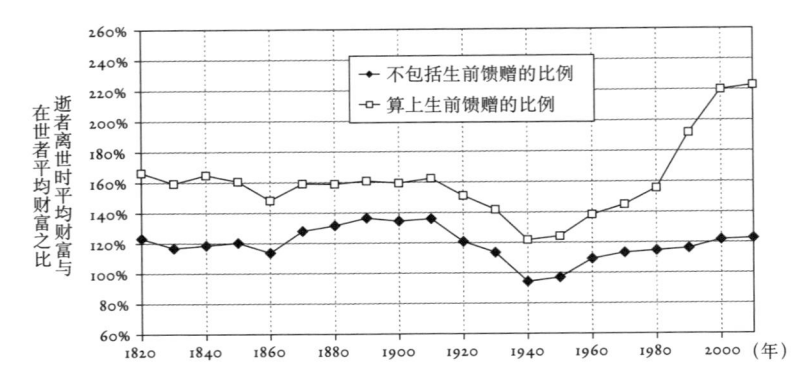

在 2000~2010 年，如果不算逝者生前的馈赠，逝者在离世时的平均财富较在世者的平均财富高出 20%；如果算上生前馈赠，那么死者的财富将是在世者的两倍。

图 11.5　1820~2010 年法国逝者离世时平均财富与在世者平均财富之比

资料来源：piketty.pse.ens.fr/capital21c

多甚至完全做到"赤条条"地去。这就是著名的"莫迪利亚尼三角"，所有学习经济学的学生都被这样教，即财富最初是随着年纪的增长而增加，因为人们需要积累储蓄来应对退休后的生活，随后在花掉大部分储蓄后死去。照此说来，μ 值就应该是零或接近零，不管如何肯定要低于 100% 才对。这种关于老龄化社会中资本及其演变的说法尽管在逻辑上完全说得通，但却无法解释现实中观察到的事实，至少事实并不如此。显然为退休储蓄只是人们积累财富的原因之一，但这肯定不是最重要的原因：希望家族财富代代相传的愿望始终是重要动机。从实际情况看，那些无法传给后人的"养老金"财富在私人财富中所占比重极小，在法国所占比重不到 5%，英语国家的养老金体系更加发达，在英语国家的比重也不过是 15%~20%。这个比重虽然不可以完全忽略，但显然并不足以改变遗产才是财富积累最重要动机的基本事实（因为生命周期储蓄应该不是可遗传财富的替代，而是其补充）。[11] 当然，现在也很难说，假如20世纪没有现收现付制的养老金制度，那么财富积累将会呈现怎样不同的局面。现收现付制的养老金体系保障了大部分退休人员的生活水平，其保障可靠性和平等性都要优于金融资产投资，因为金融资产投资可能会在战乱时化为乌有。因此，假如没有这样的公共养老金体系，那么整体财富积累的程度（以资本/收入比衡量）可能要甚于今天。[12] 不管如何，如今的资本/收入比与欧洲"一战"前的"美好年代"相似（当时人均寿命较短，极大减少了以退休为目的的储蓄积累），而如今"养老金"形式的财富在全部财富中的比重也仅比100年之前略升了一点儿。

过去200年间，生者之间的相互赠予也很重要，过去几十年间赠予的重要性更加凸显。1820~1870年，赠予总价值大约相当于年度遗产继承额的30%~40%（在此期间赠予的主要形式是嫁妆，即送给新婚夫妇的礼物，通常在婚姻合约中有关于嫁妆的条款）。1870~1970年，赠予的价值出现下降，差不多稳定在继承额20%~30%的水平，随后开始节节攀升，在20世纪80年代相当于遗产继承额的40%，90年代到了60%，并在21世纪头10年超过了80%。当前赠予的价值与遗产继承额已十分相近。赠予在馈赠遗产总额中的比重占到一半，因此现在必须把赠予考虑在内。具体来说，如果我们把生前赠予排除在外，那么在2000~2010年死者的平均财富仅仅比在世者的平均财富高出20%。但这仅仅反映了死者在生前把将近一半财产赠予他人后的状况。如果我们将生前赠予计算在内，那么μ值（经调整）实际要超过220%：经调整后的逝者财富是在世者平均财富的两倍。如今人们又进入了财富赠予的黄金期，程度远远超过19世纪。

另外有意思的是，无论是如今还是在19世纪，大部分的馈赠都是给孩子，内容则常常是房地产投资，馈赠的时点平均是在赠予方去世前10年（该时间差长期以来都保持稳定）。20世纪70年代以来随着赠予重要性的增长，赠予接收方的平均年龄也在逐渐减小：2000~2010年，遗产继承者的平均年龄在45~50岁，但赠予接受者的平均年龄却在35~40岁，因此今天与19世纪或20世纪初期相比的差距并不像图11.3所显示的那样大[13]。在1990~2000年财税制度鼓励赠予之前的70年代开始，赠予就逐渐变得越来越重要，对比最令人信服的解释是富有的家长逐渐意识到，随着人均寿命的延长，他们也可以在孩子35~40岁时就赠予他们财产，而不用等到他们45~50岁甚至更晚时再移交财产。不论如何，不管到底哪种解释更精确些，现实情况就是：馈赠开始变得越来越重要，并成为现代社会继承和赠予财富重新崛起的重要组成部分，这在德国等其他欧洲国家也表现得非常明显。

知天命与耄耋：欧洲"美好年代"的年龄和财富

为了更好地理解财富积累的机制以及计算 μ 值的详细数据，我们需要按年龄段来分析平均财富的演变。表11.1显示了1820~2010年按年龄段划分的财富状况。[14] 最为惊人的发现莫过于19世纪财富向着年长者集中的态势，这反映出资本日益集中。1820年，年长者的财富与50多岁群体（作为参照群体）的财富相比没有太多优势，60多岁群体的财富比参照群体高出34%，而80多岁群体的财富则高出53%。但随后各年龄段之间的财富差距就迅速拉大。到1900~1910年，60岁和70岁年龄段的财富就比参照群体高出了60%~80%，而80岁群体的平均财富更是达到了参照群体的2.5倍。注意这是所有法国人的平均数。如果只看财富最集中的巴黎，那么情况就更加极端化。在第一次世界大战之前，巴黎居民的财富随着年纪增长而膨胀，70~80岁群体的财富平均是50岁群体的3~4倍[15]。当然大部分人死的时候没有多少财产，由于当时养老体系不健全，许多人还陷入"黄金年纪的贫困"。

但在那些少数财富拥有者中,财富随年龄升高而膨胀的趋势相当明显。自然,80岁群体的巨富不能用劳动或创业活动来解释,因为难以想象80多岁的人还会搏杀在创业一线。

表11.1 1820~2010年法国各年龄段平均财富状况
（以50~59岁年龄段为100%）

年份	20~29岁	30~39岁	40~49岁	50~59岁	60~69岁	70~79岁	80岁以上
1820	29	37	47	100	134	148	153
1850	28	37	52	100	128	144	142
1880	30	39	61	100	148	166	220
1902	26	57	65	100	172	176	238
1912	23	54	72	100	158	178	237
1931	22	59	77	100	123	137	143
1947	23	52	77	100	99	76	62
1960	28	52	74	100	110	101	87
1984	19	55	83	100	118	113	105
2000	19	46	66	100	122	121	118
2010	25	42	74	100	111	106	134

注：1820年,60岁群体的财富较50岁群体高出34%,而80岁群体的财富则高出53%。
资源来源：piketty.pse.ens.fr/capital21c, table 2

这种"越老越富"的现象意义重大,一部分是因为这可以解释为何"一战"前欧洲"美好年代"的μ值（即逝者离世时的平均财富与在世者平均财富比值（较高,由此也导致继承额较高,此外这种现象也说明了经济进程背后的一些具体问题。我们所有的个人数据清楚表明了这一点：19世纪末和20世纪初财富向老人集中的现象是$r>g$不平等规律及其累计叠加发生作用的直接结果。具体来说,拥有大量财富的年长者所获得的资本收益要远超过其支付生活之需。比方说,老年人可以拿到5%的收益,然后只消费其中的2/5,另外的3/5用于再投资,那么其财富至少会以3%的年均速度增长,按此推算,在85岁时其财富就应该是60岁时的2倍。这种机制简单但效力强大,也可充分解释所观察到的事实。其实拥有巨额财富的人通常会将远远不止3/5的资本收入用于再投资(这将进一步加速财富分化),当然平均收入和财富也不会一直不变(而是以每年1%左右的速度增长,当时可能相对还慢一些)。

通过对1870~1914年法国财富积累和集中的机制研究,尤其是巴黎的财富状况研究,我们可发现许多与当今甚至未来世界相通的规律。不仅那一时期的数据极为详尽可靠,而且那个历史阶段也正好是第一次贸易和金融全球化的高潮。如前所述,当时有了现代意义上的多元资本市场,个人所拥有的财富结构也很复杂,包括海内外资产、公共资产和私人财产以及定额或可变回报。尽管当时的年均经济增速只有1%~1.5%,但正如在前面所阐述的,这样的增长速度从长期的代际角度或历史角度看是完全可持续的。因此这样的增速所体现的绝不是一个静止的农耕社会,相反这是充满了技术和工业革新的年代:正是在那些年里,汽车、电力、照相机和许多新鲜技术和产品开始走入人们的生活,而其中许多发明都来源于法国或与法国相关。1870~1914年,50~60岁的群体所拥有的财富并不都是继承祖先的遗产;事实恰恰相反,许多人都是通过工业或金融领域的创业活动而发家致富的。

然而,发挥决定作用的还是不平等规律$r>g$,大部分的财富集中都可用该规律解释。不论一个50~60岁年龄段的人的财富是挣来的还是继承来的,只要财富超过了相应的界限,那么资本就会不断自我复制并开始加速累积。$r>g$这一规律意味着,每个创业者最终都会变成食利者。哪怕这样的转变是发生在人生的后半阶段,随着人均寿命的延长,这样的转变也是极其重要的。一个人在30~40岁的时候可能有着许多奇思妙想,但到70~80岁时就会思维迟钝,但他的财富还会继续自动增长，或者他的财富可以转交给下一代来继续增长。19世纪的法国经济新贵都是充满创新精神和活力的企业家，但在$r>g$客观规律的作用下，尽管当时企业家都意识不到这点，他们的努力最终还是强化并巩固了一个食利者社会。

战争后的财富复兴

1914~1945年，由于资本和资本所有者多次受到冲击，其自我维系机制崩塌。两次世界大战的结果之一就是引发了重新创造财富的热潮。图11.5清楚表现了这一点：1940~1950年出现了历史上第一次也是迄今为止唯一一次的财富现象，即逝者离世时的平均财富要低于在世者的平均财富。在表11.1的年龄段财富分布中可以更清楚地看到这点。1912年，第一次世界大战的前夕，80岁群体的财富是50岁群体财富的2.5倍；1931年，高出的幅度只有50%；而到了1947年，50岁年龄段的财富反而比80岁年龄段的平均财富高出40%。更令老年人寒心的是，当年40岁群体的财富都超过80岁群体了。这是所有旧有规律都开始失效的年代。在第二次世界大战结束的几年内，财富的年龄段分布忽然出现了钟形曲线，而处于顶点的正是50岁群体，这与"莫迪利亚尼三角"十分接近，只不过在现实状况中，大部分老人的财富并未趋于零。这与19世纪的状况形成鲜明对照，当时财富就是随着年龄的增长而线性增加。

这种明显的财富再造的原因其实很简单。如在本书第二部分中所言，所有财富都在1914~1945年遭受了多次冲击，包括房产毁灭、恶性通胀、企业破产以及强制征用等，因此资本/收入比出现了迅速下降。如果粗略看，那么有人可能会猜想，所有的财富都遭受了相同程度的破坏，因此各年龄段财富分布还是不变。但事实上，那些在战乱中无所失去的年轻群体反而在战后迅速崛起，而不像上了年纪的人那样难以东山再起。假如有商人在1940年时是60岁，他的财产在随后的轰炸、强征和破产中消失殆尽，那么他将很难再白手起家。他或许会活到70~80岁，在50年代或60年代死去，留给子孙的财产极其有限。但与此相反，假如某人在1940年时才30岁，同样也在战火中失去了一切财产（可能本来就没多少），那么当战争结束后，他还有充分的时间来重新积累财富，因此在50年代，当他到了四十几岁时，他的财富可能要超过前一个例子中说的那个70岁的老者。战争让一切归零或接近于零，这必然会产生财富再造的热潮。因此从这个意义上说，两次世界大战确实是在20世纪将所有旧世界的瓜葛一笔勾销，由此也造成了人类终于克服了资本主义的错觉。

这也用来解释为何第二次世界大战结束后的几十年里，遗产继承额会变得如此之低：那些本应在1950~1960年继承遗产的人并未见到多少遗产，因为其父母一辈没有时间来重整河山，其父母在去世时留下的财产相当稀少。

具体而言，这也可以解释为什么遗产继承额的下跌要超过财富本身的缩水，实际上遗产继承额的跌幅是整体财富跌幅的两倍。正如第二部分所述，1910~1920年以及1950~1960年，私人财富总额下降了超过2/3：私人资本存量从相当于7年的国民收入下降到2~2.5年（见图3.6），但年度财产继承额却下跌了5/6，即从第一次世界大战前夜的占国民收入25%下降到了50年代的约4%~5%（见图11.1）。

但最为关键的是，这样的局面并没有维持太久。"重建资本主义"本身就是过渡阶段，而不是代表人们所想象的结构性变化。在1950~1960年，随着资本的重新积累以及资本/收入比β值的重新抬升，财富又开始朝着高年龄阶段集中，由此衡量死者平均财富与生者平均财富比的μ值又开始上升。财富的增长与财富向高年龄段集中几乎同步，因此就为遗产继承重要性的强势回归奠定了基础。到1960年，1947年的景象就已经成为历史：60岁和70岁年龄段的财富超过了50岁群体（见表11.1）。80岁年龄段的转机则出现在80年代。在1990~2000年，各年龄段的财富分布曲线愈发陡峭。2010年时，80岁年龄段人的财富比50岁年龄段要超出30%。如果把生前的馈赠（见表11.1）也计算到各年龄段的财富分布，那么2000~2010年的分布曲线将更为陡峭，基本与1900~1910年的状态接近，即70~80岁年龄段的财富是50岁年龄段群体的2倍，只不过现在的死亡年龄要大大延后，这更使得μ值变高（见图11.5）。

遗产继承额将在21世纪如何演变？

鉴于遗产继承额在近几十年的快速增长，那么自然有人会问：这种快速增长是否会继续下去？图11.6显示了21世纪中最可能出现的两种情形。第一种"最可能出现的情形"假设2010~2100年的平均经济增速是1.7%，而资本收益率是3%，[16] 第二种情形则假设2010~2100年的平均增速是1.0%，而资本收益率将会提高到5%。这种情况也是有可能发生的，比如所有包括企业所得税在内的资本税和资本所得税都取消，或这些税大大减少而同时资本在收入分配中比重提升。

在"最可能出现的情形"中，通过理论模型（该模型成功推算了1820~2010年的演变）推导出来的结果表明，年度继承额将在2030~2040年继续，随后会稳定在国民收入16%~17%的水平。而在另一种情形中，年度继承额会一直增加到2060~2070年，随后稳定在国民收入24%~25%的水平，这是与1870~1910年相似的水平。在"最可能出现的情形"中，继承财富的重要性仅仅是略有恢复；但在第二种情形下，继承财富的重要性将彻底恢复（从遗产继承和馈赠总额的角度看)。但无论是第一种还是第二种情形,21世纪的遗产和馈赠额都会相对较高,远远高于在20世纪中叶所观测到的历史低点。

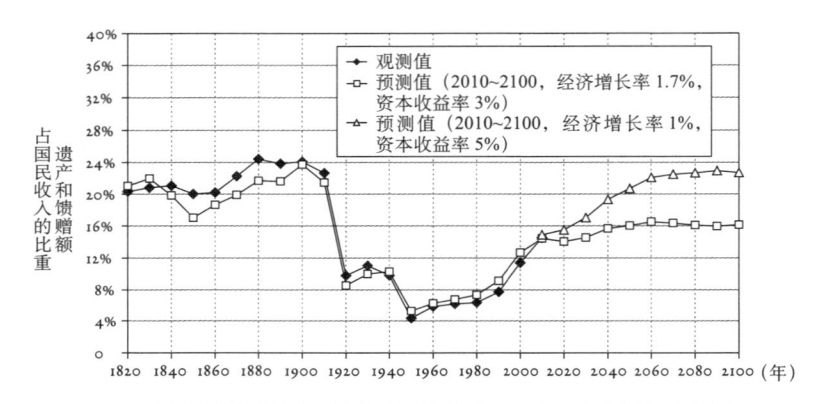

用理论模型推导出来的预测结果表明,21世纪的遗产继承额将取决于经济增长率以及资本收益率。

图11.6　1820~2100年法国的历史和预测遗产继承额

资料来源:piketty.pse.ens.fr/capital21c

这些预测当然存在诸多不确定性,此外其主要目的也是为了方便说明。21世纪的遗产继承状况取决于许多因素,包括经济、人口以及政治因素,而历史证明这些因素往往会有规模宏大但难以预测的变化。不难想象,在其他不同情形假设中,结局也会不同:比如人口或经济增长明显加速(这种情形发生可能性较小),或针对私人财富和遗产的公共政策有了显著调整(这种情形倒是很有可能发生)。[17]

此外也必须指出,财富的年龄段分布也主要取决于储蓄行为,即不同年龄段的人储蓄财富的原因。如此前所述,人们储蓄出于各种各样的原因,具体到个人之间的差距会相当大。有些人可能是为了退休生活或防范失业而储蓄(生命周期型储蓄或未雨绸缪型储蓄),有些人储蓄则是为了积攒或传承家族财富。事实上,有些人就是以财为乐并特别享受财富所带来的尊崇感（家族储蓄或纯粹财富积攒）。从抽象角度说，我们完全可以想象出这样的世界，里面的人都希望将其财富转换成"年金化"收益，然后再不带分文而去。若此行为在21世纪成为主流，那么无论经济增长率或资本收益率是多少，遗产继承额都会大幅缩减至零的水平。

然而，图11.6中所列的是根据现有信息推断最有可能发生的两种情况。特别是假定2010~2100年的储蓄行为应该与过去相差不大，具体特征见下文所述。尽管个人行为千差万别，但我们发现储蓄率与收入和初始财富呈正相关关系，但不同年龄段之间的储蓄行为差别却不大：概括来说，无论年龄如何，人们的储蓄率都很相似。[18] 按照储蓄生命周期理论，年长者会在最后的岁月大量消耗储蓄，但无论平均寿命会增加多少，这种现象在现实中似乎都并未发生。这种现象背后的重要原因之一就是家族财富传承的动机（没有人希望在去世的时候真的一无所有，即便是在老龄化的社会中），其他原因还包括纯粹的储蓄偏好以及安全感之需，财富不仅意味着特权和实力，也能让人安心。[19] 财富的高度集中（即处于收入金字塔顶端的10%群体总是能占有全部财富的50%~60%以上，甚至各年龄段内的情况也是如此）是解释所有这些现象的关键，但莫迪利亚尼的理论完全忽略了财富的集中。自1950~1960年以来财富分布又重新出现王朝集中式的趋势，这可解释年长者储蓄不减少的现象（大部分的财富都属于那些不用售卖资产也可以维持现有生活水平的人），因此高遗产的状况得以继续，而新的均衡也得以传承，由此，具有社会积极意义的贫富流动就变得有限。

最核心的结论是，在给定的储蓄结构条件下，随着资本收益率提高和经济增长率下降，财富积累过程会逐渐加速并变得更加不公平。第二次世界大战后30年的高速经济增长解释了为何μ值（逝者离世时的平均财富与在世者财富之比）在1950~1970年增长相对缓慢。反过来说，缓慢的经济增长也解释了 20 世纪 80 年代以来财富逐渐向年长者集中以及继承遗产的重新崛起。从直觉上判断，当经济增长率较高时，例如工资以每年 5% 的速度增长，那么这将有利于年轻人积累财富并与年长者在财富拥有量上竞争；但如果工资增速下降到了 1%~2% 的低水平，那么年长者势必会将现有的大部分资产抓在手里，其财富也会按资本收益率的速度增长。[20] 这个简单但重要的过程充分揭示了比值 μ 的变动以及年度遗产继承额。这也解释了为何 1820~2010 年的实际观测值和预测值是如此契合。[21]

暂不考虑不确定性因素，如此精准的模型自然会让人想到，这些模拟也可用来推断未来。从理论上看，在存在大量储蓄行为的情况下，如果经济增长率低于资本收益率，那么 μ 值的增加可完全平衡死亡率 m 的下降，因此最终 $μ × m$ 的结果并不受平均寿命的影响，而完全是由代际年龄差决定的。那么最核心的结果就是，如果增长率是 1%，那么跟零增长率也没有大的区别，因为无论如何，认为老龄化人口会将储蓄花完然后导致遗产财富消亡的这种想当然的结论是错误的。在老龄化社会中，遗产继承者在继承时的平均年龄会拉大，但其继承的财富量却在增加（至少对于那些有所继承的人而言），因此遗产继承对于财富依然重要。[22]

从年度继承额到继承财富余额

那么我们的分析如何从年度继承额过渡到继承财富总额呢？根据目前所具备的关于遗产继承额、死亡年龄、继承者以及馈赠双方的详细数据，我们就可估测 1820~2010 年各年度继承财富总额占当年在世个人总财富中的比重（方法基本上就是把此前 30 年全部继承和接受的财富加总，如果继承年龄偏早或平均寿命很长，那么继承财富总额比重会偏高，反之则偏低），随后就可确定继承财富在总私人财富中的比重。图 11.7 显示了主要的结论，此外该图中也显示了根据前文所列的两种情形测算的 2010~2100 年的模拟结果。

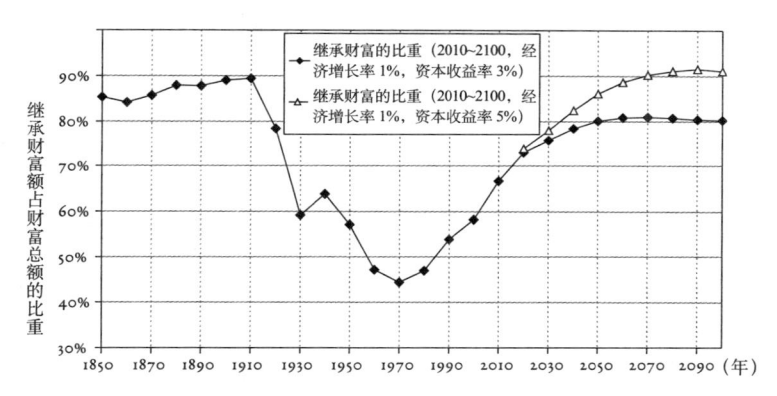

在 19 世纪的法国，继承财富占了全部财富的 80%~90%，该比重在 20 世纪下降到了 40%~50% 的水平，但可能在 21 世纪重回 80%~90% 的高位。

图 11.7　1850~2100 年法国继承财富额占财富总额的比重

资料来源：piketty.pse.ens.fr/capital21c

首先应该记住以下的基本数量概念。在 19 世纪和 20 世纪初，年度继承额大约是国民收入的 20%~25%，那时基本上私人财富全部都是继承财富：继承财富大约占总财富的 80%~90%，而且比例还趋于上升。但值得注意的是，在所有的社会形态中，在所有的财富层级中，总有相当数量的富豪是白手起家完成的财富积累，这部分人的财富约占总财富的 10%~20%。但大部分富人的财富还是来自继承。这也不难理解：如果每年占国民收入 20% 的遗产继承额连续积累 30 年，那么就会形成体量极其庞大的遗产和馈赠额，即相当于 6 年的国民收入，也就是差不多全部的私人财富。[23]

在 20 世纪，随着年度遗产继承额的下降，这种均衡发生了很大的变化。继承财富在总财富中的比重在 70 年代下降到了历史低位:经过数十年遗产继承额的下降以及新财富的积累,继承资本只占全部私人资本的 40% 多一点儿。这是人类历史上首次(除某些新建的国家之外)出现这样的状况:人在世所积累的财富占了全部私人财富的大部分(近 60%)。在此必须要强调两点:首先资本的性质在"二战"之后发生了转变;其次,我们刚刚经历了"二战"这样一个非常时期。无论如何,我们现在已经过了那个非常时期:自 20 世纪 70 年代以来,继承财富在总财富中的比重持续上升;80 年代时,继承财富再度占据总财富中的大部分,根据最新的统计数据,2010 年继承财富占了法国总财富的 2/3,而通过储蓄累积的财富只占 1/3。鉴于目前的遗产继承额高企,如果这样的局面持续,那么继承财富在总财富中的比重将会在今后几十年继续攀升,预计在 2020 年将会达到 70% 的水平,并在 21 世纪 30 年代接近 80% 的水平。如果像前面假设的那样,经济增长率为 1% 而资本收益率为 5%,那么继承财富的比重之后还将继续上升,在 21 世纪中叶将达到 90% 的水平,这将与欧洲"美好年代"时的状况相当。

因此,我们看到,20 世纪年度遗产继承额在国民收入中比重的 U 形曲线与继承财富余额在总财富中比重的 U 形曲线是高度吻合的。为了更好理解两条曲线之间的关系,在此可将年度继承额与储蓄率进行比较。如本书第二部分所言,储蓄率基本上占国民收入的 10% 左右。当年度继承额是国民收入的 20%~25%(例如 19 世纪的状况),意味着每年接受的遗产和馈赠额是新增储蓄的两倍还多。如果我们再考虑有部分的新增储蓄是来源于遗产继承(实际上,这是 19 世纪新增储蓄的主要来源),那么显然继承财富要远远超过储蓄的财富。反过来说,如果遗产继承额下降到国民收入的 5% 以下,即继承率仅是新增储蓄率的一半(再次假定储蓄率是 10%),如 20 世纪 50 年代的情况,那么,自然储蓄资本就会超过继承资本。最基本的事实就是，在20世纪80年代年度继承额又超越了储蓄率并在2000~2010年继续攀升。如今继承额大约接近国民收入的15%（遗产和馈赠计算在内）。

为了更好地理解这些数据，在此不妨回想家庭可支配收入的状况。当前，在今天的法国家庭可支配（资金）收入大约是国民收入的70%~75%（考虑到了医疗、教育、安全和公共服务等不包括在可支配收入中的转移支付）。如果年度遗产继承额不是用来与前面一直使用的国民收入比对，而是用来与可支配收入比对，那么我们发现年度遗产和馈赠在2010年之后已经占法国家庭可支配收入的20%，从这个意义上看，今天继承财富的重要性已经与1820~1910年的情况相当（见图11.8）。当然如在第五章中所述，为了保持历史和地域可比性，最好还是采用国民收入（而不是可支配收入）作为对比参照。然而将继承财富与可支配收入对比能更加具体地反映当今的现实，即继承财富早

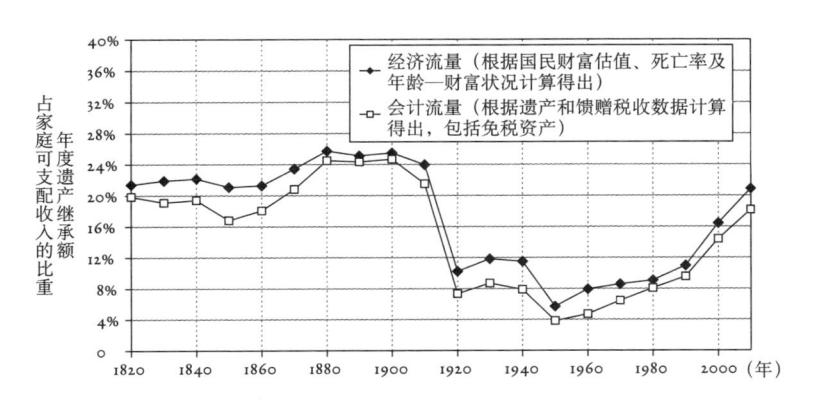

如果将年度遗产继承额与家庭可支配收入比对（而非国民收入），那么遗产继承额在2010年约占家庭可支配收入的20%，换言之，这已经与19世纪的状况相当。

图11.8　1820~2010年法国年度遗产继承额占家庭可支配收入的比重

资料来源：piketty.pse.ens.fr/capital21c

就占家庭资金来源（例如可供储蓄的资金）的 1/5 并将很快达到 1/4 甚至更高的水平。

回到伏脱冷的教导

为了更加形象地理解遗产对于各不同个体生活的影响，尤其是为了更好地解答伏脱冷教导拉斯蒂涅所提出的是非问题（如果单凭自己努力挣钱会过上什么样的生活，如果能继承丰厚的遗产又可以过上什么样的生活？），在此最好的方法就是考虑从 19 世纪初起的法国各代人的状况，然后比较各代人在各自年代所能获得的各种资源。由于遗产继承不是每年都会发生的事情，因此这是唯一可反映该事实的方法。[24]

首先考虑法国出生在 1790~2030 年各代人所继承财富占其总资源比重的变化（见图 11.9）。分析方法如下，根据各年度继承额以及死亡年龄、继承者状况和馈赠双方等信息，来推导出生年份与继承馈赠财富占总财富比重的函数关系。可用资源包括继承财富（遗产和馈赠）、劳动收入、减税所得[25]以及通过每年平均资本收益率计算的毕生资本化所得。尽管这是切入问题的最合理方式，但要注意到这也可能会导致对继承财富比重的轻微低估，因为遗产继承者（以及一般拥有大量财富的人）通常能获得更高的资本收益率，至少通常高于劳动所得的储蓄利息率。[26]

分析结果如下。如果我们看所有在 18 世纪最后 10 年出生的法国人，那么终其一生，继承财富大约占其总的可用资源的 24%，因此劳动收入占了 76%。但在 19 世纪头 10 年出生的人群中，继承财富占了可用资源的 25%，即 75% 的收入是挣来的。对于所有在 19 世纪以及"一战"前出生的人群而言，都是差不多类似的比例。注意，在此表述的 25% 的比重要略高于继承财富占国民收入的比重（19 世纪为

20%~25%）：因为资本收入（实际上通常占国民收入的 1/3）部分转化成了继承财富，部分转化成了劳动收入。[27]

各年龄段的继承额占总资源的比重

— 各年龄段继承额占总资源（遗产馈赠及劳动收入）的比重

对于19世纪出生的各代人来说，继承财富占了总资源的25%，但出生在20世纪头10年的群体的这一比例却低于10%，这些人大多本应该在20世纪50年代继承财富。

图 11.9　1790~2030 年出生的各代人继承额占总资源（继承和工作所得）的比重

资料来源：piketty.pse.ens.fr/capital21c

对于出生于1870年之后的人群，继承财富占总资源的比重逐渐降低，这是因为这部分人在第一次世界大战结束之后纷纷进入继承财富的年龄，然而当时其父辈资产却因为战火而遭受了不少损失。该比例对于出生在1910~1920年的群体是最低的，因为这些人继承财富的时候是在"二战"结束后至1960年间，当时遗产继承额下降到了历史最低点，因此继承财富只相当于总资源的8%~10%。但对于出生在1930~1950年的人来说，该比例又开始回升，因为他们的继承时间是在1970~1990年，他们的继承所得占总资源的12%~14%。随后在1970~1980年出生的人群身上，继承财富的重要性将会恢复到自19世纪起就没有达到过的水平，这些人将在2000~2010年获得遗产或馈赠，继承财富将占其总资源的 22%~24%。这些数据清楚地表明，我们才刚刚告别"遗产终结期"，这些数据也显示了在 20 世纪不同年份出生人群所经受的储蓄和继承重要性的相对转换：婴儿潮一代人要靠自身努力，因为"二战"之后百废待兴；在两次世界大战之间出生以及在世纪之交出生的人也要更多地凭借自身努力。与此相对，出生在 20 世纪后 30 年的人却更能体味到继承财富的重要影响，他们与出生在 19 世纪和 21 世纪的人应对继承财富有同样的感受。

拉斯蒂涅的困境

前面所论述的都是平均情况，然而继承财富最为重要的特征就是分配极其不均衡。通过此前所估测的继承财富不平等程度和劳动收入不平等程度，最终我们能够分析出伏脱冷的教导在不同时期的适用程度。图 11.10 显示了出生在 18 世纪末和整个 19 世纪的群体情况，其中拉斯蒂涅也是出生在这样的年代（巴尔扎克说拉斯蒂涅出生于 1789 年），这群人确实面临着和伏脱冷一样的可怕困境：那些能有幸继承财富的人将会过上舒适的日子，其舒适程度要远远超过需要靠自己打拼的人。

为了尽可能形象和直观地解释不同的财富资源水平，在此用各时期工资最低 50% 的工人平均收入的倍数来表述财富资源。我们可将这平均收入看成是"低等阶层"生活标准基准线，在此期间大约是国民收入的一半。这也是判断社会中不平等程度的有益参考指标之一。[28]

基本的结论如下：在 19 世纪，最富裕的 1% 的遗产继承者（即在其年代继承了最丰厚 1% 遗产的人群）的毕生财富资源是低等阶层财富资源的 25~30 倍。换言之，假如某人可从父母或配偶处继承遗产，那么终其一生，他将可承担 25~30 个仆人服侍其生活。与此同时，工作收入最高的 1% 的人（伏脱冷所说的法官、检察官、律师等高薪职位）所掌握的财富资源大约是低等阶层的 10 倍。虽然也不少了，但与财富继承者相比，这样的生活水准显然要低得多。而且正如伏脱冷所言，要想获得高薪职位也是非常困难的，仅仅在法学院埋头苦读还不一定行，通常需要长年累月的苦熬和准备才能有希望，这种希望还不一定能最后实现。在这种情况下，如果能有机会去继承属于顶尖 1% 的财富，这样的机会显然不容错过。至少，这样的机会应值得考虑。

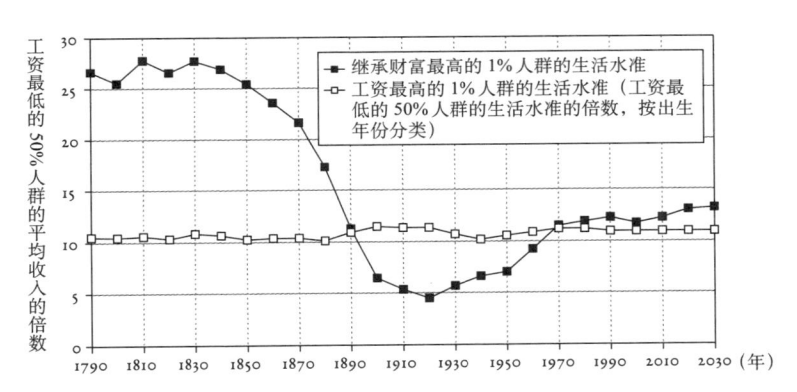

在 19 世纪，那些获得继承财富前 1% 的人群的生活水准要远高于当时工资最高 1% 的人群。

图 11.10　1790~2030 年出生的各人群的"拉斯蒂涅困境"

资料来源：piketty.pse.ens.fr/capital21c

如果对出生在 1910~1920 年的人群做同样的计算，我们发现他们会面临完全不同的选择。最富有的 1% 的遗产继承者的财富资源仅仅是低等阶层标准的 5 倍，而工资最高的 1% 的人所掌握的财富资源则是低等阶层水准的 10~12 倍（因此工资最高 1% 人群的工资之和在很长时期内都是社会全部工资的 6%~7%）[29]。无疑，人类历史上第一次出现了这样的情况：成为工资最高的 1% 所能享受的生活水准要高于继承财富最高的1%的人群,因此生活的要诀就在于努力学习和工作而不是坐享其成。

对于婴儿潮那代人而言,选择是不言而喻的:如果拉斯蒂涅生于1940~1950年,那么他最正确的选择就是要跻身工资最高的1%人群(其财富资源是低等阶层标准的10~12倍),而完全不要理会伏脱冷的教导(因为继承财富最多的1%的人所掌握的财富资源仅仅是低等阶层标准的6~7倍)。对于这些人而言,勤劳致富不仅是合乎道德的选择,更是最可获利的理性选择。

具体来说,这些结论也表明,对于所有在1910~1960年出生的人而言,那些处于收入分配金字塔塔尖的1%人群主要是通过工作获取财富。这是意义重大的变化,因为这是历史上第一次出现这样的情况(在法国和大部分欧洲国家),此外无论在任何社会,收入最高的1%人群总是发挥着极其重要的社会作用。[30]如在本书第七章中所述,处于塔尖的1%人群是相对宽泛的精英阶层,他们对社会经济、政治和结构的形成有着重大影响。[31]在所有的传统社会当中(还记得1789年时贵族人口占了人口总数的1%~2%),一直到欧洲的"美好年代"(尽管当时法国大革命曾带来了彻底改变社会结构的希望),这部分群体几乎都是依靠继承财富。因此,当出生于20世纪上半叶的顶尖富人不再依靠遗产而是依靠奋斗时,这确实是重大的历史性转变,这种情况让人类形成了对社会进步的空前强烈的信念,许多人深信旧的社会秩序已经终结。诚然,在"二战"结束后的30年里不平等依旧存在,但这种不平等被普遍认为是积极的,因为人们主要从薪资不平等角度看待问题。尽管蓝领阶层与白领阶层和管理层之间存在相当大的收入差距,这种差距在20世纪50年代的法国还逐步扩大,但社会中存在着基本的向心力,社会上人人都尊崇劳动并以跻身精英阶层为荣。人们认为,由继承财富决定的先天贫富差距正在离我们远去。

但对于出生在 20 世纪 70 年代甚至更晚时候的人而言,情况又变得不同。具体而言,生活选择变得更加复杂:继承财富最高的 1% 人群的财富变得与工资最高 1% 人群的财富相当(甚至要略为超出,因为最高继承财富可达低等阶层标准的 12~13 倍,而劳动收入仅是低等阶层的 11~12 倍)。但在此要注意,如今不平等的结构以及收入最高 1% 群体的状况与 19 世纪也有很大差距,因为如今的继承财富相比当时不再那么集中。[32] 如今的人群正面临着全新的不平等和社会结构,类似于夹在伏脱冷所嘲讽的世界(继承财富完全超越劳动)以及"二战"后的乐观年代(劳动超越继承)之间。根据我们的研究发现,今天法国财富榜顶端 1% 人群的收入大约一半来自继承,一半来自自身奋斗。

食利者和经理人的基本算法

综上所述,如果某社会的顶层富豪主要是通过继承来获得财富而不是劳动致富,例如巴尔扎克和奥斯汀笔下的社会,那么就必须满足两个条件。首先,整体资本存量以及资本存量中的继承资本余额必须规模庞大。通常来说,资本/收入比必须在 600% 或 700% 左右,而大部分资本存量必须是来自遗产继承。在这样的社会中,继承财富可占各年龄阶段平均财富资源的 1/4(如果资本收益不平等状况突出,那么更有可能占到 1/3)。18 和 19 世纪的状况就是如此,直到 1914 年。当今情况也基本可满足这个条件。

第二个条件是,继承财富必须高度集中。如果继承财富的分配也像劳动收入那样(即继承财富前 1% 或 0.1% 人群占总财富的比重和劳动收入前 1% 或 0.1% 人群占总劳动收入比重差不多),那么伏脱冷所说的世界将不复存在:劳动收入总会超过继承的财富(劳动收入至少是继承财富的 3 倍）[33]，因此在劳动收入上排名前 1% 的人群会自动超越继承财富收入上排名前 1% 的人。[34]

为了让财富集中效应超越规模效应，在继承财富排行榜上位居前列的 1% 人群必须要占有继承财富总额中的绝大部分，18 和 19 世纪的情况也确实是这样，当时继承财富排名前 1% 的人群占了社会继承财富总额的 50%~60%（在英国和法国"美好年代"时甚至占到了 70%），这比劳动收入排名前 1% 的人群的集中度要高出 10 倍（劳动收入前 1% 的人群占有劳动收入总额的比重大约是 6%~7%，该比重长期以来都保持相对稳定）。继承财富和工资收入 10∶1 的集中度对比足以抵消劳动收入规模比继承财富规模大 3 倍的效应，这也可解释为何在讲求世袭的 19 世纪社会中，继承财富榜上排名前 1% 的人群的生活水准要比工资排行榜上的精英们高出 3 倍（见图 11.10）。

这种食利者和经理人的基本算法也有助于我们理解为何当今法国社会中，继承财富最顶端的富豪和劳动收入顶端的精英基本上是平衡的，因为财富的集中度大约是劳动收入集中度的 3 倍（最富有的 1% 的人群拥有的财富大约占总财富的 20%，而工资最高的 1% 的人群占全社会总工资收入的 6%~7%），因此集中效应基本上平衡了规模效应。借此我们也可理解，为何在法国"辉煌 30 年"时代，管理者会完全凌驾于财富继承者之上（因为当时的规模效应达到了 10∶1，完全超越了 3∶1 的集中效应）。但除了这些特殊情况之外——这些特殊情况也是由于极端战争冲击以及具体公共政策（尤其是税收政策）造成的——社会不公平的自然结构似乎依然偏向于食利者而非高级管理者。特别是当经济增速放缓而资本收益率高于经济增速时，那么几乎不可避免（或至少在最受认可的模型中）会发生这样的景象：财富将会集中于排名最前的资本所有者，其财富将会大大超过劳动收入榜上的尖端人群。[35]

典型世袭社会：巴尔扎克和奥斯汀的社会

19世纪的小说家显然不会使用我们今天的分类去描述当时的社会结构，但他们却也描绘了这种深层次的社会结构，即要想过得舒适就必须拥有大量财富的社会。尽管巴尔扎克和奥斯汀分处英吉利海峡两岸，在流通货币、文学风格以及故事情节方面完全不同，但他们笔下所记录的社会不公平、贫富阶层以及财富数额状况却有着惊人的相似之处。正如本书第二章中所言，在这两位小说家笔下的世界没有通胀，货币币值保持稳定，因此他们能具体说明要有如何规模的收入（或财富）才可超越平凡的生活而进入体面优雅的生活圈。他们都认为，无论从物质层面还是精神层面来说，这个门槛都应是当时平均收入的30倍。如果主人公的收入在这收入水平之下，那么在巴尔扎克和奥斯汀的小说中将难以过上足够体面的生活。如果在19世纪的法国或英国社会，某人能跻身最富有的1%之列，那么他应越过了这样的门槛（当然如果属于最富的0.5%甚至0.1%行列，情况将会更好）。这是一个界定清晰且数量庞大的社会群体，当然他们是社会中的少数派，但其绝对规模依然足以影响社会的结构或至少支撑小说世界的情节开展。[36]在这样的阶层中，任何人都完全不需要去从事某种职业，无论这种职业的薪水有多高：即便是薪资最高的1%人群（甚至薪资最高的0.1%人群）也无法达到这样的生活水准。[37]

在大部分的19世纪小说中，有关主人公的经济、社会和心理背景会在开篇几页中就交代清楚，然后在后续情节中不时影射或提及，这样读者就不会轻易忘记将小说人物的背景与普罗大众分割开来：金钱和地位塑造了他们的生活、争斗、策略和希望。在小说《高老头》中，主人公最后不得不住进了伏盖公寓里最破旧的房间且每天都靠粗茶淡饭果腹，此时他已经丧尽了尊严，因为他要把每年生活开支削减到

500法郎（这大约相当于当时的平均收入，但对于巴尔扎克来说那意味着赤贫状态）[38]。高老头为了两个女儿牺牲了一切，他为两个女儿每人准备了 50 万法郎的嫁妆，每年利息就可达 2.5 万法郎，相当于当时平均收入的 50 倍：在巴尔扎克的小说中，这是最为基本的财富单元以及真正财富和优雅生活的最低门槛。因此社会贫富两极对比在开篇就已确立。当然巴尔扎克也没有忘记，在赤贫和真正富裕之间还存在各种各样的中间状态，有的偏富一些，有的偏穷一些。例如拉斯蒂涅家族在安古兰的产业每年只有 3 000 法郎的租金（相当于平均收入的 6 倍）。对于巴尔扎克来说，这就是典型的外省破落贵族的收入水平。拉斯蒂涅的家族每年只能省下 1 200 法郎供他在首都巴黎攻读法律。在伏脱冷的教导中，年轻的拉斯蒂涅即便费九牛二虎之力当上了皇家检察官，他的年薪收入也只能是 5 000 法郎（平均收入的 10 倍），这只是典型的中等收入，由此就可证明，他通过努力学习是无法真正跻身上流社会的。巴尔扎克描绘了这样的社会，想要过上体面的生活就要赚相当于平均收入 20~30 倍的钱，甚至 50 倍（高老头的两个女儿但斐纳和阿娜斯塔齐就因为有了丰厚的嫁妆而达到了这一水准），当然能有 100 倍最好，例如维多莉小姐的百万家财每年就可获得 5 万法郎的租金。

在《赛查·皮罗托盛衰记》中，这位野心勃勃的花粉商也梦想着能拥有百万法郎，这样他可以将一半留给自己和妻子，而另一半就可用作女儿的嫁妆，他认为只有这样的嫁妆才能让女儿嫁个好人家并让他的未来女婿能当上罗根地区的公证人。他的妻子则更愿意回归田园，她试图说服丈夫，认为两人退休后只要每年有 2 000 法郎租金就可生活下去，而女儿也只需要每年 8 000 法郎的租金，但赛查完全听不进去，他不想自己像同伴皮勒诺那样退休之后只有 5 000 法郎的租金。为了过上体面的生活，他必须要拿到相当于平均水平 20~30 倍的收入。如果只是平均收入的 5~10 倍，那么生活将会显得凄惨。

我们发现在英吉利海峡对岸也存在类似的贫富分层。在小说《理智与情感》中，所有主要线索（金钱和心理）都包含在前10页约翰·达什伍德与其妻子范妮的惊人对话中。约翰继承了庞大的诺兰庄园，这可带来每年4 000英镑的收入，超过当时平均收入的100倍（1800~1810年英国人平均年收入只有30英镑多一点儿）。[39]诺兰庄园是典型的占地面积很广的产业，庄园也是奥斯汀小说中的主要财富形式。例如书中布兰登上校和他的德拉福德庄园每年能有2 000英镑的收入（是平均收入的60倍），那么布兰登上校就显然是在上流庄园主之列。通过其他小说，我们也能发现，如果书中人物能有每年1 000英镑的收入，那就基本上可入围奥斯汀小说主要角色范围。相反，像约翰·威洛这样年收入只有600英镑的角色（平均收入的20倍），那么只能维持最低限度的舒适生活，而且周围人们还忍不住要猜想，这位英俊鲁莽的青年为何收入那么少却又这样大手大脚。这毫无疑问就是他为何会心神错乱般放弃玛丽安，然后又悲痛欲绝地去追求格雷小姐和她那5万英镑的嫁妆（每年租金2 500英镑，相当于平均收入的80倍），按照当时的汇率，这几乎和巴尔扎克笔下维多莉小姐的百万法郎嫁妆旗鼓相当。奥斯汀的财富观跟巴尔扎克相似，认为即便这样的嫁妆哪怕只有一半，那也是相当令人满意的，例如高老头就为两个女儿各自准备了50万法郎的嫁妆。例如诺顿爵士的独生女诺顿小姐拥有3万英镑的财富（每年租金1 500英镑，即平均收入的50倍），这就让她变成了理想的结婚对象，一大堆的潜在婆婆打着她的主意，例如菲拉斯夫人就认定自己的儿子爱德华将会迎娶诺顿小姐。[40]

在《理智与情感》的开篇，约翰·达什伍德的富庶就与其同父异母的三姐妹埃莉诺、玛丽安和玛格丽特的拮据生活形成了鲜明对比，三姐妹和她们的母亲每年只有500英镑的生活费（即每个人平均只有125英镑，仅相当于平均收入的4倍），这样的微薄收入绝对不足以让姑娘们找到如意郎君。例如总是喜欢在德文郡的社交场合出风头的詹尼斯太太就曾在各种场合提及三姐妹的窘迫财富状况。在上流社会日常的众多舞会、拜访和音乐晚宴上，三姐妹本可以在这些场合遇到合适的心上人，但詹尼斯太太总是不忘在旁泼冷水说："您的微薄家财可能会让他望而却步。"正如巴尔扎克在其小说中所述，奥斯汀也在其小说里秉承了这样的观念：如果收入只是平均水平的5~10倍，那么生活将相当拮据。那些用相当于甚至低于每年30英镑的平均收入所支撑的生活甚至不在小说中出现：有人猜测或许这样的收入水平已经与仆人类似，所以根本就没有写出来的必要。因此当爱德华·菲拉斯曾考虑成为牧师并接受德拉福德教区每年200英镑薪资时（大约是平均收入的6~7倍），他几乎被大家视为自愿接受磨难的圣徒。由于他的婚姻忤逆了家族意愿，因此作为惩罚，家族只能给他很少的补贴，而即使再加上埃莉诺的微薄收入，两人的财务状况并不会有根本性的改善。"两人虽然相爱，但也都知道每年350英镑的收入根本不足以支撑舒适的生活。"[41] 两人最后因真挚爱情而走到一起的圆满结局并不能掩盖这桩婚事的本质：由于听信了令人讨厌的范妮的话，尽管约翰·达什伍德曾在自己父亲临死时信誓旦旦，但他最终还是不愿意资助其同父异母的姐妹，也不愿将家财分一些给她们，因此实际上是约翰·达什伍德迫使埃莉诺和玛丽安过上了只能以粗茶淡饭度日的拮据生活。这些女子的命运在小说开篇的对话中就已经注定。

到了19世纪末，这类不公正的财富分配现象开始出现在美国。例如1881年，亨利·詹姆斯发表了小说《华盛顿广场》，该小说后来被著名导演威廉·惠勒拍成了电影《女继承人》（1949年），小说和电影的情节完全围绕着嫁妆展开。数字往往最无情，因此无论何时都要算准数字，年轻的姑娘凯瑟琳·斯洛珀直到未婚夫不辞而别之后才发现这个道理，因为她的未婚夫发现原来凯瑟琳的嫁妆只能带来每年1万美元的收入，而非他所期待的 3 万美元（或者说仅相当于美国平均收入的 20 倍而不是此前料想的 60 倍）。"你长得太丑了。"她那专横而富有的鳏居父亲对她说道。父女对话让人联想起《战争与和平》之中安德烈·保尔康斯基公爵与玛利亚公主的对白。当然男人的财富地位也十分脆弱，例如奥逊·威尔斯在小说《安伯森情史》当中，就描述了家道中落的傲慢继承人乔治，虽然乔治曾享有过每年 6 万美元（相当于平均收入的 120 倍）的租金收入，但 20 世纪初兴起的汽车革命让他的生意逐渐消失，最后他不得不出来谋生，其薪水仅为 350 美元，还不到当时的平均水平。

极端贫富差距：贫困社会的文明条件？

饶有趣味的是，19 世纪的小说家并不仅仅满足于详细描述当时存在的收入和财富分层。他们还经常以非常具体和细腻的笔触描绘当时人们的生活方式以及什么样的收入水平对应着什么样的日常生活。有时候这种写法也会有对悬殊贫富差距进行辩护的意味，通过字里行间透露出来的意思就是，如果没有这样的贫富差距，那么社会上就无法形成这样的少数精英阶层来讨论超越柴米油盐之外的事情，意即——极端的不公平几乎是文明的条件。

简·奥斯汀特别细腻地描绘了 19 世纪初的日常生活，她记录了用餐的成本、家具、服装和四处游历的费用等。诚然，在缺乏现代技术的 19 世纪，所有这些活动都相当昂贵，需要时间和仆从安排。庄园需要仆人来采集和准备食物（当时食物储存不易）；服装也很费钱，即便是最普通的礼服也会耗费几个月甚至几年的收入；出游也非常昂贵，因为出游需要用到马匹、马车以及驾驶马车和喂饲牲畜的仆人。读者可以感受到，如果某人的收入只有平均收入的三五倍，那么他的收入在客观上无法支撑这种生活方式，此外该人可能要把大部分时间都用来处理日常生活所需。如果你想要读书、弹奏乐器、佩戴珠宝、盛装出席舞会，那么你别无选择，只能将收入提高到平均水平的20~30倍之上。

在第一部分中曾论述过，比较历史购买力是很困难的，且有简单化处理之虞，因为消费模式和价格变动会在很多层面发生重大变化，因此没有单一指标能很好地反映现实。但是，按照官方指标，英国和法国在1800年的人均购买力约为2010年人均购买力的1/10。换言之，即便在1800年时的收入能达到平均水平的20~30倍，其真正的生活水准也未必比现在收入是平均水平两三倍的人要好。因此在1800年时如果收入只是平均水平的5~10倍，那么其真正的生活水准可能仅相当于今天最低工资和平均工资之间的某档水平。

但无论如何，巴尔扎克和奥斯汀笔下的主人公都心安理得地让数十个仆从为其服务。在大部分时候，小说都不曾交代这些仆从的姓名。当然两位小说家还不时嘲讽书中人物的装腔作势和奢靡生活，例如当玛丽安幻想着自己能风风光光地嫁给威洛比时，她就曾娇嗔道，按照她的测算，如果每年少于2 000英镑（超过当时平均收入的60倍），那么生活就会变得困难："我觉得我的要求完全合情合理，如果要有最起码的仆人数量、一两辆马车还有猎狗，这个标准是必需的，再少了就真的不行了。"[42] 此时埃莉诺都忍不住在旁边指出，玛丽安的要求有些过了。与此类似，伏脱冷通过自己观察，认为要想活得尊贵最少也要有2.5万法郎（平均收入的50倍）。他尤其强调了在服装、仆人以及出游方面的开销。当然书中没有人指出伏脱冷的要求有些过分，但鉴于伏脱冷是如此见利忘义，读者也不免揣测其想法有些奢靡。[43] 在阿瑟·扬的旅行日记中，他也毫无隐晦地谈到了各类生活需求以及类似的要有多少钱才能过上舒适生活的论调。[44]

尽管这些19世纪的作家会谈到书中人物的奢侈态度，但在他们所描绘的世界，不平等几乎被认定为是必要的：如果没有少数的富人，那么所有人谈论的都将是如何谋生。这种观点没有把这种少数人过舒服日子的情况称为精英统治，也就这一点还算值得称赞的。从某种意义上说，这小部分人是代表其他人生活，但是没人会认为这批人要比其他群体更有功劳或更崇高。在这个世界上，人人都可看出，尊贵的生活必须要有充分的物质保障。或许拥有文凭以及某种技能可以提升一个人的生产能力，或许能让他的薪资达到平均水平的5~10倍，但要想再高也就很难了。在现代的精英治理社会，尤其是在美国，失败者的处境将会更加艰难，因为人们会为成功者寻求正义、道德和品性等理由，更不用说底层人民的低效生产活动了。[45]

富裕社会的精英主义极端

大部分崇尚精英主义的人都认为巨额薪酬差距是正当的，因为由薪酬造成的贫富差距据说要比由继承财富造成的差距更具合理性。从拿破仑时代到第一次世界大战期间，法国曾有一批数量很小但薪资很高的高级公务员群体（收入是当时平均水平的50~100倍），这些人最低也是政府部长级别。这种情况总是被认可的，包括拿破仑本人也认为这种情况合理，因为他本身也是科西嘉贵族后裔，当时认为最聪明能干的人所获的薪水应该能够让他们过上与最富裕的遗产继承者相当的生活（这与伏脱冷所说的完全相反）。正如阿道夫·梯也尔于1831年在法国下议院中的发言所指出的："行政长官应与所管辖范围内荣誉公民享有同等地位。"[46]1881年，法国经济学家勒鲁瓦－博利厄解释说，政府只提高最低工资水平的做法太不重要。他积极为当时的高级公务员辩护，当时大部分公务员的年收入在"1.5万~2万法郎之间"；这位法国经济学家认为"普通人可能会认为这样的工资很高了"，但其实"根本不足以维持优雅的生活方式，也不足以留存任何积蓄。"[47]

这种对精英阶层的辩护也出现在最富裕社会的讨论中，这才是最令人忧心的，在精英社会中，奥斯汀所描绘的需求和尊严根本不用考虑。近年来，在美国我们时常可以听到类似的对高管人员那种惊人收入的辩护（他们的收入至少是平均收入的50~100倍）。支持这些高薪的人说，如果没有这样高的薪水，那么就只有巨额财富继承者才能享有真正的财富，这是不公平的。因此按他们的说法，每年给高管支付的上百万甚至上亿薪酬最终是为了实现社会公正。[48]这样的论调容易为将来贫富差距的拉大和恶化铺平道路。未来的世界可能会糅合了过去世界的两大弊端：一方面存在巨大的由继承财富造成的不公，另一方面又存在以能力和效率为理由的因薪酬造成的巨大贫富差距（其实这种说法并无道理）。因此走向极端的精英主义就很容易产生高管和食利者之家的赛跑，最终受损者则是在旁观赛的普通大众。

在此值得强调的是，不仅那些身处财富榜顶端的人笃信精英主义，认为现代社会中所存在的不公平是合理的，许多身处中间的人也认同这种观点，这就造成了底层社会和中层社会的看法差异。20世纪80年代时，米歇尔·拉蒙特（Michèle Lamont）对美国和法国数百位"中上阶层"的代表人士进行了深度访谈，采访对象不仅有生活在纽约和巴黎等国际大都市的人，也有在印第安纳波利斯和克莱蒙费朗等小城市的居民。她问了访谈对象的职业、他们对自己的社会角色以及社会地位的看法以及他们与其他社会团体和阶层的区别等。她的研究发现，无论是在美国还是法国，那些"教育良好的精英"总是首先强调自身的能力和道德品质，他们通常用到的形容词包括活力、耐性、勤奋、努力等（此外也有宽容、善良等）[49]。奥斯汀和巴尔扎克小说中的男女主人公从来不会觉得有必要去和自己的仆人对比个人品性（当然仆人在小说中永远都是默默无闻的）。

小型食利者组成的社会

世事轮转，继承财富在当今世界再次崛起，尤其是在 2010 年以来的法国。根据我的估计，对那些出生在 1970 年之后的人而言，继承财富将占其一生财富资源（包括来自继承和劳动）的 1/4。因此如果看总额，继承财富对现代人的重要性已经接近对 19 世纪出生的人群（见图 11.9）。在此应当指出，这些预测都是在"最可能出现的情形"上做出的：如果最后的情况发展更像是第二种情形（即低经济增长以及高资本收益率），那么对于 21 世纪出生的人来说，继承财富可能会占到其财富资源的 1/3 甚至高达 2/5。[50]

但继承财富总量与过去持平并不意味着继承财富就能发挥相同的社会作用。如前所述，财富的集中度现在大大降低（财富榜上排名最前的 1% 人群的财富在 1910~1920 年占社会总财富的 60%，但在此后的百年间该集中度下降了约 2/3，目前这个人群的财富只占全部财富的 20% 多一点儿），而且随着"世袭中产阶层"的兴起，当今大规模财产的数量也要远远小于 19 世纪。具体而言，当初高老头和赛查·皮罗托都为女儿准备了 50 万法郎的嫁妆，这些嫁妆每年可产生 2.5 万法郎的租金，这相当于当时 500 法郎平均年收入的 50 倍，如果按现价计算，这在今天要相当于 3 000 万欧元的财产，每年因利息、股息以及租金可获得 150 万欧元的回报（即如今人均 3 万欧元年收入的 50 倍）。[51]当然这样规模的遗产依然存在，有些遗产的绝对规模还不止于此，但从数量上讲，这样规模的遗产数量相比 19 世纪是大大减少了，尽管财富和继承总额已然回复到了此前的高水平。

此外，当代小说家再也不会像巴尔扎克、奥斯汀或詹姆斯那样把3 000万欧元财产之类的信息作为关键情节。随着通货膨胀使得传统数字的意义越来越模糊，如今的文学作品已经不流行直接描绘钱的数额了。不仅如此，食利者阶层本身也从文学作品中消失了，而社会不公平的体现也因此改变了。在当代小说中，社会阶层之间的不平等通常都表现为因工作、薪酬以及技能不同而产生的收入差距。从前以财富层次划分的社会变成了按劳动和人力资本分层的社会。例如，许多最近热播的美国电视剧中的男女主人公要么拥有高学历，要么技能超群，例如善于治疗疑难杂症（《豪斯医生》）、解决神秘罪案（《识骨寻踪》）或干脆领导美国（《白宫风云》），这是很惊人的现象。编剧显然认为，剧中必须要有几位博士，最好还有诺贝尔奖获得者。在观看这些电视剧时，观众可以察觉到这些电视剧是在给"正当的不公正"背书，即因精英阶层的才能、教育和社会作用所产生的不平等是合理的。诚然，最近还是有些电视剧描绘了那种更加令人不安的不公平，即基于巨额财富的不公平。电视剧《裂痕》中就上演了一批冷漠的企业经营者，他们骗取了工人数百万美元的财富，他们的妻子则更加自私自利，一面闹离婚一面不舍得放弃现金以及带游泳池的住宅。在第三季中，受到麦道夫案的启发，编剧们描绘了某位金融人士入狱后，他的子嗣是如何疯狂争夺其父亲留在安提瓜的财产，由此来继续维持纸醉金迷的生活。[52] 在电视剧《黑金家族》中，我们看到生活腐化的年轻继承者们无才无德，终日无耻挥霍着继承来的财产。这些当然是极端例子，但当代电视剧中那些依靠祖上遗产过活的角色或多或少都偏向负面，哪怕编剧并没有公开谴责，而依靠继承遗产生活在奥斯汀和巴尔扎克年代则被认为是完全正常的，甚至大部分人都会从心底里觉得这是必要的。

这种对不公平的观念转变是有一定道理的，但其中也牵涉到若干误解。首先，当今教育所发挥的作用显然要超过19世纪。（在当今世界几乎人人都有相应的文凭和技能，如果没有文凭和技能简直寸步难行：人人都在努力学习某种技能，即便是那些有望获得丰厚遗产的继承者也是如此，特别是当继承年龄在逐渐往后推时。）但这不意味着社会朝着精英治理的方向迈进，也不意味着劳动收入在国民收入中的比重在提升（如前所述，劳动收入在国民收入中的比重并未有任何实质提升），更不意味着每个人都能有平等的机会获得各种技能。实际上，培训教育方面的不平等只是往高层教育方向推移了，另外也没有证据表明教育的普及真正有效增加了代与代之间的社会流动性。[53] 然而无论如何，人力资本的转移总是要比金融资本或房地产的转移更复杂（因为至少继承者需要付出某些努力才能完成人力资本的转移），这种状况于是就让人们普遍相信，遗产财富宣告终结，社会变得公平，但可惜这种普遍的认知是偏颇的。

主要的误解在于：首先，继承并未终结，继承财富的分布产生了变化，但这是另外的问题。在当今法国社会，超额财产数量相比19世纪确实减少了，现在3 000万欧元资产甚至500万或1 000万欧元资产都少见。但由于继承财富的总额已经恢复到此前19世纪的高位，因此数额比较大的遗产（例如那些20万、50万、100万甚至200万欧元的遗产）增多了。这样的遗产数额虽然不至于大到可以让继承者彻底放弃职业而完全靠利息生活，但归根到底还是相当可观的数目，毕竟许多人毕生劳碌也不见得能挣到那么多钱。换言之，我们的社会从数量稀少的庞大食利者变成了数量众多的小型食利者，即由小型食利者组成的社会。

图11.11中的指数最能贴切地反映这种变化。这是各个时代的人所继承的（包括遗产和馈赠）财富总额超过工资最低的50%人群毕生劳动平均收入的比例。当然收入最低的50%的人群一辈子所能挣到的

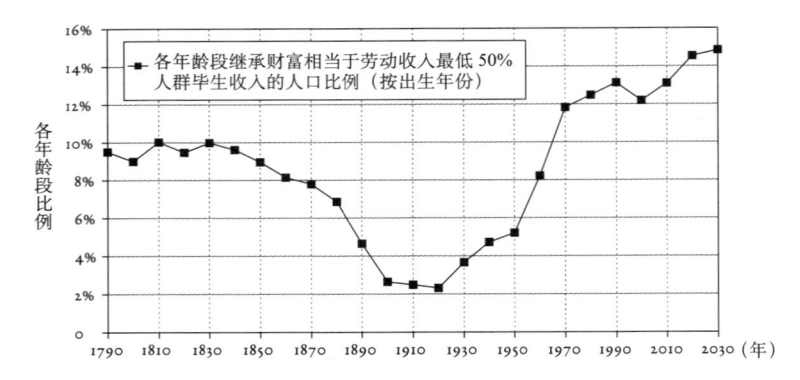

在1970~1980年出生的人，其中12%~14%的人拿到的遗产数额会超过收入最低的50%的工人的毕生劳动所得。

图11.11　各个时代分别有多少比例的人口继承的遗产相当于其他人毕生的劳动所得

资料来源：piketty.pse.ens.fr/capital21c

数额也在不断变化，目前这些人一年的平均收入大概是1.5万欧元，如果按领取收入50年计算（退休之后的领取也计算在内），那么一辈子的收入大概是75万欧元。这大概就是依靠最低工资劳动一辈子的所得。正如图11.11所示，出生在19世纪的人群当中，大约有10%的人的继承数额会超过该数字，对于出生于1910~1920年的人，该比例则下降到了2%多一点儿，在1930~1950年出生的人群中，该比例恢复到4%~5%。按照我的估测，对于出生在1970~1980年的人而言，该比例已经到了12%的水平，而对于那些在2010~2020年出生的人而言，该比例可能会超过15%，也就是说，有1/6的人口所获得的遗产数额将超过收入最低的50%人群平均的毕生劳动所得（与此同时，总人口中大约有一半人几乎拿不到任何遗产）[54]。当然，那1/6的幸运儿也可拿到学位勤奋工作并通过自身努力让收入远远超越中位数，然而这并不能改变这样令人不安的事实：当今社会的不平等正达到新的历史高度。这种不公平更难用文学来体现或通过政治手段解决,因为这种不公平不再是一部分上层社会对比大众,而是一种渗入各人口阶层的普遍的不公平。

食利者:民主之敌

其次,继承资本的分布差异在21世纪很可能会变得像19世纪那样悬殊。如前面章节所述,目前并无必然力量阻止财富高度集中的重新出现,假设因为各国税率竞争等因素引发增长放缓而资本收益率高企,那么财富集中很可能会回到与欧洲"美好年代"时类似的程度。如果这种局面发生,那么这将引发剧烈的政治动荡。民主社会的根基在于崇尚奋斗的世界观,或至少是通过奋斗而实现价值的信念,即社会普遍认为,财富不均等更多的是由能力和努力程度决定而不是遗产和租金。这种信念和希望在现代社会中发挥着重要作用,原因很简单:在民主体制中,全体公民都享有平等的权利与实际生活条件的不平等形成了强烈的对比,要想克服这对矛盾,社会的不公平就必须是由理性和普世真理造成而不是强制偶然性因素。因此不平等必须符合正义,而且对人人有用,至少从道理上说是如此并且在现实中要能尽量实现。(正如1789年制定的《人权宣言》第一条所言:人生来就是而且始终是自由的,在权利方面一律平等。社会差别只能建立在公益基础之上。) 1893年,法国社会学家埃米尔·杜尔凯姆预测,现代民主社会将不会一直容忍继承财富的存在,财产私有权终将被消灭。[55]

在20世纪,"租金"(rent)和"食利者"(rentie)二词往往带有强烈的贬义色彩。在本书中涉及这两个词语时采用的是其本义。租金是指某笔资本所产生的年度收入,而食利者则是指靠收取租金过活的人。如今由资产产生的租金通常就是指资本回报,无论其形式是租金、利息、股息、利润、版税还是其他法律规定的收入形式，只要其本质是无须通过劳动而是通过对某资产所有权获得的收入。在18和19世纪，这两个词语的本义并无褒贬之分，例如在巴尔扎克和奥斯汀的小说中，社会接受并认可这种财富形式以及因此而产生的收入，至少上层社会的人是完全认可的。随着民主和精英价值观的兴起，这种财富观在今天基本上消失了，这是思想观念的巨大转变。在20世纪，"租金"一词带有侮辱性的意味。这种语义内涵的变化几乎随处可见。

特别有意思的是，当前"租金"一词的词义往往与其本义有着明显的差别：通常用来形容市场的不完全竞争（例如"垄断租金"）或干脆用来形容一般性的不合理或不合规收入。有时人们都不免觉得"租金"几乎成了"经济病症"的代名词。租金被视为是现代理性社会的天敌，寻租的空间必须彻底铲除才能打造纯粹和完全的市场竞争。欧洲中央银行行长在上任数月后接受几家媒体采访时对"租金"一词的使用就是典型，当记者问到他对解决欧洲经济沉疴的策略时，他给出极为简洁有力的回答："我们必须与租金斗争。"[56] 他没有给出更多解释。显然这位央行行长心里所想的就是服务行业的竞争缺失：出租车司机、美发师以及类似的人赚的钱太多了。[57]

本书中使用的"租金"指的就是"资本产生的年度租金"，即资本产生收入的事实，与不完全竞争或垄断没有任何的关系。如果资本在生产过程中发挥了作用，那么自然资本必须要获得回报。如果经济增长率很低，那么资本收益率超过经济增长率几乎就是必然事件，从而使得过往积累财富的不公平性自动凸显出来。这就是逻辑上存在的悖论，而且无法通过传统的增加竞争的方式加以消除。

因此租金不是市场失灵的体现：相反这是资本在"纯粹而完全"市场上的必然结果，正如经济学家都看到的那样，在资本市场中，每个资本的所有者,包括那些最无能的遗产继承者,他们只要有资本就可能通过多元化资产组合实现最高的收益,而其投资资产又是国民经济甚至国际经济运行的组成部分。当然,那种认为资本产生租金和收入而资本所有者可以不劳而获的观点也有些令人吃惊,因为这种观点似乎与常识相悖,在许多文明社会中,对此也有不同的反应,有些反应甚至相当剧烈,例如伊斯兰文明直接禁止高利贷而苏联则将全部资产收归国有。但无论如何,只要存在私有资本,那么租金就必然在市场中客观存在。在土地资本变成工业资本、金融资本和不动产之后,这种深层次的现实依然没有改变。某些人认为经济发展可能会慢慢消融劳动和资本之间的界限,但事实恰恰相反:资本市场和金融中介的日益发达使得所有权和管理权日渐分离,因此纯粹资本所得与劳动所得之间的鸿沟实际上是扩大了。经济和科技理性在许多时候都与民主理性无关。前者发源于启蒙运动,而大多数人都想当然地认为,经济和科技理性必然会形成民主理性,仿佛中间存在着某种天注定般的魔力。然而现实情况证明,民主和社会公正需要其本身的社会机制,而不是依靠市场机制来实现,甚至不能仅仅通过议会或其他民主机构来实现。

总而言之:贫富差距的根本动因就是本书从头至尾都在强调的以 $r>g$ 公式表达的不平等,这种不平等机制与市场竞争不完全没有关系,因而也不会因为市场变得更加自由或竞争变得更加完全而消失。因此认为完全的自由竞争会让继承财富消失并让世界形成精英治理的公序良俗,这种想法属于危险幻想。全民投票以及无财产门槛投票权的形成(在19世纪时投票权有基本的财产门槛要求,在1820~1840年英法两国的投票权总是掌握在最富有的1%~2%人手里,也就是差不多在2000~2010年法国必须缴纳财富税的人口比例)使得富人不再拥有法律上的特权[58],但这并未消除形成食利者社会的经济力量。

继承财富的回归:欧洲现象还是全球现象?

那么在法国看到的继承财富的回归,是否在其他国家也是如此呢?鉴于数据的有限性,现在很难对此问题给出精确答案。显然法国在财产数据方面的丰富性和全面性是其他国家所难以比肩的。但至少有若干结论应该是成立的。首先,来自欧洲其他国家(特别是德国和英国)的不完整数据也反映了 20 世纪法国的财富继承的 U 形曲线在欧洲其他地方也同样存在(见图 11.12)。

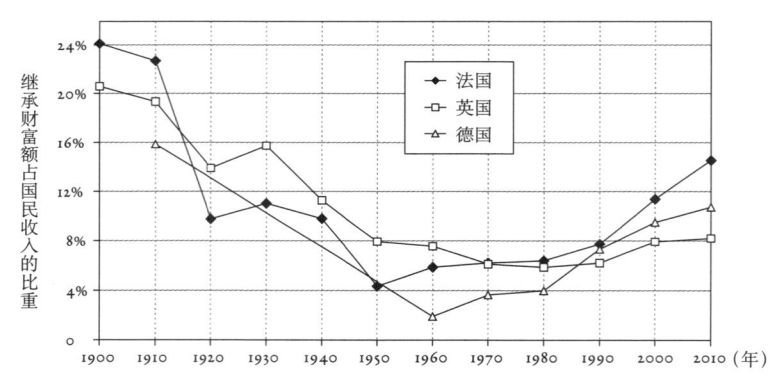

法国、英国和德国的继承财富额都呈现出 U 形曲线。在观察期末期,英国的馈赠可能存在一定低估。

图 11.12　1900~2010 年欧洲的遗产继承额

资料来源:piketty.pse.ens.fr/capital21c

特别是在德国,尽管只有在有限的年份才有相关的数据,但现有的估测表明,德国继承财富在 1941~1945 年的暴跌可能较法国更为剧烈,继承财富在德国国民收入的比重从 1910 年的 16% 下降到了 1960 年的 2%。此后继承财富额就开始持续快速上升,在 1980~1990 年存在明显的加速上行,并在 2000~2010 年达到了国民收入的 10%~11%。

这比法国的水平低（法国在 2010 年时继承财富额在国民收入中比重是 15%），但由于德国在 1950~1960 年的起点较低，因此继承财富在德国社会中的反弹实际上更加猛烈。此外，目前德法两国的遗产继承额差异完全是因为两国不同的资本/收入比（即 β 值，见本书第二部分论述）。如果德国私人财富总额也上升到法国的水平，那么两国的继承财富额就会相当（假设其他条件不变）。在此也应指出，德国继承财富回升较快主要是馈赠额的迅速上涨，这与法国的情况相似。根据德国官方数据，在 1970~1980 年，登记在册的馈赠额每年约占继承财富总额的 10%~20%，但此后该比例就一直上涨并在 2000~2010 年达到 60% 的水平。最后，1910 年德国继承财富额较小也主要受到了莱茵河以北人口数量快速增长的影响（即 m 效应）。同理，由于当前德国人口总量增长停滞，因此德国继承财富额很可能会在未来几十年里超过法国。[59] 其他像意大利和西班牙等总人口减少以及出生率下降的欧洲国家也会出现类似的情况，只是当前没有可靠的历史数据对意大利和西班牙两国情况开展具体分析。

在 20 世纪初，英国的情况和法国也很相似：两国的遗产继承额都占国民收入的 20%~25%。[60] 但英国在两次世界大战之后并未出现法国和德国那样继承财富剧烈萎缩的状况，这可能是因为英国的私人财富存量并未像德法两国那样受到剧烈破坏（β 效应），财富积累也没有出现严重倒退（μ 效应）。英国的年度遗产和馈赠额占国民收入比例从 1950~1960 年的 8% 下降到了 1970~1980 年的 6%。尽管从 1980 年开始，英国的继承财富额也出现了回升，但其势头并不像在法国或德国那样明显。根据现有数据，在 2000~2010 年，英国继承财富额占国民收入比重仅略超 8%。

这其中可能存在若干解释。首先，英国继承财富额较低可能是因为很大一部分私人财富都是以养老金的形式存在的，因此这些财富不会传给后人。这当然只能部分解释英国的状况,因为英国养老金金额只有全部私人财富存量的15%~20%。此外,现世财富和可代际转移财富之间也未必完全是替代关系:从逻辑上讲,这两类财富应该是可以相加的,因此如果某国主要以养老基金来给养老提供经济支持,那么该国的私营财富存量也会相应较大,而里面就将部分投资于其他国家。[61]

英国继承财富额较低的另外一种解释是,英国人对储蓄以及家族馈赠和遗产有着不同的心理态度。在分析这个解释之前,必须要强调英国在2000~2010年继承财富额较低的现象完全可用英国馈赠较少的事实来解释,因为自1970~1980年以来,英国的馈赠额一直占继承财富总额的10%左右,而在法国和德国,该比例达到了60%~80%的水平。即便考虑到记录馈赠行为的难度以及各国不同的做法,英国和欧陆国家的差距似乎也大到令人有些难以置信,因此不能排除英国馈赠存在低估的状况,至少不能完全排除。那么按照现有的数据,很遗憾我们无法断定,英国继承财富回升势头较温和的现象到底是反映了行为差异(即英国人赚钱更喜欢自己花,而法国和德国人更喜欢留给子孙)还是统计误差。(如果英国的馈赠占继承财富总额的比重与法国和德国相同,那么英国在2000~2010年的继承财富额应该是国民收入的15%,与法国相当。)

美国的继承财富数据更有问题。美国在1916年开始推行联邦遗产税,但只有很少部分的遗产交了联邦税(大约不足2%),而大部分的财产赠予也没有报税的要求,因此从这个税种的历史数据上并不能看出真实情况。但遗憾的是,也无法找到其他来源的数据来补充。国家统计部门所做的遗产和赠予调查总是存在严重的低估。这使得我们的信息存在严重的缺失,但大部分基于调查数据的研究都没有注意到数据的不可靠性。即便在法国,主动申报的赠予和遗产也仅仅占财税数据所反映的一半而已（财税数据还只是实际继承财富额的下限，因为人寿保单等情况是不含在财税数据中的）。显然，那些接受统计调查的个人常常会遗忘自己实际接受的遗产和赠予，此外也会采用"最合适"的方法来说明其财富历史来源（这本身也反映出现代社会对继承财富的看法）。[62] 在许多国家，包括在美国，可惜没有相应的可靠财税数据来比照调查数据。当然也没有任何理由认为说，在美国统计调查的低估程度就一定比法国低，特别是美国公众对继承财富的态度与法国公众同样负面。

总而言之，由于美国的数据可靠性不足，因此很难精确研究美国继承财富的历史变迁。这可能部分导致了 20 世纪 80 年代所发生的两个经济学派之间的热烈争辩：一派是莫迪利亚尼的财富生命周期理论，按其理论，美国继承财富占美国资本总额的 20%~30%；另一派则是科特利克夫－萨默斯假说，认为继承财富占美国资本总量的 70%~80%。当时我还是年轻学生，因此当在 20 世纪 90 年代看到这两派的尖锐对立时，我备感困惑：为何严谨的经济学家之间会存在如此重大的分歧？首先要注意，这两派学者所依靠的数据都是来自 20 世纪 60 年代末和 70 年代初那些质量良莠不齐的原始资料，如果采用如今所有的数据对其估测进行再检验，那么或许真相是在两派之间，但更贴近科特利克夫－萨默斯一派观点而不是莫迪利亚尼的理论：1970~1980 年，继承财富占美国总私人资本的比例至少有 50%~60%。[63] 更加宽泛而言，如果一定要估算 20 世纪继承财富在美国的变迁，如我们在图 11.7 中对法国的估算那样（当然美国的数据基础没有那么完整），我们会发现继承财富在美国的变化也存在 U 形曲线，只不过没有那样明显。美国继承财富占国民收入的比重在 20 世纪初和 21 世纪初都要低于法国（美国在 1950~1970 年也存在低点）。主要原因在于美国的相对快速人口增长，这导致资本/收入比较低（β 效应）以及财富向高龄集中的趋势相对温和（m 和 μ 效应）。当然这种差距不应被夸大：继承财富在美国社会也有着重要作用。毕竟美欧之间的差异并不是由所谓的既定文化差异造成，而主要是由于人口结构和人口增速的差异造成的。假如某天美国的人口增速像某些长期预测所言的那样出现下降，那么美国的继承财富额也有可能像欧洲那样出现明显上升。

对于贫穷和新兴市场国家，可惜现在缺乏可靠的历史数据对其继承财富和变迁进行分析。但如果这些国家的人口增长和经济增长放缓，预计在 21 世纪就会出现这种状况，那么与低增长的情况类似，继承财富的重要性在大部分发展中国家也将大大提升，这一点应该是可以推断的。在那些出现人口总量下降的国家，继承财富的重要性很可能会上升到前所未有的程度。但必须记住，这会是一个相当长的历史过程。在一些新兴国家，鉴于其较高的经济增长率（就像我们在中国看到的），继承财富额可能在未来若干年内都会相对保持低位。对于现在的中国劳动人口，他们的收入正以每年 5%~10% 的速度增长，因此社会上大部分的财富将是来自现有人口的积累，而不是来自祖上的遗产，因为祖辈的财产可能极其有限。继承财富的现象在全球范围的再现将是 21 世纪的重要特征，但在未来几十年内受影响程度最深的可能还是欧洲以及受影响程度较欧洲略轻的美国。

第十二章　21世纪的全球贫富差距

至此，本书对财富不平等机制的分析基本上是从狭义的国家角度出发，尽管在前文数次提及英国和法国在19世纪以及20世纪初期海外资产的重要性，但对此还应做更进一步的剖析，因为国际财富不平等问题将会关系到每个人的未来。现在就来看看全球范围财富不平等的动态变化以及造就它并持续发挥作用的规律。金融全球化是否会导致全球资本出现空前的高度集中？或许这种令人忧心的状况早已发生？

在分析该问题之前，首先要看看个人的财富：那些在富豪榜上名列前茅的人是否会在21世纪继续扩大对财富的占有？随后还将分析国家之间的不平等：如今的富裕国家是否会最终落入石油输出国、中国或是这些富国自身的亿万富豪手中？在讨论这两个问题之前，首先要讨论经常被忽视但又在分析中具有关键作用的因素：不平等的资本收益。

资本收益的不平等

许多经济学模型都假设，资本收益不受资本所有权影响，即无论资本拥有者的财富大小，资本收益都是相同的。但这一点其实有待推敞：完全有可能发生的情况是，富裕者的平均资本收益率往往会高于那些财富规模不大的人。这背后存在若干原因。最为明显的解释就是，一个拥有1 000万欧元的人肯定要比拥有10万欧元的人更能聘请到优秀的理财师或财务顾问；同理，一个拥有10亿欧元的富豪在这方面也会超过拥有1 000万欧元的小富豪。如果这些理财中介是管用的，他们能较常人找到更好的投资选择，那么在资产管理中就可能出现"规模经济"效应，即资产管理规模越大，平均收益率就越高。第二个解释是，假如投资者的资产丰厚，那么他比那些"输不起"的普通人来说就会更加愿意承担风险，也更能沉得住气。出于这两方面原因（当然所有迹象都表明第一个原因要比第二个原因重要许多），我们就不难想象，假如说平均资本收益率是4%，那么富裕者可能会获得6%~7%的高额收益，而普通投资者可能就只能拿到2%~3%的收益。事实上，下文将会提到，从全球范围看，最富阶层的资产（包括那些通过继承获得的巨富）在过去几十年的增长速度都非常快（年均6%~7%的增长速度），其增速要远远高于社会总财富的平均增速。

那么不难看出，这样的机制会自动导致资本分配的两极化。如果说存在结构性因素，导致全球财富分布中处于高位群体的财富增长远快于低位群体，那么贫富差距自然会无限制扩大。在新的全球经济环境中，这种贫富悬殊或许正以前所未有的速度不断加剧。按本书第一章所述的复利规律，显然这种机制也会导致相当迅速的贫富分化，因此如果没有其他制约因素，只要在短短几十年内就会形成大量的财富集中。因此资本收益率的不平等也会在很大程度上放大并加速 $r>g$ 的不平等效果。事实上，$r-g$ 的差距在大规模财富上会变得很大，尽管在整体经济上可能还相对平均。

从严格逻辑上讲，唯一的"自然存在"的抵消因素（在此"自然"的定义是无须政府介入）就是经济增长。如果全球经济增长率较高，那么大规模财富的相对增长速度就会显得比较温和,即不会比社会收入和财富的平均增速高出太多。具体而言,如果全球经济年均增速是3.5%(假设1990~2012年的情况延续到2030年),那么富豪财富的增长速度还是会高于其他人,但差距不会像全球增速在1%~2%时那么悬殊。此外,如今全球增长率有一部分是人口增长因素,新兴市场国家的富豪正迅速崛起,跻身全球富豪榜之列。这会让人产生富豪榜正在迅速发生变化的印象,也会让发达国家的人们越发感觉到他们正在落后。由此产生的焦虑和紧张感甚至会超越其他关切。但从长远看,一旦贫穷国家赶上富裕国家,全球经济增长开始放缓,那么最值得关注的其实还是资本收益率的不平等。从长期来看,国内的贫富差距显然要比国际的贫富差距更值得担忧。

首先我想通过全球财富排行来讨论资本收益率不平等的问题,随后我将分析主要美国高校基金会的收益情况。这看上去似乎是独立无关的证据,但这有助于我们冷静客观分析并看清为何投资收益会随着资产规模变化而变动。随后我还会分析主权财富基金的收益,尤其是那些石油输出国和中国的主权财富基金,这会让话题回到各国财富之间不平等的问题。

全球财富排行的变化

经济学家一般对美国《福布斯》发布的财富排行榜以及全球各国媒体发布的类似排行榜不屑一顾。确实,这些排行榜往往存在重大的偏见和严重的统计方法问题(这还是客气话)。但毕竟这些排行榜是存在的,其存在回应了当今社会公众对如今最重大问题(即全球财富分布及其演变)相关信息的合理和迫切需求,经济学家不可视而不见。此外也必须承认,我们严重缺乏有关全球财富变化的可靠信息。各国政府和官方统计机构往往追不上资本全球化浪潮的脚步，这些统计机构所使用的类似国内家庭调查的方法在分析 21 世纪财富演变时总是捉襟见肘。媒体发布的财富榜可以也必须与政府数据、纳税记录或银行数据等其他来源信息相印证，但如果完全忽略这些排行榜，那也是极其荒唐和错误的，因为其他可补充的印证信息在全球层面上往往都不尽如人意。因此我将试图从这些排行榜上找出有用的信息。

《福布斯》杂志于 1987 年开始发布全球财富榜，这是全世界历史最为悠久和最系统的全球财富排行。每一年，该杂志的编辑人员都会通过各种渠道收集整理信息，然后将全球范围内资产在 10 亿美元以上的富豪找出来并对其排名。1987~1995 年，该财富榜上的首富是日本人，随后在 1995~2009 年变成了美国人，从 2010 年开始又变成了墨西哥人。根据《福布斯》的报道，1987 年时资产超过 10 亿美元的富豪全球只有 140 人，但如今这个数字变为了 1 400 人（2013 年数据），即是之前的 10 倍（见图 12.1）。但如果考虑到 1987 年以来通货膨胀以及全球增长状况，这些被世界各地媒体反复报道的数字其实很难解读。如果将这些数字与全球人口和全部私人财富比照，那么就可得出如下一些看上去更加合乎情理的结论。从全球范围看，1987 年每 1 亿人当中只有 5 名富豪的资产达到 10 亿美元，但在 2013 年，每 1 亿人中有 30 名。1987 年时这些亿万富豪的资产占全球私人财富总额的 0.4%，但在 2013 年该比例达到了 1.3%，这超过了 2008 年全球金融危机爆发和雷曼兄弟倒台之前的历史最高水平（见图 12.2）。[1] 但这其实并不是说明富豪财富变化的最佳方法：因为假如亿万富豪的人数增长了 6 倍，那么其财富总额占全球财富总额的比重增长 4 倍似乎是顺理成章的事。

要想让这些富豪排行榜变得合理，那么唯一的方法就是看全球人口中某固定比例人口的财富变动，比如全球成年人中 1/20 000 000 最富有人口：20 世纪 80 年代时全球成年人口 30 亿，那么这部分人的数

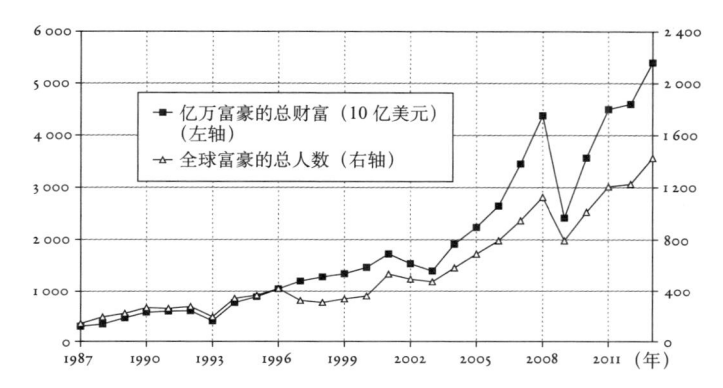

1987~2013年,《福布斯》杂志认为亿万富豪的人数从140人增长到了1 400多人,而其财富总额则从3 000亿美元增加到了45 000亿美元。

图 12.1 1987~2013 年《福布斯》公布的全球亿万富豪排行榜

资料来源:piketty.pse.ens.fr/capital21c

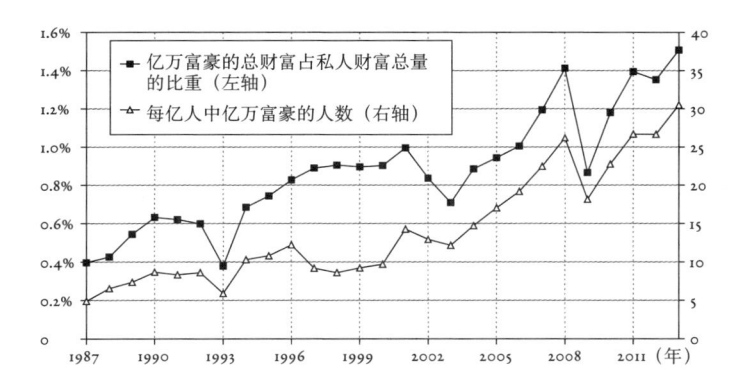

1987~2013年,每亿人口中资产超过10亿美元的富豪数量从5人增加到了30人,而其财富总额在社会全部财富总额中的比重则从0.4%增长到了1.5%。

图 12.2 1987~2013 年亿万富豪占全球人口和财富总额的比例

资料来源:piketty.pse.ens.fr/capital21c

量大约是 150 人；21 世纪头 10 年全球成年人口 45 亿人，那么这部分人的数量大约是 225 人。随后就可发现，这部分固定比例人口的平均财富数量从 1987 年略高于 15 亿美元增长到了 2013 年约 150 亿美元，平均增速经通胀调整为 6.4%。[2] 如果我们考虑全球人口中最富的 1/100 000 000，即世纪 80 年代的 30 人到 21 世纪头 10 年的 45 人，这部分人的平均财富同期从 30 亿美元增加到了 350 亿美元，平均增速经通胀调整为 6.8%。与此相对，如表 12.1 所示，全球人均财富同期增速只有 2.1%，而人均收入增速更是只有每年 1.4%。[3]

表 12.1 1987~2013 年全球顶级富豪的财富增速

	年均实际增长率（经通胀调整后）%
1/100 000 000 最富人群[a]	6.8
1/20 000 000 最富人群[b]	6.4
全球成年人口人均财富	2.1
全球成年人口人均收入	1.4
全球成年人口数量	1.9
全球国内生产总值	3.3

注：1987~2013 年，全球最富人口的年均财富增速是 6%~7%，高于同期全球人均财富 2.1% 和人均收入 1.4% 的增速，所有数据都经通胀调整（1987~2013 年的年均通胀率是 2.3%）。

a. 20 世纪 80 年代全球 30 亿成年人口，因此这部分人数量为 30 人；21 世纪头 10 年全球 45 亿成年人口，因此这部分人口数量为 45 人。

b. 20 世纪 80 年代全球 30 亿成年人口，因此这部分人数量为 150 人；21 世纪头 10 年全球 45 亿成年人口，因此这部分人口数量为 225 人。

资料来源：pikitty.pse.ens.fr/capital21c

总之，自 20 世纪 80 年代以来，全球财富增长速度平均要略高于收入增速（有关这种资本/收入比高企的趋势见本书第二部分论述），而大额财富的增速更是要远高于平均财富的增速。这就是通过财富榜分析得出的结论，如果《福布斯》财富排行榜数据可靠的话。

注意，所选择的观察年份也会影响到最终结论的精确性。例如如果我们是观察1990~2010年而不是1987~2013年，那么巨额财富的真实增长率就应该是4%而不是6%~7%。[4] 这是因为全球股价和房地产价格在1990年达到阶段性峰值，而2010年的股市和房地产市场都相对低迷（见图12.2）。然而不管如何选择观察年份，大额财富的增长速度永远都高于平均财富的增速（至少是高出一倍）。如果选取总人口中固定比例的最富人群，那么我们发现，在过去不到30年时间里，巨富者的财富增长了3倍（见图12.3）。诚然，全球超级富豪的财富在全球财富总额中的比重很小，但增速却相当可观。如果这种演变趋势无限制发展下去，那么到21世纪末，全球财富中的很大一部分将集中在超级富豪手中。[5]

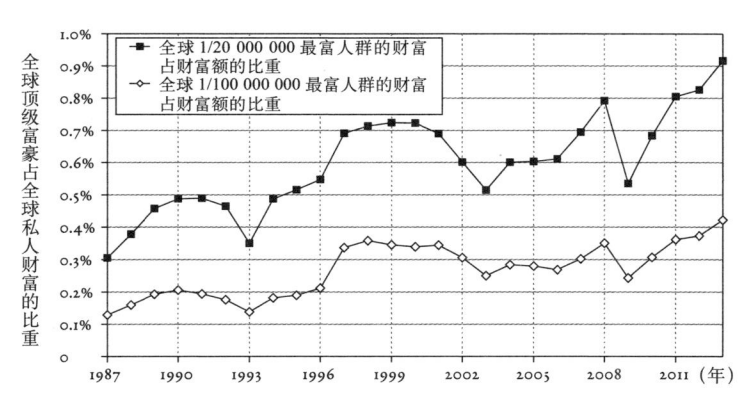

1987~2013年，全球1/20 000 000最富人群的财富占全球财富总额的比重从0.3%上升到0.9%；1/100 000 000最富人群的财富占全球财富总额的比重则从0.1%上升到0.4%。

图12.3　1987~2013年全球顶级富豪占世界财富总额的比重

资料来源：piketty.pse.ens.fr/capital21c

那么这样的结论也可延伸到全球财富分布更为宽泛的层面吗？即全球财富分布不均衡正以更高的速度发展吗？《福布斯》和其他媒体财富榜的最大问题在于，上榜的富豪数量太少而难以从宏观经济影响层面开展分析。尽管财富差距在拉大而某些个人财富的绝对值相当可观，但毕竟只有数百人或最多上千人上榜，而这部分人的财富目前加起来也就是全球财富总额的1%多一点儿。[6] 也就是说，全球99%的财富都排除在视野之外，这不能不说是缺憾。[7]

从亿万富豪排行榜到"全球财富报告"

为了进一步了解全球最富10%、1%甚至0.1%人群的财富分布情况，我们就必须要采用类似在第十章中所用的财税和统计数据。在第十章中，历史数据显示了在1980~1990年，所有富裕国家的财富分配差距都在扩大，那么应该不难理解，在全球范围内也存在着这种现象。遗憾的是，现有数据存在着太多的缺憾。（或许我们低估了发达国家财富分配差距的扩大，而新兴市场国家的数据则很不完整，原因之一是这些国家缺乏累进税制度，因此很难去采用新兴市场国家的数据。）因此如果现在要对全球财富分布状况的最高10%、1%甚至0.1%进行精确估计，那么确实存在着客观困难而难以实现。

过去几年间，有一些国际金融机构试图提供这些信息来满足社会需求，这些机构的方法是对媒体发布的财富排行榜进行扩充，形成不仅仅包括身家超10亿美元的富豪的所谓"全球财富报告"。具体而言，自2010年以来，瑞士主要金融机构瑞士信贷发布了对全球财富分布的年度报告，该报告号称覆盖全球所有的人口。[8] 其他银行、券商以及保险公司（包括美林和安联）对全球百万富翁的研究也颇有建树（即所谓的高净值个人，high net worth individuals，简称HNWI）。每家机构都希望发布自己的报告，报告装帧极为精美。有些讽刺的是，恰恰是那些通过为富人打理财富而大发其财的金融机构站出来弥补了政府统计部门的不足，这些银行都自称要对全球财富分布提供客观的信息。在此也必须要指出，有时为了获得某些关于全球财富的结论，这些报告经常会存在大胆的假设和估计，因此并不是所有报告内容都值得采信。而且这些报告通常只是描述最近若干年的情况，最长也不会超过10年，所采用的原始数据相当有限，因此对于研究长期变化或用来发现全球贫富差距变化内在趋势基本无用。[9]

如同《福布斯》财富榜等富豪排行榜，这些财富报告当然也有其存在的价值，至少这是现在可看到的关于全球财富分布的唯一成果。另一方面，这也说明了各国和国际机构乃至经济学研究者的失败，即未能向公众提供可靠客观的数据和分析。民主制度的透明度要求必须有全面客观的数据：如果没有关于全球财富分布的可靠信息，那么任何人都可对此大放厥词，甚至有意误导舆论来实现目的。因此，尽管这些财富报告不甚完美，但在找不到更好的信息之前，这些报告至少可以为公共讨论提供起码的边界和基础。[10]

如果我们也采用这些报告中的全球分析模式并比较各个不同的估测，那么将大致获得如下的结论：自2010年以来全球财富不公平程度似乎与欧洲在1900~1910年的财富差距相似。最富的0.1%人群大约拥有全球财富总额的20%，最富的1%拥有约50%，而最富的10%则拥有总额的80%~90%。在全球财富分布图上处于下半段的一半人口所拥有的财富额绝对在全球财富总额的5%以下。

具体而言，全球最富的0.1%人群（即全球45亿成年人口中的450万人）所拥有的平均财富大约是1 000万欧元，约为全球人均财富6万欧元的200倍，这些人拥有的全部财富相当于全球财富总额的20%。而最富有的1%人群（即4 500万人）所拥有的平均财富是300万欧元

（广义来说，这部分群体包括所有个人财富超过 100 万欧元的人）。这是全球人均财富的 50 倍，这些人一共掌握着全球财富总额的 50%。

要注意，这些估测是有待验证的（包括全球财富总额和平均财富额的数字）。与本书中大部分所引用的数据相比，这些数字更应被视为表示数量级的大致数，其用处在于帮助读者集中思考。[11]

同样也要注意，这代表着财富的高度集中，其集中程度要远远超过各国国内观察到的集中度，因为这反映了国际财富分布的不均衡。全球人均财富只有 6 万欧元，因此许多发达国家居民，包括那些"世袭中产阶层"，他们在全球财富等级中位置相当靠前。同理，我们也不能就此断言，全球层面的贫富差距一定在扩大：随着贫穷国家对富裕国家的追赶，这种追赶效应可能会在许多时刻超过差距扩大效应。目前手头所有的数据并不足以对这个问题提供明确的答案。[12]

然而，现有的数据依然可以表明，在全球财富分布的顶端，差距扩大的力量已十分强大。这种趋势不仅在《福布斯》10 亿级富豪榜上表现明显，在 1 000 万美元至 1 亿美元级别的富豪群里也有所体现。当然这部分人群就要庞大许多：全球最富的 0.1% 人群（人均财富为 1 000 万欧元的 450 万名富豪）拥有了 20% 的全球财富，这比《福布斯》榜上富豪所拥有的 1.5% 财富要高得多。[13] 因此必须要理解差距扩大机制在这一群体中的影响，这部分富人的财富悬殊主要是由不同规模资产组合所产生的不平等收益造成的。这将决定，在财富分布顶端的悬殊化是否足以弥补国家间的追赶效应。那么差距扩大的过程是否仅仅发生在亿万富豪群体，还是对"次富豪"群体也同样适用？

举例而言，如果最富的 0.1% 人群可获得 6% 的投资收益，而全球平均财富的增长率只有 2%，那么经过 30 年的发展，最富的 0.1% 人群所拥有的资本在全球资本总额中的比重就可变成原来的 3 倍，即最富的 0.1% 人群将拥有全球 60% 的财富，这可能是现有的政治体系所无法承受的，除非具备特别有效的管制体系或极其有力的维稳机制，甚至要两者兼而有之才能避免社会崩溃。即便0.1%富人的资本收益率只有4%，那么在经过30年发展之后，他们也将占有全球财富总额的40%。财富分布顶端差距扩大的力量将再次超越全球范围内的赶超和弥合差距效应，因此全球财富排名前10%和1%的人所拥有的财富比例会大幅度升高，中产阶层和中上阶层的财富将更多流向超级富豪。这种对中产阶层的剥夺很有可能会触发强烈的政治反抗。当然在目前阶段还无法断定这样的情形一定会出现。但无论如何必须意识到，由于初始财富规模不同，会有不同的资本收益率，由此不断强化$r>g$不平等的演进，这可能会对既有全球财富的积累和分布趋势推波助澜，让全球财富分布朝着无序和无节制的贫富悬殊方向螺旋式前进。正如我们所看到的，只有对资本实行累进税才可有效遏制这样的势头。

财富排行榜中的继承者和创业者

《福布斯》排行榜中最令人惊奇的现象之一就是，无论财富来源于继承还是创业，一旦财富超过了某个规模门槛，那么就会以极高的速度增长，而不论财富的拥有者是否还在继续工作。当然，我们并不能高估从这些排行榜中所推断出来的结论的精确性，因为毕竟这些排行榜所依据的数据有限，而采集的方法也有粗糙片面之虞。但事实本身还是非常有趣的。

首先来具体分析全球财富分布顶端的情况。1990~2010年，全球操作系统巨头微软公司创始人比尔·盖茨的财富从40亿美元增长到了500亿美元[14]。盖茨是创业起家的典型代表，他稳居《福布斯》财富排行榜榜首10多年。与此同时，全球化妆品巨头欧莱雅集团的继承人利利亚纳·贝当古的财富从20亿美元增长到了250亿美元。欧莱雅集团是贝当古的父亲欧仁·舒埃勒创立的,他在1907年发明了染发剂系列,由此开启了庞大的化妆品商业帝国,这正如百年之前巴尔扎克所写的赛查·皮罗托的发家史。[15] 盖茨和贝当古两人的财富都在1990~2010年以年均13%的速度增长,经通货膨胀因素调整后的实际增速约为每年10%~11%。

换言之,这辈子从来没有工作过一天的利利亚纳·贝当古的财富增速与高科技巨擘盖茨的财富增速相同,当然盖茨在退休之后其财富也在保持同样的高速增长。一旦财富形成,那么资本就会按自身规律增长,而且只要规模足够大,那么财富可能会连续高速增长数十年。请特别注意,一旦财富达到了一定的规模门槛,资产组合管理和风险调控机制就可形成规模效应优势,同时资本所产生的全部回报几乎都能用于再投资。拥有这样数量财富的个人每年只要拿出总财富中几乎可忽略不计的部分,也足以让自己过上极为奢华的生活,因此他的全部收入几乎都可用来再投资。[16] 这是最为基本但至关重要的经济机制,对财富的长期积累和分布有着重大的影响。钱自己会生钱。这样的现实并未逃脱巴尔扎克的观察,他用如下笔触描述了意大利面食生产商的财富崛起:"高老头积累了大量的资本,这使得他获得了大量财富可赋予的优势,让他在后来的生意中无往而不利。"[17]

例如史蒂夫·乔布斯,这位伟大创业者所获得的崇拜和追捧与比尔·盖茨相比有过之而无不及,他的财富当之无愧。2011年,乔布斯达到了职业生涯顶峰,但在当年苹果公司股价高点时,他拥有80亿美元的财富,只有盖茨(尽管观察家都认为盖茨的创新力不如乔布斯)财富的1/6以及利利亚纳安·贝当古的1/3。在《福布斯》排行榜上,还有数十人所继承的财富都在乔布斯之上。因此显然,财富不仅仅是才能的问题。原因在于,继承财富的收益率通常仅仅是因为财富初始体量庞大就会变得很高。

遗憾的是，现在无法继续深入这类调查，因为《福布斯》的数据相当有限，无法开展系统和深入的研究（这与本书随后将要分析的大学捐款形成对比）。具体来说，《福布斯》和其他媒体出的财富排行榜大大低估了继承财富的规模。编辑记者无法获得全面的财税或其他政府资料，因此难以报出精确的数据。他们只能尽量从各处资料来源采集信息，如通过电话和电子邮件采集到原始的一手资料，但这些数据并不一定总是可靠。当然这种方法并无过错，在政府并未采取合适措施采集财富信息时，媒体的介入就是不可避免的。从政府方面来说，比如政府可以要求公民每年进行资产申报，然后这些数据可用于公共目的，在现代技术的帮助下也可实现这部分信息的自动化。但也必须意识到媒体的粗糙方法可能会造成的后果。从实践上看，记者总是从大型上市公司数据以及公司股东列表开始。这种方法相对适用于测算创业财富或初期财富（总是集中于单一企业）而难以测算继承财富的规模（因为继承财富总是投资于资产组合）。

对于那些大额的继承财富（即数百亿美元或欧元级别的财富），或许可假定说，大部分资金依然存在于家族企业（例如持股法国欧莱雅的贝当古家族以及美国沃尔玛集团的沃尔顿家族）。如果情况如此，那么这些财富会和比尔·盖茨或史蒂夫·乔布斯的财富一样易于计算。但并非所有级别的继承财富都是如此：在10亿~100亿美元的财富级别（按《福布斯》的报道，全球每年都会有数百新贵跻身这一级别）或在1 000万~1亿美元的级别，更多的继承财富是分散在投资组合中，这样记者就很难去掌握这些数据（尤其是继承财富者往往不如创业者那样高调）。由于这种统计缺陷，媒体的财富排行榜总是不可避免会低估继承财富的规模。

诸如法国《挑战》周刊等杂志就公开宣称，其目标仅仅是测算所谓的"业务相关"财富，即主要以股票或公司股权形式存在的财富。

它们对那些多元化的资产组合并无兴趣。但问题在于，要想清晰界定"业务相关"财富是相当困难的。比如公司所有权的门槛应该设在哪里？是否存在一定界线，超过该界线的持股就不再被视为纯财务投资而是寻求控股地位？是否要考虑所投资公司的规模？如果要考虑，那么应该如何确定规模？实际上，媒体对要将哪些财富纳入计算范畴采用了极其实用主义的方法：首先，记者必须要听说过这些富豪；然后这些人的财富必须要达到相应的标准。例如《福布斯》就只看那些身家在10亿美元以上的富豪，而《挑战》和其他国家的许多报刊则只看本国最富的500人。采取这样的简化方法是可以理解的，但这种粗糙的抽样方法显然无法用来开展国际或历史比较。此外，报刊的富豪榜在具体的考察对象上也有些含混：原则上富豪榜应该是关于个人，但有时也会考虑整个家族，这就导致了另一方向的偏差，即富豪榜可能会夸大排名在前的富豪资产。显然，这些报刊的富豪榜并不足以作为依据去研究"继承在资本形成中的作用"或"财富不平等的演变"等复杂议题。[18]

另外，这些报纸杂志也常常会表现出明显的思想上的偏袒，即报纸杂志最喜欢为创业者高调"炫富"，尽管这样做可能会夸大这些创业者在财富版图中的重要性。客观而言，无论是外界观察还是自身定位，《福布斯》都在始终为创业者以及"努力创富"大唱赞歌。《福布斯》杂志的老板史蒂夫·福布斯本人也是亿万富翁，并曾两度被提名美国共和党总统候选人，但他本人却是继承者：是他的祖父于1917年创立了这份杂志，然后慢慢形成了福布斯家族的财富。这份杂志有时会将亿万富翁分成三类：纯粹的创业者、纯粹的继承者以及那些"增长了财富"的继承者。问题在于，《福布斯》从来没有对这三类富豪给出清晰的定义（尤其是如何界定"纯粹"和"部分"继承者）。[19]在这样的条件下，几乎无法对未来趋势给出任何精确的结论。

那么考虑到这些困难,我们又如何分清在顶级富豪中,哪些是继承者哪些是创业者呢?如果我们将《福布斯》排行榜上的"纯粹"和"部分"继承者都考虑在内(并假定"部分"继承者的一半财富是来源于继承),即便我们接受这种可能导致低估继承财富规模的方法论偏差,最终结果也很清晰,继承财富占全球总财富的一半以上。目前可接受的先验假设是,继承财富应占全球财富总额的60%~70%,当然这样的水平还是远低于"美好年代"的法国(80%~90%)。其主要原因可能是因为当前全球经济增长的相对高速,来自新兴市场国家的富豪正迅速跻身全球富豪榜之列。但这一切仅仅是假设,而不是确定的事实。

富人的道德排名

无论如何,有关富人财富是否应得的讨论没有最终答案,因此当前迫切需要超越这种无效讨论。没有人会否认,社会发展需要创业、发明和创新。在欧洲"美好年代"就有许多发明,例如汽车、电影、电力等,今天也一样。但问题在于,创业本身并不能让所有的贫富差距都合理化,无论差距是多么极端。以$r>g$代表的不平等以及由于初始财富造成的资本收益差距将会导致资本的过度和持续集中:无论初始的财富差距是否合理,财富会自我生长并自我膨胀,会超越一切合理界限以及社会效用角度上的任何合理解释。

因此,创业者会变成食利者,不仅是在代际交接过程中,在同一代人中也会出现,尤其是当人均寿命不断延长的今天:一个在40岁时充满了创意的企业家不一定会保持这种状态到90岁,而他的子孙也不一定会像他那样具有创业才能。但财富却留了下来,在某些情况下甚至出现了20年里翻一番的情况,比尔·盖茨和利利亚纳·贝当古均是如此。

这就是为何要在全球世界范围对大额财富每年征收累进财富税的原因。这是通过民主手段控制财富爆炸性自我膨胀的唯一途径，与此同时又可继续保持社会上的创业活力和国际经济开放程度。在第四部分中，我们将详细讨论这一政策建议及其局限性。

实施这种财税措施也是超越"财富道德关系"无效讨论的良方。每笔财富的存在都有其合理性，但同时又可能有些过度。赤裸裸的财富窃取是罕见的，当然也很少有财富是完全合理的。累进财富税的好处在于可以用灵活、统一和透明的方法来应对不同财富状况，同时让巨额财富置于民主控制之下，现在其实许多财富都已经如此。

常见的情况是，有关全球巨额财富的讨论往往容易导向对具体某个人能力或品行的判断，这些判断往往带有脸谱化的专断特征。例如现在的全球首富、黎巴嫩裔的墨西哥地产和电信大亨卡洛斯·斯利姆，他就经常被西方媒体形容为靠政府庇佑下（暗指腐败）的垄断租金才积累了巨额财富，而比尔·盖茨则被塑造成白手起家的企业家榜样。有时人们甚至会有这样的错误印象，好像是盖茨本人发明了全部的计算机和微处理器。如果他对生产力发展以及对全球福利的贡献能获得相应的酬劳，那么他的财富应该是现在的 10 倍（幸运的是，自从他退休之后，实际上地球上的好人从他的"积极外部性"受益良多）。毫无疑问，这种对盖茨的顶礼膜拜反映了现代民主社会要将贫富差距合理化的不可遏制的需求，对盖茨的膜拜仅仅是这种需求的副产品。老实说，我不知道卡洛斯·斯利姆和比尔·盖茨究竟是如何发家致富的，所以我不能妄加评论其道德与否。然而在我看来，盖茨实际上也在通过对操作系统的实质垄断获利（其他许多高科技创业者，从电信到"脸谱网"也在通过垄断租金获取暴利）。此外我还认为，盖茨的贡献也要依靠成千上万的工程师和科学家在电子和计算机领域的基础性研究工作，如果没有这些人所做的铺垫，盖茨的创新也就无从而生。

但可惜这些默默无闻的研究人员并未将其每项工作都申请专利。总之，在没有对事实进行基本审查之前就迫不及待地将卡洛斯和盖茨置于正邪两端，这是极为不合理的做法。[20]

对于在盖茨之前，曾在1987~1994年居《福布斯》排行榜榜首的日本人堤义明（Yoshiaka Tsutsumi）和森代吉郎（Taikichiro Mori），西方公众大约已经想不起他们的名字。或许人们普遍认为，日本人的财富主要是拜地产和股市泡沫所赐，其产业仅仅是在当时存在于东方"日出之地"，另外有人则认为日本财富只不过是通过不择手段的亚洲方式积累起来的浮财。但实际上，日本在1950~1990年的增长是迄今为止人类历史上最出彩的经济发展故事，其伟大程度要超过美国在1990~2010年的增长，日本企业家在整个过程中当然也发挥了积极作用。

因此与其给富豪编一个道德排名（这种做法常常最终沦为唱西式赞歌的举动），不如去理解财富动态变化背后的普遍规律，即只讲财富而不讲个人，并由此思考相应可以普遍适用而不用考虑其具体国籍的监管措施，尤其是财税监管。在法国，当印度钢铁大亨拉克希米·米塔尔在2006年收购阿赛洛钢铁集团（当时是世界上第二大钢铁公司）时，法国媒体对这位印度大亨表示出了极大的敌意。2012年秋天，法国媒体再一次对米塔尔爆发出敌意，当时米塔尔被指责未对弗洛朗热的钢铁厂进行充分投资。[21]在印度，几乎人人都认为法国人对米塔尔的攻击属于种族歧视，或至少有歧视有色人种的因素在里面。那么谁又能完全否认印度人的怀疑呢？诚然，米塔尔的方法简单粗暴，而其本人的生活方式奢靡无度。几乎所有的法国媒体都在盯着他的伦敦奢华房产不放，"他的伦敦豪宅价格是弗洛朗热工厂投资额的3倍"。与此同时，法国公众对巴黎市郊塞纳河畔讷伊镇上的豪奢住所就没有那么仇恨，这些豪宅属于像阿诺·拉加代尔这样的法国本土富豪，这位家族财富继承者也没有突出的才华、德行或社会贡献，但当时法国政府却决定斥资10亿欧元从其手中购买全球航空业巨头欧洲宇航防务集团的股份。

再举一个例子,这个例子更加极端。2012年2月,法国某法庭下令从一座豪宅没收了200多立方米的财物(包括豪车和古画等),这套位于福熙大道的豪宅属于赤道几内亚独裁者之子奥多林·奥比昂(Teodorin Obiang)。法院认定,奥比昂在赤道几内亚森林砍伐公司持有的股份来历不明(这也是他绝大多数财富的来源),这家公司相当于是在盗窃属于赤道几内亚人民的森林资源。这个案例颇有启发意义,因为这显示出"私有财产神圣不可侵犯"并不是没有条件的。此外这也证明,如果有人真的想要追查,那么在技术上也完全能做到去追索奥多林·奥比昂的财富,尽管他设置了各类空壳公司来转移其资产。那么人们自然会想,通过类似的方法也可找到其他人在伦敦和巴黎等地隐匿的资产,无论是俄罗斯的金融寡头还是卡塔尔的石油富豪,这些人归根到底也都是通过售卖自然资源积累的财富。或许他们对石油、天然气以及铝矿资源的占有不像奥比昂掠夺森林资源那样赤裸裸;或许如果攫取资源的行为是发生在最贫困的国家,那么司法部门就有了更迫切的理由采取行动,[22]而如果发生在富庶国家,那么紧迫性可能没那么强。但读者也可以认为这些不同案例没有本质区别,而是属于同一性质,即如果财富所有者是非西方人士,那么财富往往就会显得更加可疑。无论如何,法院无法解决每项来历不明的收入或不合理的财富的问题。应对这样的问题,更加理性和更系统化的手段应该是对资本征税。

广义来说,资本的回报通常含有真正创业劳动(经济发展完全不可或缺的动力)、纯粹运气(在正确的时间以合理价格购买了升值潜力很大的资产)以及恶意盗窃的因素,这些都融合在一起难以分割。财富积累是受更多因素影响的结果,其任意性要远远超过继承财富的任意性。资本回报从本质上讲就具有波动性和不确定性，资本可以产生收益（也会产生亏损），这些损益可能动辄就相当于几十年的工资收入。在财富排行榜的顶端，这种效应会更加极端。资本总是如此无情。在阿列克谢·托尔斯泰的小说《芙蓉》（1926年）中，作者就描述了资本主义的残暴与恐怖。1917年，圣彼得堡的会计西蒙·诺左洛夫袭击了好心收留他的古董商并抢了一笔财富，这位古董商的致富秘诀就是用超低价格从那些在革命中流亡的贵族手里购买古董。诺左洛夫把抢来的钱投资在朋友开的莫斯科地下赌场里，在短短半年时间内将自己的财富扩大为原来的10倍。诺左洛夫是卑鄙无耻的小人，他深信财富和德行之间毫无关系：有时财产来源于偷窃，随后资本的收益会轻易将最初的罪恶洗白。

大学基金会的纯资本回报

为了更好地理解资本收益的不平等并减少因个人好恶而产生的主观影响，在此不妨看看美国高校基金会在过去几十年间所实现的投资回报。事实上，这是少有的从起始资本开始、覆盖相当长时期的有关投资和回报的完整数列。

目前美国有800多所公立和私立大学在管理自己的基金会投资。这些高校基金会的规模从数千万美元（例如在2012年排名第785位的北艾奥瓦社区学院，这所学院的基金规模就是1 150万美元）到数十亿美元不等。基金会规模最大的高校是哈佛大学（近几年的基金会规模在300亿美元左右）、耶鲁大学（200亿美元）以及普林斯顿大学和斯坦福大学（超过150亿美元）；紧随其后的是麻省理工学院和哥伦比亚大学，这两所高校的基金会接近100亿美元；然后是芝加哥大学和宾夕法尼亚大学，规模约为70亿美元。总而言之，美国800多所高校的全部基金会资产管理规模在 2010 年大约是 4 000 亿美元（平均来看大概每个高校将近 5 亿美元，中位数大约是 1 亿美元）。当然美国高校的总资产还不到美国家庭总财富的 1%，但从绝对量上看这也是很大的数额，这些资产的投资每年都给美国高校创造了重要的收入，或至少对某些高校有着重要作用。[23] 最为重要的是，这也是美国高校资产投资最有意思的地方，这些高校每年都定期发布可靠而详细的校产投资报告，这些资料可用来研究各家高校每年获得的投资回报。绝大多数私人财富都没有这样的透明度。具体而言，全美高校经营管理者协会（National Association of College and University Business Officers）从 20 世纪 70 年代末就开始收集这些数据，并从 1979 年开始就发布年度统计调查数据。

我从这些数据中分析得出的主要结论如表 12.2 所示。[24] 第一个结论是，美国高校在过去几十年的基金会资产管理方面获得了相当不错的投资收益，在 1980~2010 年年均投资收益率为 8.2%（1990~2010 年的年均投资收益率为 7.2%）。[25] 当然每十年里这些投资收益率也有高低变化，某些年份会出现极低甚至负的投资收入，例如在 2008~2009 年的金融危机时期；但在某些好的年份，平均投资收益率也会超过 10%。但在这里，我们看的是 10 年、20 年甚至 30 年的平均数字，因此我们看到高校基金会投资的平均收益率还是相当可观的，这与《福布斯》财富排行榜上的富人投资收益率不相上下。

为了清晰表述，表 12.2 中所列的收益率都是考虑了资本所得和通货膨胀、税款缴纳（由于高校是非营利机构，因此税负很低）以及管理成本后的真实净收益。（管理成本包括参与了投资策略制定执行的高校内外工作人员的薪水。）因此表格中的数字反映了本书所定义的资本纯收益，即简单的来自因拥有资本而获得的收益，而剔除了因投资管理劳动而获得酬劳。

表 12.2 美国高校基金会（1980~2010 年）的资本收益率

	年均实际收益率 （剔除通胀以及所有管理成本和财务费用）%
全部高校	8.2
哈佛大学、耶鲁大学和普林斯顿大学	10.2
高校资产超过 10 亿美元（60 所）	8.8
高校资产在 5 亿~10 亿美元（66 所）	7.8
高校资产在 1 亿~5 亿美元（226 所）	7.1
高校资产低于 1 亿美元（498 所）	6.2

注：1980~2010 年，美国高校基金会获得了年均 8.2%的投资净收益，而基金会规模较大的高校所获得的投资收益率更高。表格中的数据都剔除了通胀因素（1980~2010年的年均通胀率是 2.4%）以及全部的管理成本和财务费用。

资料来源：piketty.pse.ens.fr/capital21c

第二个结论是，正如表 12.2 所示，管理资产规模越大，收益就越高。对于 850 所高校中基金会资产管理规模在 1 亿美元以下的 500 所高校，1980~2010 年的年均投资收益率是 6.1%（1990~2010 年的年均投资收益率是 5.1%），这样的投资收益率实际上相当不错，并高于同期全部私人财富的平均收益率。[26] 而资产规模越大，投资收益率就越高。对于这 60 所资产规模在 10 亿美元以上的高校，其平均投资收益率在 1980~2010 年达到了 8.8%（1990~2010 年的收益率是 7.8%）。金字塔塔尖的三所高校（哈佛、耶鲁和普林斯顿），自 1980 年以来就一直是全美高校中基金会规模最大的，其投资收益率在 1980~2010 年竟高达 10.2%（1990~2010 年的收益率是 10.0%），这大约是基金会资产规模较小的高校的两倍。[27]

如果我们观察各高校的投资策略，那么就会发现所有的高校都很重视多元化投资，而投资明显偏好于美国和海外股票以及私人部门债券（政府债券，尤其是美国国债，因收益率较低而在全美所有高校的投资组合中的比重不到10%，资产规模最大的高校干脆基本不投资于美国国债）。高校资产规模越大，我们越容易在其投资中看到"另类投资策略"，即收益率极高的产品，包括私募股权基金股份以及未上市外国公司股权（这需要极高的专业投资能力）、对冲基金、衍生产品、房地产以及能源、自然资源和相关产品等大宗商品（这些也需要高度专业化的投资技能并能获得高额回报）。[28] 至于这些不考虑股票、债券等大众投资品的另类投资的重要性，对于管理资产规模在5 000万欧元以下的高校，另类投资在投资组合中的比例仅为10%；对于管理资产在5 000万~1亿欧元的高校，另类投资比例为25%；对于资产规模在1亿~5亿欧元的高校，另类投资比例为35%；对于资产规模在5亿~10亿欧元的高校，另类投资比例为45%；而对于资产管理规模在10亿欧元以上的高校，另类投资的比例可超过60%。现有的高校投资数据完全公开并且相当详细，这些数据清楚显示了为何资产规模最大的高校能获得超过10%的年均收益率，而资产管理规模较小的高校只能获得5%的收益率，关键就在于这些高校对另类投资的倚重。

更有意思的是，从投资收益率年度波动性来看，资产规模大的高校的波动性并不比资产规模较小的高校大：哈佛和耶鲁各年的投资收益率会围绕着平均值波动，但波动幅度并不显著高于资产管理规模较小的高校，但如果求得几年的收益率的平均值，就会发现资产规模较大的高校的收益率会系统性地高于资产规模较小的高校，而且两类投资收益率的差距从长期看是相对稳定的。换言之，资产规模大的高校之所以能获得较高的投资收益率，并不主要是因为承担了更高的投资风险，而是由于某种更加精巧的投资策略而使得投资收益更佳。[29]

那么应该如何解释这些事实？答案是资产组合管理中的规模效应。具体来说，哈佛大学每年要在其资产管理上花费1亿美元，用来运营一支顶尖的投资经理队伍，这些投资专才能在全世界范围内搜寻最佳的投资机会。由于哈佛大学的基金会规模庞大（大约 300 亿美元），因此每年 1 亿美元的管理费仅仅相当于其资产规模的 0.3%。如果通过支付该比例的管理费就能将投资收益率从 5% 提升到 10%，那么这显然是非常划算的交易。但如果高校的基金会规模只有 10 亿美元（当然这也是相当庞大的资产规模），那么该高校将无力支付每年 1 亿美元的管理费，因为这样的话，仅仅是管理成本就相当于资产总额的 10%。在实践中，没有高校的资产管理费用会超过资产规模的 1%，一般都在 0.5% 以下，因此如果管理资产规模是 10 亿美元，那么管理费就应该控制在 500 万美元，这样的数额当然无法聘请到用 1 亿美元才能聘请到的专业投资队伍。对于北艾奥瓦社区学院，其基金会规模是 1 150 万美元，那么即便这家学院愿意支付 1% 的管理费，每年也只有 11.5 万美元，按市场价格只是相当于专业金融投资顾问平均薪酬的 1/2 甚至 1/4。当然，财富居于中位数的美国公民只有 10 万美元可用来投资，因此他只能自我管理资产并只能依赖于亲戚朋友的免费咨询意见。当然投资顾问和资金管理经理也不是一定能赚钱（这是实话），但这些专业人士确实具备发现良好投资机会的能力，这也是获得较大规模捐赠基金的大学可获得较高投资收益的原因。

这些结论意义重大，因为这清晰、具体地表明了为何基金规模越大可实现的收益就越高，进而导致资本收益上的明显的不平等。这些高额回报很大程度上造就了美国著名高校的长盛不衰。来自校友的新捐赠额反而有限，每年校友的新捐赠额仅相当于学校基金会投资回报额的 1/10~1/5。[30]

当然这些结论也应该谨慎对待。特别是，如果要用这样的结论去预测全球财富不平等在未来几十年的演化，那么就必须慎之又慎。首先，1980~2010 年投资收益率较高部分受全球资产价格（股价和房地产价格）阶段性回升的影响，但这种资产价格上涨可能不会持续（也就是上面所说的长期收益率会在未来再降下来)。³¹ 其次,规模效应可能仅仅会对那些超大型的资产组合有效,对于那些规模在 1 000 万~5 000 万欧元的"中等"财富来说效果可能不会太明显,而如前所述,这样等级的财富占全球财富的比重实际上要远远超过《福布斯》榜上富豪占全球财富的比重。最后,先不论管理费多寡,最终回报的高低也取决于机构是否能选择最合适的资产管理人员。但家庭并不是机构,比如大家庭里面难免会产生败家子糟蹋家庭财富,而作为像哈佛大学这样的机构很少会出现类似状况,因为随时会有人站出来阻止这种行为。由于家庭财富会受到这类随机性的"冲击",因此在个人层面财富不平等似乎不会永远不可逆地发展下去,而是会在某个位置达到财富分配均衡。

然而,这些论点并不足以让人高枕无忧。如果我们只是依赖于外生的、随机发生的家庭堕落的冲击来防止未来大量亿万富翁的出现,那这样的做法也过于消极了。如前所述,只要 $r-g$ 的差距存在,那么哪怕差距再小,也会导致财富分配的极度不公平。因此并非所有大规模的财富都要去追求 10% 的年均收益率;只要存在差距,那么就足以导致严重的贫富差距。

另外,还有一点很重要,富人正不断发明更新、更复杂的法律结构来隐藏其财富。信托基金以及基金会等形式不仅可用来避税,也限制了后人对相关资产的使用自由度。换言之,易犯错误的个人与长期存在的基金会之间并不像想象的那样绝对分开。虽然对后代权利的限制在理论上已经被大大削弱,因为 200 年前限定继承权在法律上就已取消(见第十章),但在实践中,如果确实需要,那么还是有办法可以实现的。具体来说,现在很难区分一家基金是纯粹的私人家族基金会还是慈善基金会。实际上,富贵豪门的基金会通常有传承财富和推动慈善的双重目的,而且即便家族资产是放在以慈善为主的基金会里,家族也往往会精心设计以确保其对资产的控制权。[32] 通常外人很难完全知晓家族子孙和亲戚在这些复杂的安排中到底拥有哪些具体权利，因为关键的细节往往被记载在并不对外公开的法律文件中。在某些情况中，以传承财富为主要目标的家族信托计划还会搭配设置一个以慈善目的为主的基金会。[33] 此外，颇为有意思的现象是，每当监管收紧（例如要求赠予者提供准确的收据或要求基金会提供详细的财务报告来证明基金会确实在服务于所声称的目标并且基金会资金的私人使用也始终控制在限额内），赠予双方对税务部门的申报就会直线下降，这也印证了这些法律实体存在着公私混用的情况。[34] 归根到底，现在很难准确判断说，到底有多少基金会是在为公共利益服务。[35]

通胀对资本收益不平等的影响

在对高校基金会投资收益情况的说明过程中，可能也有必要论述一下资本的纯收益以及通胀对贫富差距的影响。如本书第一章所述，发达国家的通胀率自1980年以来就始终保持在年均2%的水平，这种通胀新常态要远低于20世纪通胀峰值，但要高于19世纪直至第一次世界大战之前的零通胀或基本零通胀状况。目前新兴市场国家的通胀率通常在5%以上，要高于发达国家。那么接下来的问题就是：通胀水平在2%或5%时的资本收益率与零通胀条件下的资本收益率有何区别？

有些人错误地认为，通胀会降低平均资本收益率。这是错误的观点，因为平均资产价格（房地产和金融证券的平均价格）通常与消费价格保持同步上涨。假如某国的资本存量约等于6年的国民收入（$\beta=6$），而资本收入占国民收入的比重为30%（$\alpha=30\%$），那么平均资本收益率就是5%（$r=5\%$）。假设当年该国的通胀率从0上涨到了2%。那么是否就会发生资本收益率从5%下跌到3%的状况呢？显然不是。

首先可能出现的情况是，如果消费价格上涨 2%，那么该国的资产价格平均也可能上涨了 2%，因此资本收益不会有涨跌，资本收益率还是 5%。相反，通胀可能会改变资本收益在个体居民中的分配。问题在于，实际上由通胀引发的财富再分配总是极其复杂、牵涉面广、难以预测也不可控制。

人们有时认为通胀是食利者的敌人，这也能部分解释为何现代社会并不完全排斥通胀。这从某个角度看可能是有道理的，因为通胀毕竟会迫使人们关注其资本。在通胀条件下，任何想要守着一大堆钞票过日子的人都会眼睁睁地看着钞票价值缩水，即便不用缴纳任何税费，最后财富也会所剩无几。从这个角度说，通胀确实是对那些愚笨守财奴的课税，或更精确而言，是对那些不用于投资的财富的课税。但正如我反复强调的，只要把钱投资于房地产或者股票等，那么富人立刻就能逃过这种"通胀税"。[36] 我们对大学基金会的研究也证明了这一点。因此无论通胀率是 2% 还是 0，都无碍大额财富获取较高的投资收益率，这一点是毋庸置疑的。

甚至可以想象，通货膨胀在某种程度上更有利于富人而不是穷人，因为在通胀时代，这会凸显财务经理和理财专业机构的重要性。拥有 1 000 万~5000 万欧元的富翁虽然不能像哈佛大学那样去聘请专业投资团队，但至少他能请得起投资顾问或股票中介来减少通胀带来的损失。相反，如果某人只有 1 万~5 万欧元的资产，那么他的投资可选余地肯定大大缩小（假如他也有股票中介给他建议的话），投资顾问也不会耗费太多时间为他制订理财计划。在这个财富级别的许多人其实都是把钱存在没有利息的活期账户或利息仅略高于通胀的储蓄账户。此外某些资产本身就带有规模效应，但这些资产通常是中小投资者所无法染指的。必须认识到，对于好的投资机会，每个人在是否能享受这种机会的问题上都是不平等的（因此这种不平等状况比"另类投资"的极端情况要宽泛得多,另类投资是只有那些顶级富豪以及超大规模资产才能采用的策略)。例如某些金融产品可能会有最低投资额的要求(例如要求有几十万欧元),由此中小投资者只能选择那些利润不太高的投资产品(由此金融中介可以向大额投资者收取更高的服务费用)。

这些规模效应对房地产尤为重要。房地产是大多数人最重要的资产类型。对于普通大众而言,最简单的投资也就是购买家宅,一来可以抵御通货膨胀(因为房价上涨幅度总是不会低于消费价格),二来也不用再交纳房租,这相当于每年获得3%~4%的投资回报。但对于只有1万~5万欧元资产的人来说,这点儿钱可能不够买房:买房的可能性都不存在。对于那些在大城市里拥有10万~20万欧元的人,他们的薪水不可能属于最高的2%~3%,即便是他们愿意长时间背负房贷或支付高额住房抵押贷款利息,要想在大城市买下住宅甚至公寓也不是易事。因此,那些初始财富较少的人只能成为长期租房客,然后长期支付价格高昂的房租(也是房东所享受的高额资本回报),或许他们一辈子都必须如此,而银行储蓄所获得的仅仅是略高于通胀的利息。

相反,如果某人起初继承了大笔遗产或接受了大额赠予,或某人的薪水远远高于常人,或两者兼而有之,那么他将能很快购入房产或公寓,然后享受每年3%~4%的投资回报。由于没有房租的负担,他们会有更多的钱存下来。这种由于财富多寡而引发的房地产投资门槛长期以来都存在。[37]从理论上讲,如果要克服这种壁垒,或许某人可以先购买小户型(用于收取租金)或将资金用于其他投资。但这一问题或多或少因当今通胀形势而恶化了:在19世纪,当通胀为零时,某小型储蓄者要想获得3%~4%的真实投资收益率相对容易,例如他可以购买政府债券。但如今,许多小型储蓄者已经难以享受到这样的实际收益率。

总而言之,通货膨胀的影响不是降低资本的平均收益,而是重新分配资本收益。尽管通胀的影响极其复杂且涉及诸多方面,但大量证据都表明,由通胀造成的财富再分配基本上是"劫贫济富",因此通胀的效果与大家所期望的可能正好相反。当然,通胀确实能让资本纯收益略微下降,因此会让每个人都在资产管理上花费更多精力。有人或许会将这种历史变化与长期情况下资本贬值率上升的趋势进行比较,后者使得人们必须更频繁地做出投资决策来用新资产替换旧资产。[38] 在两种情况下,要想在如今获得既定的收益率,那么就必须付出更多的努力:资本变得更为"动态"。但这些都是对抗租金的间接或低效方法。证据表明,由这些因素引发的资本纯收益的轻微下降要远远小于资本收益不平等程度的增加,尤其是对大规模财富基本没有威胁。

通货膨胀不会让租金消失;相反,通胀或许会让资本分配变得更加不平等。

为了避免误解,首先我必须立刻声明,在此并不是要主张回到过去的金本位制度或零通胀时代。在某些情况下,通胀会发挥积极作用,尽管其积极作用可能要小于人们的想象。在后面讨论的中央银行在货币创造中,尤其是在金融危机或大量主权债务发行的情况下的作用时,我将详细论述这点。如今哪怕没有19世纪时的国债和零通胀,资产数量有限的人还是可以获得收益还算不错的储蓄。但重要的是,如果我们的目标是为了避免社会重新回归食利者当道的年代或要减少财富分布的不公平,那么通货膨胀就是极为驽钝的工具,有时甚至会起到反作用。对资本征收累进税是更为合适的政策,这不仅有利于提升民主透明度,也更有利于实现最终的公平目标。

主权财富基金的回报:资本和政治

现在来看看主权财富基金的状况。主权财富基金在近些年来有了长足发展，尤其是石油输出国的主权财富基金。但令人遗憾的是，目前有关主权财富基金投资策略和回报情况的公开数据并不像美国大学基金会投资那样充分，鉴于主权财富基金的体量要远远大于美国大学的基金会，这种遗憾的程度似乎也更深。挪威的主权财富基金在2013年的资产规模超过7 000亿欧元（是美国所有高校基金会总额的两倍多），其财务报告是全球所有主权财富基金中最详细透明的。其投资策略至少在开始的时候，比美国大学基金会还保守，这也不难理解，因为毕竟主权财富基金是在公众的严格监督下（或许挪威人民不像哈佛大学那样喜欢把大量资金投到对冲基金和非上市公司股权中），因此其投资收益也没有那么高。[39] 最近该基金的管理者获得授权，他们可以将更多的资金用于另类投资（尤其是国际房地产），因此该基金的未来收益有望提升。但也要注意，该基金的管理成本不到其资产规模的0.1%（哈佛大学是0.3%），而由于挪威财富基金的规模是哈佛基金的20倍，因此从绝对数字上看，该基金也足以支付专业的投资建议。此外我们也了解到，1970~2010年，挪威政府把从石油产业中挣来的钱的60%都投入了该基金，而另外的40%则用于政府开支。挪威当局并未详细说明，该基金的长期目标是什么，也没有说明从何时开始该国公民会消耗该主权财富基金及其投资收益。或许他们自己也不知道：这取决于挪威的石油储量变化、每桶石油价格的变化以及该基金在未来几十年的投资收益状况。

如果我们看看其他国家的主权财富基金，尤其是中东国家的基金，那么令人遗憾的是，这些国家的主权财富基金透明度要比挪威差许多。其财务报告往往言之不详，因此几乎不可能去彻底了解其投资策略，而投资收益状况充其量也就提点几句；此外各年度之间的数据也往往不可比较。掌管着全球最大主权财富基金的阿布扎比投资局（Abu Dhabi Investment Authority）（其基金规模与挪威主权财富基金相近）

在最近发布的报告称,1990~2010 年其基金的年均实际收益率高于 7%,而在 1980~2010 年为 8%。考虑到美国高校基金会的投资业绩,这样的数字完全是有可能的,但由于该机构没有提供详细的年度信息,因此也很难对其做进一步分析。

不同的主权财富基金显然是采取了不同的投资策略,这或许与这些基金对待公众的不同态度以及对全球政治形势的不同看法有关。阿布扎比经常称其基金获得了高额回报,但沙特阿拉伯的主权财富基金却十分低调,尽管其规模在石油输出国中仅次于阿布扎比和挪威而高于科威特、卡塔尔和俄罗斯。波斯湾沿岸的石油小国往往国民数量稀少,因此其主权财富基金报告设定的阅读对象是全球金融投资界。而沙特主权财富基金的报告则更加沉稳,并提供了从石油储量到国际收支和政府预算的情况,显然这样的报告是要给沙特阿拉伯王国的全体公民看的。沙特在 2010 年的人口总量是 2 000 万人,尽管与中东地区大国相比不算太大(伊朗人口 8 000 万、埃及 8 500 万、伊拉克 3 500 万),但却要远远大于那些袖珍的海湾国家。[40] 这还不是唯一差别:沙特基金的投资似乎更加保守。按官方文件披露的信息,沙特主权财富基金的投资收益率不会超过 2%~3%,因为大量资金都投向了美国国债。沙特的财务报告中并没有足够的信息来让外界推断其投资组合变化,但其提供的信息却要比阿联酋详细许多,在这一点上他们似乎更准确。

那么,为什么明明可以在别处获得更高的收益,但沙特阿拉伯却选择美国国债作为主要投资对象?这尤其值得发问,因为美国高校的基金会从几十年前就开始慢慢停止投资美国的国债了,而选择在全球范围搜寻更好的投资机会,大量投资于对冲基金、非上市企业股权以及基于大宗商品的衍生交易品。诚然,美国国债是动荡世界中最安全的投资港湾,或许沙特阿拉伯的公众对于另类投资毫无兴趣。但与此同时也必须考虑这种选择背后的政治和军事考量:尽管这从来没有公开说破，但如果说沙特阿拉伯是在通过这种方式给为其提供军事保护的美国提供低息贷款，这在逻辑上似乎也说得通。据我所知，无人试图对这样的"投资"计算其具体回报，但无疑回报是相当可观的。如果美国和其西方盟友没有在1991年将伊拉克军队赶出科威特，那么接下来伊拉克就可能会威胁沙特阿拉伯的油田，那么就有可能导致伊朗等其他国家也跳出来参与本地区石油资源的重新分配。如此全球资本分布就会立刻变成经济、政治和军事的全面争衡。在殖民时代就曾上演这样的一幕，当时英法为首的帝国稍有龃龉就会赶忙推出大炮来保护本国的投资。显然，在21世纪也同样存在这样或明或暗的争斗，只是在新的充满紧张气氛的全球政治图景中，现在人们难以提前预测冲突会在哪里爆发。

主权财富基金会拥有全世界吗？

那么在接下来的几十年，主权财富基金的规模会膨胀到什么程度？根据目前的估测（当然这些估测十分粗糙），2013年全球主权财富基金的总规模是5.3万亿美元，其中3.2万亿美元属于石油输出国（除上面提到的国家和地区外，还有迪拜、利比亚、哈萨克斯坦、阿尔及利亚、伊朗、阿塞拜疆、文莱、阿曼等国家），其余的2.1万亿美元则属于非石油输出国和地区（主要是中国大陆、中国香港、新加坡和其他小型主权财富基金等）。[41] 为方便理解主权财富基金的规模，这与《福布斯》财富榜上所有亿万富翁的财富总额相当（2013年约为5.4万亿美元）。换言之，亿万富豪如今拥有全世界财富总额的1.5%，主权财富基金也拥有全球财富的1.5%。或许这是值得庆幸的消息，至少现在还有97%的全球财富没有被超级富豪和主权财富基金所掌控。[42] 按照我对亿万富翁未来财富的推算方法，同样大家也可推算主权财富基金的未来变化。按现有的推算，在21世纪下半叶之前这两者还不至于很快就成为世界财富的主宰（如占比10%~20%），因此我们似乎还不用担心按月给卡塔尔酋长（或挪威纳税人）支付租金的日子。但如果我们完全忽略，那就会犯下严重错误。首先，现在我们没有理由高枕无忧，因为我们的下一代和孙辈可能会面临上述情况，而我们不应临渴而掘井。其次由于全球资本的很大一部分是非流动性的（包括房地产以及不可在金融市场交易的商业资本），因此主权财富基金的流动资本比例（亿万富翁所拥有的流动资本相对少一些）实际上要比全球资本的高，这些是可以用来收购破产公司、买下足球俱乐部或在政府无力时出面重振某衰落社区的"活"资金。[43]事实上，来自石油输出国的投资活动在法国等发达国家日趋活跃，而正如前所述，法国等国又恰好是对资本重新回归最缺乏心理准备的国家。

最后一点，主权财富基金与亿万富豪的关键区别在于，主权财富基金（或至少是石油输出国的主权财富基金）不仅会将投资所得用于再投资，而且还会接受来自石油销售收入的源源不断的投入。尽管这些新增流量究竟能有多少还充满着不确定性，这是因为地下到底有多少石油、石油需求如何以及每桶石油价格等都属于未知信息，但可以料想的是，来自石油销售的投入会远远超过现有资产的投资收益。来自自然资源开采的租金，即自然资源销售所得与开发成本之间的差距，自21世纪头10年中开始约占全球生产总值的5%（其中半数都是石油租金，而其余的则主要来自天然气、煤炭、矿藏和木材），这与20世纪最后10年的2%以及20世纪70年代初期的1%相比有了明显提升。[44]根据某些预测模型的测算，石油价格将从目前100美元一桶（21世纪初约为25美元一桶）上涨到2020~2030年的200美元一桶。如果每年都有相当比例的石油资源租金流入主权财富基金，那么到2030~2040年，全球主权财富基金将占全球资本总额的10%~20%

甚至更高。现在没有任何经济规律可以确定这种情况不会发生。这一切都取决于供求状况，即新的石油储备或其他新能源是否被发现，以及人们对无石油生活方式的适应速度。不管如何，石油输出国的主权财富基金必然会继续增长，其在全球资产中的比重到2030~2040年时将比现在的比重高出至少两三倍，这是相当大的增长。

如果这样的情况发生，那么西方国家会越来越难接受这样的观点，即本国资产越来越多被来自石油输出国的主权财富基金掌控，迟早这会引发政治上的应对措施，例如限制主权财富基金对房地产以及实业和金融资产的购买，甚至部分或完全将主权财富基金挡在门外。这样的应对措施在政治上缺乏谋略，在经济上缺乏效率，但这毕竟是各国政府有权利采取的行动，哪怕是小国政府也完全可以这样做。请注意，即便是石油输出国本身也在开始减少对外投资，相反这些国家希望把更多的资金留在国内，因此石油输出国正在大兴土木，建造博物馆、高级酒店、大学甚至滑雪场，这些建设项目规模如此之大，完全不考虑经济或财务上的合理性。或许这种行为反映了这样的意识，即与其投资国外而让外国政府将来没收资产还不如肥水不流外人田。当然现在并无保证说这样的过程会始终维持和平方式：当涉及本国资产被他国拥有时，没有人能预知公众的心理和政治底线到底会在哪里。

中国会买下全世界吗？

非石油输出国的主权财富基金则略有不同。为何一个没有特殊自然资源的国家会决定去买下另外一个国家？其中一种可能性当然是新殖民主义思想，像是欧洲殖民主义时代那种纯粹对大国实力的渴求。但如今的状况已经不同，现在欧洲国家拥有了技术上的优势可保证他们处于支配地位。中国和其他非石油产出的新兴市场国家正在迅速发展,当然证据都表明,一旦这些国家追赶上了发达国家的生产效率以及生活水平,那么其高速发展也自然会走到尽头。知识和生产技术的传播起到了基础性的平等化作用:一旦发展中国家追赶上了发达国家,那么这些国家也就不会再高速发展。

在第五章中对全球资本/收入比变化的最可能出现情形的设置中,我假设当国际平等化过程接近尾声时,储蓄率将会稳定在国民收入10%的水平。在这种情况下,全球各地的资本积累都会呈现相似的状况。世界很大一部分的资本积累当然会发生在亚洲,尤其是在中国,这将与该地区在未来全球产出中的比重相配。但根据最可能出现情形的假设,世界各大洲的资本/收入比都会趋同,因此各地区都不会产生储蓄和投资的严重不平等。非洲可能是唯一的例外,因为图12.4和图12.5所显示的最可能出现的情形中,21世纪非洲的资本/收入比会低于其他各洲(尤其是非洲的追赶速度较慢,其人口结构转变也延后了)。[45] 如果资本可以自由流动,那么我们会看到来自其他国家对非洲源源不断的投资,尤其是来自中国和其他亚洲国家。鉴于上述原因,这可能会导致严重的紧张对立,而现在已经可以看到某些紧张苗头。

当然也有可能出现较最可能出现的情形不平等得多的状况。但无论如何,财富差距扩大的力量在主权财富基金方面并没有表现得那样明显,因为主权财富基金的增长完全来自意外收获,而与其受益人群的需求不成比例(尤其是当主权财富基金所在国的国民数量较少时)。这会导致永无止境的积累,$r>g$ 的不平等转化成了全球资本分布中差距的持续扩大。总而言之,石油租金或许能让石油生产国买下全世界(或世界大部分)并依靠所积累资本的租金自我延续。[46]

中国、印度和其他新兴市场国家的情况则不同。这些国家人口众多,国内人口的需求(无论是消费需求还是投资需求)还远远未满足。当然我们可以想象,中国的储蓄率会继续大大高于欧洲和北美的储蓄

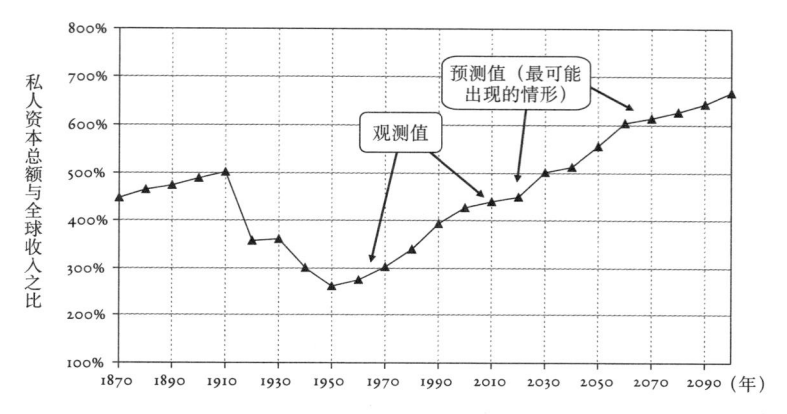

根据预测（最可能出现的情形），全球资本/收入比会在 21 世纪末达到 700%。

图 12.4　1870~2100 年全球资本/收入比

数据来源：piketty.pse.ens.fr/capital21c

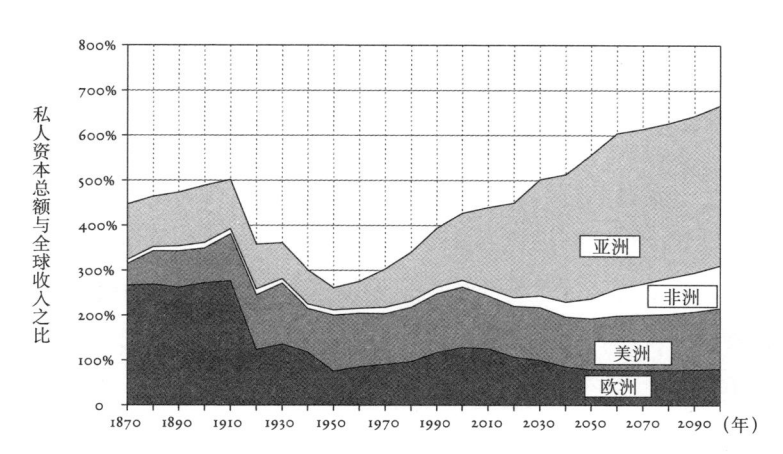

按最可能出现的情形预测，亚洲国家将在 21 世纪末拥有大约全球资本总额的一半。

图 12.5　1870~2100 年全球资本分布

资料来源：piketty.pse.ens.fr/capital21c

率：例如中国可能会采取累积制的养老金体系而不是现收现付制，这在增速放缓的情况下是极有吸引力的（如果人口负增长，那么这样的选择将更有吸引力）。[47] 如果中国在 2100 年之前都把国民收入的 20% 转换成储蓄，而欧美的同期储蓄率只有 10%，那么到 21 世纪末，新旧世界的许多资产都会被庞大的中国养老基金掌控。[48] 这虽然在逻辑上能说通，但这种可能性却并不大，因为首先中国工人和中国社会整体肯定更希望（当然是有理由的）依靠公共养老体系维持退休后生活（如同欧美那样），第二个原因正如上面对石油输出国和其主权财富基金论述时提到的政治考量，中国的养老基金也会受此影响。

国际两极化还是寡头两极化

无论如何，现在不用担心由于中国（或石油输出国的主权财富基金）逐渐买下发达国家而造成国际财富分化，最大的危险还是在于国内寡头的崛起，即越来越多的发达国家资产将集中在国内富豪手里，甚至更进一步，包括中国和石油输出国在内的国家也会越来越被掌握在亿万富翁和百万富翁手里。如前所述，这样的过程其实已经开始了。随着全球经济增速的放缓以及各国对资本的竞争加剧，现在有理由认为，未来几十年 r 将远远高于 g。如果再考虑初始财富越大回报就越高的效应，随着全球金融市场的发展，这种分化现象可能会被进一步强化，那么显然，前 1% 和 1% 的超级富豪的财富就会越来越多，与普罗大众的差距也会越拉越大。当然现在很难判断说，这种寡头两极化究竟会发展多快，但似乎寡头两极化的风险要远远高于国际两极化。[49]

需要强调的是，目前对"中国将要买下全世界"的担忧纯属杞人忧天。发达国家的富裕程度实际上远远超过公众的想象。如今欧洲家庭拥有的房地产和金融资产在减去负债之后依然高达 70 万亿欧元。而中国所有主权财富基金的资产再加上中国银行的外汇储备目前也就是 3 万亿欧元,不足欧洲家庭净资产总额的 1/20。[50] 因此发展中国家根本无力买下发达国家,发展中国家必须要经过长时间的发展才有可能做类似的举动,但这应该是至少几十年后的事情。

那么,为何发达国家公众会有这样荒谬的担忧,会担心自己的国家财富落入他国之手?部分原因无疑是那种以嫁祸外国人来缓解国内矛盾的普遍情绪。例如许多法国人都认为,来自外国的购买者推高了巴黎的房价。但如果真正分析巴黎购房者的结构,我们就会发现外国购房客(或外国居民)对房价上涨的贡献度充其量不过 3%。换言之,如今巴黎房价居高不下的原因 97% 都是由于法国本国居民造成的,因为现在有数量足够多的法国居民有购买房产的能力。[51]

在我看来,这种被剥夺感主要是因为富裕国家的财富高度集中(因此对于大多数人来说,资本仅仅是抽象概念),而超级富豪逃离本国的过程也已开始上演。对于大部分生活在发达国家的居民而言,尤其是欧洲居民,他们很难接受说欧洲家庭财富其实是中国家庭财富的 20 倍,这是因为欧洲财富主要为私人所有,而政府无权调用这些私人财富来行使公共职能(例如援助希腊,中国此前不久就提出了这样的设想)。但欧洲私人财富非常真实,如果欧盟真的决定要好好动用这笔财富,那也会有办法。但问题在于,单一欧洲国家政府很难单独对资本实施监管或对资本收入课税。今天在发达国家居民中弥漫的那种被剥夺感也可能是民主主权的弱化造成的。这在欧洲表现得尤为明显,欧洲各国都在为了吸引资本而相互竞争,从而强化了整个财富分化过程。外国资产头寸的迅猛增加(即每个国家都越来越多持有邻国的资产,如第五章所述)也是整个财富分化过程的一部分,这也加深了欧洲居民的无助感。

在第四部分，我将详细论述全球资本税（如有需求也可以只在欧洲）将如何克服这些矛盾，我也将讨论还有什么其他政府应对措施。寡头两极化不仅发生的概率要远远大于国际垄断，还更难以对付，因为这需要各国政府高度合作，而现在各国政府却在忙着相互竞争。财富的流转也使得国籍的概念淡化，因为最富有的人总是可以转移资产甚至变更国籍，由此切断与其母国的所有联系。只有在相对宏观层面协力推行应对政策，这种困境才有望解决。

富国难道真的很穷？

另外，需要指出的一点是，现在全球金融资产的很大一部分其实已经都隐匿在各避税天堂里，由此也给全球财富的地理分布分析增加了不少难度。如果仅仅看官方数据（根据国际货币基金组织等国际组织所收集的各国数据），那么富裕国家的净资产头寸与世界其他国家相比较是负的。如在本书第二部分所述，日本和德国有着很大的国际头寸顺差（这意味着日本和德国的家庭、企业和政府拥有的海外资产要超过海外国家所持的日本和德国资产），这说明日本和德国在近几十年以来都有着很大的贸易顺差。但美国的净头寸是负的，除德国之外的大部分欧洲国家的净头寸接近零，有些国家甚至是逆差。[52] 如果将发达国家的国际头寸全部加起来，那么最终的净头寸是负的，大约相当于2010年全球生产总值的−4%，而20世纪80年代中期时头寸为零，如图12.6所示。[53] 但必须要认识到，这种负头寸的规模实际上并不大（大约相当于全球财富的1%）。无论如何，正如此前所提到的，我们正生活在国际头寸相对均衡的时代，至少与殖民时代相比现在的国际头寸很平衡，当时发达国家对其余国家的头寸要大得多。[54]

净国外资产占全球产出的比重

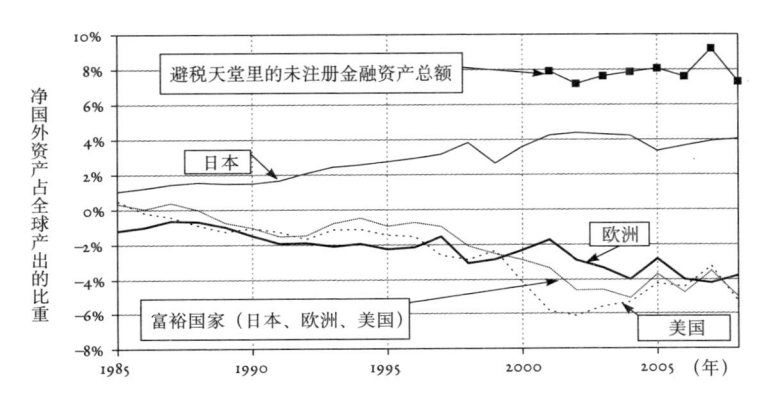

避税天堂里的未注册金融资产总额要高于发达国家负的净国外资产头寸。

图 12.6　发达国家的净国外资产头寸

资料来源：piketty.pse.ens.fr/capital21c

当然从理论上来说，发达国家负的国际头寸也就对应着世界上其他国家的正头寸。换言之，发展中国家持有的发达国家资产要超过发达国家持有发展中国家的资产，其顺差大约是全球生产总值的4%（或全球财富总额的1%）。但实际上情况却并非如此：如果将世界各国的财务数据汇总起来，我们发现发展中国家的国际头寸也是负值，也就是说整个世界的头寸都是负的。那么，难道真有火星人在购买地球的资产吗？这其实是历史上常见的"统计误差"，但根据不同的国际组织预测，这样的统计误差在过去几年变得越来越大。（全球国际收支表通常处于负的状态：离境资金要高于入境资金，从理论上说这是不可能发生的。）对这种现象，目前还没有权威的解释。注意这些财务统计数据和国际收支平衡表数据在理论上是覆盖全球的。具体而言，即便是避税天堂的银行机构在理论上也有责任向国际机构汇报其情况。因此这种"误差"可能是由不同的统计失误或估算错误造成的。

通过比较现有的全部数据并利用了此前并不公开的瑞士银行业数据，加布里埃尔·祖克曼发现，造成这种误差的最大可能性是避税天堂里大量金融资产的瞒报。他的审慎估计表明，这些瞒报的金融资产总额接近全球生产总值的10%。[55]某些非政府机构的估测要远高于此（有些估算甚至要高出两到三倍）。考虑到现有的数据来源，我倾向于认为祖克曼的估计更加贴近事实，尽管这些估计从本质上讲是不精确的，或许祖克曼的估计也偏于保守。[56]但无论如何，哪怕是保守估计，这样的数字也足够大了。这毕竟是官方公布的发达国家国际资产净头寸的两倍（见图12.6）。[57]现在几乎所有证据都表明，避税天堂里绝大多数金融资产（至少3/4）的最终拥有者都是发达国家居民。那么结论就是显而易见的：发达国家对其他国家负的国际资产头寸实际上是正的（发达国家拥有更多的发展中国家资产，而不是相反，这归根到底也是合乎常识的），但这种现象被掩盖了起来，因为发达国家最富有的居民将其资产隐藏在了避税天堂里。这进一步表明，近几十年来发达国家私人财富的急剧增长（相对国民收入）其实比根据官方数据估测出来的还要迅速。同样大笔财富在总财富中的比重上升也应该比官方数字所显示的更加迅猛。[58]当然，这也显示了要在21世纪初期的全球资本主义体系中追踪资产是多么不容易，由此也影响到了我们对财富地域分布的基本判断。

第四部分 21世纪的资本监管

第十三章　21世纪的社会国家

在本书的前三部分，我分析了自18世纪以来财富分配以及贫富不平等结构的演变。通过这些历史分析，现在我希望能提炼出有益于应对未来的经验教训。其中有一个教训相当清楚：20世纪的两次世界大战涤荡了财富图景并改变了贫富结构。如今已经是21世纪的第二个10年，那些曾经认为将会消失的贫富差距竟然卷土重来，当前贫富分化程度已经逼近甚至超越了历史高点。新的全球经济带来了无尽的希望（例如贫困的消失），也带来了大量的不平等（某些人的财富真可谓富可敌国）。那么我们是否可以想象，21世纪的资本主义会转型成更加和平、更加持久的社会方式，还是说我们正在坐等下一次危机甚至战争的爆发（这次发生的将是真正的全球大战）？通过对历史的研究，在此我要提出设想，我们是否可以设计出某种政治体系，对如今的全球化承袭制资本主义进行公平和有效的制约？

如前所述，防止贫富差距无限制拉大以及重新实现对财富积累控制的最理想政策就是：全球范围内的累进资本税。这样的税制还有另外的好处：让财富置于民主监督之下，这对于有效监管银行体系和全球资本流动也是必要条件。资本税有助于让公共利益超越私人利益，同时又可保持经济的开放度和自由竞争。如果只能在某些国家或针对某些机构实行资本税,那么效果可能就不会那么明显,但如果最理想的政策无法实现,那么可能也不得不退而求其次。一项真正的全球范围内的资本税无意是带有乌托邦色彩的。如果这样的理想化状态无法达到,那么不妨尝试地区性或在某个大洲实行资本税,尤其是在欧洲,这项政策可以从愿意实行的国家开始。但在具体论述之前,还是必须要重新从宏观视角对资本税问题进行探讨(资本税当然只是理想化社会和财税体系的组成部分)。那么政府在 21 世纪的财富创造和分配中应该扮演什么角色呢?什么样的社会国家(social state)才是最适合当今时代的?

2008 年金融危机和国家的回归

从 2007~2008 年开始的全球金融危机被普遍视为是自 1929 年以来最严重的资本主义危机。这样的比较从某些角度看是合理的,但这次危机和当年的"大萧条"还是存在本质区别。最为明显的区别就是,本次危机并未引发像 20 世纪 30 年代那样毁灭性的萧条和恐慌。1929~1935 年,发达国家的生产下降了 1/4,失业率上升了差不多 25%,直到第二次世界大战爆发前夕,整个世界还没完全从危机中复苏过来。幸运的是,2008 年这场危机远不如当初"大萧条"那样将世界引向灾难,因此这场危机的名字也要温和些:大衰退。诚然,主要发达经济体在 2013 年并未恢复到 2007 年的产出水平,政府财务状况依然风雨飘摇,在可预见的未来增长前景也一片暗淡,特别是在欧洲——主权债务危机让欧洲泥足深陷(这本身就极其讽刺,因为欧洲恰好是全世界资本/收入比最高的洲)。但即便是在深深的经济衰退之中,全球最富庶国家的生产萎缩也都在 5% 以内,尽管这已经是自"二战"以来最严重的危机,但与 30 年代那种产出水平骤降和大规模企业倒闭相比仍然不可同日而语。另外，新兴国家的增速迅速反弹，支撑了当今世界经济的发展。

2008年危机并未触发"大萧条"式灾难的一个重要原因是，现今发达国家的政府和中央银行都采取了应对措施，阻止了金融系统的崩溃，同时也创造了必要的流动性来避免银行机构的倒闭，而"大萧条"时的银行倒闭潮曾让世界走到崩溃边缘。这种实用主义的货币政策和财政政策与1929年危机时所盛行的"清算学派"理论完全相反，正是这样的实用主义措施避免了最糟糕情况的发生。（1929年，当时的美国总统赫伯特·胡佛就认为所有陷入困境的企业都应被"清算"，这样的"清算"倒闭潮直到1933年富兰克林·罗斯福接替他继任美国总统后才告一段落。）这次应对危机的实用主义措施也使得人们意识到，中央银行的存在并不仅仅是坐在那里盯着通胀，当金融恐慌来袭之时，中央银行将扮演不可或缺的最后贷款人的角色——的确，只有中央银行才有能力在危机时刻阻止经济乃至社会的彻底崩盘。当然有人会说，中央银行无法解决这个世界的全部问题。尽管2008年危机之后所采取的实用主义措施有效避免了最坏情况的发生，这些措施并未能真正解决酿造危机的结构性问题，包括金融透明度的极度缺乏以及贫富差距的扩大。2008年的危机是在21世纪爆发的首场全球承袭制资本主义危机，但这绝不会是最后一场。

许多观察人士都在叹息说，危机之后经济管理领域并无真正的"国家回归"。他们指出，尽管"大萧条"本身十分可怕，但"大萧条"之后至少引发了剧烈的税收政策和政府支出的变化。确实如此，罗斯福在就任美国总统之后的几年内，就把联邦所得税的最高边际税率从胡佛时代的25%提高到了80%以上。与此形成对比的是，到本书成稿时为止，华盛顿人士还在疑惑，究竟奥巴马总统是否会在其第二任期内将布什时代留下的最高税率（约为35%）提高到克林顿时代的水平

（约为40%）。

在第十四章中，我将阐述"没收性"的高税率实际上是不妥当的（在经济上则是无效的），当时美国实行如此高的所得税率更应被视为是战争时期的临时创举。在我看来，这样的税率应被重新思考并重新运用，尤其是在美国。

诚然，良好的经济和社会政策并不仅仅是对超高收入实行高额所得税。从本质上说，这样的税制不会有特别的好处。资本累进税相比收入累进税是应对21世纪挑战更适当的工具，而后者是为20世纪设计的工具（尽管这两种工具可在未来相互补充）。但现在，必须要破除任何的误解。

如果加大政府对经济活动的干预，那么这会产生完全不同于20世纪30年代时的问题，原因很简单：现在的政府影响力要远远超过当时，可以说政府影响力在许多方面都是空前的。这就是为何如今的危机不仅是对市场缺陷的控诉，也是对政府作用的挑战。诚然，政府的作用自20世纪70年代以来就一直在接受各种挑战，这些挑战也不会终止：既然政府在"二战"后的几十年内形成了对经济和社会生活的核心作用，那么人们问责政府就合情合理。某些人可能会认为这样做不公平，但其实这是不可避免的自然现象。某些人则对政府新职能存在抗拒甚至强烈抵制，尤其是当立场不同而引发不可调和的冲突时。某些人极力主张政府应扮演更大的角色，说得好像是现在的政府并未发挥任何作用，而另外的人则呼吁政府立刻解散，尤其是在政府作用最受限的美国。在美国，"茶党"（Tea Party）及相关团体呼吁解散美联储并回归金本位制。在欧洲，"懒惰希腊人"和"纳粹德国人"的相互指责之声不断。当然这些极端主张都无助于解决实际问题。"反市场"和"反政府"各有其理由：野蛮生长的金融资本主义确实需要新的工具加以控制；与此同时，作为现代社会国家核心的财税和转移支付体系又变得过于复杂而难以让公众理解，这反过来又损害了这些体系的社会和经济效用。

这个双面任务看上去难以完成,这是我们的民主社会要在未来几年面对的巨大挑战。但现在也确实难以说服公众,让他们认为现有的治理机构(尤其是跨国机构)需要新的工具,除非已有的工具能够发挥作用。为详细阐述这点,我将回顾过去并简要介绍自19世纪以来发达国家的财税政策和政府支出政策演变。

20世纪社会国家的增长

要考察政府在经济和社会中的角色,最简单的指标就是看税收总额占国民收入中的比重。图13.1显示了这一指标在四个西方发达国家(美国、英国、法国和瑞典)的历史演变,这四个国家应该是有充分代表性的。[1]在所观察到的历史变化中,四国既有极其相似之处,也表现出重要不同点。

第一个相同点是,在19世纪至第一次世界大战爆发前,这四个国家的税收收入占国民收入的比重都在10%以下。这反映出当时政府在经济和社会中的干预程度较轻。由于税收收入只占国民收入的7%~8%,政府只能履行基本的"王权"职能(警察、法庭、军队、外交以及一般管理等),而不能介入太多的经济和社会生活。在维护秩序、保护产权以及供养军队之后(通常军费会占全部政府支出的半数以上),政府预算就所剩无几了。[2]这时期的政府也会架桥修路甚至兴建中小学、大学和医院,但大部分居民都只能享受到一些基本的教育和医疗服务。[3]

1920~1980年,发达国家国民收入中用于社会开支的比重出现了显著上升。在短短半个世纪内,税收收入在国民收入中的比重就上涨了三四倍(在北欧国家更是超过5倍)。但在1980~2010年,各国税收收入在国民收入的比重则保持相对稳定。但各国稳定下来后的水平不同：在美国税收收入仅占国民收入的30%，在英国是40%，在欧陆国家则是45%~55%（德国45%、法国50%、瑞典55%）。[4] 各国之间的差距很大。[5] 但无论如何，各国长期变化趋势是吻合的，特别是四个国家在过去30年都保持着稳定的税收/国民收入比重。图13.1中也显示了政治变革和各国特征（例如英法之间的差异），[6] 但这些差异与共同趋势相比毕竟是次要的。[7]

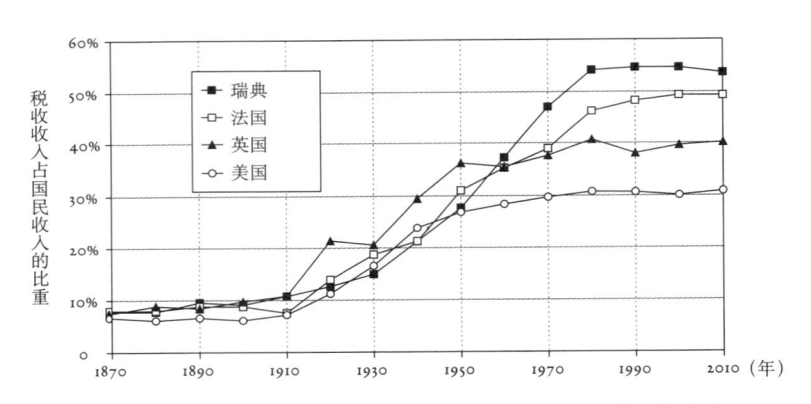

在1900~1910年之前，发达国家的税收收入占国民收入的比重都在10%以下；2000~2010年，税收收入占其国民收入的30%~55%。

图13.1　1870~2010年发达国家的税收收入

资料来源：piketty.pse.ens.fr/capital21c

换言之，无一例外，所有发达国家在20世纪初税收收入占国民收入的比重都在10%以下，但在20世纪下半叶，该比重就慢慢上移到了新的平衡点，税收占到国民收入的1/3~1/2。[8] 这样的根本转变过程中有若干要点需要说明。

首先，现在应该很清楚，那种所谓这次危机中"国家是否回归"的问题是有误导性的：因为政府作用已经到了前所未有的程度。要想完整判断政府在经济和社会生活中的作用，当然也要参考其他指标。

当前政府除了收税以支付各项花销外，还通过制定政策法规来干预经济。举例来说，1980年以后就大大放松了政府对金融市场的监管。政府现在也创造并持有资本：过去30年的国有产业和金融资产私有化也弱化了政府的角色，至少与"二战"结束后的头30年相比。然而，如果从税收收入和政府机构来看，近几十年来政府在经济活动中却发挥着空前大的作用。在此看不到任何政府收缩的迹象，这也与某些人的观点完全相左。自然，随着老龄化的发展、医学技术的进步以及越来越高的教育需求，即便是想把税收收入占国民收入的比重稳定在现有水平上，也绝非易事：反对党总是承诺会削减政府开支，但上台之后才发现落实起来困难重重。不管怎样，今天税收收入依然占了大部分欧洲国家国民收入的一半，但没有人会认为在目前的比例基础上还会出现像1930~1980年的那种飙升。在经历了"大萧条"、第二次世界大战和战后重建，当时的人们自然会认为，修补资本主义问题的方法就是扩大政府的作用并尽可能增加社会支出。但如今的情况则更加复杂。政府在社会生活中的大跃进已经发生：再也不会有第二次大跃进——无论如何也不会有第一次大跃进那样的情况。

为了更好地理解这些税收数字背后的意义，我现在要具体描述政府税收收入出现历史性增长的用途：建设"社会国家"。[9]在19世纪，政府只能履行基本的"王权"职能。如今这些职能开支占国民收入的1/10都不到。税收收入的增长使得政府可以承担更多的社会职能，当前这些社会职能开支约占各国国民收入的1/4~1/3。社会职能可基本分成两大块：一块是医疗和教育，另一块则是替代收入和转移支付。[10]

如今在几乎所有发达国家，教育和医疗开支都占到了国民收入的10%~15%（当然各国之间还是存在差异）[11]；中小学教育都是免费的，但高等教育却可能很昂贵，例如美国就是典型，英国的大学教育也收费。包括英国在内的欧洲大部分国家的公共医疗保险现在都是全民性的（即对所有人开放）。[12] 在美国，公共医疗保险仅针对穷人和老人（当然有时公共医疗保险也会很贵）。[13] 在所有发达国家，教育和医疗服务的成本大部分由公共财政承担：欧洲约为 3/4，而美国大概是一半。这样做的目标是给所有人提供平等的基本公共服务：即无论其父母收入水平如何，每个孩子都应获得教育；每个人都应获得医疗服务，尤其是当生活陷入困顿时。

在如今的发达国家，替代收入和转移支付一般占国民收入的 10%~15%（甚至到 20%）。与教育和医疗上的公共开支不同（尽管教育和医疗开支也可视为某种转移支付），替代收入和转移支付可直接构成家庭可支配收入：政府将大量税款和社保缴款收上来，然后以替代收入（养老金和失业救济金）和转移支付（家庭补贴以及低收入补助等）形式支付给其他家庭，这样家庭可支配收入总和会保持不变。[14]

从实践上看，养老金总是占了替代收入和转移支付的大头（2/3~3/4）。但各国在这方面的状况也有很大差别。在欧陆国家，仅仅养老金通常就占国民收入的 12%~13%（意大利和法国最高，德国和瑞典次之）。在美国和英国，公共养老金体系对中高收入阶层的支付是有限的（替代率，即养老金与退休前收入之比，薪资收入越高于平均值，养老金替代率就越低），养老金占国民收入的比重是 6%~7%。[15] 但无论如何各国养老金的规模都很庞大：在所有发达国家，公共养老金都是 2/3 以上退休人员的生活来源（通常都在 3/4）。尽管这些养老金体系存在着缺憾并面临着新的挑战，但其实际上是发挥了重要的社会功能，让大部分的年长者免于贫困，而在 20 世纪 50 年代，年长者陷于贫困曾是巨大的社会问题。教育、医疗和养老正是 20 世纪的财政革命所酿就的三大社会变革。

与养老体系相比，失业救济保险的规模则要小许多（通常是国民收入的 1%~2%），这反映了人们失业的时间总是要远远少于退休的时间。但失业时的替代收入又无疑是雪中送炭。最后，收入救济的规模更小（不到国民收入的1%），在考虑政府总支出时几乎可以忽略不计。但恰好是这部分政府开支碰到的挑战最多：有人说这种救济就是在养活懒汉，但其实靠福利金生活的人数要远远低于靠其他政府项目生活的人数，因为接受长期救济总是略带侮辱感（许多情况下申请长期救济的手续也极为复杂），因此许多人即使达到接受救济的条件也不愿去申领。[16]福利救济不仅在欧洲遭受质疑，在美国也是如此（那些美国"福利国家"的反对者总是拿那些失业的单亲黑人母亲说事）。[17]但无论在欧洲还是美国，这些福利救济金实际上在政府的社会开支中只占很小的比例。

综上所述，如果将政府的医疗和教育开支（国民收入的10%~15%）与替代收入和转移支付（国民收入的10%~15%，最高可达20%）相加，那么政府总的社会开支（广义来说）就是国民收入的25%~35%，即20世纪发达国家全部政府收入的增加都是用于这些社会支出。换言之，20世纪财政国家的演变基本上反映了社会国家的形成。

现代再分配：权利的逻辑

总之，现代财富再分配并不涉及将收入从富人转移至穷人处，至少不是那么直接。这种再分配是通过公共服务和替代收入来实现社会的公平，至少在医疗、教育和养老领域。从养老上说，一般替代收入和毕生工资收入会保持均衡的比例，以此来体现平等原则。[18]在教育医疗上，则不论其收入水平（或家长收入水平）如何，人人都可享受真正的平等，至少从原则上是如此。现代再分配是基于权利的逻辑，以及人人都可获得基本公共服务的平等原则。

在相对抽象的层面，在不同的国家政治和哲学传统中，也可以找到这种基于权利方法的解释。美国的《独立宣言》（1776年）宣称人人生而平等并有追求幸福的权利。[19] 从某种意义上说，我们对教育和医疗等基本权利的信仰正是源于这样的思想传统，尽管实现这样的权利还是经过了漫长的过程。《人权宣言》（1789 年）的第一条就是，"在权利方面，人人与生俱来而且始终自由与平等"，但紧接着又声明，"非基于公共福祉不得建立社会差异"。这是非常重要的限定，第二句就是对真实存在的不平等的妥协，尽管第一句声明了绝对公平的原则。的确如此，这是任何"基于权利的方法"的核心困境：平等权利的边界在哪里？难道平等权利仅仅意味着对自由达成契约的保障，即市场的平等？在法国大革命时期这样的思想看上去颇具革命性。但如果将平等权利延伸到教育、医疗和养老，正如 20 世纪的社会国家所做的，那么是否应该将文化、住房以及旅游等权利也慢慢囊括在内呢？

1789 年《人权宣言》第一条的第二句话实际上是对这样的问题给出了答案，因为这在某种意义上说是撤销了举证责任：平等是常态，但基于"社会福祉"的不平等也可接受。当然"社会福祉"的定义有待推敲。当时《人权宣言》的起草者主要考虑的是要消除"旧制度"下的秩序和特权，这些在当时看来就是独断专横又毫无益处的不平等，因此与"社会福祉"显然格格不入。当然也完全可对这句话进行更加宽泛的理解。其中一个合理的解读就是，如果社会不公平是有利于全体公众特别是有利于最弱势的社会群体，那么这样的社会不平等是可以接受的。[20] 因此必须要将基本权利和物质福利尽可能覆盖每一个人，因为这最有利于那些权利最小和机会最少的弱势群体。[21] 美国哲学家约翰·罗尔斯在《正义论》（*Theory of Justice*）中所提出的"差别原则"也有类似的意图。[22] 而印度经济学家阿马蒂亚·森所提出的"能力建设"方法在基本逻辑上也与此有相近之处。[23]

在纯粹理论的层面，确实有某种（部分是虚构的）对社会公正抽象原则的共同认知。但如果要赋予这种社会权利和不平等以实质内容或要将其置于具体的历史和经济背景下,那么就会开始出现争议。在实践中,这些争论主要是关于如何才能最有效地改善最弱势群体的生活条件,如何才能清晰界定人人都应享有的基本权利(在经济和预算限制下以及诸多不确定条件下)以及到底有哪些因素是受个人控制的、哪些是不受个人控制的(运气算到哪里为止、从哪里开始要靠努力和奋斗)?这些问题永远无法用抽象原则或数学公式来回答。寻求这些问题答案的唯一方法就是通过民主商讨和政治协商。因此主导民主讨论和决策的制度以及机制在此就要发挥中心作用,各个社会团体的相对实力和说服技巧也会影响整个过程。美国和法国的革命都确认了平等权是绝对原则——这在当时无疑是有进步的,但在实践中,在19世纪,脱胎于革命的政治体系的重点却都放在了保护产权上。

对社会国家的现代化改造而非彻底摧毁

以20世纪发达国家所构建的"社会国家"为代表的现代化财富再分配机制,基于一系列的基本社会权利:教育权、健康权以及退休权。无论这些财税和社会支付体系在今天面临多大的制约和挑战,这些制度与过去相比无疑是巨大的历史进步。暂且不论党派之争,这些社会制度已形成了广泛共识,尤其是在欧洲,所谓"欧洲社会模式"的概念可谓深入人心。没有任何主流运动或政治力量会主张回到过去的世界,过去国民收入中仅有10%~20%作为税收而政府只是履行那些"王权"职责。[24]

但在另一方面,也很少有人主张说,社会国家的规模应该像在1930~1980年那样继续扩张(即到了2050~2060年,国民收入中的70%~80%都会变成税收)。从理论上讲,当然一个国家可以把国民收入的2/3甚至3/4以税收形式收上来,前提是征税过程透明高效且税收用于大家都认同的教育、医疗、文化、清洁能源和可持续发展领域。税收本身并无好坏之分。关键在于征税方式以及税收上来之后的用途。但无论如何，社会国家的规模如此急剧扩张是既不可行也不可取的，至少在可预见的未来是这样，主要基于两个原因。

首先，"二战"后30年内政府角色的迅速扩张是受到了特殊时期经济快速增长的促进和推动，至少在欧洲大陆的情况是这样。[25] 当收入以每年5%的速度增长时，人们自然愿意将更多的一部分收入用于社会开支（由此使得社会开支的增长幅度要大于经济增长幅度），尤其是当人们需要更好的教育、更好的医疗以及更优越的养老条件时（而1930~1950年间用于教育、医疗和养老的资金又是如此有限）。但从20世纪80年代开始情况就发生了很大变化：每年人均收入增长只有1%，没有人希望看到税额持续增加，因为这意味着收入放缓甚至出现收入下降。当然在收入总额相对稳定的情况下，也可通过调整税制或累进税率来实现财富再分配，但很难想象平均税率会有普遍性和长期性的提高。尽管各国情况不同且存在政府变更，但所有发达国家的税收收入都达到相对均衡的水平已不是偶然现象（见图13.1）。此外，现有的社会需求也并不意味着税收收入必然要上涨。诚然，在教育和医疗领域的确客观存在着需求增长，这或许会导致未来税收的略微上涨。但发达国家的居民也可合理要求有更多的收入来购买由私营部门提供的产品和服务，例如旅游、服装、房产、有益的文化生活以及最新款的平板电脑等。在生产率增长较低的国家，增长率大概只有1%~1.5%（其实从长期看这样的增长率还不错），社会必须在不同种类的需求中做出选择，因此没有明显理由认为几乎所有需求都要通过税收去满足。

另外，无论增长收入如何在不同种类的需求中分配，一旦公共部门的规模超过了一定限度，那么就必然会产生严重的组织问题。再者，也实在难以预测，如果长此以往，究竟会发生什么。现在看，完全有可能会产生分散型和参与型的组织形式,再加上创新型的治理方式,因此未来的公共部门即便比今天更加庞大,也依然可以保持高效运行。"公共部门"本身的含义过于狭窄:由公共资金支持的服务并不意味着它们由政府或其他公共机构直接雇用的人所提供。医疗和教育的服务由各类组织机构共同提供,包括基金会和组织协会,这些都是介于公私部门之间的媒介机构。概括来说,教育医疗占了发达国家就业和国内生产总值的 20%,超过了全部工业部门的总和。这种生产组织方式是可持续的也是普遍的。例如从来就没有人建议将美国的私立大学改组成公共机构。类似的媒介形式完全有可能会在未来变得更加常见,例如在文化和传媒领域,现在营利机构的竞争过于激烈,人们也开始担忧这些机构的利益冲突。在此前讨论德国资本主义组织形式的篇章中,我曾提到私人财产的概念在各国之间是存在差别的,甚至在最传统的汽车制造业也是如此。如今的发达国家并不只有一种资本主义形态或组织生产方式:我们生活在混合所有制经济中,尽管不同于"二战"后人们所设想的混合所有制经济,但至少非常真实。这在未来还将继续存在,甚至会越发丰富多彩:新的组织和所有权形式将继续涌现。

承上所述,我们在学习如何有效安排相当于国民收入 2/3 甚至 3/4 的公共开支之前,首先最好要改善现有公共部门的组织和运营,当前公共部门仅代表一半的国民收入(包括替代收入和转移支付)——这可不是小菜一碟。在德国、法国、意大利、英国和瑞典,有关未来几十年社会国家的讨论主要是围绕组织、现代化和整合几个方面:如果税收总额和社会开支在国民收入中的比重保持基本不变(或许在需求增加条件下略有增长),我们又该如何来改善医院和托儿所的运行,如何调整医生的收费和药品价格,如何改革大学和小学、如何根据人均寿命和年轻人失业率的变化来调整养老金和失业救济金?既然现在国民收入的一半都流向了公共开支,那么这样的讨论就完全是合理并且是必要的。如果我们不时常追问该如何调整社会服务以满足公众需求,那么支持高税收水平的民意基础就会逐渐削弱并导致整个社会国家的崩塌。

显然,即便穷尽本书篇幅,也无法对社会国家各方面的改革未来进行详述。因此我将把重点放在对未来有着重要影响的若干问题上,这些问题也能跟我的研究课题产生直接的关系:首先是教育平等的问题,尤其是高等教育;其次是在低增长环境中现收现付制下的养老金问题。

教育机构是否在推动社会流动?

在世界各大洲的所有国家,教育公共开支的主要目标就是为了推动社会流动。既定的目标是为了让所有人不论其社会背景都获得受教育的权利。那么现有的教育机构在完成这个目标方面表现得如何呢?

在第三部分,我曾提到过,即便20世纪的人均教育水平有了长足的进步,劳动收入的不平等也并未减轻。个人资质的水平向上移动:现在中学毕业文凭也就相当于过去的小学毕业证,大学毕业证书也就相当于过去的高中毕业证,以此类推。随着科技的发展和工作场所的变更,几乎所有行业的薪资水平都有了相似幅度的提升,因此收入不平等并未改变多少。那么社会流动呢?大众教育的普及是否让某既定技能等级之人的胜败转换概率增大了呢?根据现有的数据,答案似乎是否定的:教育和劳动收入之间的代际关系,即衡量技能等级长期传承的指标,从长远看并没有朝着加速流动的方向发展,甚至近些年来社会流动可能已经下降了。[26] 但请注意,衡量代际之间的社会流动性要比衡量既定时点的不平等困难许多,而现有的可以用来估测社会流动历史变化的数据又相当不完整。[27] 在此研究领域最扎实的结论是,代际传承在北欧国家最低,而在美国最高(相关系数比瑞典高出2/3);

法国、德国和英国居中，即比北欧的社会流动性差，但比美国的社会流动性好。[28]

这些研究发现与曾经占美国社会学界主流的"美国例外论"形成鲜明对比，因为按照"美国例外论"的说法，美国各阶层的流动性很强，而欧洲则是阶层固化的社会。毫无疑问，美国在19世纪初叶社会流动性更为活跃。如此前所述，那时继承财富在美国的作用要小于在欧洲，美国的社会财富分布在相当长的时期也是很分散的，至少到第一次世界大战前。但纵观20世纪甚至直到今天，所有的数据都表明美国的社会流动性要弱于欧洲。

其中一个可能的解释是，美国所有的著名高校都要收取非常昂贵的学费。此外这些学费在1990~2010年间又增长了不少，这与美国高收入人群的收入增幅相匹配，这意味着美国不仅过去的社会流动下降，其未来的社会流动也会继续下降。[29] 现在高等教育的不公平问题正在美国引发越来越多的争议。研究表明，在1970~2010年，家长收入属于美国收入后1/2的美国高校毕业生始终只占总数的10%~20%，而家长收入是属于前1/4的高校毕业生比例却在同期从40%上升到了80%。[30] 换言之，能不能上大学几乎就成了"拼爹游戏"。

这种入学不平等似乎也存在于经济状况较好的家庭，因为名牌私立大学不仅学费高昂（对中高收入家长来说也有些难以负担），而且录取与否很大程度上取决于家长对高校捐款的能力。例如，有一项研究表明，美国毕业生对母校的捐赠往往会集中发生在他们的子女到了大学入学年龄的时候。[31] 此外，通过比较不同来源的数据，可以估算目前哈佛大学学生家长的平均收入是45万美元，这与美国收入最高的2%居民的平均收入相同。[32] 这样的研究结果表明大学对新生的录取并不完全是看新生的能力和资质。"按材录取"的宣传与现实似乎走了两个极端。在此也要指出，美国大学的遴选过程往往是不公开的。[33]

但千万不要以为，高等教育入学不公的事情只发生在美国。这是所有社会国家在 21 世纪都必须面临的重大问题。迄今为止，还没有国家能提出真正令人满意的应对之策。诚然，如果不考虑英国，那么欧洲大学的学费的确较低。[34] 在瑞典和其他北欧国家，在德国、法国、意大利和西班牙，学费都相对低廉（低于 500 欧元）。尽管也存在例外，比如商学院和巴黎政治学院这样的专业学府学费就较高，而且尽管欧洲的大学学费也在变化调整中，但总体来看欧陆国家和美国还是存在着显著区别：在欧洲，大部分人都认为大学教育应和中小学教育一样免费或接近免费。[35] 在魁北克，将大学学费从 2 000 美元逐步提高到 4 000 美元的提议被认为是要走上美国式的不平等道路，这导致了学生在 2012 年冬季的罢课，最终引发了政府更替并最终收回了该项提议。

但如果认为免费高等教育可解决所有问题，那也未免天真。1964 年，皮埃尔·布尔迪厄（Pierre Bourdieu）和让-克劳德·帕斯尤（Jean-Claude Passeron）在《继承人》（Les héritiers）一书中提出了更为微妙的社会和文化选择机制，这种机制几乎与金融选择机制类似。在实践中，法国的"大学校"系统会将公共资金更多地用在来自上流社会背景的学生身上，而来自较低社会背景的学生则无法享受太多。在此，官方所宣扬的"共和精英选拔"与现实（社会开支恶化了初始社会的不平等）形成了鲜明对比。[36] 根据现有数据，巴黎政治学院学生家长的平均收入大约是 9 万欧元，这与法国收入最高的 10% 的人的收入大致相符。因此巴黎政治学院的学生录取人数应该是哈佛的 5 倍多，但依然集中于小部分群体。[37] 对于其他法国认证的"大学校"我们缺乏数据开展相应研究，但估计也是类似的情况。

要想实现高等教育机会的均等从来并非易事。这是社会国家需要在 21 世纪面对的重大问题，而理想的体系还尚未问世。学费会造成入学机会难以承受的不平等，但高昂学费也使得美国大学更加独立、繁荣且富有活力,这些也让美国高校为世界所称羡。[38] 从抽象层面说,只要通过给高校提供相当数量的公共财政刺激,高校就有可能会在录取寒门子弟方面做出改善。从某些方面说,这是公共医疗保险系统正在做的事情:生产者(医生和医院)被赋予一定的独立性,但医疗的成本却是共同的责任,由此保证患者都能获得平等救治的权利。高校和学生的管理方面也可采取同样的方式。北欧国家在高等教育方面就采取了类似的策略。这当然要求公共资金的持续投入,这在当前社会国家面临整合的氛围下殊为不易。[39] 但这样的策略所取得的成效却要远远超过其他办法,如根据家长的收入情况征收学费[40],或先给学生提供贷款,然后再通过给贷款人征收额外附加所得税来偿还。[41]

如果我们将来想在这些方面取得进步,那么最好是从提高招生过程的透明度开始。在美国、法国以及其他国家,对国家精英模式的优势讨论从来都不太注重事实。这种讨论通常都是为了给现有的不平等寻找理由,因此常常忽略了现有体系的内在缺陷。1872 年,法国学者埃弥尔·布特密(Emile Boutmy)在创立巴黎政治学院时就清晰说明了学院的宗旨:"遵从多数统治的原则,那些自诩为上流阶级者只有在致力于多数人的权利时才可保持其政治统治权力。随着传统上流社会特权的消逝,民主浪潮将面临源自社会精英阶层的第二次反击,他们凭借自身的优势和能力索取更多的特权,社会也无法理智地使其完全丧失这些特权。"[42] 如果我们认真考虑这段话,那么可以很清楚地看出上流社会决意要有所作为——变成社会精英,以防全民公投时代来临时,上流社会的一切都被剥夺干净。这自然会让人想到这段话的政治背景:当时巴黎公社运动遭到镇压,男性全民公投的原则重新确立。但布特密的话也提醒了我们一个基本事实:定义不公平的意义以及证明胜利者的地位合理是极为重要的,而正因为如此,才会出现各种各样的混淆和曲解。

退休之未来：现收现付制和低增长率

公共养老金体系基本上都是现收现付制：正在工作的人缴费，所缴的费用直接用来支付退休人员的养老金。与资本化的养老金方案不同，现收现付制并不开展投资，因为缴上来的资金直接就付给了现有的退休者。在现收现付制中，按代际支持的原则（如今的工人为今天的退休者付钱，自己的退休金则寄希望于以后的工人），收益率是与经济增长率相等的：退休者养老基金的涨幅总是与工资涨幅相等。从理论上，这也隐含着现在的工人希望工资能尽快上涨之意。因此他们应该积极投资于学校和大学以给子女创造更好的条件，并且还要提高生育率。换言之，在代际之间会存在某种联系起到推动社会进步和社会和谐的作用。[43]

当 20 世纪中叶刚刚推行现收现付养老金制度时，当时的条件实际上非常有利于这种良性循环的发生。当时人口增长率很高，生产率增长也很快。欧陆国家的经济增长率当时高达 5%，因此这就是现收现付制的收益率。具体而言，那些在"二战"至 1980 年之间向国家退休基金缴款的工人所享受的养老基金池（现在仍在享受）要比之前的工人大许多。而现在的情况又变得不同。经济增长率的下降（现在发达国家的增长率只有 1.5%，最终所有国家的增长率可能都只能维持在这样的水平）大大降低了养老基金池的收益率。所有的迹象都表明，21 世纪资本的收益率将远远高于经济增长率（资本收益率 4%~5%，而经济增长率只有 1.5%）[44]。

在这样的情况下，结论自然就是要尽快用资本化的养老金体系来替代现收现付制养老金体系，在资本化的养老金体系下，缴纳的养老金是用于投资而不是马上支付给现有的退休人员。似乎只要养老金的年投资收益达到 4%，那么等几十年后现在的工人退休后就能拿到充足的养老金。但这种看法其实是存在若干问题的。首先即便资本化养老体系的确优于现收现付制，实行两种养老金制度的转换也可能会带来一个根本问题：整整一代人将没有养老金。但对于现在即将退休的那些人来说，他们缴纳的养老金都用来支付给已经退休的人员了，而后来工人缴纳的养老金，本来是他们这些人可以用来支付房租或购买食物得以安度晚年的，现在却要投资于全球各地的资产。要解决两种制度的脱节问题并不容易，因此仅仅这个问题就使得这样的改革不可想象，或至少不能采取如此极端的方式改革。

此外，在比较两种养老金体系优劣的时候，必须要考虑到，资本收益的波动性实际上是很大的。将全部养老金余额投入全球金融市场风险较高。$r>g$ 的普遍规律并不表明具体一项投资也必然如此。对于那些生活条件优越并能等待 10 年甚至 20 年再拿利润的人来说，资本收益率确实是很可观的。但如果有一代人等着钱来维持生活，那么采取"搏一把"的投资方式就十分不明智了。现收现付制的最大好处在于，这是确保养老金福利按可靠和透明方式发放的唯一途径：工资涨幅或许低于资本收益，但工资涨幅的波动幅度也不到资本收益的 1/10~1/5。[45] 这在 21 世纪还将继续如此，因此无论在哪里，现收现付制依然会是未来最理想社会国家的重要组成部分。

尽管如此，$r>g$ 的基本规律并不能完全忽视，而发达国家现有的养老金体系也必然会发生某种变革。最大的挑战当然是人口的老龄化。现有养老制度是按照平均寿命六七十岁来设计的，而现在发达国家居民的平均寿命已提高到了八九十岁，因此要继续维持原养老制度就很难。此外，提高退休年龄不光可以增加工人和退休者养老金资源（在低增长时代是好办法），现在许多人也希望通过延长工作来提高成就感。因此对于这些人而言，强迫他们在 60 岁退休使他们有更多的时间安享晚年，这样的安排并不具有吸引力。但问题在于各人的情况千差万别。有些人的工作主要是脑力劳动，因此他们希望能一直做到 70 岁

（而且劳动总量中这样性质的工作比例还在增加）。还有些人可能在很年轻的时候就参加工作，而且劳动非常繁重，薪资不高，因此这些人当然希望能及早退休（尤其是从事繁重工作的劳动者的平均寿命也往往要低于高素质劳动者）。但遗憾的是，许多发达国家近年的养老体系改革都未能充分考虑到个人情况之间的差异，在某些情况下，底层劳动人民的诉求总是要多于所谓的高素质人群，这也是为什么养老金改革往往会引发社会强烈抗议的原因。

养老金改革的另一难题在于，将被改革的养老金体系总是十分复杂，比如对公务员、私营部门工人以及自由职业者的规定都不相同。如果某人曾从事过不同类型的工作（这在年轻群体中越来越常见）那么真的很难确定到底要对他适用哪种规定。这样的复杂现实是不难理解的：现有的养老金体系都是逐步发展起来的，即从19世纪建立起基本框架后再慢慢覆盖到不同社会群体和职业。这就造成了在改革时很难达成共识，因为许多人都会觉得自己的处境要比其他人差。现有规则和体系的庞杂总是让人们难以看清，人们普遍低估了业已投入到养老体系中的资金资源，而这样的资源投入增长是不可能永久持续下去的。举例来说，法国的养老金体系就极其复杂，现在的年轻人根本就不知道自己到底有哪些基本权利。有些人甚至认为，尽管他们现在要把很大一部分收入交给养老基金（约占工资总额的25%），但最终他们将什么都拿不到。21世纪的社会国家最需要进行的改革之一就是，在个人账户基础和人人平等的原则上建立起统一的退休计划，而不论个人的职业经历是多么复杂。[46] 在这样的体系中，人人都能清楚地知道自己可以从现收现付制中得到多少，这样可使得个人做出更为明智的个人储蓄决定，个人储蓄在经济低增长环境中必然会对养老发挥更重要的补充作用。经常有人说"公共养老金就是无遗产继承者的继承遗产"，这话当然不假，但这并不意味着不用去鼓励人们进行更多适当的自我储蓄,由此作为对公共养老金的补充。[47]

落后国家和新兴国家的社会制度

那么20世纪发达国家出现的社会制度是否具有普世性呢?在贫穷国家和新兴国家是否也会出现类似的社会制度呢?答案只有天知道。首先,发达国家之间本身就存在着重要的区别:西欧国家的政府收入似乎稳定在国民收入40%~45%的水平,而美国和日本则徘徊在30%~35%的水平。显然,即便是在相同的发展阶段,各国也可以有自己的选择。

如果看1970~1980年全球最欠发达国家的情况,无论是在撒哈拉以南非洲地区还是在南亚地区(尤其是印度),我们都会发现政府拿走的部分一般占国民收入的10%~15%。如果看处于中等收入水平的拉美、北非和中国,那么政府拿走的部分大概是国民收入的15%~20%,低于发达国家过去同等条件下的水平。最惊人的发现是,发达国家和发展中国家在这方面的差距近年来还在扩大。发达国家税收收入水平出现了上升(从20世纪70年代的30%~35%上升到80年代的35%~40%),随后就稳定在今天的水平上,但贫穷国家和中等收入国家的税收收入水平却出现了大幅下降。在撒哈拉以南非洲地区和南亚地区,20世纪70年代和80年代初的税收略低于国民收入的15%,但在90年代下降到了略高于10%的水平。

这种变化也引发了发展差距拉大的担忧,因为如今所有发达国家的经验表明,构建现代财政和社会国家是现代化和经济发展进程的核心组成部分。历史数据表明,如果某国家只有10%~15%的国民收入作为税收上缴,那么该国政府很难履行除传统"王权"职能之外的社会化职能:在供养警察和司法队伍后,留给教育和医疗的就所剩无几了。另外一种选择就是吃大锅饭,把有限的资金尽可能均分给警察、法官、教师和医生，这样做的结果就是可能所有部门都无法有效运转。这会导致恶性循环：公共服务水平低下导致对政府信心不足，这又反过来使得增税难度加大。现代财税体系和社会国家的建设与国家发展进程息息相关。因此经济发展史往往也是政治和文化发展史，每个国家都必须找到适合自身发展的路径并妥善应对自身的内部矛盾。

按现有情况来看，发达国家和国际组织似乎也要承担部分责任。初始状态并不是很好。去殖民化过程在1950~1970年间酿成了若干冲突：与殖民者对抗的独立战争、边界武装冲突、冷战引发的军事对峙，或兼而有之。1980年以后，源自发达国家的极端自由主义浪潮迫使贫穷国家缩减公共部门开支并放缓了现代财税体系建设来推动经济发展的步伐。最近的研究表明，1980~1990年间最贫穷国家的政府税收减少归因于关税收入的锐减，而关税在70年代时曾相当于这些国家国民收入的5%。贸易自由主义并不是坏事，但自由贸易不能是外界强加的，此外对于损失的关税收入，最好也有强大的税务部门可以通过开征新税或寻找替代收入来加以弥补。发达国家的关税减让过程从19到20世纪延续了200年时间，其间发达国家也知道该如何控制节奏并知道从哪里寻求替代，它们没有受到其他国家的颐指气使和指手画脚。[48] 这说明了更加普遍的现象：发达国家总是将发展中国家当成试验场，而根本没有充分汲取他们国家自身历史发展中的教训。[49] 我们今天在贫穷国家和新兴国家看到了各种各样的趋势。例如中国等国家在税制方面其实已经相当发达：比如中国的所得税制可以覆盖广大人群并借此实现了大量的财政收入。中国完全有可能建立起跟欧洲、美洲以及亚洲发达国家类似的社会制度（当然会具备中国特色，不过鉴于中国的政治和人口因素，该过程也会充满不确定性）。而像印度等国家要想在低税基的基础上达到均衡水平则要困难许多。[50] 但无论如何，发展中国家究竟发展什么形态的社会制度将对未来世界有着不可低估的重要意义。

第十四章 反思累进所得税

上一章考察了社会国家的结构和演变,重点关注社会公共需求的本质以及相关的社会支出(如教育、医疗、退休等)。我们将税负总水平视为给定,然后刻画了其演变过程。在本章和下一章,我们将更细致地考察税收和其他政府收入的结构,以资未来借鉴,而这种收入也正是社会国家形成的不可或缺的要素。20世纪在税收方面的一个主要创新是累进所得税的产生和发展。这一制度在消弭收入不平等上起到重要作用,但目前却遭遇国际税收竞争的严重威胁。这一险境的造成也可能是由于该制度的思想根基从未厘清,因为该制度实属应急之策,根本无暇细思。累进遗产税也面临同样的问题,它是20世纪第二大财政创新,在近几十年中也遭遇挑战。不过,在我进一步仔细考察这两种税负之前,首先要在累进税的大框架内对两者进行定位,并考察其在现代收入再分配中的作用。

累进税问题

税收不是一个技术问题。它很大程度上是一个政治和哲学问题,也许是最重要的政治问题。没有税收,社会就没有共同命运,集体行动也就无从谈起,这是常理。每个重要政治巨变的核心都包含着财政革命。当革命议会投票废止了贵族和牧师的财政特权,建立起普遍征税的现代税负体系时,法国旧制度①就寿终正寝了。当英属殖民地的臣民决定掌握自身命运、设定自己的税制时,美国独立战争就爆发了("无代表,不纳税")。两个世纪后虽然内容有所不同,但问题的核心则始终如一。主权国家之公民,如何能够民主地决定其愿意为如教育、医疗、退休、消减不平等、就业、可持续发展等公共目标贡献多少资源?事实上,采取何种具体的税收形式也因此而成为任何社会中政治冲突的症结。最终目标是在此问题上达成一致,即谁必须以何种原则支付什么,由于人与人千差万别,这绝非易事。特别是人们赚到的收入不同,拥有的资本也不同。在每个社会,都会有人工资收入很多但遗产继承很少,也会有人正好相反。幸运的是,两种财富来源从来都不完全相关。有关理想税收体系的观点也相应地各不相同。

人们常常把税收分为所得税、资本税和消费税。差不多在所有时期都存在不同比例的三类税负。然而,这种分类并不能排除模棱两可的情况,分界线并非总是很清楚。例如,除劳动收入外,所得税原则上也适用于资本收入,因而也算是一种资本税。资本税通常包括对任何来自资本的收入现金流的课税(比如企业所得税),以及任何对资本存量价值的课税(比如房产税、遗产税或财产税)。在现代社会,消费税包括增值税,以及对进口物品、酒类、汽油、烟草和服务的征税。消费税自古存在并且常常最为大众所痛恨,更是底层民众最沉重的负担(让人想起法国旧制度下的盐税)。由于不直接取决于纳税人的收入和资本,它们通常被称作"间接税":它们并不直接交付而是作为所购

---

① 旧制度(Ancien Régime),特指法国从15世纪到18世纪这段时期,即从文艺复兴末期到法国大革命。——译者注

商品售价的一部分间接支付。在理论上可以设想一种直接消费税，基于每个纳税人的总消费征税，但是这种税收从来没有出现过。[1]

20世纪出现了第四类税种：对政府发起的社会保障项目的缴费。这些缴费是一种特殊的所得税，通常仅针对来自劳动的收入（工资和非工资劳动报酬）。进入社会保障基金的款项旨在为替代收入融资，不管是退休工人的养老金，还是失业工人的失业救济。这种征收方式会确保纳税人了解税收的使用目的。有些国家（比如法国）也使用社会缴纳的方式来支付其他社会支出，比如医疗保险和家庭津贴，使得社会缴费的总额占政府收入的近一半。然而，如此复杂的体系不仅未能厘清税收征缴的目的，实际上还可能掩盖需要考虑的问题。相反，其他国家（比如丹麦）用一个庞大的所得税体系为所有社会支出融资，税收收入被分配到养老金、失业救济、医疗保险，以及许多其他领域。实际上，这些由于税收的不同法定类别产生的区别在一定程度上不是很重要。[2]

抛开对定义的吹毛求疵，刻画不同种类税收的一个更恰当的标准是，它在何种程度上是比例税或者累进税。当其税率对每个人都一样时，该税种被称为"比例税"（也被称为"单一税"）。当其对某些人的税率高于其他人时，不管是因为这些人挣钱更多，或是拥有财富更多，抑或是消费更多，该税种即为累进的。当其税率对富人降低时，该税收就是累退的。这或许是因为他们取得了部分税收豁免（或是合法的，比如财政最优化的结果，或是非法避税），也或许是因为法律强行规定了一个累退税率，比如著名的"人头税"，1990年撒切尔夫人为此让出了首相宝座。[3]

在现代国家财政中，总税收支付往往与个人收入成比例，尤其是在总额比较大的国家。这并不奇怪：征收一半的国民收入投入雄心勃勃的社会福利项目，却不让每个人都做出实质性贡献，这是不可能的。

此外，现代财政和社会国家发展所遵循的普遍权利逻辑也与比例税或者轻微累进税的思想非常符合。

然而，据此即认为累进税在现代收入再分配中无足轻重那就错了。首先，即使对大多数人来说税收比例较为接近，但最高收入者和最大财富拥有者被课以显著的更高（或更低）税率，这一事实本身就会对收入不平等的结构产生重大影响。特别是有证据表明，对超高收入和巨大财产课以累进税，一定程度上解释了为什么自1914~1945的冲击后，财富集中程度从未达到"美好年代"时期的水平。相反，自1980年以来，美国和英国收入累进税的大幅下降（即便两国都曾经是"二战"后累进税的引领者），也许能够解释超高水平收入的增加。同时，在当前资本自由流动的世界中，国家间的税收竞争开始增强，这让许多国家免除了累进所得税中对资本收入的征税。欧洲的情况尤其如此，那些相对较小的国家早已被证实无力达成协调的税收政策。其结果就是无休止的竞次（race to the bottom）①，导致降低公司税的税率，免除对利息、红利和其他金融收入的征税等，而其后果都要由劳动收入来承担。

后果之一就是在大多数国家对顶层收入者而言，税收已经变为（或很快变为）累退的。例如，2010年对法国税收的一个详尽研究考察了所有的税收形式后发现，整个税收（平均占国民收入的47%）的平均税率随着收入等级是下降的：收入分配底层的50%人口，其税率为40%~45%；往上的40%的人口，其税率为45%~50%；然而，收入顶端的5%甚或1%，其税率却更低；收入顶层0.1%的人口，税率只有35%。穷人的高税率反映了消费税和社保缴费在税收中的重要性（二者占法国税收收入的3/4）。对中产阶层的轻微累进，归因于所得税

---

① 一种社会经济现象，指政府为了吸引或保持其管辖区域内的经济活动，对经济环境和税收解除管制，往往会导致低工资、恶劣的工作条件和环境破坏。——译者注

的重要性也在逐步增加。相反，收入顶层的明显累退反映了在这个水平上资本收入的重要性，资本收入的税收很大程度上从累进税中豁免了。这一效应要大于资本存量税的效应（资本存量税是所有税种中最为累进的）。[4] 所有信号都表明，在欧洲其他地方（在美国也很可能），税收也遵循近似的钟形曲线，形状很可能要比此处的粗略估计更明显。[5]

如果将来社会顶层阶层的税收变得更加累退，其对财产分配不均的动态影响可能会很显著，从而导致资本的高度集中。显然，最富裕公民的这种财政脱离（fiscal secession）通常可能会对财政共识（fiscal consent）产生巨大损害。支持财政和社会国家的共识在低增长时期本已脆弱，而这时这种共识会被进一步削弱，特别是在中产阶层那里，他们显然无法接受自己比上层社会纳税更多。个人主义和利己主义将蓬勃而起：既然整个体系不公正，为什么要继续为他人埋单？如果现代社会国家想要继续保持生命力，基本税收体系保持最低限度的累进很必要，或者至少不能在收入顶层发展为明显的累退。

此外，只通过考察顶层收入者的纳税程度来评判税收体系的累进性，显然没有把财富继承纳入考虑，而其重要性正在增加。[6] 实际上，财产的税负要比收入轻得多。[7] 这使得被我称为"拉斯蒂涅难题"的情形更加恶化。如果按照有生之年总资源的积累将个人分类（包括劳动收入和资本化的财产继承，这是更合适的考察累进税的评判标准），对顶层阶层而言，钟形曲线将比仅仅考虑劳动收入的情形有更加显著的累退。[8]

最后一点值得强调的是：就全球化对富裕国家低技术工人产生的严重冲击而言，一个更加累进的税收体系原则上是合理的，而这又增加了整个问题的复杂性。无可否认，如果想要保持总税收占50%的国民收入，每个人支付相当的数量是不可避免的。然而，可以很容易地构想一个更加大幅度的累进税体系，而不是轻微累进（不考虑最高阶层)。⁹ 这不能解决所有问题,但足以显著改善低技术工人的状况。¹⁰ 如果税收体系不能更加累进,在自由贸易中得益最少的人会大力反对它,这毫不奇怪。为了确保每个人都从全球化受益,累进税不可或缺,越来越多的累进税明显缺位,可能最终会侵蚀经济全球化的根基。

基于所有这些理由,累进税是社会国家的关键要素:它在社会国家的发展和 20 世纪不平等结构的转型中占据核心地位,为确保未来社会国家的活力,它仍然至关重要。但是累进税目前面临严重威胁,不仅在理论上(因为它的各种功能从未充分讨论过),也在政治上(因为税收竞争使得全部收入类别在一般规则下获得豁免)。

20 世纪的累进税:混乱中的昙花一现

简单回顾一下,我们是如何达到当前的认识的?首先,累进税是两次世界大战的产物,同时也是民主政治的产物,认识到这一点很重要。它是在混乱环境中被临时采用的急救措施,这也是为何它的各种作用未能充分厘清,为何它在今天遭遇挑战的部分原因。

诚然,许多国家在第一次世界大战爆发前就采用了累进所得税。在法国,设定"一般所得税"的法律于 1914 年 7 月 15 日通过(在被参议院否决了几年之后),它是对即将发生冲突所产生的可预见的财政需要的直接回应;如果不是宣战迫在眉睫,这个法律仍然不会被批准。¹¹ 除了这个例外,大多数国家采取累进所得税是同往常一样经过深思熟虑后由国会正式议程批准的。例如,这样的税种 1909 年在英国被采用,1913 年在美国被采用。几个北欧国家、一些德意志国家和日本甚至更早就采用了累进所得税:丹麦在 1870 年,日本在 1887 年,普鲁士在 1891 年,而瑞典在 1903 年。到 1910 年,尽管不是所有发达国家都已经采用了累进税制,但是将累进制原则以及将其运用于所有收入领域（即劳动收入和各种资本收入之和，劳动收入包括工资收入和非工资劳动收入，资本收入包括租金、利息、红利、利润，以及其他形式的资本收益）的国际共识正在形成。[12]对很多人来说，这个体系看起来是更加公正和有效的分摊税收的方法。全部收入衡量每个人的纳税能力，而累进税则提供了一个限制由工业资本主义造成的收入不均衡的办法，同时，也保持了对私人财富和竞争力的尊重。当时发表的许多书籍和报告帮助普及了这一思想，虽然许多人（尤其是在法国）仍然对累进的基本原则保持敌意，但这一思想也赢得了一些政治领导人和自由派经济学家的支持。[13]

可以因此说累进所得税就是民主政治和普遍选举权的自然结果吗？实际上，问题要更为复杂。确实，在第一次世界大战前，即使极高收入者的税率也非常低。各国都是如此，毫无例外。在图14.1中，由世界大战带来的政治冲击之强度非常清楚，该图显示了从1900年到2013年美国、英国、德国和法国的最高税率（即最高收入等级的税率）的演变。1914年之前最高税率都停滞在微不足道的水平，战后则开始飙升。这些曲线在富裕国家中很有代表性。[14]

在法国，1914年所得税法规定的最高税率仅为2%，只适用于非常少的纳税人。只是在第一次世界大战后，在面临迥异的政治和财政背景时，最高税率才被提高到"现代"水平：1920年为50%，1924年为60%，1925年甚至达到72%。尤为引人注目的是，1920年6月25日，拥有"国家联盟"（National Bloc）多数票的所谓蓝天议会（blue-sky Chamber，法兰西共和国历史上最右翼的众议院之一）通过了一项法律，将最高税率提高到50%，实际上这被视为所得税的第二次生命而该议会的主要代表成员在战前激烈反对最高税率为2%的所得税。右翼在累进税制上立场的截然反转，当然归因于战争造成的糟糕财政状态。战争期间政府积累了相当多的债务，虽然在例行讲演中一个接一个的政治家宣称"德国将会赔付",但每个人都知道必须找到新的财源。战后物资短缺和对印钞机的依赖将通货膨胀推到前所未有的高度,以至于工人的购买力停留在 1914 年的水平之下,1919 年 5 月和 6 月的几次罢工险些使国家陷入瘫痪。在这种环境下,政治倾向几乎无关紧要:新财源不可或缺,没人认为那些最高收入者应该独善其身。1917 年的布尔什维克革命每个人都记忆犹新。正是在这种混乱和躁动的情况下,现代累进所得税产生了。[15]

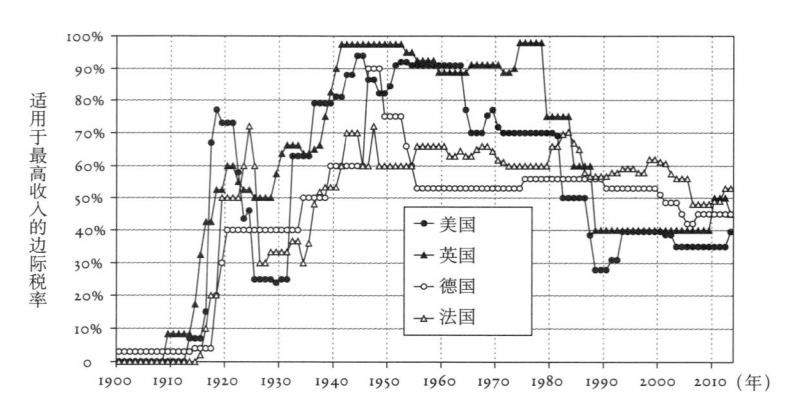

在美国,所得税的最高边际税率(适用于最高收入)从 1980 年的 70% 下降到 1988 年的 28%。

图 14.1 1900~2013 年最高所得税税率

资料来源:piketty.pse.ens.fr/capital21c

德国的情况特别有趣,因为德国在战前 20 多年已经有累进所得税。在整个和平时期,税率从未显著提高。在普鲁士,1891~1914 年最高税率稳定保持在 3%,然后在 1915~1918 年提高到 4%,在急剧变化的政治环境下,最终在 1919~1920 年飙升到 40%。在美国,接受一个大幅度累进所得税制在理论上和政治上的准备要比其他国家都充分,而这也引领两次世界大战之间的潮流,其最高税率也是直到

1918~1919年才陡然增加，先到67%，又到77%。在英国，1909年最高税率设为8%，这在当时是相当高的水平，但是直到战后才再一次突然提高到并超过40%。

当然，我们无法预测如果没有1914~1918年的冲击会发生什么。一场运动显然已经发起。然而，有一点似乎可以肯定，即如果没有这一冲击，迈向更加累进的税制的步伐无疑会慢得多，而且最高税率可能也绝不会达到它曾经达到的高度。1914年之前执行的税率，包括最高税率，总是在10%以下（通常在5%以下），这跟18世纪和19世纪的税率并无多大不同。尽管19世纪末20世纪初才出现针对全部收入的累进税，但是之前也存在其他形式的所得税，通常对不同收入有不同的规则，而且常常是固定税率或接近固定的税率（例如，允许某固定数目抵扣后的统一税）。大多数情况下税率在5%~10%（至多）。例如，分类所得税就是如此，对每种类型的收入（土地租金、利息、利润、工资等）使用单独税率。英国在1842年采用了这样的分类税，直到1909年"附加税"（一种对全部收入的累进税）产生之前，它都一直是所得税的英国版本。[16]

在法国旧制度下，也有各种形式的直接所得税，比如taille、dixième和vingtième①，典型的税率为5%或10%（正如名称所表明），适用于某些但并非全部收入，有很多的免税条目。1707年，沃邦提议一个名为"dixième royal"的税收，规定以10%的税率向所有收入征税（包括贵族和教会的地租），但它从未全面实施。不过，在18世纪的进程中，有各种改善税制的尝试。[17]革命的立法者，出于对衰落的君主政体的宗教法庭裁判官调查方法怀有的敌意，或是出于敏锐的保护新兴工业资产阶级免于承担过重税负的目的，选择建立一种"指标"

---

① 均为法语，是税种名称。——译者注

税制：税收计算基于那些能反映纳税者纳税能力而不是实际收入的指标，实际收入则不必申报。例如，"门窗税"基于纳税人主要住宅的门窗数量，这被视作财富的标志。纳税人喜欢这个体系，因为不用进入纳税人家里，更不用说检查账簿，当局就能确定纳税额。新体系下最重要的税收是1792年的不动产税，基于纳税人拥有的所有不动产的租赁价格确定纳税额。[18] 所得税基于平均租赁价格的估计值，该值每10年修订一次，当局也同时盘存法国的全部地产；纳税人不要求申报其实际收入。由于通胀水平很低，这不会造成多少差异。实际上，这种不动产税等同于针对租金的统一税，与英国的分类税并无太大不同。（其有效税率随时间和地区不同而变化，但从未超过10%。）

为了壮大这一体系，初生的法兰西第三共和国在1872年决定对来自金融资产的收入课税。这是针对利息、股息和其他金融收入的统一税，当时很快在法国扩散，但几乎又被全部免除，即便相似的收入在英国要纳税。然而，跟1920年以后的税率评价标准相比，该税率设定得也非常低（1872~1890年为3%，1890~1914年为4%）。直到第一次世界大战，无论应纳税收入有多高，似乎所有发达国家都认为对收入征收超过10%的税率是不合理的。

法兰西第三共和国的累进税

有趣的是，对于累进遗产税来说也是如此。累进遗产税是20世纪早期第二重要的财政创新。直到1914年，遗产税税率仍保持在非常低的水平（见图14.2）。第三共和国治下的法兰西再次成为标志性案例：这个国家本应培养公民对于公平思想的真正热爱，其男性普选权也在1871年恢复，然而，却在近半个世纪里顽固地拒绝全面接受累进税制。这种态度一直没有真正转变，直到第一次世界大战的爆发使它不

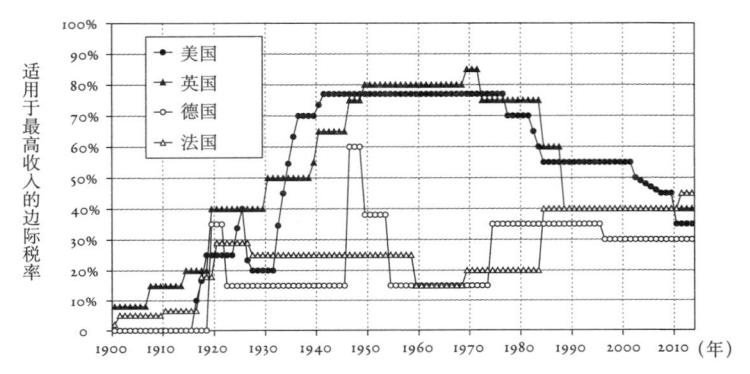

美国最高遗产税边际税率（适用于最高遗产继承额）从 1980 年的 70% 下降到 2013 年的 35%。

图 14.2　1900~2013 年最高遗产税税率

资料来源：piketty.pse.ens.fr/capital21c

可避免地改变了。无可否认，遗产税是由法国大革命建立的，从 1791 年到 1901 年一直大体上严格保持稳定，1901 年 2 月 25 日的法律使其成为累进税。然而，事实上改变并不大：1902~1910 年最高税率被设为 5%，然后 1911~1914 年是 6.5%，并且每年只适用于少数财产。在富裕的纳税人看来，这个税率似乎过高。很多人认为，确保"儿子能够继承父亲的财产"是一个"神圣的职责"，这样就可以使家族财富永远流传下去，而这种直接的传承不应承担任何类型的税收。[19] 不过，低遗产税实际上未能阻止财产很大程度上原封不动地从一代传至下一代。在 1901 年改革后，最富有的 1% 的遗产平均有效税率不超过 3%（相较而言，19 世纪实行比例税体制下为 1%）。事后来看，一切都很清楚，改革对当时已经在进行的财富积累和高度集中过程几乎没有任何影响，遑论彼时人们的思想和信念。

此外，令人惊诧的是，在法国"美好年代"的经济和金融精英中明显占据大多数的累进税制的反对者，他们频繁假惺惺地以如下论点解释自己的观点：法国作为自然的平等主义国家，没有必要使用累进税。一个特别典型和有教育意义的例子是保罗·勒鲁瓦-博利厄，他当时是最有影响力的经济学家之一，在1881年发表了著名的论文《关于财富分配和环境不平等减小之趋势》(Essa isur la répartition des richesses et sur la tendance à une moindre inégalité des conditions，这篇论文讨论了财富分配以及不平等状况削减的趋势)，这是一本第一次世界大战前夕再版多次的著作。[20] 勒鲁瓦-博利厄实际上没有任何数据来证明其"不平等削减之趋势"的观点。但是没关系，基于完全无关的统计，他设法提出一个并不令人信服的模糊论据，来说明收入不平等程度正在减小。[21] 有时他似乎注意到他的论据是错误的，于是他就简单指出不平等的减少迫在眉睫，但无论如何也不能阻挠商业和金融全球化令人惊叹的进程，这种全球化使法国储蓄者可以投资巴拿马和苏伊士运河，并且投资可以很快扩展到独裁的俄国。显然，勒鲁瓦-博利厄着迷于当时的全球化，也极度惧怕突然的革命可能会让这一切陷入险境。[22] 当然，只要不妨碍冷静分析，这种痴迷就并非一定要遭受谴责。1900~1910年法国的最大问题不是布尔什维克革命已然迫近（当时并不比今天更可能发生一场革命），而是累进税制的出现。勒鲁瓦-博利厄及其"中间右派"（相较于主张君主政体的右派）同僚认为，累进税存在一个不可辩驳的错误观点，因而头脑健全者都应该极力反对：他坚称，法国成为一个平等主义国家得益于法国大革命，革命重新分配了土地（在一定程度上），尤其是建立起和民法一致的法律面前人人平等，革命还建立了平等的财产权和自由契约权。所以，累进税和没收性税负没有必要。当然，他还认为，这种税收可能在英吉利海峡对岸的英国非常有用，而不是在法国，因为那是一个阶级分化的贵族社会。[23]

碰巧的是，如果勒鲁瓦-博利厄去翻阅税务当局在1901年改革后不久发布的遗嘱档案,他就会发现共和政体的法兰西,在其"美好年代"的财富集中程度与君主政体的英国几乎一样。在1907年和1908年的国会辩论中,所得税的拥护者频繁提及这一事实。[24]这个有趣的例子说明,即使是低税率的税收也可以是知识的来源和促进民主透明的力量。

在其他国家,遗产税也在第一次世界大战后开始转型。在德国,对巨额遗产课税的思想在19世纪末和20世纪初的国会辩论中被广泛讨论。社会民主党领导人,从奥古斯特·倍倍尔(August Bebel)和爱德华·伯恩施坦(Eduard Bernstein)开始,就指出遗产税可以减轻工人沉重的间接税务负担,从而改善他们的处境。但是魏玛共和国国会不会同意这一新税收:1906年和1909年改革确实制定了一个非常小的房地产遗产税,但是对配偶和子女的遗产(即遗产的最大部分)全部豁免,不管数额有多巨大。直到1919年,德国的遗产税才扩展到家庭遗产,并且最高税率(针对最高额的遗产)突然从0增加到35%。[25]战争及其引发的政治变革所起的作用绝对重要,否则,很难想象如何打破1906~1909年的僵局。[26]

图14.2显示,在20世纪之初,英国的最高遗产税率曲线呈现出轻微上扬的趋势,其上升幅度要稍微大于所得税。最高遗产税率从1896年改革以来的8%升至1908年的15%,这是相当大的比例。在美国,联邦遗产和赠予税直到1916年才建立,但其税率很快就上升至高于法国和德国的水平。

过高收入的没收性税收:一项美国发明

当我们审视20世纪累进税制的历史,就会惊奇地发现英国和美国走在其他国家前面有多远,尤其是后者,美国创造了对过高收入和财产的没收性税收。在这点上,图14.1和图14.2显示得非常清楚。不管是在两国国内还是国外,这一发现与1980年以来大多数人对英国和美国的看法明显相悖,因此值得我们来一探究竟。

在两次世界大战期间,所有发达国家都开始尝试非常高的税率,常常是以相当不规则的方式。然而美国是第一个尝试实行超过70%税率的国家,先是在1919~1922年针对收入,然后在1937~1939年针对遗产。当一个政府对特定水平的收入或遗产以70%或80%的税率征税时,主要目的显然不是要提高附加收入(因为这些非常高等级的税收从未带来很大收入),而是要终结这类收入和巨额遗产,立法者开始以这样或那样的理由认为其具有社会不可接受性和经济上的非生产性,或者,即便不是终结,至少也要让其保持高昂的维持成本,并极力阻碍其发展。然而,政府也没有做出绝对禁止或征用的声明。当以强有力的激进方式修正私人激励时(但也总是遵循在民主辩论中讨论得出的规则),自由竞争和私人产权得到尊重,在此意义上,累进税是一个相对开明的消减不平等的方法。累进税因而代表在社会正义和个人自由之间的一个理想折中。美国和英国在其整个历史进程中表现出对个人自由的高度重视,选择比其他国家更加累进的税收体系,这绝非偶然。不过,值得注意的是,欧洲大陆国家,尤其是法国和德国,在第二次世界大战后探索了其他道路,例如采取企业公有制和设定高管薪酬。这些措施也来自民主审议,一定程度上是对累进税的替代。[27]

另外,更为具体的因素也发挥着作用。在镀金时代,美国的许多观察家担心美国会变得日益不平等,偏离建国先驱们的理想越来越远。在威尔福德·金1915年关于美国财富分配的书中,他担心国家正在变成他在欧洲看到的极不平等社会。[28]1919年,时任美国经济学会主席的欧文·费雪进行了更进一步的研究。他选择美国的不平等问题作为自己主席演讲的主题,并且毫不含糊地告诉同僚,不断提高的财富集中度是美国最重要的经济问题。费雪认为威尔福德·金的估计令人震惊。"2%的人口拥有超过50%的财富"和"2/3的人口几乎一无所有"的事实让他觉得像"一个不民主的财富分配",这威胁了美国社会的整个基础。他指出,与其任意限制利润份额和资本回报(费雪提及这些可能仅仅为了反对它们),不如针对最高遗产征收重税(他提出的税率是遗产规模的2/3,如果遗产超过三代则上升到100%)。[29] 看到费雪比勒鲁瓦−博利厄更为担心不平等问题是多么令人吃惊,即便后者生活在一个更为不平等的社会。担心重蹈欧洲覆辙无疑是美国醉心累进税的原因之一。

而且,20世纪30年代的"大萧条"严重冲击了美国经济,许多人责备经济和金融精英们为了自己致富而把国家推向破产。(记住,20世纪20年代后期顶层收入人群的收入占美国国民收入的份额达到峰值,这主要缘于股票市场的巨大资本利得。)罗斯福1933年当权,当时经济危机已经持续3年,全国1/4的人口失业。他立刻决定大幅提高最高所得税税率,该税率在20世纪20年代后期已经被降至25%,在胡佛灾难性的总统任期内又被下调。最高税率在1933年升至63%,然后1937年又升至79%,超过了1919年的纪录。1942年的《胜利税法》(Victory Tax Act)将最高税率提至88%,由于各种附加税,1944年又上升到94%。此后最高税率稳定在90%上下,一直持续到20世纪60年代中期,不过在20世纪80年代早期又跌至70%。总的来说,在1932~1980年几乎半个世纪期间里,美国联邦所得税的最高税率平均为81%。[30]

有一点必须强调,没有哪个欧洲大陆国家曾使用过如此高的税率(除了特殊情况,至多几年,而不是长达半个世纪)。特别是,法国和德国的最高税率从20世纪40年代后期到80年代在50%~70%波动,从未高达80%~90%。唯一的例外是1947~1949年的德国,当时税率为 90%，但是这个时期税收计划由占领国（实际上是美国当局）设定。1950 年，德国一经恢复财政主权，很快就恢复到与其传统一致的税率，在几年内最高税率跌至略高于 50% 的水平（见图 14.1）。我们在日本也看到过完全一样的现象。[31]

如果审视遗产税，盎格鲁-撒克逊人对累进税制的喜爱显得尤为清晰。在美国，最高遗产税税率在 20 世纪 30 年代到 80 年代保持在 70%~80%，而法国和德国的最高税率从未超过 30%~40%，除了 1946~1949 年的德国（见图 14.2）。[32]

唯一能和遗产税税率峰值时的美国匹敌甚至超越的国家是英国。在 20 世纪 40 年代的英国适用于最高收入以至于最高遗产的税率是 98%，70 年代再次达到峰值——绝对是历史纪录。[33] 也请注意，这两个国家严格区分"劳动收入"和"非劳动收入"这两个概念。劳动收入来自劳动，包括工资和非工资补偿；非劳动收入即资本收入，包括租金、利息、股息等。图 14.1 所示，美国和英国最高税率适用于非劳动收入。有时，针对劳动收入的最高税率要稍微低一些，尤其是在 20 世纪 70 年代。[34] 这一区分令人关注，因为这种财政术语的翻译反映了对高收入的质疑：所有高得过度的收入都令人怀疑，但非劳动收入比劳动收入更加让人怀疑。目前在很多国家资本收入比劳动收入更加受到善待，这种今昔反差让人瞠目。也请注意，虽然适用最高税率的阈值随着时间不断变化，但其值一直非常高：用 2000~2010 年这 10 年的平均收入来表示的话，阈值通常在 50 万到 100 万欧元之间。就当下的收入分配而言，最高税率适用于不到 1% 的人口（大致在 0.1% 和 0.5% 之间的某处）。

对非劳动收入征收比劳动收入更重的税负这一要求，反映了与大幅度累进遗产税一致的态度。从长期视角看，英国的例子十分有趣。英国是 19 世纪和 20 世纪初财富集中度最高的国家，在那里，巨额财产经受的冲击（破坏、征用）没有欧洲大陆沉重，然而英国却选择自己施加财政冲击——没有战争时期那么猛烈但也绝不可忽视：在1940~1980年最高税率在70%~80%或更高。20世纪以来没有其他国家在遗产税方面贡献过更多思想，特别是在两次世界大战期间。[35] 1938年11月，约书亚·威治伍德在其1929年关于遗产继承的经典著作的新版序言中，赞同其同胞伯特兰·罗素的观点，"金权民主主义"（plutodemocracies）及其世袭精英未能阻止法西斯主义的崛起。他确信"没有将经济体系民主化的政治民主具有天生的不稳定性"。在他眼中，经济民主化是必不可少的，而大幅度累进遗产税是导致经济民主化的主要工具。[36]

高管薪酬的骤增：税收的作用

经历了从20世纪30年代到70年代对平等的巨大热情后，美国和英国以同样的热情猛然转向相反的方向。过去30年，其所得税的最高边际税率跌至法国和德国的水平之下，而这一水平曾经显著地高于德国和法国。当后者的税率在1930~2010年稳定保持在50%~60%时（在末期有轻微的减少），英国和美国的税率则从1930~1980年的80%~90%降至1980~2010年的30%~40%（1986年里根税改后有一个28%的低点，见图14.1）。[37]20世纪30年代以来，盎格鲁-撒克逊国家对财富的态度三番四复。相反，欧洲大陆国家（德国和法国相当典型）和日本对顶层收入的态度则保持不变。在本书第一部分我已表明，这一差异的其中一个解释可能是美国和英国在20世纪70年代突然感到自己被其他国家追上了。其他国家正在追赶的观念，催生了撒切尔主义和里根主义的崛起。无可否认，1950年到1980年的追赶，很大程度上是1914年到1945年欧洲大陆和日本忍受冲击的机械后果。然而英国人和美国人却难以接受：对国家抑或个人，财富等级不光事关金钱，也是荣誉和道德观念的问题。在美国和英国，这一观念的巨大转折后果是什么呢？

如果我们审视所有发达国家就会发现，最高边际所得税税率从1980年至今消减的幅度，与同一时期收入最高1%者占国民收入份额增加规模密切相关。确切地说，这两个现象完全相关：最高税率下降最多的国家，也是最高收入者国民收入份额增加最多的国家（尤其当涉及到大企业高管的薪酬时）。相反，未过多消减其最高税率的国家，顶层收入者国民收入份额的增长要温和得多。[38] 如果有人对基于边际生产率理论和劳动供给的古典经济模型信以为真，他可能会试图如此解释：最高税率的降低激发了高管的才能，增加了劳动供给，提高了生产率。由于他们的边际生产率增加，他们的工资也水涨船高，因而远高于其他国家的高管工资。但是，这种解释并不合理。正如我在第九章所表明的，当涉及解释如何决定最高收入阶层的工资时，边际生产率理论会陷入严重的概念错误和经济学困境（此外还要忍受某种幼稚的设想）。

更加现实的解释是，较低的所得税最高税率完全改变了高管薪酬的决定方式，尤其在最高税率急剧下降的美国和英国。对高管来说，很难说服参与企业事务的其他各方（直接下属、下层工人、股东以及薪酬委员会成员），让他们相信一个大幅度的加薪——比如100万美元——是完全合理的。在20世纪50年代和60年代，英国和美国的企业高管没有理由去争取这种加薪，其他利益相关方也很少倾向于接受，因为无论如何这种加薪的80%~90%会直接给政府。然而，1980年之后游戏完全变了。有证据表明，高管花费相当大的力气去游说其他利益相关方给予他们可观的加薪。尽管客观评价个人对企业产出的贡献很困难，但高级经理发现说服董事会和股东相信其物有所值相对容易，尤其当薪酬委员会成员往往是以狼狈为奸的方式被选出的。

而且,这种"讨价还价能力"的解释与如下事实一致,即1980年以来在发达国家最高边际税率下降和生产率增长之间没有统计上的显著关系。具体来说,决定性的事实是自1980年以来所有富裕国家人均国内生产总值增长率几乎完全一致。与英国和美国的许多人所相信的正好相反,经济增长的真实数据(最好是用官方国民账户数据判断)显示,自1980年以来英国和美国并没有比德国、法国、日本、丹麦或瑞典增长得更快。[39] 也就是说,最高所得税税率的降低和最高收入的增长貌似没有刺激生产率(与供给经济学理论的预测相反),或者说至少其对生产率的刺激还不够,以致在宏观水平统计上检测不到。[40]

这些问题仍存在相当多的困惑之处,因为这种对比通常是在短短几年间做的(这一过程几乎可以用来证明任何结论)。[41] 或者,也有人会忘了做人口增长数字的校正(这是美国和欧洲国内生产总值增长结构差异的主要原因)。有时,人均产出水平(美国一直高大约20%,在1970~1980年和2000~2010年均如此)被混同于增长率(过去30年两个大陆大致是一样的)。[42] 但是,混乱的最主要来源可能是前面所述的赶超现象。毫无疑问,英国和美国的衰落在20世纪70年代结束了。所谓衰落是在当下意义上,即英国和美国的增长率此前低于德国、法国、斯堪的纳维亚半岛和日本,此后则不再是如此。然而,同样无可辩驳的是,这种收敛的原因非常简单:欧洲和日本已经追上了美国和英国。显然,这和20世纪80年代后两个国家的保守主义革命没有多少关系,至少是大致如此的。[43]

毫无疑问,这些问题都充斥着强烈的感情色彩,与民族认同和民族自尊捆绑在一起,以致使人们不能进行冷静的审视。撒切尔夫人拯救了英国吗?没有罗纳德·里根的话,比尔·盖茨的创新会存在吗?莱茵资本主义将吞噬法国的社会模式吗?面对如此严重的关乎存在的焦虑，理性往往无所适从，特别是基于揭示千分之几差别的增长率的比较，客观上很难得出完全精确且绝对无懈可击的结论。至于比尔·盖茨和罗纳德·里根，每个人都有自己的个人崇拜。（盖茨发明了计算机或仅仅是鼠标？里根单枪匹马摧毁了苏联还是借助罗马教皇的帮助？）回顾美国经济也许会有所帮助，1950~1970年比1990~2010年更富有创新性，这可通过如下事实判断，即前一时期的生产率增长是后一时期的大约两倍。由于美国在两个时期均处于世界技术前沿，所以这种差异必定与创新步伐有关。[44] 最近又出现了一个新的论点：美国经济近些年很有可能会变得更有创新性，不过这些创新没有体现在生产率的数字上，而是溢出到其他富裕国家，这些国家是依靠美国的创新来发展的。然而，美国并非总是因其国际利他主义精神而受到称赞（欧洲经常抱怨美国的碳排放，而穷国则抱怨美国小气），如果证明美国没有把提高的生产率留给自己，那倒是颇为令人诧异的。理论上，那正是专利的目的。显然，这一争论远未到结束的时候。[45]

为了在这些问题上取得一些进展，伊曼纽尔·赛斯、斯特法尼·斯坦特切瓦（Stefanie Stantcheva）和我尝试超越跨国比较，采用一个包含整个发达世界上市公司高管薪酬的新数据库。我们发现，飙升的高管工资可以很好地用讨价还价模型解释（较低的边际税率鼓励高管为了高薪拼命周旋），与假设的管理层生产率提升没有多少关系。[46] 我们再次发现高管工资关于"运气"的（即不源于管理才能的工资差异，因为很可能同一行业的其他公司同样做得很好）弹性要大于与"才能"相关的弹性（不能用行业变量解释的差异）。正如我在第九章所解释的，这一发现对"高薪是高管良好业绩的回报"的观点提出了严重质疑。而且，我们发现关于运气的弹性——一般来说指高管获得不能被经营业绩证明的加薪的能力——在最高边际税率较低的国家比较高。最后，我们发现边际税率的变化可以解释为什么高管薪酬在一些国家骤然上升，而在其他国家却没有。特别地，公司规模的差异和金融行业的重要性的不同根本不能解释观察到的事实。[47] 同样，认为飙升的高管薪酬是由于缺乏竞争，因而竞争更激烈的市场和更好的公司管理与控制可以消除这一问题，这个想法也并不现实。[48] 我们的发现表明，只有美国和英国在1980年以前使用的那种劝诫性的税收才能完成这个任务。[49] 关于这样一个复杂而综合的问题（包含政治、社会、文化以及经济因素），我们显然无法完全地确信：这正是社会科学之美。例如，涉及高管薪酬的社会规范直接影响我们观察到的不同国家的薪酬水平，而这独立于税率的影响，这种说法是可能的。不过，可以得到的证据显示，我们的模型对观察到的事实给出了最好的解释。

反思最高边际税率问题

这些发现对财政累进税的期望程度具有重要意义。实际上它们表明，对最高收入征收没收性税率不仅合理，而且也是遏制我们看到的高薪酬增长的唯一方法。根据我们的估计，发达国家的最优最高税率很可能在80%以上。[50] 不要被这一估计表面的精确所误导：没有数学公式或者计量估计能够确切告诉我们多高的税率适用于多高的收入。只有集体评议和民主实验才能做到。然而，可以确定的是，我们的估计适用于非常高的收入，即收入阶层中最高的0.5%或1%。有证据表明，针对超过50万或100万美元一年的收入人群征收大约80%的所得税，不仅不会降低美国的经济增长，而且实际上可以合理限制经济上无效（或甚至有害）的行为，更广泛地分配增长果实。显然，在美国这样规模的国家采取这一政策要比欧洲的小国容易许多，因为这些小国缺乏相互间的紧密财政协调。下一章会更多涉及国际间协调，此处只是简单指出美国足够大，因而可以有效实施这类财政政策。认为所有美国的高管会立即逃到加拿大和墨西哥,有能力和动力运营经济的人都不会留下来的想法,不仅与历史经验不符,也与供我们任意使用的企业层面的数据相悖;此外亦属缺乏常识。适用于一年50万或100万美元以上收入的80%的税率,不会给政府带来大量收入,因为它将很快达到政府的目的:大大消减这一水平的薪酬,但并不会降低美国经济的生产率,因而较低阶层的薪水会上升。政府为了获得其非常需要的收入来发展贫乏的社会,并在医疗和教育上投资更多(同时消减联邦赤字),也必须提高收入分配中较低阶层的税收(比如,对20万美元以上实行50%或60%的税率)。[51] 这样的社会和财政政策美国伸手可及。

然而,似乎不太可能很快采用此类政策。在奥巴马的第二任期内,美国的最高边际所得税税率是否会被提高到40%都不太确定。美国的政治进程已经被1%的人俘获了吗?这个想法在华盛顿政坛的观察者中变得越来越流行。[52] 由于天生乐观和专业偏好的原因,我倾向于带来影响理念和思想的辩论。仔细考察不同的假设和证据,并获取更好的数据,这可以影响政治辩论,并且可能推动事态朝着更有利于普通大众利益的方向发展。例如,正如我在第三部分注意到的,美国经济学家常常低估最高收入的增加,因为他们依赖不合理的数据(尤其是未能体现最高收入的调查数据)。结果,他们将太多注意力放在不同技能水平工人的工资差异上(从长期看是关键问题,但是对于理解为什么1%的人收入那么多并不是很相关——从宏观视角看这是占主导地位的现象)。[53] 因此,利用更好的数据(例如税收数据)可以最终把注意力集中到正确的问题上。

如上所述,20世纪累进税的历史进程表明,趋于寡头政治的风险是真实存在的,也没有理由对美国的前进方向感到乐观。引发累进税制的是战争,而不是普选的自然结果。如果需要证明的话,法国"美好年代"的历程即可证明,当经济和金融精英必须维护自身利益时,其虚伪程度让人触目惊心——这也包括经济学家,他们在美国当前的收入分配中占据令人嫉妒的地位。[54]一些经济学家怀有保护一己私利的不良倾向,却难以置信地宣称他们在捍卫公众利益。[55]虽然缺乏这方面的数据,但是美国两党的政治家看起来比其欧洲同行更富裕,与普通美国民众也格格不入,这可能解释了为何他们倾向于混淆其自身利益和大众利益。如果没有猛烈的冲击,目前这种平衡很可能还要持续相当长的一段时间。先驱们的平等思想逐渐被淡忘,新大陆濒于变成21世纪全球经济中的旧欧洲。

第十五章　全球资本税

为了管理 21 世纪的全球承袭制资本主义，反思 20 世纪的财政和社会模型并使之适用于今天的世界仍是不够的。无可否认，适当更新 20 世纪的社会民主主义和财政自由主义程序是必要的，正如我在前两章尝试表明的：社会国家和累进所得税，是 20 世纪非常重要的创新，并且一定会在未来继续扮演核心的角色。然而，如果民主政治想要重获 21 世纪全球化金融资本主义的支配权，它就必须创造出新的工具来应对目前的挑战。理想的工具是全球累进资本税，配合非常高度的国际金融透明度。这种税收制度提供了一个好方法，来避免无休止的不平等的螺旋上升，并且能够控制令人担忧的全球资本集中。无论实际决定采用哪种工具或规章，这个理想工具都是一个标杆。我将首先从实践层面分析这一税收制度，然后从禁止高利贷到中国的资本管制，转入关于资本主义管理的一般思考。

全球资本税：一个有用的乌托邦

全球资本税的想法是一个乌托邦。很难想象世界各国近期能够在这一问题上迅速达成一致。为了达到目标，他们必须建立一个能够适用于全世界财富的税收安排，然后决定如何分配税收收入。虽然这个想法是一个乌托邦，但基于如下几个原因它仍然有用。首先，虽然在可预见的将来不会有类似这一理想的制度被付诸实践，但它仍然可以作为一个有价值的参考点，一个可以用来衡量其他备选方案的标准。无可否认，全球资本税需要一个非常高的，并且无疑是不现实的国际合作水平。然而，那些愿意朝着这个方向进展的国家很可能从区域合作（例如在欧洲内部）逐步改进。除非这样的事情发生，不然民族主义的防御性反应极有可能出现。例如，大家可能看到各种形式的保护主义的回归，并伴有资本管制的踪影。不过，因为这种政策很少有效，它们不但成功的可能性不高，而且容易导致国际紧张局势。保护主义和资本管制实际上是不能令人满意的全球资本税的理想替代品，全球资本税具有诸多优点：既能保持经济的开放性，又能有效规范全球经济，并且公平地在国家之间以及一国之内分配利益。很多人会认为全球资本税是一个危险的错误观念并拒绝它，就像一个多世纪以前，所得税在它的时代被拒绝一样。但是仔细观察就会发现，这个解决方案远没有其替代方案危险。

立即拒绝全球资本税会令人格外遗憾，因为逐步向着这个理想解决方案一步步前进是完全可能的，首先是洲或者区域水平，然后可以安排区域间更紧密的合作。从最近美国和欧盟关于银行数据自动分享的讨论中，可以看到此类路径的典型方法。而且，各种形式的资本税已经在很多国家存在，尤其是在北美及欧洲，这显然可以作为一个起点。存在于中国及其他新兴国家的资本管制也为我们提供了有用的教训。然而，在这些现有措施和理想资本税之间仍然存在重要差异。

首先，目前正在讨论的银行信息自动共享的提议还不够全面。不是所有的资产类型都被包括在内，并且预期的惩罚也明显不足以获得想要的结果(尽管美国新的银行管制要比目前欧洲存在的任何法规都更有野心)。争论才刚刚开始,除非有相对较严的约束强加给银行,甚至强加给那些金融不透明的国家,否则不太可能产生实质性的结果。

金融透明和信息共享问题与理想资本税密切相关。如果对未来所有信息的用途没有一个清晰的概念,那么当前的数据分享提议也不太可能获得满意的结果。根据我的想法,这个目标应该是针对个人财富征收年度累进税——就是说,对每个人所控制的净资产征税。对于那些全球最富的人,税收应该基于个人的净财富,即《福布斯》或其他杂志上刊登的财富数字。(收一个这样的税可以告诉我们杂志上所刊登的那些数字是否接近准确。)对于我们其他人,应纳税财富将由所有金融资产(包括银行存款、股票、债券、合营股份,以及参与上市和非上市企业的其他形式)和非金融资产(特别是不动产)的市场价格减去负债来决定。税基就这么多。应该以怎样的税率来征收呢?有人可能会设想,净资产 100 万欧元以下税率为 0%,100 万~500 万欧元税率为 1%,500 万欧元以上税率为 2%。或者有人可能喜欢对最富有的人征收幅度更高的累进税(例如,对于价值在 10 亿欧元以上的资产税率为 5%~10%)。为普通的平均水平财富设一个最小税率(例如,20 万欧元以下税率为 0.1%,20 万~100 万欧元税率为 0.5%),这样可能也有好处。

我会在后面讨论这个问题。在这里,最重要的是要记住,我所建议的资本税是一个对全球财富的年度累进税。最大的财富将被征收更重的税,并且所有形式的资产都将被包括在内:不动产、金融资产和商业资产——没有例外。这是我所建议的资本税与目前在某些国家存在的资本税之间的一个明显区别,虽然那些已经存在的税收制度的重要方面也应该被保留。首先,几乎每个国家都对不动产征税,英语国家有"property taxes"，而法语国家有"taxefoncièr"。[①]这些税收制度的一个缺点就是它们只针对不动产。（金融资产被忽略了，并且是按照资产的市场价格征税而不考虑负债，因此背负很重债务的人将和没有债务的人被征收同样的税。）而且，不动产通常的税率都是统一的，或者接近于统一。即便如此，这种税仍然存在，并且在大部分发达国家产生了大量的税收收入，特别是在说英语的国家（通常占国家财政收入的1%~2%）。此外，在有些国家（例如美国），不动产税依赖于对市价变动自动调整的复杂评价程序，该程序应该普及并延伸到其他的资产分类。在一些欧洲国家（包括法国、瑞士、西班牙以及最近加入的德国和瑞典），也有针对全部财富的累进税收。从表面上看，这些税制在精神上接近我所建议的理想资本税。然而，在实践中，该税种经常因为豁免而漏洞百出。很多资产类别没有被考虑在内，同时其他考虑在内的资产的价值也是根据与其市场价值完全无关的价值来衡量。这就是为什么一些国家决定取消此类税收的原因。为了给21世纪设计出一个合适的资本税，从各种各样的经验中吸取教训是很重要的。

民主和金融透明度

就我提议的资本税而言，何种税收安排最好，并且我们应当期望这种税收带来多少收入？在尝试回答这些问题之前，需提请注意的是，此税种绝不是要替代所有现存税收。它只是现代社会国家所依赖的其他收入流中相当温和的补充：国民收入的几个百分点（至多3%~4%——仍然不能忽视）[1]。资本税的最主要目的不是为社会国家

---

① 中文均可译为财产税。——译者注

融资，而是管理资本主义制度。首先，其目标是终止无限增加的财富不平等；其次，是对金融和银行体系施加有效管理以避免危机。欲达此两端，资本税需先提高民主和金融透明度：谁在全世界拥有何种资产应该清晰透明。

为什么透明度目标如此重要？设想一个非常低的全球资本税，比如说所有资产的统一税率为0.1%每年。来自这一税负的收入当然有限，假设：如果全球私人资本存量大约是5年的全球收入，这一税收将产生相当于全球收入0.5%的收入，由于资本/收入比的差异，各国之间会有微小的不同（假设税收在财产拥有人居住国征缴而不是财产本身所在地——这一假设并非理所当然）。即使如此，这一有限税收也已经发挥了非常有益的作用。

首先，它会产生有关收入分配的信息。全世界各国政府、国际机构和统计部门将终于能够提供有关全球财富演变的可靠数据。广大民众将不再被迫去依赖《福布斯》和来自全球财富经理的虚有其表的金融报告，以及其他非官方来源，去填补官方统计的空白。（回想一下我在第三部分探究了这些非官方来源数据的缺陷）。与此相反的是，他们将有权使用公共数据，这些数据基于法律强制下清晰规定的方法和信息。民主政治的利益将是巨大的：理性探讨当今世界面临的巨大挑战非常困难——社会国家的未来，过渡到新能源的成本，发展中世界的国家建设等等——因为全球财富分配仍如此不透明。有人认为，世界上的亿万富翁如此有钱，以很低的税率向他们征收就足以解决世界上所有问题。其他人则认为，亿万富翁如此之少，向他们征收再多的税也是杯水车薪。正如我们在第三部分看到的，事实介于这两种极端情况之间。就宏观经济而言，可能不得不在财富分级方面降低一些（以1 000万到1亿欧元分级而不是10亿），以获得足够大的税基来产生影响。我也观察到了一些财富分配的客观趋势：没有全球资本税或一些类似政策，全球最富1%人群所拥有的财富占全球财富的份额将继续无限增长，这是巨大的风险——应该会困扰每个人。无论如何，离开了可靠的统计，真正的民主讨论就无法进行。

金融监管的利害关系也相当大。目前负有监督和管理全球金融体系职能的国际组织，以国际货币基金组织为例，仅仅是非常粗略地了解了全球金融资产的分布，尤其对隐藏在避税天堂的资产数量更是如此。正如我已经表明的，全球金融账户并不平衡。（和火星相比，似乎地球永远债台高筑。）在如此浓重的统计迷雾笼罩下的全球金融危机中航行充满了危险。例如，2013年的塞浦路斯银行危机。无论是欧洲当局还是国际货币基金组织，对于存在塞浦路斯的金融资产确切属于谁以及这些资产的数量到底是多少，都知之甚少，因而其提议的解决方案被证明为粗陋而无效的。下一章我们会看到，金融透明度的提高，也许是通过仔细的校准和对资本征收特殊累进税，不仅将为稳定的年度资本税打下基础，也将为更加公正和有效地处理银行危机（如塞浦路斯的情况）铺平道路。

一个0.1%的资本税本质上更多是一种强制申报法律而不是真正的税收。每个人都会被要求向全球的金融当局报告资本资产的所有权情况以获得法律认可，并伴随着由此而来的各种好处和坏处。值得注意的是，这正是法国大革命通过强制报告和土地登记调查达到的成果。资本税将是一种全世界性的金融登记调查，目前还不存在这种制度。[2]理解"税收不仅仅是税收"非常重要，它也是一种定义规范和种类的方法，并将经济活动限制在法律框架内。事实也一直如此，特别是对土地所有权而言。[3]第一次世界大战前后，开征新税需要明确定义收入、工资和利润。这一财政创新继而促进了会计标准的发展，这些标准此前并不存在。资本税的主要目标之一就是重新定义各种资产类型，设定资产、负债和净财富的评估标准。在目前实行的私人会计标准下，规定的程序不完善且常常模棱两可。这些缺陷造成了 2000 年以来的许多金融丑闻。[4]

最后，资本税将迫使政府解释并拓宽有关自动共享银行数据的国际协议。原则非常简单：国家税务机关应该收集得到其需要的所有信息来计算每位公民的净财富。实际上，资本税应该以所得税目前在许多国家运行的方式同样运行，收入数据通过雇主提供给税务机关（例如，在美国是经过 W-2 和 1099 表）。应该有同样的资本资产报告（甚至收入和资本报告可以合并成一张表）。所有纳税人将会收到一张列明其资产和负债的表，正如报告给税务机关的一样。美国许多州都用这种方法管理不动产税：纳税人收到一张显示其拥有的任何不动产当前市场价值的年度表，政府基于相关可比财产可观测交易价格来计算。当然，纳税人可以用合理的证据质疑这些估值。在实际中，修正非常罕见，因为不动产交易数据很容易获得且很难辩驳：几乎每个人都知道当地市场不动产价值的变化，并且当局有可供任意使用的综合数据库。[5] 顺便提请注意，这种报告的方法有两个好处：让纳税人的生活变得简单，消除稍稍低估其所拥有资产价值这一不可避免的诱惑。[6]

把这种报告制度扩展到所有类型的金融资产（和债务）是必要的，也是完全可行的。对于和国内金融机构相关的资产和负债，这可以立刻完成，因为大多数发达国家的银行、保险公司和其他金融中介已经被要求向税务机关告知其所管理的银行账户和其他资产。例如，在法国，政府知道 X 先生拥有一套价值 40 万欧元的公寓和价值 20 万欧元的股票组合，以及 10 万欧元的未清偿债务。政府因而就可以发给他一张表格，显示这些不同账户（包括他的净财富 50 万欧元），并附上可进行合理修正或补充的请求。这种适用于全部人口的自动系统，要比要求所有人诚实申报其财富的陈旧方法更好地适应 21 世纪。[7]

一个简单的解决方案：银行信息自动传送

走向全球资本税的第一步，应该是把银行数据自动传送扩展到国际水平，以便在发给每位纳税人的预先计算的资产申明中纳入其在海外银行的资产信息。我们应该明白，这样做没有技术障碍。在像美国这样有3亿人口的国家里，银行数据已经与税务机关自动分享了，6 000万人口的法国和8 000万人口的德国也一样，因此，纳入开曼群岛和瑞士的银行就会彻底增加数据处理量这一说法显然缺乏理由。当然，避税天堂常常提出其他借口来维护银行机密，其中之一是对所谓政府滥用信息的担忧。这并不是非常令人信服的论据：很难解释为什么不将上述原则同样应用于那些（对政府滥用信息）不谨慎的人，他们把钱存在自己纳税国家的银行账户里。为什么避税天堂捍卫银行机密，最可能的解释是其客户可以规避纳税责任，而避税天堂则可以从中分一杯羹。显然，这跟市场经济的基本原则没有任何关系。没有人拥有自己设定税率的权利。对个体而言，他没有权利从自由贸易和经济一体化中攫取利润而让他人为自己埋单。这是赤裸裸的盗窃。

到目前为止，改变这些现实最彻底的尝试是美国2010年采用的《外国账户税务合规法案》（Foreign Account Tax Compliance Act，FATCA），该法案将在2014年和2015年分阶段逐步实施。该法案要求所有外国银行需告知美国财政部关于美国纳税人持有的海外银行账户和投资，以及其可能受益的任何其他收入来源。这远比2003年欧盟关于外国储蓄的方针更有雄心，该方针仅涉及支付利息的存款账户（不涵盖股票投资组合，但并不遗憾，因为大额财富主要以股票形式持有，而这完全被FATCA所涵盖），并且只适用于欧洲银行而不是全世界（又与FATCA不同）。即便欧洲方针较为软弱且几乎毫无意义，却仍未能实施，因为，尽管自2008年以来经过多次讨论和提议修正，卢森堡和奥地利仍设法与其他欧盟成员国签署一项协议，扩展其对数据自动传送的豁免和保持其仅对正式要求才分享信息的权利。这个系统，也适用于瑞士和欧盟以外的其他地区，[8] 意味着为了获取其某一公民的外国银行账户信息，政府就必须掌握接近于欺诈证据的东西。这显然大大限制了发现和控制欺诈的能力。2013 年，在卢森堡和瑞士宣布了遵守 FATCA 条款的意愿之后，打算将其部分或全部纳入新的欧盟方针的讨论重新开始。这些讨论何时结束？是否最终将导致一个有法律约束力的协议？我们无从知晓。

而且请注意，在此领域政治领导人往往说的多做的少，对我们民主社会未来的平衡来说，这非常令人担忧。即便技术上不成问题，最依赖充盈的税收收入来支付其社会计划的国家（即欧洲国家）也正是进展最差的国家，这一发现令人震惊。这是应付全球化时小国面临困境的一个好例子。已建立数世纪的民族国家发现，它们太小了，以至于不能在当今的全球化承袭制资本主义中强加和实施规则。欧洲国家能够围绕单一货币联合起来（下一章将更广泛地讨论），但是在税收领域却几乎一事无成。对这一失败和其言行不一致难辞其咎的欧盟最大国家的领导人，却仍在不断责备其他国家和欧盟本身，所以没有理由认为事情会在近期改善。

此外，虽然在这个领域 FATCA 远比任何欧盟方针都更雄心勃勃，但它也有不足之处。一方面，它的语言不够准确或全面，因此有充分理由相信，某些信托基金和基金会可以合法规避任何报告其资产的义务。另一方面，法律规定的制裁惩罚（在美国经营的不符合要求的银行，征收 30% 的收入附加税）也不够。这可能足以说服某些银行（如需要在美国开展业务的瑞士和卢森堡的大机构）遵守法律，但规模较小的银行也有可能出现回潮，这些银行专门从事海外资产管理，并且不在美国本土开展业务。这些机构，不管位于瑞士、卢森堡、伦敦或者更加边缘的所在，都可以继续管理美国（或欧盟）纳税人的资产而不必传送任何信息给当局，并且完全不受任何惩罚。

很可能获得明显效果的唯一方法就是，不仅对银行也对那些拒绝要求其金融机构提供所需信息的国家自动实施制裁。例如，有人可能会考虑对违规国家实行30%的出口额或更高的关税。需要明确的是，我们的目标不是要对避税天堂强加一个一般的禁运，或与瑞士和卢森堡进行无休止的贸易战。贸易保护主义不能产生财富，自由贸易和经济开放终归符合每个人的利益，假设某些国家不通过分流税基来利用邻国。自动提供全面的银行数据的要求应该作为20世纪80年代以来自由贸易和资本自由化谈判的一部分。但它当时不是，不过，这并不是永远维持现状的充足理由。依靠金融不透明发展起来的国家可能会发现接受改革很难，尤其因为合法的金融服务行业在其发展过程中常常与非法的（或可疑的）银行活动相伴。金融服务行业响应实体国际经济的真实需要，不管采用何种监管方式，它显然将继续存在下去。然而，如果金融透明度成为标准，避税天堂无疑将遭受巨大损失。[9]一些国家，如果不对其施行制裁，它们是不大可能同意改革的，特别是因为其他国家（尤其是欧盟最大的国家）暂时没有对解决这个问题表现出太大决心。再提请注意，迄今为止欧盟的建立归因于这一思想：每个国家可以有单一市场和自由的资本流动，而不用付出任何代价（或巨大代价）。改革是必要的，甚至是必不可少的，但是认为不通过斗争它就会发生，那就太天真了。因为它把争论从抽象概念和夸张的修辞移到非常重要和具体的制裁上，尤其在欧洲，FATCA是有益的。

最后，注意无论是FATCA还是欧盟方针都并非支持一个全球财富累进税。其目的主要是为税务机关提供关于纳税人资产的信息，用于内部用途，比如识别所得税申报的遗漏。该信息也可以用于识别可能的财产税或财富税规避（在有此税种的国家），但是其重点主要在所得税的执行。显然,这些不同的问题密切关联,并且国际金融透明度是跨国界现代财政国家的关键问题。

全球资本税的目的是什么?

下面假设税务机关对每个公民的净资产头寸完全知晓。是否应该满足于对财富征收税率非常低的税收(比如说 0.1%,和强制申报的逻辑保持一致),或者还是征收一个更大幅度的税收?如果是,为什么?关键问题可以重新表述如下。因为存在累进所得税,在大多数国家还有累进遗产税,累进资本税的目的是什么呢?实际上,这三种累进税扮演着各自不同又相互补充的角色。各自都是一个理想税制的基本支柱。[10] 资本税有两个明显的正当理由:价值贡献和动机激励。

价值贡献的逻辑非常简单:对非常富有的人而言,收入常常很难界定,只有针对资本的直接税可以正确评估其财富贡献能力。具体来说,设想一个拥有 100 亿欧元财富的人。查阅《福布斯》排行可以看到,过去 30 年这个量级的财富增加非常快,对最富有的人(比如利利亚纳·贝当古和比尔·盖茨)而言,其财富的真实增速为每年 6%~7% 或者更高。[11] 从定义看,这意味着其经济意义上的收入,包括股息、资本收益以及其他所有可用来融通消费和增加股本的新资源,共计至少是其资本的 6%~7%(假设该资本实质上未被消费)。[12] 把问题简化,假设我们考察的个人享有 100 亿欧元年收益率为 5%,那就是每年 5 亿欧元。现在,这个人在进行所得税申报时不大可能申报一个 5 亿欧元的收入。在法国、美国和所有其他我们研究过的国家中,所得税申报的最大的申报收入一般不大于几千万欧元或美元。来看利利亚纳·贝当古——欧莱雅的女继承人和法国最富有的人。根据媒体发布和贝当古自己披露的信息,其申报的收入每年从未超过 500 万欧元,或差不

541

多是其财富（目前超过300亿欧元）的万分之一。抛开单个案例的不确定性（它们并不重要），像这样以纳税目的申报的收入，是小于纳税人经济收入的百分之一。[13]

此处的关键点是，没有涉及偷税漏税和未申报的瑞士银行账户（据我们所知）。即使是具有最精致品位和最优雅的人，每年花费5亿欧元的经常费用也不容易。每年从股息（或其他类型的分红）中拿出几百万通常就够了，而剩余收益将进入其资本，该资本在一个专为管理财富而设立的家庭信托或其他特定法人实体中积累，正如大学捐赠基金的管理。

这完全合法并且没有任何内在问题。[14] 然而，它确实对税收制度构成挑战。如果有人基于申报收入纳税，而其申报收入只是经济收入的1%，或最多10%，那对该收入以50%甚至98%的税率征税肯定是一无所获。问题是这正是发达国家税收体系的实际运行方式。在财富等级的顶层，有效税率（用经济收入的百分比表示）非常低，这是有问题的，因为它加重了财富不平等的爆炸性动态，尤其是巨额财富能获取更高的收益。其实，税收制度应该减弱这一动态，而不是强化它。

有几种方法来处理这个问题。一是对所有收入都征税，包括累积在信托基金、控股公司和合营公司的部分。一个更简单的解决方案是以财富而非收入为基础计算到期应纳税款。可以假设一个统一的收益率（比如一年5%）来估计资本的收入，并将此收入计入应纳累进所得税的收入中。一些国家，比如荷兰，曾经尝试过，但是在资本的覆盖范围和资本收益率的选择上碰到了一些困难。[15] 另一解决方案是直接对个人的全部财富征收累进税。这个方法的重要好处是可以根据财富规模改变税率，因为我们知道实际上更大规模的财富会有更高的收益率。

基于在等级顶端的财富获得的收益非常高，价值贡献论据成为实施累进资本税最重要的理由。根据这一推理，对非常富有的人而言，资本是比收入更好的价值贡献指标，而收入常常很难度量。因此，对那些相较于财富而言应税收入明显太低的个人来说，除所得税之外，很需要一种资本税作为补充。[16]

不过，有利于资本税的另一个经典论据也不可忽视。它依赖于激励的逻辑。基本思想是资本税是对资本存量寻求最高可能收益率的一种激励。具体地，对一个每年资本收益可达10%的企业家而言，1%或2%的财富税收相对较轻；相反，对于满足于将其财富放在最多每年2%或3%收益的投资上的人来说，这又相当重。根据这个逻辑，资本税的目的是强迫那些不能有效利用财富的人出售资产来支付税收，从而确保这些资产在更有活力的投资人手中。

这一论据有其合理性，但也不宜过分夸大。[17]在实践中，资本收益并非仅依赖于资本家的才能和努力。一方面，平均收益随着初始财富的规模而系统变动。另一方面，个体收益很大程度上是不可预测的和混乱的，并且容易遭受各种经济冲击的影响。例如，为什么一个企业在任意时间点都可能会亏损，这有很多原因。一个仅仅基于资本存量（而非已经实现的利润）的税收体系，将给亏损企业施加不相称的压力，因为其亏损时的税负和获取高利润时的税负是一样的，这可能会让其陷入破产的境地。[18]因此，理想税收体系是激励逻辑（支持资本税）和保险逻辑（支持对来自资本的收入流课税）之间的折中。[19]再者，资本收益的不可预测性也解释了为什么如下税收方式是有效的：即不在遗产继承时刻向继承者一次性课税（通过财产税方式），而是基于资本收入和资本存量价值在其一生中课税。[20]也就是说，所有三种税——针对遗产、收入和资本——均扮演有用而互补的角色（即便对所有纳税人收入都完全可观测，不管其多么富有）。[21]

欧洲财富税的蓝图

将所有这些因素纳入考虑，资本税的理想框架是怎样的，这一税种会带来多少收入？明确一下，我这里所说的是一个永久性的年度资本税，因而税率必须相当温和。一代人只收一次的税种，比如遗产税，可以确定非常高的税率：1/3、1/2 甚至 2/3，像英国和美国 1930~1980 年针对最大遗产时的情况。[22] 在不常见的情况下对资本征收的一次性特别税也是如此，比如法国 1945 年对资本征收高达 25% 的税，占领期间（1940~1945 年）对增加的资本实际上征收 100% 的税。显然，这种税不能长期征收：如果一个政府每年拿走国民财富的 1/4，那么几年后就什么都不剩了。这就是为什么年度资本税的税率必须非常低，大约在百分之几。对有些人来说这可能显得奇怪，但是这确实是非常可观的税率，因为它每年都要对总资本存量征收。例如，不动产税税率往往只有其价值的 0.5%~1%，或租金价值的 1/10~1/4（假设每年 4% 的平均租金）。[23]

下一点非常重要，这也是我想坚持主张的：考虑到当前欧洲私人财富极高的水平，一个税率温和的年度累进财富税将会带来可观的收入。例如，采取一个财富税，100 万欧元以下税率为 0，100~500 万欧元税率为 1%，500 万欧元以上税率为 2%。如果应用于所有的欧盟成员国，这一税种将影响 2.5% 的人口并带来相当于欧盟国内生产总值 2% 的收入。[24] 高回报不足为奇，缘于如下简单事实：当今欧洲的私人财富价值超过 5 年的国内生产总值，并且这一财富的大部分集中在收入金字塔最顶层的 1% 人群手中。[25] 虽然资本税自身尚不足以为社会国家融资，但是其带来的额外收入的确非常可观。

原则上，通过自己使用这一税种，每一个欧盟成员国都可以产生相似的收入。但是如果没有银行信息在欧盟区域内外自动分享（从非成员国中的瑞士开始），偷税漏税的风险将会非常高。这部分解释了为什么采取财富税的国家（比如法国采用了和我提议的类似的税收安排）通常会允许大量的豁免，尤其是对"商业资产"，以及实际上几乎所有上市和非上市公司的重大利益。这样做让累进资本税的收入大量流失，这就是为什么现存税收产生的收入比上面描述的小那么多的原因。[26]

当欧洲国家尝试征收自己的资本税时，会面临诸多困难，一个极端的例子是意大利。2012 年，面临全欧洲最为沉重的公共债务的意大利政府对高额的私人财富开征财产税（意大利和西班牙是欧洲私人财富最多的国家之一）。[27] 但是，由于害怕金融资产会逃离本国，去瑞士、奥地利和法国的银行寻求庇护，不动产税率设定为 0.8%，银行存款和其他金融资产的税率仅为 0.1%（特别是股票完全免税），并且没有累进。为什么一些资产只被征收其他资产 1/8 的税，这一现象不仅很难用一个经济原理来解释，而且，整个系统还有一个不幸结果：对财富实行了累退税，因为最大的财富包括的主要是金融资产，特别是股票。这个设计大概无法为新税制赢得社会的认可，它成为意大利 2013 年大选的主要问题；提出这一税收的候选人——被欧盟和国际机构所恭维——在民意调查中被彻底击败。问题的症结在于：没有欧盟国家间的银行信息自动共享（它将准许税务机关获得有关每个纳税人净资产的可靠信息，不管这些资产位于何处），一个国家靠自己行动采取累进资本税是非常困难的。更为遗憾的是，因为这一税种特别适合欧洲当下的经济窘境。

　　假如银行信息实现了自动共享，税务机关也已经拥有关于财富的准确评估（这有一天也许会实现）。那么理想的税收安排是什么？像往常一样，没有数学公式可以给出答案，这是需要民主协商的问题。如下税率大致是合理的：20 万欧元以下的净财富税率为 0.1%，20 万~100 万欧元的税率为 0.5%。这将代替不动产税，其在大多数国家对有财产的中产阶层而言相当于财富税。新体系将会更加公平也更加有效,因为其目标是所有资产(不光是不动产)以及基于透明的数据和减去抵押债务的市场价值。[28] 在很大程度上,这种税单个国家也可以轻而易举地独自实施。

请注意,没有任何理由说高于500万欧元的财富的税率应该限制在2%。因为在欧洲和全世界最大额财富的真实收益是6%~7%或更多,对1亿或10亿欧元以上的财富征收2%以上的税并不过分。最简单也最公平的程序是,以每个财富等级过去若干年可观察到的收益为基础设定税率。这样,累进程度可以调整,以匹配资本收益的演变和期望的财富集中水平。为了避免财富分化(即收入最高的1%或0.1%人群所拥有的财富占总财富的比重稳步增长,这表面上看似乎是一个最小的期望目标,但对最大额财富以5%的税率征税似乎是必需的。如果选择更有雄心的目标——比如说,将财富不平等降低到比今天更温和的水平(历史表明,对经济增长而言这并不是必需的),那么针对亿万富翁的税收可能要在10%或更高。这里不是解决这个问题的地方。但可以肯定的是,就像政治辩论中经常出现的那样,以公共债务收益为参照毫无道理可言。[29] 最大额的财富显然不投资于政府债券。

欧洲财富税现实吗?技术上没有任何原因可以否定。这是面对21世纪经济挑战最适合的工具,尤其是在欧洲,私人财富繁荣的程度是"美好年代"以来所未见的。但是,如果旧大陆各国想要更紧密地合作,欧洲的政治制度必须改变。目前唯一强健的欧洲机构是欧洲中央银行(ECB),它非常重要但是显然并不足够。当我们转向公共债务危机的时候,下一章会回到这个问题。在此之前,需要从更广泛的历史视角审视我们所提议的资本税。

历史视角下的资本税

在所有文明中，资本所有者不用劳动就可以获取国民收入的一个可观份额，资本收益率每年通常在 4%~5% 这一事实都会激起激烈的（常常是愤怒的）抵制，此外还会引发各种政治应对措施出台。禁止高利贷是最常见的政治应对措施之一，在大多数宗教传统中，包括基督教和伊斯兰教，我们都可以发现这样或那样的高利贷形式。希腊哲学家对利息的看法摇摆不定。由于时间之流永不停息，利息原则上可以永无止境地增加财富。亚里士多德特别指出无界限的财富是危险的，而他也注意到"利息"一词在希腊语中本意是"子女"。在他看来，钱不应该"生"出更多的钱。[30] 在一个人口低增长甚至零增长的世界，人口和产出世世代代几乎保持不变，"无穷无尽"显得尤其危险。

不幸的是，禁止利息的企图常常不合逻辑。剥夺有息贷款的合法性，其效果通常是限制了政治或宗教当局认为不合法或没有价值的某类投资及商业金融活动。然而，他们普遍并不质疑资本收益的合法性。在欧洲农业社会时期，基督教当局从未质疑过地租的合法性，因为他们自身从中获益，他们赖以维持社会秩序的集团也从中获益。当时社会禁止高利贷最好视作是一种社会控制方式：某些类型的资本比其他资本更难控制，因此也更令人不安。资本可以给其所有者带来收入，这一基本原则毫无疑义，所有者也无须证明其合理性。当时的思想颇为警惕资本的无限积累。来自资本的收入应该用到健康的方面（例如支付慈善行为），当然不能投入商业或金融风险资产中，这可能会导致疏离真实信仰。土地资产在这方面非常令人放心，因为它只是日复一日年复一年地自我再造。[31] 结果，整个社会和宗教秩序也显得不可改变。地租在成为民主的死敌之前，长期被视为社会和谐的源泉，至少对所有者而言。

由卡尔·马克思和其他社会主义作家在19世纪所建议、20世纪在苏联和其他地方付诸实施的资本问题的解决方案要更为激进，即使不谈别的，逻辑上也更加一致。苏联废除了生产资料的私人所有制，包括土地和建筑，以及产业、金融和商业资本（除了很少的小地块和小合作社），从而消除了所有资本的私人回报。禁止高利贷变得更为一般化：剥削率（在马克思那里代表被资本家占用的产出份额）连同私人收益率降到零。伴随资本的零收益，人们（或工人）终于挣脱了连在财富积累枷锁上的锁链。问题在于，私人产权和市场经济不仅仅是让除了劳动力外一无所有者为资本所统治，它们在协调亿万个体的行动方面也扮演着有用的角色，没有它们就不会如此容易地进行。

对于私人资本及其回报的永恒问题，资本税将是一种较少暴力且更为有效的解决方案。在依赖私人产权和竞争力量的同时，对私人财富征收累进税将以普遍利益的名义重新控制资本主义。每种类型的资本都将以相同的方式征税，没有先验的歧视，"在做出投资决策方面，投资者一般比政府更有优势"这一原则。[32] 如果需要，对巨额财富累进的幅度可以非常大，不过这是法治政府的民主辩论问题。对 $r>g$ 导致的不平等，以及对资本回报作为初始资本规模之函数的不平等，资本税是最适当的应对方案。[33]

在这种形式下，资本税是一种新的思路，是明确为21世纪全球化承袭制资本主义所设计的。诚然，土地形式的资产从史前时期就被征税了，但是财产通常以非常低的统一税率征税。财产税的主要目的是通过要求财产登记来保障产权，而不是重新分配财富。英国、美国和法国的革命都遵从这一逻辑：他们设立的税收制度决非旨在减少财富不平等。在法国大革命期间，累进税思想是较为活跃的争论话题，但是最终累进原则被抛弃了。不仅如此，从建议的税率相当低这个意义上说，当时最有勇气的税收提议今天看起来都相当温和。[34]

第十五章 全球资本税

累进税革命不得不等待 20 世纪和两次世界大战之间时期的到来。它生于混乱之中，并且主要以累进所得税和累进遗产税的形式出现。不可否认，有些国家（最引人注目的是德国和瑞典）早在 19 世纪末期或 20 世纪早期就建立了年度累进资本税。但是美国、英国和法国（直到 20 世纪 80 年代）都没有转移到这个方向。[35] 而且，在对资本征税的国家，税率也相对较低，无疑是因为这些税收设计的背景和现在非常不同。这些税收也受困于基本技术缺陷：它们不是基于课税对象资产每年可以修订的市场价值，而是基于不经常修订的税务机关的价值评估。这些评估价值与市场价值的差异越来越大，并最终使得税收失去价值。伴随 1914~1945 年间的通胀冲击，同样的缺陷破坏了法国和许多其他国家的财产税。[36] 如此的设计缺陷对累进资本税可能是致命的：每个税收等级的临界值或多或少依赖于比较随意的因素，比如在指定的城镇或地区最后一次财产评估的日期。1960 年以后，在不动产和股票价格快速上升的时期，对这种随意性税收的挑战变得越来越普遍，法庭也常常介入（就是否违反平等税收原则进行裁决）。德国和瑞典在 1990~2012 年间废除了其年度资本税。这主要是由于其设计陈旧（回到了 19 世纪），而不是因为税收竞争。[37]

法国目前的财富税（impôt de solidaritésur la fortune，或 ISF）某种程度上更加现代：它基于各种资产的市场价值，每年可以重新估值。这是因为该税的设立相对较近：20 世纪 80 年代引入，当时通货膨胀（尤其是资产价格）已不能忽视。在经济政策上与其他发达国家保持不一致或许有好处：在某些情况下，这会让一个国家领先于其时代。[38] 尽管法国的"团结财富税"基于市场价值，在这方面它和理想资本税类似，然而在其他方面它与理想税制非常不同。前已述及，它因大量豁免而漏洞百出，并且是基于自我申报财产的方式持有。2012 年，意大利引入一个相当奇怪的财富税，它显示了在目前背景下单个国家凭

549

借自己的力量在实施资本税方面可以走多远。西班牙的情况也十分有趣。西班牙财富税,就像现在已经不存在的瑞典和德国版本,是基于多少有些随意的不动产和其他资产的评估。该税的征收在2008~2010年暂停,然后在2011~2012年严重的预算危机中恢复,但是其结构并未修改。[39] 类似的紧张气氛几乎无处不在:鉴于政府不断增长的需要,资本税虽然看起来符合逻辑(当大额财富增长且收入停滞,无论哪个政党当权,政府不可能对这样诱人的财源视而不见),但是在单个国家内合理设计这样的税种非常困难。

总结一下:资本税是一个新想法,需要使之适应于21世纪的全球化承袭制资本主义。税收设计者必须考虑何种税收安排是合适的,应税资产的价值该如何评估,以及关于资产所有者的信息应该如何被银行自动提供和在国际范围内共享,以便税务机关不需要依赖纳税人自我申报的财产持有情况即可掌握准确数据。

另类监管形式:保护主义和资本管制

资本税没有替代者吗?不,有其他方法管理21世纪的承袭制资本主义,有些已经在世界的不同部分进行尝试了。然而,这些另类监管形式并不如资本税一样令人满意,而且有时候其制造的问题比解决的还要多。如前所述,政府收回经济和金融主权最简单方法是诉诸保护主义和资本管制。保护主义有时是保护一国经济中相对不发达部门的有用方法(直到国内企业预备好了面对国际竞争),[40] 也是反对不遵守规则(金融透明度、健康标准和人权等等)国家的有用武器。对一个国家而言,放弃保护主义或许是愚蠢的。不过,保护主义自身并非繁荣的源泉和财富创造者。历史经验表明,旨在通过保护主义来显著改善民众生活的国家可能会面临巨大的失望。此外,保护主义对阻止$r>g$导致的不平等或财富积累到越来越少的人手中无能为力。

资本管制是另一个问题。自 20 世纪 80 年代以来,大多数富裕国家提倡完全和绝对的资本流动自由化,没有控制,也没有各国间关于资产所有情况的信息分享。诸如经济合作与发展组织、世界银行和国际货币基金组织之类的世界组织,以经济科学最新发展的名义来推销同一套措施。[41] 但是,这一运动本质上是由民主选举政府推动的,反映了特殊历史时刻的主导思想,苏联解体和对资本主义和自动调节市场的无限信心是这一时期的标志。自 2008 年金融危机以来,这种方式是否明智遭遇严重质疑,富国很可能将在未来数十年增加资源进行资本控制。从 1998 年亚洲金融危机之后开始,发展中国家已经展示了其发展道路。那次危机让很多国家相信(包括印度尼西亚、巴西和俄罗斯在内),国际社会指示的政策和"休克疗法"并不总是明智的,是设定自己道路的时候了。那次危机也鼓励一些国家积累额外的外汇储备。这可能不是对全球经济不稳定的最佳对策,但是它可以让单个国家在不丧失主权的情况下即可应付经济冲击。

中国资本管制的秘密

一些国家经常实施资本管制,不为完全解除资本流动和经常账户管制的大潮所触动,认识到这一点很重要。中国是一个值得关注的例子,其货币从来都不可自由兑换(但是,将来有一天当中国确信积累了足够的储备可以埋葬任何对赌人民币的投机者后,货币兑换可能会放开)。中国也严格控制进入的资本(没有政府批准,不能投资或购买中国的大公司,一般只有当外国投资者满足于占有少数股权时才可获得批准)和流出的资本(没有政府同意,资产不能转移出中国)。资本流出问题目前在中国非常敏感,是中国资本管制模型的核心。这就引出一个非常简单的问题:中国的百万富翁和亿万富翁,他们的名字越来越多地出现在全球财富榜中,他们是否是财富的真正所有者?例如,如果他们愿意,他们能不能把钱转出中国?虽然这个问题的答案笼罩着神秘的面纱,但是毫无疑问,中国的产权概念和欧美是不同的。它依赖于一套复杂且不断演变的权利和责任。举个例子,一个取得20%中国电信股份的中国巨富,想要带着家人移居瑞士,同时继续保留他的股份并收取数百万欧元的股息。相较于一个俄罗斯寡头,他这样做很可能会非常困难。这一判断基于这样的事实,经常有大量资金离开俄罗斯到达可疑的目的地,而这在中国从未见到,至少到目前为止是如此。无可否认,俄罗斯寡头们必须小心翼翼不得罪总统,因为他可以送他们进监狱。但是,如果能够避开这个麻烦,他们显然可以依靠开发俄罗斯自然资源获得的财富过得很好。在中国这似乎控制得更严格。阅读西方报刊经常可以看到这类比较:中国政治领导人远比其美国同行富有。上述问题可能是众多原因之一。该结论很可能经不起更细致的考察。[42]

我不是要为中国的资本管制制度辩护,它极端不透明,很可能也不稳定。不过,资本管制是管理和遏制财富不平等动态的一种方法。此外,中国有比俄罗斯更加累进的所得税(俄罗斯在20世纪90年代采取统一税,像许多前苏联集团的国家),尽管它仍然不够累进。所得税带来的收入投入教育、医疗和基础设施,其规模远大于其他发展中国家,比如印度,中国显然已经将其远远抛在后面。[43]如果中国愿意,尤其是如果其精英阶层同意,允许民主透明和法治政府与现代税收制度相结合(并不是确定的事),那么中国显然足够强大来实施我此前讨论的累进所得税和资本税。在某些方面,中国比欧洲更有能力迎接这些挑战,因为欧洲必须应付政治分裂和税收竞争的特殊紧张局面,这种局面可能会在未来某个时间到来。[44]

无论如何,如果欧洲国家不能一起协调和有效地管理资本,单个国家很可能采取自己的控制和国家偏好。(实际上,这已经开始了,有时伴随着对国家捍卫者和国内股东的不合理推广,这常常基于虚幻的前提,即他们比国外股东更容易控制。)在这方面,中国拥有明显的优势,将很难被击败。资本税是资本控制的自由形式,能更好地发挥欧洲的相对优势。

石油租金的再分配

当提到管理全球资本主义及其造成的不平等时,自然资源的地理分布(特别是"石油租金")构成了一个特殊问题。国际财富不平等——以及国家命运——由边界的划定所决定,而很多情况下这是相当随意的。如果世界是一个单独的全球民主共同体,理想资本税将会以公平的方式重新分配石油租金。国家法律有时通过宣布自然资源是公共财产来这样做。这种法律当然因国而异。希望民主协商能够指出正确的方向。例如,如果明天有人在自家后院发现了比全国财富加起来都多的财富,可能会找出一种方法来修正法律以便以一种合理的方式(希望可以)分享这笔财富。

然而,由于世界不是单独的民主共同体,所以自然资源的再分配常常以非常不和平的方式解决。1990~1991年,就在苏联解体之后,另一个重大事件发生了。伊拉克,一个有3 500万人口的国家,决定入侵其小邻居科威特,仅有100万人口但拥有的石油储备却几乎和伊拉克相同。当然,这在某种程度上是一个区域事件,但它也是后殖民时期大笔一挥的结果:西方石油公司及其政府发现某些情况下和人口少的国家做生意要容易一些(尽管在长期这样的选择是否明智可能存疑)。无论如何,西方强权及其同盟立刻派遣大约90万军队去恢复科威特作为其油田的唯一合法所有者(如果需要证明的话,这证明了当政府选择这样做的时候,它可以动员可观的资源来实施其决定)。这一事件发生在1991年。第一次海湾战争之后,2003年在伊拉克又爆发了第二次海湾战争,西方强权同盟多少显得松散。这些事件的后果在今天依然存在。

基于社会正义和效用,设计最优石油资本税安排,使其在一个全球政治共同体(或甚至在中东的政治共同体)中完美发挥作用并不由我来完成。我只是看到,这个地区财富分配的不平等已经达到了前所未有的水平,如果不是因为外国军队的保护,这种不平等肯定在很久以前就不复存在了。2012年,埃及教育部给所有小学、中学、中专和大学的全部预算不到50亿美元,这个国家有8 500万人口。[45] 往东几百公里的沙特阿拉伯及其2 000万国民享有3 000亿美元的石油收入,而卡塔尔和30万卡塔尔人每年进账超过1 000亿美元。与此同时,国际社会想知道是否应该给埃及发放几十亿美元的贷款,或等这个国家如其所承诺的增加汽水和香烟税。当然,国际规范应该是阻止利用军事力量进行财富再分配,只要其可能这样做就应立即阻止(尤其当侵略者的意图是购买更多武器,而不是建造学校,就像1991年伊拉克的入侵)。但是这种规范应该时刻牢记它的职责,寻求其他途径来实现石油租金更公正的分配,无论是制裁、税收或对外援助的方式,以便给没有石油的国家发展的机会。

通过移民实现的再分配

一个看上去更和平的再分配和管理全球财富不平等的方法是移民。既然转移资本会造成很多困难,有时不如简单地允许劳动转移到工资更高的地方。当然，这是美国对全球再分配的伟大贡献：美国的人口从独立战争时的区区 300 万增长到今天的 3 亿，很大程度上归功于持续的移民潮。这也是为何美国变成新的旧欧洲还有很长路要走的原因，正如我在第十四章推测的。移民是将美国合为一体的黏合剂，是阻止资本积累获得其在欧洲的那种重要性的稳定力量，也是使得美国日益扩大的收入差距在社会和政治上可以被忍受的有效屏障。对于美国收入分配底层 50% 中的相当一部分人而言，由于一个非常简单的原因这些不平等是次要的，他们出生在并不富裕的国家，看到自己处在一个上升通道中。再请注意，凭借移民的再分配机制，使得出生在穷国的人能够通过迁移到富国而大大改善其处境，这近来对欧洲也和对美国一样重要。在这方面，旧世界和新大陆的区别可能没有过去那么明显。[46]

然而，需要强调的是，凭借移民的再分配可能是可取的，但只能解决部分不平等问题。即便经由移民的途径，甚或仰仗穷国在生产率方面赶超富国，使得国家间的人均产出和收入得以平衡，但不平等问题——尤其是全球财富集中的动态——仍然存在。借助移民的再分配虽然延缓了问题，但并未省却对新型管理的需要：拥有累进所得税和资本税的社会国家。此外，人们可能会期望，移民将会更容易被富裕社会中相对弱势的成员所接受，如果这项制度可以恰当地保证全球化的经济利益被每个人分享。如果你拥有自由贸易与资本和人力的自由流动，但是却摧毁了社会国家和所有形式的累进税，那么，防御性民族主义和身份认同的诱惑将很可能渐渐变得比英国和美国以前都更加强烈。

最后请注意，欠发达国家将是更加公平和透明的国际税收体系的主要受益者之一。在非洲，资本流出经常大幅超过国外援助的流入。几个富国发起诉讼程序，反对带着不正当获益逃离自己国家的前非洲领导人,这无疑是好事。但是,建立国际财政协作和数据分享,将使非洲和其他地方的国家能够以更加系统且井然有序的方式去根除这种掠夺,尤其当各种国籍的外国公司和股东至少和肆无忌惮的非洲精英同样有罪时。再一次,金融透明度和全球累进资本税成为正确答案。

第十六章 公共债务问题

　　政府为其开支筹措资金主要有两种手段：税收和债务。一般而言，从公平和效率上讲，税收要远胜于债务。债务的问题在于它通常必须偿还，因此债务融资有利于那些有钱借给政府的人。从大众利益的立场出发，向富人收税总胜于向富人借钱。然而，总有一些或好或坏的理由，使得政府有时不得不诉诸借贷和积累债务（前提是债务不是前任政府遗留的）。目前，世界上的富国正陷入一场貌似无休止的债务危机。诚然，历史上有公共债务水平更高的例子，像我们在第二部分所看到的：特别是在英国，公共债务两次超过两年的国民收入，第一次在拿破仑战争结束时，第二次在第二次世界大战后。然而，富国现在的公共债务平均大约是1年的国民收入（或90%的国内生产总值），其负债程度之高也是自1945年以来所未有的。尽管发展中经济体在收入和资本上都不及发达国家，但是同时其公共债务水平却更低（平均大约为30%的国内生产总值）。这表明公共债务问题是一个财富分配问题，尤其是在公共领域和私人之间，而不是绝对财富问题。发达国家富有，相反，发达国家的政府却穷困。欧洲是一个最极端的例子：它既有世界上最高水平的私人财富，也有最难解决的公共债务危机——这是一个奇怪的悖论。

我们的探究将从考察高额债务的处理手段入手。这将引导我们去分析中央银行如何监管和再分配资本,以及为什么欧洲统一后过度关注货币问题而忽视税收和债务,而这已经导致僵局。最后,我们将探究,在 21 世纪的低增长和自然资本潜能退化的可能背景下,公共资本的最优积累及其与私人资本的关系。

削减公共债务:资本税、通货膨胀和财政紧缩

如何显著削减像目前欧洲债务这样大的公共债务?主要有三种方法,可以按不同比例结合使用:资本税、通货膨胀和财政紧缩。针对私人资本的特别税是最公平和有效的解决方案。除此,通货膨胀可以发挥很大作用:历史上,大多数高额公共债务即如此处理。从公平和效率出发,最差的解决办法是旷日持久的财政紧缩——但这是欧洲目前正在遵循的路径。

我们从回忆当前欧洲的国民财富结构入手。正如我们在第二部分所展示的,大多数欧洲国家的国民财富接近 6 年的国民收入,且大多为私人所有(家庭)。全部公共资产的价值大致等于全部公共债务(大约是 1 年的国民收入),所以净公共财富接近零。[1] 私人财富(减去债务)大体可以分成相等的两半:不动产和金融资产。欧洲与世界其余部分的平均净资产头寸接近平衡,这意味着欧洲公司和主权债务由欧洲家庭所有(或者,更准确地,欧洲在世界其余部分拥有的财富正好和世界其余部分在欧洲拥有的财富相抵消)。这一现实被金融中介系统的复杂所掩盖:人们将其储蓄存入银行或投资于金融产品,然后银行又把这些钱投资到其他地方。国家间也有相当可观的交叉所有权,这使得情况更加不透明。不过事实依然是欧洲家庭(或至少是那些拥有

财富的：记住，财富仍然非常集中，最富有的10%的人群拥有全部财富的60%）所拥有的相当于欧洲全部之所有，包括其公共债务。[2]

在这种条件下，如何将公共债务削减到零？一个解决方案是私有化所有公共资产。根据不同欧洲国家的国民账户，出售所有公共建筑、学校、大学、医院、警察局、基础设施等等，所得之款项大体可以付清所有未清偿债务。[3]最富有的欧洲家庭将变成学校、医院、警察局等等的直接所有者，而不是经由金融投资持有公共债务。其他每个人将不得不为了使用这些资产支付租金，而这些资产将继续提供相关公共服务。虽说很多人对此举双手赞成，但在我看来则是治标不治本。如果欧洲的社会国家要圆满且长久地完成其使命，尤其是在教育、医疗和安全领域，它必须继续拥有相关公共资产。但是，重要的是要理解，就目前状况而言，政府必须为未清偿的公共债务支付沉重的利息（而不是租金），因而其情况和为使用相同资产而支付租金没有太大不同，因为这些利息支付对国库来说同样是沉重的负担。

一个更加令人满意的削减公共债务的途径是征收私人资本特别税。例如，一个针对私人资本的15%的统一税，其收入接近1年的国民收入，因而可以立即偿还所有未清偿公共债务。国家继续拥有公共资产，但是其债务将削减至零并且因此可以不用再支付利息。[4]除了两个本质区别，这一解决方案相当于拒绝履行全部公共债务。[5]

首先，预测债务违约的最终影响总是很困难，即便只是部分违约——就是说，很难知道谁将实际承担成本。就像希腊在2011和2012年由于负债极端过度，不得不部分违约或者全部拒付。债券持有人被迫接受"预留扣减"（haircut）：银行和其他债权人持有的政府债券价值被减记10%~20%或者更多。问题在于，如果大范围使用这一方法——例如，用于整个欧洲而不仅仅是希腊（后者只占整个欧洲国内生产总值的2%），就很可能触发银行恐慌和倒闭风潮。最终的结果可能大相径庭,且很难在事前准确预测,其影响因素包括银行债券持仓的种类、银行的资产负债表结构、债权人的性质、利用家庭储蓄所做投资的特性等。而且,拥有最大资产组合的人很可能将及时重组其投资,从而差不多完全避免了预留扣减。人们有时认为,强加预留扣减是惩罚那些承担最大风险投资者的一种方法。没有什么比这更离谱:金融资产在不断交易,无法保证不出差错,而刚好惩罚到那些应该惩罚的人。特殊的资本税与预留扣减率类似,但其好处是以更加文明的方式来处理事情。每个人都被要求做出贡献,同样重要的是这可以避免银行倒闭,因为最终付款的是财富所有者(自然人),而不是金融机构。然而,如果要征收这种税,税务机构当然需要长期地和自动地获知其管辖下的公民所持有的银行账户、股票、债券和其他金融资产。没有这种金融登记清册(financial cadaster),每个政策选择都将面临风险。

但是财政解决方案的主要优势是,对每个人缴税的需求可以根据其财富规模进行调整。对欧洲全部的私人财富征收15%的特别税并不明智,反而应该实行累进税制,使更多的小额资产免于赋税,而对巨额资产征收更高的税,这样效果更佳。从某种意义上说,这正是欧洲银行方已经在做的,因为在银行倒闭的情况下它通常只担保低于10万欧元的存款。累进资本税是这一逻辑的一般化,因为它允许对征税等级做更细致的划分。可以设想不同层级的数字:对10万欧元以下的存款全部担保,10万到50万欧元之间的部分担保,如此这般,层级越多,情况越有益。累进税也可以适用于所有资产(包括上市和非上市股份),不仅仅是银行存款。如果真想要触及最富有的人,这是必需的,他们很少把钱存在支票账户。

无论如何,想要一下子把公共债务削减到零无疑是操之过急了。举个更现实的例子,假设我们想要把欧盟国家的债务削减大约是国内生产总值的20%，这将把债务水平从目前占国内生产总值的90%降低到70%，离目前欧盟条约设定的最大值60%不远。[6] 就像上一章提到的，一个累进资本税，对100万欧元以下的财富税率为0，100万到500万欧元之间税率为1%，大于500万欧元税率为2%，可以带来相当于2%欧盟国内生产总值的收入。要一次性得到相当于20%国内生产总值的收入，需要使用10倍高的税率：100万以下为0，100万到500万之间为10%，500万以上为20%。[7] 有意思的是，为了大幅削减公债，法国1945年使用了特别资本税，其累进税率的范围是从0~25%。[8]

在10年期间使用0、1%、2%的累进税率，并将收入指定用于削减债务，也能得到相同的结果。例如，可以设立一个"偿债基金"（redemption fund），类似德国政府指定的经济学家委员会在2011年提出的。这一提议想要重组欧元区所有高于60%国内生产总值的公共债务（尤其是德国、法国、意大利和西班牙的债务），然后逐步将基金削减到零，但它远非完美。特别是它缺乏民主治理，没有民主治理，欧洲债务的重组是不可能的。不过，这是一个具体计划，可以很容易地和一次性或10年期的特别资本税相结合。[9]

通货膨胀能重新分配财富吗？

总结一下到目前为止的讨论：我们看到特别资本税是削减巨额公共债务的最好途径。这是迄今最透明、公正和有效的方法。但通货膨胀是另一个可能选择。具体来说，由于政府债券是名义资产（即其价格事先设定而不依赖于通货膨胀）而不是实际资产（其价格随经济形势而演变，通常至少和通货膨胀增加得一样快，就像不动产和股份），通货膨胀率的小幅增加足以显著削减公共债务的真实价值。在其他条件不变的前提下，如果一个国家每年的通货膨胀率从2%上升至5%，以国内生产总值百分比表示的公共债务的真实数值，将被削减超过15%——这是一个相当大的比重。

这一解决方案非常吸引人。历史上，这即为大多数高额公共债务的削减之道，尤其在20世纪的欧洲。例如，从1913年到1950年，法国和德国的通货膨胀分别为每年13%和17%。正是通货膨胀使得两国可以在20世纪50年代以非常小的公共债务负担开始重建。尤其是德国，可能是迄今为止在其历史上最肆意利用通货膨胀（连同彻底拒绝履行债务）来削减公共债务的国家。[10] 除了特别反对这一解决方案的欧洲中央银行以外，其他所有主要中央银行——美联储、日本银行和英格兰银行——目前都正在致力于或多或少地明确提高通货膨胀目标，并且也都正在试验各种所谓非传统货币政策，这并非偶然。如果它们成功了——比如，把通货膨胀从每年2%提高到5%（数值不一定是2%和5%），这些国家将会比欧元区国家更快走出债务危机。欧元区国家经济前景不容乐观，其原因不仅是欧洲国家无法进行额外的通货膨胀，也缺乏对欧洲预算和财政联盟的长远未来的明确关切。

确实，理解这一点非常重要，没有特别资本税和额外的通货膨胀，欧洲走出目前存在的高额公共债务负担可能要花费数十年。举一个极端的例子：假设每年通货膨胀率为零且国内生产总值增长率为2%（至少在短期，由于严格预算的明显紧缩效应在欧洲并不确定），预算赤字限定为国内生产总值的1%（考虑到债务利息，这实际上意味着相当程度的盈余）。那么，根据定义，要将债务/国内生产总值比率降低20%需要20年。[11] 如果在某些年份增长降到2%以下而债务上升到1%以上，那么要改变这一局面很容易就要花费三四十年，因为积累资本需要花费数十年，削减债务也要非常长的时间。

在19世纪的英国，可以找到持久的财政紧缩疗法的最有趣的历史范例。如第三章所示，为了使国家摆脱拿破仑战争留下的庞大公共债务，需要一个世纪的基本盈余（从 1815 年到 1914 年占 2%~3% 的国内生产总值）。在这个过程中，英国纳税人在债务利息上的花费要多于教育。这一选择无疑符合政府债券持有人的利益，却未必符合英国人民的普遍利益。英国教育的退步可能要为此后几十年这个国家的衰落负责。无可否认，当时债务超过国内生产总值的 200%（并不仅仅像今天的情形一样，是 100%），并且 19 世纪的通货膨胀接近零（而现在普遍接受 2% 的通货膨胀目标）。因此，有人希望欧盟的财政紧缩可能只需要持续 10~20 年（最低限度），而不是一个世纪。不过，那也将是一段很长的时间。如此考虑是合理的：即欧洲应该探索更好的途径去迎接 21 世纪的经济挑战，而不是每年花费国内生产总值的几个百分点去支付债务，同时大多数欧洲国家每年投入到大学的钱还不到国内生产总值的 1%。[12]

也就是说，我们坚持认为，通货膨胀充其量是对累进税的非常不完全的替代，会有一些讨厌的副作用。第一个困难是通货膨胀很难控制：它一旦开始，就不能保证可以停在每年 5% 的水平。在通货膨胀螺旋中，每个人都希望自己的工资和物价之间的变化是同步并且合意的。这个螺旋很难停止。在法国，从 1945 年到 1948 年，通货膨胀连续 4 年超过 50%。这实际上将公共债务削减殆尽，远较 1945 年征收的特别资本税激进。但是，数百万的小储户被洗劫一空，而这也使得 20 世纪 50 年代持续的老年人贫困问题更加恶化。[13] 在德国，物价在 1923 年增长了 1 亿倍。德国的社会和经济在此期间遭受了永久的伤害，而这无疑还在继续影响着德国人对通货膨胀的认识。第二个困难是，通货膨胀一旦变得持续并进入预期，政府大多数想要得到的效应都会消失（特别是任何想借钱给政府的人都会要求更高的利率水平）。

不可否认，支持通货膨胀的一个论据仍然存在：资本税和任何其他税种一样，会不可避免地剥夺人们将会有效利用的资源（用于消费和投资),相较于此,通货膨胀(至少其理想形式)主要惩罚那些不知道怎么处置自己钱财的人,即那些将太多现金存在银行账户或塞在床垫下的人。它有利于那些已经花掉一切或将一切都投资于实体经济资产(不动产或商业资本)的人,并且更好的是,它有利于那些欠债的人(通货膨胀削减名义债务,使得债务人可以更快站稳脚跟进行新的投资)。在这种理想化版本中,通货膨胀某种程度上是闲置资本的税收和动态资本的激励。这种观点有其合理的成分,不应立刻抛弃。[14] 但是,正如我们在考察资本的不平等收益作为初始股本的函数时所示,通货膨胀绝不能阻止数额巨大且充分分散的投资组合,简单利用其规模就获得更高的报酬(即便是资本所有者并没有付出任何个人努力)。[15]

最后,事实上通货膨胀是一个相对粗糙和不精确的工具。它有时在正确方向上重新分配财富,有时则不是。确实,如果在少许通货膨胀和少许财政紧缩之间选择,通货膨胀无疑更可取。但是,在法国有时会听到这样的观点,通货膨胀是几近理想的财富再分配工具(它是这样一种方法:从"德国食利者"那里拿钱,和迫使莱茵河另一边的老龄人口表现出与欧洲其余部分更多的团结一致)。这种观点天真而荒谬。实际上,欧洲的通货膨胀大潮对财富再分配来说会有各种各样意想不到的后果,特别是会损害法国、德国和其他地方那些财产不多的人。相反,那些在莱茵河两岸以及任何其他地方,其财富处于不动产和股票市场的人很大程度上将免于损失。[16] 当涉及永久降低财富不平等和削减非常高的公共债务水平时,累进资本税通常是比通货膨胀更好的工具。

中央银行是干什么的?

为了更好地理解通货膨胀,更一般地说,是中央银行在监管和资本再分配中的作用,从当前危机退后一步来以更宽广的历史视角考察这些问题是有益的。回到金本位制处处是规范的时代,第一次世界大战前,中央银行发挥的作用要比现在小得多。特别是其创造货币的能力,严重受限于现存的金银存量。金本位制的一个明显问题是,总体价格水平的演变主要依赖于发现金银的风险。如果全球黄金存量不变但全球产出增长,价格水平将不得不下降(因为同样的货币存量现在不得不支撑更大数量的商业汇兑)。在实践中这是巨大麻烦的源头。[17] 如果突然发现了巨大的金银矿藏,就像 16、17 世纪的西属美洲(Spanish America)或 19 世纪中叶的加利福尼亚,价格会猛涨,这会造成各种问题,且给某些人以不应得的意外之财。[18] 这些缺陷使得世界无论何时重返金本位都非常不可能。(凯恩斯指出黄金是"野蛮的遗迹"。)

然而,一旦停止以贵金属为基础的自由兑换,中央银行制造货币的权力就具有潜在的无限性,因而必须严格管理。这是关于中央银行独立性争论的核心所在,也是很多误解的根源。让我们快速回顾这些争论。在"大萧条"开始阶段,工业化国家的中央银行采取了极端保守的政策:只是在不久之前放弃金本位制,它们拒绝创造必要的流动性来拯救陷入麻烦的银行,这引发了严重的倒闭潮,使得危机更加恶化,将世界推到深渊的边缘。理解这一悲剧历史经验造成的创伤非常重要。从那时起,每个人都同意中央银行的主要功能是确保金融体系的稳定,这要求中央银行担当"最后贷款人"的角色:万一出现彻底的恐慌,它们必须创造必要的流动性来避免金融体系的大面积崩溃。认识到这一点很关键:20 世纪 30 年代以来,这个观点被所有体系观察者所分享,不管他们对罗斯福新政或第二次世界大战后产生自美国和欧洲的社会国家的不同形式态度如何。确实,对中央银行稳定作用的信心有时好像与对同一时期出现的社会和财政政策的信心成反比。

这个观点在米尔顿·弗里德曼和安娜·施瓦茨1963年发表的不朽著作《美国货币史》中有明确的阐述。在这本重要著作中,货币经济学的领军人物根据大量历史档案,从微小细节追溯美国货币政策自1867年到1960年的变化。[19]毋庸置疑,这本书把焦点放在了20世纪的"大萧条"上。对弗里德曼来说,以下表述无疑是合理的:美联储过度的紧缩政策,将股市崩溃转化为信贷危机,使得经济陷入通货紧缩螺旋和前所未见的巨大萧条中。危机的原因主要在货币,因此其解决方案也在货币。从这一分析出发,弗里德曼得出了明确的政治结论:为了确保资本主义经济的正常增长不受干扰,货币政策设计务必保证货币供给的稳定增长。相应地,货币主义坚持认为,制造了大量政府工作和社会转移支付项目的罗斯福新政,是代价高昂而徒劳的把戏罢了。拯救资本主义不需要福利国家或全能政府:唯一必要的是一个运转良好的美联储。在20世纪六七十年代,尽管美国许多民主党人仍然梦想完成罗斯福新政,但公众已经开始担心相比于当时处于经济快速增长阶段的欧洲,美国会被抛在身后。在这种政治环境下,弗里德曼简单而有力的政治思想具有爆炸性的效果。弗里德曼和其他芝加哥学派经济学家的著作,促进了对不断扩张的政府的质疑,并且制造了使得1979~1980年保守主义革命成为可能的知识氛围。

人们可以明显地从不同角度来重新诠释这些事件:没有任何理由证明,恰当运行的美联储,不能成为恰当运行的社会国家和设计良好的累进税政策的补充。这些制度显然是互补的而不是互相替代的。与货币主义相反,美联储在20世纪30年代早期采用了过度紧缩的货币政策(像其他富裕国家的中央银行一样),丝毫不能说明其他制度的优劣。不过,这并不是让我们感兴趣的地方。事实是,所有经济学家(货币主义者、凯恩斯主义者和新古典主义者)和其他观察家一起,不论其政治谱系,都同意中央银行应该作为最后贷款人,并以一切必要手段来避免金融崩溃和通货紧缩螺旋。

这个广泛共识解释了为什么全世界所有的中央银行——在日本、欧洲以及美国——通过承担最后贷款人和金融系统稳定者的角色来应对2007~2008年的金融危机。除了2008年9月雷曼兄弟倒闭,危机中的银行破产被限制在相当有限的范围。不过,关于当前情形下应该采取的"非常规"货币政策的确切性质,却没有达成什么共识。

中央银行实际上是干什么的呢?事实上,清楚认识这一点非常重要:中央银行本身不创造财富,它们重新分配财富。更准确地说,当美联储或欧洲中央银行决定创造额外的10亿美元或欧元时,美国和欧洲的资本不会增加同样的数量。实际上,国民资本不会有一美元或一欧元的改变,因为中央银行进行操作的手段常常是贷款。因此它们导致了金融资产和负债的创造,在其产生的那一刻,即彼此完全平衡。例如,美联储可能借10亿美元给雷曼兄弟或通用汽车(或美国政府),而这些实体则承担了同等的债务。美联储和雷曼兄弟(或通用汽车)的净财富完全没有改变,更不要说美国和全球。实际上,如果中央银行可以简单通过大笔一挥就增加本国或世界的资本,这倒会是奇怪的事情。

接下来发生的事情依赖于这种货币政策如何影响实体经济。如果中央银行发放的贷款能够让接受者渡过难关、避免最终崩溃(这可能会减少国民财富),那么,当形势稳定下来且贷款归还之后,我们可以认为美联储的贷款实际上增加了国民财富,或者说至少是避免了国民财富的损失。另一方面,如果美联储放贷的作用仅限于延缓借贷方的破产时间,甚至还有可能发生阻碍了有活力的竞争者的出现的话,可以认为美联储的政策最终减少了国民财富。两种结果都有可能,而且每一个货币政策都会或多或少地引起两种可能性。全球中央银行限制了2008~2009年衰退的损害,从这个意义上讲,它们帮助增加了国内生产总值和投资,也因此增加了富裕国家和全世界的资本。不过,这类动态变化显然经常是不确定的且面临挑战。确定的是,当中央银行通过借钱给金融、非金融企业或政府来增加货币供给时,不会立刻对国民资本(不管是公共领域还是私人领域)带来影响。[20]

自 2007~2008 年危机以来,"非常规"货币政策在尝试什么?在平稳时期,为了保证每年 1% 或 2% 的低通货膨胀率,中央银行意在确保货币供给和经济活动以相同的步伐增长。特别是,它们通过给银行非常短期(常常不会超过几天)的借款来创造新资金。这种贷款保证整个金融体系的清偿能力。家庭和企业每天存取大量货币,对任何特定银行来说这种存取都不是完全平衡的。2008 年以来的主要创新在于对私人银行贷款的期限。美联储和欧洲中央银行开始实施 3~6 个月的贷款,而不是几天:在 2008 年第四季度和 2009 年第一季度,这些期限的贷款数量急剧增加。它们也开始以相似期限向非金融企业贷款。尤其是在美国,美联储也向银行部门提供 9~12 个月的贷款,并且直接公开购买远期债券。在 2011~2012 年,中央银行再次扩大其干涉范围。自危机开始以来,美联储、日本银行和英格兰银行购买主权债务,随着债务危机在南欧的恶化,欧洲中央银行也决定如法炮制。

这些政策需要做几处澄清。首先,中央银行通过提供必要的贷款为工人支付工资或者为供应商支付货款,行使权力阻止银行或非金融企业倒闭,但它不能强迫企业投资或家庭消费,也不能强迫经济重新开始增长。它也没有权力设定通货膨胀率。中央银行创造的流动性或许抵挡住了通货紧缩和萧条,但是富裕国家的经济前景依然黯淡,尤其是在欧洲,欧元危机破坏了人们的信心。在 2012~2013 年,最富有国家(美国、日本、德国、法国和英国)的政府可以以非常低的利率(刚刚超过 1%)借贷,这一事实证明了中央银行稳定政策的重要性,但是也表明私人投资者不知道如何处置从货币当局处以接近零利率借来的钱。因此他们宁愿将其现金以离谱的低利率再借给被视为最可靠的政府。有些国家的利率很低，而另一些国家的利率则高得惊人，这一事实是经济状况反常的标志。[21]

中央银行是强大的，因为它们可以非常快地重新分配财富，在理论上，分配范围也如其期望的一样广泛。如果有需要的话，中央银行可以在几秒钟内创造它想要的任何数量的货币，并将这些资金贷给需要的公司或政府。在紧急情况下（比如金融恐慌、战争和自然灾害），这种立刻制造无限货币的能力是非常宝贵的特性。没有税务机构能够如此快速地去征税：首先需要建立税基，设定税率，通过法律，征收赋税，事先防范可能的挑战等等。如果这是解决金融危机的唯一手段，世界上所有的银行恐怕都已经破产了。能够高效迅速地解决货币问题才是央行最强大的撒手锏。

中央银行的弱点在于很难精确地决定不同的公司适合获得多长期限、多少数量的贷款，还有管理作为结果的金融资产组合的难题。于此有一个结论是，中央银行资产负债表的规模不应该超过特定限度。随着2008年以来引入的所有新的贷款类型和金融市场干预，中央银行资产负债表规模几乎翻番。美联储资产和负债的总额从国内生产总值的10%上升到超过20%；英格兰银行也是如此；欧洲中央银行的资产负债表从国内生产总值的15%扩张到30%。这是令人吃惊的发展，但是其总量相较于私人净财富总量仍相当温和，在大多数富裕国家，私人财富是国内生产总值的500%~600%。[22]

在理论上设想更大的中央银行资产负债表当然是可能的。中央银行可以下决心买下一国的所有企业和不动产，投资于可再生能源工程，为高等院校提供支持，甚至控制整个经济。显然，问题在于中央银行并不胜任这样的活动，也缺乏民主合法性来做尝试。它可以大规模地快速重新分配财富，但也可能在目标选择上犯严重错误（像通货膨胀对不平等的影响就相当有害)。因此,限制中央银行资产负债表的规模更为可取。这也是为什么其运作都在严格授权下,很大程度上致力于维持金融体系的稳定。在实践中,当政府决定救助一个特定的行业分支时,就像美国2009~2010年救助通用汽车那样,是联邦政府,而不是美联储,掌管贷款发放、取得股份、设定条件和绩效目标。在欧洲同样如此:工业和教育政策是国家来决定的事情,而不是中央银行。这个问题并非技术上不可行而是事关民主治理。税收和支出立法的通过需要花费时间,这一事实并非偶然:当意义重大的国民财富份额要改变时,容不得一丝一毫的疏忽。

在涉及限制中央银行作用的众多争论中,有两个问题特别有趣,一个事关银行监管和资本税的互补性质(塞浦路斯最近的危机凸显了这一问题),另一个事关欧洲目前之制度结构越来越明显的缺陷。欧盟正从事于一个历史上前所未有的实验:那就是尝试在跨越欧洲各国的巨大范围内创造一个无国界的通货体系。

塞浦路斯危机:当资本税和银行监管相遇

中央银行最重要的和不可缺少的作用是确保金融体系的稳定。中央银行是唯一有能力评价构成金融体系的各类银行经营状态的机构,并且为了保证支付体系正常运转,可以在需要时给它们提供资金。它有时会得到其他银行监管机构的辅助:例如,通过发行银行许可证和确保银行维持特定的金融比率(为了确保银行相对于贷款和其他被视为高风险的资产,保持足够的现金储备和"安全"资产)。在所有国家,中央银行和银行监管部门(常常隶属于中央银行)一起工作。在当前涉及创立欧洲银行协会的讨论中,欧洲中央银行应该会扮演核心角色。在特别严重的银行危机中,中央银行也和像国际货币基金组织这样的国际组织协同工作。自 2009~2010 年以来，一个包括欧盟委员会、欧洲中央银行和国际货币基金组织的"三驾马车"通力合作来解决欧洲的金融危机，包括在南欧出现的公共债务危机和银行危机。2008~2009 年的衰退导致许多国家的公共债务大幅上升，而这些国家危机前已经负债累累（尤其是希腊和意大利），衰退也导致了银行资产负债表的迅速恶化，尤其是遭受房地产泡沫崩溃影响的国家（最明显的是西班牙）。最终，两个危机是紧密联系的。银行持有政府债券，其确切价值不详。（希腊政府债券的持有者遭受了一次相当严重的损失，虽然当局承诺不会在其他地方重复这一策略，但在这种环境下未来的行动仍不可预测。）只要经济前景持续暗淡，国家财政只会继续恶化。而只要金融和信贷体系仍然在很大程度上持续阻塞，经济前景未来很难改观。

问题在于，不管是三驾马车还是各成员国政府，都不能自动获取国际银行数据或者所谓的"金融登记清册"，该数据将允许它们以有效和透明的方式分配调整负担。为了恢复其公共财政的坚实基础，意大利和西班牙尝试自己征收累进资本税，我们已经讨论过，这非常困难。希腊的例子更为极端。每个人都坚持希腊向更富有的人收更多的税。这无疑是个绝妙的主意。问题是缺乏足够的国际协调，希腊显然无法自己征收这一既公正又有效的税，因为最富有的希腊人可以很容易地把钱转移到国外，常常是其他欧洲国家。然而，欧盟和国际机构从未采取措施实行必要的法律和监管。[23] 缺乏税收收入，希腊因此被迫出售公共资产，常常是以大甩卖的价格卖给希腊本土买主和其他欧洲国民，他们显然更愿意利用这个好机会占便宜而不是给希腊政府缴税。

2013 年的塞浦路斯危机是值得考察的有趣案例。塞浦路斯是一个有 100 万居民的岛国，2004 年加入欧盟，2008 年加入欧元区。巨额的外国存款催生了塞浦路斯银行部门的快速增长，而这其中俄罗斯的存款占大多数。这些钱被低税率和宽容的当地政府拉进塞浦路斯。根据三驾马车的官方声明,这些俄罗斯存款包括许多非常大的个人账户。很多人因而推测这些存款人是拥有千万甚至10亿欧元的财富寡头——可以在杂志的财富排名中读到的那些人。问题在于,无论是欧盟当局还是国际货币基金组织,都没有公布任何统计数据,哪怕是最粗略的估计。他们多半自身也没有多少信息,因为一个简单原因:他们从未学习掌握必要的工具手段来在这个问题上有所作为,即便这个问题非常重要。这种不透明无助于为这类冲突提供理性的和深思熟虑的解决办法。问题是塞浦路斯的银行已经不再拥有出现在其资产负债表上的那些钱了。显然,它们投资的希腊债券已经贬值,投资的房地产现在也没多少价值。欧盟当局自然会犹豫,在没有某种担保作为回报的情况下是否用欧盟纳税人的钱来救助塞浦路斯的银行,尤其是最后真正将被拯救的是俄罗斯的亿万富翁。

经过数月的深思熟虑后,三驾马车的成员们想出了一个极坏的主意:提议给所有银行存款征收特别税,不到10万欧元的税率为6.75%,超过10万欧元的税率为9.9%。某种程度上这个提议类似于累进资本税,这可能引起大家的兴趣,然而这里有两个重要警告。首先,该税种非常有限的累进性是虚幻的:实际上,塞浦路斯1万欧元账户的小储户和1 000万欧元的俄罗斯寡头所适用的税率几乎是一样的。其次,处理问题的欧盟和国际机构从未精确定义税基。该税种似乎只适用于这类银行存款,因此存款人可以通过把资金转移到持有股票或债券的经纪人账户,或投资于不动产和其他金融资产来避税。换句话说,如果这一税收政策最终实施,在给定最大投资组合的构成和重新配置投资机会的前提下,这将很有可能是极端累退的,在2013年3月该税收政策在被三驾马车成员和欧元区17国财长一致通过后,却遭到塞浦路斯国内的强烈抵制。最终,一个折中的解决方案被采纳:10万欧元以下的存款被免于征税（在提议的欧盟银行协会条款下，这是设想的存款担保上限）。不过，新税收的确切条款仍相对模糊。他们似乎根据实际情况对不同银行采取不同的标准（bank-by-bank approach），但确切的税率和税基尚未阐明。

这个插曲很有趣，因为它显示出中央银行和金融当局的局限性。其优点在于可以快速行动，其弱点则是不能正确定向其导致的再分配。结论是，累计资本税不仅可以当作永久税收，还可以在应对重大金融危机时作为特别税来征收。在塞浦路斯的案例中，储户被要求帮助解决危机时没必要感到震惊，因为国家作为一个整体，是要为政府选择的发展战略承担责任的。另一方面，令人感到特别震惊的是，当局却没有想方设法来以公正、透明和累进的方式分摊调整成本。好消息是，这一插曲可能会让国际机构意识到其目前所用工具和手段的局限性。如果有人问有关当局，为什么为塞浦路斯所提议的税收加入如此少的累进性和施加于如此有限的税基，他们立刻会回答：因为某些银行数据无法得到，所以无法采取更大幅的累进性。[24] 不幸的是，解决此问题的技术方案几乎唾手可得，但政府似乎并不急于采纳并解决。也许是因为累进资本税面临纯粹的意识形态障碍，这需要花时间来克服。

欧元：21 世纪的无国家货币

2009 年以来折磨南欧银行的各种危机引出了一个更普遍的问题，这和欧盟的整个体系结构有关。欧洲如何来创造——人类历史上第一次如此大规模地——一种没有国家的货币？由于 2013 年欧洲的国内生产总值占全球的将近 1/4，这个问题不只是关乎欧洲居民的利益，也关乎整个世界的利益。

这个问题通常的答案是欧元的创立——1992 年的《马斯特里赫

特条约》达成协议,紧跟着柏林墙的倒塌和德国重新统一,2002年1月1日,当遍及欧元区的自动柜员机首次开始提供欧元纸币时,原来的规划成为现实——但这只是一个漫长过程的第一步。货币联盟被期望自然演变进化成政治、财政和预算联盟,以至于成员国之间达成一种更为紧密的协作。但耐心是必要的,联盟必须一步一步前进。某种程度上这无疑是正确的。然而,在我看来,不愿意设计一条抵达期望终点的精确路线——任何关于因循的路线、沿途的阶段和最后终点的讨论被反复延期——完全可能让整个进程偏离原定的轨道。如果欧洲1992年创造了无国家的货币,那么这么做的原因不单单是实用主义。这种制度安排创立于20世纪80年代末90年代初,当时许多人相信中央银行的唯一目是控制通货膨胀。20世纪70年代的"滞胀"让政府和人民相信中央银行应该独立于政治控制,将低通胀作为唯一目标。这就是为什么欧洲创造了一个没有国家的货币和一个没有政府的中央银行。2008年的危机打破了中央银行的这一静态幻景,一切都明显指出,在严重经济危机中,中央银行需要发挥重要作用,而目前的欧盟机构完全不能胜任手头的任务。

毫无疑问,给定中央银行无限制造货币的权力,使其受到严格的约束和明确的限制完全合理。没人想授权给国家首脑可以任意替换大学校长和教授的权力,更别说规定教学内容了。出于同样的原因,在政府和货币当局之间的关系上施加严格限制,也没什么可惊讶的。但是中央银行独立性的限度也应该明确。在当前的危机下,据我所知,没有人提议中央银行回到其在第一次世界大战前在很多国家享有的私有地位(在某些国家,大概处于1945年)。[25]具体而言,中央银行是公共机构的这一事实,意味着其领导人由政府(有些情况下由议会)任命。很多时候这些领导人不能在其任期内(通常5~6年)被免职,但是如果其政策被认为不足以解决问题,则可以在任期结束时被替换,这正好为政治控制提供了一个途径。实际上，美联储、日本银行和英格兰银行的领导人被要求与本国民主选举的合法政府密切合作。在这几个国家，中央银行在稳定利率和公共债务，并且使利率和债务处于较低且可预测的水平上发挥了重要作用。

欧洲中央银行面临一系列特殊的问题。首先，欧洲中央银行的地位比其他中央银行更受限制：保持低通货膨胀目标绝对优先于支持经济增长和充分就业。这反映了欧洲中央银行孕育期的意识形态背景。此外，欧洲中央银行不允许购买新发行的政府债券：必须首先让私人银行借款给欧元区的成员国（可能以高于欧洲中央银行向私人银行收取的利率），然后在二级市场购买债券，就像经过许多次考量后，欧洲中央银行对南欧政府的主权债务最终所做的那样。[26] 更进一步地说，很明显欧洲中央银行的主要困难在于，它必须处理17个国家的债务，与17个国家政府打交道。在这样的背景下发挥稳定作用很不容易。如果美联储不得不在每个早晨选择是否关注怀俄明、加利福尼亚和纽约的债务，并且要基于每个特殊市场紧张局势的判断，还要在来自全国各个地区的压力下设定利率和数量，那么，坚持一贯的货币政策也将变得非常困难。

从2002年欧元的引入到2007~2008年危机的开始，整个欧洲的利率差不多是同一的。没人预先料到退出欧元区的可能性，一切似乎都运转良好。然而，当全球金融危机爆发时，利率开始迅速分化。对政府预算的冲击非常严重。当政府债务接近一年的国内生产总值时，利率几个点的不同会有相当大的后果。面临这种不确定性，只要是关于调整带来的负担和社会国家不可缺少的改革，就几乎不可能有冷静温和的民主讨论。对南欧国家来说，几乎没有选择的可能性。在加入欧元区之前，它们可以贬值其货币，这至少可以恢复竞争力，刺激经济活动。在投机的某种程度上来说各国利率，比此前在欧洲货币间汇率上的投机更不稳定，尤其自从跨境银行借贷在迅速发展到如此大的比例，以至于少数几个市场参与者的局部恐慌足以引发足够大的资本流动之时，从而影响到像希腊、葡萄牙和爱尔兰，再甚至像西班牙和意大利这样更大的国家。逻辑上，那些失去货币主权的国家应该得到补偿，如果需要，可以通过保证这些国家以较低且可预测的利率借款这一手段。

欧洲统一问题

对欧元区国家（或至少那些愿意的）而言，克服这些矛盾的唯一途径是合并经营其公共债务。德国提议创立的"偿债基金"，我们此前谈到过，这是一个好的起点，但它缺乏政治内容。[27] 具体来说，提前20年决定准确的"偿债"节奏将会怎样——也就是说，合并的债务存量将以多快的速度削减至目标水平——许多参数将会影响结果，如经济状况等等。决定多快支付合并债务，或者换句话说，决定欧元区应该支撑多少公共债务，需要授权给一个欧盟"预算议会"来决定欧盟预算。做这件事最好的办法是从各国国家议会的议员中选出预算议会的成员，如此一来欧盟议会的主权将具有基于民主选举国家议会的合法性。[28] 像任何其他议会一样，这个团体将通过公开辩论后的投票多数来决定事宜。同盟将会形成，部分基于政治联系，部分基于国家联系。尽管这个团体的决定将不会完美，但是至少我们会知道决定了什么以及为什么，这一点非常重要。我认为，创立这样一个新的团体而不是依赖目前的欧盟议会更为可取，目前欧盟议会由27个国家的成员构成（许多国家是不属于欧元区的，并且不想推进欧洲一体化）。依靠现存的欧盟议会也将和各国国家议会的主权产生冲突，这将会在那些影响国家预算赤字的决策上产生问题。这可能是为什么向欧盟议会的权力转移，在过去很长一段时间内经常无法很好实现的一个原因，并且这种情况在将来很长时间可能仍然如此。是时候接受这一事实，并创建出一个议会团体来表达存在于欧元区国家中的统一愿望（这可以由在适当考虑后果后，同意出让货币主权这一事实清晰地反映出来）。

可能有几种机构安排。2013年春天，新的意大利政府承诺支持德国当局几年前的提议，关于通过普选来选举欧盟主席——这个提议逻辑上应该附加上主席权力的增加。如果让预算议会来决定欧元区的债务应该如何处理，那显然需要一个欧盟财政部长对此团体负责，承担提出欧盟预算和年度赤字的任务。可以肯定的是，没有一个真正的议会机构的欧元区是不行的，在此机构，能以公开、民主和独立自主的方式设定财政预算策略，而且还可以讨论克服欧洲目前深陷的金融和银行危机的方法。现有的各国首脑和财政部长的欧盟委员会无法做这个预算团体的工作。他们秘密会面，不参加公开辩论，经常在会议结束的午夜公报宣称欧洲得救了，但讽刺的是，即便参加者自身好像也常常不确知他们决定了什么。在这方面塞浦路斯税收的决议很典型：虽然是全体通过，但没有人愿意公开负责。[29] 这种进程对维也纳会议的召开（1815）有益[30]，而不应存在于21世纪的欧洲。上文提到的德国和意大利的提案表明，进展是可能的。不过，有一事实令人震惊：法国在两个总统任期内缺席了大多数的辩论，[①] 即便该国经常性地向他人宣讲欧洲团结和重组债务的必要（至少在修辞层面）。[31]

除非事情向我所指出的方向转变，否则设想一个欧元区危机的恒久解决方案非常困难。除了合并债务和赤字，当然还有其他一些单独国家无法使用的财政和预算工具，因此考虑联合使用是合理合意的。

[①] 1814年9月至1815年6月在奥地利维也纳召开的一次欧洲列强的外交会议。从技术上来说，该会议实际上从未召开，因为没有召开任何真正的大会，所有讨论都是在非正式会晤中进行的。——译者注

马上进入脑海的第一个例子当然是累进资本税了。

一个更加明显的例子是对公司利润的课税。20世纪90年代初以来，欧洲国家间这方面的税收竞争非常激烈。尤其是几个小国，以爱尔兰为首，以及几个东欧国家，把低公司税作为其经济发展战略的关键要素。在理想税收体系下，基于共享的和可靠的银行数据，公司税的作用有限。它不过是个人股东和债券持有者应纳所得税（或资本税）的扣缴形式。[32] 实际上，问题在于这个"扣缴"税常常是唯一支付的税，因为很多公司申报为利润的部分并不算进个人股东的应税收入，这就是为什么说通过公司税从源头上征收数量可观的赋税是非常重要的。

正确的操作方法应该是要求公司在欧盟层面单独申报利润，然后以比目前每个子公司利润单独课税的体系更少遭到操纵的方式，来对利润征税。目前单独课税体系的问题是跨国公司的最终支付经常少得可笑，因为它们可以人为地把所有利润分配给位于非常低税率地区的子公司；这种操作并不违法，并且在很多公司经理的思想中甚至也并非不道德。[33] 放弃利润可以固定在某个特定国家或地区的这一想法更为明智；作为替代，可以基于在每个国家的销售和工资来分配公司税收入。

与个人资本税相关的类似问题出现了。大多数税收体系遵循的一般原则是居住原则：每个国家向每年在其境内居住6个月以上的个人收入和财富征税。这个原则在欧洲越来越难使用，尤其在边境区域（例如，法国—比利时边境）。此外，财富经常部分地以资产所在地而不是所有者来征税。例如，巴黎公寓的所有者必须向巴黎市支付不动产税，即使他住在地球的另一端，也不论他的国籍。同样的原则也适用于财富税，不过仅对不动产。没有理由解释为什么它不能适用于以相应业务活动或公司所在地为基础的金融资产。政府债券同样如此。将"资本资产居住地"原则（而不是所有者）扩展到金融资产显然需要银行数据的自动分享，允许税务机构评估复杂的所有权结构。这种税也会引起跨国经营问题。[34] 所有这些问题的确切答案只有在欧盟（或者全球）层面才能找到，因此正确的方法是创立欧元区预算议会来处理。

所有这些建议都是乌托邦吗？它们不比试图创造一个无国家货币更不现实。当国家出让了货币主权的时候，其财政主权事务就不应再局限于民族国家范围之内，这是必要的，比如公共债务利率、累进资本税或跨国公司税收。对欧洲国家而言，目前的首要任务应该是建立一个欧洲大陆政治权力机构，有能力重新控制承袭制资本主义和私人利益，推进 21 世纪的欧洲社会模式。考虑到普通欧洲社会模式面临的严重生存挑战，国家模式之间微小差异的重要性则应被放在从属地位。[35]

另一点需要铭记于心的是，如果没有这样一个欧洲政治联盟的话，税收竞争很有可能将继续肆虐。有关公司税的竞次（race to the bottom）将会继续，正如最近被提议的"公司权益补贴"中所显示的。[36] 税收竞争经常导致其依赖消费税，认识到这一点很重要，这是存在于 19 世纪的税收体系，而当时没有累进税产生的可能性。在实践中，税收竞争有利于能够储蓄、改变其居住国，或两者皆具备的个人。[37] 不过，请注意，朝向某种形式财政合作的进程比初看起来要快。例如，看看被提议的金融交易税，它可能成为第一个真正的欧盟税。虽然这个税远没有资本税或公司税重要（就收入和分配效应而言），但是最近这方面的进程表明没有什么是预先注定的。[38] 从历史上来看，政治和财政的历史总是会自发地开辟道路。

21 世纪的政府和资本积累

让我们从目前的欧洲建设问题后退一步，提出如下问题：在一个理想社会，何种水平的公共债务是比较合适的？我们可以立刻回答，这没有确定答案，为了符合每个社会为自己设定的目标和每个国家所面临的特殊挑战，只有民主审议可以决定这个水平。能够肯定的是，不存在一个合理的答案，除非一个更广泛的问题也被提出来：何种水平的公共资本是令人满意的，以及什么是国民总资本的理想水平？

在本书中，我们跨越时间和空间，非常详细地探究了资本/收入比β。我们也根据法则β=s/g，考察了β在长期如何取决于每个国家的储蓄和增长率。但是我们还没有询问怎样的β是令人满意的。在一个理想社会，资本存量应该等于5年的国民收入，或是10年，抑或20年？我们应该如何思考这个问题？给出一个明确的答案是不可能的。不过，在特定假设下，可以给资本数量建立一个可以设想的先验累积上限。当资本积累了如此之多以至于资本收益 r——设想应等于其边际生产率——下跌到等于增长率 g 时，最大资本水平就达到了。1961年，埃德蒙·菲尔普斯（Edmund Phelps）将等式 $r=g$ 命名为"资本积累的黄金律"。严格来说，黄金律意味着比历史上观察到的资本/收入比更高，因为正像我们所描述的那样，资本收益常常显著高于经济增长率。事实也确实如此，在19世纪前 r 比 g 高很多（资本收益率为4%~5%，经济增长率低于1%），并且在21世纪可能仍会如此（资本收益率仍然为4%~5%，长期经济增长率不会高于1.5%）。[39] 很难说为了让收益率下跌到1%或1.5%需要积累多少资本，但可以肯定的是要远大于在目前看到的资本最密集国家的6年或7年的国民收入，也许需要10年到15年的国民收入，甚至可能更多。更难设想的是如何让资本收益率下跌到18世纪前的低增长水平（小于0.2%）。这意味着可能需要积累相当于20年到30年国民收入的资本，每个人将拥有如此多的不动产、机器、工具等等，这样额外的一单位资本只能让每年的产出增加少于 0.2%。

事实是用这种方式提出问题太理论化了。黄金律给出的答案在实践中不是很有用，因为任何人类社会都不太可能积累那么多的资本。不过，黄金律背后的逻辑并非毫无意义。让我们简单总结一下。[40] 如果满足黄金律，有 $r=g$，那么根据定义，资本的长期国民收入份额恰好等于储蓄率：$\alpha=s$。相反，只要 $r>g$，资本的长期收入份额就会大于储蓄率：$\alpha>s$。[41] 也就是说，为了满足黄金律，不得不积累如此多的资本以至于资本不再产生任何收益。或者更准确地说，不得不积累如此多的资本，以至于仅为了支撑同样水平的资本存量（与国民收入成比例）就需要将每年的所有资本收益再投资。这就是 $\alpha=s$ 的含义：所有的资本收益都必须储蓄起来并增加到资本存量中。相反，如果 $r>g$，比起资本的长期收益，某种意义上就不再需要将所有资本收益再投资以支撑相同的资本/收入比。

那么，黄金律显然与"资本饱和"策略有关。如此多的资本积累使得食利者无力消费，因为如果想要保持资本与经济按同一速率增长，他们必须将所有收益再投资，以此保持其相对于社会平均水平的地位。相反，如果 $r>g$，再投资资本收益等于经济增长（g）的部分就够了，剩下的（$r-g$）可以用于消费。不等式 $r>g$ 是食利者社会的根据。因此，积累足够多的资本从而将收益减至经济增长率，就可以终结食利者的统治。

但这是获得这一结果的最好方法吗？为什么资本所有者或整个社会将选择积累如此之多的资本呢？记住，得出黄金律的那个论据只是简单设置了一个上限，绝没有证明可以达到这个上限。[42] 在实践中，有更加简单和更为有效的方法来对付食利者，即对他们征税。我们不需要积累相当于十多年国民收入的资本，那可能需要几代人放弃消费。[43] 在纯理论层面，原则上一切都取决于增长的来源。如果没有生产率增长,这时唯一的增长源泉将是人口,那么将资本积累到黄金律要求的水平就可能是有意义的。例如,如果假设人口永远以每年1%的速度增长,人们有无限的耐心且关心后代的福祉,那长远来看,最大化人均消费的正确方法就是积累充足的资本直到让收益率降至1%。不过这个论据有明显局限。首先,假设不变的人口增长很奇怪,因为它取决于后代的生殖选择,当代人无法对此负责(除非我们假设一个避孕技术非常不发达的世界)。此外,如果人口增长也为零,那就不得不积累无限资本,因为只要资本收益是正值,即便很小,对当代人而言,为了后代的利益,也要什么都不消费而积累尽可能多的资本。马克思隐含地假设了人口和生产率零增长,他认为,这是资本家积累越来越多资本这一无限欲望的最终结果,而这最后将导致资本主义的灭亡和生产资料的集体所有。实际上,苏联通过积累无限的工业资本和不断增长的机器,宣称为公共利益服务:没有人真正知道计划者认为积累应该止于何处。[44]

如果生产率增长轻微为正,资本积累过程就由法则 $\beta=s/g$ 描述,而社会最优问题将变得更难解决。如果事先知悉生产率将以每年1%永久增长,这意味着后代将比当代生产率更高更繁荣。如果是这样的情况,牺牲当前消费积累大量资本是否合理?取决于如何选择对比和衡量不同世代的福利,人们可以得到任何想要的结果:给后代什么都不留更明智(也许除了我们的污染),或者遵循黄金律,或者在这两个极端之间、在任何当代和后代的消费之间与它们分离。显然,黄金律的实际效用是有限的。[45]

实际上,数学公式无法让我们解决给后代留下多少资本这一复杂问题,但简单常识应该足以得出结论。那么,为什么我认为有必要介绍这些围绕黄金律的概念讨论?因为它们对近些年的公共争论有针对意义:一是关于欧洲的赤字,二是关于环境变化问题的论战。

法律和政治

首先,在欧盟关于公共赤字的讨论中,一个相当不同的"黄金律"理念占据了重要的位置。[46]1992年,《马斯特里赫特条约》创造了欧元,条约规定成员国应该确保其预算赤字小于国内生产总值的3%,公共债务总额低于国内生产总值的60%。[47] 而这些选择背后明确的经济学逻辑却从未被完全阐明过。[48] 实际上,如果不包括公共资产和全部国民资产,很难在理性的基础上为任何特定水平的公共债务辩护。我们已经提到这些严格的预算约束条件的真正根源,这是历史上前所未有的。(美国、英国和日本从未给自己施加过这样的规则。)这是创造一个无国家货币几乎不可避免的结果,尤其是在没有合并成员国的债务或协调赤字的情况下。据推测,如果欧元区自己配备了预算议会,有权决定和协调各个成员国的赤字水平,马斯特里赫特标准也将不再必要,起决定作用的将是主权和民主。目前没有令人信服的理由来施加先验的限制,更不用说将国家宪法中的债务和赤字限制奉为神圣了。当然,由于预算联盟的建立才刚刚开始,可能需要特殊规则来树立信心:例如,可以设想为了超过一定的债务水平,需要获得议会的绝对多数。但没有理由将碰不得的债务和赤字限制雕刻在石头上,以防被未来的多数票改变。

请不要误解,我对公共债务并没有特别的嗜好。如前所述,债务常常成为劫贫济富的间接再分配形式,财富从有适度储蓄的人转移到有钱借给政府的人(一般来说,他们应该缴税而不是贷款)。自20世纪中期和第二次世界大战后大规模的公共债务拒付(以及由通货膨胀导致的债务收缩)以来,许多关于政府债务及其与社会再分配关系的危险观念涌现出来。这些错误的观念急需摒弃。

然而,有很多原因表明,将预算限制以法律或宪法的形式固定下来不是很明智。首先，历史经验显示，在严重危机中常常需要做出紧急的预算决策，其规模在危机前是难以想象的。把它留给宪法法官（或专家委员会）去一件件判定是民主的倒退。无论如何，将决定权交给法院是有风险的。实际上，历史表明宪法法官有一个不幸的倾向，即以非常保守的方式解读财政和预算法律。[49] 这种司法保守主义在欧洲尤其危险——那里有一种倾向，如果需要征税，人口、货物和资本的自由流动会被视为基本权利，优先于成员国提高其人民普遍利益的权利。

最后，如果不把很多影响国民财富的其他因素纳入考虑范围，判断合理的债务和赤字水平是不可能的。当我们今天浏览所有可获得的数据时，最令人震惊的是欧洲的国民财富从未如此之高。诚然，考虑到公共债务的规模，净公共财富几乎为零，但是净私人财富如此之高以至于二者之和达到了一个世纪中的高峰。因此，认为我们将耻辱的债务负担留给子孙，应该充满懊悔并且乞求原谅的想法简直不可理喻。欧洲国家从未如此富裕。另一方面，真正可耻的是这样巨大的国民财富分配极其不公。私人财富建立在公众贫困的基础上，一个特别不幸的结果是我们现在在债务利息上的支出远超过我们投资于高等教育的费用。这是真的，而且已经很长时间了。自1970年以来，高等教育的费用增长已经相当缓慢，我们正处在债务成为公共财政重负的历史时期。[50] 这是必须尽快削减债务的主要原因，最好通过渐进的一次性私人资产税来解决，如果不行就靠通货膨胀。无论如何，决策应该由独立自主的议会经过民主讨论后做出。[51]

环境变化和公共资本

与这些黄金律相关联的问题中，有主要影响的第二个重点指标就是气候变化,并且具体来说是21世纪人类自然资本恶化的可能性。从全球视角来看,这显然是世界长期内的最主要困扰。2006年发布的斯特恩报告计算显示,在某些情景下,环境的潜在破坏到21世纪末可能相当于每年全球国内生产总值的几十个百分点。在经济学家中,围绕该报告的争论主要在于未来环境破坏应该以什么样的利率折现。尼古拉斯·斯特恩(Nicholas Stern)是英国人,他主张相对低的贴现率,大概和经济增长率一致(每年1%~1.5%)。在这个假设下,当代人在自己的计算中对未来破坏赋予非常高的权重。美国人威廉·诺德豪斯(William Nordhaus)则坚决主张应该选择一个接近于平均资本收益率的贴现率(每年4%~4.5%),这个选择让未来的灾难显得不那么令人担忧。也就是说,即使每个人在未来灾难的成本上意见一致(尽管有明显的不确定性),仍然可能得到不同的结论。对斯特恩而言,全球福利的损失如此之大,以至现在每年花费全球国内生产总值的5%来尝试缓和未来的环境变化是合理的。对诺德豪斯而言,如此的高额支出完全是荒唐的,因为我们的后代比我们更富裕也有更高的生产率。他们会找到办法来应付,即使那意味着较少的消费;而从普遍福利的立场看,这无论如何比斯特恩设想的那种尝试成本要更低。所以,最终这些专家的计算得出明显不同的意见。

在我看来,斯特恩的意见比诺德豪斯的显得更合理。不可否认,后者的乐观主义很有吸引力,也恰好和美国的无限制碳排放策略一致,不过不是非常令人信服。[52]无论如何,这些相对抽象的关于贴现率的争论很大程度上绕开了我心目中真正核心的问题。公共讨论越来越呈现出一种实用主义转向,伴随着对主要投资需求的探讨——寻找新的无污染技术和足够丰富的再生能源形式,使世界可以不依赖碳氢化合物,而这在欧洲十分明显,在中国和美国也有所体现。关于"生态刺激"的讨论在欧洲特别流行,许多人视之为摆脱当前惨淡经济环境的可能方法。这个策略特别诱人,还因为很多政府目前可以以非常低的利率借贷。如果私人投资者不愿意支出和投资,那么政府为什么不能投资于未来以避免可能的自然资本恶化呢?[53]

  这是关于以后几十年的非常重要的讨论。公共债务(比全部私人财富要小得多,也许并不真的那么难以消除)并非我们的主要困扰。最紧要的需求是增加我们的教育资本和阻止我们的自然资本恶化。这是一个远为严重和困难的挑战,因为气候变化不能大笔一挥来消除(或者用资本税,这没有什么不同)。最关键的实际问题如下:假设斯特恩大致正确,有充分理由每年支出全球国内生产总值的5%来阻挡一场环境灾难,难道我们真的知道应该投资什么以及应该如何做出努力吗?当我们探讨如此重量级的公共投资,重要的是要认识到,这将代表大规模的公共支出,远大于此前富裕国家的任何公共支出。[54]如果我们讨论私人投资,我们需要明确公共融资的方式以及谁将拥有最后的技术和专利。我们应该依靠先进的研究在发展可再生能源上快速取得进步呢,还是应该立刻严格限制化石燃料的使用呢?选择一个可以利用所有可能工具的平衡策略或许是明智的。[55]这不过都是常识。然而事实仍然是,现在没有人知道如何应付这些挑战,或者政府在未来数年阻止自然资本恶化方面将发挥怎样的作用。

经济透明度和资本的民主控制

  更一般地来讲,未来数年最重要的事情将是发展新的所有权形式和资本的民主控制,我认为坚持这一点很重要。自从柏林墙倒塌后,公共资本和私人资本的分界线绝不像有些人相信的那么清楚。如前所述,已经有很多领域,比如教育、医疗、文化和媒体,其主导的组织和所有权形式不同于极端的纯粹私人资本(参照完全为股东所有的股份公司）和纯粹的公共资本（基于相似的自上而下逻辑，主权政府决定所有投资）。显然有很多中间的组织形式，可以调动不同个体的才能和他们可以利用的信息。当提到组织集体决策时，市场和投票箱只不过是两个极端。我们仍然需要创造新的参与和治理形式。[56]

关键在于，这些不同形式的、资本的民主控制很大程度上取决于每个相关个体获取经济信息的可能性。经济和金融透明度对税收目标确实很重要，但还有更多的原因。它们对民主治理和参与至关重要。在这方面，重要的不是有关个人收入和财富的透明度，这无关痛痒（或许除了政治官员的案例，或没有别的办法建立信任的情况）。[57] 对集体行动来说，最重要的是私人公司（还有政府机构）公布详细账目。目前公司被要求公布的会计信息完全不足以让工人和普通民众形成关于公司决策的意见，更不用说进行干预了。来看本书刚开头提到过的具体例子，隆明公司是马瑞卡纳铂矿的所有者，2012年8月那里的34名罢工者被枪杀，其公开账目也没有明确告诉我们矿藏产生的财富如何在利润和工资之间分配。全世界公司的公开账目普遍如此：以非常宽泛的统计类别来将数据分组，揭示尽可能少的实际利害关系，而更详细的信息是保留给投资者的。[58] 毋庸讳言，工人及其代表在参与企业投资决策时，对经济现实没有足够的了解。没有真正的会计和财务的透明度和信息共享，就不可能有经济民主。相反，没有一个真正的权力干预公司决策（包括公司董事会的工人席位），透明度也没有多大用处。信息必须支持民主体制，它本身不是目的。如果民主哪天恢复了对资本主义的控制，它必须从认识到这一点开始，即包含民主和资本主义的具体机构必须被一而再、再而三地重新改造。[59]

结　论

在本书中，我介绍了关于18世纪以来财富和收入分配动态变化的相关历史，并且，我也尝试从中得出一些经验和教训，以资21世纪之殷鉴。

本书立论的资料来源比此前任何作者的收集范围都要广泛，但仍有缺陷和遗漏。我的所有结论本质上都略显牵强，应该受到质疑和争论。社会科学研究的目的不在于制造数学上的确定性，而在于让形形色色的观点得到开放而民主的讨论。

资本主义的核心矛盾：$r>g$

本研究的总结论是：如果放任自流，基于私人产权的市场经济包含强有力的趋同力量（尤其是知识和技术扩散的影响），但是它也包含强大的分化力量，这将潜在地威胁各民主社会以及作为其基础的社会正义价值。

主要的不稳定因素与如下事实相关，即私人资本的收益率r可以在长期显著高于收入和产出增长率g。

不等式$r>g$意味着过去的财富积累比产出和工资增长得要快。这个不等式表达了一个基本的逻辑矛盾。企业家不可避免地渐渐变为食利者，越来越强势地支配那些除了劳动能力以外一无所有的人。资本一旦形成，其收益率将高于产出的增长率。这样一来，过去积累的财富要远比未来的收入所得重要得多。

财富分配长期动态变化的结果可能很可怕，特别是考虑到初始资本规模不同会直接导致资本收益率显著不同，以及全球范围内正在发生的财富分配的分化，这些因素都会不断加剧财富的不平等。

问题很严重，并且没有简单的解决方案。我们当然可以通过投资教育、知识和无污染技术来促进增长。但是这些都不会把增长率提高到每年4%或5%。历史表明，只有正在赶超更发达经济体的国家（比如第二次世界大战后30年中的欧洲或今天的中国和其他新兴国家）才能以这个速度增长。对处于世界增长前沿的国家而言——并且因此最终对作为一个整体的地球而言——没有足够的理由相信增长率在长期会超过1%~1.5%，不管采取何种经济政策都是如此。[1]

有4%~5%的平均资本收益，$r>g$可能将再度成为21世纪的准则，就像它曾经贯穿历史，直到第一次世界大战前夜一样。20世纪中两次世界大战很大程度上将过去推倒重来，显著降低了资本收益，从而制造了资本主义基本结构矛盾（$r>g$）已经被克服的假象。

确实，可以向资本收入征足够重的税，把私人资本收益率减少到低于增长率。但是，如果不分青红皂白地狠下重手，会有扼杀资本积累动力的风险，从而进一步降低增长率。那时企业家将不再有时间变为食利者，因为大概已经没多少企业家了。

正确的解决方案是征收年度累进资本税。这将能避免无休止螺旋式的不平等，同时保护对新型原始积累的竞争和激励。例如，我们此前讨论过可能的资本税安排，100万欧元以下的财富税率为0.1%或0.5%，100万到500万欧元之间为1%，500万到1 000万欧元之间为

2%，几千万或数十亿欧元的税率高达 5% 或 10%。这将遏制全球财富不平等的无限扩大，这种不平等目前正以长期不可持续的速度扩大，即使是对自我调节市场最热忱的捍卫者也应该为此感到担心。此外，历史经验表明，财富的这种巨大不平等与企业家精神没有任何关系，也对提高增长毫无益处。借用本书开头 1789 年法国《人权宣言》中的美好措辞，它也和任何"公共福祉"无关。

这一解决方案（累进资本税）的困难在于，需要高水平的国际协作和区域政治一体化，这对早些时候社会就已达成妥协的民族国家而言很难实现。许多人担心，推进更多的协作和政治一体化（例如欧盟），非但除了建立了一个竞争程度更高的巨大市场之外毫无建树，并且削弱了目前已有的成就（从欧洲多数国家在经历了 20 世纪诸多冲击后建立的社会国家开始）。但是完全竞争不能改变不等式 $r>g$，它并非任何市场"不完全"的结果，而是正好相反。虽然确实存在风险，但我没有看到任何真正的替代选择：如果我们想要重新控制资本主义，就必须把赌注都押到民主上——在欧洲，是欧洲范围的民主。像美国和中国这样的较大政治实体拥有更广阔的选择范围，但是对欧洲的小国而言（系于全球经济，它们就会显得非常小），闭关自守只会导致比欧盟现存状况更大的挫折和失望。民族国家仍旧是适当的平台，21 世纪的主要挑战之一就是，在民族国家的平台上使社会和财政政策更加现代化，发展新的治理形式和介于公有制和私有制之间的共享产权。但是，只有区域政治一体化可以实现对 21 世纪全球承袭制资本主义的有效管理。

政治和历史经济学

最后，我想用一点儿篇幅谈谈经济学和社会科学。正如我在导言中明确指出的，我把经济学看作社会科学的一个分支，与历史学、社会学、人类学和政治学并列。我希望本书能够让读者明白我的想法。我不喜欢"经济科学"（economic science）这一表述，为其中的极端傲慢感到震惊，这是因为它暗示经济学获得了比其他社会科学更高的科学地位。我更喜欢"政治经济学"（political economy）这一表述，它可能显得有些过时，不过在我看来传递了经济学和其他社会科学的唯一区别：其政治、规范和道德目的。

从一开始，政治经济学就寻求合乎科学地（或者说，理性地、系统地和有条理地）研究在一国的经济和社会组织中国家的理想作用。它提出的问题是：何种公共政策和制度可以引领我们更加接近理想社会？这种毫不掩饰的研究善恶的抱负，可能会让一些读者发笑，因为在善恶问题上，每个人都堪称专家。不可否认，这是一个经常不能实现的抱负。但它也是一个必要的、真正不可或缺的目标，因为社会科学家太容易自绝于公共辩论和政治对抗，而只满足于扮演评论员或其他观点和数据的破坏者角色。社会科学家，像所有知识分子和公民一样，应该参加公开辩论。他们不能满足于援引宏大而抽象的原理，比如正义、民主和世界和平。对于特定的制度和政策，他们必须做出选择和表明立场，不管是针对社会国家、税收体系还是公共债务。每个人都各有其政治立场。世界并没有分成两部分：一边是政治精英，另一边是时事评论员和观众，他们的职责只是每四到五年往票箱投一次票。倘若认为学者和民众生活在分离的道德世界，前者关心手段，后者注重结果，我相信，这是一种不切实际的说法。尽管这样的说法容易理解，但在我看来，有害无益。

很长时间以来，经济学家一直试图根据其所谓的科学方法来自我定义。实际上，那些方法往往过度使用数学模型，它们常常不过是一个借口，为的仅仅是占领研究领域以及掩盖内容的空虚。太多的精力已经而且仍然浪费在纯理论的推演上，没有人想要解释经济事实，也没有人想要解决社会和政治问题。今天的经济学家对基于可控实验的实证方法充满热忱。当适度使用的时候,这些方法可能是有用的,也的确使一些经济学家转向研究经济学中的具体问题和各国的第一手资料(早就应该如此)。但是这些新方法本身有时候抵挡不住某些科学幻想的诱惑。例如,有可能花费大量时间证明一个纯粹和真实的因果关系存在,而对问题本身重视不够。新方法经常导致研究者忽视历史,也认识不到历史经验仍然是我们知识的主要来源。我们不能重演20世纪的历史,好像第一次世界大战从未发生,或者好像所得税和现收现付养老金制度从未产生。无可否认,历史的因果总是很难超越质疑的阴影而被证明。我们真的确定特定政策产生了特定的效果,还是说这个效果是由于其他原因?我们从历史(尤其是20世纪的研究)中得到的不完全的经验和教训,具有无法估量的和不可替代的价值,可控实验永远无法与之相提并论。要想学以致用,经济学家必须首先学会在方法论选择上更加务实,要利用任何可用的工具,从而与其他社会科学学科更紧密地合作。

相反,其他学科的社会科学家不应该把经济事实的研究留给经济学家,且一定不要在出现数字的时候,因害怕而落荒而逃,或者自我满足于说,每个统计数字都只是一个社会建构,这当然是真的,但并非是全如此。说到底,两种反应是一样的,因为它们都把研究领域丢给他人。

最不富裕者的利益

"只要科学调查仍然不能触及当代社会不同阶层的收入,就没有希望产生有益的经济和社会历史。"这个令人钦佩的句子是《19世纪法国的利润变化》(*Le mouvement du profit en France au 19e siècle*)的开头,由让·布维尔、弗朗索瓦·菲雷和马塞尔·吉莱在1965年发表。这本书在今天仍然值得一读，部分原因在于它展示了1930~1980年兴盛于法国的"历史序列数据法"，该方法有其独特的优势和缺点。但更重要的是它让我们回想起弗朗索瓦·菲雷的思想轨迹，而他的职业生涯提供了绝妙的例证，即为什么这一研究方法最终消亡，其中既有好的原因，也有坏的原因。

当菲雷作为一位年轻有为的历史学家开始其职业生涯时，他选择了一个他认为处在当时研究中心的题目："当代社会不同阶层的收入"。该书非常严谨，抛开了一切成见，致力于收集数据和建立事实。但是这是菲雷在这个领域的第一项也是最后一项工作。他1977年和雅克·奥祖夫（Jacques Ozouf）发表的精彩著作《读和写》（*Lire et écrire*），专注于"从加尔文到朱尔·费里（Jules Ferry）谈法国文化普及工作"，其中也可以发现他对编制序列数据的同样渴望，不过不再是关于工业利润，而是关于识字率、教师数量和教育支出。然而，菲雷主要因为他在法国大革命政治文化史方面的研究而出名，而在这项研究中完全找不到"当代社会不同阶层的收入"的任何蛛丝马迹。这位伟大的历史学家在20世纪70年代一心致力于反对法国大革命时期的马克思主义历史学家（他们当时特别教条而且明显占优势，尤其是在巴黎大学前身索邦神学院）。在研究法国大革命的政治文化史时，他似乎转而反对任何经济社会史。在我看来，这是一个遗憾，因为我认为不同的方法可以协调起来，共同用于研究。政治和观念的存在明显独立于经济和社会变化。议会制度和法治政府从来不全然是资产阶级的制度，马克思主义知识分子在柏林墙倒塌之前常常公开指责这一制度。然而，有一点也很清楚，即价格和工资、收入和财富的涨跌，帮助形成了政治观念和态度，这些表现方式反过来产生了政治制度、规则和政策，最终形成社会和经济变迁。找到一种兼具经济和政治、社会和文化，并且关注工资和财富的方法是可能的，甚至是绝对必要的。

结 论

1917~1989年的两极对抗现在已成为历史。共产主义和资本主义的交锋抑制而非刺激了历史学家、经济学家以至哲学家展开关于资本和不平等的研究。[2] 昔日这些陈旧的论战及其形成的历史研究虽已久远，但在我看来，迄今仍留有它们的印记。

正如我在导言中所言，序列数据研究法的夭亡也有技术因素。在那个年代，搜集和处理大量数据相当困难，因此这一类研究（包括菲雷的《19世纪法国的利润变化》）都很少对历史数据进行解读，从而阅读起来相当枯燥；特别是，对观察到的经济变迁和所要研究的政治、社会历史之间的关系，往往很少有分析。相反，我们现在可以得到完备的原始数据及数据描述，这些信息通常以电子数据表和在线数据库的形式出现。

我认为序列数据研究法的消亡还与如下事实相关，即在研究规划触及20世纪之前就渐趋式微。在研究18世纪或19世纪时，可以认为价格和工资（或收入和财富）的演变遵循自发的经济逻辑，而与政治或文化逻辑几乎无关。然而，当研究20世纪时，这种假象会立刻崩溃。快速浏览一下反映收入和财富不平等或资本/收入比的曲线，就足以表明政治无处不在，而且经济和政治变化紧密交织，必须一起研究。这促使人们以具体方法研究国家、税收和债务，并摒弃简单抽象的经济基础和上层建筑的概念。

无可否认，专业化原则是合理的，一些学者不依赖统计序列进行研究确实无可厚非。社会科学研究有一千零一种方法，并一定要进行数据采集，甚至（我承认）数据研究法也不是特别有想象力。然而，对我而言，所有社会科学家、新闻工作者和时事评论员、工会和各个派系的积极分子，甚至所有民众都应该对金钱、金钱的度量、围绕金钱的事实和金钱的历史抱以严肃的关切。有钱人不可能不捍卫其利益。拒绝与数字打交道，很难为最不富裕者的利益带来帮助。

致　谢

15 年（1998~2013 年）来，我一直致力于对财富和收入的历史动态研究。这奠定了本书的基础。其中许多研究工作是与其他学者合作完成的。

我早期关于法国高收入者的著作《20 世纪法国的高收入者》（*Les hautsrevenus en France au 20e siècle*，2001 年）幸运地赢得了安东尼·阿特金森和伊曼纽尔·赛斯的热情支持。没有他们的帮助，我这项不引人关注、以法国为中心的研究项目绝无可能具有今天这样的国际视野。攻读硕士学位时，安东尼就是我的楷模，他是我关于法国不平等的历史作品的第一读者，而且他随即着手研究了英国和其他一些国家的情况。我们同心协力，分别于 2007 年和 2010 年编辑出版了两卷厚厚的著作，总共涵盖了 20 个国家，形成了关于收入不平等历史演变的最大的数据库。伊曼纽尔和我研究了美国的情况。我们发现在 20 世纪 70 年代和 80 年代，前 1% 人群的收入出现了令人眩晕的增长，而且我们的研究成果在美国政治辩论中获得了一定影响。我们还一起撰写了多篇关于资本和收入最优税制的理论文章。本书在很大程度上得益于这些合作研究。

我与吉勒斯·波斯特尔-维奈、让-劳伦·罗森塔尔合写过关于法国大革命至今巴黎房地产档案的著作。本书也深受这一历史著作的影响。这些工作帮助我深入、直观地理解了财富和收入的重要性，以及与测度财富和收入相关的一些问题。最重要的是，吉勒斯和让-劳伦教会了我如何把握1900~1910年与当今财产结构的异同。

所有这些工作还要感谢过去15年来我有幸共事的博士生和年轻学者们。他们对本书的研究工作做出了直接贡献，他们的热情和活力也使本书写作过程中的知识氛围更为浓厚。我尤其感谢法昆多·阿尔瓦雷多、劳伦·巴克、安托万·博齐奥、克莱芒·卡尔博尼耶、法比安·德尔、加布丽埃勒·法克、尼古拉·弗雷莫、露西·加登、朱利安·格勒内、埃莉斯·于利耶、卡米耶·朗代、伊万娜·马里内斯库、埃洛迪·莫里瓦尔、钱楠筠、多萝泰·鲁泽、斯蒂范妮·斯坦切瓦、朱丽安娜·隆多诺·维莱兹、纪尧姆·圣雅克、克里斯托夫·申克、奥雷莉·索蒂拉、马蒂厄·瓦尔代奈尔和加布里埃尔·楚克曼。特别是，没有法昆多·阿尔瓦雷多的高效、严谨和智慧，我就无从经常引用"世界顶级收入数据库"；没有卡米耶·朗代的热情和坚持，我们就不会合作完成对"财政改革"的研究；没有加布里埃尔·楚克曼对细节的关注和令人钦佩的工作能力，我可能无法完成对富裕国家资本/收入比历史演变的研究，而这一研究在本书中发挥着关键作用。

我也想感谢那些帮助完成这个项目的机构，包括巴黎社会科学高等研究院（我从2000年起在此担任教职），以及巴黎高等师范大学等帮助创立巴黎经济学院的诸多机构（我自巴黎经济学院创立起就在其中担任教授，并于2005~2007年担任创始董事）。这些机构愿意携起手来，创建一个超越其个体利益的公益项目。我希望这个项目能继续对

21 世纪多极政治经济学的发展做出贡献。

  最后，要感谢我的三个宝贝女儿朱丽叶、德博拉和埃莱娜，感谢她们给我的所有爱和力量。也要感谢朱丽娅，她和我同甘共苦，也是我最好的读者。在本书写作的每个阶段，她的影响和支持都是必不可少的。没有她们，我可能无力完成这个项目。

注　释

为避免全书正文过于冗长，尾注过于技术性，相关历史资料、参考文献、数据模型和数学模型都放在了技术附录中，可以在线查阅（http://piketty.pse.ens.fr/capital21c）。

特别要指出，在线技术附录中包含了正文中图表涉及的数据及相关资料和方法的细节。全书的尾注力求简洁，因此详细参考资料列入了在线技术附录中。该附录中还包含了大量图表，其中有些图表在尾注中也有提及（例如，第一章尾注21中提到"见在线补充图S1.1"）。在线技术附录和网址是对全书的补充，读者可有选择地查阅。

感兴趣的读者还可在线查阅所有相关数据（多为Excel或Stata图表格式）、数学公式、方程和主要资料来源，还可找到本书提到的更为技术性论文的链接。

我写作本书的目的是让那些从未受过专业技术训练的人也能看懂，而全书再加上技术附录则应该满足业内专业人士的需求。这一做法让我能够在网上提供相关图表和技术工具的最新修订版本。欢迎读者批评指正，邮件请寄：piketty@ens.fr。

导言

1. 英国经济学家托马斯·马尔萨斯（1766~1834）与亚当·斯密（1723~1790）和大卫·李嘉图（1772~1823）一样，被认为是"古典"学派最有影响力的成员之一。

2. 当然还有自由主义乐观学派的观点：亚当·斯密应当是属于这一派的，事实上，他从来没有真正考虑过财富分配在长期内会变得更加不平等的可能性。让·巴蒂斯特·萨伊（1767~1832）也认为会出现自然和谐。

3. 另一种可能性是增加稀缺商品的供给，比如通过寻找新的石油储备（或如果可能的话，寻找比石油更清洁的新能源），或者通过迁移到更加密集的城市环境中（比如通过建设高层住宅），这会引起其他方面的困难。在一般情况下，这也可能需要几十年才能完成。

4. 对这一现实有亲身体验的恩格斯（1820~1895），与德国哲学家和经济学家卡尔·马克思（1818~1883）是好友和合作伙伴。他1842年定居在曼彻斯特，在那里他管理父亲的工厂。

5. 历史学家罗伯特·艾伦近期提出将工资长期停滞称为"恩格斯停顿"。

6. 其后公开的内容为："为了对这个幽灵进行神圣的围剿，旧欧洲的一切势力，教皇和沙皇、梅特涅和基佐、法国的激进派和德国的警察，联合起来了。"毫无疑问，马克思的文采也成全了他的巨大影响力。

7. 马克思1847年发表了《哲学的贫困》（*The Misery of Philosophy*），以讽刺蒲鲁东的《贫困的哲学》（*Philosophy of Misery*）（早几年发表）。

8. 在第六章中，我要回到马克思使用数据统计的主题。总结：他偶尔会使用当时可利用的最好的统计数据（虽然比马尔萨斯和李嘉图使用的统计数据更好，但依然比较简单），但是他通常采取一种相当写意的方式，始终没有将数据与其理论论证明确关联起来。

9. 见 Simon Kuznets, "Economic Growth and Income Inequality," *American Economic Review* 45, no. 1 (1955): 1–28。

10. 见 Robert Solow, "A Contribution to the Theory of Economic Growth," *Quarterly Journal of Economics* 70, no. 1 (February 1956): 65–94。

11. 见 Simon Kuznets, *Shares of Upper Income Groups in Income and Savings*

(Cambridge, MA: National Bureau of Economic Research, 1953)。库兹涅茨是一位美国经济学家,1901年出生于乌克兰,1922年定居美国,自哥伦比亚大学毕业后成为哈佛大学的一名教授。他于1985年逝世。他是第一位研究美国国民经济核算体系并首次发表历史序列失衡数据的经济学家。

12. 因为通常情况下,只有部分人口被要求提交所得税申报,为了测量总收入,我们还需要建立国民账户。

13. 换句话说,中产阶级和工人阶级(即美国最穷的90%人口)看到他们的国民收入比重从20世纪10年代至20年代的50%~55%增加到40年代末的65%~70%。

14. 见Kuznets, *Shares of Upper Income Groups*, 12–18。库兹涅茨曲线有时也被称为"倒U形曲线"。特别是库兹涅茨认为从贫困的农业生产部门转移到富裕的工业生产部门的工人数量越来越多。首先,只有少数人从工业部门财富增加中受益,因此不平等也相应增长。但最终每个人都会受益,不平等就相应减少。显而易见的是,高度机械化生产是可以推广的,比如劳动力可以在不同工业部门间或不同收入岗位间转移。

15. 有趣的是,库兹涅茨没有数据证明19世纪不平等的增加,但对他来说(甚至对大多数观察者来说)这样的增长确实已经发生了。

16. 库兹涅茨是这样自圆其说的:"这包括5%的经验和95%的思考,有些可能是一厢情愿的。"见Kuznets, *Shares of Upper Income Groups*, 24–26。

17. "The future prospect of underdeveloped countries within the orbit of the free world" (28)。

18. 在这些代表性行为人模型(representative-agent models)中,其中一个假设从一开始每个行为人得到同样的工资,具有相同的财富,并且享受同样的收入来源,因此根据定义,增长按比例地惠及所有社会群体。这些模型自20世纪60年代以来便在经济学教学和研究中普遍应用。这样简化现实的做法也许对于研究一些特定问题是合适的,但是明显地限制了可以问的经济学问题。

19. 国家统计机构对于家庭收入和预算的研究很少追溯到1970年以前,并且倾向于严重地低估高收入,这是有问题的,因为高收入群体通常拥有多达一半的国民财富。税收记录为我们提供了更多关于高收入的信息并且使得我们可以回顾一个世纪。

20. 见 Thomas Piketty, *Les hauts revenus en France au 20ᵉ siècle: Inégalités et redistributions 1901–1998* (Paris: Grasset, 2001)。文章总结请见 "Income Inequality in France, 1901–1998," *Journal of Political Economy* 111, no. 5 (2003): 1004–42。

21. 见 Anthony Atkinson and Thomas Piketty, *Top Incomes over the Twentieth Century: A Contrast between Continental-European and English-Speaking Countries* (Oxford: Oxford University Press, 2007), 以及 *Top Incomes: A Global Perspective* (Oxford: Oxford University Press, 2010)。

22. 见 Thomas Piketty and Emmanuel Saez, "Income Inequality in the United States, 1913–1998," *Quarterly Journal of Economics* 118, no. 1 (February 2003): 1–39。

23. 在线技术附录中有完整的参考书目。关于概述,也可见原文。

24. 要在这本书里针对每一个国家给出详细的解释显然是不可能的,这本书给出了总体的概述。感兴趣的读者可以查阅完整的数据序列,这些数据在WTID网站(http://topincomes.parisschoolofeconomics.eu)可以查阅到,同时可以参考之前引用的更专业的书籍和引用的文章。许多文本和文件同样可以见在线技术附录(http://piketty.pse.ens.fr/capital21c)。

25. WTID目前正被纳入世界财富与收入数据库(World Wealth and Income Database,WWID),WWID将整合三种补充数据。这本书中我将对当前可用的信息加以概述。

26. 我们同样可以在对个人生活收取财产税的国家使用年度财产税申报表,但是长期地产税数据更易获得。

27. 见如下开创性的工作:R.J. Lampman, *The Share of Top Wealth-Holders in National Wealth, 1922–1956* (Princeton: Princeton University Press, 1962); Anthony Atkinson and A.J. Harrison, *Distribution of Personal Wealth in Britain, 1923–1972* (Cambridge: Cambridge University Press, 1978)。

28. 见 Thomas Piketty, Gilles Postel-Vinay, and Jean-Laurent Rosenthal, "Wealth Concentration in a Developing Economy: Paris and France, 1807–1994," *American Economic Review* 96, no. 1 (March 2006): 236–56。

29. 见 Jesper Roine and Daniel Waldenström, "Wealth Concentration over the

Path of Development: Sweden, 1873–2006," *Scandinavian Journal of Economics* 111, no. 1 (March 2009): 151–87。

30. 见Thomas Piketty, "On the Long-Run Evolution of Inheritance: France 1820–2050," *École d'économie de Paris*, PSE Working Papers (2010). Summary version published in *Quarterly Journal of Economics* 126, no. 3 (2011): 1071–1131。

31. 见Thomas Piketty and Gabriel Zucman, *Capital Is Back: Wealth-Income Ratios in Rich Countries, 1700–2010* (Paris: École d'économie de Paris, 2013)。

32. 见Raymond Goldsmith, *Comparative National Balance Sheets: A Study of Twenty Countries, 1688–1978* (Chicago: University of Chicago Press, 1985)。更完整的参考文献可见在线技术附录。

33. 见A. H. Jones, *American Colonial Wealth: Documents and Methods* (New York: Arno Press, 1977), and Adeline Daumard, *Les fortunes françaises au 19e siècle: Enquête sur la répartition et la composition des capitaux privés à Paris, Lyon, Lille, Bordeaux et Toulouse d'après l'enregistrement des déclarations de successions* (Paris: Mouton, 1973)。

34. 见François Simiand, *Le salaire, l'évolution sociale et la monnaie* (Paris: Alcan, 1932); Ernest Labrousse, *Esquisse du mouvement des prix et des revenus en France au 18e siècle* (Paris: Librairie Dalloz, 1933); Jean Bouvier, François Furet, and M. Gilet, *Le mouvement du profit en France au 19e siècle: Matériaux et études* (Paris: Mouton, 1965)。

35. 对于经济下滑和社会历史同样有内在的知识原因。社会历史基于物价、收入和财富的演变，有时也称"系列史"。以我的观点，这种下滑是不幸的，也是可逆的。我之后再讨论这一点。

36. 这一不稳定的机制（一个人越富有，他的财富越多）让库兹涅茨十分困扰，他1953年出版了著作《高收入群体在国民收入和储蓄中所占份额研究》（*Shares of Upper Income Groups in Income and Savings*），从标题中就可见这种担心。但是由于历史局限性，他不可能进行完整的分析。詹姆斯·米德的经典著作《财产的有效性、平等性和所有权》（*Efficiency, Equality, and the Ownership of Property,* London: Allen and Unwin, 1964），以及阿特金森和哈里森的《英国个人财富分配》（*Distribution of Personal Wealth in Britain*，这本书也是米德研究的延续）都着重探讨了这一促进不平等的力量。我们的工作是遵循这些作者的脚步。

第一章

1. 见 "South African Police Open Fire on Striking Miners," *New York Times*, August 17, 2012。

2. 详见公司官方公报，"隆明公司寻求马里卡纳的持续和平"，2012年8月25日，www.lonmin.com。根据上述文件，罢工前矿工的基本工资是每月5 405南非兰特，涨薪幅度为每月750南非兰特（1南非兰特大约相当于0.1欧元）。上述数据和媒体报道以及工人所述口径一致。

3. "要素"分配有时是指"功能上的"或"宏观经济层面上的"分配，"个体"分配有时指"个人的"或"微观经济层面上的"分配。在现实中，两种类型的分配都依赖于微观经济的作用机理（即必须从公司或个体机构的层面来分析）和宏观经济的作用机理（即只能从国家或全球经济层面来理解）。

4. 根据罢工者透露，矿场经理的工资是100万欧元一年（相当于200个矿工的工资）。不幸的是，公司官网上没有这方面的相关信息。

5. 大约65%~70%为工资和其他劳动收入，30%~35%为利润、租金和其他资本收入。

6. 国民收入也叫"国民生产净值"[与"国民生产总值"（GNP）相对，国民生产总值还包括资本折旧]。我将使用"国民收入"这种表达方式，它更简单和直观。国外净收入等于从国外获得的收入减去支付给外国人的收入。这些相反方向的收入流主要由资本收入组成，但还包括劳动收入和单方面转移支付（例如移民工人向他们家乡国的汇款）。见在线技术附录。

7. 全球收入的意思是指全球不同国家国民收入的总和，全球产出的意思是不同国家国内产值的总和。

8. 英文一般称作"国民财富"或者"国民资本"。在18、19世纪，法国作家称之为"国家财产"（fortune nationale），英国作家称之为"国家资产"（national estate）（在英语中"房地产"与"私人资产"是有区别的）。

9. 本质上，我采用了与国际会计准则相一致的定义和资产负债分录，这与在线技术附录上的讨论略有细微差别。

10. 每个国家的具体图表可以通过在线附录中的表格来查询。

11. 实际上，收入中位数（即50%人口的收入水平）一般情况下大约比平均收入低20%~30%。这是由于收入分配的上尾比下尾和中部要长很多，这提高了平均数（但不是中位数）。注："人均国民收入"是纳税和转移支付之前的平均收入。实际上，富有国家的居民需要付出他们收入的50%，用于支付税收以及其他用于公共服务、基础建设、社会治安、健康与教育等方面的支出。第四部分将会主要谈到税收与公共支出的问题。

12. 现金（包括金融资产）在整体财富中只占非常小的一部分，人均几百欧元或者几千欧元左右（如果包括了黄金、白银以及其他的一些有价值的物品），约为整体财富的1%~2%。见在线技术附录。另外，目前公共资产大致约等于公共负债，因此，家庭把这些计算在他们的金融财产里也并非是荒诞的。

13. 公式 $\alpha = r \times \beta$ 可以读作"α 等于 r 乘以 β"。另外，"$\beta=600\%$"也就是"$\beta=6$"，"$\alpha=30\%$"也就是"$\alpha=0.30$"，"$r=5\%$"也就是"$r=0.05$"。

14. 在某种程度上，相较于"利润率"，我更倾向于使用"资本收益率"，由于利润仅仅是一种法律形式的资本所带来的收益，同时"利润率"这个概念经常被含混不清地使用，有些时候代表收益的比率，有些时候则（错误地）代表了利润在收入或者支出中的占比（这种情况下，更类似于我定义的 α，与 r 则完全不同）。有些时候，"边际利率"的概念也被用于定义 α。

15. 利息是一种特别的资本收入形式，比利润、租金和分红（给定资本的典型成分，这些比利息占据了大得多的份额）的代表性要小。因此，"利息率"（浮动的范围很大，主要取决于借款人的身份）一般低于平均资本收益率，并不是典型代表。当研究公债时这个结论将会非常有用。

16. 这里我所提到的年产出与公司所谓的"增加值"有关，也就是公司通过售出商品与服务（"毛收益"）与它支付给其他公司的商品和服务价格（"中间消费"）之间的差额。增加值衡量了公司对于国内产值的贡献。从定义上说，增加值也衡量了资本的净折旧（即减去资本和基础建设的损耗支出）以及利润的净折旧。

17. 见 Robert Giffen, *The Growth of Capital* (London: George Bell and Sons, 1889)。更详细的参考文献资料，见在线技术附录。

18. 计算国民财富与收入平均数的优点是给一国的财富水平提供了一个比国内生产总值更为平衡的视角，而国内生产总值则过于着重生产了。例如，如果一场自然灾害摧毁了许多财富，那么资本的折旧将会降低国民收入，但是国内生产总值反而会由于重建工作而上升。

19. 为了研究第二次世界大战以来官方国民账户体系的历史，可以参阅1993年联合国采用的新体系（被称作国民账户体系1993 [SNA]，这是第一部成系统的资本核算方案）的首席设计师撰写的一部著作，见André Vanoli, *Une histoire de la comptabilité nationale* (Paris: La Découverte, 2002)。还可以见Richard Stone, "Nobel Memorial Lecture, 1984: The Accounts of Society," *Journal of Applied Econometrics* 1, no. 1 (January 1986): 5–28。斯通是战后研究英国和联合国国民账户的一位先驱。还可以见François Fourquet, *Les comptes de la puissance—Histoire de la comptabilité nationale et du plan* (Paris: Recherches, 1980)，作者是1945~1975年一位为法国国民收入核算体系构建做出过贡献的学者。

20. 安格斯·麦迪森（1926~2010），英国经济学家，他是全球致力于长期研究重组国民账户方面的专家。需要注意的是，麦迪森的历史序列单独关注的是产出流量（国内生产总值、人口以及人均国内生产总值），并未谈到国民收入、资本—劳动划分、资本存量等。全球产出收入分配的演进过程中，也可以看到弗朗索瓦·布吉尼翁和布兰科·米拉诺维奇的先驱工作。见在线技术附录。

21. 这里的数据序列可追溯到1700年，但麦迪森的估计值则一直追溯到了古代。他的估算结果表明，早在1500年欧洲就开始逐渐领先于世界其他国家和地区。相比之下，在1000年前后，亚洲和非洲（尤其是阿拉伯世界）则略有优势。见在线补充图S1.1、图S1.2和图S1.3。

22. 为了简化论述，我将一些围绕欧盟但目前尚未加入欧盟的欧洲小国也纳入了欧盟的统计口径，这些国家包括瑞士、挪威、塞尔维亚等。2012年，狭义欧盟人口为5.1亿，而不是5.4亿。类似地，俄罗斯–乌克兰阵营也包括白俄罗斯和摩尔达维亚。亚洲包括土耳其、高加索国家和中亚。各国的详细数据详见在线技术附录。

23. 详见在线补充表S1.1。

24. 澳大利亚和新西兰也是如此（它们仅拥有3 000万人口，不到全球人口的0.5%，人均国内生产总值约为3万欧元）。为了简化论述，我把这两个国家并入了亚洲。见在线补充表S1.1。

25. 如果我们用现行汇率，即1欧元等于1.3美元来折算美国的国内生产总值，美国国内生产总值会下降10%，人均国内生产总值将从4万欧元下降到3.5万欧元。（这能更好地衡量在欧洲旅游的美国游客的购买力。）详见在线补充表S.1。国际比较计划的官方估计是由世界银行、欧盟统计局等国际组织共同做出的。所有国家都受到单独处理。欧元/美元的购买力平价在欧元区内各不相同，其平均值为1.2。详见在线技术附录。

26. 自1990年以来美元对欧元实际购买力的长期下降反映了美国的通胀率稍高于欧盟（年化0.8%，过去20年共约20%）。表1.4中所示的是年平均汇率，忽略汇率短期的巨大波动。

27. 见 *Global Purchasing Power Parities and Real Expenditures—2005 International Comparison Programme* (Washington, DC: World Bank, 2008), table 2, pp. 38–47。需要注意的是，在上述官方数据中，免费或限价的公共服务（例如教师工资）以成本计量，因为其最终由纳税人买单。这是统计协议的结果，其最终承担者为纳税人。这并不是一个完美的统计约定，但其效果仍然优于绝大多数统计方法。如果统计惯例不将其纳入统计口径，结果会更糟糕，国际比较结果会高度失真。

28. 这是巴拉萨－萨缪尔森模型预期的结果，似乎很好地解释了为何穷国相对富国的购买力平价调整系数大于1。然而，发达国家之间的调整系数并没有明显的规律，美国作为全球最富裕的国家，20世纪70年代之前的购买力平价调整系数均为大于1，直到20世纪80年代才小于1。除衡量误差之外，一个可能的解释是近年来美国工资不平等程度较高，导致非熟练的、劳动密集型的非贸易服务产业的价格较低（和穷国的情况类似）。详见在线技术附录。

29. 详见在线补充表S1.2。

30. 我采用了最近一期的官方估计，下一期的国际比较计划调查将很有可能重估中国的国内生产总值。关于安格斯·麦迪森和国际比较计划的争议，详见在线技术附录。

31. 详见在线补充表S1.2。欧盟的份额将从21%上升到25%，美国和加拿大的份额从20%上升到24%，日本从5%上升到8%。

32. 这并不意味着各大洲之间很少往来，上述净流量背后是巨大的跨洲交叉投资。

33. 非洲大陆总收入和总产出这5%的差距似乎在1970~2012年之间一直保持相对稳定。有趣的是，非洲外资所得的资本流出比国际援助带来的资本流入大三倍（尽管具体数据尚且值得商榷）。有关上述估计的详情请查阅在线技术附录。

34. 换言之，1913年亚非两大洲产出占全球的比例不到30%，占全球收入的比例接近25%。详见在线技术附录。

35. 自从20世纪50年代以来，学术界在资本积累仅能部分解释长期生产力增长，最关键的是人力资本的积累和新知识这一点上达成共识。尤其可参考Robert M. Solow, "A Contribution to the Theory of Economic Growth," *Quarterly Journal of Economics* 70, no. 1 (February 1956): 65–94。更近的文献有Charles I. Jones and Paul M. Romer, "The New Kaldor Facts: Ideas, Institutions, Population and Human Capital," *American Economic Journal: Macroeconomics* 2, no. 1 (January 2010): 224–45, and Robert J. Gordon, "Is U.S. Economic Growth Over? Faltering Innovation Confronts the Six Headwinds," NBER Working Paper 18315 (August 2012)。上述文章是有关长期经济增长的浩繁卷帙中的一部分，有助于我们理解长期经济增长的决定因素。

36. 根据最近研究，印度和中国向全球贸易开放的静态获益仅仅是全球国内生产总值的0.5%，其中中国占其国内生产总值的3.5%，而印度占其国内生产总值的1.6%。从开放带来的国家与国家之间以及行业与行业之间的巨大的再分配效应来看（所有国家都有很大一部分行业是受损的），似乎很难仅仅基于以上的好处来论证开放贸易（而这些国家从未实行过）。详见在线技术附录。

第二章

1. 分时期的详细数据，见在线补充表S2.1。

2. 这方面的典型案例是1347年的黑死病，据称导致欧洲超过1/3的人口死亡，抵消了几个世纪的缓慢增长。

3. 如果把老龄化因素考虑进来，全球成年人口的增长率将更高，在

1990~2012 年达到 1.9%，这个时期成年人在总人口中所占比重从 57% 提高到 65%。2012 年，欧洲和日本的该比重接近 80%，北美洲达到 75%。见在线技术附录。

4. 如果生育率达到每名女性 1.8 个（成活）子女，或者每名成年人 0.9 个子女，则人口总量过每一代人将自然减少 10%，或者年变化率约为 –0.3%。相反，如果生育率达到每名女性 2.2 个（成活）子女，或者每名成年人 1.1 个子女，则人口总量过每一代人将自然增加 10%，或者年变化率约为 +0.3%。如果生育率为每名女性 1.5 个子女，年增长率约为 –1.0%。如果生育率为每名女性 2.5 个子女，年增长率约为 +0.7%。

5. 在这里不可能公正完整地介绍历史学、社会学和人口学方面的大量研究成果，它们对不同国家和地区的人口活动与变化做了丰富的分析，包括生育率、婚姻、家庭结构等领域。例如，关于法国、欧洲和全球的家庭制度，见 Emmanuel Todd and Hervé Le Bras *L'Invention de la France* (Paris: Livre de Poche, 1981; reprint, Paris: Gallimard, 2012) 和 *L'origine des systèmes familiaux* (Paris: Gallimard, 2011) 等。与之完全不同的视角可以参考戈斯塔·埃斯平·安德森（Gosta Esping Andersen）关于不同福利国家制度、协调职业生活与家庭生活的政策的重要性增强等领域的研究，如 *The Three Worlds of Welfare Capitalism* (Princeton: Princeton University Press, 1990)。

6. 各国的详细序列数据见在线技术附录。

7. 根据标准情形的预测，2070~2100 年的全球人口增长率将为每年 0.1%，低速情形的预测则为 –0.1%，高速情形的预测为 1.2%。见在线技术附录。

8. 见 Pierre Rosanvallon, *The Society of Equals*, trans. Arthur Goldhammer (Cambridge, MA: Harvard University Press, 2013), 93。

9. 2012 年，撒哈拉以南的非洲国家的人均国民生产总值约为 2 000 欧元，人均月收入约为 150 欧元（见本书第一章表 1.1）。不过，其中最穷的国家（如民主刚果、尼日尔、乍得和埃塞俄比亚）的收入仅为该水平的 1/3~1/2，而最富的国家（如南非）为该水平的 2~3 倍，与北非的水平接近。见在线技术附录。

10. 麦迪森的估计（对本时期来说并不可靠）显示，北美和日本在 1700 年较为接近全球平均水平，而不是接近欧洲水平，因此它们的平均收入在

1700~2012年整个时期的增幅可能更接近30倍,而不止20倍。

11. 从长期来看,每个人的平均工作小时大约减少了一半(各国的差异很大),因此,生产率的增速大约是人均产值增速的2倍。

12. 见在线补充表S2.2。

13. 感兴趣的读者可以从在线技术附录中找到多个国家自18世纪初以来平均收入的序列数据(以今天的货币计算)。关于18~19世纪法国的食品、制造品和服务的详细例子[来自多个历史资料,包括官方发布的指数和让·富拉斯蒂耶(Jean Fourastié)汇编发布的价格],以及对购买力增长的相关分析,见Thomas Piketty, *Les Hauts revenus en France au 20e siècle* (Paris: Grasset, 2001), 80–92。

14. 当然,一切都取决于胡萝卜是在哪个地点购买。我这里谈到的是平均价格。

15. 见Piketty, *Les Hauts revenus en France*, 83–85。

16. 同上,86–87。

17. 关于19世纪后期到20世纪后期的各种服务构成的历史分析(以法国和美国为例),见Thomas Piketty, "Les Créations d'emploi en France et aux Etats-Unis: Services de proximité contre petits boulots?" *Les Notes de la Fondation Saint-Simon* 93, 1997, 以及 "L'Emploi dans les services en France et aux Etats-Unis: Une analyse structurelle sur longue période," *Economie et statistique* 318, no. 1 (1998): 73–99。请注意,对制药业的官方统计是划入制造业,而非医疗服务业,正如汽车和飞机工业也是划入制造业而非交通运输服务业一样。更简单明了的办法或许是按照最终用途来区分各种经济活动,如医疗、运输、住房等,而放弃现有的农业、制造业、服务业的分类。

18. 在计算生产成本时,只把资本折旧(替换用旧的建筑和设备)计算在内。但公共资本在折旧之外的报酬通常设定为零。

19. 在本书第六章,我将在涉及国际比较时再次分析这种偏差的数量级。

20. 某些学者在描述1980~2010年的法国"文化辉煌30年"时也持有类似观点,如埃尔韦·勒布拉(Hervé Le Bras)和埃马纽埃·托德(Emmanuel Todd)。与1950~1980年相反,那段时期法国经历了快速的教育扩张。见*Le mystère français* (Paris: Editions du Seuil, 2013)。

21. 事实上,由于2008~2009年的衰退,2007~2012年的增长率接近零。关于西欧和北美及各国的详细数据,可见在线补充表S2.2(与此处介绍的欧洲和北美的总体数据差异不大)。

22. 见Robert J. Gordon, *Is U.S. Economic Growth Over? Faltering Innovation Confronts the Six Headwinds*, NBER Working Paper 18315 (August 2012)。

23. 本书第四部分的第十一章将再次探讨这个问题。

24. 请注意,全球人均产值在1990~2012年的增长率估计为2.1%,如果以成人(而非全体人群)的平均产值计算,增长率则会降至1.5%。这是那段时期的人口增长率从1.3%提高至1.9%的合乎逻辑的结果(我们可以从中推算出总人口与全体成年人的人口)。由此可以看到全球产值增长(每年约3.4%)中人口因素的重要性。见在线技术附录。

25. 只有撒哈拉以南的非洲大陆和印度会继续落后。见在线技术附录。

26. 见本书第一章图1.1和图1.2。

27. 共和国四年芽月25日(1796年4月14日)的法律确认了法郎与银的等价值,共和国十一年芽月17日(1803年4月7日)的法律确认了双本位制:1法郎等于4.5克纯银或0.29克黄金(金银之间的兑换比例为1:15.5)。在法兰西银行于1800年创立后,1803年法律促成了"芽月法郎"这个说法的兴起。见在线技术附录。

28. 在1816~1914年的金本位制下,1英镑等于7.3克纯金,或1法郎含金量的25.2倍。金银双本位制带来了若干复杂问题,这里不展开论述。

29. 在1971年前,1英镑等于20先令,1先令等于12便士,也就是说1英镑合240便士。1基尼则值21先令,或1.05英镑,经常被用于给专业服务或时尚品标价。在法国,1795年的十进制改革前,1利弗尔也被划分为20德尼耶(denier)或240苏(sou)。此后,1法郎被划分为100生丁(centime),在19世纪有时也称为苏。在18世纪,1金路易的铸币值20利弗尔,或者说约等于1英镑。1795年前,1埃居(écu)等于3利弗尔,此后的1795~1878年是指价值5法郎的银币。从古典作家笔下的货币单位换算来看,当时的人们非常清楚上述的细微差别。

30. 这里提到的估计值是指成年人的人均国民收入,我认为该指标比全体国民的人均国民收入更为显著。见在线技术附录。

31. 法国在19世纪50年代的平均年收入约为700~800法郎，在1900~1910年约为1 300~1 400法郎。见在线技术附录。

第三章

1. 根据现有的估计（尤其是金和佩蒂对于英国，以及沃邦和布阿吉尔贝尔对于法国的研究），18世纪的农场建筑和牲畜大约占我所说的"其他国内资本"的近一半。如果忽略这些项目，把重点集中在工业和服务业上，则与农业无关的其他国内资本的增长与住宅资本的增长相当，甚至略高一些。

2. 一个很好的案例是皮罗托对巴黎的玛德莲区的房地产投机。

3. 例如高老头的面条工厂或者皮罗托的香水业务。

4. 更多细节见在线技术附录。

5. 见在线技术附录。

6. 有关英国和法国的外贸和收支平衡的详细年度序列数据，见在线技术附录。

7. 自1950年以来，两个国家的净国外资本几乎都在国民收入的–10%~10%，仅相当于20世纪之初的1/10~1/20。测算今天净国外资本的困难并不会影响这个基本结论。

8. 更精确地说，如果1700年的平均收入为3万欧元，则平均财富数额约为21万欧元（相当于年收入的7倍，而非6倍），其中15万欧元是土地（把农场建筑和牲畜包括进来的话相当于年收入的5倍），3万欧元是住宅，3万欧元是其他国内资产。

9. 又如，如果1910年的平均收入为3万欧元，则平均财富数额将接近21万欧元（相当于年收入的7倍），其中其他国内资产接近9万欧元（相当于年收入的3倍，而非2倍）。这里的所有数据都有意进行了简化和取整。更多的细节可见在线技术附录。

10. 更精确地说，英国的公共资产占国民收入的93%，公共债务达到92%，净公共财富占国民收入的1%。在法国，公共资产占国民收入的145%，公共债务达到114%，净公共财富占国民收入的31%。两个国家的更多年度序列数据见在线技术附录。

11. 见 François Crouzet, *La Grande inflation: La monnaie en France de Louis XVI à Napoléon* (Paris: Fayard, 1993)。

12. 1815~1914年，英国的基本财政盈余大约为国内生产总值的2%~3%，几乎都用于支付同等数额的政府债务的利息。这个时期的全部教育预算则不足国内生产总值的2%。有关基本公共赤字和二级公共赤字的详细年度序列数据，可见在线技术附录。

13. 这两个转移支付序列数据可以基本解释法国的公共债务在19世纪增加的原因。有关的数据和资料来源，可见在线技术附录。

14. 1880~1914年，法国支付的债务利息超过英国。有关两个国家政府赤字的详细年度序列数据和公共债务回报率的变化，可见在线技术附录。

15. 李嘉图在《政治经济学及赋税原理》(*Principles of Political Economy and Taxation*, London: George Bell and Sons, 1817) 中对此议题的论述并非不存在争议，见格里高利·克拉克的精彩历史分析，"Debt, Deficits, and Crowding Out: England, 1716–1840," *European Review of Economic History* 5, no. 3 (December 2001): 403–36。

16. 见 Robert Barro, "Are Government Bonds Net Wealth?" *Journal of Political Economy* 82, no. 6 (1974): 1095–1117, 以及 "Government Spending, Interest Rates, Prices, and Budget Deficits in the United Kingdom, 1701~1918," *Journal of Monetary Economics* 20, no. 2 (1987): 221–48。

17. 见 Paul Samuelson, *Economics*, 8th ed. (New York: McGraw-Hill, 1970), 831。

18. 见 Claire Andrieu, L. Le Van, and Antoine Prost, *Les Nationalisations de la Libération: De l'utopie au compromis* (Paris: FNSP, 1987), 以及 Thomas Piketty, *Les hauts revenus en France au 20e siècle* (Paris: Grasset, 2001), 137–138。

19. 重读英国人对20世纪不同时点的国民资本的估计数据很有启发性，因为公共资产及债务和形态和规模有了根本的改变。尤其可以参考 H. Campion, *Public and Private Property in Great Britain* (Oxford: Oxford University Press, 1939), 以及 J. Revell, *The Wealth of the Nation: The National Balance Sheet of the United Kingdom*, 1957–1961 (Cambridge: Cambridge University Press, 1967)。这个问题只是在吉芬的时代才凸显出来，因为私人资本明显超出了公共资本的数量。我们发现法国也有类似变化过程，如 François Divisia, Jean

Dupin, and René Roy and quite aptly entitled *A la recherche du franc perdu* (Paris: Société d'édition de revues et de publications, 1954)，该书的第三篇名为《法国的财富》(*La fortune de la France*)，更新了克莱芒·科尔松（Clément Colson）关于"美好年代"的数据估计，这项研究颇为不易。

第四章

1. 为集中展示长期的发展趋势，本章只显示了每10年的平均数据，因此忽略了只持续少数几年的极端情况。完整的年度序列数据可见在线技术附录。

2. 1913~1950年均值为17%的通货膨胀率省略了1923年，那一年出现了1亿倍的恶性通货膨胀。

3. 通用汽车、丰田和雷诺－日产公司在2011年的销量接近，均为800万辆左右。法国政府目前依然持有雷诺公司15%的股份，该公司在欧洲是仅次于大众和标致的第三大汽车生产商。

4. 即使现有的资料有限，各种统计偏差仍然可以部分解释这个差距。见在线技术附录。

5. 例如，可见Michel Albert, *Capitalisme contre capitalisme* (Paris: Le Seuil, 1991)。

6. 例如，可见Guillaume Duval, *Made in Germany* (Paris: Le Seuil, 2013)。

7. 见在线技术附录。

8. 与李嘉图时代的区别在于，1800~1810年富裕英国人足以在不影响国民资本的前提下通过提供额外增加的私人储蓄来消化公共财政赤字。相反，1914~1945年欧洲国家赤字的背景是私人财富和私人储蓄已经遭受了多次负面冲击，因此公共债务负担加剧了国民资本减少。

9. 见在线技术附录。

10. 见Alexis de Tocqueville, *Democracy in America*, trans. Arthur Goldhammer (New York: Library of America, 2004), II.2.19, p. 646, and II.3.6, p. 679。

11. 在图3.1、图3.2、图4.1、图4.6和图4.9中，相对于世界其他地区持有的正头寸（拥有净国外资本的时期）不带阴影，持有的负头寸（拥有净外国债务的时期）用阴影标示。用以绘制这些图的完整数据序列可见在线技术附录。

12. 见在线补充图 S4.1~图 S4.2。

13. 关于欧洲在 19 世纪对美国的投资引起的反应，可见 Mira Wilkins, *The History of Foreign Investment in the United States to 1914* (Cambridge, MA: Harvard University Press, 1989), chap. 16。

14. 北方各州仅拥有几万名奴隶。见在线技术附录。

15. 如果把每个人都视为单独的个体，那么奴隶制（可以被视为个人之间的极端的债务关系形式）并不会增加国民财富，这和其他任何私人债务或公共债务一样，债务对某些人是负债，对其他人又是资产，从全球层面来看会相互抵消。

16. 法国殖民地在 1848 年解放的奴隶人数估计为 25 万，不足美国奴隶人数的 10%。不过与美国一样，在形式上的解放之后，某些形式的法律不平等依然延续了很久。例如，在 1848 年后的留尼汪，以前的奴隶可能被当成流民而遭抓捕和关押，除非他们能获得种植园工人的劳动合同。在以前的法律制度下，逃亡的奴隶会被追捕并交还主人。相比之下情况已经有所改变，但这只是政策的调整，而谈不上和过去的制度完全决裂。

17. 见在线技术附录。

18. 例如，假设国民收入中有 70% 来自劳动，30% 来自资本，若以 5% 的比例进行资本化，则人力资本存量等于 14 年的国民收入，非人力资本存量等于 6 年的国民收入，二者之和等于 20 年的国民收入。假设国民收入按 60% 与 40% 在劳动和资本间分配——这与我们在 18 世纪看到的情形（至少在欧洲）更为接近——那么人力资本和非人力资本将分别相当于 12 年和 8 年的国民收入，总和依然等于 20 年。

第五章

1. 图 5.1 和图 5.2 所展示的欧洲的资本/收入比是根据四个最大的欧洲经济体（德国、法国、英国和意大利）现有的数据序列取平均值得到的，以各国的国民收入为权重。这四个国家合计占整个西欧国民生产总值的 3/4，或全欧洲国民生产总值的近 2/3。若纳入其他国家（尤其是西班牙）将导致最近几十年的资本/收入比上升更为迅速。见在线技术附录。

2. 公式 β=s/g 读作：β 等于 s 除以 g。请注意，β=600% 相当于 β=6；s=12% 相当于 s=0.12；g=2% 相当于 g=0.02。储蓄率代表真正的新增储蓄（不包括资本折旧）除以国民收入。下文还将谈到这一点。

3. 有时用 g 来代表人均国民收入的增长率，n 代表人口增长率，此时该公式应写作：β=s/(g+n)。为表述简洁起见，我选用 g 代表经济的总体增长率，公式为：β=s/g。

4. 收入的 12% 除以 6，得到资本的 2%。更普遍地说，如果储蓄率为 s，资本/收入比为 β，则资本存量的增长率等于 s/β。

5. 这个简单的数学等式描述了资本/收入比 β 的变化及其向 β=s/g 的收敛，见在线技术附录。

6. 1970 年，从德国的 2.2 年到美国的 3.4 年。完整的数据序列见在线补充表 S5.1。

7. 2010 年，德国和美国为 4.1 年，日本为 6.1 年，意大利为 6.8 年。每年的数值是年平均值。例如，2010 年的数值是 2010 年 1 月 1 日至 2011 年 1 月 1 日的财富估计数的平均值。对 2012~2013 年的初步估计并不十分困难。见在线技术附录。

8. 特别是，从一种价格指数换成另一种（有好几种价格指数，都不完美）可以改变这些国家相互之间的排名。见在线技术附录。

9. 见在线补充图 S5.1。

10. 更准确地说，这些数据序列显示，资本/收入比从 1970 年的 299% 提高到 2010 年的 601%，而累积储蓄流量所对应的增长是从 299% 提高到 616%，误差为国民收入的 15%，在总计为 300% 的增幅中仅相当于 5%。也就是说，储蓄流可以解释日本在 1970~2010 年私人资本与国民收入比增长中 95% 的部分。关于所有国家的详细计算，可见在线技术附录。

11. 企业若购买自己的股票，就可以使股东兑现资本收益，其税负往往轻于企业把同等数据的资金用于分红的情况。很重要的一点是，某家企业购买其他企业的股票时也是同一道理，整个产业部门能让一家企业通过购买金融工具来实现资本收益。

12. 对于定律 β=s/g，也可以用 s 代表总储蓄率（而非净储蓄率）。在此情况下，该定律将变换为：β=s/(g+δ)。其中，δ 代表资本折旧占资本存量的百分比。例如，如果总储蓄率为 s=24%，资本存量的折旧率为 δ=2%，增长率为 g=2%，则资本/收入比为 β=$s/(g+\delta)$=600%。见在线技术附录。

13. 如果增长率 g=2%，每年需要在耐用品上有相当于 s=1%的国民收入的新增支出，才能保证耐用品的存量保持在国民收入的 50%（β=s/g=50%）。不过耐用品还需要经常替换，因此总支出会比这高得多。例如，假设平均替换时间为 5 年，每年的耐用品总支出则需要达到国民收入的 10%，才足以替换旧产品；需要达到 11%，才能产生 1%的新增支出并使耐用品存量维持在国民收入 50%的水平上（继续假设增长率 g=2%）。见在线技术附录。

14. 全球黄金存量的总价值从长期来看在减少，19 世纪占全部私人财富的 2%~3%，20 世纪末已不到 0.5%。这个比例在危机期间往往会提高，因为黄金能发挥避险功能，因此目前相当于全部私人财富的 1.5%，其中约 1/5 被各国中央银行持有。这样的波动幅度令人印象深刻，然而与资本存量的总价值相比依然不足为虑。见在线技术附录。

15. 虽然差别并不大，但为保持一致起见，在此处讨论 1970~2010 年的数据序列时，我还是采用了与本书第三章和第四章讨论的历史数据同样的惯例：耐用品不包括在财富中，而贵重品则纳入其他国内资本这个类别。

16. 在第四部分中，我会再谈政府主导的税收、转移支付和再分配，尤其谈到这些因素对不平等和资本积累与分配的影响。

17. 见在线技术附录。

18. 净公共投资通常非常少（仅为国民收入的 0.5%~1%，其中总公共投资为 1.5%~2%，公共资本折旧为 0.5%~1%），因此负公共储蓄往往非常接近政府赤字。但也有例外情况，如日本的公共投资较多，所以尽管政府赤字较大，其公共储蓄依然略高于零。见在线技术附录。

19. 可能的价值低估与当时公共资产交易数量较少有关。见在线技术附录。

20. 1870~2010 年，欧洲的国民收入年均增长率约为 2%~2.2%，其中 0.4%~0.5%来自人口的增长；美国的国民收入年均增长率约为 3.4%，其中 1.5%来自人口的增长。见在线技术附录。

21. 非上市企业的股份由于交易数量较少而更难以出售，因此需要较长的时间来寻找感兴趣的买家，估值可能比上市的类似企业低 10%~20%。股市总有可能在同一个交易日找到感兴趣的买家和卖家。

22. 国民账户统计采用（也是我在此处采用）的通行国际规则要求，资产和负债都必须以资产负债表当日的市场价值来记录，也就是说，企业把资产变现可能得到的价值（可以用最近发生的类似交易来估算）。企业在发布资产负债表时所采用的私人会计规则未必与国民账户的规则完全相同，各国之间也可能有差异，这给金融监管、风险监管和税收管理带来了各种问题。本书第四部分还将回头讨论协调统一会计标准的关键议题。

23. 例如，可见由会计公司 Ricol Lasteyrie 在 2012 年 6 月 26 日发布的报告 "Profil financier du CAC 40"。所有国家的各类股票市场上都能看到托宾 Q 值有同样悬殊的分布。

24. 见在线技术附录。

25. 德国在 21 世纪头 10 年早期的贸易盈余达到国内生产总值的 6%，使该国对世界其他地区的债权迅速增加。相比之下，中国的贸易盈余仅为国内生产总值的 2%。这两个国家的年贸易盈余均达到 1 700 亿~1 800 亿欧元，但中国的国内生产总值为 10 万亿欧元，约为德国（3 万亿欧元）的 3 倍。还需要注意，德国在那 5 年的贸易盈余足以买下巴黎的所有房地产，再有 5 年积累还可以买下 CAC40 的全部股票（价值都在 8 000 亿~9 000 亿欧元）。德国的巨额外贸盈余似乎是超常的竞争力所致，而不是源于蓄意的积累政策，因此，在未来数年其国内需求可能增长，外贸盈余可能减少。而在有意积攒国外资产的石油输出国，其贸易盈余超过国内生产总值的 10%（如沙特和俄罗斯，某些较小的石油输出国更是可能达到该比例的数倍）。见本书第十二章及在线技术附录。

26. 见在线补充图 S5.2。

27. 就西班牙而言，许多人注意到 21 世纪头 10 年出现了房地产和股票市场指数的迅速上涨。但由于缺乏确切的参照点，很难判断价值评估在何时真正达到了过高的地步。资本/收入比的优势在于，它给跨时期和跨地域比较提供了有用的确切参照点。

28. 见在线补充图 S5.3~图 S5.4。还需要强调的是，各国中央银行与政府统计部门编制的报表只关注主要金融资产（票据、股票、债券和其他证券），还不包括衍生产品（这些产品类似于保险合同，以主要金融资产为指数来定价，也可以说类似于赌注，取决于从何种角度去看）。这些金融资产总额已达到非常高的水平，根据采用定义的不同，为 20~30 年的国民收入。但我们必须认识到，金融资产和负债的这些数字（在今天比过去高得多，19世纪到"一战"前夕的金融资产和负债总额没有超过4~5年的国民收入）根据定义并不影响净财富的水平，就像体育比赛所吸引的投注资金不会影响国民财富的水平一样。见在线技术附录。

29. 例如，世界其他地区在2010年持有的法国金融资产约为法国国民收入的310%，法国居民持有的世界其他地区的金融资产相当于法国国民收入的300%，有10%的缺口。美国的这个缺口规模为国民收入的-20%，世界其他地区持有的美国金融资产为国民收入的120%，美国人持有的其他国家金融资产相当于国民收入的100%。各国的详细数据序列，见在线补充图S5.5~图S5.11。

30. 在这方面，请注意日本和西班牙的泡沫的一个重要区别在于，西班牙的净国外资产负头寸几乎相当于1年的国民收入，使其经济状况更加困难，而日本却拥有同样规模的国外资产正头寸。见在线技术附录。

31. 特别是，考虑到美国一直有着巨大的贸易赤字，其净国外资产负头寸的规模应该比实际情况严重得多。这个缺口形成的部分原因是美国国民拥有的国外资产（以股票为主）的收益很高，而美国债券（尤其是美国政府债券）的收益较低。这个议题可见皮埃尔-奥利维耶·古兰沙（Pierre-Olivier Gourinchas）和埃莱娜·雷娜（Hélène Rey）的研究，在线技术附录有引用。相反，德国的净资产正头寸应该比实际情况更高一些，这个缺口形成的原因是德国在海外的投资收益较低（同时可能导致德国目前的谨慎态度）。有关发达国家在1970~2010年的国外资产积累的全球构成（按贸易盈亏和国外资产组合收益的影响做了区分），可见在线技术附录，尤其是补充表S5.13。

32. 例如，有可能美国的很大部分贸易赤字只是反映向位于避税天堂的美国企业的虚拟转移收入，这些转移随后又通过海外实现的利润形式汇入国内，恢复了国际收支平衡。这种会计把戏显然可能干扰对最基本的经济现象的分析。

33. 与古代社会进行对比很难，但现有的有限估计数据表明，土地价值有时能够达到更高水平，如古罗马达到了6年的国民收入。见R. Goldsmith, *Premodern Financial Systems: A Historical Comparative Study* (Cambridge: Cambridge University Press, 1987), 58. 对于小规模的原始社会的跨代财富流动性的估计则表明，可继承财富的重要性根据经济活动的性质（狩猎、放牧或农耕等）有很大差异。见Monique Borgerhoff Mulder et al., "Intergenerational

Wealth Transmission and the Dynamics of Inequality in Small-Scale Societies," *Scierce* 326, no. 5953 (October 2009): 682–88。

34. 见在线技术附录。

35. 见本书第十二章。

第六章

1. 公债利息不属于国民收入的一部分（因为它只是一种转移支付），是对非国民资本的报酬（因为公债是私人债券持有者的资产，是政府的债务），因而不包含在图 6.1~图 6.4 中。如果包含在内，资本收入比重会较高一些，一般约高 1~2 个百分点（在公债极高时期能达到 4~5 个百分点）。要见完整的系列，请参阅在线技术附录。

2. 非工资劳动者既可以得到与工资劳动者同样的平均劳动收入，也可以得到企业资本与其他形式资本一样的平均收益，见在线技术附录。

3. 在发达国家中，个体公司在国内产值中的比重已从 20 世纪 50 年代的 30%~40% 下降到 80 年代的约 10%（主要反映了农业比重的下降，19、20 世纪初又回到了 50%），然后稳定在这一水平，由于财政条件的有利（不利）变化，有时会上升至约 12%~15%。见在线技术附录。

4. 图 6.1 和图 6.2 中所给出的数列，英国部分出自罗伯特·艾伦的历史研究，法国部分出自我自己的研究。关于来源和方法的所有细节，见在线技术附录。

5. 见在线补充图 S6.1 和 S6.2，我列明了英国和法国资本收入比重的上限和下限。

6. 见第十二章。

7. 18、19 世纪英国和法国公共债务的利率一般为 4%~5%，有时候低至 3%（例如在 19 世纪末经济衰退期间）。与之相反，在政治气氛高度紧张时期，利率上升到 5%~6%，甚至更高，这时候人们会对政府预算的公信力产生怀疑，例如，法国大革命之前和期间的几十年便是如此。见 F. Velde and D. weir, "The Financial Market and Government Debt Policy in France 1746–1793," *Journal of Economic History* 52, no. 1 (March 1992): 1–39。还可见 K. Béguin, *Financer la guerre au 17e siècle: La dette publique et les rentiers de l'absolutisme* (Seyssel:

Champ Vallon, 2012)。见在线技术附录。

8. 法国"livret A"储蓄账户名义利率2013年时仅为2%，实际收益率接近零。

9. 见在线技术附录。在大多数国家，支票账户存款产生利息（但法国严厉禁止）。

10. 例如，名义利率为5%，通货膨胀率为10%，实际利率就是–5%；而名义利率为15%，通货膨胀率为5%，则实际利率为+10%。

11. 房地产本身大约占总资产的一半，而且在所有金融资产中，实际资产一般占一半还多，经常超过3/4。见在线技术附录。

12. 不过，我在第五章中解释过，这种方法将结构性资本收益（即股价中留存收益资本化而得到的收益）也包含在资本收益之中。长期来看，这是股票收益的重要组成部分。

13. 换言之，在一个初始资本收益率为4%的社会里，通货膨胀率从0上升到2%，当然不能与对资本收入征收50%的税负相提并论，原因很简单，房地产和股票价格会开始每年上涨2%，这样只有一少部分家庭资产（一般是现金存款和一些名义资产）会缴纳通货膨胀税。我将在第十二章中再次讨论这个问题。

14. 见P. Hoffman, Gilles Postel-Vinay, and Jean-Laurent Rosenthal, *Priceless Markets: The Political Economy of Credit in Paris 1660–1870*, (Chicago: University of Chicago Press, 2000)。

15. 在弹性为0的极端情况下，即便资本稍有过剩，资本收益率以及资本收入比重也会减少为0。

16. 在弹性无穷大的极端情况下，资本收益率不变，所以资本收入比重与资本/收入比同比例增加。

17. 柯布-道格拉斯生产函数是一个数学公式$Y=F(K, L)=K^{\alpha}L^{1-\alpha}$，其中$Y$是产量，$K$是资本，$L$是劳动。替代弹性大于1或小于1的情况，还有其他数学公式进行说明。弹性无穷大的情况是一个线性生产函数：产量是给定的$Y=F(K, L)=rK+vL$，所以资本收益率r不取决于所用资本和劳动的数量，也不取决于劳动收益率v（恰好等于工资率，在这个例子中也是固定的）。见在线技术附录。

18. 见 Charles Cobb and Paul Douglas, "A Theory of Production," *American Economic Review* 18, no. 1 (March 1928): 139–165。

19. 根据鲍利的测算，这个时期资本占国民收入的比例约为37%，劳动占比约63%。见 Arthur Bowley, *The Change in the Distribution of National Income, 1880–1913*, Oxford: Clarendon Press, 1920。这一估计与我对这一时期的研究发现一致。见在线技术附录。

20. 见 Jürgen Kuczynski, *Labour Conditions in Western Europe 1820 to 1935*, London: Lawrence and Wishart, 1937。同年，鲍利扩展了他1920年后的著作。见 Arthur Bowley, *Wages and Income in the United Kingdom since 1860*, Cambridge: Cambridge University Press, 1937。也可见 Jürgen Kuczynski, *Geschichte der Lage der Arbeiter unter dem Kapitalismus*, 38 vols, Berlin, 1960–72。第32、33和34卷专门论述法国。库钦斯基的系列著作尽管有其局限性，但依然是宝贵的史料来源。关于对其著作的批评分析，见 Thomas Piketty, *Les hauts revenus en France au 20e siècle: Inégalités et redistribution 1901–1998*, (Paris: Grasset, 2001), 677–681。其他参考资料见在线技术附录。

21. 见 Frederick Brown, "Labour and Wages," *Economic History Review* 9, no. 2 (May 1939): 215–17。

22. 见 J.M. Keynes, "Relative Movement of Wages and Output," *Economic Journal* 49 (1939): 48。有趣的是，当时的资本—劳动划分稳定论的支持者还是不能确定这一分割的稳定水平。在此情况下，凯恩斯坚持认为，1920年到1930年间，归于"体力劳动"（长期来看无法定义的一个类别）的收入比例好像是国民收入的40%。

23. 完整的文献目录，见在线技术附录。

24. 见在线技术附录。

25. 这可能表现为柯布-道格拉斯生产函数中指数$1-\alpha$的增大（以及α的相应减小），或者对更为一般的、其中替代弹性大于1或小于1的生产函数进行类似调整。见在线技术附录。

26. 见在线技术附录。

27. 见 Jean Bouvier, François Furet, and M. Gilet, *Le mouvement du profit en France au 19e siècle: Matériaux et études* (Paris: Mouton, 1965)。

28. 见 François Simiand, *Le salaire, l'évolution sociale et la monnaie* (Paris: Alcan,1932); Ernest Labrousse, *Esquisse du mouvement des prix et des revenus en France au 18e siècle* (Paris: Librairie Dalloz, 1933)。杰弗里·威廉姆森（Jeffrey Williamson）及其同事汇编的关于地租和工资长期演变的历史著作也表明，18世纪和19世纪初，流向地租的国民收入比重出现增加。见在线技术附录。

29. 见 A. Chabert, *Essai sur les mouvements des prix et des revenus en France de 1798 à 1820*, 2 vols. (Paris: Librairie de Médicis, 1945–49)。也可见 Gilles Postel-Vinay, "A la recherche de la révolution économique dans les campagnes (1789–1815)," *Revue économique*, 1989。

30. 公司"增加值"的定义是其出售商品和服务而取得的收入（在英国称为"销售收入"）与其进货而向其他公司支付款项（称为"中间消费"）之间的差额。如其名称所示，同时，这个总数测度的就是公司在生产过程中增加的价值。工资从增加值中支付，余下的从定义上讲是利润。对资本—劳动划分的研究经常局限于工资—利润划分，而没有考虑租金。

31. 人口的永久持续增长概念并不比其他概念更清晰，其实它像以往一样依然含混不清、令人恐惧，这就是为什么全球人口稳定假说被广为接受。见第二章。

32. 资本收益不趋向于零的唯一情况就是"自动化"经济，其资本与劳动的替代弹性无限大，于是生产最终只使用资本。见在线技术附录。

33. 最有意思的税收数据出现在《资本论》第一卷的附录10。基于马克思给出的账本，对利润比重和利用率进行了计算，见在线技术附录对这些计算的分析。在《工资、价格和利润》（1865年）中，马克思使用了一家高度资本主义化的工厂的账目，其中利润占增加值的50%（与工资比例一样大）。虽然他没有明说，但好像他认为工业经济中的整体划分就是这个样子。

34. 见第一章。

35. 最近几个理论模型试图明确解释这种直觉。见在线技术附录。

36. 姑且不说有些美国经济学家（从莫迪利亚尼开始）认为资本已经完全改变了性质（现在的资本来自于整个生命周期的积累），而英国人（从卡尔多开始）依然认为财富是继承的遗产，这显然不能让人信服。我将在第三部分回头讨论这个重要问题。

第七章

1. 见 Honoré de Balzac, *Le père Goriot* (Paris: Livre de Poche, 1983), 123–35。

2. 见 Balzac, *Le père Goriot*, 131。在测算收入和财富时, 巴尔扎克通常使用法郎或硬币利弗尔（法郎出现后变成等值物）和埃居（埃居是一枚银币, 价值19世纪的5法郎）, 在极少情况下也使用路易（路易是一种金币, 价值20法郎, 1法郎在旧制度下已经价值20利弗尔）。因为当时不存在通货膨胀, 这些货币单位都很稳定, 读者很容易进行换算。见第二章。我将在第十一章详细讨论巴尔扎克提到的这些数额。

3. 见 Balzac, *Le père Goriot*, 131。

4. 据报道, 一位法国前总统的儿子在巴黎学习期间, 娶了达尔蒂（Darty）电器连锁店的女继承人, 可他肯定不是在伏盖公寓遇上她的。

5. 我是从成年人口（未成年人一般没有收入）角度来定义前10%人群的, 而且尽可能保持在个人层面。表7.1~表7.3的评估就是基于这个定义。对有些国家来说, 如法国和美国, 只能得到家庭的历史收入数据（即夫妇二人收入的总和）。这稍微改变了各个十分位的比重, 但对我们感兴趣的长期演变没有影响。对工资而言, 一般只有个人层面的历史数据。见在线技术附录。

6. 见在线技术附录和补充表S7.1。

7. 中位数是半数人口居于其下的标准值。实际上, 中位数总是低于平均数, 因为现实世界的分配总有一个长长的上尾, 这提高了平均数但没有拉高中位数。对劳动收入来说, 中位数一般是平均数的80%（也就是说, 如果平均工资是每月2 000欧元, 那么中位数约为1 600欧元）。对财富来说, 中位数可能极低, 经常不到平均财富的50%, 如果较穷的半数人口一无所有, 中位数甚至为零。

8. "什么是第三等级？什么都是。它在政治秩序中算什么？什么都不是。它想要什么？成为什么。"

9. 作为惯例, 我把替代收入（即替代劳动收入消失而通过工资扣除来资助的养老金和失业保险）放在初次劳动收入之中。如果不这样做, 成人劳动收入的不平等会明显大于表7.1和表7.3中的情况（大量退休人员和失业工人的劳动收入为零）。在第四部分, 我会回过头来通过养老金和失业保险来讨论再分配问题，现在暂且把它们称为"延期工资"。

10. 这些基本计算在补充表S7.1中有详细说明。

11. 美国最上层10%很可能占有所有财富的接近75%。

12. 见在线技术附录。

13. 很难说苏联及共产主义集团的国家是否符合这个标准，因为没有可用的数据。但无论如何，政府拥有大多数资本，这个事实显著削弱了该问题的趣味。

14. 注意，甚至在表7.2中描述的"理想社会"，不平等程度依然很高（最富裕10%人群占有的资本超过最贫穷的50%，虽然后者人数是前者的5倍；最富裕1%人群的平均财富是最贫穷50%的20倍）。没有什么能阻挡我们走向更宏大的目标。

15. 或者每对夫妇平均40万欧元。

16. 见第三至五章。在线技术附录中有准确数字。

17. 关于耐用品，见第五章和在线技术附录。

18. 准确地计算，为35/9×200 000欧元，或者777 778欧元。见在线补充表S7.2。

19. 要弄清楚这意味着什么，我们可以继续做上面所说的算术练习。如果平均财富是20万欧元，那么表7.2中所说的"非常高的"财富不平等意味着最贫穷50%人群的平均财富是2万欧元，中间40%的是2.5万欧元，最富裕的10%是180万欧元（最上层9%是89万欧元，最上层1%是1 000万欧元）。见在线技术附录和补充表S7.1~表S7.3。

20. 如果我们只看公司掌控的金融和商业资本以及与工作相关的工具，那么最上层10%的比重是70%~80%，甚至更多。对绝大多数人来说，公司所有权一直是一个相对抽象的概念。

21. 例如，不平等的两个方面日益结合，可能是大学入学率提高的结果。我会回头再讨论这一点。

22. 这些计算稍稍低估了真正的基尼系数，因为它们是基于社会群体数量有限的假设（表7.1~表7.3中所示），而基本现实是财富分配是连续的。由不同社会群体数量得出的不同结果，见在线技术附录和补充表S7.4~表S7.6。

23. 也使用P90/P50、P50/P10、P75/P25等比率。P50指第50个百分位数，

即中位数，而P25和P75分别指第25个和第75个百分位数。

24. 同样，是测算个人层面还是家庭层面的不平等，对P90/P10之类的十分位比率产生的影响比对最底层50%的总收入比重的影响更大（和更不稳定），特别是因为在许多情况下妇女不在外工作。

25. 见Joseph E. Stiglitz, Amartya Sen, and Jean-Paul Fitoussi, Report by the Commission on the Measurement of Economic Performance and Social Progress, 2009 (www.stiglitz-sen-fitoussi.fr)。

26. 社会表格至少在精神实质上类似于弗朗索瓦·魁奈（François Quesnay）1758年发表的著名的 *Tableau économique*，它第一次给出了经济及其社会人群的合成画面。人们也能在自古以来的许多国家中找到旧一些的社会表格。见B·米拉诺维奇、P·林德特和J·威廉姆森"测定古代的不平等"中的有趣表格（NBER工作论文13550号，2007年10月）。也可见B. Milanovic, *The Haves and the Have-Nots: A Brief and Idiosyncratic History of Global Inequality* (New York: Basic Books, 2010)。遗憾的是，从齐次性和可比性的角度来看，这些早期表格中的数据并不总是令人满意。见在线技术附录。

第八章

1. 见表7.3。

2. 见表7.1以及在线技术附录。

3. 对于各个百分位数和最高到万分位数的完整数列，以及整体演变过程的详尽分析，见Thomas Piketty, *Les hauts revenus en France au 20ᵉ siècle: Inégalités et redistribution 1901–1998* (Paris: Grasset, 2001)。在此，我只限于讲述故事的大致框架，并加入一些更近的研究成果。更新的数据源也可从WTID数据库获得。

4. 图8.1和图8.2的估算是基于收入和工资的相关公告（一般性所得税1914年在法国起征，所谓工资的所得税在1917年起征，从这两个日期开始，我们有了高收入和高工资收入的年度数据）以及国民账户（为我们提供了国民总收入和总工资收入），并沿用了最初由库兹涅茨提出的方法——在导言部分已做了介绍。带有收入的财税数据自 1915 年起始（也就是新税种开征的第一年），我使用了"一战"前权威税务部门以及当代经济学家们所做的估算，补全了 1910~1914 年的数据序列。见在线技术附录。

5. 在图 8.3（以及之后相似类型的图），我使用了与《法国 20 世纪高收入群体：不平等与再分配》和 WTID 相同的标符来界定收入阶层各个分位数：P90~95 包括了从第 90 百分位到第 95 百分位的个体组（最富裕的 10% 人口中较穷的那一半），P95~99 包括了从第 95 百分位到第 99 百分位的个体组（更高的 4 个百分点），而 P99~99.5 包括接下去的 0.5 个百分点（最富的 1% 人口中较穷的那一半），P99.5~99.9 包括之后的 0.4 个百分点，P99.9~99.99 是之后的 0.09 个百分点，而 P99.99~100 代表了最富裕的 0.01 个百分点（最高的 0.1‰ 群组）。

6. 提醒一下，2010 年法国的最高 1% 人群包含了 5 000 万成人人口中的 50 万。

7. 这与位于第 90 百分位数以下的 90% 人口的情况是一样的，但这里工资形式的报酬（或者以退休收入或失业保险等形式存在的替代报酬）更低一些。

8. 在收入层级中，公务员的薪酬标准拥有最多的长期数据。特别是在法国，我们可从国家预算和立法报告中获取到 19 世纪初的详尽资料。私营部门的收入要从纳税记录中提取，因而对 1914~1917 年所得税设立前的信息知之甚少。我们拥有的公务员薪酬数据表明，对于最高 10% 和其中较穷的那一半来讲，19 世纪的工资分布特征与我们在 1910~2010 年期间观察到的情况大致相似，尽管 19 世纪的最高 1% 可能略高些（因为没有可靠的私营部门数据，我们尚不能给出精确答案）。详见在线技术附录。

9. 2000~2010 年，P99~99.5 和 P99.5~99.9 层级（构成了前 1% 的 9/10）的工资比重为 50%~60%，而混合收入的比重为 20%~30%（见图 8.4）。高薪资收入高出混合收入的程度，与战争年代相比几乎相同（见图 8.3）。

10. 正如第七章所述，这里举出的欧元数字是为了内容完整而特意安排的，且只是近似值，因而它们的作用仅仅是要给出一个数量级的概念。精确的分年度的 1% 和 0.1% 临界线可见在线技术附录。

11. 然而需要注意的是，这些边界所基于的数据并非完备。如第六章所述，一些企业家性质的收入可能会以股息的形式体现，因而被归类为资本收人。有关自1914年起，法国前1%和前1‰人口的分年度收入构成的详尽分析，见Piketty, *Les hauts revenus en France*, 93–168。

12. 在图8.4中，资本收入似乎只占到"9%"人群收入的不足10%，这是因为，和前10%及前1%人群的收入比重的数据一样，这些数字只是基于自主申报的收入报表，而自1960年，报表就剔除了所谓的虚拟租金（即自我拥有的住房的租金价值，这在之前是课税收入的一部分）。如果我们将没有纳税的资本收入（如虚拟租金）纳入，2000~2010年"9%"人群资本收入的比重可能达到甚至略超过20%。见在线技术附录。

13. 见在线技术附录。

14. 尤其是，我通常涵盖了收入申报中所有的租金、利息和股息，甚至包括那些不属于同一税收报表或可能在特殊豁免或降低税率范围内的收入类型。

15. 见在线技术附录。

16. 注意，整个"二战"期间，法国税务当局一如既往地收集所得税申报单、记录在案，并在此基础上编制相关统计资料，似乎没有什么变化。事实上，那是一个机械性数据处理的黄金时代，新的技术可以自动分拣打孔卡（punched cards），这就使快速制作交叉表（cross-tabulations）成为可能，与以前的手工方法相比，这是很大的一个进步。因而，财政部在战争年代的统计出版物要比之前丰富得多。

17. 前10%人群在国民收入中的比重从47%降到了29%，而前1%人群的比重则从21%降到了7%。详见在线技术附录。

18. 对于这些演变的分年度详细分析，见*Les hauts revenus en France*, esp. chaps. 2 and 3, pp. 93–229。

19. 对于第二次世界大战，工资差距的缩小实际上在战争爆发前就已开始，那是《马蒂尼翁协定》签署的1936年。

20. 见*Les hauts revenus en France*, 201–2。1968年工资不平等的明显突变在当时就被意识到了，可重点见Christian Baudelot and A. Lebeaupin, *Les salaires de 1950 à 1975* (Paris: INSEE, 1979)。

21. 见图6.6。

22. 可特别见Camille Landais, "Les hauts revenus en France (1998–2006): Une explosion des inégalités?" (Paris: Paris School of Economics, 2007)，以及Olivier

Godechot, "Is Finance Responsible for the Rise in Wage Inequality in France?" *Socio-Economic Review* 10, no. 3 (2012): 447–70。

23. 对于 1910~1912 年的情况，我使用各种可得的数据来源补全了数据，尤其使用了美国政府在预备开征联邦所得税时进行的各种估算结果（和在法国例子中的处理办法一样），见在线技术附录。

24. 对于 1913~1926 年的情况，我使用了收入水平和收入分类数据对工资不平等的变化进行了估计，见在线技术附录。

25. 最近有两本关于美国收入不平等历史的书，都强调美国这个相对均等化历史阶段的重要性，作者都是著名经济学家。见 Paul Krugman, *The Conscience of a Liberal* (New York: Norton, 2007), and Joseph Stiglitz, *The Price of Inequality* (New York: Norton, 2012)。

26. 可得的数据显示（虽然并不完备），要矫正资本收入低估，大致是在国民收入中增加 2~3 个百分点。未矫正的最高 10% 的比重在 2007 年为 49.7%，2010 年为 47.9%（伴随着上涨的趋势）。见在线技术附录。

27. "包含资本利得"的数据序列，当然既包括在分子中（最高 10% 和最高 1% 的收入），也包括在分母中（整个国民收入），而"不含资本利得"的数据序列在分子分母中都做了剔除。见在线技术附录。

28. 唯一可疑的跳跃发生在 1986 年里根税制改革时期，当时不少重要的公司都改变了他们的法律形式，从而使其利润以个人而不是公司收入进行征税。这种税基的转移会产生纯粹的短期效应（本应之后以资本利得的形式获取的收入，稍微提前获取了），在长期趋势的塑造中扮演的是次要角色。见在线技术附录。

29. 这里的税前年收入是以家庭为单位的（已婚家庭或者单身个体）。个体层面的收入不平等的增长幅度与此大致相同。见在线技术附录。

30. 这种对美国经济发自肺腑的赞美，有时那些出生于外国（通常比美国要穷）、现在美国大学教书的经济学家们表现得更为明显。再次申明，这种欣赏非常可以理解。

31. 所有更详尽的数据见在线技术附录。

32. 这一说法被越来越广泛的认可。可见 Michael Kumhof and Romain Rancière, "Inequality, Leverage, and Crises," International Monetary Fund Working Paper

(November 2010) 对此的阐释，也可见Raghuram G. Rajan, *Fault Lines* (Princeton, NJ: Princeton University Press, 2010)，不过他们低估了美国最高收入阶层的收入比重不断增长的重要性。

33. 见Anthony B. Atkinson, Thomas Piketty, and Emmanuel Saez, "Top Incomes in the Long Run of History," *Journal of Economic Literature* 49, no. 1 (2011): Table 1, p. 9。

34. 要记住，这些数字都是原始收入（在税收和转移支付之前）的分配状况。我将在第四卷对税收和转移支付的效应进行考察。概括来讲，向最穷群体的转移支付的增加使得上述数字稍微减弱，而这一时期税收体系的累进性显著下降，又对其起到了恶化作用。

35. 见第五章中对日本和西班牙泡沫的论述。

36. 见Thomas Piketty and Emmanuel Saez, "Income Inequality in the United States, 1913–1998," *Quarterly Journal of Economics* 118, no. 1 (February 2003): 29–30。也可参阅Claudia Goldin and R. Margo, "The Great Compression: The Wage Structure in the United States at Mid-Century," *Quarterly Journal of Economics* 107, no. 1 (February 1992): 1–34。

37. 恰恰相反，也没有被更大的代际流动性所补偿，我在第十三章会再讨论这一点。

38. 见Wojciech Kopczuk, Emmanuel Saez, and Jae Song, "Earnings Inequality and Mobility in the United States: Evidence from Social Security Data since 1937," *Quarterly Journal of Economics* 125, no. 1 (2010): 91–128。

39. 见Edward N. Wolff and Ajit Zacharias, "Household Wealth and the Measurement of Economic Well-Being in the U.S.," *Journal of Economic Inequality* 7, no. 2 (June 2009): 83–115。沃尔夫和撒迦利亚准确地评论了我和伊曼纽尔·赛斯写于2003年的一篇文章，认为我们高估了以"工作着的富人"（working rich）与"息票食利者"（coupon-clipping rentiers）的相互替代来解释这种变化的程度。事实上，人们经常发现二者是"共存"的。

40. 见补充图S8.1和图S8.2，见在线技术附录。

41. 见Steven N. Kaplan and Joshua Rauh, "Wall Street and Main Street: What Contributes to the Rise of the Highest Incomes?" *Review of Financial Studies* 23,

no. 3 (March 2009): 1004–1050。

42. 见 Jon Bakija, Adam Cole, and Bradley T. Heim, "Jobs and Income Growth of Top Earners and the Causes of Changing Income Inequality: Evidence from U.S. Tax Return Data," Department of Economics Working Papers 2010–24, Department of Economics, Williams College, Table 1. 其他重要的行业群体包括医生和律师（大约占10%），不动产推销员（大约5%）。然而，这些数据应谨慎使用：我们无法得知相关财富的来源（是否继承得来），但如果将资本利得包括进来，在最高0.1%中，资本收入占比超过总收入的一半（见图8.10），剔除资本利得后，大约占到1/4（见补充图表S8.2, 可在线获得）。

43. 像比尔·盖茨这类的"超级企业家"在数量上是很少的，他们与收入研究的关联不大，而最适合放在财富研究的框架之内，尤其是研究不同种类财富的演化情况，详见第十二章。

44. 具体地讲，如果一个经理人被允许购买股票期权，约定行权时以100美元购买价值200美元的股票，那么两个价格间的差额——在此为100美元——就被计入该经理人执行期权年度的工资收入中去。如果他选择晚些时候以更高的价格（比如250美元）卖出该股票，那么50美元的差额就被当作资本收益。

第九章

1. Claudia Dale Goldin and Lawrence F. Katz, *The Race between Education and Technology: The Evolution of U.S. Educational Wage Differentials*, 1890–2005 (Cambridge, MA: Belknap Press, 2010).

2. 见表7.2。

3. 在国民经济核算的话语体系中，医疗和教育支出被视作消费（内在安康的来源）而非投资，这也是为何说"人力资本"这一用词存在问题的另一原因。

4. 当然，每个阶段都由若干子时期构成。比如，1998~2002年，每周法定工作时间从39小时减少至35小时，为弥补法定工作时间的减少，最低工资提高了10%，从而保持月工资不变。

5. 关于联邦所得税，最低工资的立法带来了行政部门与最高法院之间的激烈争论，导致1935年第一部最低工资法被撤销，但罗斯福总统于1938年再次提议最低工资立法并最终取得成功。

6. 在图9.1中，我将名义最低工资转换成了以2013年价格计算的欧元和美元。名义最低工资请见在线补充图S9.1~图S9.2。

7. 部分州2013年的最低工资标准比联邦最低工资水平要低，如加利福尼亚州和马萨诸塞州的最低工资为每小时8美元，华盛顿州为每小时9.19美元。

8. 此处汇率为1英镑兑1.3欧元。实际上，英国与法国的最低工资差距更大，因为两国社会保障中雇主支付的部分存在差异（雇主支付部分是总工资的构成部分）。我将在第四部分再次回到这个问题上来。

9. 不同国家情况差异重大，比如，在英国，很多价格和收入（包含租金、津贴以及某些工资）是按周计算而非按月计算。关于这些问题，见Robert Castel, *Les Métamorphoses de la question sociale: Une chronique du salariat* (Paris: Fayard, 1995)。

10. 见David Card and Alan Krueger, *Myth and Measurement: The New Economics of the Minimum Wage* (Princeton: Princeton University Press, 1995)。卡德（Card）和克鲁格（Krueger）深入研究了众多相邻国家拥有不同最低工资的案例。在完全垄断情形下，雇主只能在给定的地理区域内雇佣工人（在完全垄断情形下，卖方是唯一的，而非买方是唯一），雇主会尽可能压低工资。最低工资的提高不会降低就业水平，因为雇主的边际利润率非常之高，以至于完全可以雇用全部的求职人员。就业水平甚至可能会提高，因为求职的人会增加。这可能是因为，在更高的工资水平上，与那些非法活动相比人们更喜欢正式的工作（这是好事）；或者是因为与上学相比人们更喜欢工作（这或许不是好事）。这些正是卡德和克鲁格所观察到的。

11. 特别见图8.6~图8.8。

12. 这一事实至关重要，但经常被美国学术界所忽略。除了戈尔丁和卡兹的研究"教育与技术的竞赛"（*Race between Education and Technolog*）外，也可见丽贝卡·布兰科（Rebecca Blank）的近期研究：*Changing Inequality* (Berkeley: University of California Press, 2011)，该研究几乎完全集中在与大学文凭相关的收入差异的演变（以及家庭结构的演变）这一问题上。拉古拉姆·拉扬（Raghuram Rajan）的 *Fault Lines* (Princeton: Princeton University Press, 2010)一书也似乎确信，与大学相关的不平等演变比"最高1%"人群的收入激增（这是不正确的）意义更重大。原因很可能是，劳动和教育经济学家们常用的数据无法对最高1%收入的超常表现做出充分的衡量（我们需要税收数据来弄清楚实际情况）。与税收数据相比，调查数据具有包含更多社会人口学数据（包括教育数据），但调查数据所基于的数据样本相对较小，并存在受调查对象个人特征影响的众多问题。最理想的办法是将两类数据结合在一起使用。有关这些方法论问题，见在线技术附录。

13. 需要指出的是，图9.2以及后续各图中的曲线未考虑资本收益（我们无法持续衡量各国资本利得水平）。由于美国的资本收益是很重大的部分（考虑资本收益后，21世纪头10年前1%人群的收入占国民收入比重超过了20%），因而实际的差异比图9.2显示的还要大。见在线补充图S9.3。

14. 新西兰几乎沿着与澳大利亚类似的轨迹。见在线补充图S9.4。为了保持图的简洁，我仅列出了部分国家及部分可获取的数据序列。有兴趣的读者请见在线技术附录或WTID数据库以获取更完整的数据序列。

15. 诚然，若考虑资本收益，则前1%人群的收入占国民收入的比重将达到9%，因为瑞典的资本收益在1990~2010年是很高的。见在线技术附录。

16. WTID数据库中的所有其他欧洲国家，即荷兰、瑞士、挪威、芬兰和葡萄牙，都与可观察到的欧洲大陆国家的演变特征相类似。请注意，我们拥有南欧国家的完整数据。西班牙的数据序列可追溯至1933年，这一年西班牙形成了所得税，但中间有几处数据中断。意大利的所得税于1923年形成，但完整的数据直到1974年才有。见在线技术附录。

17. 2000~2010年美国收入最高0.1%人群所占比重超过8%（不考虑资本利得）或12%（考虑资本利得），见在线技术附录。

18. 因此法国和日本的"前0.1%"人群的收入从全国平均收入水平的15倍上涨到25倍，而美国的"前0.1%"人群的收入从全国平均收入水平的20倍上涨到100倍。这几个数量级只是估计值，但可以让我们更直观地感受这一现象，并且将国民收入比重与经常被媒体引用的薪酬情况联系起来。

19. "前1%"人群的收入明显要低：根据定义，1%人群的收入占国民收入比重为10%，意味着这1%人群的平均收入比全国平均水平高出10倍（前

1%人群的收入占国民收入比重为20%,意味着这1%人群的平均收入比全国平均水平高出20倍,以此类推)。帕累托系数(我将在第十章介绍该系数)使我们能将前10%、前1%和前0.1%关联起来:在相对平等的国家(如20世纪70年代的瑞典),前0.1%人群的收入仅为前1%人群收入的两倍,所以,前0.1%的收入占国民收入的比重仅为前1%的收入所占比重的1/5。在高度不平等的国家(如2010年的美国),前0.1%人群收入是前1%的人群收入的4~5倍,前0.1%人群的收入占国民收入的比重为前1%人群的收入所占比重的40%或50%。

20. 取决于是否包括资本收益,见在线技术附录。

21. 详见表5.1。

22. 对于瑞典和丹麦的情况,我们发现在1900~1910年的有些年份,前1%人群的收入占国民收入比重达到25%,高于同期的英国、法国和德国(这些国家的最高水平接近22%或23%)。然而,受数据所限,我们很难断定这些差异是否重大。见在线技术附录。

23. 在拥有不同水平的收入构成数据(与上一章图8.3~图8.4,和图8.9~图8.10)展示的美国和法国数据相似的国家中,我们发现了类似的情况。

24. 采用年度数据序列绘制的曲线图,见在线补充图S9.6。其他国家的数据序列相似,并同样可见在线附录。

25. 图9.8仅展示了图9.7中4个欧洲国家的算术平均值。这4个欧洲国家很能代表欧洲的多样性,如果我们将其他有数据的北欧和南欧国家包含进来,或用每个国家的国民收入对均值进行加权,所得曲线也不会发生太大变化。

26. 有兴趣的读者可参考我和安东尼·阿特金森于2007年和2010年共同发表的23国案例研究: *Top Incomes over the Twentieth Century: A Contrast Between Continental European and English-Speaking Countries* (Oxford: Oxford University Press, 2007), and *Top Incomes: A Global Perspective* (Oxford: Oxford University Press, 2010)。

27. 严格地说,中国在1980年以前没有所得税,因而无法对中国在整个20世纪进程中的收入不平等演变情况加以研究(这里的数据序列从1986年开始)。在哥伦比亚,迄今为止我收集的税收记录仅能追溯到1993年,但所得税在此之前早就存在,我们最终完全有可能找到更早期的数据(历史税收记录档案在很多南美国家组织得十分混乱无序）。

28. 正在进行的项目清单可在 WTID 中获得。

29. 当数字税务档案可访问时，计算机化自然会带来信息源的改善。但若这些税务档案被拒绝访问或者索引效果不佳（这是经常发生的），那么纸质统计数据的缺乏将会损害我们对所得税数据的"历史记忆"。

30. 所得税越是接近纯粹的比例税，越是不需要各个收入层级的详细数据。在第四部分，我将讨论税制本身的变化。这里的观点是，这样的变化对我们的观察工具有影响。

31. 图 9.9 中 2010 年的数据是基于十分不完备的企业经理人报酬数据，因而只是初步的近似估计。见在线技术附录。

32. 见 Abhijit Banerjee and Thomas Piketty, "Top Indian Incomes, 1922~2000," *World Bank Economic Review* 19, no. 1 (May 2005): 1-20。同时请见 A. Banerjee and T. Piketty, "*Are the Rich Growing Richer?* Evidence from Indian Tax Data," in Angus Deaton and Valerie Kozel, eds., *Data and Dogma: The Great Indian Poverty Debate* (New Delhi: Macmillan India Ltd., 2005): 598-611。在 1990~2000 年 "黑洞"本身几乎占到了印度总体增长的一半：根据国民经济核算数据，人均收入每年增长 4%，但家庭调查数据却显示仅增长 2%，因而这一问题是很重要的。

33. 见在线技术附录。

34. 事实上，信息不对称情形下最优实验经济模型的主要结果（基本上是显而易见的结果），只要实验的成本是高昂的，则代理人（这里指公司）将没有兴趣去寻求完全信息（而且在做出最终选择前试验几个首席财务官的成本是高昂的），尤其是当该完全信息对公众的价值大于其对代理人的个人价值时。参考书目见在线技术附录。

35. 见 Marianne Bertrand and Sendhil Mullainathan, "Are CEOs Rewarded for Luck? The Ones without Principals Are," *Quarterly Journal of Economics* 116, no. 3 (2001), 901–932。也请见 Lucian Bebchuk and Jesse Fried, *Pay without Performance* (Cambridge, MA: Harvard University Press, 2004)。

第十章

1. 特别是，按收入层级划分的收入结构的数据也印证了这一发现。始于 19 世纪末期的数据也显现出同样的特征（德国、日本和几个北欧国家）。较穷国家和新兴国家的数据更为不完整，但也显现出类似的特征。见在线技术附录。

2. 见表 7.2。

3. 其他国家可获得的类似数据显示了一致的结果。比如，我们观察到，丹麦和挪威 19 世纪以来的变化与瑞典的演变轨迹非常接近。日本和德国的数据显示出的动态过程与法国也较为类似。最近对澳大利亚的一项研究显示出它与美国的结果是一致的。见在线技术附录。

4. 有关所使用数据资料的精准描述见 Thomas Piketty, "On the Long-Run Evolution of Inheritance: France 1820–2050," Paris School of Economics, 2010 (a summary version appeared in the *Quarterly Journal of Economics*, 126, no. 3 (August 2011): 1071–131)。个人申报数据是与吉勒斯·波斯特尔维奈和让芬伦特·罗森塔尔一起从巴黎档案馆搜集整理的。我们也使用了之前在 the Enquête TRA 项目资助下就法国而搜集的报告资料，感谢其他研究者们的努力，特别是热罗姆·布尔迪厄、利昂内尔·科斯腾鲍姆和 Akiko Suwa-Eisenmann，见在线技术附录。

5. 对这些结果的详细分析，见 Thomas Piketty, Gilles Postel-Vinay, and Jean-Laurent Rosenthal, "Wealth Concentration in a Developing Economy: Paris and France, 1807–1994," *American Economic Review* 96, no. 1 (February 2006): 236–56。这里展示的是这些数据的更新版本。图 10.1 以及之后的图示主要关注 10 年期的平均值大小，这是为了集中关注长期演变特征。所有的年度数据都可在网上获得。

6. 图 10.1 以及之后图示中的前 10% 人群和前 1% 人群比重，都是以占全部私人财富比重进行的计算。但私人财富几乎构成了全部的国民财富，因而差别很小。

7. 这一方法被称为"死亡乘数法"（mortality multiplier）。要以各年龄组死亡率的倒数对每一个观测值进行调整：在 40 岁死去的人代表生者的数量要高于在 80 岁死去的人（必须要考虑按财富等级划分的死亡率差异）。这种方法于1900~1910年由法国和英国的经济学家和统计学家们开发出来［特别是B·马莱、M·J·塞莱斯、H·C·施特鲁特和J·C·斯塔普（Séaillès, H. C. Strutt, and J. C. Stamp）］并广泛应用于各类历史性研究之中。当我们拥有生者的财富调查数据或是年度财富税收数据（比如北欧国家，这种税收20世纪初就已存在，或是在法国我们可获得1990~2010年的财富税数据），我们就可以验证这种方法的有效性，并进一步改善有关死亡率差异的假定。有关这些方法论问题，见在线技术附录。

8. 详见在线技术附录，这一比例在1789年之前可能超过50%。

9. 有关这一问题，可见Jérôme Bourdieu, Gilles Postel-Vinay, and Akiko Suwa-Eisenmann, "Pourquoi la richesse ne s'est-elle pas diffusée avec la croissance? Le degré zéro de l'inégalité et son évolution en France: 1800–1940," *Histoire et mesure* 18, 1/2 (2003): 147–98。

10. 有关土地分配状况的有趣数据，见Roger S. Bagnall, "Landholding in Late Roman Egypt: The Distribution of Wealth," *Journal of Roman Studies* 82 (November 1992): 128–49。通过其他相关文献也可得到类似的结果，见在线技术附录。

11. 相关数目及技术细节详见在线技术附录。

12. 一些估算发现1800年左右美国前1%人群拥有国民财富总量的不到15%，但这些发现完全是由于选择的样本是自由个体，这明显是一个很有争议的选择。这里报告的结果是基于整体人口的（包括自由和不自由的个体）。见在线技术附录。

13. 见Willford I. King, *The Wealth and Income of the People of the United States* (New York: MacMillan, 1915)。他是威斯康星大学统计与经济学教授，他主要基于美国几个州的虽不完备但具有提示性的数据进行分析，并与欧洲的情况（基于普鲁士的税收统计资料）进行了比较，发现差距要比他最初预想的小得多。

14. 这些数字是基于美联储的官方调查得到的，可能有些低估（考虑到估计高额财富的困难性）。前1%人群的财富比重可能已经达到了40%。见在线技术附录。

15. 图10.6中的欧洲均值是由法国、英国和瑞典等国的数字计算得来（这些国家看起来具有代表性)。见在线技术附录。

16. 对于地租,从古代到中世纪可获得的最早数据来看,每年收益率大约为5%。对于借款利息,我们在较早时期里会发现通常高于5%,大致在6%~8%的水平上,甚至有房产抵押也是这样。见 S. Homer and R. Sylla, *A History of Interest Rates* (New Brunswick, NJ: Rutgers University Press, 1996)。

17. 如果资本收益率高于时间偏好率,每个个体将倾向于减少现时消费、进行更多储蓄(由此资本存量将无节制增长,直到资本收益率降到与时间偏好率相当的水平上)。在相反的情形下,每个个体将出售自身的一部分资本存量,来增加现时消费(资本存量将逐步减少,直至资本收益率等于θ)。这两种情形下,我们都可以得到 $r=\theta$。

18. "无限期"模型意味着长远来看,储蓄的弹性是无穷大的,资本的供给弹性也是无穷大的,从而可以认为税收政策对资本供给没有影响。

19. 在标准的"无限期"模型中,均衡回报率由 $r=\theta+\gamma\times g$ 来表达。θ代表时间偏好率,γ为效用函数凹性的测度。通常的估计认为γ为1.5~2.5。举例来说,假设 $\theta=5\%$,$\gamma=2$,那么在 $g=0$ 时,$r=5\%$;在 $g=2\%$ 时,$r=9\%$。因而,当增长率从0上升到2%时,$r-g$ 的值就从5%上升到7%。见在线技术附录。

20. 法国有1/3的父母有两个孩子,1/2的父母只有一个孩子。

21. 注意:1807年拿破仑将长子继承制引入法国贵族阶层中,此后贵族名下的特定不动产流向长子的比重不断增长。仅有几千个人是与此相关的。另外,查理十世在1826年试图对其名下的财产恢复世袭继承制。这些朝着旧制度的倒退只影响到人口的一小部分,而且在1848年均被明确废除。

22. 见 Jens Beckert, *Inherited Wealth* (Princeton: Princeton University Press, 2008)。

23. 在理论上,依照民法典,女性财产分配享有和男性同等的权利。但是,一个妻子很难按照自己认为合适的方式自由处置自己的财产:在开办和管理银行账户、出售财产等方面的不对称模式,直到20世纪70年代才完全消失。因此在实际运行中,新法律支持(男性)一家之长:年轻的儿子和年长儿子同权,而女儿要排在后面。见在线技术附录。

24. 见 Pierre Rosanvallon, *La société des égaux* (Paris: Le Seuil, 2011), 50。

25. 将帕累托系数和 $r-g$ 关联起来的等式已在在线技术附录中给出。

26. 显然，这意味着 $r>g$ 的逻辑机制并非唯一的作用因素。这一模型及相关测算只是对现实的一种简化，而不是要识别出每一种机制在其中扮演的具体角色（不同方向的力量可能会相互制衡）。然而，它确实展现出，$r>g$ 的逻辑机制自身已经能够充分解释可观察到的财富集中水平。见在线技术附录。

27. 瑞典的情形比较有意思，因为它融合了似乎相互制衡的多种对立的作用力：第一，在 19 世纪和 20 世纪早期，瑞典的资本/收入比要比法国和英国低（土地的价值更低，部分国内资本为外国人所有——从这一层面上讲，瑞典与加拿大类似）；第二，直到 19 世纪末，长子继承制还在发挥作用，而一些关于巨额王室财富的限定继承权持续至今。最后，1900~1910 年，瑞典的财富集中度要低于英国，与法国的水平相近。见图 10.1~图 10.4，见亨利·奥尔松，杰斯珀·罗伊内和丹尼尔·沃登斯通的作品。

28. 需要注意的是，图 10.10 中给出的资本纯收益率应该被视作最小值，而在 19 世纪的英国和法国，可观察到的平均收益率高达 6%~7%（详见第六章）。

29. 幸运的是，猫妈妈杜翠丝和它的小猫们最终见到了托马斯·欧马利，这是一只野猫，它们发现它的朴实纯真比艺术课程有趣多了（这有点像杰克·道森在两年后，即 1912 年在"泰坦尼克"号上遇到了年轻的罗丝的情形）。

30. 有关帕累托所用数据的分析，见 *Les hauts revenus en France au 20e siècle: Inégalités et redistribution 1901–1998* (Paris: Grasset, 2001), 527–30.

31. 详见在线技术附录。

32. 理解帕累托系数的最简单方式是使用"倒系数"，其实际值为 1.5~3.5。1.5 的倒系数意味着高于特定阈值的平均收入或财富是阈值水平的 1.5 倍（对于任一给定的阈值来说，拥有高于 100 万欧元财产的个体，平均拥有 150 万欧元的价值），这是一个相对较低的不平等水平（只有很少量的巨富个体）。相反，3.5 的倒系数则代表了很高的不平等水平。理解幂函数的另一种方式如下：一个 1.5 左右的倒系数意味着，平均来讲，前 0.1% 人群的富裕程度仅仅是前 1% 人群的两倍（最富有的前 0.01% 和前 0.1% 群体的关系也类似），相反，3.5 左右的倒系数意味着大概是 5 倍的富裕程度。所有这些在线技术附录均有解释。对于 WTID 数据库中不同国家在 20 世纪里帕累托系数的历史演变图示，见 Anthony B. Atkinson, Thomas Piketty, and Emmanuel Saez, "Top Incomes in the Long Run of History," *Journal of Economic Literature* 49, no. 1

(2011): 3–71。

33. 即，如果社会年平均工资为 2.4 万欧元（每个月 2 000 欧元），他们大约会有 200 万~250 万欧元的年收入。见在线技术附录。

34. 巴黎的不动产（当时主要以完全自有的建筑物为主，而不是公寓住宅）并不是中等富裕人群可以拥有的，这一人群也是仍旧关联乡村不动产（主要包括农地）的唯一群体。比如赛查·皮罗托，他自视英勇而富有远见，拒绝了他的妻子关于在卢瓦尔河谷投资良田的建议，他认为这种投资过于保守——这真是他的不幸啊。见在线补充表S10.4。有关表 10.1 的更详细版本，显示出 1872~1912 年外国资产的飞速增长，尤其是在最富人群的大额投资组合中。

35. 民族团结税，由 1945 年 8 月 15 日的法令创立，是针对截至 1945 年 6 月 4 日的所有财富的一种特别征税，对最高财富的税率达到 20%；同时对 1940~1945 年财富所有名义增长的部分进行特别征税，对最高财富的税率达到 100%。实践中，考虑到战争期间的超高通胀率（在 1940~1945 年价格增加了两倍多），这相当于对在战争中没有完全毁灭的任何人，全部进行征税。如安德烈·菲利普（他是戴高乐将军临时政府的社会党成员）承认的那样，这一税收必须对"那些没有变得更为富裕的人们，甚至是在名义上变得更穷的人们"予以公平的权重，虽然在这一意义上，他们的财富增长没有实现与整体价格同等涨幅，但法国有这么多人失去了一切的情况下，他们仍保存了自己的所有财富。详见 André Siegfried, *L'Année Politique 1944–1945* (Paris: Editions du Grand Siècle, 1946), 159。

36. 详见在线技术附录。

37. 具体见 *Les hauts revenus en France*, 396–403，或者参阅 Piketty, "Income Inequality in France, 1901–1998," *Journal of Political Economy* 111, no. 5 (2003): 1004–42。

38. 见 Fabien Dell, "L'allemagne inégale: Inégalités de revenus et de patrimoine en Allemagne, dynamique d'accumulation du capital et taxation de Bismarck à Schröder 1870–2005" Ph.D. thesis, Paris School of Economics, 2008 中的模拟结果。也可见 F. Dell, "Top Incomes in Germany and Switzerland Over over the Twentieth Century," *Journal of the European Economic Association* 3, no. 2/3 (2005): 412–21。

第十一章

1. 我在此将盗窃和劫掠排除在外,尽管这些在历史上也是获取财富的重要手段。对自然资源的私人占有将在下一章中讨论。

2. 为了将重点放在长期趋势上,在此采用了每 10 年的平均数。年度序列可在网上查看。有关数据技术和方法细节,请参考 Thomas Piketty, "On the Long-Run Evolution of Inheritance: France 1820–2050," Paris School of Economics, 2010;文章概述见 *Quarterly Journal of Economics* 126, no. 3 (August 2011): 1071–131。也可见在线技术附录。

3. 接下来的讨论可能要比此前的讨论更加技术化一些(但对于理解演变现象背后的规律是必要的),读者或许可以选择跳过这几页,直接去看关于 21 世纪影响和状态的部分,这部分可在"伏脱冷的教导"和"拉斯蒂涅的困境"中找到。

4. 在此 μ 值经过了馈赠的调整(见下文论述)。

5. 换言之,每年每 50 个老年人中有 1 人去世,由于未成年人所拥有的资本较少,因此最好还是用成年人死亡率(μ 值也是仅仅针对成年人)。在此就有必要考虑用未成年人财富进行轻微调整。见在线技术附录。

6. 有关本议题,见 Jens Beckert, trans. Thomas Dunlop, *Inherited Wealth* (Princeton: Princeton University Press, 2008), 291。

7. 贝克从来没有明确表示说,人力资本的提升会削减继承财富的重要性,但其著述中经常隐含着这样的观点。尤其是,他不止一次地指出,随着教育的增加(并未具体论述),社会变得更为"精英主义"。贝克还设计了理论模型,父母可以像把财富传给相对贫穷的后人那样也把人力资本传给能力稍弱的后代,由此降低社会不平等。鉴于继承财富总是高度集中(排名前 1% 的人总是能拥有继承财富总额的 60% 以上,而处于弱势的半数人群总是一无所获),因此这种在富裕兄弟姊妹之间的水平财富平均化分配几乎不会产生任何实质作用(此外也没有相关数据说明这点,贝克也没有采用任何的证据)。见在线技术附录。

8. 在两次世界大战时期是例外,但由于我在此采用的数据是以 10 年为单位,因此并未反映出来。年度序列请见在线技术附录。

9. 20世纪40年代至21世纪第二个10年初，法国每年新生人口的数量约为80万（实际上是在75万至85万之间波动，其中并无向上或向下的趋势），根据官方预测，这样的规模将在21世纪继续保持下去。19世纪时每年的新生人口大约是100万，但当时婴儿死亡率也很高，因此各年龄段人口比例从18世纪开始并无太大变化，除了战争时期因人口大量伤亡以及两次世界大战之间的人口出生率下降。见在线技术附录。

10. 1880~1910年，不动产转移理论在欧洲特别流行，当时阿尔伯特·德·福维尔（Albert de Foville）、克莱蒙·高尔森（Clément Colson）以及皮埃尔·艾弥尔·勒瓦瑟（Pierre Emile Levasseur）等人欣喜地发现，国家财富（通过财产调查得出的数字）大约是年度继承财富的30倍。这种方法被称为"财产乘数"，英国的吉芬等也在采用，尽管当时由于英国的财产税数据有限，因此这些英国经济学家一般依据进税制体系的资本所得税流来推算。

11. 在实践中同样的金融产品通常包含着两种财富（显示了储蓄者的综合动机）。在法国，人寿保单通常有部分资金可以留给后人，但一般比年金支付要少（年金随着持有者的死亡就会结束）。在英国和美国，退休基金和养老金计划越来越多地开始含有可转移部分。

12. 用常见的谚语来说，公共养老金就是"无财者的财富"，在本书十三章中还将比较各不同养老金体系的优劣。

13. 有关这方面的详细数据，请见Piketty, "On the Long-Run Evolution of Inheritance"。

14. 详细年度数据可在线查阅。

15. 严格来说，这些估算都未经不同死亡率的调整（这是因为有钱人一般死得晚），这并不能解释极为重要的现象，但这不是这里所描述的状况。见在线技术附录。

16. 1980~2100年的年均经济增长率就是1.7%。资本收益率是3%的预测是有前提的，即资本收入比重还将继续保持在1980~2010年的水平且现有的税收体系保持不变。见在线技术附录。

17. 有关其他假设和情况分析请见在线技术附录。

18. "储蓄率会随着收入和初始财富增加而提高"：如果某人收入提高或不用支付租金了或两者兼而有之，那么可供储蓄的资金就越多。"个人行为的各种变化"：比如说，某些人喜欢财富，而有些人则喜欢汽车或歌剧。

19. 例如在给定的收入水平，有无子女并不会对储蓄率产生影响。

20. 如果把进入养老金和医疗保险的国民收入扣除，那么工资增速可能还要低。

21. 这些模拟主要是为了重现各年龄阶段的财富状况演变（基于宏观经济和人口数据），如果要想对这些模拟有更加精确的了解，请见在线技术附录。

22. 更精确来说，当增速下滑，$\mu \times m$ 的结果会趋近于 $1/H$，而不论人均寿命如何。假如资本/收入比 β 是 600%~700%，这或许可解释为何继承额会回到 β/H，即 20%~25% 的水平。因此 19 世纪经济学家所得出的"不动产转移率"在低速增长的社会中是可以成立的。见在线技术附录。

23. 现实情况要略为复杂，因为总有继承者会消费掉其继承的部分财富。但我们是将财富所产生的所有收入都计算在继承财富内（在继承人财富范围内，如果完全将继承资本化，包括继承者消费的财富，例如继承者住在继承房屋里而不用支付房租，那么显然得出的结果会超过总财富）。见在线附录查看不同的定义。

24. 特别是，当我们说继承财富相当于可支配收入的 20%，这显然不是说每个人每年都可通过遗产或赠予获得 20% 的额外可支配收入。这意味着在某人生命的某个时刻（尤其是双亲离世或在接到重大赠予时），大笔财富得以转交，这可能相当于若干年的收入，由此按平均算来这些遗产和馈赠占了家庭可支配收入的 20%。

25. 替代收入（退休金以及失业救济金）也包括在劳动收入里面，见第二部分。

26. 所有资源都按在 50 岁时资本化测算，但如果对不同资源使用相同的资本收益率，那么参考年纪对于计算继承财富和劳动财富在财富总额中的比重就不再重要。有关资本收益率不平等的问题将在下一章中讨论。

27. 关于这些不同率之间关系的全面分析，请参考在线技术附录。继承额（国民收入的 20%~25%）与资本收入（通常是国民收入的 25%~35%）有时接近，这应视为由于具体人口和技术参数导致的巧合（继承额 b_y=β/H 取决于资本/收入比以及代际年龄差，而资本收入比例 α 则取决于生产函数）。

28. 一般而言，收入最低的一半人群所挣到的收入额是收入总额的 30%

(见表7.1),因此平均看个人的工资水平大概是平均工资的60%(或是人均国民收入的40%~50%,考虑到劳动收入一般占国民收入的65%~75%)。举例来说,工资最低的5%人群的薪资水平是最低工资的1~1.5倍,年均收入1.5万欧元(平均每个月1 250欧元),而目前人均国民收入大概是3万欧元。

29. 如果工资最高的1%人口的薪资之和占社会工资总额的6%~7%,那么每个人的工资就应该是平均工资的6~7倍,或工资最少一半人口平均工资的10~12倍。见第七章和第八章。

30. 即使是看最富有的10%或0.1%的人而不是1%(当然我认为是最重要的样本),变化情况也如图11.10所示。见在线补充图S11.9和图S11.10。

31. 从定义上看,如果拿今天的法国作为例子,那就是5 000万成年人中的50万人。

32. 继承财富总额与19世纪水平相比并无明显下降,但如果现在仅通过继承财富而不工作就想过上超过"低等阶层"生活水准几十倍的生活,显然不像以前那么容易了。

33. 在18和19世纪以及21世纪大约是大3倍(劳动收入大约占全部资源的3/4,而来自继承的财富占1/4),在20世纪大概是大10倍(劳动收入占全部资源的9/10,继承财富占1/10,见图11.9)。

34. 在18和19世纪以及21世纪大约是大3倍,在20世纪大概是大10倍,在0.1%或10%最富人群中也是如此。

35. 见在线技术性附录中关于食利者超过经理人(以及相反情况)不同分布的数学说明。

36. 在19世纪,继承财富榜上前1%的人群享受着高于底层50%人群25~30倍的生活水准(见图11.10),其收入也是人均国民收入的12~15倍。而最顶尖0.1%人群的生活水准还要再高出5倍(见第十章对帕累托系数的论述),或大约是平均收入的60~75倍。巴尔扎克和奥斯汀所选择的上流社会门槛是平均收入的20~30倍,这大约是继承财富榜上排名最前的0.5%人群(1820~1830年法国成年人口为2 000万,上流社会约10万人;1800~1810年英国成年人口大约1 000万,上流社会大约5万人)。因此巴尔扎克和奥斯汀的小说都不缺主人公。

37. 在19世纪,工资收入最高的1%人群的生活标准是底层50%人群的

10 倍（见图 11.10），或平均收入的 5 倍。只有处于工资收入顶端 0.01% 的人群（2 000 万人里只有 2 000 人）才能挣到超过平均 20~30 倍的收入。因此伏脱冷说，在整个巴黎，大概只有 5 名律师的收入能超过 5 万法郎（即平均收入的 100 倍），他或许并没有说假话。见在线技术附录。

38. 如在第二章，在此所述的平均收入是人均国民收入。1810~1820 年，法国的人均年收入是 400~500 法郎，在巴黎大概略高于 500 法郎。底层公务员的工资大概是平均收入的 1/3~1/2。

39. 在第二章中提到过，在 19 世纪和 1914 年之前，1 英镑约合 25 法郎。

40. 在此前 30 年，约在 18 世纪 70 年代，不是曾有乔治三世的近侍对巴里·林登说，任何拥有 3 万英镑的人都应被授勋为骑士？雷蒙德·巴里在刚刚从军时，一年的薪水才 15 英镑（每天 1 先令），1750~1760 年时英国平均收入是这两倍不止。因此其不择手段也不是偶然的。后来著名导演斯坦利·库布里克将这部 19 世纪的英国小说搬上银幕，但导演对当时财富的精确概念和奥斯汀是完全相同的。

41. 见简·奥斯汀《理智与情感》原著。

42. 见简·奥斯汀《理智与情感》原著。

43. 他的尖刻最终说服了拉斯蒂涅，他在小说《纽沁根银行》中就开始与德尔芬的丈夫交易，意图借此染指 40 万法郎的财富。

44. 1788 年 10 月，当他行将离开诺曼底时，扬写道："现在的欧洲生活是如此令人着迷，如果某家一年能有 1.5 万~2 万金券的收入，那么这种生活与年轻旅行者所向往的生活也就相差无几了。"见 Arthur Young, *Travels in 1787, 1788, 1789*, pub. 1792, 后再版为 *Arthur Young's Travels in France* (Cambridge: Cambridge University Press, 2012, 145)。他这里所指的金券是法郎的前身，该数额大约相当于 700~900 英镑，即当时英法平均收入的 30~50 倍。后来他描写得更加具体：如果有这样的收入水平，那么就可以有 "6~8 个仆人、5 个女佣、8 匹马、一个花园以及正餐餐桌"。与此相对，如果只有 6 000~8 000 金券，那就只能有 "2 个仆人和 3 匹马"。注意当时牲畜是重要的资本形式和开销项。1789 年 11 月，扬在土伦地区将自己的坐骑卖掉，卖了 600 金券（约相当于普通佣人 4 年的平均收入）。这价格是当时的正常价格。见在线技术附录。

45. 迈克尔·扬在《精英统治的崛起》（*The Rise of Meritocracy*, London:

Thames and Hudson, 1958）中表达了这种担忧。

46. 有关公务员工资水平的讨论引发了当时的冲突。1792年，革命党人确立了公务员最高工资不得超过平均工资的8倍（最终到了1948年才正式确立为制度，但随后又马上推行了透明度极低的对高级公务员的奖金制度来绕过了这条限额，对最高级别公务员的奖金制度延续到了今天）。拿破仑创建了数量不多的工资很高的职位，这部分人非常少，因此1831年梯也尔政府上台之后也不想去削减这部分人的工资（"这大约300万资金是否要给地方首领和驻外使节决定了我们是要享受帝国的荣耀还是要追求美国式的清贫，"他曾在演讲中提到）。当时美国最高级别公务员的工资水平要比法国低许多，这也引起了托克维尔的注意，他认为这充分表明了美国民主精神深入人心。尽管出现了各种波折，但这部分最高公务员的工资还是延续到了第一次世界大战（随后蜕变为食利者）。有关这些变化，请见在线技术附录。

47. 见Piketty, *Les hauts revenus en France*, 530。

48. 这样的争论不顾有效需求而是主张奢华和炫耀性消费是有价值的。托斯丹·邦德·凡勃伦（Thorstein Veblen）在《有闲阶级论》中就有论述：平等主义的美国梦想已离我们远去。

49. 见Michèle Lamont, *Money, Morals and Manners: The Culture of the French and the American Upper-Middle Class* (Chicago: University of Chicago Press, 1992)。拉蒙特所采访人士的财富显然要高于90%~95%的人群（甚至是高于98%~99%的人群），而不是仅仅高于60%~70%的人群。也可见J. Naudet, *Entrer dans l'élite: Parcours de réussite en France, aux États-Unis et en Inde* (Paris: Presses Universitaires de France, 2012)。

50. 为避免将情况描绘得过于悲观，图11.9~图11.11仅仅显示了最可能出现情形下的情况。其他情形下的状况更加令人担忧，读者如有兴趣可在线查看（补充图S11.9~图S11.11）。财税体系的变化可解释为何继承财产占财富的比重会超过19世纪的水平，而继承额占国民收入的比重却不会超过。如今的劳动收入征税很高（平均是30%，这还不算养老金和失业保险支出），而继承财富的平均有效税率只有5%（尽管继承财富在享受转移支付时与劳动收入并无差别，例如用税款来支付的教育、医疗和安全服务等）。第四部分将讨论财税问题。

51. 这大概与奥斯汀笔下3万英镑的庄园地产价值相等，当时人均年收入大约是 30 英镑。

52.《绝望主妇》第四季中也有在巴哈马隐匿资产的情节（卡洛斯·索利斯必须要拿回 1 000 万美元，这导致了他与妻子之间无尽的纠葛），尽管这电视剧对现实极尽粉饰，因此并无严肃思考社会不公正之意，美国电视剧严肃的时刻通常是一小撮生态恐怖分子要破坏现行秩序时或精神分裂的少数族裔要设计惊天阴谋时。

53. 第十三章中将对此有专门论述。

54. 如果情况如另外的情形假设，那么比例就会超过 25%。见在线补充图 S11.11。

55. 与莫迪利亚尼、贝克和帕森斯等人的社会经济学理论相比，涂尔干在《社会分工论》（1893 年）中所提出的基本上是关于遗产终结的政治理论。尽管其预测并不比其他理论更精确，但这是或许因为 20 世纪的战争将问题推到了 21 世纪。

56. 见 Mario Draghi, *Le Monde*, July 22, 2012。

57. 在此我不是说要低估税收问题的严重性，但我不想说这是 21 世纪欧洲或全球资本主义面临的最重要问题。

58. 在法国波旁王朝复辟之后，只有不到 1% 的男性公民有投票权（1 000 万人中有 9 万投票者）；在七月王朝时该比例上升至 2%。而对于担任公职所需的财产要求则更加严格：仅有不到 0.2% 的男性公民可以满足条件。在 1793 年全体男性投票不过是昙花一现，男性投票权要到 1848 年之后才得以确立。1831 年之前，英国也只有不到 2% 的男性公民拥有投票权。在经过了 1831 年、1867 年、1884 年以及 1918 年的政治改革之后，英国对投票权的财产要求才逐渐取消。

59. 德国的数据来自 Christoph Schinke, "Inheritance in Germany 1911 to 2009: A Mortality Multiplier Approach," Master's thesis, Paris School of Economics, 2012，见在线技术附录。

60. 英国的继承额稍小（20%~21% 而非 23%~24%），但这应是基于会计流量而非经济流量，因此可能过于偏低。英国数据来自 Anthony Atkinson, "Wealth and Inheritance in Britain from 1896 to the Present," London School of Economics, 2012。

61. 如果在全球层面发生这样的情况，全球资本收益率可能会出现下降，而更多的生命周期财富可能会部分加入可传承财富（这是因为较低资本回报会打击可传承财富的积累而不是生命周期财富的累积）。在第十二章中还将继续论述该问题。

62. 有关本议题可参考 Anne Gotman, *Dilapidation et prodigalité* (Paris: Nathan, 1995)，这是在对富人的采访基础上所写成的。

63. 具体而言，莫迪利亚尼并未将继承财富的资本化收入考虑在内，而科特利克夫和萨默斯则将资本化的继承收入考虑在内（尽管资本化的继承收入超过了继承者的实际财富），但这也是不正确的。见在线技术附录以查看具体分析。

第十二章

1. 此前曾提到，如果按购买力评价测算，2012~2013 年全球国内生产总值大概是 85 万亿美元（折合 70 万亿欧元），按照我对私人财富的估算（房地产、企业以及金融资产再减去负债）大约相当于 4 年国内生产总值，即 340 万亿美元（折合 280 万亿欧元），请见第一章和第六章以及见在线技术附录。

2. 同期年通胀率约为 2%~2.5%（如以欧元计算则比以美元计算稍低），所有详细数据都可见在线技术附录。

3. 如果按全球全部人口测算平均值（包括儿童和成年人），在 1987~2013 年全球总人口的增长率要低于全球成年人口的增长率（年均增长率分别为 1.3% 与 1.9%），那么所有增速都上升，但其中的差距保持不变。见第一章以及在线技术附录。

4. 见在线技术附录，以及在线补充表 S12.1。

5. 举例来说，如果我们假设在 1987~2013 年看到的最富的 1/20 000 000 人口与平均值的增速依然保持，那么在 2013 年财富榜上的 1 400 名财富超过 10 亿美元的人（大约是 3/1 000 000）的财富额将从财富总额的 1.5% 提高到 2050 年的 7.2% 以及 2100 年的 59.6%。

6. 美国、法国、英国和德国其他杂志所发布的财富排行榜可能要比《福布斯》的全球财富榜更加深入些，因此在某些情况下，这些财富榜上富豪的总财富会占到该国全部财富的 2%~3%。见在线技术附录。

7. 在媒体报道中，亿万富豪的财富有时会被表述为全球产出的份额（或与某些国家经济总量的比较，这总会产生令人震惊的效果）。这比起将巨额财富与全球资本存量比较要靠谱些。

8. 这些报告很大程度上依靠James B. Davies, Susanna Sandström, Anthony Shorrocks, and Edward N. Wolff, "The Level and Distribution of Global Household Wealth," *Economic Journal* 121, no. 551 (March 2011): 223–54，以及第十章中所列的数据。见在线技术附录。

9. 一般而言，用来估算财富分配的数据（各国数据）都会有几年的历史，此外也完全靠国别数据或类似来源进行更新。见在线技术附录。

10. 例如法国媒体长年累月都在宣称，大量资本正逃离法国（但缺乏翔实数据支撑而只是找些所谓典型案例），但从2010年秋天开始，瑞信的年度财富报告推翻了这种成见。瑞信的报告指出，法国现在是欧洲财富领头羊，百万富翁居民数量目前在世界上排名第三（仅次于美国和日本，而高于英国和德国）。从这个案例看，财富报告的信息看上去是正确的（因为可以通过现有的数据验证），尽管瑞信的方法可能夸大了法国和德国的差距。具体请见在线技术附录。

11. 见在线技术附录。

12. 在全球收入分布上面，排名最靠前的1%富人的财富飙升（有些国家并未发生）并未阻止全球基尼系数的下降（当然有些国家衡量贫富差距的方法可能值得商榷，例如中国）。由于全球财富分布越来越集中于顶层富人，那么最富1%人群财富比重的增加可能会带来更深远的影响。见在线技术附录。

13. 1/100 000 000的超级富豪（450亿人中的450人）的平均财富大约是5 000万欧元，大概是全球人均财富的1 000倍，这些人占全球财富总额的比例大约是10%。

14. 比尔·盖茨在1995~2007年始终占据《福布斯》财富榜榜首，2008~2009年沃伦·巴菲特荣登榜首，2010~2013年卡洛斯·斯利姆成为《福布斯》榜上首富。

15. 最初，1907年的染发剂被命名为"光晕"，这是因为当时盛行的一款发型色似日晕。在这项发明的基础上，1909年创立了无害染发剂公司，这家公司后来创立了许多品牌（例如1920年的Monsavon）并在1936年变成了欧莱雅集团。这与巴尔扎克笔下的赛查·皮罗托发家史有着惊人的相似之处，因为皮罗托也是因为在 19 世纪初发明了 L'Eau Carminative 和 La Pâte des Sultanes 而致富。

16. 如果拥有 100 亿欧元的资本，每年只要有 0.1% 的收益就可获得 1 000 万欧元的收入。如果资本收益率为 5%，那么 98% 的资本就可储蓄下来；如果收益率是 10%，那么 99% 的资本都可储蓄下来。无论如何，消费都是无足轻重的。

17. 见 Honoré de Balzac, *Le père Goriot* (Paris: Livre de Poche, 1983), 105–9。

18. 在《挑战》杂志的财富榜上，5 000 万~5 亿欧元区间的财富显得太少，尤其是与相同等级财富中的财产税申报相较（因为大部分经营资本是无须缴纳财产税的，因此不会反映在统计数据中）。这可能是因为《挑战》杂志并不考虑多元化财富。确实如此，两方面的数据都出于不同的原因而低估了大额财富的真实数字：《挑战》的数据高估了经营资本，而财税数据则低估了经营资本，而两种途径的估算都有片面以及定义模糊的缺点。普通公众通常感觉无所适从，总觉得无法清晰了解财富问题。见在线技术附录。

19. 从概念上说，很难界定继承财富的正常收益率应该是多少。在第十一章中，我对所有财富都采用了相同的平均资本收益率，这必然会让利利亚纳·贝当古看上去是部分继承者（因为其资本收益率较高），至少比史蒂夫·乔布斯是部分继承者，尽管利利亚纳·贝当古是纯粹的继承者，而乔布斯则是继承财富的"培养者"。

20. 当前存在许多对斯利姆和盖茨这种极端化的评价，而且常常缺乏事实依据，例如 Daron Acemoglu and James A. Robinson, *Why Nations Fail: The Origins of Power, Prosperity, and Poverty* (New York: Crown Publishing, 2012), 34–41。作者的尖锐批评显得格外令人吃惊，因为作者并不是要真正讨论财富的理想化分布。这本书实际上是在为西方产权制度（这套源自英国、美国和法国革命的注重私权保护的体系）辩护（但对近期的社会机构以及财税制度却惜墨如金）。

21. 例如当时《挑战》杂志就在 2012 年 12 月 3 日期（总第 255 期）中报道称："1.8 亿欧元……与该公司首脑拉克希米·米塔尔的地产相比实在是小巫见大巫，米塔尔近期在伦敦买房的钱就是该数额的 3 倍。这位富豪最近购入了菲律宾使馆的旧址（价格7 000万英镑，折合8 600万欧元），这是给他女儿凡妮莎的宅邸。此前不久，他的儿子阿迪亚则获得了一幢价值1.17英镑（1.44亿欧元）的豪宅作为礼物。这两处房产位于号称'亿万富豪之乡'的金斯顿皇家花园区并毗邻米塔尔本人的豪奢宅邸。拉克希米·米塔尔的住宅号称是'世界上最贵的私人宅邸'，里面配有土耳其浴、钻石装饰的游泳池、与泰姬陵同源的大理石装饰以及专属奴仆的住房……总而言之，这三处房产的价值总和就是5.42亿欧元，恰好是其对弗洛朗热钢铁厂投资的三倍。"

22.《福布斯》财富榜采取了相当有意思的标准，但该标准又很难精确界定，即该财富榜会将那些通过"政治地位"积累的财富排除在外（例如英格兰女王）。但如果某人的财富是在掌权之前就获得了，那么他还是可以留在财富榜中：例如格鲁吉亚大亨毕齐纳·伊万尼舍维里（Bidzina Ivanishvili）就留在了2013年排行榜中，尽管他于2012年末当上了格鲁吉亚总理。他的财富被估算为50亿欧元，约合格鲁吉亚全国国内生产总值的1/4（格鲁吉亚国民财富的5%~10%）。

23. 美国高校基金会的总规模大约相当于美国国内生产总值的3%，基金会的资本回报约合美国国内生产总值的0.2%，这大约是美国教育投入的10%多一点儿。但对于捐赠最多和基金会规模最大的高校而言，这部分比例可以提高到30%~40%。此外这些基金会在高校治理中往往发挥了重要作用，因此其意义远远超越纯粹的财务重要性。见在线技术附录。

24. 这里所采用的数据主要来自于全美高校经营管理者协会的公开数据，以及哈佛大学、耶鲁大学、普林斯顿大学和其他高校发布的财务报告。见在线技术附录。

25. 有关各阶段的具体结果，请见在线技术附录及在线补充表S12.2。

26. 但请注意，这里资本收益率差别的原因主要在于，大部分私人财富拥有者都必须支付大量的税款：1980~2010年美国平均真实税前资本收益率约为5%。见在线技术附录。

27. 表12.2中所示的各资产规模区间的高校数量是按照2010年基金会的规模确定的，但为了让结果客观起见，各高校收益率排名是按照2011年的数据。所有详细数据都可在在线技术附录中的补充表S12.2中查到。

28. 如果投资者能做到在全世界选择优秀的地产项目，那么房地产投资可能会有超高的回报,这些地产项目包括写字楼、商业和住宅项目,通常规模和体量都很大。

29. 如果通过1980~2010年的数据看各高校投资收益排名,排名变化情况也不大。各高校基金会的名次大致不会变动。

30. 以哈佛大学为例,其年报显示,该校基金会在1990~2010年的年均投资收益率是10%,而每年新捐赠额仅仅是基金会规模的2%。因此加总净收入(包括投资回报和新捐赠)是每年12%;其中5%的回报用来支付大学的开销,而其他7%则可用来再投资。这使得基金会规模从1990年的50亿美元增长到了2010年的300亿美元,与此同时,哈佛大学还能每年开支相当于新捐赠额2.5倍的资金。

31. 但请注意,资产价格的上涨对年度收益的贡献率不到1个百分点,这与我在此所讨论收益率相比是无关紧要的,见在线技术附录。

32. 例如比尔·盖茨就掌握着比尔和梅琳达基金会,《福布斯》杂志就认为该基金会的资产应该算是盖茨的个人资产。一方面要把持基金会的控制权,一方面基金会的目的又是为了散财,这似乎存在矛盾。

33. 按法国奢侈品集团路易威登(LVMH)的主要持有人伯纳德·阿诺特的说法,他的比利时基金会既不是为了慈善也不是为了避税。基金会就是资产工具。"在我的五个子嗣和两位侄子之中,必然会有人能在我百年之后接手家族生意。"他说道。但他担心后代会产生资产纠纷,因此他将自己的资产放入了基金会,这样就不会有"分家"局面出现。"这就保证了在我死之后集团业务也能延续,哪怕这些继承者之间会有矛盾。"见 *Le Monde*, April 11, 2013。

34. 加布里埃尔·法克(Gabrielle Fack)与卡米尔·兰黛斯(Camille Landais)对美法两国这类改革的分析清晰表明了这点,见在线技术附录。

35. 要想了解对美国情况的不完全估计,请见在线技术附录。

36. 见第五章。

37. 在19世纪时情况更糟糕,至少在城市里是如此,尤其是在巴黎,在第一次世界大战之前大部分房舍都没有分割成公寓。因此要想买房就要富到可以购买整幢建筑。

38. 见第五章。

39. 1998~2012年的名义年均收益率只有5%。其实这不太适合与美国高校基金会的投资收益相比,因为 1998~2012 年的市场环境不如 1990~2010 年或 1980~2010 年那么好(可惜挪威主权财富基金的数据只能追溯到 1998 年),此外收益率较低也受到了挪威克朗升值的影响。

40. 按 2010 年人口普查数据,阿拉伯联合酋长国(其中阿布扎比是最大的酋长国)的本国居民略超 100 万(但有 700 万外国工人)。科威特的本国居民也差不多是这样的规模。卡塔尔有 30 万居民和 150 万外来人口。沙特阿拉伯则雇用了将近 1 000 万人口(本国居民约有 2 000 万人)。

41. 见在线技术附录。

42. 此外还应考虑主权财富基金之外的公共非金融资产(公共建筑、学校和医院等)以及金融资产,并将公共债务减去。在发达国家,净公共财富平均不到私人财富额的 3%(在某些国家公共财富值甚至为负),因此这无损大局。见第三至五章的论述以及在线技术附录。

43. 如果将房地产和非上市公司资产排除在外,那么狭义意义上的金融资产在 2010 年大约占全球私人总财富的 1/4~1/3,即相当于全球生产总值一年或一年半的量(而不是 4 年)。因此主权财富基金拥有全球金融资产的 5%。这里我所说的是家庭和政府部门拥有的净金融资产。如果算上各国内部以及各国之间金融和非金融公司的交叉持股,那么总的金融资产应该远远超过全球 3 年的生产总值。见在线技术附录。

44. 自然资源的租金在 20 世纪 70 年代中至 80 年代中超过了全球生产总值的 5%,见在线技术附录。

45. 我的假设隐含包括了中国的公私部门长期储蓄率(也包括其他地方)。我们无法预测公共财产(尤其是主权财富基金)与私人财产之间的关系。

46. 无论如何,这种租金转换的透明过程(从石油租金转向多元资本租金)显示:资本在历史上有许多形态(土地、石油、金融资产、产业资本以及不动产等),但其内在的逻辑并未变更或至少不如人们所料想的那样变化迅速。

47. 在现收现付养老金体系中,当前工人支付的养老金会直接用来给退休人员付退休金。有关本议题的论述,请见第十三章。

48. 大约是欧美资本的 1/4~1/3(或者更多,根据不同的前提)。见在线技术附录。

49. 石油输出国的垄断也可看成是寡头垄断,因为石油租金也是集中于少数人之手，这些人也可通过主权财富基金来维系大量的财富积累。

50. 2012~2013年欧盟的生产总值差不多是15万亿欧元，按购买力平价计算，中国的生产总值大约是10万亿欧元（如果按现行汇率测算就是6万亿欧元，按现行汇率测算是比较国际金融资产更好的方法）。见第一章，中国的外汇资产净额正迅速增长，但与发达国家的私人财富总额相比还是很小。见在线技术附录。

51. 见Aurélie Sotura, "Les étrangers font-ils monter les prix de l'immobilier? Estimation à partir de la base de la chambre des Notaires de Paris, 1993–2008," Paris, Ecoles des Hautes Etudes en Sciences Social and Paris School of Economics, 2011。

52. 见图5.7。

53. 表12.6的"富裕国家"包括日本、欧洲和美国，如果再加上加拿大和大洋洲国家，那么情况也不会有太多变化。见在线技术附录。

54. 见第三至五章。

55. 或者相当于全球净金融资产总额的7%~8%（如上）。

56. 在线技术附录中有较高预测，这是2012年詹姆斯·亨利在"税收公平网"上发表的研究结果，以及由罗内·帕兰（Ronen Palan）、理查德·墨菲（Richard Murphy）和克里斯蒂安·肖瓦民奥（Christian Chavagneux）在2010年发表的估测。

57. 图12.6的数据来自Gabriel Zucman, "The Missing Wealth of Nations: Are Europe and the U.S. Net Debtors or Net Creditors?", *Quarterly Journal of Economics* 128, no. 3 (2013): 1321–64。

58. 按罗伊内（Roine）和沃登斯通（Waldenström）的估计，如果算上境外持有的资产（根据瑞士国际收支平衡的误差估测），那么在某些假定条件下，可以看到瑞士最富的1%人群的财富水平与美国最富的1%人群的财富水平相当（美国富人的财富也在增长）。见在线技术附录。

第十三章

1. 按惯常用法，这里的税收收入包括所有的税款、缴费、社保缴费和其他按法律必须强制缴纳的款项。不同付款之间的区别，尤其是纳税和社保缴费之间的差别,其实是相当模糊的,在不同国家也有不同的含义。为了历史和国际比较方便起见,有必要将所有交给政府的钱都算在里面,无论是国税、地税,还是市政税或其他费用(例如社会保障等)。为简化讨论,我经常会用"税款"来代指所有税费,除非另有说明。见在线技术附录。

2. 军费开支通常占国民收入的至少2%~3%,如果某国的军事活动活跃,那么比重还会更高(例如在美国,美国有超过4%的国民收入都用于军费),另外如果某国觉得自身安全或财产遭受威胁时也会增加军费(沙特阿拉伯和海湾国家的军费开支占国民收入的比重超过10%)。

3. 医疗和教育预算在19世纪时通常占国民收入的1%~2%以下。要想了解18世纪医疗教育等社会服务支出的缓慢变化以及20世纪的突飞猛进,请见P. Lindert, *Growing Public: Social Spending and Economic Growth since the Eighteenth Century* (Cambridge: Cambridge University Press, 2004)。

4. 请注意,强制缴费份额在此表示为国民收入的某比例(除掉资本贬值10%后,国民收入基本上是国内生产总值的90%左右)。这对我而言是合适的方法(见第一章)。如果要看缴费与国内生产总值的比例,那么该比例应该是比占国民收入比例小10%(例如占国内生产总值45%,占国民收入50%)。

5. 若干百分点的差异可能是完全由于统计差异,但如果差异是5~10个百分点,那么差异可能是真实的并代表着各国政府所扮演角色的不同。

6. 在英国,20世纪80年代时税收占国民收入的比重下降了若干个百分点,这显示着撒切尔时代的政府缩减,但在随后1990~2000年又重新回升,因为新的政府又开始加大对公共服务的投资。在法国,政府收入比重上升更持久,1970~1980年间还在增长并直到1985~1990年间才稳定下来。见在线技术附录。

7. 为了突出长期趋势,我在此使用了十年平均数。税率的年度曲线包含着各种周期变动,这些都是临时性的变动而不具有实际意义。见在线技术附录。

8. 日本略高于美国(国民收入的32%~33%),加拿大、澳大利亚和新西兰的水平接近英国(35%~40%)。

9. 在我看来,"社会国家"一词更好地把握了各国目标的性质和多样性,因此要优于限定性较强的"福利国家"。

10. 见在线补充表S13.2,这对法国、德国、英国和美国在2000~2010年间的公共开支进行了详细比较。

11. 一般是教育占 5%~6%，而医疗占 8%~9%，见在线技术附录。

12. 建立于 1948 年的英国国民健康服务系统（NHS）现在成了英国的象征之一，曾在 2012 年伦敦奥运会开幕式上被当成与工业革命以及 20 世纪 60 年代的英国摇滚乐团具有相同地位的英国元素向全球展示。

13. 如果算上私人保险的成本，那么美国的医保系统是世界上最贵的（大约相当于国民收入的 20%，而欧洲只有 10%~12%），尽管还有许多美国人没有医疗保障，而美国居民的许多健康指标也不如欧洲。毫无疑问，覆盖全民的医保体系尽管存在着这样那样的缺陷，但从整体上说，其成本收益显然要优于美国系统。

14. 与此相对，对教育和医疗的开支减少了家庭的可支配收入（现今），这就解释了为何家庭可支配收入占国民收入比重从 20 世纪初的 90%下降到了现在 70%~80%。见第五章论述。

15. 有着最高领取额度的养老金体系是由英国的贝弗里奇构建的，因此常被称为贝弗里奇模式（在极端情况中就是每个人的退休金都一样），与贝弗里奇系统不同的有俾斯麦模式、北欧模式以及拉丁模式等，在这些模式下，大部分人的退休金都相当于其工资的一部分（法国几乎人人都有养老金，而最高领取额度也十分高，是平均工资的 8 倍，而大部分国家的最高限额都只有平均工资的两到三倍）。

16. 法国的社会福利体系尤其复杂，各类规则和机构让人疲于应付，因此在那些有资格获得工作福利（即所谓的就业团结收入，对工资较低的兼职工作的补贴）的人中，只有不到一半的人申请了这项补贴。

17. 欧美收入补贴系统的重大差别在于，美国的收入补贴总是会提供给那些有孩子的家庭。对于那些没有孩子的个人（尤其是年轻的黑人男性），美国通常对其提供"监狱式社会"服务而不是福利国家服务。2013 年，美国大约有 1%的成年人是在监狱里。这是世界上最高的入狱率（略高于俄罗斯而远高于中国）。对于黑人男性而言（所有年龄段），入狱率更是平均入狱率的 5 倍。见在线技术附录。美国福利体系的其他特征是使用食物券（其目的在于确保福利是用于购买食物而不是酒精甚至毒品），这其实与美国人所信奉的自由世界观是不相吻合的。其显示了美国社会对穷人的歧视，这似乎比欧洲更为厉害，或许是因为美国的贫穷歧视还混杂了种族歧视。

18. 如上所述，各国之间也存在差异。

19. "我们认为下面这些真理是不言而喻的：人人生而平等，造物者赋予他们若干不可剥夺的权利，其中包括生命权、自由权和追求幸福的权利。为了保障这些权利，人类才在他们之间建立政府，而政府之正当权力，是经被治理者的同意而产生的。"

20. 有关"社会福祉"的讨论汗牛充栋，关于本议题的探讨也超出本书的范围。但1789年《人权宣言》的起草者所明显表现出的信念是，他们并不认同由约翰·斯图亚特·密尔提出并获得无数经济学家认可的功利主义精神，即对个人效用或功利性的机械总和。（此外也假设实用性是呈凹面曲线分布的，即收入的增长会导致边际实用性的降低，因此应该将财富从富人转移到穷人受众以加强整体实用性。）这种对财富再分配的机械思考与大部分人对该问题的思考有出入。权利观念是最重要的，而不是实用观念。

21. 最弱势群体的定义应该是那些必须要面对超出其控制范畴的最不利因素的个人群体。在导致贫富悬殊的条件上，至少有部分条件是超乎这些人的控制范畴的，例如不平等的家族财富（包括继承以及文化资本等）以及运道（特殊的才能以及运气等），政府应该尽量降低这些因素导致的不平等。机会的不平等和条件的不平等往往是交互的（例如教育、医疗和收入即可算作是机会也可看成是条件）。罗尔斯对基本公共品的主张有助于驳斥这种浅薄的反对。

22. "社会和经济不平等……只有当有利于社会当中每个人时才具有正当性，尤其是当有利于社会中最弱势的群体之时。"见John Rawls, *A Theory of Justice* (Cambridge, MA: Belknap Press, 15)。

23. 马克·弗勒巴伊（Marc Fleurbaey）和约翰·勒默尔（John Roemer）最近对这些理论方式进行了拓展并开展了初步的数理应用。见在线技术性附录。

24. 尽管欧洲有共识，但国别之间的差距还是很大。例如欧洲最富裕和生产效率最高的国家通常税率也高（瑞典和丹麦的税收占国民收入的50%~60%），但在最贫穷和相对落后的欧洲国家，税率要低很多（保加利亚和罗马尼亚的税收收入占国民收入不到30%）。见在线技术附录。美国对此并无太大共识。大部分少数民族团体总是激烈反对所有联邦福利项目的合法性，这些团体实际上反对任何形式的社会福利项目。此外，在这种偏激的反对意见的背后似乎也有种族歧视的影子（典型案例就是奥巴马政府推行的医疗改革所引发的争议）。

25. 在美国和英国，即便经济增速较慢，社会国家也在蓬勃发展，这或许是因为当时英美民众有明显的失落感，感觉后面的国家正在追赶上来，因此有建设福利体系的紧迫感，详见前述（尤其是第二章）。

26. 根据安德斯·比约克隆（Anders Bjorklund）和阿诺·勒弗朗（Arnaud Lefranc）对瑞典和法国的分别研究，对于出生在1940~1950年间的人，代际联系与那些出生在1920~1930年间的人出现了略微下降，但随后在1960~1970年间出生人群中又有回升。见在线技术附录。

27. 要想衡量出生在20世纪人群的社会流动性是有可能的（尽管各国数据的精确程度以及可比程度不同），但要想衡量19世纪的代际流动性却很难，除了遗产继承部分（见第十一章）。但遗产继承问题与技术和劳动收入流动性问题是两个问题。后者才是兴趣所在且是代际流动性的重点。这些研究中的数据并不支持将资本收入的流动性分开考虑。

28. 相关系数在瑞典和芬兰是0.2~0.3，在美国是0.5~0.6，英国（0.4~0.5）与美国水平接近，但跟德国和法国（0.4）也相差不大。有关劳动收入代际相关系数的国际比较（经两种方法确认），请参考马库斯·延蒂（Markus Jantti）的研究。见在线技术附录。

29. 在哈佛读研究生的平均成本在2012~2013年是5.4万美元，包括住宿费用和其他费用（严格讲，学费是3.8万美元）。其他某些大学可能比哈佛还贵，因为哈佛毕竟还有着庞大的基金会（见第十二章）。

30. 见G. Duncan and R. Murnane, *Whither Opportunity? Rising Inequality, Schools, and Children's Life Chances* (New York: Russell Sage Foundation, 2011)。见在线技术附录。

31. 见Jonathan Meer and Harvey S. Rosen, "Altruism and the Child Cycle of Alumni Donations," *American Economic Journal: Economic Policy* 1, no. 1 (2009): 258–86。

32. 这不是说哈佛仅仅从全国最富的2%家庭里面招生。这只是表明，如果不是生于富贵之家，那么要想进哈佛的机会就会大大减少，而如果家庭财富是在全国前2%以内，那么进入哈佛的机会就大大增加，这里说的是平均数概念。见在线技术附录。

33. 美国高校学生家长的平均财富等相关基础数据现在很难获得,更别说有任何的研究文献可供参考。

34. 英国高校的最高学费从1998年的1 000英镑涨到了2004年的3 000英镑和2012年的9 000英镑。学费在英国高校财务总收入中的比重达到20世纪20年代时的最高水平并与美国相近。见Vincent Carpentier, "Public-Private Substitution in Higher Education," *Higher Education Quarterly* 66, no. 4 (October 2012): 363–90。

35. 巴伐利亚和下萨克森邦从2013年初开始取消每学期500欧元的大学学费,与德国其他地方一样提供免费高等教育。在北欧国家,大学学费从来没有超过每学期数百欧元的水平,这与法国的情况相似。

36. 在中小学教育阶段也存在同样的问题,最弱势的中小学所配备的师资力量通常是最薄弱的或接受培训最少的,因此这些弱势中小学的学生所实际享受到的人均公共教育资源投入实际上是低于平均水平的。这种情况最令人遗憾,因为实际上小学阶段的公平最有利于减少教育机会的不均等。见Thomas Piketty and M. Valdenaire, *L'impact de la taille des classes sur la réussite scolaire dans les écoles, collèges et lycées français* (Paris: Ministère de l'Education Nationale, 2006)。

37. 与哈佛相同,平均家长收入水平也并不意味着巴黎政治学院仅仅招收来自10%最富家庭的考生。有关2011~2012年巴黎政治学院学生家长财富的分布情况,请见在线技术附录。

38. 根据众所周知的大学排名,2012~2013年全世界顶尖的100所大学中有53所在美国,欧洲只有31所(其中英国9所),但如果我们看全球最好的500所大学,那么情况就有了变化(美国有150所而欧洲则有202所,其中英国有38所)。这表明美国800所高校的分化(见第十二章)。

39. 但请注意,与其他开支相比(例如养老金),如果要把高等教育从投入低水平(在法国仅占国民收入的1%)调整到高水平(瑞典和美国占国民收入的2%~3%),是相对容易做到的。

40. 例如巴黎政治学院目前就有这样的学费系统,如果家长收入很低,那么学生学费全免,如果家长收入高于20万欧元,那么学费则为1万欧元。这样的系统对于搜集家长收入状况数据是有利的（可惜这些数据几乎没有人研究）。与斯堪的纳维亚式的公共资金支持相比，这样的学费设计接近于累进所得税，只是家长所支付的额外款项是用于自己的孩子而不是别人的孩子。这显然符合其个人利益而不是公共利益。

41. 澳大利亚和英国会给来自普通家庭的学生提供"收入相关助学贷款"。这是要等学生以后收入达到一定水平之后再偿还的贷款。这是对普通家庭学生提供的所得税补贴，而来自富裕家庭的学生通常会获得来自家长的赠予（不用交税）。

42. 见 Emile Boutmy, *Quelques idées sur la création d'une Faculté libre d'enseignement supérieur* (Paris, 1871)。另见 P. Favre, "Les sciences d'Etat entre déterminisme et libéralisme: Emile Boutmy (1835–1906) et la création de l'Ecole libre des sciences politiques," *Revue française de sociologie* 22 (1981)。

43. 有关团结社会模型的分析和辩护，请见 André Masson, *Des liens et des transferts entre générations* (Paris: Editions de l'EHESS, 2009)。

44. 见图 10.9~图 10.11。

45. 请回想，正是这种波动性才使得现收现付制在"二战"之后推行：那些在 1920~1930 年将毕生积蓄都投入到金融市场的人几乎在一夜之间变得一无所有，因此没有人会希望再去尝试那种在"二战"前就曾推行过的注重积累投资的强制养老金体系（例如法国在 1910~1928 年时就曾按法律推行过这种积累投资型养老体制）。

46. 瑞典在 20 世纪 90 年代的改革就大致实现了这样的目标。瑞典系统也可经过改良而用于其他国家。见 Antoine Bozio and Thomas Piketty, *Pour un nouveau système de retraite: Des comptes individuels de cotisations financés par répartition* (Paris: Editions rue d'Ulm, 2008)。

47. 当然也可设想有一种养老金体系可以将现收现付制以及小额储蓄固定回报结合起来。如前面章节所述，如果储蓄较少，那么要想获得平均资本收益是很难的（不光不赔钱就行了）。从某种意义上说，瑞典的养老金体系至少有部分（很小）用于资本化投资。

48. 在此我引述了 Julia Cagé 和 Lucie Gadenne 的主要研究成果，见 Julia Cagé and Lucie Gadenne, "The Fiscal Cost of Trade Liberalization," Harvard University and

Paris School of Economics Working Paper no. 2012–27 (see esp. figure 1)。

49. 贫穷国家如今面对的某些医疗和教育问题是具有特殊性的，因此无法通过汲取如今发达国家的过往经验加以解决（例如"非典"疫情）。因此某些所谓的试验甚至试点应该是有正当理由的。见 Abhijit Banerjee and Esther Duflo, *Poor Economics* (New York: Public Affairs, 2012)。作为一般规律，我认为发展经济学通常都会忽略那些现实的历史经验，在本书的讨论中即指忽略了缺乏税源情况下建设社会国家的难度。其中造成困难的一个重要原因当然是殖民历史（在此，随意的试点或许可以有些裨益）。

50. 见 Thomas Piketty and Nancy Qian, "Income Inequality and Progressive Income Taxation in China and India: 1986–2015," *American Economic Journal: Applied Economics* 1, no. 2 (April 2009): 53–63。中印之间的差距与中国劳动力丰富有很大关系。历史表明，现代财税制度与社会国家的建设进程和工薪族崛起通常有着密切关系。

第十四章

1. 英国经济学家尼古拉斯·卡尔多（Nicholas Kaldor）提出了这种税收，下文将有更多涉及。不过，对卡尔多来说，它是累进所得税和累进房地产遗产税的补充，以确保后者不被规避。它并非某些人说的是对这些税种的替代。

2. 例如，1990 年法国的社会缴费延伸到除了雇用收入之外的收入流量（包括资本收入和退休收入），以形成所谓的"广泛社会缴费"(contribution sociale généralisée，或 CSG)，依照国际规范，相应收入被重新归类为所得税。

3. 1988 年实行 1991 年废止的人头税是一个地方税，要求每个成人支付相同数额，不论其收入和财富，所以富人的税率低。

4. 见 Camille Landais, Thomas Piketty, and Emmanuel Saez, *Pour une révolution fiscale: Un impôt sur le revenu pour le 21ᵉ siècle* (Paris: Le Seuil, 2010), pp. 48–53。也可以参考网址 www.revolution-fiscale.fr。

5. 特别是这个估计未能计入隐藏在避税天堂（tax haven）的收入（正如第十二章所述，其数目巨大），并且假设各个水平收入和财富的"避税手段"(tax shelter) 是相同的（这很可能导致高估顶层的实际税率）。还请注意，法国的税收体系异常复杂,有很多特别种类和交叉税收。(例如,法国是发达国家中唯一没有从来源扣除所得税的,即便社保缴费也总是从来源扣除。)这种复杂性使得这一系统更加累退和难于理解(就比如养老金体系很难理解)。

6. 来自继承资本的唯一税收收入在累进所得税项下(和其他资本收入一起),而不是继承资本本身。

7. 例如,在法国,财产和馈赠的平均税率仅为5%;即使对1%最高阶层的遗产也只有20%。见在线技术附录。

8. 见图11.9~图11.11和在线技术附录。

9. 例如,不是给底层的50%课税40%~45%,往上的40%课税45%~50%,而是给底层课税30%~35%,第二层课税50%~55%。

10. 假定代际流动性较低,这也将更为合理(就第十三章讨论的正义标准而言)。见在线技术附录。

11. 这一法律设定的"一般所得税"(impôt général sur le revenu, or IGR)是针对全部收入的累进税,是当今所得税的先驱。它在1917年7月31日的法律中被修订,设定了cédulaire tax(对不同收入类别差别征税,比如公司利润和工资)。这一法律是今天公司所得税的先驱。关于从1914~1917基本改革以来法国所得税的混乱历史的细节,见Thomas Piketty, *Les hauts revenus en France au 20e siècle: Inégalités et redistribution 1901–1998* (Paris: Grasset, 2001), 233–334。

12. 累进所得税主要针对高资本收入(其实每个人都知道这是收入分层的主导因素),认同资本收入的特殊豁免,这绝不会发生在任何国家的任何人身上。

13. 例如,美国经济学家埃德温·塞利格曼(Edwin Seligman)在1890年和1910年间发表的很多赞扬累进所得税的著作被翻译成多种语言,激起热烈讨论。有关这个时期的这些争论,见Pierre Rosanvallon, *La société des égaux* (Paris: Le Seuil, 2011), 227–33。另见Nicolas Delalande, *Les batailles de l'impôt: Consentement et résistances de 1789 à nos jours* (Paris: Le Seuil, 2011)。

14. 最高税率通常是一种"边际"税率,就其仅适用于"边际"或特定阈值以上的部分收入而言。最高税率通常适用于少于1%的人口(有些情况下少于0.1%)。要对累进税有一个全面了解,最好考察收入分配不同百分位数的有效税率（可能低得多）。然而，最高税率的演变仍然引人关注，它给出了最富有者有效税率的上限。

15. 图 14.1 所示最高税率不包括 1920 年引入的 25% 增加，针对没有孩子的未婚纳税人和"婚后两年仍然没有孩子"的已婚纳税人。（如果包括这个增加，则 1920 年的最高税率为 62%，1925 年为 90%。）当提及通过税率来表达一个国家的希望和恐惧时，这一有趣的法律条款证明了法国对出生率的痴迷和立法者的无限遐想。从 1939 到 1944 年，该条款被重新命名为"家庭补偿税"（family compensation tax），并且通过家庭份额制度（family quotient system，在此制度下，通常应得两个份额的没有孩子的已婚夫妇，如果在"婚后三年"仍然没有孩子，就会被减低到 1.5 个份额）延长到 1945~1951 年。注意，1945 年制宪大会（Constituent Assembly）比 1920 年国家联盟的设定增加了一年宽限期。见 *Les hauts revenus en France*, 233–334。

16. 英国更早尝试针对全部收入的累进税是在拿破仑战争期间，而美国也在南北战争期间尝试过，但是这两次税收都在战争结束后即很快废止。

17．见 Mirelle Touzery, *L'invention de l'impôt sur le revenu: La taille tarifée 1715–1789* (Paris: Comité pour l'histoire économique et financière, 1994)。

18. 商业库存和资本有单独的税，名为 patente。关于 quatre vieilles 税收体系（四种直接税，和不动产税一起，构成 1791~1792 年产生的税收体系的核心），见 *Les hauts revenus en France*, 234–239。

19. 一名 19 世纪的国会议员在谈到累进遗产税时说："按照《民法》（Civil Code）制定人的观点，当儿子继承父亲财产时，严格来说没有财产转移而只是继续享有。如果这一原则被视为绝对，那么任何对直接馈赠的税收都要排除。无论如何，在设定税率上的极端节制是必不可少的。"见同上第 245 页。

20．1880 年到 1916 年任巴黎自由政治学堂（Ecole Libre des Sciences Politiques）和法兰西学院（Collège de France）教授，是当时保守主义经济学家中开拓殖民地的坦率捍卫者，也是《法国经济学家》（*L'économiste français*）的编辑。该周刊很有影响力，大致相当于现在的《经济学人》，尤以没有底线和经常无辨别力地热情袒护当时强权的利益而著称。

21. 例如，他欣慰地注意到，在法国接受救济的穷人数量从 1837 年到 1860 年增长了 40%，而救济办公室的数量也几乎翻倍。除了从这些数据推出实际的穷人数量减少需要非常乐观之外（勒鲁瓦-博利厄毫不犹豫地这样做），在经济增长背景下穷人数量的绝对减少显然不能告诉我们任何关于收入不平等演变过程的信息。见同上第522~531页。

22. 有人觉得几年前汇丰（HSBC）贴满机场墙壁的广告和他有关："我们看到一个满是机会的世界。你呢？"

23. 当时另一个经典论据是，要求纳税人申报收入的"质询"程序可能适合于德国这样的"独裁"国家，但会立刻被法国这样的"自由人民"所拒绝。见 *Les hauts revenus en France*, 481。

24. 比如，当时的财政部长约瑟夫·卡约（Joseph Caillaux）谈道："我们曾经被引领去相信和宣称，法国是一个财富较少的国家，是一个资本分散成无限碎片的国家。新遗产税制度提供给我们的统计数据，强迫我们要避开这一立场……先生们，我不能向你们隐藏事实，这些数字改变了我的一些先入之见。这个事实是，少部分人拥有这个国家的大部分财富。见 Joseph Caillaux, *L'impôt sur le revenu* (Paris: Berger, 1910), 530–32。

25. 关于德国的辩论，见 Jens Beckert, tr. Thomas Dunlap, *Inherited Wealth*, (Princeton: Princeton University Press, 2008), 220–35。图14.2所示的税率所涉为直系转移（从父母到子女）。在法国和德国，其他遗产的税率总是要更高。在美国和英国，税率一般不依赖于继承人的身份。

26. 关于战争在改变对遗产税态度方面的作用，见 Kenneth Scheve and David Stasavage, "Democracy, War, and Wealth: Evidence of Two Centuries of Inheritance Taxation," *American Political Science Review* 106, no. 1 (February 2012): 81–102。

27. 举个极端的例子，苏联从来都不需要对过高收入和财富采取罚没性税收，因为其经济体系对主要收入分配采取直接控制，宣称几乎所有私人财产为非法（诚然，是以对法律不太尊重的方式）。苏联有时确实有所得税，但相对来说微不足道，税率也非常低。中国的情况也一样。下一章再说这个问题。

28. 怀着对勒鲁瓦-博利厄的敬意，威尔福德·金把法国和英国、普鲁士放入同一联盟，实质上是正确的。

29. 见 Irving Fisher, "Economists in Public Service: Annual Address of the President," *American Economic Review* 9, no. 1 (March 1919): 5–21。费雪的灵

感主要来自意大利经济学家欧亨尼奥·雷吉纳罗苏（Eugenio Rignano）。见 G. Erreygers and G. Di Bartolomeo, "The Debates on Eugenio Rignano's Inheritance Tax Proposals," *History of Political Economy* 39, no. 4 (Winter 2007): 605–38。前一代积累的财富要比传承几代的旧财富纳税少，这一思想非常有趣，在某种意义上，前者很大程度上要比后者更加规避双重征税，即便两种情况下均涉及不同世代和不同个人。不过，将这一思想形式化并且实际实行很困难（因为遗产常常变化莫测），这也很可能是它为什么从未被尝试的原因。

30. 这里的联邦税也应该加上州所得税（通常为 5%~10%）。

31. 日本最高所得税税率在 1947~1949 年升至 85%，是由美国占领方设定的，在日本重拾其财政主权后，于 1950 年立刻降至 55%。见在线技术附录。

32. 这是适用于直系财产继承的税率。在法国和德国，适用于兄弟、姐妹、表亲和非亲属的税率有时会比较高。例如，法国目前的非亲属遗产税税率为 60%。但是税率从未达到 70%~80% 的美国和英国子女的税率。

33. 98% 的最高纪录从 1941 年到 1952 年在英国实行，1974 年到 1978 年再次实行。全部序列见在线技术附录。在 1972 年的美国总统竞选中，民主党候选人乔治·麦戈文（George McGovern）走得如此之远以致提出对最大遗产继承征收 100% 的税率（当时税率为 77%），作为其保证最低收入计划的一部分。麦戈文被尼克松以压倒性优势击败，标志着美国对收入再分配的热衷开始走向终结。

34. 例如，当英国 1974 年到 1978 年最高资本所得税税率为 98% 时，最高劳动所得税税率为 83%。见补充图 S14.1，在线可得。

35. 英国的思想家，如约翰·斯图亚特·穆勒（John Stuart Mill），在 19 世纪已经仔细思考过遗产继承。在两次世界大战期间，当更加复杂的遗嘱数据可以获得时，这种思考更加深入。战后，在詹姆斯·米德（James Meade）和安东尼·阿特金森（Anthony Atkinson）的工作中，这一思考在继续（我此前引用过）。还值得一提的是，尼古拉斯·卡尔多针对消费（实际上是奢侈消费）的累进税的有趣提议，直接来自他关于懒惰的食利者付出更多的想法。他怀疑他们通过使用信托基金逃避累进遗产税和所得税，不像他这样的大学教授，按要求支付所得税。见 Nicholas Kaldor, *An Expenditure Tax* (London: Allen and Unwin, 1955)。

36. 见Josiah Wedgwood, *The Economics of Inheritance* (Harmondsworth, England: Pelican Books, 1929; new ed. 1939)。威治伍德小心翼翼地分析各种发生作用的力量。例如，他说明慈善捐助并不重要。他的分析让他得到结论，只有一种税收能达到他想要的平等。他也说明法国1910年的财产几乎和英国一样集中，据此他认为平等主义的财产分配，像在法国那样，虽然值得拥有，但是明显不足以实现社会平等。

37. 例如，我已经在所得税中包括了整体社会贡献（generalized social contribution，当前为8%），这使得当前的最高税率为53%。全部序列见在线技术附录。

38. 这不仅在美国和英国（在第一组），以及德国、法国和日本（在第二组）成立，也在另外18个经济合作与发展组织国家成立，我们在WTID有这些国家的收入数据，让我们能研究这个问题。见Thomas Piketty, Emmanuel Saez, and Stefanie Stantcheva, "Optimal Taxation of Top Labor Incomes: A Tale of Three Elasticities," *American Economic Journal: Economic Policy,* forthcoming (fig. 3)。也请见在线技术附录。

39. 见Piketty et al., "Optimal Taxation of Top Labor Incomes," figs. 3 and A1 and table 2。这些结果覆盖18个国家，在线技术附录亦可获得。这个结果并不依赖于起始时点的选择。在所有情况下，降低最高边际税率和经济增长率之间都没有统计上的显著关系。即便是从1980年开始，而不是1960年或1970年，也不能改变结果。富裕国家1970~2010年间的经济增长率，见本书表5.1。

40. 我们可以排除劳动供给弹性大于0.1~0.2，并且证明下面描述的最优边际所得税税率。所有理论论证和结果的细节见Piketty et al., "Optimal Taxation of Top Labor Incomes"，在线技术附录也有总结。

41. 要获得有意义的增长比较，重要的是比较期间要选取相当长时间（最少10~20年）。在较短的期间内，增长率会由于各种原因而变动，不可能得出任何有效的结论。

42. 人均国内生产总值的差异来源于如下事实，美国公民要比欧洲人工作时间长。根据标准国际数据，在美国和欧洲大陆最富裕国家，每工作小时的国内生产总值大约是一样的（但是英国明显较低；见在线技术附录）。

43. 特别见图2.3。

44. 美国的人均国内生产总值在1950~1970年一年增长2.3%，1970~1990年增长2.2%，1990~2012年则增长1.4%。见图2.3。

45. 美国及世界其他部分创新的思想最近来自Daron Acemoglu,, James Robinson, and Thierry Verdier, "Can't We All Be More Like Scandinavians? Asymmetric Growth and Institutions in an Interdependent World," (MIT Department of Economics Working Paper no. 12–22, August 20, 2012)。这实质上是一篇理论文章，其最主要的事实基础是美国的人均专利数量高于欧洲。这很有趣，但是至少部分原因是不同的法律惯例，而且，无论如何创新国家应该明显保持较高的生产率（或者更大的国民收入）。

46. 见Piketty et al, "Optimal Taxation of Top Labor Incomes," fig. 5, tables 3–4。这里概述的结果基于40个国家近3 000家企业的详细数据。

47. Xavier Gabaix和Augustin Landier认为，飙升的高管薪酬是企业规模增大的机械后果（据说这增加了更加有才能经理的生产率）。见"Why Has CEO Pay Increased So Much?" *Quarterly Journal of Economics 123*, no. 1 (2008)：49–100。问题是这个理论完全基于边际生产率模型，不能解释数据中观察到的巨大国际差异（公司规模几乎在所有地方都增加相同的比例，但是薪酬却没有）。作者只信赖美国数据，这很不幸地限制了实证检验的可能性。

48. 许多经济学家捍卫这一思想，即更大的竞争可以消减不平等。见Raghuram G. Rajan and Luigi Zingales, *Saving Capitalism from the Capitalists* (New York: Crown Business, 2003), and L. Zingales, *A Capitalism for the People* (New York: Basic Books, 2012), or Acemoglu, Robinson, and Verdier, "Can't We All Be More Like Scandinavians"。有些社会学家也持此观点：见David B. Grusky, "Forum: What to Do about Inequality?" *Boston Review*, March 21, 2012。

49. 与经常被宣称但很少被证明的一个想法相反，没有证据表明，在1950~1980年间高管用私人飞机和豪华办公室等手段来补偿低工资。相反，所有证据都表明，这些额外福利从1980年开始增加。

50. 精确的数字是82%，见Piketty et al., "Optimal Taxation of Top Labor Incomes," table 5。

51. 注意，在这个理论模型中，累进税扮演两种非常不同的角色（在累进税的历史中也一样）：罚没性税率（对收入分配中最高的 0.5% 或 1%，税率大约为 80%~90%）会终止不合适的和无用的补偿，非罚没性高税率（对最高 5% 或 10% 征收 50%~60% 的税）则可以在来自 90% 的底层的税收之外提高财政收入来为社会国家融资。

52. 见 Jacob Hacker and Paul Pierson, *Winner-Take-All Politics: How Washington Made the Rich Richer—And Turned its Back on the Middle Class* (New York: Simon and Schuster, 2010); K. Schlozman, Sidney Verba, and H. Brady, *The Unheavenly Chorus: Unequal Political Voice and the Broken Promise of American Democracy* (Princeton: Princeton University Press, 2012)；Timothy Noah, *The Great Divergence* (New York: Bloomsbury Press, 2012)。

53. 见 Claudia Goldin and Lawrence F. Katz, *The Race between Education and Technology, The Evolution of U.S. Educational Wage Differentials, 1890–2005* (Cambridge, MA: Belknap Press and NBER, 2010), Rebecca M. Blank, *Changing Inequality* (Berkeley: University of California Press, 2011) and Raghuram G. Rajan, *Fault Lines* (Princeton: Princeton University Press, 2010)。

54. 由于技能相似，私人部门，尤其是金融部门，提供的工资使得学院经济学家的薪酬提升。见第八章。

55. 例如，利用深奥的模型企图证明最富有的人应该缴纳零税赋，甚至要接受补贴。关于这些模型的简明文献，见在线技术附录。

第十五章

1. 额外收入可以用来削减其他现存税收或者提供附加服务（比如国外援助或债务减记，后面将更多涉及这个问题）。

2. 每个大陆都有特殊的金融机构担当中央仓库（托管银行或结算所），其目的是记录各类资产的所有权。不过，这些私人机构的功能是为正在发行有价证券的公司提供服务，并不记录特定个体的所有资产。关于这些机构，见 Gabriel Zucman, "The Missing Wealth of Nations: Are Europe and the U.S. Net Debtors or Net Creditors?" *Quarterly Journal of Economics* 128, no. 3 (2013)：1321–64。

3. 例如，罗马帝国的崩溃结束了帝国的土地税，因而土地所有权和地籍登记也随之而去。Peter Temin 认为这促成了中世纪早期的经济混乱。见 Peter Temin, *The Roman Market Economy* (Princeton: Princeton University Press, 2012), 149–51。

4. 由于这一原因，建立一个低税率的公司净资本税和较高税率的私人财富税是有益的。这样政府就能被强迫去设定会计标注，这一任务目前留给了私人会计师协会。关于这一题目，见 Nicolas Véron, Matthieu Autret, and Alfred Galichon, *L'information financière en crise: Comptabilité et capitalisme* (Paris: Odile Jacob, 2004)。

5. 具体地，当局进行所谓"享乐"（hedonic）回归，来计算作为财产不同特征之函数的市场价格。交易数据在所有发达国家均可获得（被用来计算不动产价格指数）。

6. 这种诱惑是所有基于纳税人自我报告的体系的一个问题，比如法国的财富税体系，经常会有异常大量的财富报告只是稍稍在税收阈值之下。有一个明显的轻微低估其不动产价值的趋势，通常低估 10% 到 20%。一个由政府下发的预先计算的申明，将提供一个基于公共数据和明确方法的客观数字，从而将杜绝这种行为。

7. 奇怪的是，在某部长逃避财富税的谎言被揭穿之后，为了正式恢复信心的目的，2013 年法国政府再次求助于这个陈旧的方法以获取有关自己部长的资产信息。

8. 例如，海峡群岛、列支敦士登和摩纳哥等等。

9. 这种损失的程度很难估计，不过像卢森堡和瑞士这样的国家，其损失可能占国民收入的 10%~20% 之多，这将会对生活水平造成实质影响。（像伦敦一样的金融飞地也一样。）在更边缘的避税天堂和超小国家，损失可能高达国民收入的 50% 以上，在仅作为虚构公司定居所的区域甚至可以高达 80%~90%。

10. 社保缴费是一种所得税（在一些国家包括在所得税中，详见第 13 章）。

11. 特别见表 12.1。

12. 回顾英国经济学家约翰·希克斯（John Hicks）关于经济意义上收入的经典定义，"一个人或集体的收入是其在某个时段可以消费的最大价值，而其在期初和期末要保持同样富裕。"

13. 即使资本收益为2%（大大低于贝当古的财富在1987~2013年的收益率），300亿欧元的经济收入也将共计6亿欧元，而不是500万欧元。

14. 在法国最大的贝当古财富案例中，还有一个额外的问题：该家庭信托基金由预算部长的妻子管理，她也是一个政党的财务主管，该政党从贝当古那里得到大量捐助。该党在执政期间将财富税降低了2/3，这个故事自然在法国激起很大反响。美国并非是富人施加巨大政治影响力的唯一国家，就像我在前一章所表明的。再请注意，该预算部长的继任者，被揭露在瑞士银行有秘密账户后，不得不辞职。在法国，富人的政治影响力也超越了政治界限。

15. 在实践中，荷兰体系不完全令人满意：很多资产种类被豁免（尤其是信托基金持有的），并且假设所有资产的收益率均为4%，这对一些财富来说太高对其他又太低。

16. 最符合逻辑的方法是，在观察到的每种类型财富的平均收益率的基础上度量这种不足，以便使得所得税安排和资本税安排相一致。有人或许也会把最小和最大税收看作资本收入的函数。详见在线技术附录。

17. 激励论据是莫里斯·阿莱（Maurice Allais）有强烈倾向性的《资本税和货币改革》[*L'impôt sur le capital et la réforme monétaire* (Paris: Editions Hermann, 1977)] 一书的核心，在书中阿莱走得如此之远，以至提出彻底取消所得税和所有其他税种而用资本税来替代。考虑到涉及的金钱的总量，这是一个极端的思想，并不可取。关于阿莱的论据和其目前的扩展，详见在线技术附录。广而言之，资本税的讨论常常将人们推到两个极端（结果他们要么立刻拒绝，要么作为唯一的、注定要替代其他所有税种的税而接受）。遗产税也是如此（或者根本不征收，或者100%征收）。在我看来，给这一争论降降温，让每个论据和每个税种各得其所，是非常急迫的。资本税是有益的，但是它不能替代所有其他税种。

18. 对于继续支付高额财产税的事业工人同样如此（特别当抵押贷款支付没有抵扣）。过度借贷家庭的后果可能很严重。

19. 这种妥协依赖于决定资本收益的个体激励和随机冲击各自的重要性。在某些情况下对资本收入征收比劳动收入更少的税可能更好（主要依靠资本存量税），而在其他情况下对资本收入课以重税可能更合理（像英国和美国 1980 年之前的情况，毫无疑问是因为资本收入被看作是非常主观的）。见 Thomas Piketty and Emmanuel Saez, *A Theory of Optimal Capital Taxation*, NBER Working Paper 17989（April 2012），较短版本见"A Theory of Optimal Inheritance Taxation," *Econometrica* 81, no. 5 (September 2013): 1851–86。

20. 这是因为在财产转移之时，这些遗产在接受者一生中的资本化价值是未知的。当 1972 年巴黎一间价值 10 万法郎的公寓转给继承人时，没人知道这一财产在 2013 年值 100 万欧元，并且每年提供的租金超过 4 万欧元。与其在 1972 年对此财产施以重税，不如设定一个较小的遗产税，但是随着财产价值和收益的增加，征收年度支付的财产税、租金税，或许还有财富税，后者显然更有效。

21. 见 Piketty and Saez, "Theory of Optimal Capital Taxation"，也请见在线技术附录。

22. 见图 14.2。

23. 例如，价值 50 万欧元的不动产，其年度税收将在 2 500 欧元到 5 000 欧元之间，租金价值大约每年 2 万欧元。通过设立，一个 4%~5% 的对所有资本的年度税收，将会耗尽资本的几乎所有国民收入份额，这显得极不公正也不现实，尤其已经有资本所得税的情况下。

24. 2013 年，欧洲大约有 2.5% 的成年人口拥有超过 100 万欧元的财富，有大约 0.2% 的人拥有超过 500 万欧元的财富。所建议税收的年度收入大约会是 3 000 亿欧元，而国内生产总值差不多是 15 万亿欧元。见在线技术附录和补充表 S5.1，通过详细估算和简单模拟，可以预计纳税人数量和其他可能税收安排的收入总额。

25. 目前最顶层 1% 人群拥有大约全部财富的 25%，或大约是欧盟国内生产总值的 125%。最富有的 2.5% 拥有接近 40% 的财富，或大约是欧盟国内生产总值的 200%。因此，边际税率为 1% 或 2% 的税收会带来大约两个百分点国内生产总值的收入不足为奇。如果这些税率应用于所有财富而仅仅是超过阈值的部分，收入会更多。

26. 法国的财富税，被称作"团结财富税"(impôt de solidarité sur la fortune, 或 ISF)，现在适用于高于 130 万欧元的财富（主要住宅做 30% 的抵扣之后），在最高等级（超过 1 000 万欧元）其税率从 0.7% 到 1.5%。在允许抵扣和豁免的情况下，税收产生的收入价值少于国内生产总值的 0.5%。理论上，如果所有人在相关商业中发挥作用，则该资产被称作商业资产。实际上，这个条件相当模糊并且容易回避，特别是因为额外豁免已经添加多年了（比如"股东协议"允许部分或全部豁免，如果一伙股东同意在特定时期保持投资）。根据可以获得的数据，法国最富有的个人很大程度上避免了支付财富税。税务机关极少发布每个税收等级的详细数据（例如，比从 20 世纪早期到 50 年代的遗产税的情况还要少）；这让整个运作更加不透明。详见在线技术附录。

27. 特别见第五章图 5.4 和后面。

28. 累进资本税将带来相当于 3%~4% 国内生产总值的收入，其中 1%~2% 来自对不动产税的替代。详见在线技术附录。

29. 例如，为了证明最近法国的顶层财富税率从 1.8% 降到 1.5% 为合理。

30. 见 P. Judet de la Combe, "Le jour où Solon a aboli la dette des Athéniens," *Libération*, May 31, 2010。

31. 实际上，正如我所表明的，土地形式的资产包括土地改良，这逐年渐渐增大，因而在长期土地资本和其他形式的可积累资产并无太大不同。但是，土地资产的积累受制于特定的自然限制，其主导地位意味着经济仅以非常慢的速度增长。

32. 这并不意味着其他"利益相关者"（包括工人、集体和社团等等）应该被拒绝拥有影响投资决策的手段，通过给予其适当的投票权。这里，金融透明度可以发挥关键作用。下一章我们回到这个问题。

33. 着眼于限制 $r>g$ 的影响，资本税的最优税率当然将依赖于资本收益率 r 和经济增长率 g 之间的缺口。例如，在特定假设下，最优遗产税税率由公式 $t=1-G/R$ 给定，其中 G 是代际增长率，R 是代际资本收益率（所以，当增长率相对于资本收益率非常小的时候税率接近 100%，而当增长率接近于资本收益率时税率接近零）。不过，一般而言，情况要更为复杂，因为理想制度要求一个累进年度资本税。主要最优税率公式的形式和解释见在线技术附录（不过仅仅是为了澄清辩论的术语，而不是提供现成的解决方案，因为有许多力量发挥作用，很难精确评估每个的影响）。

34. 托马斯 · 潘恩（Thomas Paine），在其小册子《土地公平》（Agrarian Justice, 1795）中，提出了 10% 的继承税（他认为，这对应于遗产"非积累"

的部分,而"积累"的部分是根本不能收税的,即使可以回溯好几代)。法国大革命期间特定的"国家遗产税"提议更为激进。然而,在大量争论之后,该税在直系继承上设定了不到2%的税率。关于这些争论和提议,详见在线技术附录。

35. 虽然美国和英国有大量讨论和很多提议,尤其是在20世纪60年代和21世纪初。详见在线技术附录。

36. 这一设计缺陷源自如下事实:这些资本税产生于19世纪,其时通货膨胀微不足道或几乎不存在,每10年或15年重新评估一次资产价值被认为足够了(对不动产),或者将其价值基于真实交易(常常针对金融资产)。这个评估制度被1914~1945年的通胀严重破坏,此后在经常性通胀的世界力从未令人满意地运行过。

37. 关于德国资本税的历史,从普鲁士时期的设立到1997年的暂停(该法律未正式废除),见Fabien Dell, *L'Allemagne inégale*, PhD diss., Paris School of Economics, 2008。关于瑞典的资本税,1947年设立(但是实际上自20世纪初以来作为资本收入的附加税而存在),2007年废止,详见前引Ohlsson和Waldenström的著作以及附录中的参考文献。这些税对最大财富的税率通常保持在1.5%~2%之下,峰值是1983年瑞典的4%(仅适用于很大程度上和市场价值无关的评估价值)。除去税基恶化,这也影响了这两个国家的遗产税,在瑞典财政竞争也起了作用,那里遗产税在2005年废止。这个与瑞典平等主义价值相悖的插曲,是一个好例子,说明小国在保持独立财政政策上越来越无能为力。

38. 财富税(针对大额财富)1981年在法国引入,1986年废止,然后1988年作为"团结财富税"再次引入。市场价值可能会突然变化,这可能看起来给财富税引入了一点任意性,但是它们是这一税收唯一客观和普遍接受的基础。不过,税率和税收等级必须经常调整,必须小心不要允许进款随不动产价格自动上升,因为这可能会激起税收反抗,正如1978年加利福尼亚州采纳著名的第13条建议来限制上升的财产税。

39. 西班牙的税收针对应税资产中大于70万欧元的财富来确定(有30万欧元主要住宅的抵扣),最高税率为2.5%(加泰罗尼亚为2.75%)。瑞士也有年度资本税,因为各州之间的竞争其税率相对较低(小于1%)。

40. 或阻止外国竞争者发展（19世纪早期英国殖民者对印度早期纺织工业的破坏，铭刻在印度人的记忆中）。这可以有持久的结果。

41. 考虑到金融一体化经济收益的罕见估计表明全球收益相当有限（这些研究甚至没有考虑不平等和不稳定的负面影响），这格外令人吃惊。见Pierre-Olivier Gourinchas and Olivier Jeanne, "The Elusive Gains from International Financial Integration," *Review of Economic Studies* 73, no. 3 (2006): 715–41。注意，国际货币基金组织对信息自动传输的立场模糊而善变：批准基本原则，但用不那么令人信服的技术论据破坏其具体应用。

42. 媒体上最常见的比较，是将535位美国众议院议员的平均财富（基于政治责任中心收集的财务报表）和70位最富有的中国全国人民代表大会代表的平均财富做对比。美国众议员的平均净财富"仅"为1 500万美元，而中国人大代表的净财富则超过10亿美元（根据2012年胡润报告，这是一个类似福布斯的中国财富排名，基于一套不太清楚的方法）。考虑到两国的相对人口，比较中国人大全部3 000位代表的平均财富将会更合理（好像没有可以获得的估计数据）。无论如何，对这些亿万富翁而言，当选中国人大代表主要是一个表示尊崇的位置（他们不行使立法者的职责）。或许把他们和70位美国最富有的政治捐助者相比会更好。

43. 见N. Qian and Thomas Piketty, "Income Inequality and Progressive Income Taxation in China and India: 1986–2015," *American Economic Journal: Applied Economics* 1, no. 2 (April 2009): 53–63.

44. 从非常长期的视角看，欧洲长时间从其政治分裂中得到好处（因为国家间的竞争刺激创新，尤其是军事技术），在与中国相比这成为一个障碍之前，见Jean-Laurent Rosenthal and R. Bin Wong, *Before and Beyond Divergence: The Politics of Economic Change in China and Europe* (Cambridge, MA: Harvard University Press, 2011)。

45. 见在线技术附录。

46. 在2000~2010年间，几个欧洲国家（意大利、西班牙、瑞典和英国）的永久整合率（the rate of permanent integration，表示为接收国人口的百分比）达到0.6%~0.7%，相较于美国的0.4%和德国和法国的0.2%~0.3%。详见在线技术附录。本次危机以来，这种流动已经开始部分倒转，尤其是在南欧和德国之间。作为一个整体，欧洲的永久性移民在 2000~2010 年和北美的水平相当接近。不过，北美的出生率仍要高出很多。

第十六章

1. 特别请见表 3.1。

2. 如果计入欧洲家庭在避税天堂拥有的资产，那么欧洲持有世界其余部分的净资产头寸将显著为正：欧洲家庭拥有的相当于欧洲全部之所有加上世界其余部分的一部分。见图 12.6。

3. 连同出售公共金融资产之收入（与非金融资产相比不是很多）。见第三~五章以及在线技术附录。

4. 债务利息支付的免除将使得减税和（或）支持新投资成为可能，尤其是在教育方面（见下）。

5. 为了让这种对等更完满，财富必须以与不动产和金融资产所在地一致的方式征税（包括欧洲发行的主权债券），而不是简单基于所有者的居住地。我们后面还会涉及这一点。

6. 后面我们还会回到长期公共债务最优水平问题，这个问题的解决不能独立于公共和私人资本积累的水平问题。

7. 其他税收安排可以利用附表 S15.1 进行模拟，在线可得。

8. 详见第十章。

9. 关于偿债基金，见 German Council of Economic Experts, *Annual Report 2011* (November 2011); *The European Redemption Pact: Questions and Answers* (January 2012)。技术上，两个思想可以完美互补。但是在政治上和名义上，"偿还"（redemptions）这个概念（暗示全体居民长期共同承担）可能和累进资本税并不匹配，这个词并不是一个好的选择。

10. 除了利用通货膨胀削减债务，德国债务的很大部分在"二战"后被同盟国简单废止了。（更严格地说，偿还被推迟到德国最终统一，但是现在已经统一了却仍然未能偿还。）根据德国历史学家阿尔布雷希特·里奇尔（Albrecht Ritschl）的计算，如果以合理的利率重新资本化，总额将非常可观。一些债务反映了德国占领期间向希腊征收的占领费用，这导致了无休止的、很大程度上不可调和的论战。这使得目前施加财政紧缩和债务偿还简单逻辑的尝试更加复杂化。见 Albrecht Ritschl, "Does Germany Owe Greece a Debt? The European Debt Crisis in Historical Perspective," paper given at the OeNB 40th Economics Conference, Vienna (London School of Economics, 2012)。

11. 如果国内生产总值每年增长2%，债务每年增长1%（假设开始时债务接近国内生产总值），那么债务/国内生产总值比率将每年降低约1%。

12. 上述一次性或10年特别资本税也可视为用基本盈余来削减债务的方法。区别在于，该税有新的来源，不会增加大多数居民的负担，也不会干扰政府的其他预算。实际上，存在一个包括不同比例的解决方案（资本税、通货膨胀、财政紧缩）：任何事情都依赖于在不同社会群体中调整和分配负担的数量和方法。资本税将大多数负担放在非常富有的人身上，而财政紧缩政策通常意在放过他们。

13. 来自20世纪20年代的储蓄基本上被股市崩溃所清洗。然而，1945~1948年的通货膨胀是一个额外冲击。对此的回应是"老年最低消费"（old-age minimum，1956年创立）和现收现付（PAYGO）养老金体系（1945年创立，此后进一步发展）的产生。

14. 有基于这种思想的理论模型。见在线技术附录。

15. 请详见第十二章提到的结果。

16. 如果欧元区解散了也是如此。通过印刷钞票和制造通货膨胀削减公共债务总是可能的，但是要控制这一危机的分配后果却很难，不管是用欧元、法郎、马克或里拉中的哪一个。

17. 一个经常被引用的历史范例是19世纪后期在工业化国家出现的轻微通货紧缩（价格和工资下降）。雇主和工人都不喜欢这次通货紧缩，他们在接受直接影响他们的价格和工资下降之前，似乎要等到其他价格和工资下降。这种对工资和价格调整的阻力有时被称作"名义刚性"（nominal rigidity）。支持较低但是为正的通货膨胀（通常2%）的最重要论据是，相较于零或负通货膨胀，它使得相对工资和价格更容易调整。

18. 西班牙衰落的经典理论，指责金银管理有一定的松懈。

19. 见 Milton Friedman and Anna J. Schwartz, *A Monetary History of the United States*, 1857–1960 (Princeton: Princeton University Press, 1963)。

20. 注意，没有"印钞机"这种事：当中央银行为了借钱给政府而创造货币时，贷款记在中央银行的账簿上。即使在最混乱的时期，比如1944~1948年的法国，也是如此。货币不是简单地当作礼物给予的。此外，一切都取决于此后发生什么：如果货币创造提高了通货膨胀，就会发生实质性的财富再分配（例如，公共债务的实际价值会大幅降低，损害私人名义资产）。对国民收入和资本的全部效应，取决于政策对国家经济活动总体水平的影响。这在理论上要么是正面的要么是负面的，就像贷款对私人参与者一样。中央银行重新分配货币财富，但是它没有能力直接创造新财富。

21. 相反，投资者对更脆弱的国家所要求的利率于2011年升至高位（意大利和西班牙为6%~7%，希腊为15%）。这表明投资者易受影响，且对不远的未来怀有迟疑。

22. 在大多数发达国家，总金融资产和负债的数量甚至更高，因为它相当于10~20年的国内生产总值（详见第五章）。所以，中央银行只持有富裕国家总资产和负债的很小百分比。不同中央银行的资产负债表以周度或月度基础在网上发布。资产负债表中的每类资产和负债的数量表示为合计数（但没有按照中央银行贷款的接受者划分）。纸币和铸币只代表资产负债表中很小的部分（通常大约是国内生产总值的2%），其余大部分完全由簿记构成，就像家庭、企业和政府的银行账户那样。过去，中央银行资产负债表有时会有90%~100%的国内生产总值那么大（例如，1944~1945年的法国，此后被通货膨胀削减到一无所有）。2013年夏天，日本银行的资产负债表接近国内生产总值的40%。关于主要中央银行资产负债表的历史序列，见在线技术附录。考察这些资产负债表是有益的，而且表明它们离过去的纪录水平还有很远。此外，通货膨胀取决于很多其他力量，尤其是国际工资和价格竞争，这在当前减弱了通货膨胀趋势而将资产价格推升到更高。

23. 如上一章指出的，关于欧洲银行数据分享管理规则的可能变化的讨论2013年才刚刚开始，距结出果实还有很长的路。

24. 特别是，大幅累进税需要个人在不同账户和不同银行持有的所有资产的信息（理想化的，不只是塞浦路斯而是整个欧盟）。小幅累进税的好处是可以在每个银行单独使用。

25. 在法国，从1803年到1936年，法兰西银行的200个最大股东在法律上拥有治理银行的核心地位，因此被授权决定法国的货币政策。"人民阵线"通过改变规章来挑战这一现状，允许政府任命法兰西银行的行长和副行长，此二人不是股东。1945 年，法兰西银行被国有化。此后，法兰西银行不再有私人股东，成为纯粹的公共机构，像全世界大多数其他中央银行一样。

26. 希腊危机的一个关键时刻是，2009 年 12 月欧洲中央银行通告，如果希腊被债券评级机构降级，将不再接受希腊债券作为担保物（即使没有任何法规强迫其这样做）。

27. "偿债基金"另一个更技术化的局限是，给定"延期"（很多未清偿债务几年内到期，必须按时延期，尤其是在意大利）的量级，国内生产总值的 60% 的限制将在几年内很快达到，因此最终所有公共债务将不得不重组。

28. 预算议会应该包括大约 50 名成员，来自较大的欧元区国家，以人口比例分配。成员应该从国家议会的金融和社会事务委员会中选择，或者以其他方式。2012 年采用的新欧盟条约提供了一个"预算议会讨论会"，但这是一个纯粹的自身没有权力的咨询团体，更不用说共同债务了。

29. 官方的说法是，对存款实质上的统一税是应塞浦路斯总统的请求而采用的，据说他是想对小额存款征重税以避免大额存款外逃。毫无疑问这里有相当的真相，危机昭示出小国在面临全球化经济时的困境：为了能有一席之地，它们得事先准备好卷入残酷的税收竞争来吸引资本，即使是最为人所不齿的资金来源。问题是我们将永远不会知道全部事实，因为所有谈判都是秘密进行的。

30. 通常的解释是，法国领导人仍然沉浸在 2005 年欧盟宪法条约全民公决失利的伤痛中。这个论据不完全令人信服，因为那个条约的主要条款后来没有经过全民公决批准就采用了，没有重要的民主改革，把全部权力都给予国家首脑和财政部长组成的委员会，只是简单认可了欧洲目前的无能状态。也许法国的总统政治文化可以解释，为什么在法国对欧洲政治同盟的反应没有德国或意大利那么先进。

31. 在弗朗索瓦·奥朗德（François Hollande）治下，法国政府在言辞上支持重组欧盟债务，但是没有明确的提议，假装相信每个国家可以连续自己决定愿意承担多少债务，但这是不可能的。重组意味着需要投票来决定债务的总规模。每个国家可以保持自己的债务，但是其规模应该适当，就像美国的州和市政债务。德意志银行行长常常向媒体发表声明，没有关于总共可以支出多少的协议的话，就不能分享信用卡，这符合逻辑。

32. 累进所得税和收入税比公司所得税更令人满意，因为它们允许税率调整和每个纳税人的收入或资本一致，而公司所得税对所有公司利润以相同水平征收，对大小股东的影响是一样的。

33. 相信像谷歌一样公司的经理人的申述，其论证大致如下："我们给社会贡献了远多于我们利润和工资的财富，因此我们少缴税是非常合理的。"确实，如果一个公司或个人对经济其余部分贡献的边际福利大于其产品收取的价格，那么对其而言，少缴税甚至获得补贴都是完全合理的（经济学家称这种情况为正的外部性）。显然，问题在于每个人都会有兴趣宣称自己为世界上其他人贡献了很大的正的外部性。谷歌当然还没有提供哪怕最微小的证据来证明自己实际上做出了这种贡献。无论如何，每个个体可以用这种方式来设定自己的税率，很明显，这样的社会不好管理。

34. 最近有提议要把一个全球财富税的收入支付给国际组织。这种税将独立于国家，可能成为保护跨国经营权利的一个途径。见 Patrick Weil, "Let Them Eat Less Cake: An International Tax on the Wealthiest Citizens of the World," *Policy Network*, May 26, 2011。

35. 这个结论和丹尼·罗德里克（Dani Rodrik）的相似，他证明民族国家、民主和全球化是一个不稳定三角（三个中间的一个必须为另外两个让步，至少在某种程度上）。见 Dani Rodrik, *The Globalization Paradox: Democracy and the Future of the World Economy* (New York: Norton, 2011)。

36. "公司权益补贴"系统 2006 年在比利时被采用，准许从应税公司利润中抵扣相当于股本"正常"收益的数量。这个抵扣被说成是公司债务利息抵扣的对应物，被认为平衡了债务和权益的税收地位。但是德国和最近的法国提出了不同看法：限制利息抵扣。这场争论中的一些参与者，比如国际货币基金组织和欧盟委员会，宣称两个解决方案是等价的，虽然实际上它们并不等价：如果抵扣债务和权益的"正常"收益，那么很可能公司税将完全消失。

37. 特别是对不同种类消费品以不同税率征税，仅考虑到按收入阶层对消费税进行粗糙定位。欧洲政府目前如此钟情于增值税的主要原因是，这种税允许有实际上的进口税和小规模的竞争性贬值。这当然是一种零和博弈：如果其他国家做同样的事情，竞争优势就消失了。这是低水平国际协调的货币联盟的症状。消费税的另一个标准辩解基于鼓励投资的想法,但是这种方法的基础概念并不清晰(尤其是在资本/收入比相对较高的阶段)。

38. 金融交易税的目的是降低非常高频的交易的数量,这无疑是好事。然而,从定义看,该税种将不能提高多少收入,因为其目的在于使来源枯竭。对潜在收益的估计常常很乐观。它不会超过国内生产总值的0.5%,这是好事,因为该税种不能锁定个人收入和财富的不同水平。见在线技术附录。

39. 见图10.9~图10.11。要评价黄金律,必须使用税前资本收益率(应当等于资本的边际生产率)。

40. 原始文献是具有一定讽刺意味的寓言形式,值得重新阅读:Edmund Phelps, "The Golden Rule of Accumulation: A Fable for Growthmen," *American Economic Review* 51, no. 4 (September 1961): 638–43。相似的思想(表达得不是很清晰也没有提到黄金律)也可以在Maurice Allais's *Economie et intérêt* (Paris: Librairie des Publications Officielles, 1947) 和 Von Neumann (1945) and Malinvaud (1953) 的文章中发现。注意所有这些工作(包括菲尔普斯的文章)都是纯理论的,没有探讨为了让 $r=g$ 需要怎样的资本积累水平。见在线技术附录。

41. 资本份额由 $\alpha = r \times \beta$ 给定。在长期有 $\beta = s/g$,所以 $\alpha = s \times r/g$。由此可得,如果 $r=g$,有 $\alpha=s$,如果 $r>g$,有 $\alpha>s$。见在线技术附录。

42. 为什么黄金律设定了一个上限,在线技术附录有更严谨的解释。基本直觉如下。超过了黄金律描述的资本水平,即资本收益跌至经济增长率之下,资本的长期份额低于储蓄率。从社会角度看这是荒谬的,因为需要比资本收益更多的投资来维持这样水平的资本存量。如果个人储蓄不担心回报,这种"动态无效率"就会出现:例如,如果他们是为老年储蓄而且预期寿命足够长。在这种情况下,对政府而言有效的政策是削减资本存量,例如,通过发行公共债务,因而实际上是用现收现付体系替代资本化的养老金体系。不过,这种有趣的理论化的政策在实践中好像永远不会出现:在所有大家知道的社会中,资本的平均收益率总是大于经济增长率。

43. 实际上,资本税(或公有制)可以确保国民收入中流向私人资本的收入比率(税后)小于储蓄率,而不需积累那么多资本。这是战后的社会民主理想:利润应该为投资提供资金,而不是股东的上流社会生活。正如德国总理赫尔穆特·施密特所说:"今天的利润是明天的投资和后天的工作。"资本和劳动相辅相成。然而,重要的是要理解这依赖于税收和公有制这样的制度(否则只能设想前所未有的积累水平)。

44. 在某种意义上,黄金律的苏维埃解读简单转化为集体归因于资本家的无限积累欲望。在《就业、利息和货币通论》(1936)的第十六和二十四章,凯恩斯讨论了"食利者的安乐死",发展出了一个接近于"资本饱和"的思想:通过积累如此多的资本使收益消失,食利者将安乐死。但是凯恩斯没有清楚说明资本数量是多少(他没有提到$r=g$),也没有明确讨论公共积累。

45. 这个问题的数学答案见在线技术附录。总结一下,一切都取决于常说的效用函数的凹性(用公式$r=\theta+\gamma \times g$,前面在第十章讨论过,有时称为"修正黄金律")。在无限凹性时,假设后代不需要第 100 个额外的 iPhone,不给他们留任何资本。在相反的另一个极端,与黄金律完全一致,可能需要留给他们相当于几十年国民收入的资本。无限凹性常常与罗尔斯主义的社会目标有关,可能更具吸引力。问题在于,如果不给未来留任何资本,根本不能肯定生产率会继续以相同步调增长。因此,问题很大程度上不可判定,对经济学家和对民众一样令人费解。

46. 在最一般的意义上,"黄金律"是一个定义人们之间相互义务的道德规则。它常用于经济学和政治学中,指的是定义当前人口对后代义务的简单规则。不幸的是,没有简单规则可以决定性地解决这个有关存在的问题,因而必然被反复问及。

47. 2012 年签订的新条约保留了这些数字,还添加了保持"结构"赤字小于国内生产总值的 0.5%的进一步目标(结构赤字修正了经济周期的效应),以及如果不遵守这些承诺的自动惩罚机制。注意,欧盟条约的所有赤字数字是指二级赤字(债务利息包括在支出中)。

48. 3%的赤字将允许一个稳定的 60%的债务/国内生产总值比率,如果名义国内生产总值增长为 5%(例如,2%的通货膨胀和 3%的实际增长),基于将公式$\alpha=s/g$用于公共债务。不过这个论据不是非常令人信服(特别是没有支持这一名义增长率的真正理由)。见在线技术附录。

49. 在美国,最高法院在 19 世纪末和 20 世纪初阻止了好几次征收联邦所得税的企图,然后阻止了 20 世纪 30 年代的最低工资法,而同时却在近两个世纪中发现奴隶制和此后的种族歧视与基本的宪法权利是完全一致的。更近一些，法国立宪法院明显准备好了一个什么样的最高所得税率和宪法一致的理论：在经过一段时期的只有自己知情的高层法律磋商后，法院在65%和67%之间踌躇，并且纠结于是否应该包括碳排放税。

50. 这个问题类似于现收现付退休体系引出的问题。只有经济增长强劲并且财政基础以和债务利息相同的（或几乎相同）步调扩张，削减作为国民收入百分比的公共债务相对容易。当增长慢的时候情况不同：债务变成负担，很难动摇。如果我们计算1970~2010年的均值，会发现债务利息支出远大于平均的主要赤字，这在很多国家接近零，特别是在意大利，平均债务利息支出在这段时期达到7%的国内生产总值的极高水平。见在线技术附录和补充表S16.1，在线可得。

51. 然而，如果问题宪法化，像累进资本税这样的解决方案会被判违宪，这不是不可能的。

52. 斯特恩和诺德豪斯如何获得他们偏爱的折现率，见在线技术附录。有趣的是两个人使用我们前面描述过的相同的"修正黄金律"，不过当涉及选择社会效用函数的凹性时位置完全分化。（诺德豪斯比斯特恩做出了更加罗尔斯主义的选择，为了证明给后代的效用以很小的权重是合理的。）逻辑上更加令人满意的程序应该引入如下事实，即自然资本和其他资本形式在长期的可替代性远不是无限的（正如罗杰·盖内里和托马斯·斯特纳所做的）。也就是说，如果自然资本被破坏，未来消费更少的iPhone也不足以弥补这些损害。

53. 如前所述，当前政府债务的低利率无疑是暂时的并且无论如何稍微有些误导：有些国家必须支付非常高的利率，而且今天在1%以下利率借款的政府也不可能持续几十年享受这种低利率（1970~2010年间的分析表明，富裕国家公共债务的长期真实利率大约为3%；见在线技术附录）。不过，目前的低利率是支持公共投资的有力经济因素（至少只要这样的低利率持续）。

54. 在过去几十年中，最富裕国家每年的公共投资（减去公共资产折旧）大约是国内生产总值的1%~1.5%。见在线技术附录和补充表S16.1，在线可得。

55. 包括像碳排放税这样的工具，作为相关二氧化碳排放的函数，它增加能源消费的成本（不是预算变量的函数，这一般是石油税的逻辑）。然而，有充分理由相信，价格信号对排放的影响要比公共投资和改变建筑规范（例如，需要保温）小。

56. 私人产权和市场（在特定条件下）可以使千百万个体所拥有的才能和信息进行协调和有效利用，这一经典思想可以在亚当·斯密、弗里德里希·哈耶克、肯尼斯·阿罗和克劳德·德布鲁的工作中发现。投票是另一加总信息（更普遍的想法、思考等等）有效方式的思想也非常久远：可以追溯到孔多塞。关于政治机构和选举系统的建构主义方法的最近研究，见在线技术附录。

57. 例如，重要的是能够研究不同国家政治官员所处的财富和收入阶层（见前面的章节）。不过，统计概览可能足以满足目的；一般不需要详细的个人数据。关于在没有其他方式时建立信用：1789~1790年革命议会的最初行动之一是编制"津贴纲要"，列出名字和贵族政府支付给不同个人的金额（包括债务支付、前官员的退休金和完全的赠予）。这本1 600页的书包含23 000个名字，列出总额的明细（收入的不同来源被总计到每个个人单独的一行），涉及全部牧师、人们的年龄、支付的最后年限、支付的理由等等。它在1790年出版。关于这一有趣文献，见在线技术附录。

58. 这主要基于这一事实，即工资一般都与其他中间投入加总到一行（即与从其他公司的购买在一起，这既是劳动也是资本的酬劳）。因此，公布的账目从来没有透露利润和工资之间的分割，也不会允许我们发现中间消耗（可增加管理人员和股东收入的一种方式）可能被滥用。对于隆明公司账目及马瑞康纳矿产的例子，见在线技术附录。

59. 一个哲学家，如雅克·朗西埃（Jacques Rancière），对民主的迫切态度在这里是不可缺少的。尤其见他的 *La haine de la démocratie* (Paris: La Fabrique, 2005)。

结论

1. 也请注意，这是完全合乎逻辑的，认为增长率 g 的增加将导致资本收益 r 的增加，因此不会必然减小 $r-g$ 缺口。见第十章。

2. 当阅读诸如让－保罗·萨特（Jean-Paul Sartre）、路易斯·阿尔都塞（Louis Althusser）和阿兰·巴迪乌（Alain Badiou）之类的哲学家关于其马克思主义或共产主义许诺时，你有时会有这样的感觉，他们对资本和阶级不平等只有有限的兴趣，主要是当作性质完全不同的争论的借口。